Fundbergung
Beobachtung
arch. Untersuchung
arch. Teiluntersuchung
1
2
4
6
7/19/22
8
10
11/14
12
13
15
16
17
18
20
21/24
23
25
29
30
31
32
33
34
35
36
37
38
41
42
44
45
46
48
49
51
52
53
54
55
58
59
60
61
63
64
65
Hofgarten
Maximilian
Frauen-
platz
Marien-
platz
Viktualien-
markt
Stadt-
museum
St.-Jakobs
Platz
Sebastianspl.
Hauptpost
Schauspiel-
haus
Hofbräuhaus
Schule
Rumford-
Reichen-
bach-
platz
Gärtner-
platz
Isartor-
platz
Thiersch
Kloster
Bayer.
Staatsbank
National theater
Residenz
Promenade-
platz
Tal
Stadt-
sparkasse

Das unterirdische München
Stadtkernarchäologie in der bayerischen Landeshauptstadt

Christian Behrer

Das unterirdische München

Stadtkernarchäologie in der bayerischen Landeshauptstadt

2001

Buchendorfer Verlag

Die vorliegende Arbeit wurde am 28. April 1999 von der Fakultät Geschichts- und Geowissenschaften der Otto-Friedrich Universität Bamberg unter dem Titel »Stadtarchäologie in München – Die frühe Entwicklungsgeschichte Münchens im Spiegel archäologischer Quellen« als Dissertation angenommen. Als Betreuer fungierte Herr Prof. Dr. Ingolf Ericsson, das Zweitgutachten übernahm Herr Prof. Dr. Frank Olaf Büttner. Für die Drucklegung wurde der Text geringfügig überarbeitet und aktualisiert.

Die Deutsche Bibliothek – CIP-Einheitsaufnahme
Behrer, Christian:
Das unterirdische München : Stadtkernarchäologie in der bayerischen Landeshauptstadt / Christian Behrer.
- München : Buchendorfer Verl., 2001
Zugl.: Bamberg, Univ., Diss., 1999 u.d.T.:
Behrer, Christian: Stadtarchäologie in München
ISBN 3-934036-40-6

Umschlag: Caroline Saupe, München
Satz: Leika Verlagsbüro, Moosham
Repro: Repro GmbH, Essenbach
Druck und Bindung: Verlagsdruckerei Kessler, Bobingen
Printed in Germany

ISBN 3-934036-40-6

Inhalt

Stadtarchäologie und Stadtkernforschung in München

Bis vor nicht allzu langer Zeit wurde der Begriff »Archäologie« in München ausschließlich mit den hier ansässigen großen altertumskundlichen Museen in Verbindung gebracht, kaum hingegen mit Ausgrabungen und Funden. Mittelalter und Neuzeit, so schien es, waren ausreichend in der erhaltenen Bausubstanz und in den schriftlichen wie bildlichen Quellen dokumentiert.

Bedarf an der Erforschung von ruinösen, im Boden verborgenen Resten verschwundener Baugeschichte, schien nicht zu bestehen. Erst in den letzten Jahren, viel später als in den Hansestädten Norddeutschlands, aber auch später als in vielen kleineren Kommunen Süddeutschlands, begann sich ein allgemeiner Wandel der Einstellung anzubahnen. Langsam setzte die Einsicht durch, dass das »Bodendenkmal Altstadt« nicht nur in Orten mit römischer Vergangenheit, wie Augsburg oder Regensburg, sondern auch in mittelalterlichen Gründungen, wie München, durchaus der Beachtung wert ist. Je mehr man begriff, welche Vielfalt an Erkenntnissen zur Bauhistorie und Kulturgeschichte in einer an den Realien orientierten Archäologie stecken kann, desto stärker wurde das Interesse an dieser Archäologie der eigenen Herkunft.

Der Weg bis dahin war lang. In der Aufbauzeit nach dem Kriege, als unbestritten die besten Möglichkeiten zur archäologischen Erforschung von Münchens Vergangenheit bestanden hätten, galten andere Prioritäten, unter denen Ausgrabungen als unnötig und störend empfunden wurden. Durch die Suche nach Überschaubarkeit inmitten der Unüberschaubarkeit des modernen Lebens, einem kulturellen Phänomen der Postmoderne, hat hier ein begrüßenswerter Wechsel stattgefunden. Freilegung und gegebenenfalls Erhaltung baulicher Reste wird von seiten der Planer zu inzwischen mindestens teilweise weniger als Hindernis oder Erschwernis betrachtet, sondern auch als Chance, historische Substanz oder Linienführung gestalterisch oder ästhetisch reizvoll mit einer modernen architektonischen Formensprache zu verbinden. Denkmalpflege und -schutz als angewandte Geschichtswissenschaft wird auf diese Weise ihrem Auftrag gerecht »zu zeigen, wie es gewesen sei«.

Keine Wissenschaft für sich allein ist heute in der Lage, nur mit ihren Mitteln ein gültiges Bild der Vergangenheit zu entwerfen. Dies gilt für die Archäologie ebenso wie für die traditionelle Geschichtswissenschaft, die Bau- und Kunstgeschichte, die Volkskunde, die Biologie oder die Anthropologie. Alle Disziplinen stehen dabei im gegenseitigen Wechselspiel, ergänzen und kontrollieren sich: ebenso wie die Archäologie weiße Flecken der historischen Überlieferung zu tilgen vermag, ist erst die Geschichtswissenschaft fähig, oft beziehungslose und isolierte Grabungsobjekte in den entsprechenden historischen Rahmen zu stellen. Ziel der Altstadtarchäologie in München sollte es sein, von den tausend Spiegelscherben städtischen Lebens der Vergangenheit möglichst viele wieder zusammen zu fügen, um so ein alle Bereiche umfassendes Bild von der Welt und der Umwelt zu erhalten. Gerade die verdienstvolle Dissertation von Christian Behrer, die mehr als 50 Jahre stadtarchäologischen Bemühens in unserer Stadt München zusammenfaßt, stellt hier einen wichtigen und einen entscheidenden Schritt dar. Der Denkmalpfleger mag mit ihr den Wunsch verbinden, daß der erst spät und zögerlich betretene Weg der Stadtarchäologie in München stetiger und geschwinder beschritten werde und die Landeshauptstadt ihrer Führungsfunktion in so vielen Bereichen, auch diejenige im Bereich der Stadtarchäologie, hinzufügen möge.

München, im Januar 2001

Dr. Stefan Winghart
Hauptkonservator

Vorwort

1158 gegründet, stieg München rasch zu einem Herzogssitz auf, im 14. Jahrhundert sogar zu einer kaiserlichen Residenzstadt. Oberflächlich zeugen heute von dieser Zeit nur noch der Stadtgrundriß, der Alte Hof und einige wenige spätmittelalterliche Kirchen. Unter dem Pflaster der Stadt jedoch, oft nur wenige Zentimeter unter der Oberfläche verborgen und dennoch weitgehend unbekannt, liegen unzählige Zeugnisse der mittelalterlichen Geschichte Münchens.

Zerstörung und Wiederaufbau nach 1945 waren Anlaß und Beginn erster archäologischer Untersuchungen in München. Sie blieben allerdings ohne nachhaltige Wirkung auf die Zukunft. Im Trubel von Wirtschaftswunder, Bauboom und Olympiafieber gab es für die Altertumsforschung in München auch in den folgenden 30 Jahren keine Chance. Erst in den 80er Jahren begann – zunächst noch zögernd – das Verständnis für die Geschichte unter dem Pflaster Münchens zu wachsen. Es mußten noch einmal fast 10 Jahre vergehen, ehe in den 90er Jahren ein Aufschwung wissenschaftlicher Grabungen im Stadtkern von München einsetzte. Größere Grabungen und kleinere Untersuchungen unter modernen Gesichtspunkten und mit neuesten Forschungstechniken führten zu ersten konkreten Fragestellungen und warfen Licht in das bisher unbekannte hochmittelalterliche München. Erst sie erlaubten, retrospektiv auch ältere Grabungen und Beobachtungen auszuwerten und unter anderen Gesichtspunkten neu zu bewerten.

Jahrzehntelange stiefmütterliche Betreuung der Stadtarchäologie und fehlendes Bewußtsein für die eigene Geschichte machten die Suche nach alten Grabungsdokumentationen, Plänen und Funden oft aufwendig und teilweise sogar erfolglos. Was aber dennoch nach fünf Jahren Suche und Auswertung zutage kam, läßt Mut aufkommen, eine Stadtarchäologie in München vehementer zu fordern als bisher.

Weit über 50 archäologische Grabungen, Fundbergungen und Beobachtungen der letzten 40 Jahre liegen nun ausgewertet vor. Sie schlagen für die Münchner Geschichte ein neues Kapitel auf.

Vielen ist zu danken, die mir bei der Suche nach Akten und Funden halfen, die die Fertigstellung dieser Arbeit förderten oder erst ermöglichten:

Herr Dr. Stefan Winghart (BLfD) hat diese Arbeit angeregt. Mit seiner Unterstützung und der von Herrn Dr. Timm Weski konnten viele Schwierigkeiten umgangen werden. Die anregenden Gespräche mit ihnen ermutigten mich letztendlich auch, immer wieder weiterzumachen.

Dank gilt auch der Abteilung Bauforschung im BLfD, namentlich Frau Dipl.-Ing. Heike Fastje und Herrn Prof. Dr. Gert Mader, deren Hinweise mich immer wieder auf die notwendigen anderen Sichtweisen und Perspektiven führten. Ebenfalls Dank sei an dieser Stelle Herrn Dr. Uli Walter (BLfD) ausgesprochen, der mir stets hilfsbereit mit Rat und Auskunft zur Seite stand.

Als Hüterin des Großteils der Münchener Funde unterstützte mich die Prähistorische Staatssammlung, vor allem Frau Dr. Brigitte Haas. Ohne die wertvollen Zusatzinformationen und fachlichen Hinweise des leitenden Archäologen der Grabungen am Alten Hof und am Dreifaltigkeitsplatz, Herrn Dr. Tilman Mittelstraß, und seine vorbildlich durchgeführten Dokumentationen wäre das in meiner Arbeit vorgestellte Ergebnis nicht in dieser Detailfülle möglich gewesen.

In vielen Diskussionen, Gesprächen und Fragen ergaben sich in enger Zusammenarbeit mit Herrn Dr. Richard Bauer und Herrn Dr. Helmuth Stahleder vom Münchner Stadtarchiv und Herrn Dr. Lorenz Meier interessante Theorien und neue Denkansätze. Bezüglich der Frauenkirche brachten mich die fruchtbaren Gespräche mit Herrn Prof. Dr. Walter Haas und Herrn Dr. Hans Ramisch weiter. An dieser Stelle sei auch Frau Elfi Zuber erwähnt, die mir in vielen Gesprächen wertvolle Tipps gab und mir immer wieder Wege und Möglichkeiten eröffnete.

Selbstverständlich möchte ich Herrn Prof. Dr. Ingolf Ericsson für die intensive Betreuung und für fruchtbare Gespräche zu meiner Arbeit herzlich danken, ebenso dem Zweitkorrektor Herrn Prof. Dr. Olaf Büttner. Nicht zuletzt danke ich meinen Eltern, die mir dieses lange Studium ermöglichten und meiner Frau, die bis zur Drucklegung gute Nerven behalten mußte.

Den Zugang zur Archäologie fand ich durch meinen verstorbenen Großvater, Hark Braren. Zusammen mit seinem Bruder Lorenz Braren führte er archäologische Untersuchungen auf den nordfriesischen Inseln und im Wattenmeer durch. Er förderte in großem Maße Grabungen und Publikationen des Landesamtes für Vorgeschichte in Schleswig. Dieser Tradition verpflichtet widme ich diese Arbeit meinem Großvater.

Der Druck dieses Buches konnte nur zustande kommen durch die finanzielle Unterstützung einiger aufgeschlossener Geldgeber. Ihnen sei an dieser Stelle ganz besonders gedankt:

Bayerische Einigung Volksstiftung e.V.
Kerrin Behrer-Braren und Manfred Behrer
Erzdiözese München-Freising
Haus der Bayerischen Geschichte
Industrieverband Kalk, Steine und Erden, Fachabteilung Kalk
Institut Bavaricum e.V.
Pfarrei St. Peter
Stadtarchiv München

Herrn Roeder vom Buchendorfer-Verlag sei am Schluß Dank ausgesprochen, dieses ausführliche Buch zu verlegen und damit der Stadtarchäologie in München nicht nur ein wichtiges Arbeitsmittel an die Hand zu geben, sondern vielleicht mit diesem Buch Interesse zu wecken und vor allem die Notwendigkeit einer Stadtarchäologie in der bayerischen Landeshauptstadt aufzuzeigen.

Regensburg, im März 2001 Christian Behrer

»... Die Frage, wann die Stadt München ihren Anfang genommen und woher sie ihren Namen bekommen habe, ist nicht leicht aufzulösen. Es sind von der Stiftung keine Urkunden vorhanden und aus den vielen Schwierigkeiten kann man durch Mutmaßungen sich loswickeln. Glücklich genug, wenn hierin nur nicht zu viel gewaget wird.«[1].

Peter Paul Finauer (1793)

1. Einleitung

Die Geschichte Münchens ist wie die kaum einer anderen Stadt schon früh ausführlich erforscht und beschrieben worden. Dies zeigen zahlreiche Quelleneditionen, Forschungsarbeiten und Veröffentlichungen. Die Sicht der Historiker des 18. und 19. Jahrhunderts war allerdings immer auf die Rolle Münchens als Residenz- und Hauptstadt fixiert. Die Anfänge Münchens als unbedeutender Fleck auf der Karte der Staufer blieben weitgehend unbeachtet. Zu unbedeutend erschienen sie gegenüber der prachtvollen Blüte seit dem 14. Jahrhundert – zu unbedeutend schien auch die frühe Geschichte der Stadt gegenüber der Vergangenheit des benachbarten Augsburg oder Regensburgs, dem angestammten Sitz des bayerischen Herzoghauses.

Die Fokussierung auf die Blütezeiten der Stadt mag aber auch daran liegen, daß es zur frühen Geschichte (12./13. Jahrhundert) kaum schriftliche Quellen gibt. Die vermeintliche Bedeutungslosigkeit, die sich in dieser Quellenarmut scheinbar widerspiegelt, lenkte den Blick der Historiker lange Zeit von den ersten Urkunden, in denen »munichen« Erwähnung fand, übergangslos auf das Jahr 1255 hin, als München Herzogsitz wurde[2]. So konnten über die Frühgeschichte der heutigen Landeshauptstadt und etwaige Vorgängersiedlungen phantasiereiche Spekulationen entstehen, deren Wahrheitsgehalt selten ernsthaft überprüft oder diskutiert wurde[3]. Es ist das Verdienst des Stadtarchivars Pius Dirr, mit seiner akribischen Recherche und Edierung der wenigen vorhandenen Quellen in den 30er Jahren die Aufmerksamkeit der Historiker schließlich auch auf die Zeit gelenkt zu haben, über die die schriftlichen Überlieferungen so hartnäckig schweigen[4]. Zum ersten Mal war nun ein Zugang zu allen wichtigen Quellen erschlossen und damit die Grundlage zu einer offenen und breiten Diskussion geschaffen. Ein wenig manieriert klingt für den heutigen Geschmack, was Dirr – wohl mit Blick auf die vielen Spekulationen – forderte, was aber heute wie damals für jeden Historiker, Archäologen und Geschichtsinteressierten Gültigkeit hat:

»In stürmischen Zeitläufen, in denen Altes dahinsinkt und Neues sich formen will, trifft den Historiker eine gesteigerte Verantwortung. In dem unaufhörlichen Streit um Sinn und Bedeutung des menschlichen Daseins sind auch die Methoden und Erkenntnismöglichkeiten der Geschichtsforschung heiß umstritten [...] In solcher Lage ergibt sich für den Geschichtsschreiber erst recht die unumstößliche Pflicht, nur auf festem Boden und sicherem Untergrund zu bauen, auch wenn er die Triebe inneren Er-

---

[1] Finauer, Peter Paul, Versuch einer Abhandlung von dem Ursprunge. (München 1769) 3.

[2] Die erste, häufig auch als »Augsburger Schied« bezeichnete Urkunde Friedrich Barbarossas vom 14. Juni 1158 (MGH, Diplomata Friedrichs I. (DD Fr.I), Nr. 218 und die zweite vom 13. Juli 1180 (MB 29a, S. 347, Nr. 535).

[3] Siehe hierzu Kapitel »Forschungsgeschichte der Archäologie in München«.

[4] Dirr, Pius, Denkmäler des Münchner Stadtrechts, 2 Bde. (München 1934/1936).

schauens, gestaltender Einbildungskraft und mitfühlenden Gemütes walten läßt, in richtig bemessenen Grenzen, das heißt, beherrscht von dem sittlichen Gebote der Wahrhaftigkeit«[5].

»Fester Boden und sicherer Untergrund«, das sind für den Historiker in erster Linie die exakt wiedergegebenen und interpretierten schriftlichen Quellen. Auch für die vorliegende Arbeit war die Zugänglichkeit der schriftlichen Quellen ein wichtiger Pfeiler. Aber sie allein reicht nicht aus, denn gerade die jüngsten Interpretationen der frühen Quellen zeigen, daß neben neuen Erkenntnissen immer wieder neue Fragen auftauchen, an deren Diskussion sich immer mehr Wissenschaftler aktiv beteiligen[6]. Wo aber die schriftlichen Überlieferungen allein nicht mehr befriedigen, setzt die Bedeutung der Archäologie ein.

Ist es für die ersten Jahrzehnte Münchens offenkundig, daß das Wenige, was schriftlich überliefert wurde, nur ein ungenügendes Bild von der Stadtentwicklung geben kann, so scheint die Zeit nach 1255 gut erforscht zu sein. In unzähligen Urkunden wird über das Leben am Hofe, die Patriziergeschlechter, Händler und Handwerker, Kirchen und Klöster in München berichtet. Aber auch hier gibt es Lücken in den schriftlichen Überlieferungen, vor allem, wenn es sich um Lebensbereiche, Ereignisse und Entwicklungen handelt, die viel zu selbstverständlich waren, um sie in Urkunden festzuhalten. Davon ist das Leben des einfachen Bürgers genauso betroffen wie die Entwicklung der Straßen, Märkte und Plätze und vieles andere. Diese Lücken aufzufüllen ist die eigentliche Aufgabe der Archäologie und so wurde denn auch immer wieder auf die fehlende Auswertung der wenigen archäologischen Ausgrabungen im Stadtgebiet von München hingewiesen, denn Grabungen allein können noch keine weiterführenden Erkenntnisse bringen.

Fragen an München

In der vorliegenden Arbeit werden zum ersten Mal sämtliche Ausgrabungen im Altstadtgebiet Münchens zusammengefaßt (Abb. 1), mit den Aussagen und Erkenntnissen der Historiker verglichen und im Hinblick auf die ungeklärten Fragen zur Entwicklung der Stadt ausgewertet. Besonders in der Zusammenschau mit älteren Grabungsbefunden konnten so einige neue Erkenntnisse über die frühe Geschichte Münchens gewonnen werden.

Da die Fragestellungen zum Teil mehrere Grabungskomplexe gleichzeitig betreffen, erwies es sich als übersichtlicher, eine Dreiteilung der Arbeit vorzunehmen. Im ersten Teil werden einzelne Grabungskomplexe und Beobachtungen vorgestellt, wobei ältere und neuere Grabungen, soweit sie ein zusammenhängendes Gebiet betreffen, zusammengenommen wurden. Im zweiten Teil schließt sich als weiterer Themenbereich eine erste Keramikchronologie für den Münchner Raum an. Im dritten Teil werden die Ergebnisse der Grabungen im Hinblick auf wichtige Fragestellungen zu

---

5 Dirr, Grundlagen, 16.

6 Eine zentrale Rolle spielen die Arbeiten und Publikationen, die mit Unterstützung des Münchner Stadtarchives und seines Leiters Dr. Richard Bauer entstanden sind. Siehe hierzu die Reihe Miscellanea Bavarica Monacensia und: Bauer, Richard (Hrsg.), Geschichte der Stadt München (München 1992).

Münchens Geschichte diskutiert. Jedem Grabungskomplex sind in einer kurzen Einführung historische Quellen und, wo erforderlich, die Forschungsgeschichte vorangestellt. Es folgen Vorstellung und Auswertung der Grabungen. Auch den Fragen zur Geschichte Münchens sind in Kürze die relevanten Quellen und, soweit nötig, eine kurze Zusammenfassung der entsprechenden Forschungsgeschichte vorangestellt. Ziel und Abschluß eines jeden Themenbereichs ist es, neue Erkenntnisse als Ausgangspunkt für weitere Diskussionen herauszuarbeiten und eine breitere Grundlage für die Stadtgeschichte Münchens zu schaffen.

Die einzelnen Themenbereiche sollen im Folgenden kurz vorgestellt werden.

Ausgewählte Aspekte der Stadtarchäologie in München

Die Herzogsburg

Der Alte Hof als erster Sitz der bayerischen Herzöge in München steht in engem Zusammenhang mit der Gründung der Stadt. Seine Entstehung und Entwicklung, Parallelen zu weiteren Herzogsitzen in Deutschland, aber auch die früheste Besiedlung des Geländes über der Isar sind das Thema der ersten Auswertung. Im Mittelpunkt steht die Auswertung der archäologischen Untersuchungen, die 1995/96 am Alten Hof durchgeführt wurden.

Frühe Kirchen

Die wichtigsten Kirchen des mittelalterlichen München waren die Peterskirche (als älteste Pfarrkirche), die Frauenkirche (als zweite Pfarrkirche ab 1271), die Heiliggeistkirche und die Jakobskirche. Da die Jakobskirche nur bauhistorisch untersucht wurde und zur Heiliggeistkirche jegliche Untersuchungen fehlen, konnten in dieser vorwiegend auf die Ergebnisse der Archäologie ausgerichteten Arbeit nur die beiden erstgenannten Kirchen berücksichtigt werden. Bei der Peterskirche wird auch die zeitliche Einordnung der Überreste ältester Siedlungsschichten diskutiert, da an dieser Stelle immer wieder eine Vorgängersiedlung von München, in einigen Veröffentlichungen sogar römische Ursprünge diskutiert werden.

Bei der Frauenkirche wurden vor allem Einzelfragen erörtert, bei denen die Auswertung der Grabungsunterlagen zu anderen als den vom Ausgräber Adam Horn erarbeiteten Ergebnissen führte.

In einem kurzen Exkurs wird schließlich zur Diskussion gestellt, in dem bis heute nicht identifizierten Turm auf der Schedelschen Weltchronik evtl. den freistehenden Kampanile einer ersten Kirche zu sehen.

Stadtbefestigung

Hier werden punktuelle Grabungen zum Verlauf der ersten und zweiten Stadtmauer zusammengefaßt. Ihr Verlauf ist heute in etwa bekannt, zum Teil sogar durch den Straßenverlauf nachvollziehbar. Interessant war vor allem die zeitliche Einordnung der ersten Stadtmauer, die evtl. archäologische Beweise liefern sollte für die bislang nicht erwiesene Annahme, daß München schon in der frühen Zeit der Stadtgründung von einem geschlossenen Mauerring umgeben war.

Eine Parzelle im Stadtkern

1994 bot sich in München anläßlich der Unterkellerung des Anwesens am Dreifaltigkeitsplatz 1 eine der ersten Möglichkeiten, den Großteil einer Parzelle in einem noch verhältnismäßig intakten Umfeld ohne größere Störungen des Untergrundes zu untersuchen. Das Grundstück liegt im Bereich der ersten Stadterweiterung, also in einem der ältesten Gebiete der Altstadt. Die Untersuchungen sollten vor allem Hinweise geben auf die Entwicklung der Bebauung im Altstadtbereich und auf mögliche Änderungen in den Parzellenstrukturen der frühen Stadt.

Funde aus München – eine Keramikchronologie für München

Die hier vorgestellte erste Keramikchronologie für den Münchner Raum stellt ein weiteres wichtiges Ergebnis dieser Arbeit dar. Sie bietet Hilfe für die Datierung von Befunden zukünftiger Grabungen.

Fragen zur Geschichte Münchens

Die Stadtgründung

Mit der Erwähnung in der jedem Münchner Schulkind bekannten »Gründungs«-Urkunde tritt München 1158 ins Licht der Geschichte. Was aber war vorher?

Ausgrabungsergebnisse der Archäologen in europäischen Städten zeigen, daß die überwiegende Zahl der in den oft aus dem 12. oder 13. Jahrhundert stammenden Urkunden genannten Orte auf eine sehr viel ältere Entwicklungsgeschichte zurückblicken kann. Viele haben römische Wurzeln, andere gehen auf frühmittelalterliche Siedlungen zurück. Stadtgründungen »auf freiem Feld« waren eher selten und so war bislang auch für München die gängige Meinung, es habe eine wesentlich ältere Vergangenheit. Welche Erkenntnisse brachten die Auswertungen der Archäologie?

Stadttopographie

In engem Zusammenhang mit der Stadtgründung steht in München die Frage nach der ersten Stadtplanung und -topographie, denn wenn das 1158 zum ersten Mal erwähnte »munichen« tatsächlich erst kurz vor diesem Zeitpunkt angelegt worden ist, dann ist die Wahrscheinlichkeit groß, daß in der bereits nach den Bedürfnissen und Wünschen ihres Gründers neu geplanten Stadt Änderungen der Straßenzüge und Parzellierungen, wie sie fast alle europäische Städte im 12. und 13. Jahrhundert erlebt haben, nicht mehr notwendig und sinnvoll waren. Das Aussehen der hochmittelalterlichen Stadt und ein Exkurs über mögliche Vorgängersiedlungen außerhalb des ältesten Stadtkerns bilden weitere Schwerpunkte in diesem Teil der Ausführungen.

2. Forschungsgeschichte der Archäologie in München

Die Archäologie hat in Deutschland zur Erforschung der Stadtgeschichte erst relativ spät Bedeutung gewonnen und in München bis heute nicht den Rang, den sie angesichts des Mangels an schriftlichen Quellen haben sollte. Noch ganz ohne Hilfestellung der Archäologen mußten die Historiker des 18. Jahrhunderts auskommen, wenn sie sich mit den Anfängen Münchens befassen wollten.

»...Die Frage, wann die Stadt München ihren Anfang genommen und woher sie ihren Namen bekommen habe, ist nicht leicht aufzulösen. Es sind von der Stiftung keine Urkunden vorhanden und aus den vielen Schwierigkeiten kann man durch Mutmaßungen sich loswickeln. Glücklich genug, wenn hierin nur nicht zu viel gewaget wird«[7]. So faßte Peter Paul Finauer (1733–1788), Mitglied der Bayerischen Akademie der Wissenschaften, in seiner Abhandlung über den Ursprung der Stadt München 1772 die Erforschung der Frühgeschichte der Stadt zusammen, als sähe er schon voraus, welche Auswirkungen die Quellenarmut für die Gründungstheorien in der Zukunft noch haben würde.

Finauer war einer der ersten, der sich – nur gestützt auf die wenigen zugänglichen Quellen, das überlieferte Bildmaterial und das 1570–72 entstandene Holzmodell der Stadt München von Jakob Sandtner – ernsthaft und kritisch mit der Frühgeschichte der Stadt München auseinandergesetzt hat. Zahlreiche Wissenschaftler und Laien folgten ihm. Daß Finauers Warnungen und Befürchtungen dabei nur allzu begründet waren, zeigt eine kleine Auswahl der Theorien über die Entstehung Münchens.

Unter dem Titel »Urgeschichten von München« versuchte z.B. F.J. Lipowsky 1814 eine Herleitung des Namens München von dem griechischen Wort mounichia – Anlände oder Hafen[8]. Der Altertumsforscher Schlett wiederum führte 1830 in seinem Buch »Die Römer in München« den Namen auf das römische Wort municipium (Stadt) zurück, eine Theorie die 100 Jahre später nach Ausgrabungen unter der Peterskirche von Schleich noch einmal aufgegriffen werden sollte[9]. Und noch 1941 vermeldeten die Zeitungen eine besonders waghalsige Theorie, die hier nur der Kuriosität halber noch vermerkt werden soll: Ein Herr Lammers meinte, München sei einst unter dem Namen Monaghan oder Maneghan der Sitz der großen göttlichen Mutter Ostara gewesen[10].

Wo es an historischen Urkunden mangelt, ist die Gefahr, daß der Phantasie mehr Spielraum gegeben wird, als ihr zusteht, groß. Um so wichtiger

7 Finauer, Peter Paul, Versuch einer Abhandlung von dem Ursprunge. (München 1769) 3.
8 Lipowski, Felix, Urgeschichte Münchens. 2 Teile (München 1814 (I) und 1815 (II)).
9 Schlett, Joseph, Die Römer in München (München 1830).
10 Zitiert nach: Schattenhofer, Michael, Beiträge zur Geschichte der Stadt München. OA 109 (München 1984) 9.

Das sechst alter

der werlt Blat CCXXVI

Freiheit des edeln geschlechts Forestorum

München

Abb. 2: Ansicht Münchens in der Weltchronik von Hartmann Schedel aus dem Jahr 1493. Ansicht vom östlichen Isarufer auf Höhe des heutigen Gasteigs.

ist es unter diesem Aspekt, die Möglichkeiten der Archäologie zu nutzen. Aber nur sehr langsam fand man in München Zugang zu dieser Wissenschaft, die sich ja eigentlich »Altertumsforschung« nannte und scheinbar so gar nichts mit dem Mittelalter zu tun hatte. Eine erste Zäsur in der Münchner Geschichte der Archäologie stellte 1927 eine kleine Ausstellung der Prähistorischen Staatssammlung dar, die unter dem Titel »Aus Münchens Vorzeit« alle archäologischen Funde zusammentrug und präsentierte. Das erste Mal spielte nun auch die Archäologie eine von der Öffentlichkeit beachtete Rolle zur Geschichtsfindung Münchens. Zu dieser Ausstellung erschien auch ein kleiner Katalog[11]. Kurz darauf erschien die Zusammenfassung der bisherigen Ergebnisse aller Ausgrabungen und eine Aufstellung aller Einzelfunde im Stadtbereich von München[12]. Zwar waren, dem Selbstverständnis der damaligen Archäologen entsprechend, die Ergebnisse fast ausschließlich auf das Gebiet der Vor- und Frühgeschichte im Münchner Raum beschränkt

[11] Birkner, Ferdinand/Wagner, Friedrich, Aus Münchens Vorzeit. Katalog zur Ausstellung 1927 in der Prähistorischen Staatssammlung (München 1927).

[12] Geidel, Heinrich, Münchens Vorzeit, München (2. erw. Aufl. 1938). Kultur und Geschichte. Freie Schriftenfolge des StadtAM 4. Zur Frage der Gründung Münchens schreibt Geidel darin: »Viel scharfsinnige Forscherarbeit ist daran verwendet worden, über diese älteste Siedlung und ihre Bedeutung für das neue München Klarheit zu gewinnen, doch ist man über unsichere Thesen und mehr oder weniger kühne Vermutungen nicht hinausgekommen.«

und mittelalterliche Befunde und Funde wären, selbst wenn es welche gegeben hätte, wohl kaum beachtet worden, aber ein erster Schritt war getan. Zur immer wieder diskutierten Frage, wie München entstanden ist und ob es Vorgängersiedlungen gab, konnten diese Funde noch keine Aussagen machen[13].

1937 erscheint unter dem Sammeltitel »Denkmäler des Münchner Stadtrechtes« die »erste nach wissenschaftlichen Regeln bearbeitete und unter bestimmten Leitgedanken zusammengefaßte Münchner Quellensammlung« von Pius Dirr[14]. Bis heute gilt dieses Werk neben der »Chronik der Stadt München« von Helmuth Stahleder als hervorragend dokumentierte Quellenedition und ist Grundlage auch jeder archäologischen Forschungsarbeit über München[15].

Siedlungshistorischen und topographischen Stadtentwicklungsfragen widmete sich in den 40er Jahren Rudolf Schaffer[16]. Als Heimatpfleger von München kümmerte sich Schaffer intensiv um die Belange der Archäologie.

In den folgenden Jahren begann die Archäologie langsam in der Münchner Stadtforschung Eingang zu finden. Auf das vorletzte Kriegsjahr geht z.B. eine erste wichtige archäologische Beobachtung im Alten Hof zurück, die zwar recht dürftig, aber unter den gegebenen Umständen doch sehr beachtlich dokumentiert wurde[17]. Mit der Erkenntnis, daß unter dem Pflaster Münchens viele Antworten zur Klärung der Gründungsgeschichte liegen, setzte nun langsam und vorerst auch nur punktuell eine Sensibilisierung für archäologische Beobachtungen und Grabungen in der Innenstadt Münchens ein. Die Chance, die sich während der Aufbaujahre der kriegszerstörten Stadt der Archäologie geboten hätte, wurde allerdings nur bei den zwei großen Kirchen, der Frauenkirche und der Peterskirche wahrgenommen, später dann noch bei den Aufbauarbeiten der Residenz[18]. Die damals noch angewandte Grabungsmethodik, die ausschließlich anhand von Bauformen und Mauerwerkstechniken freigelegter Mauerzüge datierte und die hierfür so wichtigen Kleinfunde außer Acht ließ, machte allerdings die Ergebnisse für so manchen Kritiker fragwürdig.

Im Jahr 1953 unternahm die mit archäologischen Belangen immer wieder unfreiwillig befaßte Lokalbaukommission einen ersten Versuch, die Etablierung einer institutionalisierten Archäologie zu erreichen, allerdings ohne Erfolg[19]. Das noch zögernde Vertrauen in die nicht immer überzeugenden Ergebnisse der damaligen Ausgräber, das vielleicht auch für den Mißerfolg der Lokal-

---

[13] Die wichtigsten Thesen sind ausführlich diskutiert bei: Maier, Lorenz, Vom Markt zur Stadt – Herrschaftsinhabe und Führungsschichten 1158 bis 1294. In: Bauer, Richard (Hrsg.), Geschichte der Stadt München (München 1992) 13–60.

[14] Dirr, Pius, Denkmäler des Münchner Stadtrechts, 2 Bände (München 1934/1936).

[15] Stahleder, Helmuth, Chronik der Stadt München (München 1995).

[16] Schaffer, Reinhold, Das Geheimnis der Münchner Talburg. In: Münchner Neueste Nachrichten Nr. 29/30 vom 31.1.1943. – Siehe hierzu auch seinen Aufsatz: Die Frühgeschichte Münchens. ZBLG 21 (1958) 185–263.

[17] Siehe Kapitel 4.1 »Die Herzogsburg«.

[18] Zur Peterskirche: Schleich, Erwin, Die St. Peterskirche in München. Ihre Baugeschichte und ihre Beziehung zur Stadt im Mittelalter. OA 83 (1958). – Zur Frauenkirche: Horn, Adam, Die Ausgrabungen in der Frauenkirche in München. Deutsche Kunst- und Denkmalpflege (München 1952) 59–72. – Ders., Ergänzungsbericht zu den Ausgrabungen in der Frauenkirche zu München. Deutsche Kunst und Denkmalpflege (München 1954) 114–116. – Zur Residenz: Meitinger, Otto, Die baugeschichtliche Entwicklung der Neuveste. Ein Beitrag zur Geschichte der Münchner Residenz. OA 92 (1970).

[19] Schreiben des BLfD München an den Heimatpfleger von München, Dr. Schaffer, vom 28.11.1953. BLfD München, Ortsakt München.

baukommission verantwortlich gewesen war, spiegelte sich in den noch sehr vorsichtigen Einschätzungen der Möglichkeiten der Archäologie wider, die in den folgenden Jahren in Veröffentlichungen zu lesen waren. Dies zeigte sich auch in der Sonderausstellung »Münchens Vorzeit, Denkmäler, Fundstätten und Funde der Vorzeit Münchens und seiner Umgebung« anläßlich der 800-Jahr-Feier der Stadt München im Jahre 1958.

Im Vorwort des Katalogs schreibt Otto Kunkel: »Wenn dieses Interesse in der sich reckenden, dabei auch den Boden tief umwühlenden Weltstadt und ihrer Umgebung wach bleibt, wird man die Geschichte nicht der Stadt München (sie beginnt nun einmal erst mit dem Politikum von 1158), wohl aber die Geschichte der Kulturlandschaft, aus welcher sie erwachsen konnte, immer zuverlässiger, vollständiger und auch bildhafter in die Vergangenheit zurückverfolgen«[20].

Daß man 1958 schon viel weiter war, als nur die Kulturlandschaft zu erforschen, wurde damals nicht gesehen. So ist auch vor dem Hintergrund der bereits durchgeführten Grabungen die Schlußfolgerung des ehemaligen Direktors der Prähistorischen Staatssammlung, Prof. Friedrich Wagner, heute nicht mehr zu verstehen, wenn er, ebenfalls 1958, in »Denkmäler und Fundstätten der Vorzeit Münchens« für das Mittelalter schreibt: »Die Bodendenkmäler treten hinter den nun immer reichlicher fließenden schriftlichen Quellen als Geschichtszeugnisse zurück«. Für erwähnenswert hält er an dieser Stelle keinen einzigen Befund aus dem Stadtkern, dafür aber die »Birg« bei Hohenschäftlarn (Lkr. Wolfratshausen) und Burgställe wie den bereits eingeebneten Teufelsberg in der Aubinger Lohe und solche am Rand der Flußtäler (z.B. Oberföhring, Schloßberg südlich von Gauting)[21].

In den Aufbaujahren der kriegszerstörten Stadt und später auf dem Weg zu einer blühenden Metropole und Olympiastadt hat es für die Archäologie kaum Chancen gegeben. Ausgrabungen wurden – mit einigen wenigen Ausnahmen – als unnötig und störend empfunden. Wohl auch in der irrigen Annahme, die vielen Neubauten der Jahrhundertwende und der Jahre vor dem Krieg, vor allem aber auch der Krieg selbst hätten sowieso jede archäologisch wichtige Substanz im Boden Münchens zerstört, gab es keine Aufmerksamkeit für dieses Archiv aus Stein und Erde unter dem Pflaster.

Auch in den späteren Jahren unternahm die Lokalbaukommission immer wieder erfolglose Versuche, zumindest eine Übersicht der noch zu erwartenden Fundstellen und Bodendenkmäler beim Bayerischen Landesamt für Denkmalpflege (BLfD) zu erwirken[22]. Nach einigen kleinen Notuntersu-

[20] Wagner, Friedrich, Denkmäler und Fundstätten der Vorzeit Münchens und seiner Umgebung (Kallmünz 1958) 4.

[21] Wagner, Denkmäler, 23.

[22] 1976, Forderung der Lokalbaukommission nach einem Interessengebietsplan. Auszug aus der Niederschrift über die Dienstbesprechung mit dem Heimatpfleger und dem Landesamt für Denkmalpflege am 18.02.1976. darin: Anregung der Lokalbaukommission für einen Interessengebietsplan, welcher ausweist, wo Bodendenkmäler bzw. Bodenfunde zu vermuten sind. 1976, Antwortschreiben des BLfD an die Lokalbaukommission München. Darin: München habe weder in der römischen Kaiserzeit noch im Frühmittelalter eine zentralörtliche Funktion gehabt, so fehle es auch an einem Rechtfertigungsmotiv für Ausgrabungen in der Münchner Altstadt. »...Da sich im Kern der Stadt München keine über Tage sichtbaren Bodendenkmäler erhalten haben, die im Teil B der Denkmalliste Bodendenkmäler zu berücksichtigen wären und vor- und frühgeschichtliche Untertagebefunde durch hochmittelalterliche und jüngere Baumaßnahmen längst zerstört worden sein dürften, sehen wir keine Möglichkeiten einen archäologischen Interessenplan für das Zentrum Münchens aufzustellen...« Beide Briefe befinden sich im BLfD, Abtl. B, Ortsakt München.

chungen in den 70er Jahren setzte dann in den späten 80er Jahren eine Vielzahl größerer und kleinerer Grabungen ein, alle unter der Leitung des BLfD[23]. 1988 konnte zum dritten Mal ein Resumée mit einer Ausstellung gezogen werden, deren Schwerpunkte diesmal im Mittelalter und der Neuzeit lagen. Bezeichnenderweise trug sie zum ersten Mal den Titel »Stadtarchäologie in München«. Anläßlich dieser Ausstellung resümierte Landeskonservator Dr. Keller für München zwar noch:

»Es ist nicht viel, was in den letzten Jahren zusammenkam«, betonte aber auch, daß sich mit dieser Ausstellung vor allem die Möglichkeit bietet, »auf Defizite hinzuweisen und deutlich zu machen, daß es das Bodendenkmal und den Fundort München gibt«[24].

Wie wichtig auch nach den bis in die 90er Jahre durchgeführten Grabungen mit ihren Ergebnissen weitere Untersuchungen und vor allem intensive archäologische Arbeit und Forschung in München sind, zeigen die immer wiederkehrenden, an frühe Theorien anschließenden Meinungen über die Frühgeschichte der Stadt München. An prominenter Stelle sind immer wieder einmal groß aufgemachte Artikel zu lesen mit Überschriften wie: »Alle Spuren führen in die Spätantike«[25] oder »Spuren deuten darauf hin: München viel älter«[26]. Theorien, die uns zu den Anfängen der Münchner Forschungsgeschichte vor 200 Jahren zurückkatapultieren, nur mit dem Unterschied, daß sie uns heute als historische Wahrheit verkauft werden, ohne die Möglichkeit eines hier doch wohl sehr angebrachten Zweifels auch nur anzudeuten oder darauf hinzuweisen, daß es sich nur um eine der vielen möglichen Theorien handelt. Die Erinnerung an P.P. Finauer wird noch einmal wach, der uns vor mehr als 200 Jahren ans Herz legte: »Glücklich genug, wenn hierin nicht zu viel gewaget wird.«

---

[23] Winghart, Stefan, Altstadtarchäologie und Stadtkernforschung in München. Denkmalpflege Informationen, Ausgabe B Nr. 84, 1.12.87. Anlaß waren drei große Grabungen: 1987 am Marienhof. In Zusammenarbeit mit dem Stadtplanungsreferat sollte der Verlauf der ersten Stadtmauer festgestellt werden, um die Grenzen der frühesten Stadtbefestigung optisch in die damalige Bauplanung einbeziehen zu können. 1984/87 und 1988 legte man die Stadtbefestigung am Isartor frei und bezog die Reste der Stadtmauer aus dem 14. Jahrhundert in den Sparkassenneubau ein. 1987 wurden in der Auer Vorstadt durch eine Ausgrabung die Grundrisse des barocken Paulanerklosters und der zugehörigen Heiligkreuzkirche sichtbar gemacht.

[24] Ansprache zur Ausstellungseröffnung »Stadtarchäologie in München« von Dr. Erwin Keller am 15. April 1988 In: Denkmalpflege Informationen, Ausgabe B.

[25] Artikel von Rudolf Reiser in der SZ vom 18./19. Juni 1994.

[26] Artikel von Rudolf Reiser in der SZ vom 23./24. November 1996.

3. Vor- und Frühgeschichte und frühes Mittelalter

3.1. Vor- und Frühgeschichte

München liegt in der Münchner Schotterebene, einer ausgedehnten Fläche zwischen dem Moränengürtel des Alpenvorlandes im Süden und dem tertiären Hügelland im Norden[27] (Abb. 3 und 4). Die nur sehr schwach reliefierte Schotterebene fällt mit allmählich abflachender Neigung von 670 m ü.N.N. im Süden auf 420 m ü.N.N. im Norden leicht ab. Sie geht an der heutigen südlichen Stadtgrenze bei Baierbrunn in das Moränengebiet über, nordwärts reicht sie bis Freising. Drei von SSW nach NNO laufende Flüsse durchschneiden die Ebene (Abb. 10): Im Westen die Würm, in der Mitte als größter Fluß die Isar, im Osten der kleine Hachinger Bach, der eine geologische Besonderheit darstellt, denn sein Wasser versickert streckenweise, fließt teilweise unterirdisch, um in Höhe des Michaelibades endgültig im Untergrund zu verschwinden[28]. Die Entstehung der Schotterebene geht auf die Zeit des Tertiär (etwa 60 Mio.–1. Mio. Jahre v. Chr.) zurück. Aus einem 150 km breiten See mit dicken lehmartigen, wasserundurchlässigen Ablagerungen, die als Flinz oder Molasse bezeichnet werden, bildete sich die Schotterebene. Über diesem Flinz liegen die jüngeren Ablagerungen der verschiedenen Eiszeiten. Das vom Schmelzwasser der Gletscher nach Norden geschobene Geröll, vor allem Schottersteine, füllte das breite Tal aus. Zum größten Teil besteht die Münchner Ebene aus dem Geröll der letzten Würmeiszeit, dem sogenannten Niederterrassenschotter. Nach der Eiszeit entstanden durch Abtragungen zu beiden Seiten der Isar in verschiedenen Höhen Terrassen (Abb. 3). Die westlichen Bereiche Münchens liegen auf der »Grünwalder Terrasse«, die sich von Sendling über die Theresienhöhe bis zum Luitpoldpark hinzieht[29]. Etwas tiefer verläuft auf der gleichen Seite die Altstadtterrasse als schmaler Uferstreifen mit einer Breite von etwa 2 km von Thalkirchen nach Norden. Auf ihr liegt die Münchner Altstadt (Abb. 4 und 5). Beide Terrassen laufen gegen Norden zu flächig aus. Im Gegensatz dazu liegt die Giesinger Terrasse im Osten fast durchgehend am Rande eines Steilufers. Sie zieht sich von Harlaching bis zum Ostbahnhof. Von diesen Terrassen und den Flußläufen in der Schotterebene wurden im wesent-

[27] Maull, Otto, Die Münchner Ebene. In: Handbuch der naturräumlichen Gliederung Deutschlands (München 1954) 113 f. Brunnacker, Karl, Die Entstehung der Münchner Schotterebene. Geologica Bavarica 55 (München 1965) 341 f.

[28] Höfling, Richard, Der Hachinger Bach – ein geologisches Phänomen. Perlach 1200 Jahre. Entstehungs- und Entwicklungsgeschichte eines Münchner Stadtteils mit den Ortsteilen Perlach, Fasangarten, Michaeliburg, Waldperlach und Neuperlach, hrsg. von Mooseder, Georg (München 1990) 24–30.

[29] Bauer, Reinhard/Piper, Ernst, München, Geschichte einer Stadt. (München 1996) 10 f.

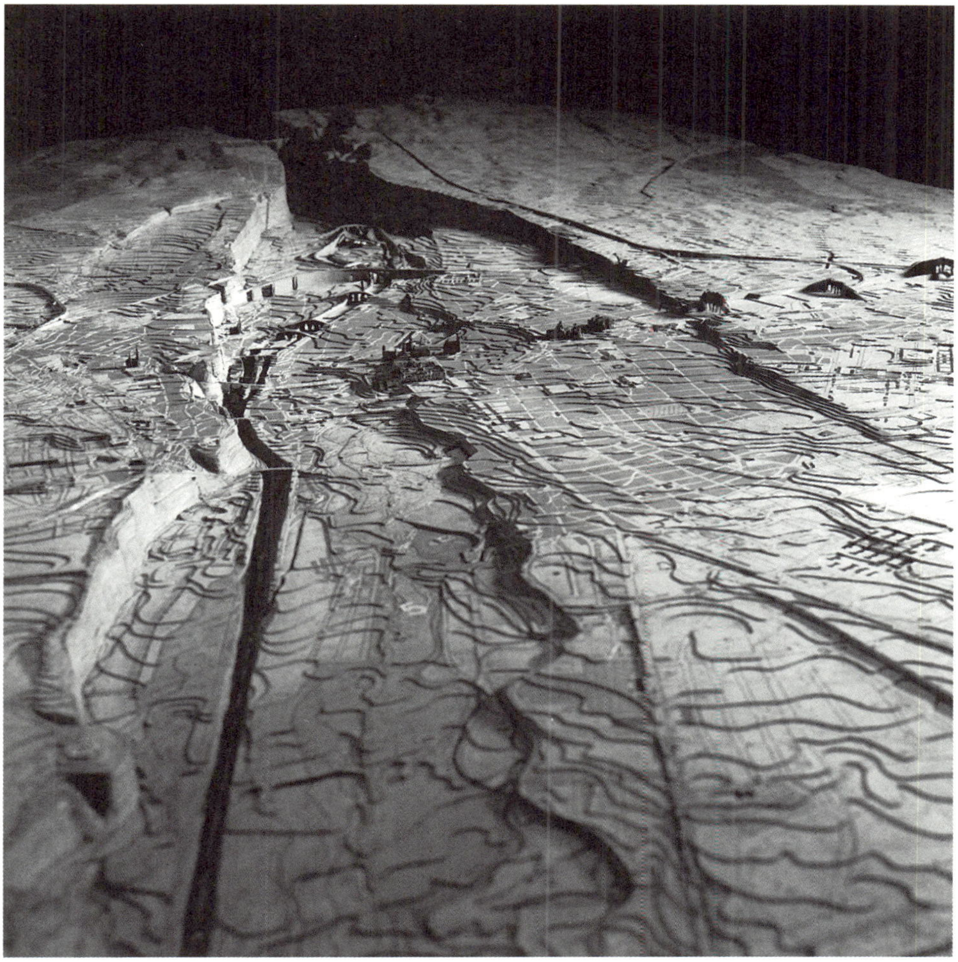

Abb. 3: Höhenlinienmodell der Stadt München. Blick nach Süden. München liegt am östlichen Rand der Altstadtterrasse (Bildmitte) (Photo: Pulfer).

lichen der Verlauf der alten Verkehrswege und die Standorte der Siedlungen bestimmt[30].

Die Siedlungsbedingungen, die die Menschen der Frühzeit auf der Schotterebene vorfanden, waren gut. Der hochstehende Grundwasserspiegel im Norden erforderte keine tiefen Brunnenbohrungen. Ausgedehnte baumarme Heidelandschaften auf den Kalkmagerböden im Westen, Norden und Osten (Menzinger Heide, Garchinger Heide, Perlacher Heide) machten aufwendige Rodungsarbeiten überflüssig. Lößlehmböden auf dem Schotter der Hochterrassen östlich der Isar boten beste Bedingungen für die Ackerwirtschaft. Die ansonsten mit lockeren Eichen und Hainbuchen durchsetzte Schotterebene (Reste noch im Nymphenburger Park) versprach gute Jagdmöglichkeiten, die verzweigte Flußlandschaft umfangreiche Fischerei. Siedlungsgünstiger als der direkte Uferbereich der oft unberechenbaren Isar waren allerdings die etwas ruhigeren Gewässer der Würm und des Hachinger Bachs[31].

---

[30] Wagner, Denkmäler, 11.

[31] Diese Geländekonturen sind sehr gut in dem überhöhten »Modell der Bodenoberfläche Münchens« im Stadtmuseum Münchens zu sehen. Ansonsten: Brunnacker, Karl, Die Entwicklung der Münchner Schotterebene seit der Rißzeit. Mitteilungen der Geographischen Gesellschaft in München 67 (München 1991) 23–38.

Abb. 4: Höhenlinienmodell der Stadt München. Die Altstadt von München. Deutlich zu erkennen die Hangkante, an der der älteste Siedlungskern liegt (Photo: Pulfer).

Die Besiedlung des Münchner Raumes setzt mit gesicherten Funden im mittleren Neolithikum ein. Die frühesten Funde stammen aus Siedlungsgruben in der Gegend von Unterföhring. Sie gehören der »Oberlauterbacher Gruppe« und der »Münchshöfener Kultur« an[32]. Daß es aus der zeitlich anschließenden Altheimer Gruppe und anderen Gruppen gleicher Zeitstellung keine Funde gibt, läßt sich unschwer durch den intensiven Lehmabbau in dieser einst sehr fruchtbaren Gegend erklären. Er zerstörte viele vorgeschichtliche Siedlungsspuren. In der Bronzezeit läßt sich ein deutlicher Siedlungsschwerpunkt vom Mangfallgebiet nach Norden etwa bis zur Sempt nachweisen. Die Funde scheinen sich an einem Handelsweg aufzureihen, der wohl in Zusammenhang mit den Erzlagerstätten im Salzburger Land und im oberen Inntal steht. Eine weitere Fernstraße ist in Ansätzen zu verfolgen vom Isartal südlich von München über das Tal des Hachinger Bachs, den südlichen Rand des Erdinger Mooses bis zum Semptal – auch dieser Weg verlief in nord-südlicher Richtung. Die Kartierung der Brandgräberfelder aus der Urnenfelderzeit zeigt neue Siedlungsschwer-

[32] Weinzierl, Peter/Winghart, Stefan, Lebensraum seit der Steinzeit. In: Lebensraum Landkreis München, hrsg. vom Landkreis München (München 2. Aufl. 1991) 8–41. – Winghart, Stefan, Bemerkungen zur Genese und Struktur frühmittelalterlicher Siedlung im Münchner Raum. In: Kolmer, Lothar (Hrsg.), Regensburg, Bayern und Europa (Regensburg 1995) 7–47.

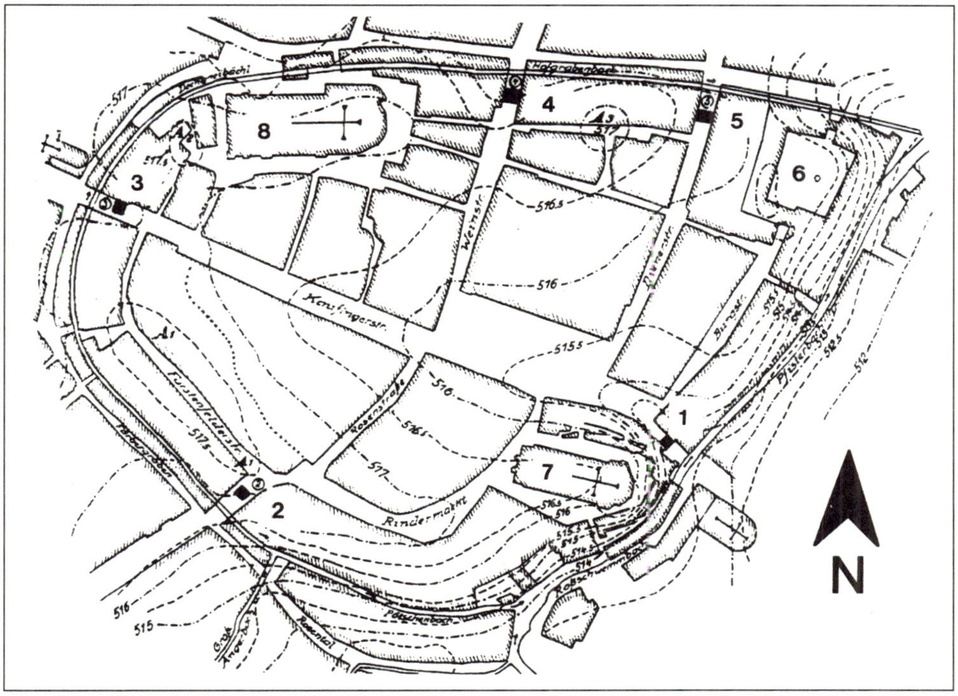

Abb. 5: Höhenschichtenplan des Altstadtkerns von München. Nach: Schneider, Gustav, Der Werdegang des ältesten Münchner Stadtkernes. OA 112 (1988) Fig. 2.

1: Talburgtor. 2: Inneres Sendlinger Tor. 3: Oberes Tor. 4: Hinteres Schwabinger Tor. 5: Vorderes Schwabinger Tor. 6: Alter Hof. 7: Peterskirche. 8: Frauenkirche.

punkte (Abb. 6). Neben den eben beschriebenen Verkehrswegen auf der Ostseite der Isar scheinen nun die Flußtäler Würm, Amper, Glonn und das westliche Isarufer eine wichtige Rolle zu spielen. In etwa den gleichen Siedlungsgebieten finden wir auch die typisch latènezeitlichen viereckig umfriedeten Gehöfte aus der Zeit seit dem 5. vorchristlichen Jahrhundert, als das Münchner Stadtgebiet zum Siedlungsbereich der Vindeliker gehörte.

Die römische Zeitepoche ist die am besten aufgearbeitete für die Umgebung Münchens (Abb. 7 und 8). Die Hauptwege verlaufen nun in west-östlicher Richtung. Der Münchner Raum wird von ihnen nur am Rande tangiert. Südlich von München zieht die Hauptachse der Verbindung Augsburg/Augusta Vindelicum – Salzburg/Iuvavum nach Osten. Sie benutzt den Amperübergang Schöngeising, quert die Würm bei Gauting und die Isar bei Grünwald. Nördlich streift die Verbindung Augsburg – Wels/Ovilava in Oberösterreich die Schotterebene. Sie überquert die Isar bei Oberföhring. Die dritte West-Ost-Verbindung nördlich des Münchner Kernbereichs ist nach Ausweis der römischen Funde nur zu vermuten. Sie stellt allerdings keine Hauptverbindung dar.

Nord-südlich gerichtete Querverbindungen liefen wahrscheinlich durch das Würmtal (als Weiterführung der Straße von Bregenz, Kempten und Epfach), das Tal des Hachinger Bachs und in südlicher Verlängerung der Sempt. Sie sind im einzelnen durch Fundpunkte nachgewiesen, in ihrem Verlauf allerdings nicht überall eindeutig zu beweisen.

Eine kontinuierliche Besiedlung entlang dieses Fernstraßensystems konnte bislang vor allem östlich von München nachgewiesen werden[33]. Gleichzeitig

[33] Winghart, Stefan, Bemerkungen zur Genese und Struktur frühmittelalterlicher Siedlung im Münchner Raum. In: Kolmer, Lothar (Hrsg.), Regensburg, Bayern und Europa (Regensburg 1995) 20 f.

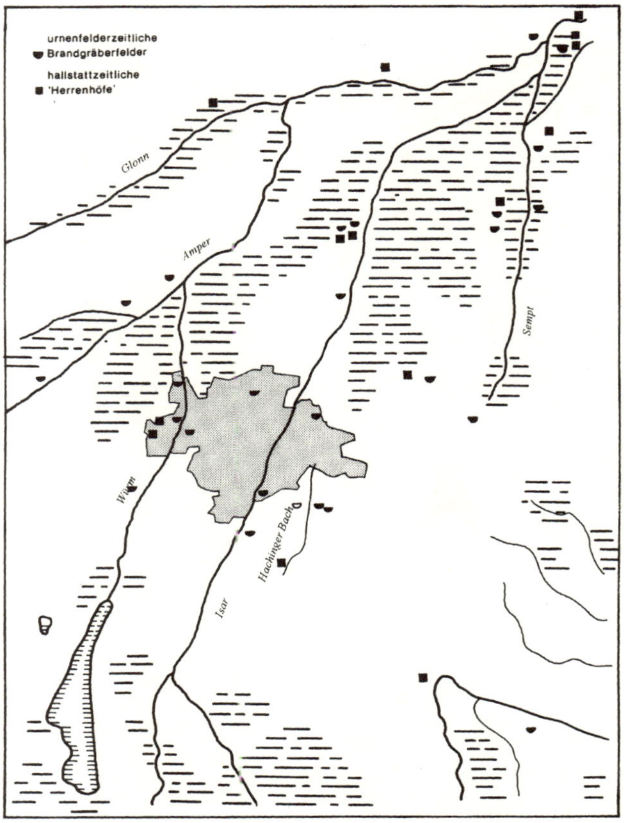

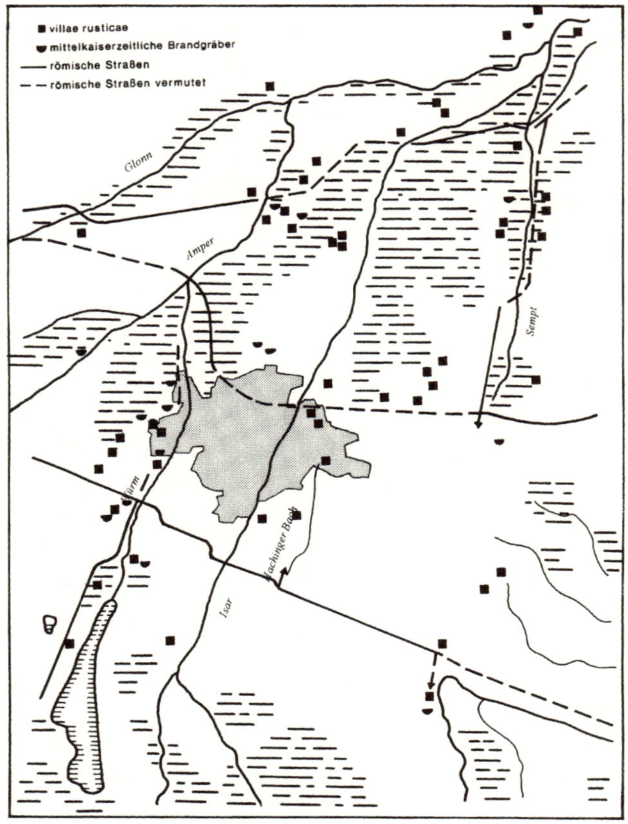

Abb. 6: Gräberfelder der Urnenfelderzeit und »Herrenhöfe« der Hallstattzeit im Münchner Raum. Offene Signaturen: Unsichere Fundorte; gestrichelte Flächen: Ehemalige Feuchtgebiete. Nach Winghart.

Abb. 7: Siedlungsstellen und Brandgräber der mittleren römischen Kaiserzeit im Münchner Raum. Gestrichelte Flächen: Ehemalige Feuchtgebiete. Nach Winghart.

finden sich hier auch die frühesten Nachweise der germanischen Landnahme. Dies ist nicht nur ein Indiz für die kontinuierliche Nutzung der Verkehrswege seit der Bronzezeit, sondern auch ein Hinweis, daß die römischen Fernstraßen auch noch im frühen Mittelalter genutzt wurden[34].

Zusammenfassend läßt sich sagen: Die Besiedlung des Münchner Raumes orientiert sich etwa seit der Bronzezeit an den kontinuierlich genutzten Wegen des Fernhandels, diese wiederum zum großen Teil an den Flußläufen. West-östlich verlaufende Hauptwege sind erst seit der Zeit der römischen Besatzung deutlich zu verfolgen, während die nord-südlich ausgerichteten Verbindungen entlang Würm, Isar und Hachinger Bach bis zur Sempt und am Rand des Moränenrückens schon in frühester Zeit benutzt wurden.

3.2. Frühes Mittelalter

Die Siedlungen des frühen Mittelalters reihen sich im Wesentlichen an diesen alten Verkehrswegen auf (Abb. 9 und 10). Daß die frühmittelalterlichen Siedlungen auf der Münchner Schotterebene sehr häufig nord-südlich orientiert waren, sich also nach den bestehenden Straßen richteten, konnte in einer Reihe von großflächigen Untersuchungen nachgewiesen werden, z.B.

[34] Störmer, Wilhelm, Fernstraßen und Klöster. ZBLG 29 (1966).

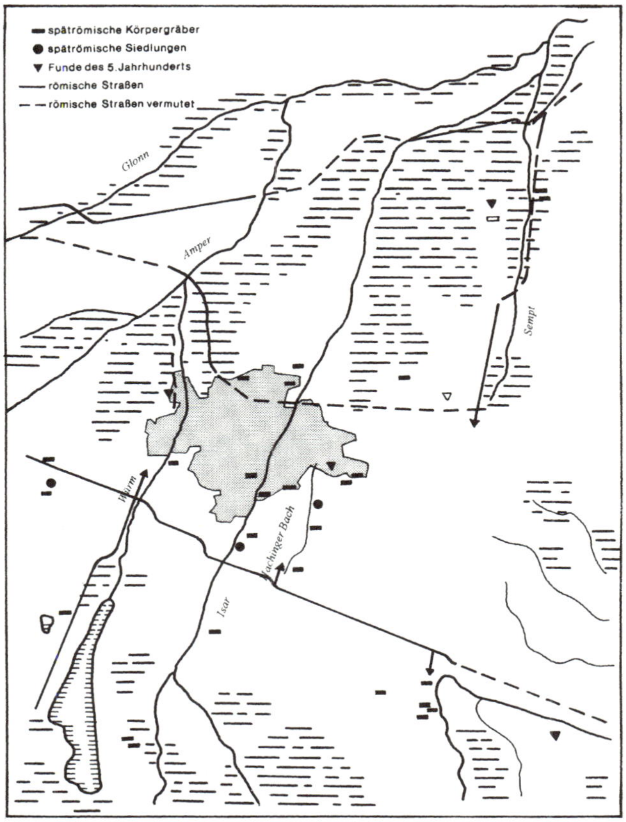

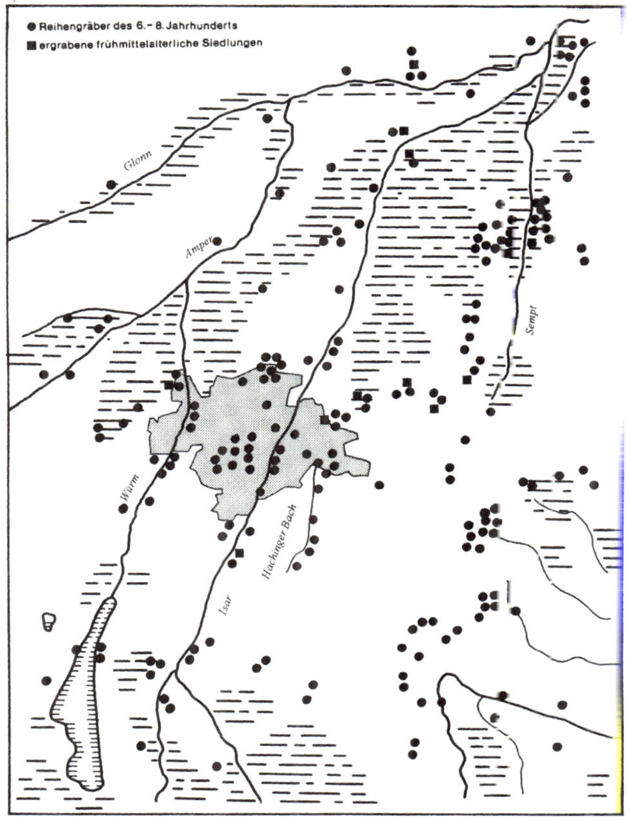

Abb. 8: Spätrömische Siedlungen und Körpergräber sowie Funde des 5. Jahrhunderts im Münchner Raum. Gestrichelte Flächen: Ehemalige Feuchtgebiete. Nach Winghart.

Abb. 9: Einzel- und Reihengräber des 6.–8. Jahrhunderts und ausgegrabene frühmittelalterliche Siedlungen im Münchner Raum. Gestrichelte Flächen: Ehemalige Feuchtgebiete. Nach Winghart

in Kirchheim, Poing, Eching, Altenerding, Aufhausen bei Erding und Attaching bei Freising.

Auch für die alten Ortschaften in der nächsten Umgebung von München gilt diese Aussage. Ihre Orientierung läßt sich besonders gut auf den ältesten Flurkarten nachvollziehen, da es sich fast ausschließlich um Straßendörfer mit ihren typischen schmalen, langgestreckten Grundrissen handelt. Auch sie orientierten sich an den bestehenden alten Verkehrswegen und waren somit fast ausschließlich nord-südlich ausgerichtet. Lediglich Laim (1047/53), Moosach (807) und Haidhausen, die sich in ost-westlicher Richtung erstreckten, machen eine Ausnahme. Neuhausen, das in den Quellen allerdings erst 1163/65 auftaucht und damit vielleicht schon bei seiner Gründung mit München in Verbindung stand, liegt als einziges Dorf schräg in der sonst deutlich gegliederten Schotterebene (Abb. 10). Stahleder konnte auf Grund genauer Kartenstudien nachweisen, daß die Verbindungswege dieser Orte mit dem neu gegründeten München allesamt neu geschaffen worden sind und von den alten Wegesystemen und Ortsorientierungen wesentlich abweichen[35]. Teils führen die neuen Wege leicht schräg zu der alten Wegeführung, teils streifen sie den Ortskern nur noch oder lassen ihn oft genug sogar gänzlich unberührt.

Für den Altstadtbereich von München spielt das alte Wegesystem offenbar kaum eine Rolle. Die Hauptrouten laufen westlich (Pullach–Sendling–Feld-

[35] Stahleder, Helmuth, Stadtplanung und Stadtentwicklung Münchens im Mittelalter. OA 119 (1995) 237–283.

moching sowie ein zweiter Weg durch das Würmtal) und östlich (Taufkirchen–Perlach–Ismaning; Giesing–Oberföhring–Garching) vorbei, der wichtigste Isarübergang lag 5 km nördlich bei Oberföhring. Auf Höhe der Altstadt im Bereich der heutigen Kohleninsel (Deutsches Museum) existierte aber wohl schon immer eine Furt: die Isar verliert an dieser Stelle durch Mäander und Inseln ihre Tiefe. Einzig ein kleiner, bisher allerdings nur vermuteter Weg verlief knapp am Rande des westlichen Isarhochufers von Thalkirchen nach Schwabing. Auf seiner angenommenen Trasse führt er durch das Angertor in die Stadt, dann direkt an der Jakobskirche vorbei, über die Westseite der Peterskirche, durch die Burgstraße und den Alten Hof, vorbei an der heutigen Ostseite der Residenz und durch die Königinstraße in das alte Ortszentrum des nördlich anschließenden Schwabing. Diese Süd-Nord-Straße spielt für die neu gegründete Stadt allerdings keine wichtige Rolle mehr. Wie sich zeigen wird, wird sie anscheinend gewollt überbaut und in der Folgezeit nach Westen verlegt. Für München scheint eher die bisher nicht nachweisbare Ost-West-Richtung, bedingt durch den von Oberföhring nach Süden verlegten Isarübergang, von Bedeutung gewesen zu sein. An ihr orientierten sich der Hauptmarkt (Marienplatz) und die wichtigsten Zolltore (oberes, später Kaufinger Tor und unteres Tor, heute Altes Rathaus). Eine Zollerhebung am nördlichen (Schwabingertor) und südlichen Tor (Sendlingertor) kann erst für das Jahr 1414 nachgewiesen werden und auch dann nur für einen relativ unbedeutenden Pflasterzoll, nicht den sehr viel wichtigeren für ein- und ausgeführte Waren. Die hier nur in kurzen Ausführungen dargestellten Beobachtungen und Überlegungen zu den alten Wegesystemen in der Münchner Schotterebene sollen die Ausgangssituation zur Gründungszeit von München verdeutlichen. Zwar liegt die neue Siedlung am Hochufer der Isar auf einem alten Weg, jedoch liegt sie abseits der wichtigen Hauptwege. Es scheint so, als ob München in einem fiskalisch dicht besiedelten Gebiet[36] mitten an einer noch freien Stelle gegründet worden ist, an einer Stelle, an der die Isar gut zu überqueren war. Vermutlich eine Stelle, an der schon seit langer Zeit ein Nebenübergang bestanden hat, der durch die Verlegung des Überganges vom nördlich gelegenen Oberföhring wiederbelebt worden ist.

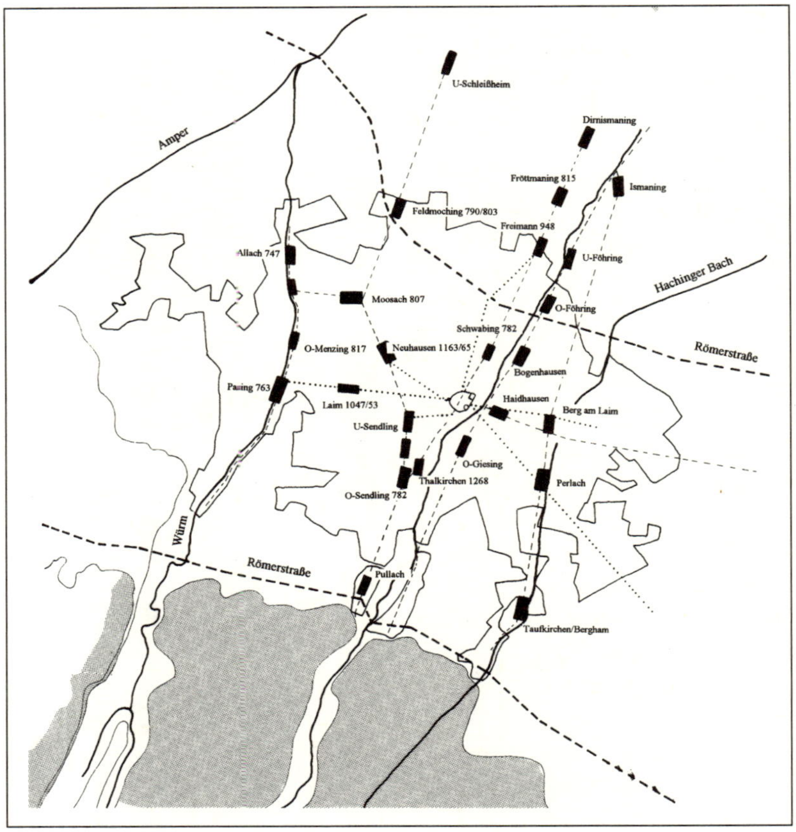

Abb. 10: Wegesystem vom 1. Jahrhundert bis in das Hochmittelalter im Münchner Raum. Nach Stahleder (OA 119) Karte 2.

-------- Vor der Gründung Münchens bestehende Wege.

·········· Nach der Gründung Münchens angelegte Wege.

[36] Maier, Lorenz, Herrschaftsinhaber und Führungsschichten 1158 bis 1294. In: Bauer, Richard (Hrsg.) Geschichte der Stadt München (München 1992) 19.

4. Ausgewählte Aspekte der Stadtarchäologie in München

4.1. Die Herzogsburg

Im Mittelpunkt der Erforschung der frühen Geschichte Münchens stehen zwei markante Gebiete innerhalb der Altstadt. Sie liegen auf kleinen - heute kaum mehr erkennbaren - Erhebungen: die im südlichen Bereich des alten Stadtkerns gelegene Erhebung mit der Peterskirche und der im Norden gelegene Alte Hof mit der Herzogsburg (Abb. 4 und 5,6). Bei beiden Arealen wurde immer wieder eine lange vor der ersten urkundlichen Erwähnung Münchens einsetzende Besiedelung diskutiert. Sie spielen deshalb nicht nur als die in ihren Anfängen wohl ältesten Bauten Münchens eine herausragende Rolle, sondern auch bei der – in einem späteren Kapitel behandelten – Klärung der Frage, wann München wirklich gegründet wurde. Ihrer Bedeutung entsprechend soll im Folgenden zunächst die Herzogsburg – der heutige Alte Hof – im Mittelpunkt der Untersuchungen stehen.

Der Alte Hof liegt im Zentrum der Stadt nordöstlich des Marienplatzes am Ende der Burgstraße. Trutzig wirkt er noch heute wie eine Burg. Es ist eine fast quadratische Anlage mit zwei Toren. Das eine öffnet sich nach Norden, zur Alten Münze, das andere nach Süden in die Burgstraße. Daß die alte Herzogsburg einmal am Nordostrand der ersten nachweisbaren Stadtbefestigung lag, ist heute kaum mehr zu erkennen. Die Konturen des im Norden und Osten hier ehemals steil abfallenden Geländes haben sich durch die moderne Bebauung zum größten Teil verwischt. Von den alten Burggräben zeugen noch heute im Osten der Pfisterbach (größtenteils unterirdisch) und im Norden der alte Hofgraben, der im Straßennamen weiterlebt (auch hier floß unterirdisch ein kanalisierter Stadtbach, der Kanal ist noch erhalten)(Abb. 12). Beide Gräben sind auf dem alten Plan von 1806 noch deutlich zu erkennen (Abb. 11). Die stadtseitigen Gräben, die westlich und südlich direkt an den Alten Hof anschlossen, sind nur noch andeutungsweise nachzuzeichnen: im Westen durch die freie Fläche zwischen der Bebauung an der Dienerstraße und dem Alten Hof, im Süden durch die nördliche Bebauung der Altenhofgasse (Abb. 41,a).

Über diese allgemeine Beschreibung hinaus sind unsere Kenntnisse über die alte Herzogsburg jedoch sehr dürftig. Weder kennen wir das genaue Alter, noch gab es bislang fundierte Vorstellungen über die bauliche Entwicklung der Anlage, denn nur ganz wenigen schriftlichen Quellen sind Hinweise auf den Alten Hof zu entnehmen, die über einige wenige schlaglichtartige Erkenntnisse hinausgehen.

Direkte Quellen, die die Existenz eines Herzogsitzes im Alten Hof belegen könnten, gibt es weder für das 12. noch für das 13. Jahrhundert. Auch indirekte Rückschlüsse auf die Frühzeit der Anlage sind erst verhältnismäßig

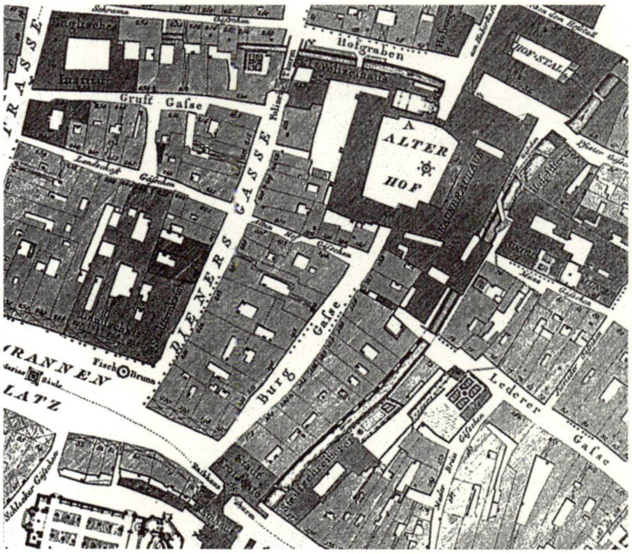

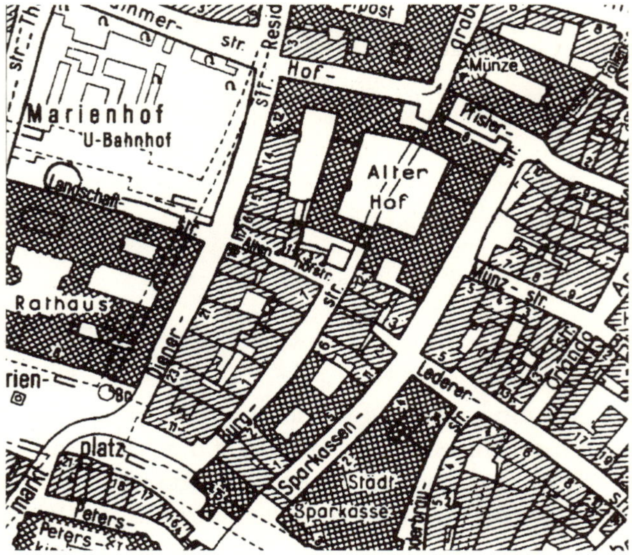

Abb. 11: Lage des Alten Hofes in der nordöstlichen Ecke des ältesten Stadtkernes. Ausschnitt aus dem Katasterplan von München 1806.

Abb. 12. Der Alte Hof auf dem Katasterplan von München 1997.

spät möglich. So läßt sich in der gesamten Regierungszeit Heinrichs des Löwen (1155–80) kein direkter Aufenthalt des Herzogs in München nachweisen[37]. Es scheint sogar, daß in diesen ersten Jahrzehnten für offizielle Anlässe die Peterskirche und das dazugehörige Pfarrhaus als einzige große repräsentative Gebäude genutzt wurden (siehe Kapitel 4.2, St. Peter und Kapitel 6.2, Bauten und Institutionen). Die Erwähnung einer Mauer mit einem Ortolf, »qui praeest muro« um 1173/74 sagt nichts zu den Verhältnissen an der Nordwestecke der ersten Stadt aus[38]. Der Verlauf der ersten nachweisbaren Stadtmauer aus Ziegeln nimmt zwar möglicherweise schon Bezug auf den Alten Hof, da sie an dieser Stelle mit einer leichten Ausbuchtung eher Rücksicht auf eine schon bestehende Bebauung zu nehmen scheint als umgekehrt, dennoch ist es fraglich, ob diese kurze Erwähnung als Indiz für schon vorhandene Bauten auf dem Gelände des Alten Hofs gewertet werden darf.

Auch unter den Herzögen Otto von Wittelsbach (1180–83), Ludwig dem Kelheimer (1183–1231) und Otto II. (1231–53) erfahren wir nichts über den Alten Hof. Am 28. März 1255 wird das Herzogtum unter den Brüdern Heinrich XIII. (Unterland) und Ludwig II., genannt der Strenge, (Oberland) aufgeteilt[39]. Ludwig der Strenge regierte von 1253 bis 1294. Erst in seiner Regierungszeit wird München ein offenbar häufig genutzter Aufenthaltsort des Hofes. Erste Quellen tauchen auf, die zumindest indirekte Hinweise auf die Existenz eines repräsentativen Herzogsitzes geben. So ist z.B. für den 7. Oktober 1259 eine Familienfeier des Herzoghofes in München festgehalten, die ohne eine umfangreiche Hofhaltung wohl nicht möglich gewesen wäre[40].

Unter dem nachfolgenden Herzog Ludwig dem Bayer (1294–1347) wird 1319 das erste Mal ausdrücklich ein »castrum«, also eine Burg oder ein

[37] Heydel, Johannes, Das Itinerar Heinrichs des Löwen. Niedersächsisches Jahrbuch, Band 6 (1926) 1–166.
[38] Stahleder, Chronik, 14 f.
[39] Stahleder, Chronik, 36.
[40] Stahleder, Chronik, 40.

Schloß für die Stadt bezeugt[41]. Mit größter Wahrscheinlichkeit bezieht sich diese Quelle auf den Alten Hof und wäre dann die erste schriftliche Erwähnung der Herzogsburg.

In der Forschungsgeschichte gilt heute allgemein die oben erwähnte Landesteilung 1255 in Verbindung mit den bald darauf einsetzenden ersten schriftlichen Quellen als einigermaßen gesicherter Zeitpunkt für die Erbauung des Alten Hofes. Eine frühere Entstehungszeit der Burg, die z.B. Pius Dirr (er spricht von einem herzoglichen Fronhof)[42] oder Sigmund Riezler (er geht von einer vorwittelsbachischen Burgstelle aus)[43] zur Diskussion stellten, ist anhand von Quellen nicht belegbar und war bislang auch wegen fehlender archäologischer Untersuchungen nicht nachweisbar. Das gleiche gilt natürlich in erhöhtem Maße für Vorgängerbebauungen oder die immer wieder diskutierte kontinuierliche Besiedelung seit frühester Zeit.

Die wenigen Zeugnisse in den Folgejahren sind eher für die Gestaltung der Anlage als für die Frage der Entstehungszeit von Interesse. Auch hier sind es meist nur Rückschlüsse, die man aus den Unterlagen ziehen kann, direkte Quellen über Gestalt und Aussehen der Burg fehlen auch hier für lange Zeit. So wird z. B. 1321 von einem Burgkaplan gesprochen, der die gleichen Rechte innehatte, wie sie mit Peterskirche und Frauenkirche verbunden waren[44]. Indirekt kann dies wohl gleichzeitig als erste Erwähnung der Lorenzkirche gelten. Die Lorenzkirche war die damalige Burgkapelle und bildete den nördlichen Abschluß des Alten Hofes. Sie lag bereits außerhalb des umfriedeten Bereichs des Alten Hofes und stand unter Kaiser Ludwig dem Bayern als Aufbewahrungsort der Reichskleinodien im Mittelpunkt der kaiserlichen Hofhaltung. Die Lorenzkirche wurde während der Säkularisierung im Sommer 1816 abgerissen (Abb. 13 und 41,e)[45].

Am 13. Februar 1327 wird der Alte Hof in einer Auflistung der zu Schaden gekommenen Bauten nach dem großen Stadtbrand angeführt[46].

Daß wenig später bereits eine umfangreiche Bebauung bestanden haben muß, geht aus einer Quelle hervor, die die Auslagen des herzoglichen Kastners Joh. v. Kammerberg für das Jahr 1364 aufzählt. Für die Ausbesserung der Dächer und der vier Steinhäuser werden mit einem Materialaufwand von 26 500 Dach- und Mauerziegeln 33 Pfd. 5 Schillinge veranschlagt. Ebenfalls benötigte man Zimmerleute, Dachdecker, Trägerknechte »do man zuo dem grozzen gang anhuob«. Dabei handelt es sich vermutlich um einen der beiden Gänge an der Innenseite der Ostmauer und der Lorenzkiche, die

41 Haeutle, Christian, Die fürstlichen Wohnsitze der Wittelsbacher in München, Band 1, Die Residenz (Bamberg 1892) 1.

42 Dirr, Grundlagen, 155. – Oestreich, 25.

43 Riezler, Sigmund, Die herzogliche Gewalt in Bayern unter Heinrich den Löwen und Otto I. In: Das Herzogthum Bayern zur Zeit Heinrichs des Löwen und Ottos I. v. Wittelsbach (München 1867) 139–226.

44 »chappel in unserer puerge ze Muenchen«, Dirr, Denkmäler, Nr. 65, 103/105.

45 Lieb, Norbert, München, die Geschichte seiner Kunst. (München 4. Aufl. 1988) 23.

46 Stahleder, Chronik, 101. Stadtbrand 1327. Berichte von Aventin (Chronik von 1533) als auch von Pater Hermann. Aventin sieht eine Zerstörung der ganzen »alt vest«, Pater Hermann dagegen nur eine teilweise Zerstörung. Häutle bemerkte richtig, daß eher Hermann Glauben zu schenken sei, da die Kammerrechnungen für diese Zeit keine Ausgaben verzeichnen. – Häutle, Christian, Die fürstlichen Wohnsitze der Wittelsbacher in München. Teil 2: Der Alte Hof (o.O., o.J.) Manuskript im Stadtarchiv München, Sammlung Trautmann n°162/2. Allerdings wird auch für den 21.3.1484 ein Brand verzeichnet (KR 1484/85 S. 73r.: »zu der prunst gen hof«).

Abb. 13: Nordseite des Alten Hofes um 1806 mit dem ehemaligen Wehrgang, der angebauten St. Lorenz-Hofkirche und dem nördlichen Tor. Aquarell von Domenico Quaglio, um 1806.

Abb. 14: Südseite des Alten Hofes um 1806. Aquarell von Domenico Quaglio, um 1806.

als Verbindungsgänge zwischen den einzelnen Gebäuden über der alten Stadtmauer angelegt wurden (Abb. 13). Weiterhin gab es umfangreiche Ausgaben für »einen kanal über dem keller unter dem von der Fürstin

Cangrande bewohnten Gewölbe, 3 Schillinge« und für eine »an der Ostseite gelegene Küche«; sie wurde »von Grund aus gemauert und einen neuen Kanal gelegt, Küche zweifach mit Brettern gedeckt«. Außerdem erfahren wir, daß ein Haus für die Fürstin Cangrande bewohnbar gemacht, in der Stube des Markgrafen wiederholt die Fenster erneuert wurden »wan si di affen als oft prachen«, die Küche »meiner fraw an em Graben« neu eingedeckt und mit einem neuen Kamin versehen, in der »großen Dürnitz neue Öfen, Schragen und Tische« gesetzt wurden und schließlich noch eine Instandsetzung des »Häusels über der Stiege über dem großen Keller (daz haeusel ob der Stieg ob dem grozzen cheller und drei stieg darunder)« stattfand. Bei dem »Häusel« handelt es sich wahrscheinlich um einen Vorbau vor dem östlichen Burgstock, der bei den Grabungen 1995/96 untersucht werden konnte und auf den Zeichnungen und Plänen aus dem 19. Jahrhundert noch zu sehen ist (Abb. 14, im Vordergrund links).

Ebenfalls 1364 verbucht die Kammerrechnung Auslagen des herzogl. Kastners Joh. v. Kammerberg für Neubauten und Reparaturen über 350 Pfund Pfennige. Grund dieser Umbauten war der gleichzeitige Wohnsitz für den Markgrafen Ludwig V., seinen Sohn und Nachfolger Mainhard und seinen Bruder Stephan III, beide mit Frauen, 2 Töchtern Kaiser Ludwig IV., Gräfin Margarethe von Hohenlohe und Elisabeth, die Witwe des Fürsten Cangrande von Verona[47]. 1384, am 10. Dezember, wird das erste Mal vom Bau einer neuen Befestigung innerhalb der Stadtmauern berichtet, der nördlich vom Alten Hof gelegenen, als Vorläufer der heutigen Residenz bekannten Neufeste: Die Bürger »miesten den herrn gunen ein vest in die statt ze pawen und ein aigen tor pawen lassen, das sy aus und ain reitten«. 1392 wird die Neufeste des Herzog Johann II. anläßlich eines Streits von seinem Bruder Stephan III. dem Kneißl eingenommen[48]. Daraus läßt sich entnehmen, daß die neue Befestigung zu diesem Zeitpunkt bereits vollendet gewesen sein muß. Im November 1400 lesen wir in den Quellen schon von der »alten vest«[49]. 1484 erfahren wir von einer Feuersbrunst im Alten Hof[50]. 2 Jahre später sind größere Baumaßnahmen am Stadtgraben notwendig geworden. Sie betreffen den Graben am Alten Hof »verpawn auf den graben bej der alten vesten«, wahrscheinlich handelt es sich um den Pfisterbach im Osten der Anlage. Diese Baumaßnahme dauerte bis zum 10. Dezember 1486 und verschlingt 110 Pfund 7 Schillinge und 15 Pfennige[51].

Einige späte Quellen, die als Indiz für die Verfüllung des südlichen Grabens beim Alten Hof gelten können, seien hier nur der Vollständigkeit halber angedeutet. Sie werden an gegebener Stelle ausführlicher diskutiert.

---

[47] Oefele, Edmund, Zur Geschichte des Alten Hofes in München 1359–64. OA 33 (1874) 341–346. Ältere Quelle: Die älteren Residenzen der Bayernfürsten zu München. 1. Der Alte Hof – Morgenblatt zur Bayer. Zeitung (1863) Nr. 275, 276.

[48] Stahleder, Chronik, 180 f.

[49] Stahleder, Chronik, 209.

[50] Stahleder, Chronik, 503.

[51] Stahleder, Chronik, 521.

Abb. 15: Der Alte Hof auf dem Holzmodell der Stadt München von Jakob Sandtner, um 1570–72. Blick von Norden nach Süden.

Neben diesen nicht sehr zahl- und aufschlußreichen schriftlichen Aussagen zu Gestaltung und Entwicklung der Herzogsburg haben sich einige frühe Darstellungen erhalten. Die älteste bekannte Abbildung von Teilen des Alten Hofes findet sich auf der Schedelschen Weltchronik von 1493[52]: rechts von den noch haubenlosen Türmen der Frauenkirche sind der Dachreiter der Lorenzkirche (Abb. 71,3) sowie die Spitze des südlichen Torturmes zu erkennen (Abb. 71,4). Die populärste Darstellung Münchens auf der auch der Alte Hof zu sehen ist, ist wohl das hölzerne Stadtmodell von Jakob Sandtner aus den Jahren 1570–72, das heute im Münchner Nationalmuseum aufbewahrt wird (Abb. 15 und 16). Ältere Ansichten sind nicht erhalten. Die älteste bekannte Grundrißzeichnung ist ein von E. Ade um 1816 angefertigter Plan des Erdgeschosses (Abb. 17)[53]. Anlaß für diese »Bestandsaufnahme« war der geplante Abriß der Lorenzkirche.

Trotz der zumindest zeitweise großen Bedeutung des Alten Hofes – unter Ludwig dem Bayer war er immerhin Kaiserresidenz – gibt es bis heute nur sehr wenige Untersuchungen, die einen Beitrag liefern zur Erforschung der Geschichte der Burg. Nur einige wenige Aufsätze spiegeln den Kenntnis-

[52] Die Schedelsche Weltchronik, kommentiert von Rudolf Pörtner (Dortmund 4. Aufl. 1988) Blatt CXXVI.

[53] Abgedruckt bei: Reber, Franz, Bautechnischer Führer durch München. (München 1876, Neudruck 1978). Die älteste bekannte Grundrißzeichnung ist der bei Reber abgebildete Plan von E. Ade (Erdgeschoß). Leider ist das Datum weder der Vorlage noch des Holzschnittes bekannt. Ade verwendete Zeichnungen die oft viel älter waren (Lieb, Norbert, München, die Geschichte seiner Kunst. (München 4. Aufl. 1988) 176). Einen terminus ante quem liefert das Jahr 1816, in dem die Lorenzkirche abgebrochen wurde – Hierzu auch: Koegel, Joseph, Geschichte der St. Kajetans-Hofkirche, der Theatinerkirche und des Kgl. Hof- und Kollegiatstiftes in München. (München 1899) 203 f. Hiernach erfolgte die »Demolierung« der Lorenzkirche 1816.

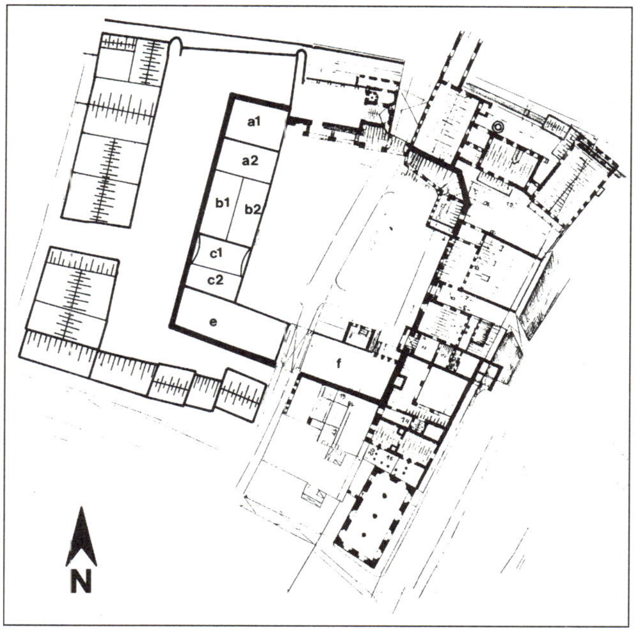

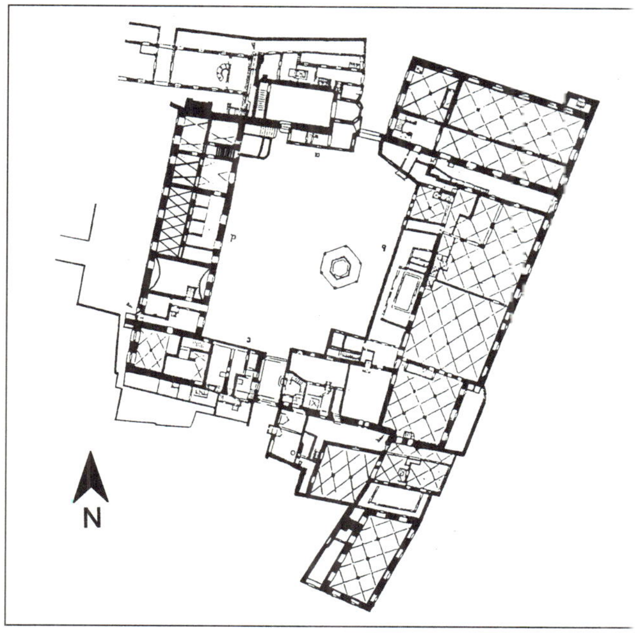

Abb. 16: Umzeichnung des Alten Hofes auf dem Holzmodell von Jakob Sandtner durch Gustav Schneider. Diese Pläne dienten ihm als Grundlage für seine Zeichnungen im Häuserbuch. Die ältesten Bauteile liegen im Westen und Süden mit dem nördlichen (a), dem mittleren (b), dem südlichen (c) Zwingerstock und dem westlichen (e) und östlichen (f) Burgstock.

Abb. 17: Plan des Erdgeschosses des Alten Hofes von E. Ade. Entnommen aus: Reber Franz, Bautechnischer Führer durch München (München 1876, Neudruck 1978).

stand über eines der ältesten noch erhaltenen Bauwerke Münchens wider (manche davon allerdings mehr noch die Phantasie des Schreibers[54]).

1848/50 publizierte der Kgl. Hof- und Staatsbibliothekcustos Föringer seine Beobachtungen bei der Freilegung älterer Wandgemälde, die vermutlich aus dem späten 15. Jahrhundert stammen und heute im Bayerischen Nationalmuseum aufbewahrt werden[55]. Dies ist die einzige frühe Veröffentlichung, aus der sich verwertbare Einzelheiten zu Baulichkeit und Ausstattung des Alten Hofes entnehmen lassen. Eine Baustellenbeobachtung, die Gustav Schneider anläßlich des Baues eines Löschwasserbeckens mitten im Krieg im Jahre 1944 aufgezeichnet und dokumentiert hat, ist vorerst nur mit Vorbehalt verwertbar (siehe unten)(Abb. 37 und 38).

Die Abrißmaßnahmen und Umbauten nach den Zerstörungen im letzten Krieg wurden nur sporadisch dokumentiert. Das gleiche gilt für die Rekonstruktion des südlichen Torturmes[56]. Anläßlich von Sanierungsmaßnahmen des östlichen Burgstockes wurde 1988 vom Architekturbüro Hölzl ein Bauaufmaß von den Dachstühlen angefertigt und Dendrodaten genommen[57]. 1995/96 waren dann Trockenlegungsmaßnahmen im Bereich des östlichen Burgstockes Anlaß für archäologische Ausgrabungen, die von Dr. Tilman

[54] 1960 z.B. veröffentlichte Oberkonservator Karl Busch seine Gedanken zum Alten Hof. Danach ist die Geschichte des Alten Hofes und der Lorenzkapelle auf das frühe Mittelalter zurückzuführen. Die Lorenzkapelle habe, so Busch, in einer frühchristlichen Gemeinde ihren Ursprung, sie sei um 1253 von Ludwig dem Strengen erbaut worden, nachdem der ursprüngliche Bau schon einmal in karolingisch-ottonischer Zeit erneuert worden sei. Aus dem Grundriß des Alten Hofes in Verbindung mit der Weinstraße und dem Marienplatz und seiner Erwähnung als castrum schließt Busch auf eine römische Vergangenheit. In: Busch, Karl, Die Residenz der Wittelsbacher in München. In: Der Mönch im Wappen (München 1960) 259–285.

[55] Inventar Bayerisches Nationalmuseum MA 4252. Die Akte über die Beobachtungen Föringers liegt im Hauptstaatsarchiv München, MK 14575. – Föringer, Bericht über die im alten Hof zu München aufgefundenen Wandgemälde. Von dem königlichen Hof- und Staatsbibliothekcustos Föringer. In: OA, Bd. 12 (München 1851–52) 266–282.

[56] Der heutige Turm des Alten Hofes ist eine Rekonstruktion aus den Jahren 1966–68.

[57] Freundliche Zurverfügungstellung des Gutachtens vom Architekturbüro Franz Hölzl, Wörthsee.

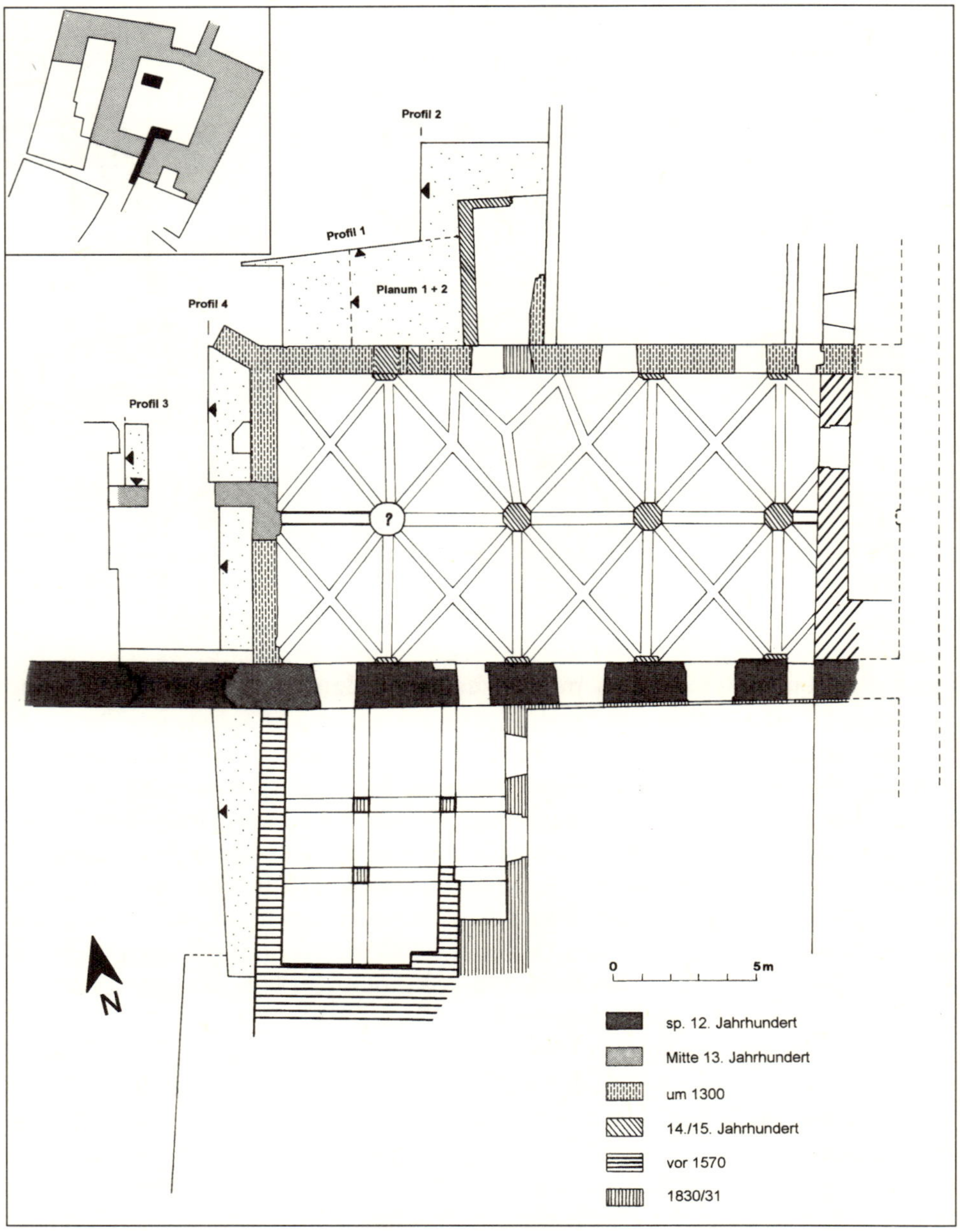

Abb. 18: München, Alter Hof. Lage der Profile und Plana der archäologischen Untersuchungen 1995/1996 mit dem Bauphasenplan des östlichen Burgstockes (nach F. Becker).

Mittelstraß durchgeführt wurden[58]. Untersucht wurden im Rahmen dieser Ausgrabung ein Bereich an der nordwestlichen Ecke des östlichen Burgstocks, zwei kleinere Bereiche im südlichen Zufahrtstor und anschließend daran eine Fläche südlich des Torturms entlang der Burgstraße (Abb. 18). Im Vorfeld der Baumaßnahmen erstellte das Architekturbüro Konrad Fischer, Hochstadt a. Main, eine Bauaufnahme, die von der Bauforschung zur Ein-

[58] Mittelstraß, Tilman, Stadtkernarchäologie in München – Ausgrabungen am Dreifaltigkeitsplatz und im Alten Hof. AJB 1995 (1996) 176–179. – Ausführliche Grabungsdokumentation im BLfD, Archiv-Bodendenkmalpflege. Die Funde sind im Fundarchiv der Prähistorischen Staatssammlung eingelagert. Die detaillierte Auswertung basiert auf dem hervorragend verfaßten umfangreichen Grabungsbericht.

tragung und Dokumentation der Ziegeloberflächen und baugeschichtlichen Befunde benutzt wurde[59]. So konnte in enger Zusammenarbeit zwischen Bauforschung und Archäologie das erste Mal eine umfassende Auswertung aller bisherigen Untersuchungen durchgeführt werden.

Die Befunde und Funde

Erste Siedlungsspuren und erste Bautätigkeit auf dem Gelände des Alten Hofes

Das Areal des Alten Hofes liegt direkt an der westlichen Hangkante des Isarhochufers (Abb. 5,6). Das Gelände fällt nach Osten hin leicht ab, so daß der westliche Teil des Alten Hofes etwas erhöht gegenüber den östlichen Bauten steht. Im Osten wird er begrenzt durch den etwa 2 m unter der Hangkante verlaufenden Pfisterbach. Der bei den archäologischen Grabungen freigelegte geologisch gewachsene Untergrund besteht aus einem grünlichen Flinz und einer darüber gelagerten 1,70–2,20 m starken Kiesschicht (G)(Abb. 19 und 21). An seiner Oberkante geht er fließend in die erste und damit auch älteste Kulturschicht (1) über. Es handelt sich um eine verhältnismäßig homogene Schicht, aus der vorgeschichtliche und hochmittelalterliche Fundstücke geborgen werden konnten (Taf. 1). Diese offensichtlich nicht durch äußere Eingriffe gestörte Fundzusammensetzung zeigt, daß es sich um eine über lange Zeit hinweg durch Bewuchs und Nutzung entstandene Schicht und nicht um eine künstliche Aufschüttung handelt.

Bei den stratigraphisch ältesten Bebauungsbefunden handelt es sich um Spuren eines Grubenhauses, das im nördlichen Bereich des Grabungsareals angeschnitten wurde (Abb. 33; 20 (50); 19 (59,60)). Der Bau lag schräg in dem heute annähernd rechtwinklig ausgerichteten Hofkomplex, nahm also weder direkten Bezug auf die östlich verlaufende Hangkante, noch auf die spätere Ausrichtung der Steingebäude und Mauern. Die gesamte Ausdeh-

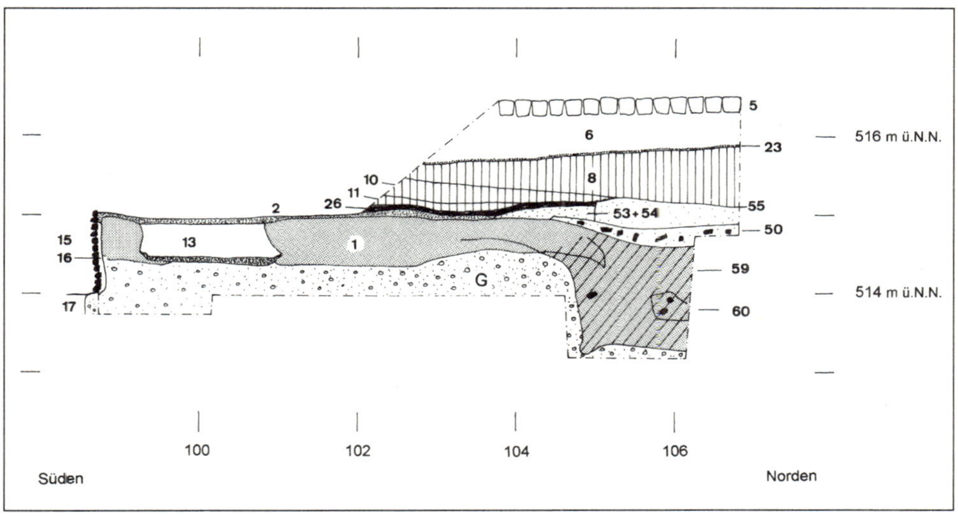

Abb. 19: München, Alter Hof. Süd-Nord-Profil 2.

[59] Das Aufmaß führte Herr H.F. Josef im Auftrag des Architekturbüros Konrad Fischer in Hochstadt a. Main durch. Die Umzeichnungen führte Frau Dipl.Ing. Carola Mieruch durch, die weiteren Bestandszeichnungen wurden ausgeführt von Herrn Willi Hacker und Herrn Dipl.Ing. Frank Becker.

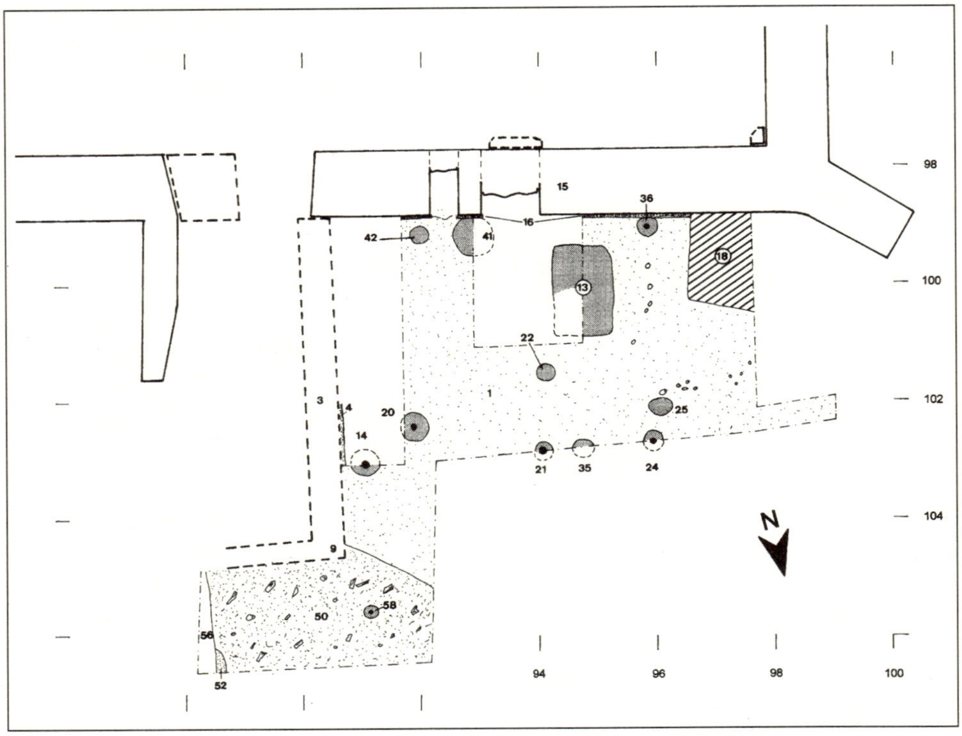

Abb. 20: München, Alter Hof. Planum 2 auf 514,80 m ü.N.N. mit den Befunden aus dem 12. und 13. Jahrhundert.

nung der Grube konnte allerdings wegen der begrenzten Grabungsfläche nicht festgestellt werden. Die Grubenwand war annähernd senkrecht in den gewachsenen Untergrund eingetieft, der dazugehörige Boden bildete mit ihr einen kastenförmigen Querschnitt. Die Grube hatte eine noch besser erhaltene Tiefe von 1,30 m. Am Fuß der Wand zeigte das Profil ein etwa 15 cm tiefes und 20 cm breites Wandgräbchen, das auf einen Holzbalken hindeutet, der ehemals in diesem Wandgräbchen lag. Es ist dies der einzige Hinweis auf die Bauweise des Grubenhauses, denn weder vom Boden noch von der Wandkonstruktion haben sich irgendwelche Reste erhalten. In der Verfüllung der Grube lagen zwar Stücke von verziegeltem Lehmbewurf sowie einzelne Schindelnägel, aber diese Funde dürfen nicht unbedingt als Aussage über die Konstruktionsweise des Grubenhauses gewertet werden. Sie könnten auch von anderen Bauten stammen. Allerdings geben sie einen Hinweis darauf, daß in einer ersten Bebauung des Alten Hofes die Dächer zumindest teilweise mit Holzschindeln gedeckt waren.

Konkrete Hinweise auf die ehemalige Nutzung fanden sich nicht. Grubenhäuser werden aber in der Regel als wirtschaftliche Nebengebäude gedeutet, so daß es sicherlich nicht das einzige Gebäude auf dem Gelände war. Im Verfüllungsschutt der Grube gefundene Eisenschlacken und eine ganze Ofensau könnten z.B. auf eine metallverarbeitende Werkstatt im nahen Umfeld hinweisen. Der kleine Ausschnitt der Grubeneintiefung läßt, wie angedeutet, keine Rekonstruktion des Grundrisses zu. Zumindest eine der Hausseiten muß aber eine Länge von mindestens 4,50 m gehabt haben, da sonst bei der Grabung eine weitere Wand angeschnitten worden wäre. Größe und Konstruktionsweise dieses Hauses lassen sich zwar durch Befunde und Funde im Alten Hof nicht mehr festlegen, aber sie dürften in etwa mit Grubenhäusern übereinstimmen, wie sie z.B. in Bamberg aus dem

12. Jahrhundert nachgewiesen sind[60]. Die beiden Bamberger Häuser haben einen unregelmäßigen Grundriß von etwa 4 x 5 m, wobei eines der beiden mit 1,20 m nur etwas weniger als das Gebäude auf dem Alten Hof eingetieft war. Die Wandkonstruktion dieser Häuser bestand aus waagerecht liegenden Bohlen mit Eckpfosten.

Das Grubenhaus wurde später wieder abgebrochen, die Grube mit Schutt verfüllt, um das alte Bodenniveau wieder herzustellen. Aus diesem Schutt wurden neben der bereits angedeuteten Eisenschlacke und Ofensau, den Schindelnägeln und Lehmresten große Mengen von verbrannter Keramik aus dem 12. Jahrhundert, Backsteinfragmenten, feuergezeichneten Steinen, Backsteinen mit anhaftender Eisenschlacke und Holzkohle geborgen. Charakteristische Brandspuren an den Kellerwänden fehlten jedoch, so daß man trotz der Brandspuren an den Funden nur bedingt auf eine vorausgegangene Zerstörung durch Feuer als Ursache für den Abbruch schließen kann. Möglicherweise wurde das Haus auch einfach im Zuge eines Umbaus planmäßig abgebrochen, alle wiederverwertbaren Hölzer ausgebaut und die Pfosten aus dem Boden gezogen. In die Grubenverfüllung eingetieft fand sich ein einzelnes Pfostenloch (58)(Abb. 20), in dem sich noch ein Holzrest befand. Mit der Verfüllung der Grube geht eine leichte Abtragung des Geländes einher. Der zum Grubenhaus zugehörige Laufhorizont hat sich deshalb nicht erhalten. Die ursprüngliche Tiefe der Grube war damit etwas größer als bei den Grabungen festgestellt wurde.

Zweite Bauphase

Aus einer nächstfolgenden Siedlungsperiode haben sich zahlreiche Pfostengruben (14,20,21,22,24,35,36,58), kleinere Gruben (25 und 41), eine kastenförmige größere Grube (13)(Abb. 20) und ein Brunnen (62) erhalten (Abb. 33 und 32).

Durch einen glücklichen Zufall angesichts der verhältnismäßig kleinen untersuchten Fläche konnte im Grabungsareal ein fast kompletter Pfostenbau nachgewiesen werden. Zu ihm gehören die Pfostenlöcher 20 (Abb. 22, Profil 7), 21 (Abb. 21), 22 (Abb. 22, Profil 6), 24 (Abb. 21), 35 (Abb. 21) und 36 (Abb. 22, Profil 9), wobei das Pfostenloch 24 in einer darauffolgenden Bauphase ein zweites Mal genutzt worden ist, wie die Überreste von zwei unterschiedlichen Holzpfosten im gleichen Loch zeigen. Bis auf das Pfostenloch 20 haben alle etwa gleiche Durchmesser, auch die Einschlagtiefe ist bei allen ungefähr gleich. Der Durchmesser der Pfostengrube 20 ist etwas größer. Da bei der folgenden Bauperiode das Gelände abgetragen wurde, was an der geringen Tiefe der Pfostenlöcher abzulesen ist, hat sich auch zu diesem Gebäude keine Nutzungsschicht und kein Fußboden erhalten. Die Abtragung dürfte allerdings nur sehr gering gewesen sein, was eine auffällige Reihung von Steinen zwischen Pfosten 36 und 24 zeigt. Sie dienten als Befestigung und Auflager der westlichen Wand des Baues. Es dürfte sich um

[60] Zeune, Joachim, Domburg und Palatium von der Bistumsgründung bis zum Dombrand von 1081. In: Geschichte aus Gruben und Scherben (1993) 63–73. – Dapper, Michael/Schuler Alexandra, Zur Rekonstruktion eines Grubenhauses aus dem 12. Jahrhundert. In: Geschichte aus Gruben und Scherben (1993) 169–170. – Herrmann, Volkert, Hochmittelalterliche Kellergruben im Bereich der Flur »Kohlstatt« am Südrand der Stadt Scheßlitz. AJB 1993 (Stuttgart 1994) 152–155.

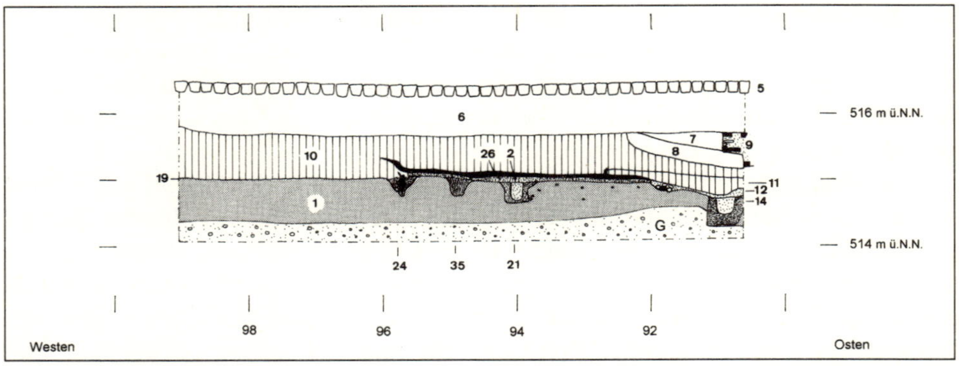

Abb. 21: München, Alter Hof. West-Ost-Profil 1.

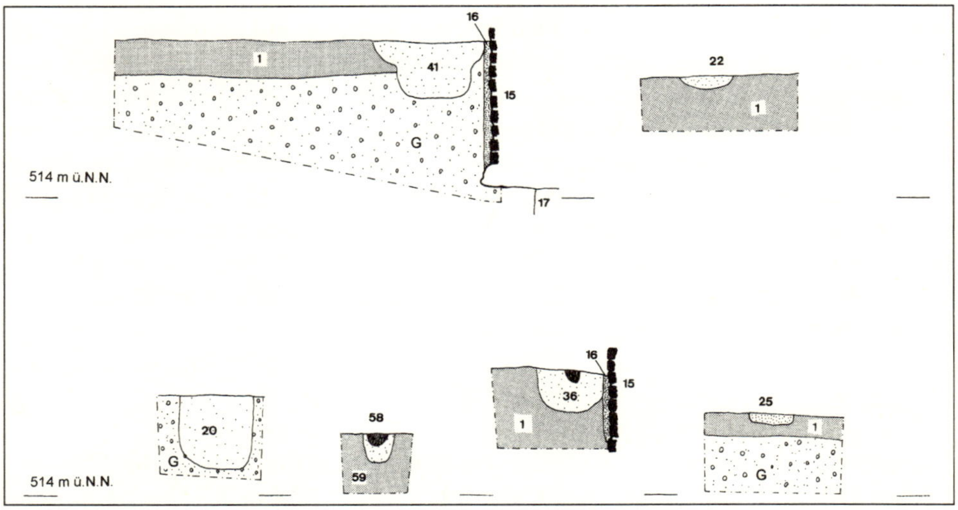

Abb. 22: München, A ter Hof. Detailprofile durch die Befunde 41 (5), 22 (6), 20 (7), 58 (8), 36 (9) und 25 (10).

einen einfachen Pfostenbau gehandelt haben, zumindest deuten keine Befunde oder Funde auf ein größeres repräsentatives Gebäude hin. Das Dach wurde vermutlich von Firstständern getragen (Pfostenlöcher 21 und 22), die ziemlich genau in der Mitte zwischen den beiden Längswänden lagen. Die Hausbreite lag bei 4 m, die Länge konnte nicht mehr ermittelt werden, da sich der Bau teilweise an der Stelle des heutigen östlichen Burgstocks befand. Wenn man sich aber an der Hausbreite und den für derartige Pfostenbauten üblichen Abmessungen orientiert, lag sie wohl bei 6 m. Der freigelegte Teil des Hauses entspräche dann in etwa der Hälfte, Pfosten 36 und evtl. 42 wären dann Mittelpfosten, wobei Befund 42 mit einem Fragezeichen versehen werden muß, da er nicht eindeutig als Pfostenstandspur zu identifizieren ist. Bei Pfostenloch 35 könnte es sich um einen Türpfosten handeln; er ist der einzige, der aus der regelmäßigen Reihe etwas herausspringt. Der Zugang wäre dann wohl im Nordwesten, zwischen Pfosten 35 und 24 gelegen.

Im Innern des Baues lag im nordwestlichen Viertel eine kastenförmige Grube (13) mit einer lichten Weite von 1 x 1,50 m und einer erhaltenen Tiefe von 45 cm. Die starke Holzkohleschicht am Boden der Grube und ein Wandgräbchen an der südlichen Seitenwand deuten auf einen über einem Holzbohlenkranz ausgelegten ehemaligen Holzboden hin. Eine leichte Wölbung an der nördlichen Grubenwand zeigt, daß die Seitenwände wohl nicht befestigt waren und durch den Druck von oben im Laufe der Zeit etwas nachgegeben haben (Abb. 19 (13)). Die Grube war angefüllt mit humos-kiesigem Material, in dem sich einige wenige Stücke hochmittelalterlicher Keramik, Knochenabfälle und drei kleine Abfallstücke aus der Buntmetallverarbeitung befanden. Welchem Zweck sie diente, konnte nicht ermittelt werden, möglicherweise wurde sie als Werkgrube genutzt. Die Buntmetallabfälle deuten darauf hin, daß sich auf dem Areal des Alten Hofes Werkstätten für anspruchsvolle und teils wohl auch wertvolle Metallgegenstände befanden, was zu dieser Zeit auf herrschaftlichen Höfen öfters anzutreffen war[61]. Sie sind allerdings noch kein hinreichendes Indiz dafür, daß gerade dieses Gebäude als Werkstatt diente.

Eine kleinere, kreisrunde Grube (41)(Abb. 22, Profil 5) enthielt weder aufschlußreiches Verfüllmaterial noch eine Pfostenspur. Eine Interpretation ist hier nicht möglich. Das gleiche gilt für die wesentlich kleinere Grube (25)(Abb. 22, Profil 10) im vorderen Bereich des Gebäudes. Eine Interpretation als weiteres Pfostenloch, zu der ihre Lage genau in der Wandflucht der Westwand verleiten könnte, ist nicht möglich, denn auch diese Grube wies keine Pfostenstandspur auf.

Abb. 23: München, Alter Hof. Anschnitt der südlichen Wehrmauer aus dem 12. Jahrhundert im Bereich des südlichen Turmes. Deutlich erkennbar sind die beiden Ziegelschalen und das lagenhafte Füllmauerwerk aus Kieselsteinen und Mörtel. Die Kieselsteine sind teilweise fischgrätartig verlegt.

Ebenfalls in diese erste Kulturschicht wurde ein Brunnen (62) eingetieft (Abb. 32). Er gehört deshalb wohl der gleichen, zumindest einer unmittelbar auf den Pfostenbau folgenden Bauphase an. Der Brunnen lag direkt im Bereich des heutigen südlichen Torturmes. Er hatte eine lichte Weite von 1,80 m und eine Tiefe von mindestens 5,50 m. Die genaue Tiefe wurde nicht ermittelt, da die Brunnensohle bei den Grabungen aus statischen Gründen nicht erreicht werden konnte. Daß die Baugrube für den Brunnen in ihrem oberen Bereich sehr breit, fast grabenartig ausfällt, liegt an der lockeren Kiesschicht, die hier überall auf dem harten Flinz aufliegt. Der immer wieder nachrutschende Kies erforderte bei den Ausschachtungsarbeiten für den Brunnen im oberen Bereich einen größeren Durchmesser. Erst vom harten gewachsenen Untergrund an war eine direkte senkrechte Abtiefung möglich.

Wahrscheinlich zeitgleich mit dem Brunnen und dem beschriebenen Pfostenbau, mit Sicherheit aber vor dem Bau des südlichen Torturmes und damit wohl auch in diese zweite Bauphase fallend, wird schließlich noch eine mächtige Mauer (46) errichtet (Abb. 32; 23; 33). Ein kleines Teilstück dieser Mauer konnte bei den Grabungen unmittelbar unter dem heutigen südlichen Zufahrtstor freigelegt werden. Sie ist 1,80 m stark, die äußere Schale besteht auf beiden Seiten aus Backsteinen (Ziegelformat 30,5–31,5/14,5–15/7–8 cm), der innere Mauerkörper aus sich abwechselnden Lagen

[61] So zum Beispiel auch in Marbach. In: Stadtluft, Hirsebrei und Bettelmönch, Landesdenkmalamt Baden-Württemberg (Hrsg.) Ausstellungskatalog (1992) 135–143.

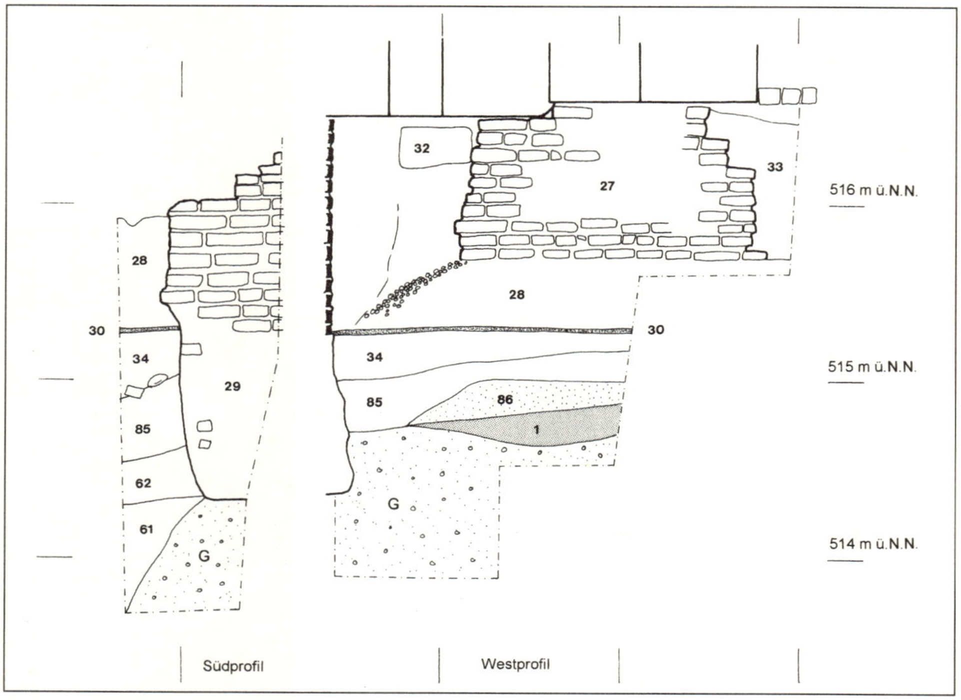

Abb. 24: München, Alter Hof. Profil 3 des nordwestlichen Turmpfeilers (links: Südprofil; rechts: Westprofil).

Abb. 25: München, Alter Hof. Profil 3, Blick nach Süden auf den westlichen älteren Turmpfeiler aus dem 13. Jahrhundert.

von sorgfältig schräg geschichteten Flußkieseln und einem Mörtelgemisch, das vereinzelt auch mit Backsteinbruch durchsetzt ist. Das in diesem Bereich nur etwa 45 cm tiefe Fundament besteht aus Kieselsteinen und Mörtel. Die zahlreichen Versorgungsleitungen in der Tordurchfahrt haben sämtliche Reste der ehemaligen Oberfläche an dieser Stelle zerstört. Auch die zur Datierung unbedingt notwendigen Schichtanschlüsse sind nicht mehr vorhanden. So waren die Archäologen bei der Zuordnung und Beurteilung dieses Mauerrestes auf die Zusammenarbeit mit Bauforschern angewiesen. Danach ist das freigelegte Stück Teil einer 1,80 m starken Mauer, die – so das Ergebnis der Bauforschung – als ältester Mauerbefund im gesamten

Verlauf der Südwand des Burgstockes nachzuweisen ist. Sie schließt das Gelände nach Süden zur Stadt hin ab, unterquert bruchlos den Torturm und setzt sich schließlich im westlichen Burgstock fort[62]. Sie stimmt in Aufbau, Material und Konstruktion vollkommen überein mit Stücken der ältesten nachweisbaren Stadtmauer, die beim Abriß von Gebäuden in der Burgstraße und am Rindermarkt zutage gekommen sind[63]. Wegen der bruchlosen Querung unter dem heutigen Torturm und vor allem der Lage des Brunnens muß man davon ausgehen, daß an dieser Stelle zur Zeit der Erbauung der Mauer noch kein Durchlaß vorhanden war.

Abb. 26: München, Alter Hof. Blick auf den älteren östlichen Turmpfeiler aus dem 13. Jahrhundert. Rechts das Fundament mit der ersten Bauphase des östlichen Burgstockes mit dem nachträglich untergeschobenen Fundament.

Dritte Bauphase

Unter dem heutigen südlichen Torturm konnten Überreste eines frühen Torbaus (29) freigelegt werden (Abb. 24; 25; 26; 34). Er wurde unmittelbar über dem wohl zu diesem Zweck verfüllten Brunnen errichtet. Zwei ca. 6,30 m hinter der oben beschriebenen Wehrmauer gelegene Fundamente bilden hier zwei rechtwinklige Pfeiler. Sie sind in der gleichen Technik gemauert wie die Wehrmauer, aber sehr viel tiefer fundamentiert als diese. An den zur Tormitte weisenden Enden sind sie sorgfältig abgemauert, so daß als Interpretation der Fundamente keine ursprünglich durchgehende Mauer, die dann erst später durchbrochen oder zerstört worden wäre, in Frage kommt. Die beiden Pfeiler begrenzen eine etwa 3 m breite Durchfahrt. Ein einziges Keramikstück aus der Baugrube des Brunnens in unmittelbarer Umgebung des östlichen Turmfundamentes, das der fortgeschrittenen nachgedrehten Ware aus der Mitte des 13. Jahrhunderts angehört, gibt hier einen näheren Datierungshinweis (Taf. 5,10). Die fehlende Baugrube des Turmfundaments und die etwas unklare Lage dieses Fundes lassen allerdings mehrere Interpretationen zu. So ist eine Gleichzeitigkeit des Brunnens mit dem östlichen Turmfundament ebenso denkbar wie eine spätere Errichtung des Turmes in einer sehr knapp bemessenen Baugrube, die während der Grabungen nicht mehr nachgewiesen werden konnte.

Wahrscheinlich wurde erst im Zuge dieser Baumaßnahme der Durchlaß an der Wehrmauer geschaffen. Beide Pfeiler sind heute Elemente der abschließenden Wände des östlichen und westlichen Burgstockes.

[62] Auf einem Photo, das anläßlich von Sanierungsarbeiten an der Außenwand des westlichen Burgstocks gemacht wurde, kann man noch sehr gut die freigelegte Zweischalenmauer und das Füllmauerwerk aus Kieseln erkennen. Burmeister, Ennc, Die baugeschichtliche Entwicklung des Alten Hofes in München (München 1999) 111 und Abb. 72, 73.

[63] Siehe hierzu ausführlicher Kapitel 4.3 »Stadtbefestigung«.

Vierte Bauphase

Dem Bau des Tordurchlasses folgt in zeitlichem Abstand die Errichtung des östlichen Burgstockes (15)(Abb. 39 und 27). Dabei wird das Gelände planiert und leicht abgesenkt. Dies zeigen, wie schon angedeutet, die geringen Tiefen der Pfostenlöcher des spätestens zu diesem Zeitpunkt abgebrochenen Pfostenbaus. Der östliche Pfeiler des Torbaus wird in die Westwand des Burgstocks integriert, was an den gut sichtbaren Baufugen zu erkennen ist. Parallel zum Bau des Burgstockes wird dem Gebäude an der Nordwand ein kleiner Holzbau vorgesetzt, dessen Reste sich in Form eines Estrichs (2), eines Ofens (12) und eines Pfostenlochs (24) erhalten haben (Abb. 27). Das Pfostenloch (24) taucht zwar bereits beim abgebrochenen Vorgängerbau auf, wird aber für diesen Vorbau ein zweites Mal genutzt, denn neben den Spuren des ersten Pfostens waren deutlich die Reste eines zweiten Holzpfahls zu erkennen, der direkt Bezug zum Estrich (2) des neuen Anbaus nimmt. Die Bauforschung ergab im Bereich der West- und Nordwand des Burgstockes eine etwa 1 m starke Ziegelmauer (Ziegelformat 32–34/16/5–6 cm), die an mehreren Stellen unterbrochen war. Beide Mauern sind stumpf an die ältere Wehrmauer angebaut, sind also eindeutig jüngeren Datums als die Wehrmauer selbst. Auf Höhe des Anbaus hatte die Nordwand zwei Durchlässe, einen mit 1 m Breite, einen zweiten, kleineren mit 0,50 m Breite (Abb. 27 und 28). Vor diesen beiden Öffnungen wies der Estrich des Anbaus Störungen auf. Man mag bei diesen Fehlstellen vielleicht an einen Abgang in den dahinterliegenden Keller denken, wobei allerdings die kleinere Öffnung für einen Durchgang nicht unbedingt die nötige Breite hatte und wohl eher als Luft- oder Lichtschlitz diente. Beide Durchlässe wurden ziemlich bald nach ihrer Errichtung von innen wieder zugemauert, die Wand sorgfältig der umgebenden Mauer angeglichen. Nach außen zum Vorbau hin gab man sich nicht so viel Mühe, was der an dieser Seite herausquellende, mit Erdreich verbackene und nicht mehr geglättete Mörtel zeigt. Eine dritte, sehr viel größere Öffnung östlich des Anbaus wurde nun als einziger Zugang zum großen Keller genutzt. Eine solitäre runde Säule inmitten der sonst eckigen Stützen des Kellers dürfte auf eine ältere einzelne Stütze an dieser Stelle hindeuten.

Der kleine Vorbau wurde aus Holz errichtet, denn es wurden weder Fundamentteile noch Abdrücke von Ziegeln oder Steinen gefunden, die auf einen Steinbau hätten schließen lassen. Die Bauart läßt sich allerdings nur schwer rekonstruieren, da die an dieser Stelle erhaltenen Pfostenlöcher alle dem Vorgängerbau zuzuordnen sind und nur ein einziges, das oben genannte Pfostenloch (24), offensichtlich für beide Bauten genutzt wurde. Die Bedeutung dieses singulären Pfostens ist nicht mehr zu erkennen, denn für einen Pfostenbau hätten zumindest noch die Reste einiger weiterer Pfosten vorhanden sein müssen. Es deutet vielmehr alles auf einen Schwellenbau hin, bei dem das Gewicht der Wände nicht auf den Tragpfosten, sondern auf am Boden verlegten Schwellen ruhte. Der Boden des Anbaus bestand aus einem Mörtelestrich. Der Estrich ist deutlich in die Baugrube (16)(Abb. 19 und 22, Profil 5 und 9) der Burgstockmauern hineingeflossen, was als ein Hinweis auf die zeitgleiche Errichtung der beiden Gebäude zu deuten ist. In den Estrich integriert war ein einfacher Ofen (12)(Abb. 21 und 29) mit Wänden aus großen Rollsteinen und vereinzelt Ziegelsteinen. In Aufbau

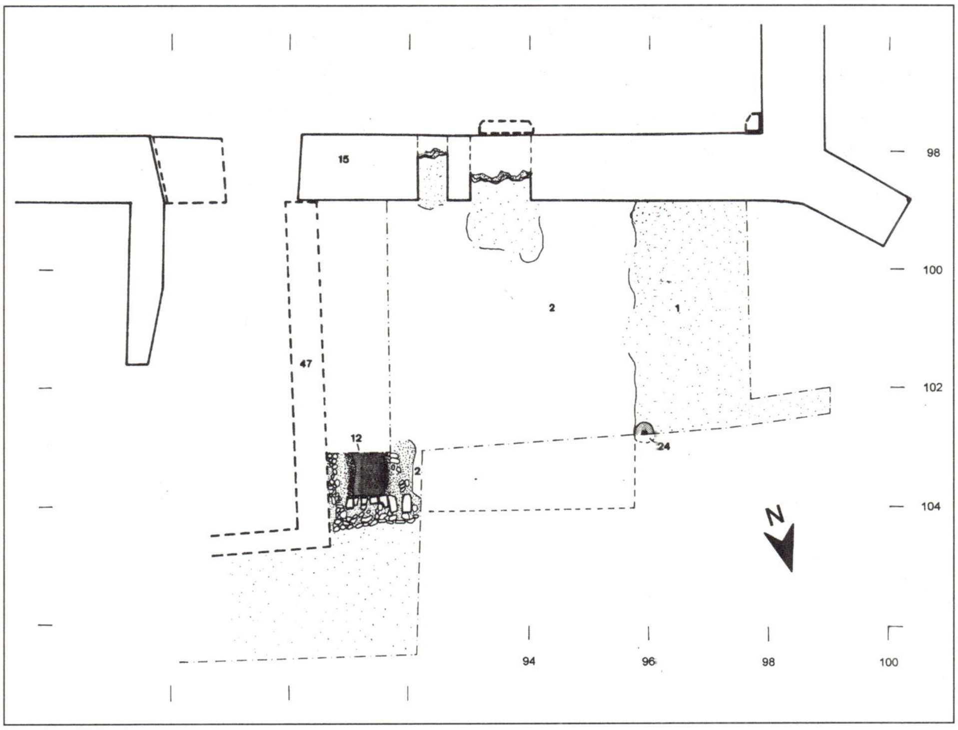

Abb. 27: München, Alter Hof. Planum 1 auf 515,00 m ü.N.N. mit den Befunden aus dem 14. Jahrhundert.

Abb. 28: München, Alter Hof. Planum 1. Deutlich sichtbar ist der erhaltene hellere Estrichboden. Am oberen Bildrand die beiden später zugesetzten Öffnungen aus der ersten Bauphase des östlichen Burgstockes.

und Form entspricht er den üblichen Formen eines kleinen Backofens. Er diente vermutlich zum Brotbacken und Heizen und nicht zu handwerklichen Zwecken. Der Ofen nimmt direkten Bezug auf den neuen Kellerzugang, so wie er ebenso auf den Mauerzug (47)(Abb. 27) Bezug zu nehmen scheint und nicht von diesem geschnitten wird. Wie sich zeigte, liegt der Mauerzug (47) auf einem älteren Fundament (3) auf, dessen Baugrube (4) von dem Estrich überdeckt wird. Demnach existierte neben dem hölzernen

Abb. 29: München, Alter Hof. Detail des Ofens von Planum 1. Blick in den Brennraum mit den Ofenwänden und dem Boden der Brennkammer.

Anbau auch noch ein weiterer Anbau über dem größeren Abgang. Mauerzug (47) und (9) gehören einer späteren Bauphase an.

Vom Ende des kleinen hölzernen Anbaus zeugt eine Brandschicht (26) (Abb. 21). Spuren eines Wiederaufbaus fehlen. Der Hof wird anschließend mit einer mächtigen Schicht (7,8,10,11) aufplaniert und um mehr als einen halben Meter erhöht.

Fünfte Bauphase

Ob dieser Brand, dem der Vorbau zum Opfer fiel, größere Zerstörungen verursachte, ist archäologisch nicht mehr nachweisbar. Auf jeden Fall erbrachten die bauhistorischen Untersuchungen nach diesem Brand eine umfassende Umgestaltung des östlichen Burgstockes im Bereich des Kellers (Abb. 40). Nur im Zusammenwirken von Archäologie und Bauforschung konnte eine gesicherte Erklärung für diese Bauphase gewonnen werden. Das heute noch sichtbare Kreuzgratgewölbe verdeckt die in der ersten Steinbauphase des Gebäudes eingesetzten Öffnungen und steht auffälligerweise nur mit den unteren 80 cm der Mauer in Verband (Abb. 30). Oberhalb dieser Linie ist das Gewölbe deutlich dem alten Mauerwerk vorgesetzt. Die Fundamentuntersuchung von außen zeigte, daß der Keller ursprünglich nicht die heutige Tiefe hatte (Abb. 31). Der obere, ältere Teil des Nord- und Westfundamentes war, durch die an der Trennlinie noch vorhandenen Kiesreste deutlich erkennbar, ursprünglich direkt in den gewachsenen Kies eingebettet. An der Innenwand des Kellers zeichnen die Kiesreste an allen drei Wänden eine klare Linie in etwa 80 cm Höhe über dem heutigen Kellerfußboden, wobei die Kiesreste an der alten Wehrmauer nicht vom Kiesuntergrund, sondern vom alten Kies-Mörtel-Fundament stammen. Unter dieser Linie, der ehemaligen Fundamentunterkante, setzt ein weiteres Fundament an. Da dieses Fundament, wie der anhaftende Kies deutlich erkennen läßt, den ehemals hier anstehenden gewachsenen Untergrund

Abb. 30: Blick in den Keller des östlichen Burgstockes. Das nachträglich eingezogene Gewölbe stammt aus dem 15. Jahrhundert.

ersetzt hat, muß es nachträglich von innen her untergeschoben worden sein. Der Fußboden des Raumes wurde demnach vor der Einwölbung um 80 cm abgesenkt. Die Mauerstärke des neuen Fundaments beträgt an keiner Stelle mehr als 80 cm. Es unterfängt deshalb keine der vier Außenwände vollständig. Bei der ursprünglich 1 m tiefen Nord- und Westwand schließt es nur innen mit der alten Mauer ab, von außen ist ein deutlicher Rücksprung von 30–40 cm zu erkennen, so daß ein Teil der alten Wand weiterhin auf dem Schotter aufsitzt (Abb. 19 und 22,5, der Rücksprung ist jeweils unter Mauer 15 als Befund 17 gut zu erkennen). Bei den alten Wehrmauern im Süden und Osten, die an der Außenseite ursprünglich deutlich tiefer fundamentiert waren als im Innenbereich, deckt es etwa ein Drittel der gesamten Mauerstärke ab. Eine entsprechende Unterfangung ließ sich durch die Bauforschung auch an der Halsmauer des Kellerabganges feststellen.

Gleichzeitig mit der Absenkung wurden die heutigen Kreuzgratgewölbe eingebaut. Bauformen und Baukonstruktion sprechen für eine Entstehungszeit in der 2. Hälfte des 15. Jahrhunderts[64]. Der schon beim ersten Bau nachweisbare Zugang aus dem Hof erhält eine große Treppe nach unten und wird durch einen steinernen Vorbau vergrößert (Mauerzüge (47) und (9)). Diese Situation ist auf dem 1570–72 entstandenen Sandtnerschen Stadtmodell dargestellt (Abb. 15). Der neue Vorbau enthielt sicherlich auch den Treppenaufgang zum oberen Stockwerk. Das Kellergeschoß des Burgstocks war nun zu einer prächtigen zweischiffigen Halle mit Kreuzrippengewölbe geworden.

In der Baugrube (16)(Abb. 19) der Nordwand und unmittelbar unter dem Mörtelestrich des ersten Anbaus konnten einige Keramikstücke geborgen werden, die bei der Datierung des Komplexes näher beschrieben

[64] Bauaufmaß des Kellers des östlichen Burgstockes von Dipl.Ing. Frank Becker im Auftrag des BLfD, Mai 1995–Februar 1996. Die Einsichtnahme geschah mit freundlicher Genehmigung von Herrn Becker. BLfD München Planarchiv und Ortsakt Alter Hof.

Abb. 31: München, Alter Hof. Schnitt an der Nordwestecke des östlichen Burgstockes mit Blick auf das nachträglich untergeschobene Fundament.

werden. In den zugesetzten Öffnungen der Nordwand steckten ähnliche Stücke, sie sind jedoch so klein, daß eine eindeutige Zuordnung nicht getroffen werden kann. Aus der Brandschicht, die die Zerstörung des Anbaus dokumentiert, gibt es keine aussagekräftigen Funde, da die Brandschicht bei Grabungsbeginn in der Fläche bereits entfernt war.

Im Bereich der heutigen Burgstraße und Altenhofgasse war dem Alten Hof ein breiter Sohlgraben vorgelagert, der die Anlage zur Stadt hin schützte (Abb. 32). Ein weit ausholender Grabungsschnitt unmittelbar südlich an den Torturm anschließend förderte einen mächtigen, ca. 11,50 m breiten Graben zutage. Seine größte Tiefe maß 2,80 m. Die unterste Grabenverfüllung besteht vorwiegend aus Flußkieseln mit einem dünnen, schwärzlichen Überzug, wie ihn die ansonsten gleichartigen Kiesel im gewachsenen Untergrund nicht aufweisen. Dieser Überzug dürfte sich während der Zeit gebildet haben, als der Graben offenstand. Die Schichten 39 und 45 sind der sogenannte Bodensatz aus der Zeit der ersten Grabennutzung. In ihr fand sich Keramik aus dem späten 12. und 13. Jahrhundert. Um 1300 bzw. im frühen 14. Jahrhundert wurden erstmals größere Schuttmengen hineingeschüttet (38, 43, 83), der Graben als solcher blieb aber noch nutzbar. Der Schutt enthielt ungewöhnlich große Mengen von Holzkohlestücken, verbrannten und teils durch Hitze glasierten und verformten Ziegelsteinen, zeugt

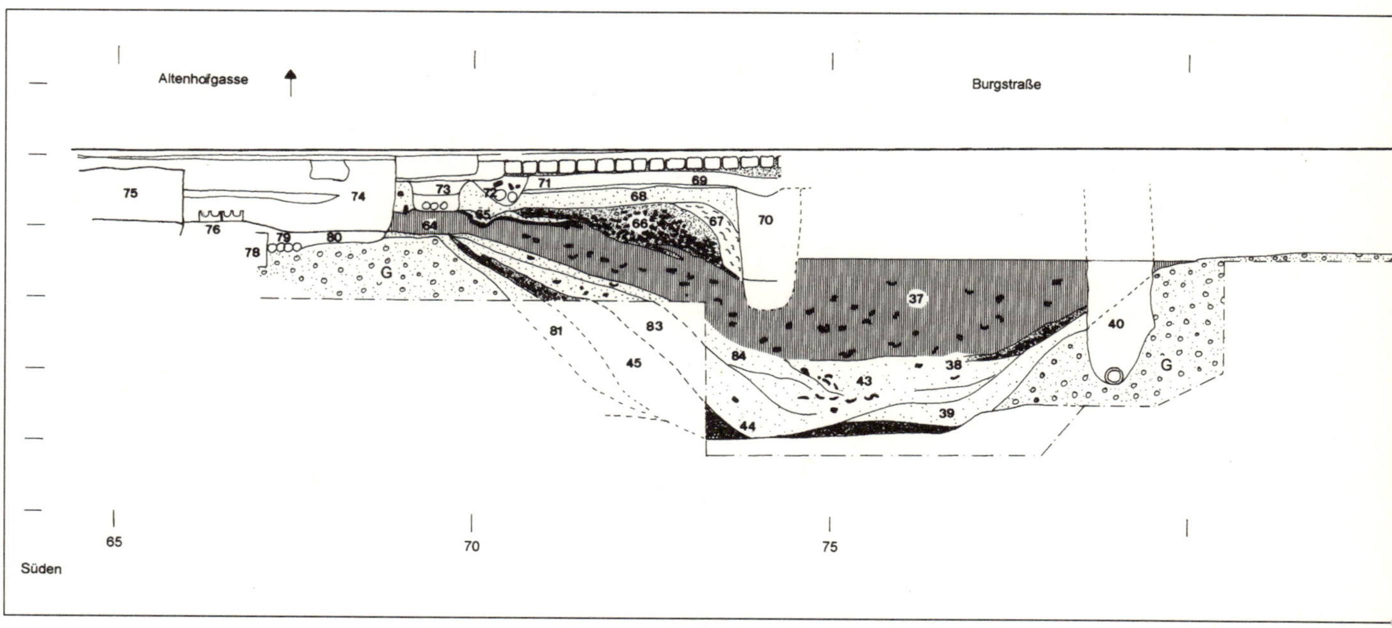

also wohl von einem größeren Brand. Die endgültige Verfüllung des Grabens erfolgte deutlich später. Die letzten Verfüllschichten (37) enthalten neben Bauschutt, Mörtel und Ziegelbrocken auch Eisenschlacken und einen fast ganz erhaltenen Flachhammer, wie er zum Bearbeiten von Ziegelsteinen und Steinen benutzt worden ist. Das Material ähnelt Vergleichsfunden aus der Zeit um 1327, enthält aber auch schon einige neue Formen.

Archäologisch nicht mehr faßbar und ausschließlich anhand der Ergebnisse der Bauforschung zu beurteilen und einzuordnen sind die Umbauten aus den folgenden Jahrhunderten. Durch die Neubebauungen und Umbauten im Bereich des ehemals die Ostseite des Alten Hofs bildenden Pfisterstocks im 17. Jahrhundert und 1831 durch Ziebland wird die Gewölbehalle im Osten um ein halbes Joch verkürzt (Abb. 18, gestrichelte Linie)[65]. Nach Süden wird die bereits seit dem 15. Jahrhundert bestehende Burggrabenüberbauung umgewandelt. Seit 1831 schließt eine kleinere, mit Böhmischen Gewölben überdeckte Halle südlich an die große Gewölbehalle des östlichen Burgstockes an.

Datierung und Ergebnisse

Erste Siedlungsspuren

Die ersten Siedlungsspuren auf dem Gelände des Alten Hofes stammen aus vorgeschichtlicher Zeit und dokumentieren, daß die günstige Lage an der Hangkante zur Isar schon früh von Siedlern erkannt und genutzt wurde. Eingebettet in den ersten Siedlungshorizont, die Kulturschicht 1, fanden sich Keramikscherben (Taf. 1,1–2), die wegen des Fehlens von charakteristischen Stücken leider nur ungenau in den Zeitraum der Bronze- bis frühen

[65] Karnapp Birgit-Verena, Georg Friedrich Ziebland 1800–1873. Studien zu seinem Leben und Werk. OA 104 (1979) 7–116.

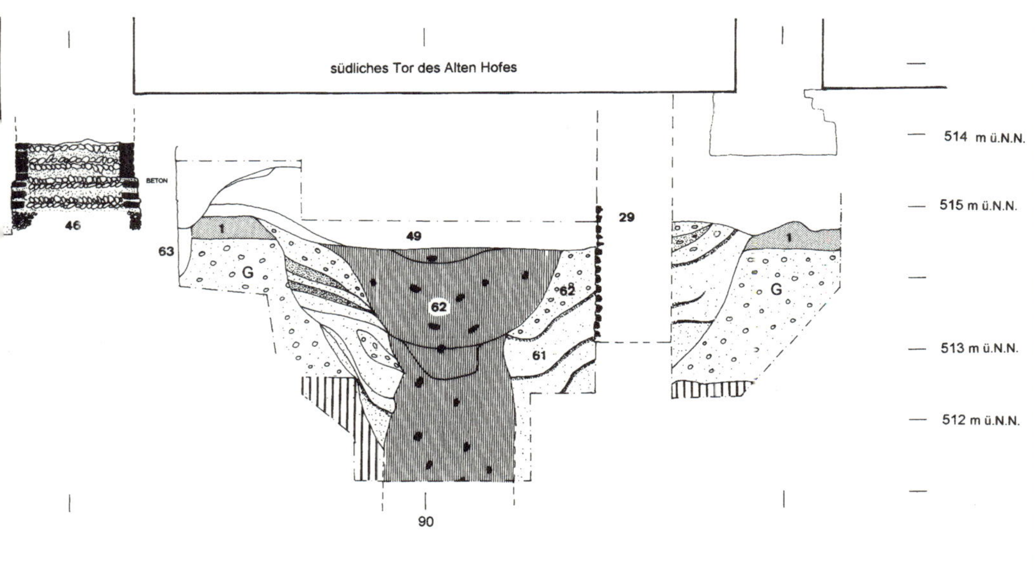

Abb. 32: München, Alter Hof. Süd-Nord-Profil 4 durch das südliche Tor und den anschließenden Graben in der Burgstraße.

Hallstattzeit (ca. 1500–700 v. Chr.) datiert werden können. Wahrscheinlich stammen sie aus der Urnenfelderzeit[66]. Es sind die bislang ältesten bekannten und gleichzeitig auch die ersten vorgeschichtlichen Funde in der Münchner Altstadt überhaupt. Weitere Spuren aus vorgeschichtlicher Zeit sind bei der Grabung nicht gefunden worden. Die ältesten Baubefunde dieser Schicht sind den einzigen weiteren Keramikscherben dieser ersten Kulturschicht zugeordnet. Es sind Stücke aus dem 12. Jahrhundert. Eine frühere Zeitstellung dieser Scherben dürfte nicht in Frage kommen. Zum einen würde in der Abfolge der Siedlungsschichten eine zu große Lücke entstehen. Zum anderen zeigen auch alle anderen Fundstellen in der Altstadt eine ähnliche Schichtenabfolge mit ähnlichem Material.

Funde, die die Zeit zwischen der Urnenfelderzeit und dem Hochmittelalter abdecken könnten, fehlen völlig. Es ist dies eine Absage an die vor allem in neuester Zeit häufig vertretene Ansicht, daß das Gelände Alter Hof, ebenso wie es für viele alte Ortsteile rund um die Münchener Altstadt nachgewiesen ist, mehr oder weniger durchgängig seit der ersten Nutzung besiedelt gewesen sei. Eine solche durchgängige Besiedelung hätte aber zumindest Spuren in Form von frühmittelalterlichen Scherben oder Funden hinterlassen. Die Vergesellschaftung von vorgeschichtlichen Scherben mit ausschließlich hochmittelalterlichen Funden in einer insgesamt störungsfreien ersten Nutzungsschicht beweist das Gegenteil.

Erste Bauphase – Grubenhaus (Abb. 33)

Das ebenfalls in die erste Kulturschicht eingetiefte Grubenhaus läßt sich anhand der begleitenden Funde, den einzigen weiteren Keramikfunden der Kulturschicht 1, nur grob in das 12. Jahrhundert datieren (Taf. 1,3–5). Eine frühere Einordnung kommt nicht in Frage, es hätten zumindest einige wenige Funde in dieser Schicht darauf hindeuten müssen. Auch eine spätere Datierung ist nicht möglich, denn die in der Grubenverfüllung gefundene Keramik stammt ebenfalls noch aus dem 12. Jahrhundert, so daß auch das Ende des Grubenhauses noch in das 12. Jahrhundert fällt. Die Frage, ob das Gebäude im Zuge eines Umbaues abgetragen oder nach einer Zerstörung niedergerissen wurde, wie die stark durch Feuer in Mitleidenschaft gezogene Keramik vermuten läßt, ist schwer zu beantworten. Ein einziger Hinweis, der sich nicht einmal direkt auf den Alten Hof bezieht, findet sich in einer Quelle des Kloster Schäftlarn, in der es über München 1180 heißt: »Munichen destruitur«[67]. Er ist indes allzu vage, um ihn ohne weitere Indizien mit dem Befund im Alten Hof in Zusammenhang zu bringen.

Zweite Bauphase – Pfostenbau, Brunnen und Wehrmauer (Abb. 33)

Die Befunde der zweiten Bauphase, Pfostenbau und erste Wehrmauer sind nach Aussage der Funde ebenfalls dem 12. Jahrhundert, spätestens aber dem frühen 13. Jahrhundert zuzuordnen. Schwierigkeiten bereitet hier allerdings die zeitliche Abgrenzung der zweiten Bauphase zum Bau und Abbruch des

---

[66] Nach Aussage von Herrn Dr. Uenze an der Prähistorischen Staatssammlung sind die Randstücke wohl der Urnenfelderzeit zuzuordnen.

[67] Stahleder, Chronik, 16 ff.

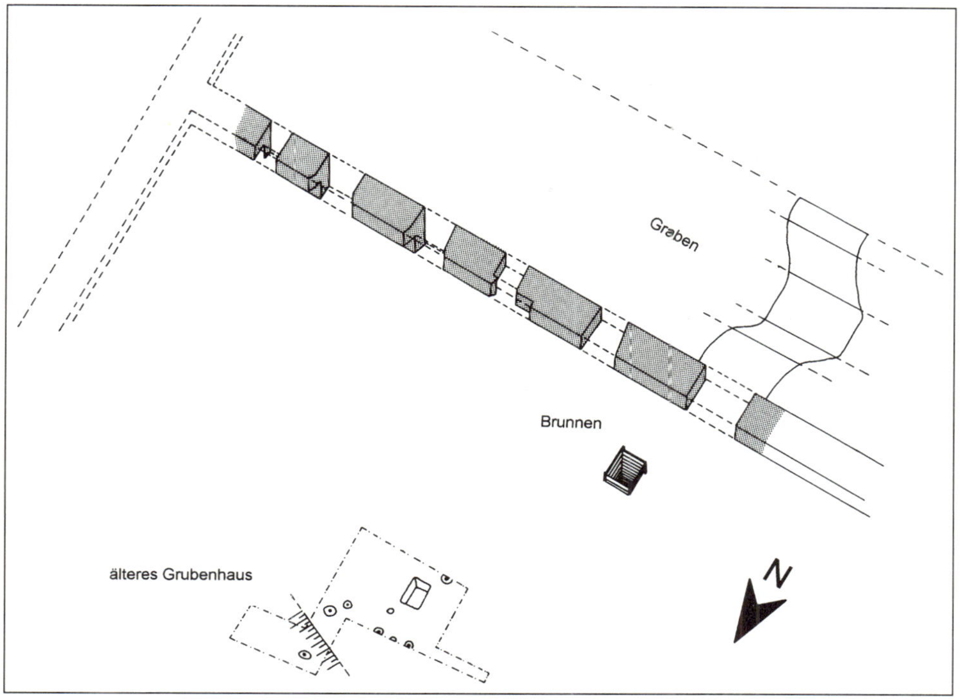

Abb. 33: München, Alter Hof. Isometrische Zusammenzeichnung der Befunde der 1. und 2. Bauphase des 12. und frühen 13. Jahrhunderts.

Grubenhauses. Die Verfüllung des Grubenhauses (59)(Abb 19) war bei den Grabungen kaum von der ersten Kulturschicht (1) zu trennen (Abb. 9) und die Funde selbst (Taf. 1; 2; 3,1–8) sind zeitlich nicht so exakt einzuordnen, daß eine getrennte zweite Bauphase, in der Pfostenbau, Wehrmauer und evt. schon der Brunnen entstanden, eindeutig zu beweisen wäre. Wenn die Beschreibung der Funde dennoch von einer zweiten Bauphase ausgeht, so sind es lediglich einige Indizien, die diesen Schluß zumindest für den Pfostenbau nahelegen: Zum einen weicht die beschriebene Lage des Grubenhauses im Gelände eklatant von der ansonsten ziemlich eindeutigen Nord-Süd-Ausrichtung der gesamten späteren Bebauung ab. Pfostenhaus und Wehrmauer richten sich aber schon klar nach diesem Plan. Zum anderen deutet der einzelne Pfosten (58)(Abb. 20), der ganz offensichtlich nach dem Abriß des Grubenhauses in den Verfüllungsschutt gesetzt wurde, darauf hin, daß es eine weitere, spätere Bebauung an diesem Platz gegeben haben könnte, die möglicherweise mit dem Pfostenbau in Zusammenhang steht. Ein zweiter Pfostenbau, der an dieser Stelle bei den Grabungen vielleicht nur wegen der kleinen Grabungsfläche nicht nachgewiesen werden konnte, wäre denkbar.

Das Pfostenhaus wird durch die Funde aus dem ersten Kulturhorizont (1), der Verfüllung der Eintiefung (13)(Abb. 20), sowie durch die Funde (Taf. 6,5) aus der Erbauungszeit des Anbaus mit dem Estrich aus der Baugrube (16)(Abb. 20) eingegrenzt, wobei letztere natürlich nur zu einer Datierung ante quem beitragen können. Während die Funde aus der Kulturschicht 1, die auch das Grubenhaus bestimmen, nur allgemein dem 12. Jahrhundert zugeordnet werden können (Taf. 1,3–5), liefern die Wandungsstücke aus der Baugrube (16) mit ihren breiten Riefenzonen als Datierung ante quem einen deutlichen Hinweis auf das fortgeschrittene 13. Jahrhundert (Taf. 6,5). Die geborgenen Stücke gehören der fortgeschrittenen Warengruppe A2 an, die in München bis um 1300 nachzuweisen ist. Streng genommen ist deshalb für die Datierung des Pfostenbaues ein Zeitrahmen vom späten 12. Jahrhundert bis in das späte 13. Jahrhundert möglich. Wenn man allerdings von einer Lebensdauer von weniger als 50 Jahren für einen solchen Pfostenbau ausgeht und eine Erbauung spätestens anschließend an den Abriß des Grubenhauses annimmt, wird wahrscheinlich, daß der Pfostenbau wohl etwa in der Zeit von 1180 bis 1230 existiert hat.

Zur Wehrmauer gibt es keine aussagekräftigen Funde und wegen der zerstörten Schichtanschlüsse auch von dieser Seite keine Möglichkeit zu einer befriedigenden Datierung. Die Datierung und Zuordnung der Mauer läßt sich deshalb nur über Umwege erschließen. Eine erste grobe Einordnung etwa in die zweite Hälfte des 12. Jahrhunderts ist über die Bauweise der Mauer zu erreichen. Ihre äußere Schale besteht, wie beschrieben, aus Backsteinen mit dem Ziegelformat 30,5–31,5/14,5–15/7–8 cm. Allgemein geht man davon aus, daß Backsteine im altbayerischen Raum nach langem Ausbleiben seit der Karolingerzeit erst wieder in der zweiten Hälfte des 12. Jahrhunderts verwendet wurden[68].

Die erste Grabenverfüllung südlich der Mauer (44/45), die unter anderem Keramik aus dem späten 12. Jahrhundert enthielt (Taf. 6,6–15), läßt nur den Schluß zu, daß der Graben bereits im 12. Jahrhundert angelegt wurde, eine Datierung der Mauer ist aber damit nicht zwingend verbunden.

Eine weitere Einordnung, die vor allem eine zeitliche Abgrenzung nach oben erlaubt, ergibt sich aus dem erstaunlichen Grabungsergebnis, daß die Wehrmauer bruchlos unter der heute bestehenden südlichen Durchfahrt den Torturm quert. Ein Torturm ohne einen anschließenden Durchlaß nach außen in der Wehrmauer ist aber so wenig denkbar, wie es sinnlos erscheint, eine Tordurchfahrt bei einem gleichzeitigen Bau nicht von vornherein in die Wehrmauer zu integrieren. Die Wehrmauer muß also in der Bauabfolge früher als der Torbau liegen, der Mauerdurchlaß erst später geschaffen worden sein.

Archäologisch kann einzig die Beobachtung, daß in der Verfüllung des Grubenhauses Backsteinbruch auftaucht und ansonsten die Kulturschicht 1 frei davon ist, diesen verhältnismäßig großen Spielraum in der Datierung noch weiter einengen. Vor dem Zeitpunkt der Verfüllung der Grube sind offenbar auf dem Gelände des Alten Hofes keine Backsteine verwendet worden, möglicherweise stammen die Bruchstücke sogar vom Bau der Wehrmauer, so daß die Wehrmauer wohl in der Zeit des späten 12. bis frühen 13. Jahrhunderts errichtet wurde.

Eine noch genauere Eingrenzung könnte sich ergeben, wenn man die eingangs zitierte Quelle, in der 1173/74 von einem »Ortolf qui praeest muro« die Rede ist, auf die Stadtmauer bezieht. Da die Ähnlichkeit in Aufbau, Material und Konstruktion mit den ältesten bekannten Stadtmauerresten im Altstadtbereich nachgewiesen ist, wäre damit auch ein Bezug auf die den Alten Hof umschließende Wehrmauer gegeben. Die Erbauungszeit läge dann um 1173, also in der zweiten Hälfte des 12. Jahrhunderts. Es ist allerdings immer verführerisch, schriftliche Quellen, die nur indirekte Hinweise geben, zur Untermauerung und Präzisierung archäolo-

[68] Haas, Bauten, 256–266. – Ders., Der romanische Bau des Domes in Freising. In: Jahrbuch der bayerischen Bodendenkmalpflege, Band 29, 1972–1974 (München 1975) 18–34.

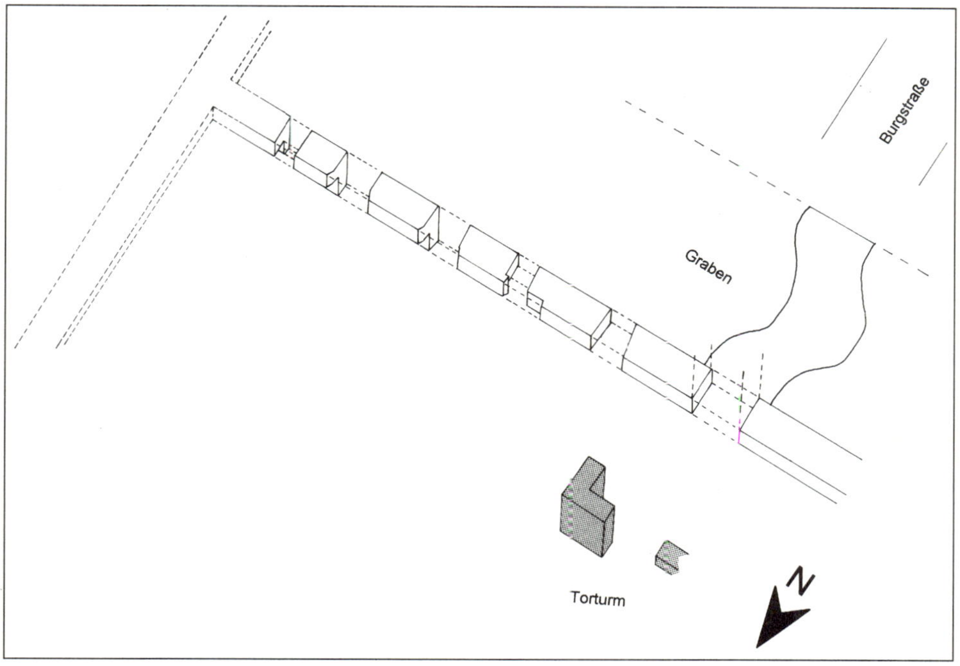

Abb. 34: München, Alter Hof. Isometrische Zusammenzeichnung der Befunde der 3. Bauphase Mitte des 13. Jahrhunderts.

gischer Ergebnisse zu mißbrauchen. Deshalb sei diese Quelle auch nur mit der gebotenen Zurückhaltung in die Überlegungen einbezogen.

Auch ohne die Eingrenzung auf das spätere 12. Jahrhundert, ist die Wehrmauer – dies ist als Ergebnis festzuhalten – somit der erste nachweisbare Steinbau im Bereich des Alten Hofes.

Dritte Bauphase – Brunnen, Torbau und Überlegungen zur Zufahrt (Abb. 34)

Aus dem Brunnen selbst gibt es keine aussagekräftigen Funde[69]. Allerdings konnte aus der Baugrube des Brunnens eine Wandscherbe geborgen werden, die auf Grund ihrer Machart in das beginnende oder mittlere 13. Jahrhundert datiert werden kann (Taf. 5,10). Durch die bereits angesprochenen Schwierigkeiten bei der genauen Zuordnung dieses Stückes und der fehlenden Baugrube zum östlichen Turmfundament müssen mehrere Interpretationen in Betracht gezogen werden: Der Brunnen ist in die gleiche Kulturschicht eingetieft, wie die beiden frühen Häuser, so daß eine Datierung in das 12. bis spätestens frühe 13. Jahrhundert eine erste Möglichkeit darstellt. Wegen der fehlenden Baugrube des Turmfundamentes kann man aber auch an eine gleichzeitige Errichtung des Brunnens mit dem neuen Turm denken. Diese würde dann, datiert durch die Wandscherbe, in die erste Hälfte des 13. Jahrhundert fallen, das rechtwinklige Fundament demnach wohl eher zu einem Brunnenhaus gehören. Als wahrscheinlichere Lösung

[69] Zur Klärung einer genauen Datierung wurde der Rest eins verkohlten Holzbrettes zur ^{14}C-Untersuchung eingeschickt, deren Ergebnis aber ein Alter von 1856 ± 70 Jahren erbrachte. Dies hätte eine Datierung von 75–240 n.Ch. bedeutet, also eine römische Bebauung vorausgesetzt, was nach allen bisherigen Erkenntnissen ausgeschlossen werden kann, da kein einziger römischer Fund im gesamten Untersuchungsbereich gemacht wurde. Hier liegt wohl ein Fehler bei der ^{14}C-Untersuchung vor.

muß allerdings die Errichtung des Brunnens in der ersten Hälfte des 13. Jahrhunderts und die anschließende Errichtung des Torturmes Mitte bis 2. Hälfte des 13. Jahrhunderts in einer sehr knapp bemessenen Baugrube angenommen werden. Dafür spricht sowohl die ungewöhnliche Stärke des Mauerwerks, das für ein einfaches Brunnenhaus viel zu wuchtig erscheint, als auch die Überlegung, daß es wohl eher ungewöhnlich war, einen Brunnen in einer neugeschaffenen Tordurchfahrt anzulegen.

Die Datierung des südlichen Torbaues in die Mitte bis 2. Hälfte des 13. Jahrhunderts, also in die Zeit nach dem Bau der eigentlichen Wehrmauer, wurden im Zusammenhang mit der Wehrmauer ausführlich diskutiert, ebenso wie die sich aus den archäologischen Befunden ergebende Folgerung, daß der heutige südliche Zugang zum Alten Hof bis zum Bau des Tordurchlasses nicht existierte. Die heutige Burgstraße hatte noch keine Bedeutung als Verbindungsweg zwischen Marienplatz und dem Alten Hof, sondern war nur eine kleine unbedeutende Gasse hinter der Mauer.

Interessant wird nun allerdings die Frage nach dem Zugang zum Alten Hof im 12. und frühen 13. Jahrhundert, also in der Zeit vor der Errichtung des Torbaues. Man kann hier wegen der bisher nur in diesem kleinen südlichen Teilbereich untersuchten ersten Wehrmauer um den Alten Hof zum jetzigen Zeitpunkt nur Theorien aufstellen, und auch die folgenden Gedanken erheben nicht den Anspruch, mehr als eine Theorie zu sein. Sie fußen auf einer Zusammenfassung von Ergebnissen der Bauforschung und der neuesten archäologischen Grabungen mit den eingangs angesprochenen Beobachtungen Gustav Schneiders während des Krieges (siehe unten). Sie verstehen sich deshalb vor allem als Ansatzpunkt für neue Diskussionen, Forschungen und archäologische Untersuchungen.

Nimmt man die Ergebnisse von Bauforschung und Archäologie zusammen, so kann für diese frühe Zeit ein Zugang in der Wehrmauer auf der Südseite des Alten Hofes ausgeschlossen werden. Die Ostseite besaß wegen ihres steil abfallenden Geländes und dem vorgelagerten Graben mit seiner wichtigen Schutzfunktion für die ganze Stadt aller Wahrscheinlichkeit nach ebenfalls kein Tor. Das gleiche dürfte für die Nordseite gelten, der gefährdetsten Stelle, denn hier hatte das Gelände vor dem Graben in etwa die gleiche Höhe wie das Gelände des Alten Hofes und nur ein verhältnismäßig leicht zu überwindender Graben bildete das einzige Annäherungshindernis.

Ein denkbarer Zugang kann eigentlich nur an der Westseite gelegen haben. Sie war weit weniger gefährdet für Angriffe von außen als die Nord- und Ostseite, weil hier, wie auch im Süden, die Stadt dem Burggelände vorgelagert war und so zeigen denn auch die alten Pläne in diesem Gebiet einige Auffälligkeiten, die auf einen Zugang von dieser Seite hindeuten könnten. Auf dem Sandtnerschen Modell ist auf dem Grundstück zwischen Dienerstraße 14 und 15 eine ost-westlich gelagerte Baulücke zu erkennen. Sie ist auch noch, in etwas verkleinerter Form, auf dem Stadtplan von 1806 verzeichnet (Abb. 11 und 41). Eine Baulücke inmitten einer dicht besiedelten Stadt mutet merkwürdig an und läßt an eine Zufahrt zur Burg denken. Das Sandtner-Modell und natürlich noch mehr der Stadtplan von 1806 stammen allerdings aus einer Zeit, in der die stadtseitigen Gräben längst verfüllt waren und, zumindest in der Zeit des Sandtner-Modells, das westlich an den Alten Hof dadurch entstandene Gelände wohl landwirtschaftlich oder als Garten genutzt wurde. Die durch die Baulücke entstandene Zufahrt

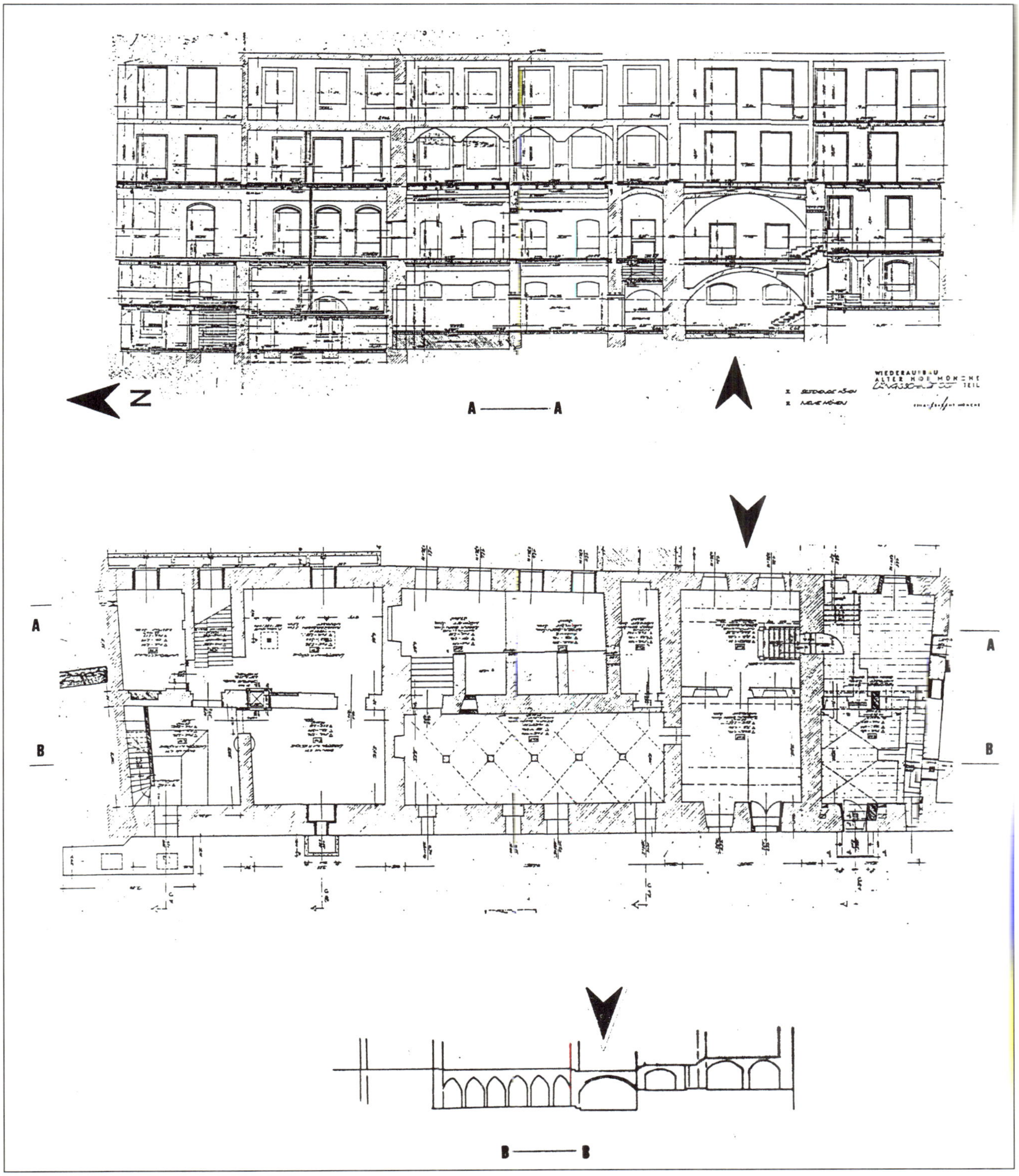

Abb. 35: München, Alter Hof. Grundriß und Schnitt durch den Zwingerstock anläßlich des Wiederaufbaues 1963.

könnte also durchaus nur zur Bewirtschaftung und Befahrung dieses zwischen den Häusern und dem Alten Hof gelegenen Geländes gedient haben. Eine einfache Hausdurchfahrt hätte für diesen Zweck allerdings auch genügt.

Abb. 36: München, Alter Hof. Blick nach Osten in die vermutete Torhalle aus dem 13. Jahrhundert.

Ein weiteres Indiz unterstützt aber die Vermutung, daß es sich hier um eine westliche Burgzufahrt gehandelt haben könnte, von der Seite der Bauforschung und Archäologie her. Auf dem jüngsten Bauaufmaß, das anläßlich des Wiederaufbaus des Alten Hofes im Jahre 1963 erstellt wurde, findet sich ein tieferer Keller mit einem für das Gebäude eher ungewöhnlichen, der Breite nach gelegenen Tonnengewölbe (Abb. 35)[70]. Er ist auch auf dem vor dem geplanten Abbruch der Lorenzkapelle erstellten Plan von E. Ade eingezeichnet (Abb. 17). Der Keller hat sich bis heute erhalten, das Tonnengewölbe ist auch jetzt noch das einzige der Breite nach eingebaute Gewölbe im gesamten Westtrakt des Alten Hofes (Abb. 36). Das Fußbodenniveau des Kellers liegt um einiges tiefer als das der umliegenden Räume. Interessanterweise hat es ziemlich genau die Höhe, in der bei den Grabungen die Oberkante der Kulturschicht 1 festgestellt wurde. Es liegt nur etwa 10 cm über dem Niveau des beim Bau des östlichen Burgstockes beschriebenen Mörtelestrichs. Bezieht man die Abtragung des Geländes bei diesem Bau mit ein, so ergibt sich in etwa das Geländeniveau der ersten beiden Bauphasen, in denen ein früherer Torbau zusammen mit der Wehrmauer entstanden sein müßte.

Die Nordmauer dieses Raumes liegt in auffällig übereinstimmender Flucht mit der beschriebenen Baulücke zur Dienerstraße hin, so daß der Gedanke, der heutige Keller könnte einmal ein überwölbter älterer, wenn nicht sogar der älteste Zugang zum Alten Hof gewesen sein, naheliegt.

In diesem Zusammenhang gewinnt die Beobachtung von Gustav Schneider während der Aushubarbeiten für ein Feuerlöschbecken im vorletzten Kriegsjahr mehr Bedeutung[71]. Er konnte einen Mauerzug beobachten, dessen Bauweise und Lage auf eine frühe Bebauung hindeutet (Abb. 37 und 38). Auf der von ihm angefertigten Lageskizze kann man einen Fundament-

[70] Plan des Finanzbauamtes München, 1963.

[71] Schneider, Gustav, Der Werdegang des ältesten Münchner Stadtkernes. OA 112 (1988) 194.

mauerrest erkennen, dessen Interpretation und Einordnung allerdings einige Probleme bereitet. Auf Höhe der Baufuge zum letzten nördlichen Haus des Westflügels kam unmittelbar unter dem Steinpflaster ein ca. 4,30 m breites Ziegelfundament zum Vorschein, das bis in eine Tiefe von 1,80 m reichte. Es setzte sich nach Schneider aus je einem 2,50 m und 1,80 m breiten Fundamentzug zusammen und bestand aus einer Ziegelschale (A) und Füllmauerwerk (B) aus hartem Mörtel mit Rollsteinen bis zu Faustgröße. An einigen Stellen waren im Mörtel, teils unregelmäßig verteilt, teils sorgfältig geschichtet, Ziegelsteine eingebettet. Das Fundament war direkt auf den anstehenden Kiesboden gesetzt (J). Eine Baugrube konnte Schneider nicht beobachten. Nach den Zeichnungen zu urteilen, sitzt das Fundament direkt im Horizont H, der wegen seiner Lage unmittelbar über dem Kiesboden mit dem Kulturhorizont 1 gleichzusetzen ist. Das Fundament verlief in 32 m Abstand zur südlichen Flucht des Alten Hofes in West-Ost-Richtung. Es konnte leider nicht mehr weiter verfolgt werden. Einen östlich vor das Fundament gemauerten quadratischen kleinen Schacht, der noch 1 m Tiefe aufwies, beschrieb Schneider als einen nicht zum alten Befund gehörigen, zugeschütteten modernen Revisionsschacht. Ob es sich, wie Dieter Oestreich annimmt, bei dem Fundamentrest um die Mauern eines Turmes im Innern des Alten Hofes handelt, also ein Bauteil eines unbekannten Vorgängerbaues oder aber um den Mauerrest eines jüngeren Vorbaues am westlich gelegenen sogenannten Zwingerstock, muß offen bleiben[72].

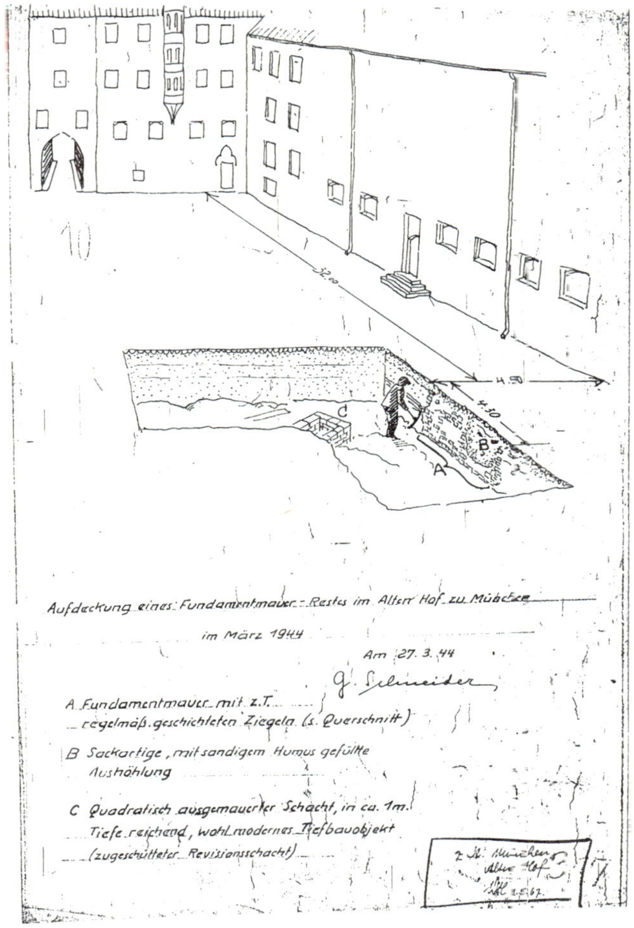

Abb. 37: Zeichnung der Aufdeckung im Alten Hof von Gustav Schneider vom 27.3.1944 anläßlich des Baues eines Feuerlöschbeckens. Blickrichtung nach Süden.

Schneider selbst führte zur Datierung Belege von staufischen Bergfrieden heran, die ähnliche Mauerstärken aufwiesen und forderte so eine Zeitstellung in das 12. Jahrhundert. Der Bergfried wäre dann allerdings schräg im Gelände gestanden, so daß die Mauer beim Aushub des Beckens schräg angeschnitten worden wäre, denn eine Mauerstärke von 4,30 m erscheint für einen Bergfried zu massiv. Aber auch wenn solch eine Schrägstellung eines staufischen Bergfrieds durchaus üblich war (die Angriffsfläche bei einem Angriff von außen war wesentlich geringer) und seine Lage zum Schutz der gefährdetsten Stelle, dem vermuteten Tor süd-westlich von ihm verlockend stimmig wäre, ist eine Interpretation ebenso wie die Zuordnung dieses Mauerstückes zu einer der nachgewiesenen frühen Bauphasen ohne weitere Grabungen an dieser Stelle nicht möglich.

Eine endgültige Antwort auf die Frage nach dem Zugang zum Alten Hof im 12. und frühen 13. Jahrhundert, das soll hier noch einmal betont werden,

[72] Oestreich, 34.

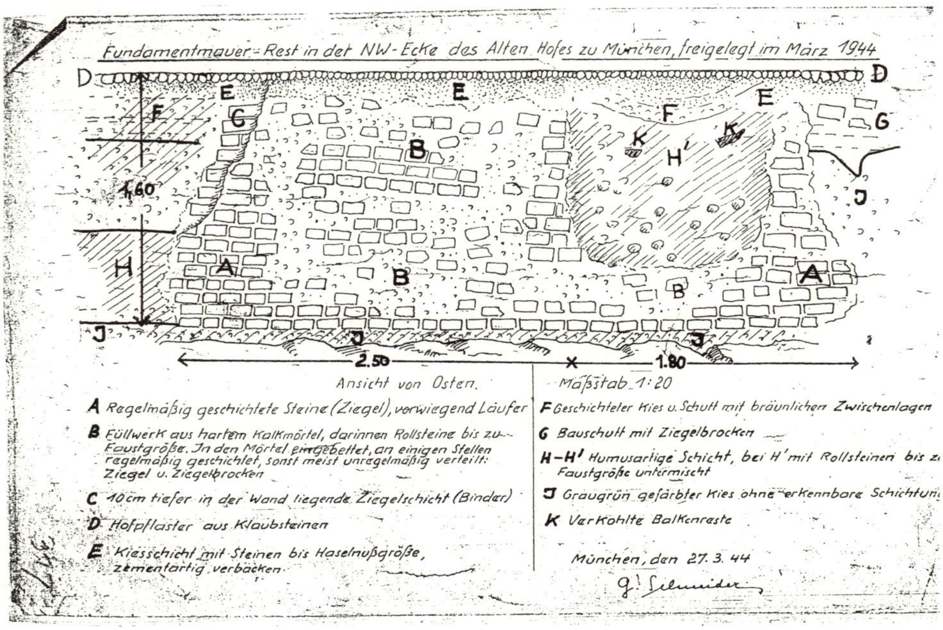

Abb. 38: Zeichnung des Süd-Nord-Profiles im Alten Hof von Gustav Schneider vom 27.3.1944 anläßlich des Baues eines Feuerlöschbeckens.

gibt es zum jetzigen Zeitpunkt nicht. Sie muß der zukünftigen Forschung überlassen werden.

Die Erbauung des südlichen Tores fällt somit vermutlich in die Zeit Herzog Ludwig des Strengen von Wittelsbach (1253–94). Er galt bislang als der Begründer des Alten Hofes, hat aber wohl tatsächlich nur den ersten größeren Umbau der schon bestehenden Burganlage vorgenommen.

Mit der Öffnung des Alten Hofes nach Süden war gleichzeitig der Verlauf der heutigen Burgstraße festgelegt. Sie findet 1346 das erste Mal als »purchstrazz« ihre schriftliche Erwähnung.

Vierte und fünfte Bauphase – Der östliche Burgstock (Abb. 39 und 40)

Für die Datierung der Erbauung des östlichen Burgstockes liefern einige aus dem Mauermörtel (Taf. 6,1–4), der Baugrube des Burgstocks (16)(Abb. 19) (Taf. 5,10) und direkt unter dem Mörtelestrich des kleinen Anbaus geborgene Keramikstücke Anhaltspunkte. Sie wurden bereits bei der Datierung des Pfostenbaus zu einer ante quem Datierung herangezogen, hier ist es nun die post quem Datierung, also die Aussage, der Bau des Burgstocks kann frühestens Mitte des 13. Jahrhunderts in Angriff genommen worden sein, eher etwas später. Die Keramikstücke können nicht nur durch ihre breiten Riefenzonen auf der Wandung der fortgeschrittenen Warengruppe A2 etwa der Zeit ab dem späten 13. Jahrhundert zugeordnet werden. Auch im Fundkomplex der in die Zeit 1294 bis 1347 münzdatierten Brandschicht aus der Umgebung der Peterskirche gibt es vergleichbare Stücke (Taf. 10–13), dort waren sie aber bereits mit späterer, feingeriefter Ware vergesellschaftet, so daß für den Burgstock eher eine etwas frühere Datierung in Frage kommen dürfte.

Bei dieser Zeitstellung kann man die Zerstörung des hölzernen Anbaus, die durch eine Brandschicht dokumentiert ist, gedanklich mit dem großen

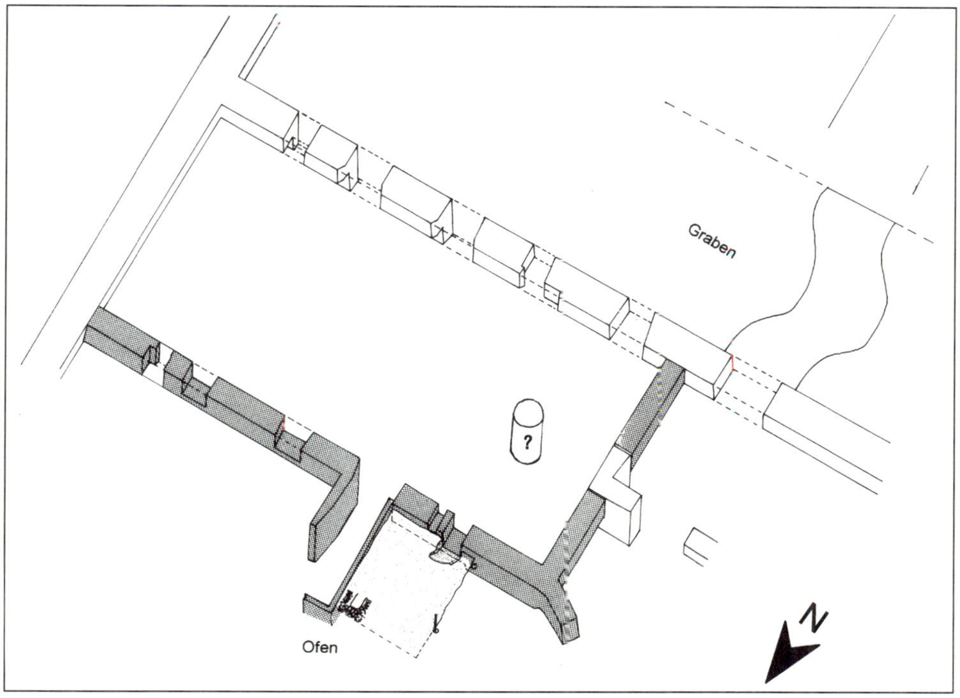

Abb. 39: München, Alter Hof. Isometrische Zusammenzeichnung der Befunde der 4. Bauphase aus der Zeit um 1300.

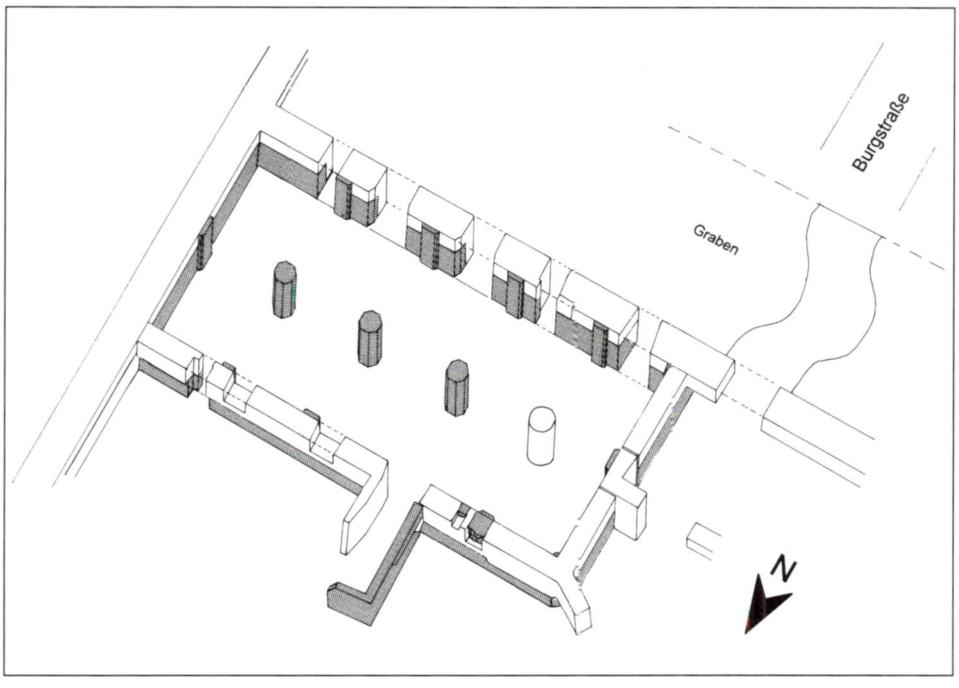

Abb. 40: München, Alter Hof. Isometrische Zusammenzeichnung der Befunde der 5. Bauphase aus dem 15. Jahrhundert.

Stadtbrand in München im Jahre 1327 in Verbindung bringen. Daß der Alte Hof wie die übrige Stadt davon betroffen war, geht aus der Auflistung der Schäden vom 13. Februar 1327 hervor (siehe oben). Ein archäologischer Nachweis, daß dabei auch der Anbau vernichtet wurde, ist allerdings nicht mehr möglich, da die Brandschicht über dem Mörtelestrich bei Grabungsbeginn weitestgehend entfernt war und aus ihr keine aussagekräftigen Funde erhalten sind.

Bei den Grabungen wurden Hinweise entdeckt, die auf einen Wiederaufbau nach dem Brand hinweisen. In den Aufzeichnungen über die Auslagen des herzoglichen Kastners v. Kammerberg ist aber für das Jahr 1364 von der Instandsetzung eines »Häusels über der Stiege über dem großen Keller« die Rede[73]. Die Mauerzüge (47) und (9) (Abb. 27 und 20) dürften demnach identisch mit dem bei v. Kammerberg erwähnten Bau sein.

Bauherr des östlichen Burgstockes dürfte Herzog Ludwig der Strenge gegen Ende seiner Regierungszeit (1253–94) gewesen sein, möglicherweise aber auch erst Herzog Ludwig der Bayer (1294–1347).

Die mehrfachen Umbauten im Bereich des östlichen Burgstockes sind archäologisch nicht mehr faßbar, allenfalls Bauforscher und Kunsthistoriker konnten und können hier noch Datierungen erarbeiten, die, soweit bekannt, bereits bei der Beschreibung der Befunde erwähnt wurden. Insgesamt scheint das gesamte 14. Jahrhundert soweit es den Alten Hof betrifft ein Zeitraum der Zerstörung, des Wiederaufbaus und vieler Umbauten zu sein.

Der Graben

Der Graben gehört zu den ältesten Teilen der Burganlage. Die Funde aus dem sogenannten Bodensatz (44/45)(Abb. 32), der bei der ersten Nutzung des neuangelegten Grabens entstanden ist, zeigen, daß er gleichzeitig mit der Bebauung auf dem Alten Hof, also im späten 12. Jahrhundert, angelegt worden ist (Taf. 6,6–15). Eine Scherbe aus dieser untersten Schicht des Grabens gehört zum selben Gefäß, zu dem auch ein Stück gehört, daß aus der Grubenhausverfüllung (59) stammt (Taf. 2,3 und 6,10). Dies ist ein eindeutiges Indiz dafür, daß der Graben bereits zur zweiten Holzbauphase existiert hat. Ob er aber schon zur ersten Bauphase bestanden hatte, muß offen bleiben.

Daß mit dem Graben nicht notwendigerweise auch schon die Wehrmauer hochgezogen worden sein muß, wurde bereits erwähnt, ist aber nach den Befunden der ersten Umwehrung sehr wahrscheinlich.

Auch die Funde im Graben dokumentieren mit den großen Schuttmengen der Schichten 38, 43 und 83 eine Brandkatastrophe. Die Funde in diesen Schichten datieren sie etwa in die Zeit um 1300 bzw. in das frühe 14. Jahrhundert (Taf. 7,1–5), so daß auch hier der Zusammenhang mit dem großen Stadtbrand und den Zerstörungen im Alten Hof naheliegt. Es gibt für diese Vermutung aber keine gesicherten Beweise in Form von ^{14}C-Datierungen oder Münzen.

Die endgültige Verfüllung des Burggrabens im südlichen Mauerbereich (37)(Abb. 32) fand im späten 14. Jahrhundert statt. Dies ist allerdings nur im Zusammenhang mit den Quellen einigermaßen exakt zeitlich festzulegen, denn die letzte Verfüllschicht ist außerordentlich dick und enthielt keine genau datierbaren Stücke. Die Funde (Taf. 7,7–14; 8; 9) ähnelten zwar Vergleichsfunden aus einer münzdatierten Schicht bei der Peterskirche aus der Zeit um 1327, es sind aber auch schon Stücke mit weiterentwickelten Formen dabei, so daß man in der Zeitstellung wohl eher in das Ende des 14. Jahrhunderts gehen muß. Vermutlich ging die Grabenverfüllung und die gleichzeitige Überbauung mit Häusern mit dem Bau der Neuveste, der

[73] Oefele, Edmund, Zur Geschichte des Alten Hofes in München 1359–64. OA 33 (1874) 341–346.

Vorgängerin der heutigen Residenz 1384/85 einher. 1413 war sie auf jeden Fall abgeschlossen, denn zu diesem Zeitpunkt wird in einer schriftlichen Quelle zum ersten Mal das Anwesen Burgstraße 7 / Ecke Altenhofgasse erwähnt[74]. Es steht genau über dem ehemaligen Graben. 1419/20 kann man vom »Gässel bei dem Pauls Fleischhacker« lesen, ihm gehört das Haus Burgstraße 6 / Altenhofstraße.

Dendrodatierungen

Über dem Zwinger- und dem westlichen Burgstock haben sich insgesamt 4 historische Dachkonstruktionen erhalten. Von ihnen existieren aus einer bauhistorischen Untersuchung Dendrodaten. Der Dachstuhl des nördlichen Zwingerstockes ist eine liegende Konstruktion aus dem Jahr 1425 (Abb. 16,a2). Er gehört damit zu den frühesten Beispielen dieser Art in Bayern. Der Dachstuhl des mittleren Zwingerstockes ist um 1562 entstanden (Abb. 16,b1 und b2), der über dem angrenzenden südlichen Zwingerstock um 1764 (Abb. 16,c1 und c2). Der Dachstuhl über dem westlichen Burgstock ist um 1463 erbaut worden (Abb. 16,e)[75].

Zusammenfassung und Exkurs

Die Ausgrabungen im Alten Hof haben wichtige neue Anhaltspunkte zur Entwicklung der Herzogsburg liefern können (Abb. 41).

So wurde durch diese Grabung im Bereich des Alten Hofes schon für das 12. Jahrhundert eine befestigte Anlage innerhalb der ersten Stadtmauer nachgewiesen. Sie reicht, wie sich anhand von Funden belegen läßt, bis in die Stadtgründungszeit zurück. Die ersten beiden Bauphasen sind geprägt durch eine massive Umwehrung, hölzerne Bauten im Innenhof und vermutlich eine steinerne Randhausbebauung im Bereich des westlichen Zwingerstockes. Die größten Bauaktivitäten in der frühen Geschichte des Alten Hofes lassen sich erst für die Zeit nach 1255 nachweisen, als München unter Ludwig dem Strengen von Wittelsbach zu einem Hauptsitz des neuen oberbayerischen Herzogtums wurde. Ludwig der Strenge ist aber nicht, wie bislang angenommen, der Begründer des Alten Hofes. Eine durchgängige Nutzung und Besiedelung des Geländes seit frühester Zeit, wie vielfach angenommen wird, konnte nicht bestätigt werden.

Ähnliche Anlagen innerhalb einer Stadt sind in vielen Städten nachweisbar. Sie sind nicht spezifisch für die Gründungen der Welfen oder der nachfolgenden Wittelsbacher. Vergleichbare Anla-

Abb. 41: München, Alter Hof. Der Alte Hof auf dem Katasterplan von 1806 mit dem nachgewiesenen (schwarz) und vermuteten (weiß) Graben (a) der vermuteten ersten Zufahrt aus dem 12./13. Jahrhundert (b), dem Schlichtingerbogen (c), Laroséeturm (d) und der Lorenzkapelle (e).

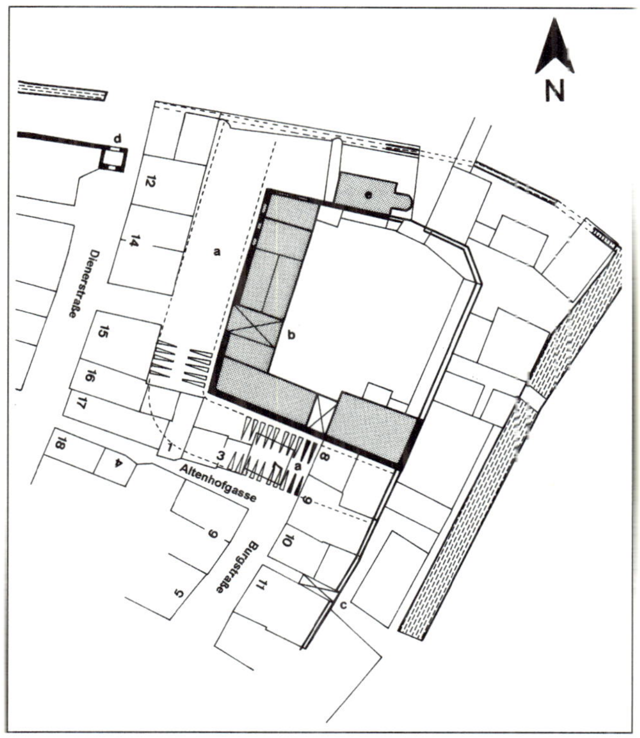

[74] StadtAM, GB 146/7, 148 10, 150/5, 157/4.

[75] Dachwerkuntersuchung der Dachstühle des Zwinger- und Burgstockes 1992 durch das Büro für Denkmalpflege und Bauforschung Franz Hölzl, Wörthsee.

gen sind z.B. für Weismain[76], Lichtenfels[77], Scheßlitz (Kastenhof mit fast 6000 Quadratmetern)[78] und Bayreuth (1375 »Haus«, 1412 »Veste«)[79] nachgewiesen. Ebenfalls am Rande der Stadt lagen die Burgen von Abensberg, Ingolstadt, Straubing, Landau an der Isar und Herzogenaurach[80]. Ein ganz ähnlicher Befund wie in München konnte schließlich zwischen 1978 und 1982 in Marbach am Neckar ausgegraben werden[81]:

Hier lag ein befestigter Ansitz in der Südostecke der Stadt. Wie in München schützte er eine sehr gefährdete Stelle der befestigten Stadt, wie in München lag in unmittelbarer Nähe ein wichtiges Stadttor. Auch die Ausgrabungen in Marbach wiesen für das ausgehende 12. und 13. Jahrhundert eine Innenbebauung mit Holzgebäuden und Erdkellern nach, die durch eine Grabenbefestigung im Norden und Westen gesichert war. Eine Gußanlage für Buntmetall deutet auf eine metallverarbeitende Werkstatt hin, eine weitere Parallele zum Alten Hof. Die Wehrmauer scheint in München mit einer Datierung noch ins 12. Jahrhundert früheren Datums zu sein als in Marbach. Dort wurde sie erst im Laufe des 13. Jahrhunderts um das Burgareal gezogen. Etwa gleichzeitig ist aber wieder die erste Innenbebauung aus Stein: Sowohl der östliche Burgstock im Alten Hof, als auch der erste Steinbau in Marbach wurden im Laufe des 13. Jahrhunderts errichtet. Mitten im Marbacher Burghof stand ehemals ein mächtiger Bergfried – eine interessante Parallele zu den Beobachtungen und Vermutungen Schneiders im Alten Hof.

4.2. Frühe Kirchen

Im Mittelpunkt des Interesses archäologischer Untersuchungen in Stadtkernen standen neben den bei Tiefbauarbeiten oft zu Tage tretenden Resten der römischen Vergangenheit schon früh die alten Kirchen. In vielen Städten – hier sei vor allem Köln genannt – lieferte gerade die Erforschung und Ausgrabung der Kirchen wichtige Ergebnisse zur frühen Stadtentwicklung. Auch in München hängt die Geschichte der ältesten Pfarrkirche, der Peterskirche (Abb. 5,7 und 42), von den Münchnern liebevoll »Alter Peter« genannt, eng mit der Geschichte der Stadt zusammen, wird doch den Münchner Schulkindern seit je beigebracht, der Name »München« weise auf die Mönche am Petersberg hin, das weltbekannte Münchner Kindl, sei in Wirklichkeit ein Mönch aus eben dieser, schon lange vor der eigentlichen Stadt entstandenen Ansiedlung auf der Anhöhe über der Isar[82]. In Wahrheit jedoch

---

[76] Ruderich, Peter, Kunst- und Architekturgeschichte Weismains vom 13. bis zum 20. Jahrhundert. In: Dippold, Günter (Hrsg.), Weismain. Eine fränkische Stadt am nördlichen Jura, Band 2 (Weismain 1996) 98–100.

[77] Meyer, H. Der ältere Lichtenfelser Kastenhof. In: Heimat-Blätter. Land am Obermain in Vergangenheit und Gegenwart Nr. 6 f. (o. O. 1963).

[78] Vollet, Hans, Weltbild und Kartographie im Hochstift Bamberg. In: Die Plassenburg 47 (Bamberg 1988) 200.

[79] Hartmann, Karl, Zur Geschichte Altbayreuths. In: Archiv für Geschichte und Altertumskunde von Oberfranken 29, 3 (o. O. 1926) 5.

[80] Schonath, Wilhelm, Das Schloß zu Herzogenaurach. In: Fröhlich, Valentin (Hrsg.), Herzogenaurach. Ein Heimatbuch. (1949) 152–161, 153.

[81] Stadtluft, Hirsebrei und Bettelmönch. Landesdenkmalamt Baden-Württemberg (Hrsg.) Ausstellungskatalog (Stuttgart 1992) 135–143.

[82] Hirschbold, Benedikt, Münchner Heimat. (o.O. o.J.) 5 f.

konnte die Frage nach den Vorgängerbauten und der Entwicklungsgeschichte der alten Pfarrkirche bis 1945 immer nur unzureichend anhand der nicht immer sehr zuverlässigen bekannten Quellen beantwortet werden. Erst nach den Zerstörungen des letzten Weltkrieges bot sich bei den umfassenden Instandsetzungs- und Wiederaufbauarbeiten die Chance, die freigelegten Reste der Vorgängerbebauung genauer zu erforschen (Abb. 43). Das gleiche gilt für die Frauenkirche (Abb. 5,8), die ebenfalls erst nach den Zerstörungen des letzten Krieges das erste Mal in Teilen archäologisch untersucht wurde. Für die beiden weiteren wichtigen Kirchen im hochmittelalterlichen München, die Heiliggeistkirche und die Jakobskirche (hier fanden lediglich bauhistorische Untersuchungen statt) gibt es keine archäologischen Ausgrabungen, so daß sich die folgenden Ausführungen auf die beiden ältesten Pfarrkirchen Münchens, die Peterskirche und den Frauendom beschränken müssen.

Abb. 42: München Holzmodell von Jakob Sandtner 1570–72. Blick von Südost auf Peterskirche und Frauenkirche.

4.2.1. St. Peter

Die schriftlichen Quellen

Die Peterskirche ist die älteste Pfarrkirche Münchens. Sie wird 1225/26 das erste Mal schriftlich erwähnt bei einer Beurkundung durch den Herzog Ludwig I.: »Ludewici in manus ducis Bawarie in ecclesia sancti Petri Muonichen«[83]. Diese Erwähnung ist besonders interessant im Zusammenhang mit dem Alten Hof, denn eine Vertragsunterzeichnung in der Peterskirche durch den Herzog legt die Vermutung nahe, daß die Stadt »Muonichen« zu dieser Zeit nicht besonders reich gesegnet war mit großen repräsentativen Räumlichkeiten, vor allem nicht im wohl direkt unter dem Einfluß des Herzogs stehenden nördlichen Teil der Stadt. Hier bestätigen sich die Ergebnisse der Grabungen im Alten Hof, nach denen z.B. der östliche Burgstock erst im späten 13. Jahrhundert erbaut wurde und für die davorliegende Zeit keine in ihren Ausmaßen dem Burgstock entsprechende Bebauung nachgewiesen werden konnte[84]. Kurze Zeit nach dieser ersten Erwähnung amtiert Bischof Gerold im Hause des Pfarrers »Monaci in domo plebani«, vermutlich zeitgleich mit einem Aufenthalt Herzog Ludwigs[85].

Daß die Peterskirche schon vorher bestanden haben muß, ist einer Urkunde zu entnehmen, die um 1167 bis ca. 1170/71 einen »Heribort decanus de Munichen« als Pfarrer nennt[86]. Da die Frauenkirche erst 1271 zur zweiten Pfarrkirche erhoben wird, kann es sich nur um den Pfarrer der

[83] Stahleder, Chronik, 28 f.
[84] Der Alte Hof hatte um 1225 nur wenige repräsentative Bauten mit kleineren Innenmaßen (siehe Kapitel 4.1), der Vorgängerbau der Frauenkirche war mit Sicherheit auch nicht viel größer als eine Kapelle (siehe Frauenkirche).
[85] 1226/27–1230, Stahleder, Chronik, 29.
[86] Stahleder, Chronik, 12.

Peterskirche handeln. Dieser Pfarrer Heribort ist vermutlich identisch mit einem gleichnamigen Pfarrer in Feldmoching, der urkundlich 1168 Erwähnung findet. Eine Betreuung der Peterskirche von Feldmoching aus läßt im übrigen ebenso auf eine noch recht unbedeutende und kleine Siedlung schließen, wie die eben erwähnte Tatsache, daß die Peterskirche wohl den größten überdachten Raum im frühen München bot.

Mit dem 10. Februar 1278 setzt eine Reihe großer Ablässe für Almosen an St. Peter ein, die bis zum Februar 1299 andauern[87]. Sie dienen zur Finanzierung eines Neubaus der Peterskirche, die wohl baufällig oder zu klein geworden war[88]. Vom 23. April 1284 ist uns durch den Dekan Wilbrecht von St. Peter eine Kapellenstiftung mit Altar überliefert, der dem Blut Christi und der heiligen Maria und Katharina geweiht ist. Er steht in der Pfarrkirche »in der abseiten gen dem Markt«[89]. Am 17. Mai 1294 wird der Bau vermutlich mit der Weihe des Hochaltares sowie zweier Seitenaltäre abgeschlossen[90]. Die schreckliche Feuersbrunst am 13. Februar des Jahres 1327 verschont auch die Peterskirche nicht: Chor und Kirche brennen ab[91]. Nach dem verheerenden Brand werden die Wiederaufbauarbeiten in Angriff genommen. Fast 20 Jahre später, am 21. November 1346 findet wieder eine Altarweihe statt[92]. Wieder gibt es Almosensammlungen für die Renovierung[93]. Am 27. März 1365 sind die meisten Arbeiten abgeschlossen und die Kirche wird durch Bischof Paul von Freising geweiht[94]. Mit der Errichtung und dem Umbau der ehemaligen Zweiturmfassade zu einer Einturmfassade um 1380 bekommt die Peterskirche die Gestalt, die uns auf dem Sandtner Modell überliefert ist (Abb. 42)[95].

Forschungsgeschichte

Als älteste Pfarrkirche Münchens stand die Peterskirche immer im Mittelpunkt des Interesses. Über die schon länger bekannten Bauablaßbriefe aus den Jahren 1278 und 1287 hinaus, aus denen man in Kombination mit Aufdeckungen anläßlich einer Neuverlegung des Pflasters nach Kanalisierungsarbeiten 1869 auf den Neubau einer spätromanischen Dreiapsidenanlage schloß, war der Forschungsstand weitgehend geprägt von Vermutungen[96]. Daß die Peterskirche einen älteren Vorgänger gehabt hat, wurde als gesichert

[87] Belegt ist dies für: 13. Juni 1278, 18. August 1281, 3. März 1285 und 19. April, 6. Februar 1286, 3. April 1287 (zu dieser Zeit sind schon fünf Altäre in der Kirche), 22. Februar 1289 und 15. Mai 1289, 12. November 1293, 18. Februar 1294, aus: Stahleder, Chronik, 49, 53–57, 61, 62.

[88] 18. August 1281: Bischof Friedrich von Freising bittet von Föhring aus die Geistlichkeit der Diözese um Almosen, da der Kirche viel Unglück widerfahren ist und sie Schaden erlitten hat (»per multa mala, quae sibi hucusque imminebat«), Stahleder, Chronik, 50.

[89] Stahleder, Chronik, 52.

[90] 17. Mai 1294. Die beiden Seitenaltäre gehörten bereits 1287 schon zum Bestand der fünf Altäre. Stahleder, Chronik, 64.

[91] Stahleder, Chronik, 101.

[92] Stahleder, Chronik, 129.

[93] Belegt für 1352 und 1356. Stahleder, Chronik, 134 und 136.

[94] Stahleder, Chronik, 145.

[95] Stahleder, Chronik, 165.

[96] Bei Kanalisierungsarbeiten legte man 1869 Reste von Fundamenten am Haus Nr. 2a am Petersbergl frei, die auf einen Übergang von diesem Haus zur Kirche (oder einem ehemaligen Bergfried) schließen lassen. Sie wurden von Archivrat v. Destouches beobachtet. Veröffentlicht von: Steffen, Hugo, Dem Gründer Münchens, Heinrich dem Löwen, zum 800. Geburtstage. Das Bayerland 40 (1929) 749–752.

Abb. 43: München, Peterskirche. Aufnahme der kriegszerstörten Peterskirche von Norden, 1945.

betrachtet. Doch wurde ihr Vorgängerbau nicht unter der jetzigen Kirche vermutet, sondern in der ehemals östlich der Peterskirche stehenden Wieskirche gesehen.

Gesicherte Erkenntnisse über Bauabfolgen und deren Datierung konnten erst die Grabungen des Architekten Erwin Schleich 1952/53 anläßlich des Wiederaufbaus der kriegszerstörten Kirche bringen (Abb. 43). Die Ergebnisse wurden als Dissertation an der TH München vorgelegt und im Oberbayerischen Archiv 1958 in ausführlicher Länge publiziert[97]. Die Grabungsergebnisse Schleichs wurden in der Fachwelt aufgenommen und diskutiert[98]. Allgemeine Zustimmung fanden die Datierungen und Bauabfolgen der Kirche für das 13. bis 15. Jahrhundert. Umstritten war neben der Datierung eines ersten Vorgängerbaus in das 11. Jahrhundert vor allem Schleichs Behauptung, die ältesten Mauerreste mit dem sogenannten »Alten Raum« – einem gewölbten Raum unter dem nördlichen Seitenschiff – gehörten in die Spätantike. Über Vergleiche mit Kellern aus Regensburg glaubte Schleich, einen kellerartigen Raum unter der Peterskirche in das 5. Jahrhundert datieren zu können. Trotz fehlender Funde und Zweifeln aus der Fachwelt hielt sich die Datierung Schleichs und war Anlaß für immer wieder aufkommende und bis heute anhaltende Diskussionen über das Alter dieser Befunde und der Besiedlung der Stadt München. Interessanterweise wurden dabei Funde aus der näheren Umgebung ignoriert, die Eugen Wankmüller zeitgleich mit Schleich im Umfeld der Peterskirche barg und mit seiner Kenntnis der thüringischen Keramik dem Hochmittelalter zuordnete[99].

---

97 Schleich, Erwin, Die St. Peterskirche in München. OA 83 (1958).
98 Haas, Bauten. – Besprechung durch Gebhard, Thorsten, ZBLG 22 (1959) 514–517.
99 Wankmüller, Eugen, Mittelalterliche Bodenfunde vom Münchner Petersbergl. BVBl 41 (1976) 150–156.

1974 konnte dann Hermann Dannheimer, damaliger Leiter der Prähistorischen Staatssammlung, während einer Baumaßnahme östlich der Peterskirche wichtige Schichten aufnehmen und damit die Beobachtungen Wankmüllers bestätigen[100]. Seitens der Kunstgeschichte versuchte wenig später der Konservator Walter Haas, den Spekulationen ein Ende zu bereiten, indem er die Grabung von Schleich einer genauen Prüfung aus kunsthistorischer Sicht unterzog[101]. Schon Thorsten Gebhard bezweifelte in seiner Rezension die Datierung des ersten Baues in das 11. Jahrhundert und schlug statt dessen die 2. Hälfte des 12. Jahrhunderts vor[102]. Haas legte dar, daß die erste von Schleich angenommene Bauphase mit nur einer Apside entfällt. Er wies weiter nach, daß es sich erst bei dem von Schleich postulierten zweiten Bau um den eigentlichen ersten Kirchenbau handelte, also die Datierung des ersten Baues in das 11. Jahrhundert nun wegfiel. Auch Haas fordert auf Grund seiner Vergleiche und Beobachtungen für die erste Peterskirche eine Datierung in die 2. Hälfte des 12. Jahrhunderts. Überzeugende Argumente bringt er auch für eine ähnliche Zeitstellung des »Alten Raumes«. Seitdem liegen zwar eine Vielzahl von Indizien vor, dennoch werden diese Ergebnisse immer wieder angezweifelt, mit dem unbeirrbaren Ziel, München doch noch älter zu machen[103].

Die Überarbeitung und Zusammenfassung der archäologischen Ergebnisse aller bisherigen Grabungen soll hier weitere Indizien liefern mit dem Versuch, die bislang vorwiegend auf bau- und kunsthistorischen Überlegungen fußenden Datierungen der ältesten Bauten und Mauerreste mit Hilfe der Kleinfunde zu präzisieren. Wenn hierbei den Überlegungen zum »Alten Raum« ein etwas breiterer Raum eingeräumt wird, so vor allem deshalb, weil das Thema »römische Vergangenheit« in München immer noch eine große Rolle spielt.

Die Grabung »Schleich« in der Peterskirche – Die Befunde

Die ersten umfangreichen Untersuchungen in der Peterskirche wurden nach Kriegsende 1952 und 1953 vom zuständigen Architekten für den Wiederaufbau, Erwin Schleich, durchgeführt (Abb. 44). Trotz der für heutige Begriffe recht ungenauen Ausgrabungsmethodik und Vorgehensweise Schleichs kann seine Arbeit unter den damaligen Bedingungen nur hervorgehoben werden. Ohne sein vorbildliches Engagement wären die Spuren der Vorgängerbauten der Peterskirche für immer verloren gegangen.

Für die Zeit des Mittelalters arbeitete Schleich insgesamt acht Bauphasen heraus, davon sind vier größere Umbauten, die die Gestalt der Kirche in wesentlichen Punkten verändern, der Rest betrifft nur kleinere Um- und vor allem Anbauten (Abb. 45). Die einzelnen von Schleich herausgearbeiteten Bauabfolgen und deren Datierungen wurden, wie bereits erwähnt, von Walter Haas ausführlich besprochen und teilweise korrigiert, so daß den Ergebnissen Schleich/Haas, vor allem was die späteren Bauphasen betrifft,

[100] Dannheimer, Hermann, Mittelalterliche Funde am Petersbergl. In: BVBl 63 (München 1998) 327–332. – Ders., Mittelalterliche Bauzier aus St. Peter in München. In: BVBl 63 (München 1998) 333–336.
[101] Haas, Bauten.
[102] Besprechung von Schleich bei: Gebhardt, Thorsten, ZBLG 22 (1959) 514–517.
[103] SZ Nr. 261 vom 11.11.1980. Reiser behauptet hier, die Peterskirche wäre 1000 Jahre alt.

nun im Großen und Ganzen Glauben geschenkt werden darf. Danach lassen sich die gefundenen Mauerreste des von Haas richtig erkannten ersten Baus – der erste von Schleich geforderte Ostabschluß mit einer Apside entfällt – zu einer dreischiffigen Pfeilerbasilika mit drei Apsiden und zwei quadratischen Türmen über den letzten Jochen im Westen zusammenfügen (Abb. 45,2 und 47). In einem ersten Ausbau wird an der Nordseite die »reiche Kapelle« angebaut (Abb. 45,3), zwei spätere Erweiterungen bringen eine neue, um zwei Jochlängen nach Osten geschobene Mittelapsis und einen vergrößerten Anbau an der Nordseite der Kirche (Abb. 45,4 und 5). In der 5. (nach Schleich 6.) Bauphase wird die romanische Kirche ein letztes Mal verändert. Auch dieses Mal betreffen die Bauarbeiten nur die Nordseite: der nördliche Anbau erstreckt sich danach über die gesamte Kirchenlänge (Abb. 45,6). In einer letzten großen Baumaßnahme wird schließlich gegen Ende des 13. Jahrhunderts die gesamte romanische Kirche abgebrochen und durch einen gotischen Neubau ersetzt. Schleich führt als Abschluß eine weitere Bauphase an, in der die gotische Kirche noch einmal verändert und vergrößert wird.

Da besonders die späteren Bauphasen teilweise schon durch Quellen belegt und kaum umstritten sind, sollen im Rahmen dieser Arbeit, vor allem im Hinblick auf die angesprochene Diskussion um das Alter Münchens, in erster Linie die ältesten Mauerreste Beachtung finden, die zeitlich mit oder noch vor dem ersten dreiapsidialen Kirchenbau liegen.

Unter den Mauerzügen dieser ersten romanischen Kirche konnte Schleich insgesamt drei ältere Mauerzüge freilegen, die in keinem baulichen und konstruktiven Zusammenhang mit diesem ersten Bau stehen:

Das erste Mauerstück (I) fand sich unter der Nordwand der romanischen Kirche (Abb. 46). Es war 2,50 m lang und brach mit einer leichten Abweichung nach Süden am Ostende rechtwinklig ab. Der untere Teil war bis zu einer Höhe von 0,25 m aus trocken geschichteten Feldsteinen ausgeführt, darüber kam eine etwa gleich hohe Lage aus Feldsteinen in Mörtel, über der dann Tuffsteine folgten, die mit Mörtel vergossen waren. Zwei weitere Mauerzüge (III und IV, Abb. 46) lagen im Bereich der Apsiden der ersten Kirche. Mauerzug III bestand aus Mörtelmauerwerk (eine genauere Beschreibung liefert Schleich hier nicht). Von Mauerzug IV war nur mehr das Fundament aus in Mörtel gegossenen Rollsteinen erhalten.

Zeitgleich mit diesen ältesten Mauerzügen waren laut Schleich schließlich auch drei Wände eines rechteckigen Raumes (II) (der sogenannte »Alte Raum«), der mit einer Breite von 3,70 m und einer erhaltenen Länge von 4,70 m in etwa der gleichen Tiefe wie die eben beschriebenen Mauerzüge knapp außerhalb der ersten romanischen Kirche lag (Abb. 46–49). Die Nord- und Südwand dieses Raumes standen im Verbund mit der Westwand, während die leicht schräg angesetzte Ostwand offensichtlich erst in einer späteren Bauphase hinzugefügt und damit jüngeren Datums ist. Er war klar in den Boden eingetieft, so daß er ursprünglich wohl die Funktion eines Kellers hatte.

Die Nord-, West- und Südwand bestanden aus massiven Tuffquadern. Sie waren gegen Erdreich gemauert und erreichten erst knapp über dem ursprünglichen Gelände 0,95 m Mauerdicke. Die östliche Mauer war ebenfalls aus Tuffsteinen gleichen Formates aufgeführt, jedoch als zweischalige Mauer mit einem Füllmauerwerk aus Kalkmörtel mit Kieszuschlag und

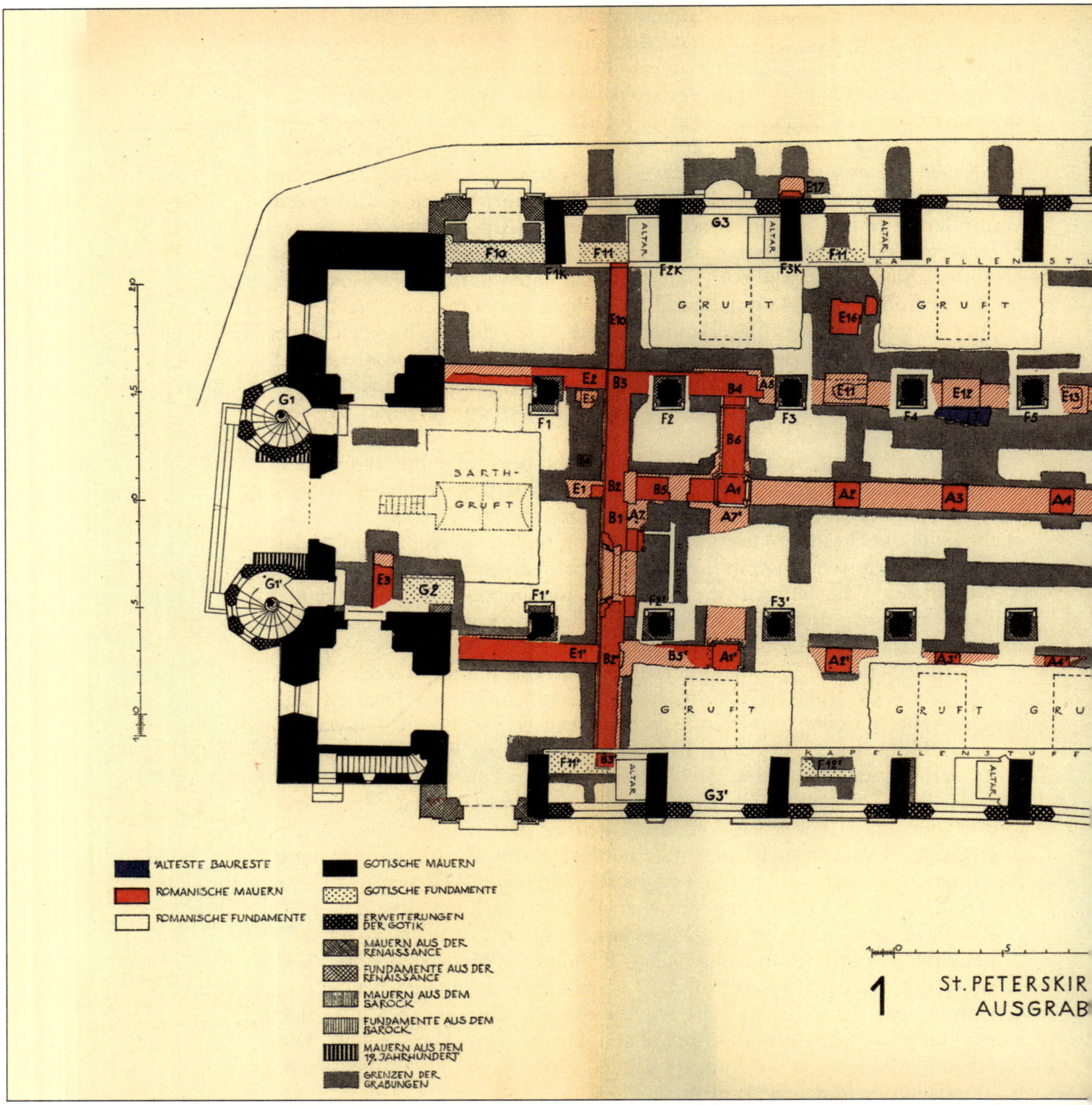

Abb. 44: München, Peterskirche. Grabungsplan der Grabung Schleich in der Kirche. Entnommen aus: Schleich, Erwin, Die St. Peterskirche in München. OA 83 (1958) Plan 1.

Ziegelbruch (Abb. 48). Die Nord- und Südmauer zeigten Ansätze eines Tonnengewölbes (Abb. 49). Nach den Beobachtungen Schleichs ist das Gewölbe einmal ausgebessert worden. Die Stirnmauern (West- und Ostwand) hatten je zwei nahe den Raumecken liegende Luftschlitze, von denen die beiden der Westwand deutlich mit abgeschrägten Sohlbänken nachträglich in die Mauer gebrochen waren, während ihre Pendants in der Ostwand bei der Errichtung der Mauer eingesetzt worden waren.

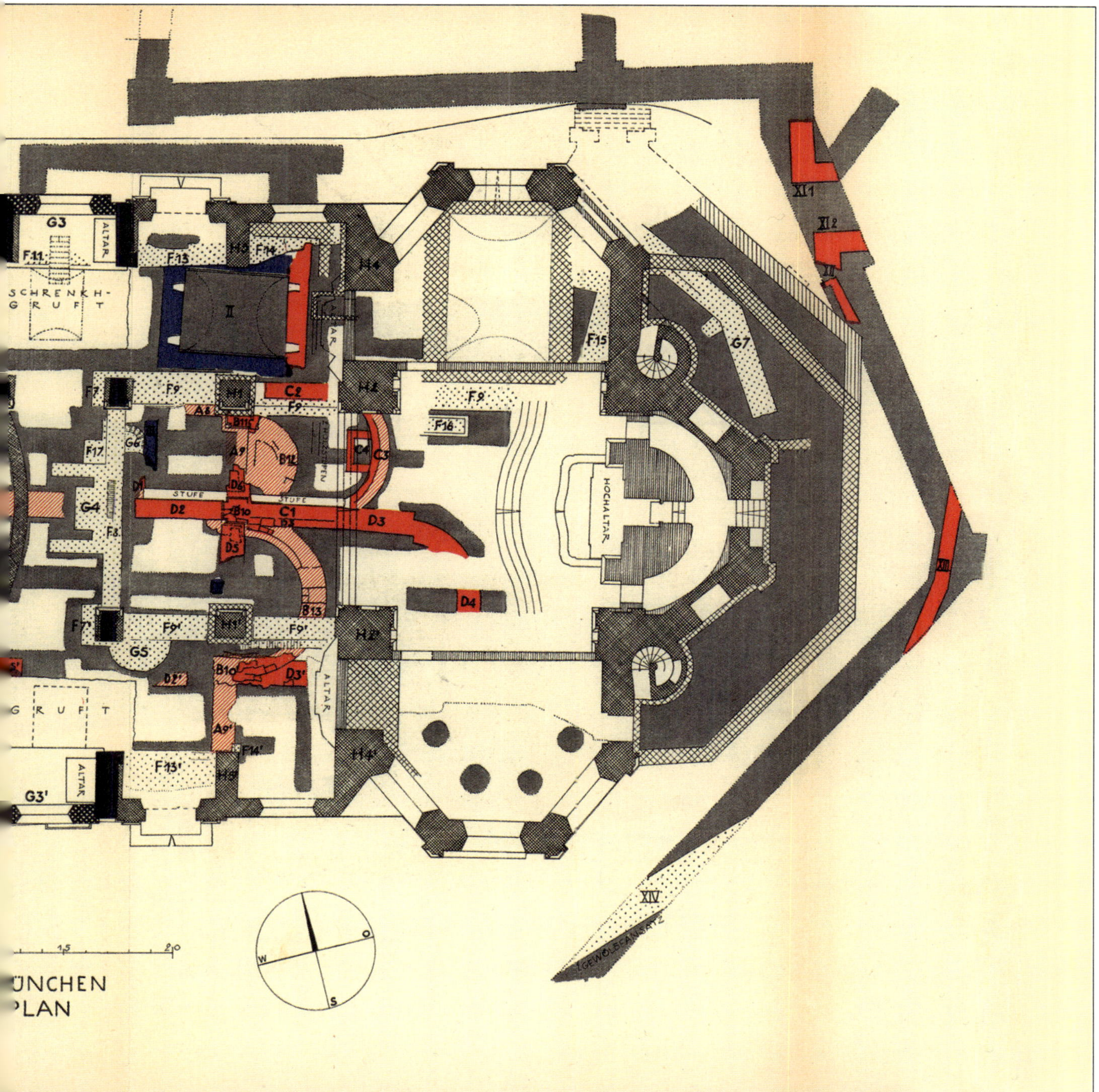

Im Osten, außerhalb der heutigen Kirche, konnte Schleich zusätzlich einige weitere Mauerzüge aufnehmen, die als Mauer XI 1, XI 2, XII, XIII und XIV auf Abb. 50 eingezeichnet sind. Sie werden im Zusammenhang mit den Aufzeichnungen Eugen Wankmüllers genauer besprochen (siehe unten »Beobachtungen am Petersplatz«).

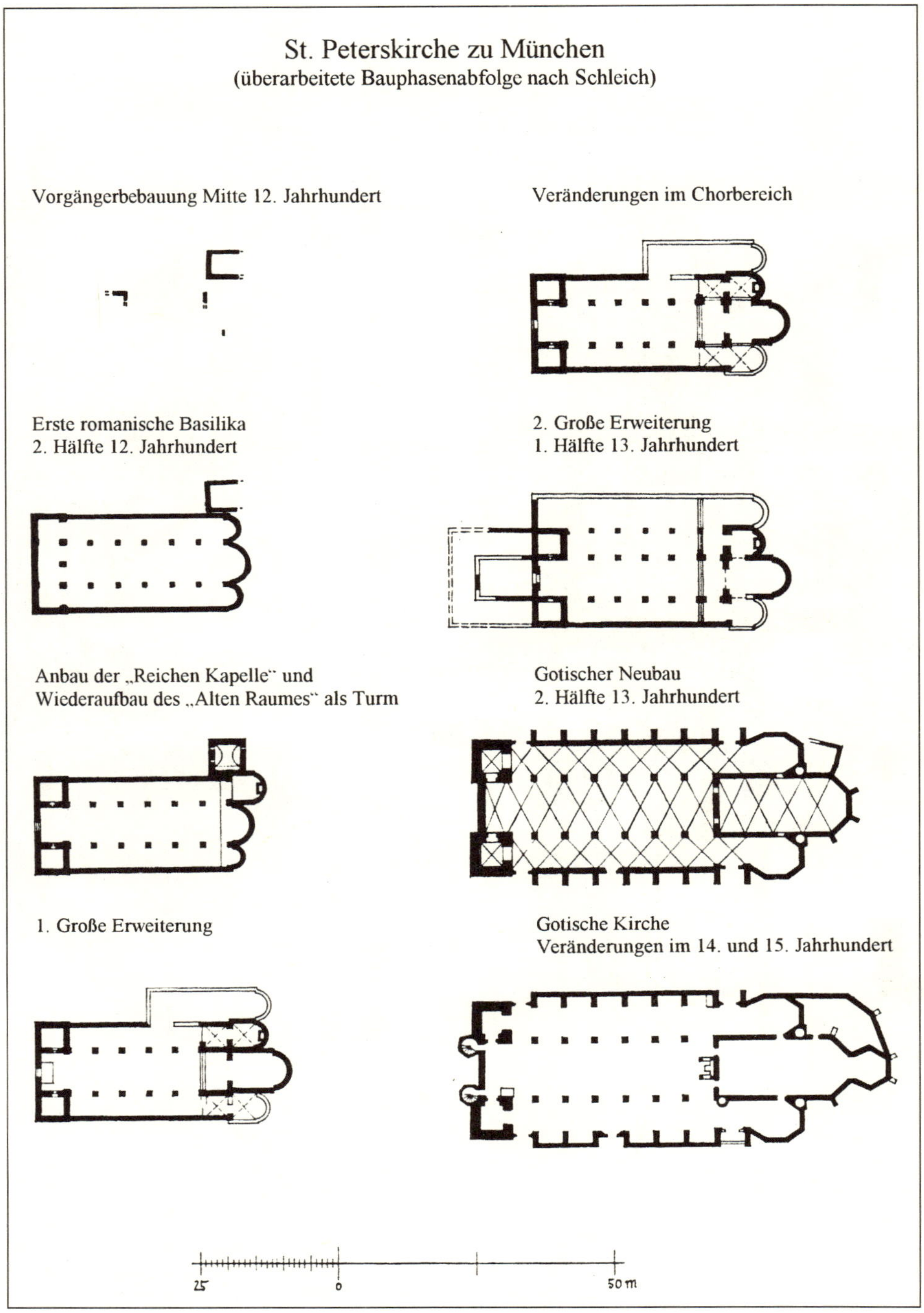

Abb. 45: München, Peterskirche. Grabungsergebnisse von Schleich mit den geänderten ersten beiden Bauphasen. Nach Schleich, OA 83 (1958).

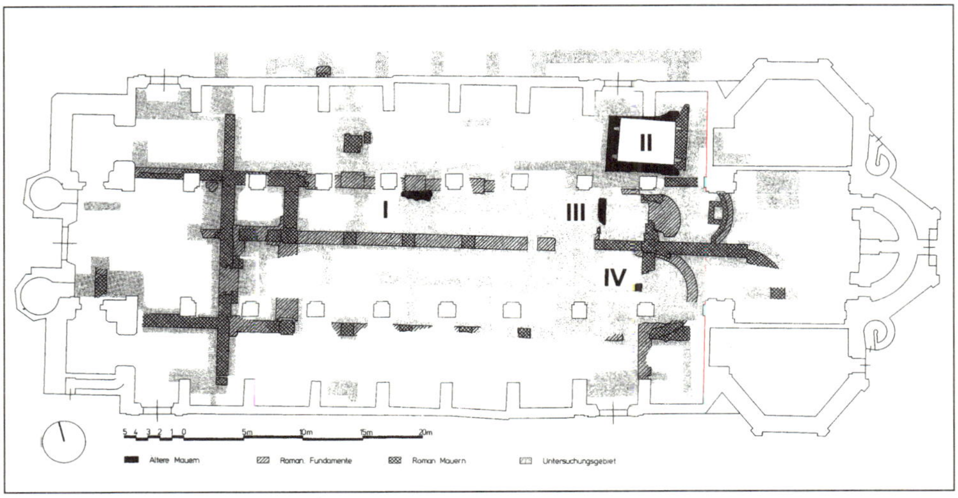

Abb. 46: München, Peterskirche. Befunde der vorgotischen Periode. I–IV älteste Mauerzüge aus dem 12. Jahrhundert. Nach Haas und Schleich. Entnommen aus: Haas, Walter, Bauten in München vor der Stadtgründung von 1158 OA 105 (1980) Abb. 1.

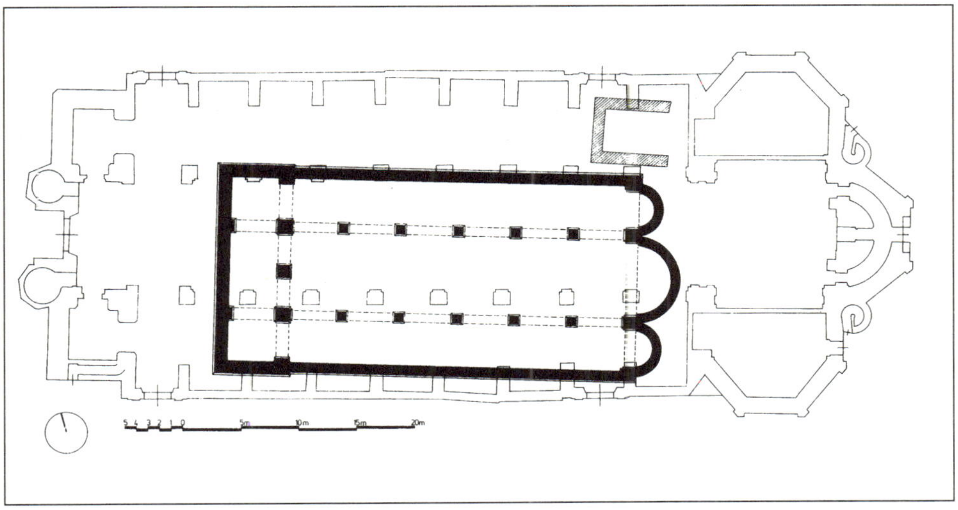

Abb. 47: München, Peterskirche. Erster nachweisbarer Kirchenbau aus dem späten 12. Jahrhundert. Nach Haas. Haas, Walter, Bauten in München vor der Stadtgründung von 1158 OA 105 (1980) Abb. 2.

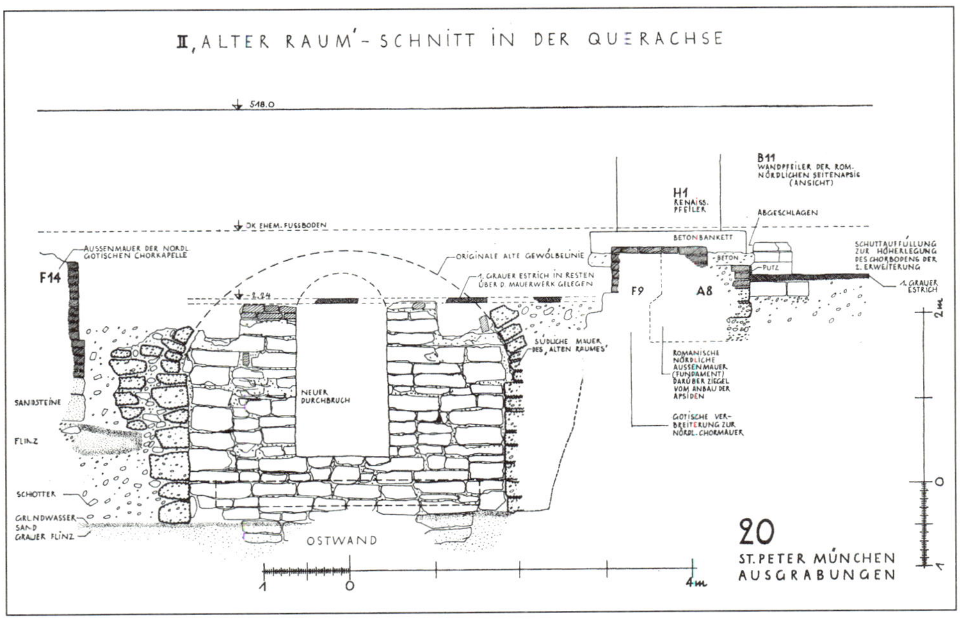

Abb. 48: München, Peterskirche. Der »Alte Raum«, Ostwand. Aufmaß von Schleich. Entnommen aus: Schleich, Erwin, Die St. Peterskirche in München. OA 83 (1958).

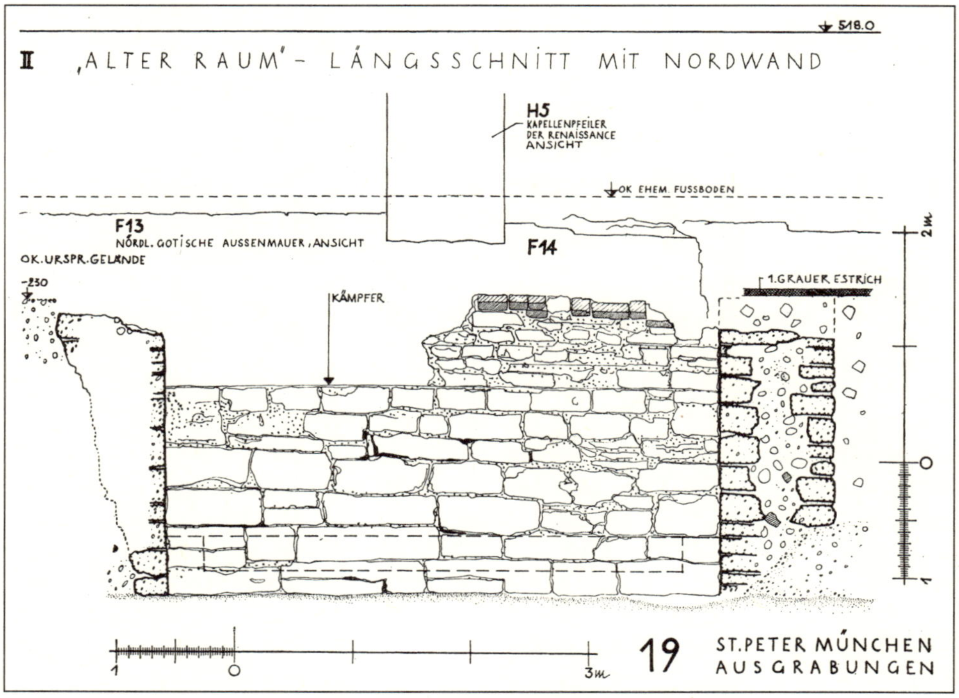

Abb. 49: München, Peterskirche, Der »Alte Raum«, Nordwand. Aufmaß Schleich. Entnommen aus: Schleich, Erwin, Die St. Peterskirche in München. OA 83 (1958).

Datierung und Deutung der Befunde Schleichs

Da für die Grabungen Schleichs festgehaltene Schichtabschlüsse oder Funde, die einzelnen Schichten zuzuordnen wären, fehlen, ist die Datierung der ältesten Befunde schwierig. Schleich selbst baut seine Datierungen fast ausschließlich auf bau- und kunsthistorischen Überlegungen und einer sorgfältigen Quellenanalyse auf. So stützt sich seine Datierung des ersten romanischen Baus (von Schleich irrtümlich als zweiter Bau deklariert), allein auf einen Wechsel im Ziegelformat, der im Bereich der Türme zu erkennen war[104]. Wurde der Nordturm noch mit Ziegeln des Formates 26–28/16–17/7–10 cm aufgeführt, so ist der Südturm mit den größeren Ziegeln des Formates 34–37/18/8–10 cm gemauert. Für diesen eigenartigen Formatwechsel gibt es eine Parallele im Freisinger Dom. Nach dem Brand von 1159 wurde der Wiederaufbau dort zuerst mit Ziegeln des Formates 26–27/15/6,5–7 cm begonnen und dann mit größeren Ziegeln des Formates 33–34/16–17/7–7,5 cm fortgeführt. Da die Baumaßnahmen in Freising um 1205 bereits abgeschlossen waren, muß man den Formatwechsel in die Zeit vor 1200 setzen. Diese Daten übernimmt Schleich auch für die Peterskirche und setzt seine zweite Bauphase (nach Haas die erste Bauphase) in die Zeit zwischen 1158 dem »Gründungsjahr« Münchens und 1167/70, wenn in den Urkunden das erste Mal von einem Pfarrer in München die Rede ist. Tatsächlich kann man in dem Freisinger Beispiel eine gewisse Bestätigung für Schleichs Datierungsvorschlag sehen. Dieses Indiz

[104] Den von ihm ursprünglich als erste Kirche angesehenen Bau mit nur einer Apsis datierte Schleich wegen dieser alleinstehenden Mittelapsis in das 11. Jahrhundert. Mit dem Nachweis von Haas, daß auch der erste Bau bereits drei Apsiden hatte, entfällt deshalb nicht nur diese erste von Schleich geforderte Bauphase, sondern auch die frühe Datierung.

reicht jedoch nicht aus, um von einer weitgehend gesicherten Datierung sprechen zu können.

Der Versuch, eine weitere Datierung dieses ersten Baus auf Grund des Kirchengrundrisses zu erreichen, liefert nur eine allgemeine Einordnung in den Typus der dreiapsidialen Basiliken, wie sie für das nördliche Alpenvorland kennzeichnend sind. Sie werden in das 12. und 13. Jahrhundert datiert und bieten somit keinen Anhaltspunkt für eine genauere zeitliche Einordnung der Peterskirche[105].

Die ältesten Befunde unter dem Fußboden der Kirche sind nur in Verbindung mit der Datierung der ersten Basilika im Sinne einer ante-quem-Datierung einzuordnen. Im Zusammenhang mit den Grabungen Schleichs gilt dies auch für den anfangs außerhalb der Kirche gelegenen »Alten Raum«. Schleich interpretiert diesen Bau als römischen Keller, der später zur Stadtbefestigung Heinrichs des Löwen als Turm oder Bergfried wiederverwendet worden sei. Er begründet den römischen Ursprung mit den von ihm festgestellten Resten eines Tonnengewölbes mit Segmentbögen an der Nord- und Südwand. Für Schleich ist diese Art von Gewölbe ein eindeutiger Hinweis auf römische Bauformen. Haas wies allerdings nach, daß derartige Gewölbe im Mittelalter durchaus verbreitet waren und als alleiniger Beweis für die römische Herkunft nicht ausreichen. Für die Datierung des Alten Raumes muß deshalb ein anderer Ansatz gesucht werden.

Die einzigen Funde aus dem Alten Raum – es sind die einzigen Funde, die Schleich überhaupt dokumentierte – liefern keinen Hinweis auf seine Erbauungszeit (Abb. 164). Sie beweisen aber zumindest, daß der Raum in der Anfangszeit der Kirche tatsächlich noch genutzt wurde. Es handelt sich um Bruchstücke von Fliesen, die auf dem Fußboden des Alten Raumes gefunden wurden[106]. Nagellöcher, die noch in den weichen Ton gestochen wurden, weisen sie eindeutig als Wandfliesen aus. Daß die Fliesen aber wohl nicht an den Wänden des Kellerraumes angebracht waren, läßt sich aus der Tatsache fehlender Nagel- und Fliesenspuren schließen. Das Muster der Fliesen hat Anklänge an Fliesen, die vermutlich mit einer welfischen Grablege in Memmingen in Verbindung stehen und damit in das späte 12. Jahrhundert datiert werden müßten[107]. Wahrscheinlich wird diese Datierung, wenn man davon ausgeht, daß es eine weitreichende Fliesenproduktion und -verwendung in Deutschland mit einigen wenigen Ausnahmen nur in einer sehr kurzen Zeitspanne gab: Sie setzte erst in der 2. Hälfte des 12. Jahrhunderts ein und fand schon im 13. Jahrhundert ihr Ende. Schleich vermutet, daß die Fliesen zur spätesten Ausstattung der danebenliegenden »reichen Kapelle« (3. Bau nach Schleich, 2. Bau nach Haas) gehört haben. Ebensogut könnten sie aber aus einem über dem Keller liegenden Raum stammen, zumal aus den Zeichnungen Schleichs eher hervorgeht, daß die »reiche Kapelle« bereits über der Nordmauer des Kellerraumes errichtet wurde und damit der Keller nicht, wie Schleich vermutet, erst mit der 3. Bauphase (nach Schleich 4. Bauphase) sein Ende fand. Sicherlich aber sind sie wäh-

[105] Strobel, Richard/Weis, Markus, Romanik in Altbayern (Würzburg 1994) 21 f.

[106] Dannheimer, Hermann, Mittelalterliche Bauzier aus St. Peter in München. In: BVBl 63 (München 1998) 333–336.

[107] Landgraf, Eleonore, Ornamentierte Bodenfliesen des Mittelalters in Süd- und Westdeutschland 1150–1550. Forschungen und Berichte der Archäologie des Mittelalters in Baden-Württemberg 14 (1995) 57 f.

rend des Abbruchs des Gebäudes über dem Keller auf den Fußboden gelangt, so daß man sagen kann, daß es wohl nicht vor dem späteren 12. Jahrhundert eingeebnet wurde. Spätestens mit der 3. Bauphase (nach Schleich/Haas zwischen 1180 und 1200) wird der Keller und der darüberliegende Bau dann allerdings abgebrochen, mit einer homogenen Auffüllschicht zugeschüttet und abschließend mit dem Estrich des neuen Kirchenanbaus vollständig überdeckt. Der Alte Raum wurde demnach nur noch gleichzeitig mit der ersten, höchstens noch mit der zweiten Kirche genutzt. Möglicherweise wurde er in dieser Zeit mit dem neuen Ostabschluß versehen. Schleich jedenfalls datiert die Zweischalenmauer der Ostwand auf Grund ihrer Bauweise in die Zeit des ersten Kirchenbaus. Man muß Schleich allerdings vorhalten, daß eine »Normierung« der Bauweisen erst mit dem Beginn der Gotik und selbst dann nur zögernd stattfand. Davor kann man eigentlich nur von einer »Mischbauweise« sprechen, so daß die Annahmen Schleichs zumindest relativiert werden müssen. Sicher ist nur, daß die Ostwand später angefügt wurde, dafür sprechen die in der Westwand erst nachträglich eingefügten, in der Ostwand aber von Anfang an vorgesehenen Lichtschlitze. Der nachträgliche Bau verkürzte den ursprünglich nach Osten längeren Bau und führte ihn einer neuen Verwendung zu. Welche Funktion der Raum und das darüberliegende Gebäude von da an hatte, läßt sich nicht mehr klären. Es könnte sich sowohl um das Untergeschoß eines Turmes handeln – vielleicht eines freistehenden Campanile nach italienischem Vorbild[108] – oder die Gruft/Krypta eines Karners außerhalb der Kirche[109], möglicherweise war es aber auch nur eine Art Verbindungsbau zu einem weiter nördlich gelegenen Gebäude, wie es die im Norden offenbar nicht gerade abgemauerte, sondern schräg abgebrochene Ostwand nahezulegen scheint. Diese Annahmen sind allerdings nur dann sinnvoll, wenn man den Umbau zeitlich mit dem ersten Kirchenbau in Zusammenhang bringt. Auch die Verwendung vor dem Kirchenbau muß offenbleiben, denkbar wäre ein länglicher Keller unter einem Profanbau.

Läßt sich das Ende des »Alten Raumes« noch einigermaßen exakt bestimmen, so kann die Erbauungszeit aus den Grabungsunterlagen Schleichs nur noch im Zusammenhang mit den beschriebenen ältesten Mauerzügen I, III und IV unter der ersten Basilika gesehen werden. In ihrer Lage und Ausrichtung scheinen sie sich auf den Alten Raum zu beziehen, so daß wohl auch der Alte Raum vor der Erbauung der Kirche bereits existierte. Wahrscheinlich sind alle genannten Mauerzüge Reste einer zusammengehörigen Bebauung auf dem Petersberg kurz vor dem ersten Kirchenbau. Im Zuge des Baues der romanischen Basilika wird diese Bebauung abgerissen, bis auf den außerhalb gelegenen rechteckigen Bau.

Eine Datierung in sehr viel frühere Zeit bis hin in die römische ist aus den Grabungsbefunden Schleichs nicht zu beweisen, aber auch nicht ein-

[108] Der dreischiffige romanische Vorgängerbau St. Martin in Landshut hatte 10 m vor seiner Westfront einen quadratischen Turm mit 8,5 m Seitenlänge, dessen Lage zwischen der Kirche und dem »Rathaus« anzeigte, daß es sich sowohl um einen Kirch- als auch einen Rathausturm handelte. Siehe hierzu: Engelhardt, Bernhard, Dendrochronologische Daten zur hochmittelalterlichen Stadtgeschichte Landshuts. AJB 1985 (Stuttgart 1986) 147–150.

[109] Das Beispiel Polling zeigt außerhalb der Kirche eine Krypta. Sie hatte einen niedrig gewölbten Raum von 3,00 m x 3,00 m mit 2,30 m Scheitelhöhe. In: Weber, Gottfried, Die Romanik in Oberbayern. (Pfaffenhofen 1985) 125.

deutig auszuschließen. Mehr Klarheit könnten hier nur entsprechende Kleinfunde oder Schichtanschlüsse bringen. Da sie für das Innere der Kirche nicht vorliegen, soll im folgenden versucht werden, aus den außerhalb der Kirche aufgenommenen Profilen und Beobachtungen zusätzliche Antworten für die frühen Bauphasen auf dem Petersberg herauszuarbeiten (Abb. 50). Hier überschneiden und ergänzen sich die Aufzeichnungen von Schleich teilweise mit denen von Wankmüller, weil Wankmüller im Außenbereich der Peterskirche seine Befunde bei den gleichen Baumaßnahmen für die Verlegung eines Fernheizkanals aufnahm wie Schleich. Im Gegensatz zu Schleich barg Wankmüller Funde, die er einzelnen Schichten zuordnen konnte. 20 Jahre später konnte Dannheimer mit der Aufnahme eines Profils etwa 11 m östlich des heutigen Chores anläßlich des Abrisses der dort gelegenen Metzgerzeile weitere Datierungsansätze liefern[110]. Im folgenden sollen sie nun im Zusammenhang gesehen werden.

Die Beobachtungen am Petersplatz – Die Befunde Schleich / Wankmüller / Dannheimer

Abb. 50: München, Peterskirche. Lage der Profile und Mauerzüge außerhalb der Peterskirche.

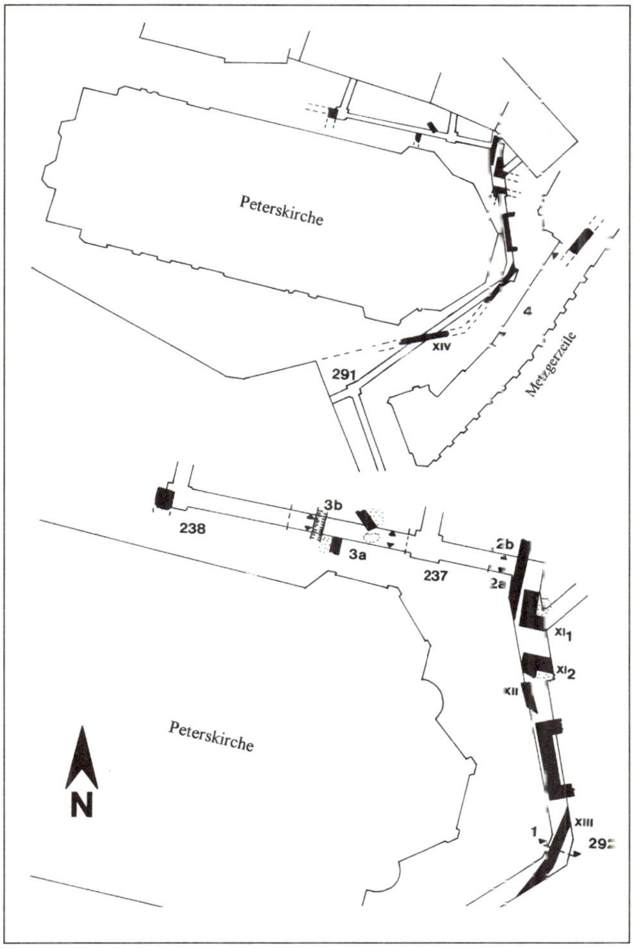

Insgesamt waren es neun unterschiedliche Mauerstücke, die entlang des Fernheizkanals aufgenommen werden konnten. Zusätzlich beschreibt Hermann Dannheimer aus einer späteren Grabung einen weiteren Mauerzug an der sog. Metzgerzeile.

Profil 3A (Abb. 51): Profil 3A wurde von Eugen Wankmüller an der Nordseite der Kirche aufgenommen. Von Schleich gibt es auf dieser Seite keine Mauerbeobachtungen, seine Grabungen erbrachten hier bis in 1,80 m Tiefe nur Bestattungen, die direkt auf dem gewachsenen Boden auflagen. Das Profil lag auf der Höhe des leicht herausragenden nördlichen Chores der Peterskirche parallel zum auf der Abbildung eingezeichneten Kanal (Abb. 50). Es schnitt eine von Süden im rechten Winkel auf das Profil zulaufende Mauer an. Sie bestand aus Ziegelmauerwerk, über die Fundamentierung machte Wankmüller keine Angaben. Westlich der Mauer lagen mehrere Schichten, die sich vor der Mauer regelrecht auftürmten. Auffallend ist eine schwarze Brandschicht (5) etwa in der Mitte der aufgenommenen Schichten. Über ihr lagen zwei Schichten (2 und 3), die neben viel Abbruchschutt auch eine Menge an Kleinfunden enthielten (Taf. 12,3–5), wobei die untere (3) eindeutig mit der Brandschicht in Verbindung stand. Auch die beiden unter der Brandschicht liegen-

[110] Dannheimer, Hermann, Mittelalterliche Funde am Petersbergl. In: BVBl 63 (München 1998) 327–332.

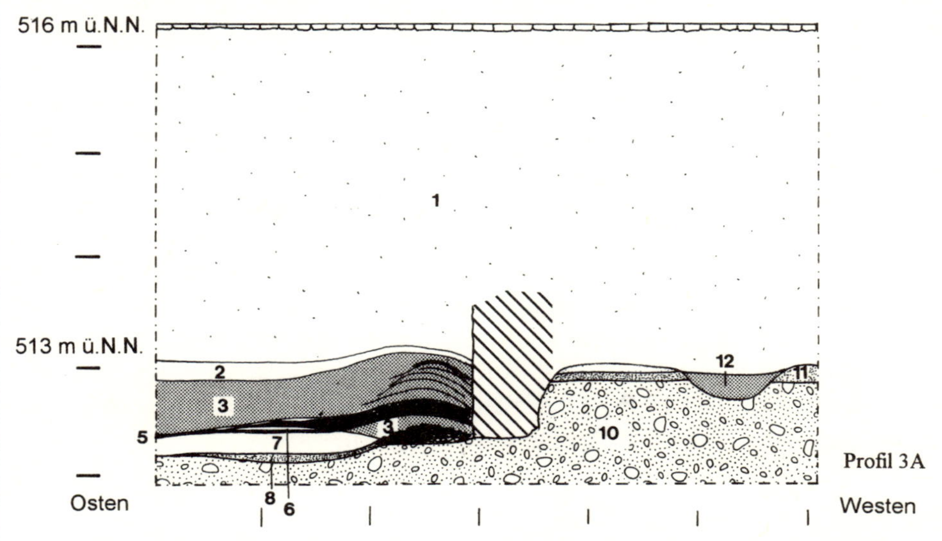

Abb. 51: München, Peterskirche. Süd-Profil 3A. Nach Wankmüller.

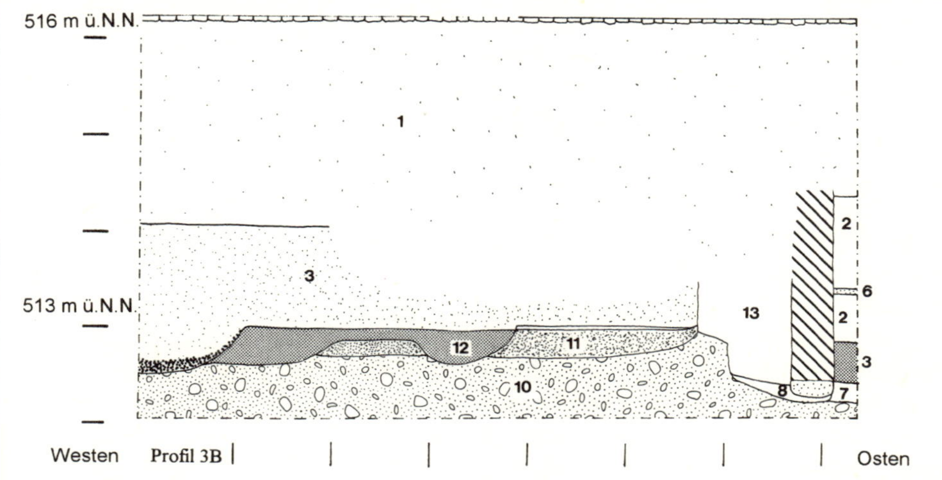

Abb. 52: München, Peterskirche. Nord-Profil 3B. Nach Wankmüller.

den Schichten (7/8) enthielten neben reichlichem Knochenmaterial (Schicht 7) wiederum Kleinfunde und Keramik (Taf. 12,6–8), wobei aus der untersten Schicht (8) in einer von Kalkmilch durchsetzten Mulde ein fast vollständig erhaltenes Gefäß geborgen wurde (Taf. 12,11 und 13,1). Östlich der Ziegelmauer zog sich eine ebene Lehmschicht (11), die Wankmüller als Nutzungshorizont beschrieb. Ob diese Schicht unmittelbar an die Mauer zog, oder an einer Baugrube der Mauer endete, ist auf Wankmüllers Zeichnungen nicht zu erkennen. Sie lag auf einer dicken Ton-/Flinzschicht (10). In die Lehmschicht war ein flacher Graben eingetieft (12), auf dessen Boden Scherben lagen (Taf. 12,9–10). Ein flaches Ton-/Flinzband über der Lehmschicht stammt wohl vom Aushub des Grabens. Das überschüssige Material wurde einfach auf dem Lehmboden verteilt.

Profil 3B (Abb. 52): Das Profil 3B lag genau gegenüber Profil 3A. Die Ziegelmauer aus Profil 3A ließ sich hier offenbar nicht mehr weiterverfolgen. In Profil 3B stößt dagegen weiter östlich eine Mauer in – laut Wankmüller – spitzem Winkel in das Profil. Auch diese Mauer bestand aus

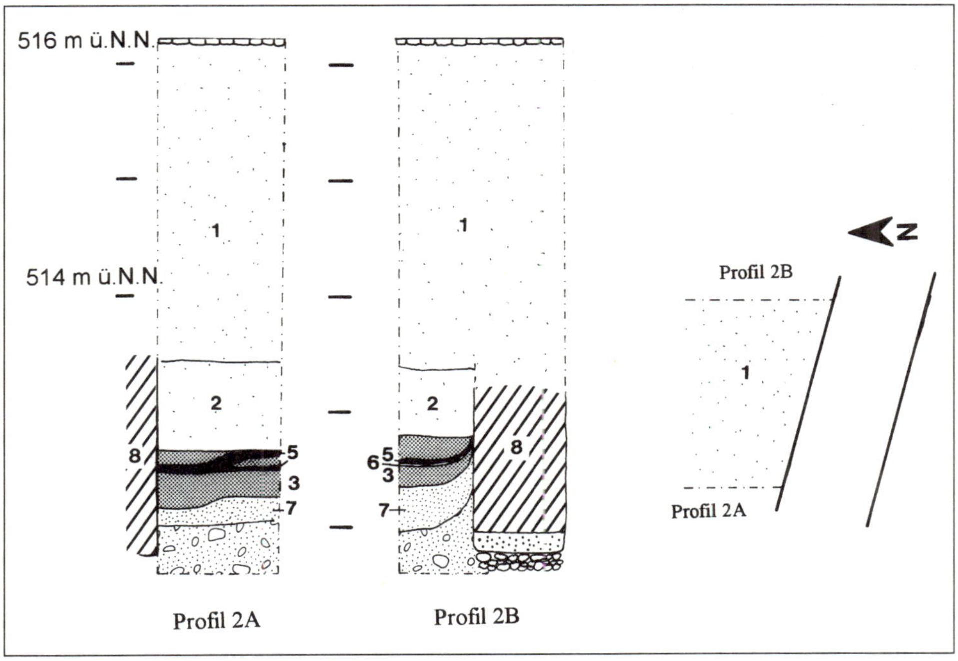

Abb. 53: München. Peterskirche. Süd-Profil 2A und Nord-Profil 2B. Nach Wankmüller.

Ziegeln. Hier beschreibt Wankmüller zusätzlich einen 15–20 cm starken Tuffsteinsockel unter den Ziegeln. Das Profil zeigt eine ähnliche Schichtenfolge wie Profil 3A. Allerdings zeigen die Baugrube im Westen und die auf der Ostseite exakt an die Mauer laufenden Schichten, daß man hier von einer nachträglich gegen die Erde gesetzten Mauer sprechen muß. An gleicher Stelle existierte aber wohl vorher schon eine frühere Mauer, denn nach Westen zog sich ein älterer Estrichboden, der von der Baugrube zur Ziegelmauer durchschlagen war. Hier wie bei allen Mauerresten, die er bis in den Fundamentbereich beobachten konnte, beschreibt Wankmüller eine dünne Nutzungsschicht, die sich zwischen dem Fundamentbereich und dem gewachsenen Boden befand. Aus seinen Zeichnungen ist sie nicht ersichtlich. Der in Profil 3A eingezeichnete Graben (12) ist auch in Profil 3B zu sehen.

Profil 2A/B (Abb. 53): Ein wenig weiter östlich nahm Wankmüller das Profil 2A/B auf. Es lag westlich einer 0,75 m starken Ziegelmauer, die auf einer 0,15–0,20 m starken Tuffsteinlage und auf einem ebenso starken Rollsteinfundament mit Mörtel aufsaß. Auch in Profil 2A/B fällt eine starke Brandschicht auf. Darunter lagen auf dem gewachsenen Boden zwei mit Ziegelbrocken durchsetzte Schichten. Aus den beiden Schichten unmittelbar unter und über der Brandschicht konnte Wankmüller Funde bergen (Taf. 11,7–11 und 12,1–2). Alle Schichten zogen an die Ziegelmauer und sind somit zeitgleich, bzw. jünger als diese. Das Profil östlich der Mauer wurde nicht mehr erfaßt. Im gleichen Bereich konnte Wankmüller noch mehrere Ziegelsteinmauern erkennen, die sich teilweise überkreuzten. Wegen der rasch fortschreitenden Ausbaggerungsarbeiten konnte er sie aber nicht mehr zeichnerisch aufnehmen.
An der Ostseite der Kirche kamen im Verlauf des Schachtes mehrere Mauerreste zutage (XI 1, XI 2, XII, XIII und XIV in Abb. 50), die sowohl von Schleich, als auch von Wankmüller aufgenommen wurden. Ihre Beobachtungen ergänzen sich hier in einigen Punkten.

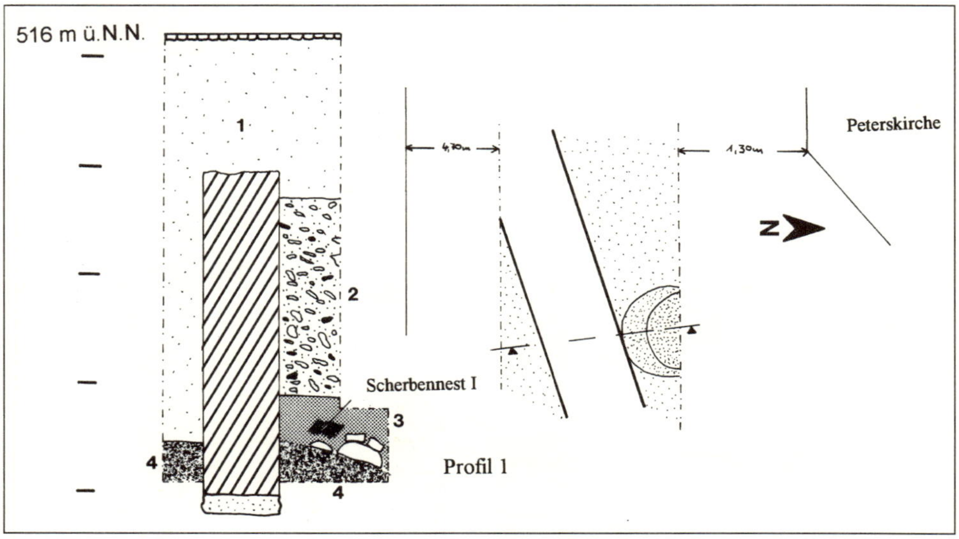

Abb. 54: München, Peterskirche. Süd-Profil 1. Nach Wankmüller.

Mauerzug XI 1 und XI 2 (Abb. 50 unten): Mauerzug XI 1 und XI 2 bildeten rechtwinklige Gebäudeecken in einem Abstand von 2 m. Das zweischalige Mauerwerk war etwa 1 m stark und bestand aus tuffgemauerten Schalen mit Ziegelbruch im Füllmauerwerk. Der Aufbau entspricht dem der Ostmauer des Alten Raumes. Innerhalb der Mauerecke XI 1 stellte Schleich eine 0,10 m dicke Brandschicht fest, die er mit dem Brand um 1180 in Verbindung bringt. Eine Brandschicht innerhalb eines Gebäudes kann jedoch die unterschiedlichsten Ursachen haben und läßt sich nur schwer mit einem großflächigen Stadtbrand in Verbindung bringen, so daß man Schleichs Vermutung hier anzweifeln muß. Mauer XI 2 war fast bis auf Gründungstiefe mit Bauschutt umschlossen.

2 Mauerzüge in unmittelbarer Nachbarschaft zu Mauer XI 2 (Abb. 50 unten): Nur etwa 1 m südlich der Mauer XI 2 hielt Schleich eine weitere Mauer fest (Mauer XII). Sie lag etwas höher, nicht in der gleichen Flucht und war eine massive Ziegelmauer mit 0,82 m Stärke. Sie muß in unmittelbarer Nähe gelegen haben zu einem zweiten, ebenfalls südlich der Mauer XI 2 von Wankmüller beobachteten Mauerstück. Die genaue Lage der beiden Mauerstücke zueinander ist nicht klar. Die von Wankmüller beschriebene Mauer verlief parallel zum ausgehobenen Graben. Sie bestand aus massivem Ziegelmauerwerk mit einer Stärke von 0,74 m. Die Mauer saß auf einem 0,15 m starken Tuffsteinsockel, der wiederum über einer etwa 0,15–0,20 m starken Rollsteinpackung lag und war damit gleich aufgebaut, wie die Mauer aus Profil 2 A/B. Schichten und Funde hielt Wankmüller für diesen Mauerzug nicht fest.

Mauerzug XIII / Profil 1 (Abb. 50 unten; 54): Östlich der Südostecke der Sakristei beschreiben sowohl Schleich als auch Wankmüller eine Ziegelmauer mit 0,65–0,70 m Stärke. Sie war auf einem Sockel aus 0,15–0,20 m starken Tuffsteinplatten aufgemauert und hatte in ihrem Verlauf einen deutlich Knick nach Westen. An ihrer Westseite war sie verputzt. Dort fand sich auch in etwa der gleichen Tiefe wie bei den Profilen 2 und 3 (nach Wankmüller jeweils 3,00 m bis 3,50 m unter der Straßenoberfläche, die hier bei 516 m ü.N.N. liegt) eine Brandschicht, die verkohltes Holz, Ziegelbrocken,

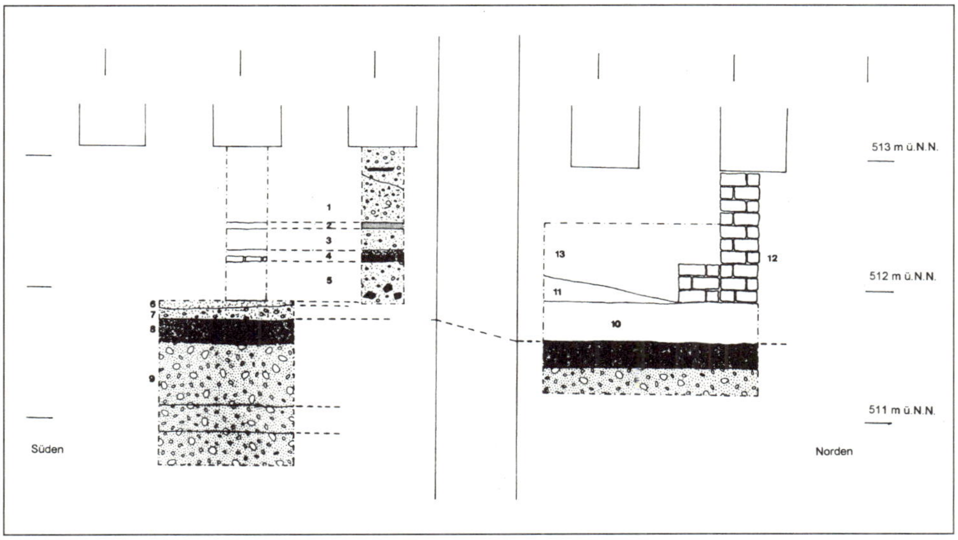

Abb. 55: München, Peterskirche. West-Profil 4 der Grabung Dannheimer. Nach Dannheimer.

Tonscherben und Gebeine enthielt (Taf. 10,1). Das schmale, fundleere Band aus fast reiner Holzkohle und Asche, das Wankmüller noch in den Profilen nördlich der Kirche aufzeichnen konnte, fehlte hier. Unter der Brandschicht zog sich eine humose, dunkle Kiesschicht an die Mauer (4). Die darunterliegenden Schichten konnte Wankmüller auf Grund der von den Ausschachtungsarbeiten nicht erreichten Tiefe nicht mehr aufnehmen. Über der Brandschicht bestand der Boden nur aus Bauschutt. Funde konnte Wankmüller nur aus der dunklen Kiesschicht (4) bergen (Taf. 10,2–12 und 11,1–6). Die östliche Seite der Mauer, also zum Tal hin, war angefüllt mit Bauschutt. Östlich der Mauer lag eine Bestattung.

Mauerzug XIV (Abb. 50, südöstlich der Kirche): An der Südostseite der Südkonche der Kirche konnten Schleich und Wankmüller schließlich eine letzte Mauer, die Mauer XIV beobachten. Es war eine Ziegelmauer mit 1,60 m Stärke. An ihrer Südostseite waren der Ansatz eines Kellergewölbes und Verputzreste erhalten. Die Mauer gehörte ursprünglich zu Gebäuden, die früher zwischen dem Haus des jetzigen Café Neumayer und der ehemaligen Wieskapelle an der Südseite des Petersberges in einer Flucht standen. Auf Grund ihrer Stärke scheint diese Mauer einmal Wehrcharakter gehabt zu haben.

Metzgerzeile (Abb. 50 und Profil 4, Abb. 55): Die im Außenbereich der Peterskirche von Wankmüller nachgewiesenen Schichten lassen sich in Einklang bringen und ergänzen mit den Beobachtungen von Dannheimer, die dieser im Jahr 1978 machte, als die östliche Bebauung des Petersberges, die sogenannte Metzgerzeile, abgerissen wurde. Diese Bebauung überbrückte einen Höhenunterschied von 2,62 m zwischen dem Gehwegniveau östlich der Peterskirche und dem des heutigen Viktualienmarktes.
Am Ostrand der Baugrube beobachtete Dannheimer eine parallel zur Metzgerzeile verlaufende Ziegelmauer. Sie war zweischalig und hatte ein Füllmauerwerk aus mit Mörtel versetzten Tuffquadern. Weitere Reste von Ziegelmauern konnten im nördlichen Bereich der Baugrube beobachtet werden. Eine genaue Einordnung dieser Mauerzüge ist allerdings nicht möglich, da keine Einmessung vorgenommen wurde.

Aufgenommen wurde ein etwa 14 m langes Profil, das von Nordost bis Südwest parallel zur Westfront der Metzgerzeile verlief. Zwischen den einzelnen Betonpfeilern befanden sich Reste der Erdschichten, die in direkter Nachbarschaft zu dem von Wankmüller aufgenommenen Profil 1 stehen, so daß hier die Aufzeichnungen Wankmüllers ideal ergänzt werden.

Dannheimer nahm als oberste Schicht von 513,10 m ü.N.N. bis 512,50 m ü.N.N. die bereits von Wankmüller erfaßte Brandschicht (1) auf. Sie bestand aus Brandschutt mit Ziegelstücken, Mörtel- und Holzkohlebrocken. Es folgte, durch einen dünnen Lehmboden (2) getrennt, eine weitere sandig-kiesige Schuttschicht mit Ziegelbrocken (3). Diese Schicht lag auf einem Ziegelsteinboden (4), der von einer dünnen Holzkohleschicht bedeckt war. Darunter kamen eine Schicht aus lehmigem Sand mit Kies und Ziegelschutt (5), ein dünnes humoses Band (6) und in einer Tiefe von 511,80 m ü.N.N. eine etwa 0,10 m starke Schicht aus hellgrauem Ton mit Kies (7). Sie dürfte, laut Dannheimer, von einer Wasserablagerung her stammen. Die untersten erfaßten Schichten waren schließlich noch drei Schwemmschichten (8,9,10). Funde konnten aus den Schichten 1, 3, 4 und aus den Schwemmschichten 7 und 8 geborgen werden.

Funde und Datierung – Die Brandschicht

Die charakteristischste Schicht, die überall auf gleicher Höhe zwischen 513,10 m ü.N.N. und 512,50 m ü.N.N. anzutreffen war, ist die von Wankmüller und Dannheimer beobachtete Brandschicht. Sie enthielt eine große Menge an Funden.

Profil 1: Hier fand sich neben gebranntem Hüttenlehm, Becherkacheln (Taf. 11,2–3), Öllämpchen (Taf. 10,12 und 11,1) und Scherben von einem dünnwandigen, bräunlich-durchsichtigen Glasgefäß mit kleinen Nuppen (Taf. 11,5) auch charakteristische Keramik der Warengruppe A2, vor allem Randstücke mit Leistenrändern und hoher Halszone (Taf. 10), sowie ein Randstück mit profiliertem Leistenrand mit hoher Halszone, der schon als früher Karniesrand anzusprechen ist (Taf. 10,6). Die Wandungen hatten teilweise ein einfaches Rollrädchendekor (Taf. 10,8). Unmittelbar über dieser Schicht lag ein vergleichbares Fundspektrum: vornehmlich Stücke der Warengruppe A2, zusätzlich das Unterteil eines dünnwandigen, hellgrauen Tongefäßes mit engständigen Drehrillen (Taf. 11,6), das – Hinweis auf einen Brand – starkem Feuer ausgesetzt gewesen war.

Profil 2: Ein ganz ähnliches Formenspektrum wies auch die Brandschicht in Profil 2 auf. Bei der Keramik handelte es sich hier ausnahmslos um Warengruppe A2 (Töpfe, Deckel, Öllämpchen) (Taf. 11,7–11 und 12,2–8). Auch hier gab es ein Randstück eines Topfes mit profiliertem Leistenrand und hoher Halszone (Taf. 11,8), wiederum eine Frühform des Karniesrandes. Ofenkeramik kam in Form von oxidierend gebrannten Becherkacheln vor (Taf. 12,1). Unmittelbar unter dieser Schicht fanden sich Wandungsstücke der Warengruppe A2, eines davon war mit einem umlaufendem Rollstempeldekor auf der Schulter verziert (Taf. 11,7).

Profil 3: In Profil 3 fand sich in der Brandschicht frühe fortgeschrittene nachgedrehte Ware (Warengruppe A2) vermischt mit Stücken der Warengruppe A1, die teils stark verbrannt waren. Die vorherrschende Randform war ein profilierter Leistenrand mit kleiner Halszone und ausladender Wandung für einen kugeligen Gefäßkörper (Taf. 13,1). Das aus der Schicht unmittelbar darunter stammende Material enthielt neben einem geschnitzten Messergriff in Form einer weiblichen Gestalt mit langem Gewand (Taf. 12,5) vornehmlich Warengruppe A2 mit einfachen Leistenrändern und Stücke mit breiten profilierten Rändern, die wiederum als Übergang zu den Karniesrändern angesprochen werden können (Taf. 12,6). Als interessanten Hinweis auf einen knochenverarbeitenden Betrieb konnte Wankmüller aus dieser Schicht schließlich noch Tierknochen und Hornzapfen mit Sägespuren bergen.

Das in den Profilen 1 bis 3 geborgene Fundspektrum hat eindeutige Parallelen zum Fundgut der Brandschicht 43 aus der Grabenverfüllung am Alten Hof (Taf. 7,1–4) (siehe hierzu auch Kapitel »Funde aus München«). Die Topfformen am Petersberg schwanken noch deutlich zwischen den älteren gedrungenen Formen und den steilen gotischen Gefäßen, die Randstücke haben noch keine voll ausgebildeten Karniesränder. Der überwiegende Teil der Keramik ist noch von Hand aufgebaut und nachgedreht, die Verzierungen auf Gefäßschulter und Bauch deuten aber schon auf den Einsatz der zeitlich späteren schnelldrehenden Töpferscheibe hin. Diese technischen Details zusammen mit den engen Drehriefen und der Verzierung mit Rollstempeldekor weisen die Funde der Brandschicht in das späte 13. bzw. frühe 14. Jahrhundert.

Metzgerzeile (Profil 4): Der mit dieser Einordnung gewonnene Zeitrahmen von gut 50 bis 70 Jahren läßt sich durch einen Fund an der Metzgerzeile noch weiter einengen. Hier fand sich in der bei Dannheimer nachgewiesenen Brandschicht eine brandverkrustete Silbermünze, die von Hans-Jörg Kellner, dem damaligen Leiter der Prähistorischen Staatssammlung in München, geprüft wurde[111]. Es handelt sich um einen Pfennig aus der Münzstätte Münchens, der in die Zeit Ludwigs des Bayern (1294–1347) fällt. Nach Kellner sind Münzen dieser Zeitstellung nur sehr schlecht erforscht. Ein gleicher Silberpfennig tauchte aber in einem um 1376/77 vergrabenen Fund aus Bischofsmais auf, so daß die Datierung in die erste Hälfte des 14. Jahrhunderts als gesichert gelten kann. Auf Grund des Fundortes in einer »starken Brandschicht«, die »sich eindeutig auf den großen Stadtbrand der Valentinsnacht (14. Februar) 1327 beziehen läßt« versucht Kellner, eine exaktere Datierung des Pfennigs festzumachen. Nun ist solch ein Rückschluß zwar eine äußerst anfechtbare Interpretation, denn die Münze allein ist keinesfalls ein eindeutiger Beweis dafür, daß die Brandschicht auf dem Petersberg mit dem verheerenden Stadtbrand 1327 in Verbindung zu bringen ist. Zusammen mit anderen Indizien allerdings – die durch den vergrabenen Fund gemachte zeitliche Einschränkung ebenso wie ein von Dannheimer geborgenes, mit der Silbermünze vergesellschaftetes Randstück eines Topfes mit stark unterschnittenem Leistenrand (Taf. 13,2), das ebenfalls in das frühe 14. Jahrhundert weist und nicht zuletzt auch die Tatsache, daß sich die Brandschicht offensichtlich über den gesamten Petersberg zog und

[111] Besprochen bei: Kellner, Hans-Jörg, Jahrbuch für Numismatik und Geldgeschichte. 28/29 (1978/79) 50 f.

damit von einem großflächigen Brand zeugt – gewinnt eine Zuordnung der Brandschicht zum verheerenden Stadtbrand vom 14. Februar 1327 eine größere Wahrscheinlichkeit. Sicher ist nach dem Fund des Silberpfennigs auf jeden Fall die Datierung der Brandschicht in die Zeit Ludwig des Bayern oder kurze Zeit später.

Die frühesten Schichten

Einzig aus Profil 3A konnte Wankmüller älteres Material gewinnen. Hier fanden sich in der untersten Schicht (8) mehrere Keramikstücke Warengruppe A2 (Taf. 13,8), Paternosterabfälle sowie ein fast vollständig erhaltenes Gefäß der Warengruppe A1 mit gedrungenem bauchigem Körper, kurzer Halszone und einfachem Leistenrand (Taf. 13.7). Unter dem Gefäß lag ein gedrechselter Knopf mit abgebrochener Metallöse. Das kalkgemagerte Gefäß weist diese Schicht etwa in die Zeit um 1200, bzw. das frühe 13. Jahrhundert. Durch den gedrechselten Knopf unter dem Gefäß wird diese Zeitstellung eher in das 13. Jahrhundert verlagert, denn erst gegen 1250 sind die ersten Funde von Knöpfen bekannt. Da sie sich aber schon auf früheren Abbildungen nachweisen lassen, wird die Datierung nicht in Frage gestellt[112].

Aus dem nord-südlich verlaufenden flachen Graben (12) stammen drei weitere Funde: Ein Bodenstück mit steilem Wandungsansatz und plastischem Bodenzeichen in Form eines einfachen erhabenen Kreuzes (Taf. 12,10), das Randstück eines Hohldeckels mit einfach verdicktem Rand (Taf. 12,9) und ein Wandungsstück mit groben, sehr weiten Drehriefen. Das Bodenstück läßt sich grob in das 13. Jahrhundert datieren, bei dem Wandungsstück liegt uns ein ähnliches Stück mit groben Drehriefen vor, das beim Bau des östlichen Burgstockes im späten 13. Jahrhundert verbaut worden ist. Ein ähnlicher Datierungsansatz ist auch hier gerechtfertigt.

Die von Dannheimer beobachteten Schichten unter der durchgehenden Brandschicht erbrachten wenig aussagekräftiges Material. Über dem Ziegelsteinboden (4), der von einer dünnen Holzkohleschicht bedeckt war, lag das Randstück eines Hohldeckels (Taf. 13,4). In der weiter unten liegenden Wasserablagerung (7) fand sich ein halbes Hufeisen mit Wellenband mit drei länglichen Nagellöchern auf beiden Ruten und eckig umgeschlagenem Stollen (Taf. 13,5). Diese Hufeisen gehören allgemein in das 12. und 13. Jahrhundert, eine genauere Einordnung ist schwierig. Das hier gefundene Stück scheint eher der späteren Form anzugehören, ist also wohl in das 13. Jahrhundert zu datieren. Diese Schicht lag auf einer 0,40 m mächtigen Schwemmschicht (8), in deren oberem Bereich Ziegelbrocken, Knochenmaterial, ein bearbeitetes längliches Holzstück und Keramik lagen (Taf. 13,6–8). Während ein Randstück einen knollenartig verdickten Rand mit hoher Halszone hat, besitzt das zweite Stück einen einfach umgeschlagenen Rand ohne Halszone. Ihre Parallelen haben die beiden Scherben im frühesten Münchener Fundgut vom Alten Hof und vom Rathaus (siehe hierzu Kapitel 5 »Funde aus München«). Sie liegen damit nicht vor dem 12. Jahrhundert. Eine Datierung weit vor die ältesten Funde aus dem Münchener Stadtgebiet ist nicht zu erwägen, es würde allein schon die stratigraphische Abfolge dagegen sprechen.

[112] Egan, Geoffrey/Pritchard, Frances, Dress accessories. (London 1991) 272 f.

Lesefunde

Die Lesefunde von Wankmüller (Taf. 14,1–10) unterstützen die Zeitstellung der aus den Schichten geborgenen Funde. Die ältesten Lesefunde entsprechen den Funden der untersten Schichten im Alten Hof, auf dem Petersberg und auf der Parzelle am Dreifaltigkeitsplatz, die jüngsten reihen sich ein in das Fundgut des frühen 14. Jahrhunderts, stellvertretend sei hier genannt das Stück eines Glasbechers mit kleinen Nuppen (Taf. 14,10), das vergleichbar ist mit den in Profil 1 geborgenen Scherben eines ähnlichen Glasgefäßes. Auch unter den Lesefunden gibt es keine Anhaltspunkte für eine frühere Datierung als das 12. Jahrhundert, so daß festzuhalten ist, daß eine Besiedelung des Petersberges lange vor der Gründung Münchens auszuschließen ist.

Über die Funde lassen sich zwar Aussagen über Siedlungsbeginn und -dauer treffen, die einzelnen zutage geförderten Mauern allerdings können auf diesem Wege nur sehr schwer datiert werden. Lediglich die von Wankmüller aufgenommenen Mauerreste der Profile 1, 2 und 3A können durch an die Mauer heranziehende Schichten grob der Zeit vor dem Brand zugeordnet werden. Daß das Gelände schon vor dieser Bebauung genutzt worden ist, geht daraus hervor, daß Wankmüller unter den Mauerfundamenten 1 und 2 eine dünne Nutzungsschicht beschreibt. Aus seinen Zeichnungen ist diese Schicht allerdings nicht ersichtlich. In Profil 3A lassen sich zusätzlich unterschiedliche Nutzungsphasen ausmachen: hier wurde der kleine Graben erst einige Zeit später in der östlich der Mauer entstandenen Lehmschicht angelegt. Die beiden Phasen liegen aber zeitlich nicht weit auseinander.

Die Mauer in Profil 3B ist jüngeren Datums. Sie wurde erst später als Keller oder tiefer gelegenes Fundament gegen die Erde gemauert, wie die Baugrube auf der Ostseite und die exakt an die Mauer laufenden Schichten auf der Westseite zeigen. An gleicher Stelle existierte aber offenbar eine Vorgängermauer, denn die Baugrube durchschlägt einen Estrichboden, der wohl zu einer früheren Bebauung gehörte. Eine Datierung auf Grund von Funden wie oben ist bei dieser Mauer nicht möglich.

Die übrigen Mauerzüge lassen sich nur allgemein nach bauhistorischen Überlegungen einordnen. So machte Schleich die Beobachtung, daß mit dem Bau der ersten gotischen Kirche keine Schalenbauweise mehr Verwendung fand. Damit wären die Mauerzüge XI 1, XI 2 und die von Dannheimer aufgenommene Mauer an der Metzgerzeile – sie alle sind zweischalig aufgebaut – zeitlich vor dem Bau der gotischen Kirche einzuordnen. Schleich datiert, hier in Übereinstimmung mit Haas, die erste gotische Kirche etwa in die zweite Hälfte des 13. Jahrhunderts, so daß die eben genannten Mauerstücke ebenfalls aus der Zeit vor dem Brand stammen. Der naheliegende Umkehrschluß, daß demzufolge die Mauerzüge, die in massiver Ziegelbauweise gefertigt sind, jüngeren Datums sind, ist schwieriger. Zu unterschiedlich sind die Bauweisen im Mittelalter vor dem Einsetzen der Gotik. Zu rechtfertigen wäre solch ein Schluß lediglich mit dem Gedanken, daß in so enger Nachbarschaft etwa gleichzeitig entstandene Gebäude wohl auch in etwa der gleichen Mauertechnik erstellt worden sind. Hierzu müßten aber wohl prägnantere Kriterien herangezogen werden als nur die massive Ziegelbauart. Schleich datiert auf diese Weise den Mauerzug XIV in die Gotik, aber nach Wankmüller sind auch die eindeutig früher zu datierenden Mauern aus den Profilen 1, 2 und 3A aus Ziegelmauerwerk, so daß man diese Datierung Schleichs in Frage stellen muß.

Stratigraphisch und nach ihrem ansonsten auf dem Petersberg nicht mehr nachzuweisenden Aufbau als massives Tuffmauerwerk sind wohl die Nord-, West- und Südwand des Alten Raumes zeitlich gleichzusetzen mit den unter der alten Basilika liegenden Mauerresten I, III und IV.

Vom Aufbau her identisch sind auch die Mauerzüge XI 1, XI 2 und die später angefügte Ostwand des Alten Raumes. Ihre repräsentativ tuffgemauerten Schalen haben offenbar kein speziell ausgeführtes Fundament, sind aber ansonsten völlig gleich aufgebaut, wie die erste romanische Kirche. Die Wahrscheinlichkeit, daß sie deshalb auch zeitlich mit dem ersten Kirchenbau in Verbindung gebracht werden können, ist groß, muß aber mit der gleichen Vorsicht gesehen werden, wie sie oben schon gefordert wurde.

So bleibt für die vor dem Brand liegende Zeit als einzige exakte Aussage: Keiner der außerhalb der Peterskirche liegenden Mauerzüge ist mit Sicherheit in eine Zeit vor dem Bau der ersten Basilika einzuordnen. Die Funde sprechen eher dagegen.

Zusammenfassung

Läßt sich aus diesen Vergleichen und Zuordnungen auch keine exakte Bauabfolge bestimmen, so kann man doch festhalten, daß dem gotischen Kirchenbau Ende des 13. Jahrhunderts nicht nur eine romanische Basilika mit vier Erweiterungen vorausging, sondern auch noch eine mehrphasige (zumindest zweiphasige) Bebauung nördlich und östlich der Kirche. Eine Datierung der meisten Mauerzüge kann jedoch nur mit einer Zeitstellung ante quem, also vor dem großen Brand im Jahre 1327, festgemacht werden. Einzig die Mauerzüge XI 1 und XI 2 stammen mit größter Wahrscheinlichkeit aus der Bauzeit der ersten Basilika. Sie sind ähnlich der Ostwand des »Alten Raumes« mit Tuffsteinen repräsentativ gemauert und stehen vermutlich in Zusammenhang mit dem ebenfalls auf Tuffstein gemauerten Erdgeschoß eines am Nordrand des Petersplatzes gelegenen Gebäudes, das später als städtisches Archiv genutzt wurde (Abb. 56). Hier beobachtete Archivrat v. Destouches 1869 zusätzlich Reste von Fundamenten, die vom Haus Petersplatz 2a bis zur Kirche zogen und von Hugo Steffen schon 1958 als Übergang zur Kirche gedeutet wurden[113]. Sie wurden von dem 1953 verlegten Fernheizkanal nicht erfaßt und konnten somit keiner Überprüfung unterzogen werden. Die Datierung der ersten Basilika in die 2. Hälfte des 12. Jahrhunderts findet ihre Bestätigung durch die ältesten Funde aus der direkten Umgebung der Peterskirche. Mit den ältesten Funden fällt auch die früheste Bebauung, deren Reste mit den Mauerzügen I, III, IV und dem sog. »Alten Raum« unter der Kirche gefunden wurden, zusammen. Sie liegt demnach zeitlich um 1158 und ist nicht wesentlich früher anzusetzen. Eine Zeitstellung des »Alten Raumes« in die Römerzeit muß ausgeschlossen werden, sie hätte zumindest den einen oder anderen älteren Fund vorausgesetzt. Eine Interpretation der ältesten Mauerbefunde ist wegen der wenigen erhaltenen Mauerreste nicht möglich. Dieser ersten

[113] Steffen, Hugo, Dem Gründer Münchens, Heinrich dem Löwen zum 800. Geburtstag. Das Bayerland 40 (1929) 749–752.

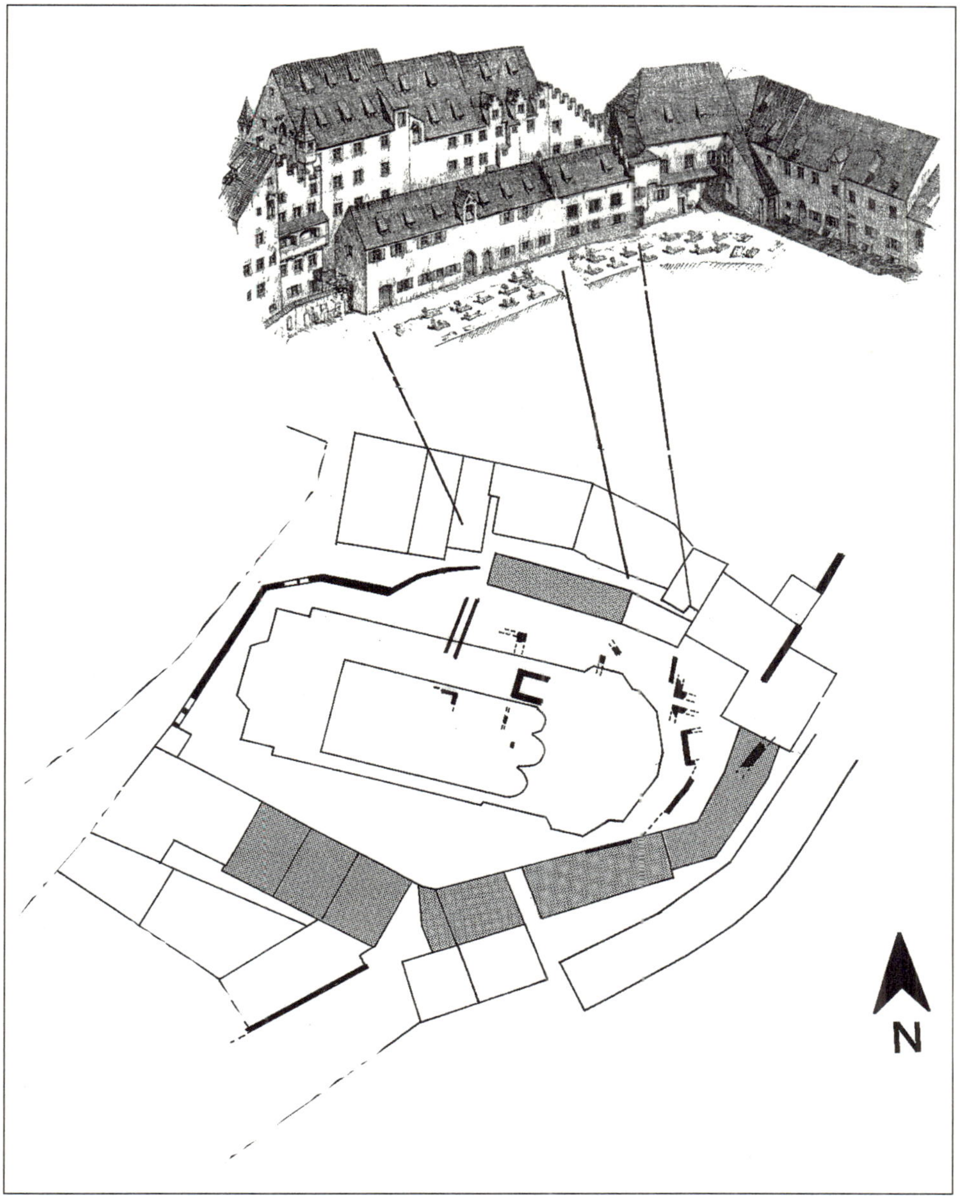

Abb. 56: München. Peterskirche. Bebauung um die Peterskirche auf dem Holzmodell von Jakob Sandtner mit Einzeichnung der ältesten Befunde. Oben: Nördliche Bebauung des Petersplatzes 1570–72 im Häuserbuch.

Bebauung folgt sehr schnell die Errichtung der ersten Basilika. Sie fällt noch im 12. Jahrhundert zusammen mit der in einer ersten Erweiterung angebauten »Reichen Kapelle« einer von Schleich anhand von Befunden im Innern der Kirche festgestellten Brandkatastrophe zum Opfer. Hier spielt vielleicht die schon an anderer Stelle genannte Zerstörung Münchens im Jahre 1180 eine Rolle, von der die Schäftlarner Annalen berichten. Der erste große Umbau der Kirche nach dem Brand um 1180–1200, ein weiterer um 1220/30 sowie der Abbruch der gesamten romanischen Kirche und Beginn des gotischen Neubaus in der zweiten Hälfte des 13. Jahrhunderts sind hinreichend bei Schleich und Haas beschrieben, teilweise auch schon durch Quellen belegt.

Für eine Besiedelung des Petersberges lange vor der Gründung Münchens gibt es keine Hinweise.

4.2.2. Die Frauenkirche

Quellen und Forschungsgeschichte – Die schriftlichen Quellen

Die heutige Frauenkirche ist mit ihren alles überragenden Türmen und dem gewaltigen Dach zu einem Wahrzeichen der Stadt geworden. Sie ist nicht nur baulich sondern auch in ihrer Funktion als Metropolitankirche die wichtigste und bedeutendste Kirche von München (Abb. 5,8). Schon in der ersten Stadtansicht von Schedel 1498 zeigt sie sich, zwar noch ohne ihre markanten Turmhelme, den welschen Hauben, als Mittelpunkt der blühenden Stadt München. Der Turm der Peterskirche sieht daneben geradezu unbedeutend klein aus und läßt fast vergessen, daß nicht die Frauenkirche, sondern die Peterskirche die erste Pfarrkirche Münchens war. 50 Jahre nach der ersten urkundlichen Erwähnung der Peterskirche im Jahre 1225/26 taucht der erste Hinweis auf die Frauenkirche auf, wenn es in einer Urkunde aus dem Jahr 1271 heißt, daß die Pfarrei St. Peter wegen der »ins immense« gewachsenen Bevölkerungszahl der Stadt geteilt werden müsse. Dies geschah am 24. November 1271[114].

Die neue Pfarrei, die spätere Kirche zu unserer lieben Frau, entstand an einem Platz, an dem bereits eine kleine Kirche oder Kapelle existierte. Sie wird in den Urkunden »simplex capella« ohne speziellen Namensbezeichnung genannt und von manchen Autoren mit der kleinen Michaelskapelle gleichgesetzt, die sich, wie aus vielen Quellen hervorgeht, im Bereich der neuen Frauenkirche befand und als Friedhofskapelle genutzt wurde. Die Lage der Michaelskapelle, nach Adam Horn unmittelbar östlich an den Chor des Vorgängerbaus der ersten Kirche anschließend[115], ist bis heute nicht eindeutig geklärt und wird im folgenden, ebenso wie die Lage und Identität der ersten kleinen Kapelle unter Berücksichtigung neuerer Erkenntnisse diskutiert werden.

Die Ausstattung dieser zweiten Pfarrkirche und die Zuweisung einer doch mittlerweile beachtlich großen Gemeinde, erforderte sicherlich einen größeren Raum als eine einfache Kapelle, so daß man wohl davon ausgehen kann, daß gleichzeitig mit der Teilung der Pfarrei auch die neue Kirche, der Vorgängerbau der heutigen Frauenkirche, gebaut worden ist. Wann der Bau dieser Kirche begonnen wurde, läßt sich den Quellen nicht entnehmen. Daß der Bau aber 1271 zumindest schon geplant und begonnen sein, vielleicht sogar schon in der für ihn vorgesehenen Größe bestanden haben muß, zeigt uns die Weihe des Hochaltars am 12. Juli 1277[116], denn eine Bauzeit von nur 61/2 Jahren wäre für einen größeren Kirchenbau eindeutig zu kurz. 1322, am 24. August, wird die Gemahlin König Ludwigs des Bayern Beatrix in der Frauenkirche bestattet[117]. Anläßlich dieses Begräbnisses wird ein Hochgrab errichtet und vermutlich der Chor neu gestaltet. In der ersten Hälfte des 15. Jahrhunderts häufen sich die Ablässe, was wie schon bei der Peterskirche als Zeichen für kommende große Ausgaben für die Kirche gedeutet werden kann. So werden z.B. 1426 und 1443 Ablässe

114 Stahleder, Chronik, 44.
115 Siehe unten »Die Ausgrabungen«.
116 Stahleder, Chronik, 48.
117 Stahleder, Chronik, 93.

gewährt, die den Reparaturarbeiten zugute kommen sollen. Vermutlich ist die Kirche zu dieser Zeit bereits baufällig geworden, denn wie sich bei den Ausgrabungen herausstellte, waren im Laufe des 14. und 15. Jahrhunderts die Nord und Südwand mehrmals für gewölbte Kapellen durchbrochen worden, was die Statik sicherlich erheblich beeinträchtigte[118].

Kurz darauf entschied man sich dann zu einem völligen Neubau der Frauenkirche, die Schäden und der Reparaturaufwand waren wohl zu groß geworden. In einem Brief des Abtes Caspar von Ayndorfer von Tegernsee an den Münchner Rat vom 20. Oktober 1458 ist zu lesen: »Wir haben venumen, ir wellet unser frauen ainen merclichen pau tuen.«[119].

Im Dezember 1467 wurde schließlich der Neubau der Frauenkirche begonnen und die Erlaubnis zum Abbruch der alten Frauenkirche und der Michaelskapelle auf dem Friedhof vor dem Chor erteilt: »Zum newen jâr anno LXVIII, item 9 ß 2 d. haben wir zalt zerum gen Freising Hansen Hundertpfund und Andre Sänftl, als von Unser Frawen Pfarrkirchen pawse wegen zu erlauben, die alten kirchen und samd Michelcappelen abzuprechen zum newen jâr anno LXVIII.«[120] Bestätigung findet diese Erlaubnis durch die Genehmigung von Herzog Albrecht IV. in einem Schreiben vom 12. Januar 1468 an den Rat der Stadt München »von des Paws wegen, den sy unnser lieben Frawen Pfarrkirchen in unnser Stat daselbs [...] zu volbringen furgenommen haben [...] samd Michels-Kirchen da auf dem Freythof abzubrechen, und [...] von des Hauss wegen, zu unnsers Vorvarn des Kaysers saeligen und loeblichen Messe und Stifft unnser Lehenschaft gehoerende, das auf dem Freythof auch abzubrechen...«[121]. Neben der alten Frauenkirche standen also zu dieser Zeit noch die bereits erwähnte Michaelskapelle auf dem Friedhof und ein weiteres, nicht näher bezeichnetes Haus. Der genaue Standort dieser nun abzubrechenden Baulichkeiten ist den Quellen nicht zu entnehmen. Wir wissen lediglich aus einem 1468 abgefaßten Kaufvertrag, daß die Michaelskapelle östlich des Chores auf dem Friedhof gestanden haben muß und eine eigene Gruft besessen hat[122].

Am 8./9. Februar 1468 wird durch Herzog Sigmund der Grundstein zur neuen Kirche gelegt[123]. Aus den nun bis 1478 folgenden Quellen können wir die Bauabfolge grob rekonstruieren. Die Grabungen brachten hierzu keine Ergebnisse.

Um die Gottesdienste über die vielen Jahre der Bauzeit hinweg weiter abhalten zu können, wird die Kirche um die alte Kirche herum in mehreren Einzelschritten errichtet. Nach 6-monatiger Bauzeit wird am 1. August 1468 der nördliche Turm der alten Kirche abgerissen. In der Urkunde wird er der »öde« Turm genannt, da in ihm keine Glocken hin-

---

[118] Reparaturanfälligkeit der bisherigen Kirche 1426 (der Überschuß »sol treulichen vnser frawen an der paw der kirchen gelegt werden.« und besonders in einem Ablaß 1443 »pro ipsius Ecclesiae edificiorum reparatione et conservatione...« Monumenta Boica XX, Nr. 191 bzw. 242. Zitiert nach: Karnehm, Christl, Die Münchner Frauenkirche. Miscellanea Bavarica Monacensia 113 (1984) 18.

[119] Stahleder, Chronik, 371.

[120] Stahleder, Chronik, 413.

[121] Zitiert nach: Altmann, Lothar, Die spätgotische Bauphase der Frauenkirche 1468–1525. In: Ramisch, Hans, Monachium Sacrum, Band 2 (München 1994) 1–20.

[122] Stahleder, Chronik, 418.

[123] Stahleder, Chronik, 415.

gen[124]. Die Abrißarbeiten an der Westfassade der alten Kirche erlaubten erstmalig keinen größeren Gottesdienst: die alljährliche Gedenkfeier zur Schlacht bei Hoflach am 24. September findet 1468 nicht statt[125]. Dies bleibt aber der einzige Gottesdienst, der wegen der Bauarbeiten ausfallen muß. Im Februar 1470 werden im südlichen Turm die Glocken abgenommen[126] und im Mai des gleichen Jahres wird schließlich auch dieser Turm niedergelegt[127]. Gut drei Jahre nach der Grundsteinlegung standen wohl schon der Chor, die nördliche Wand und der Nordturm, denn aus zwei Urkunden geht hervor, daß am 7. September 1471 der Bau der Katharinenkapelle begann – sie ist bereits Teil des Chores[128] – und am 19. Dezember 1471 die Kapelle St. Ottilia »under der dem turm« fertiggestellt war[129]. 1472 wird dann »die altt kirchen vnnser lieben frawen pfarr alle nider geworfen vnd die newen capellen und ällter (= Altäre) aufgerichtet...«[130]. 1473 muß der Bau soweit fertig gewesen sein, daß die ersten Messen in der neuen Kirche gelesen werden konnten. Die meisten Kapellen hatten bereits ihre Altäre und Stiftungen[131]. Am 16. Mai 1473 wird der Hochaltar geweiht[132]. In den nächsten fünf Jahren wird die Kirche Schritt für Schritt weiter fertig gestellt, welche Arbeiten durchgeführt wurden, ist den Quellen nicht zu entnehmen. Vermutlich aber trugen die schon fertiggestellten Teile ein Notdach, um einen kontinuierlichen Gottesdienst sicherzustellen. Im Mai 1478 war die Dachdeckung über der Frauenkirche soweit fertig, daß Knopf und Stern über der Spitze aufgesetzt werden konnten[133]. Am 14. April 1494 fand schließlich die Weihe der neuen Frauenkirche statt[134].

Das Kirchenschiff der neuen Kirche überlagerte nun in seinem Nordteil die alte Stadtmauer. Da auch alle wichtigen zur Kirche gehörigen Gebäude, wie das Pfarrhaus etc. außerhalb der inneren Stadt lagen, kann man vermuten, daß eine dem Status einer Pfarrkirche entsprechende Ausstattung der Pfarrei wohl erst mit diesem Neubau verwirklicht wurde[135].

Forschungsgeschichte

Archäologische Untersuchungen in unserem heutigen Sinn fanden im wohl bedeutendsten Bauwerk der Altstadt Münchens erst in den 50er Jahren des 20. Jahrhunderts statt. Daß aber das Interesse an dem unbekannten Vorgängerbau – von dem es keine Abbildungen gibt – schon im 19. Jahrhundert groß war, zeigen zwei frühe Erwähnungen von Bodenfunden:

[124] Westenrieder, Lorenz, Beiträge zur vaterländischen Historie, Geographie, Statistik und Landwirtschaft, samt einer Übersicht der schönen Literatur. Band 5 (München 1974), § VI: Fragment einer Chronik der Stadt München von 1460–1468, 200/201. – Stahleder, Chronik, 419.
[125] Stahleder, Chronik, 419.
[126] Stahleder, Chronik, 425 f.
[127] Stahleder, Chronik, 427.
[128] Stahleder, Chronik, 434 f.
[129] Stahleder, Chronik, 435.
[130] Hader, Georg, Mitteilungen über den Abbruch der Frauenkirche. Monatsschrift des Historischen Vereins von Oberbayern III (1894) 56.
[131] Stahleder, Chronik, 441.
[132] Stahleder, Chronik, 444 f.
[133] Stahleder, Chronik, 468.
[134] Stahleder, Chronik, 569 f.
[135] Stahleder, Chronik, 268 f.

1822 stieß man während der Restaurierung der inneren Sakristei bei der Herstellung des Fußbodens auf ein gemauertes Gewölbe[136]. Darunter befand sich eine Gruft, die angefüllt war mit menschlichen Knochen. Diese Gruft wurde allerdings bei einer zweiten Restaurierung in den Jahren 1860/61 zugeschüttet[137]. Da von der Gruft keine Zeichnungen bestehen, fällt eine Interpretation aus heutiger Sicht sehr schwer. Vermutlich dürfte sie aber im Zusammenhang stehen mit dem Bau des späten 15. Jahrhunderts oder dem barocken Anbau. Den heutigen Plänen ist nicht zu entnehmen, ob diese Gruft noch vorhanden ist oder bereits durch Kellereinbauten zerstört ist.

Bei umfangreichen Kanalbauarbeiten im August 1849 wurde südlich der Frauenkirche ein Mauerwerk freigelegt, das Nagler in einer Veröffentlichung im Oberbayerischen Archiv ausführlich beschrieb[138] (Abb. 74). Das zweischalig ausgeführte Mauerstück war fünf Fuß (1,45 m) breit und über eine Länge von 35 Fuß (10,15 m) erhalten. Es zog sich von der östlichen Ecke des Mazarigäßchens am »Sedaller´schen Haus« vorbei (heute Frauenplatz Nr. 6), leicht schräg in Richtung südlicher Frauenkirchturm. Auf der Höhe des Mazarigäßchens beschreibt Nagler einen Durchlaß in der Mauer. Hier fanden sich noch Fragmente von Stufen und Stücke grobkörnigen Marmors. Östlich des Durchgangs war die Mauer nur noch in einer Länge von etwa fünf Fuß (1,45 m) erhalten. Das Mauerwerk war hier ein wenig dünner. Nagler deutet den Mauerzug als Teil einer frühen Kirche mit einem Kirchenportal auf der Höhe des Mazarigäßchens, die Marmorstücke seien noch als Teile der Portaleinfassung erkennbar gewesen. Am östlichen Ende des Mauerzuges vermutete Nagler das Presbyterium, das, so Nagler, wohl 4–5 Fuß höher gelegen sei als das Schiff der Kirche.

J.M. Mayer, der Naglers Beobachtungen im gleichen Jahr noch einmal beschreibt, geht noch einen Schritt weiter: Er rekonstruiert aus den Angaben von Nagler einen Chor mit 20 Fuß (29 m), einem Schiff von 80 Fuß (116 m) Länge und einer inneren Breite von 30 Fuß (43,5 m) mit mehr als drei Altären, drei Türen und zwei Türmen[139].

Sind diese Angaben noch sehr vage Beschreibungen und nur mit großer Vorsicht zu verwerten, so können seit den Untersuchungen von Adam Horn aus den Jahren 1949–53 schon wesentlich exaktere Aussagen zur Vorgängerbebauung gemacht werden[140]. Der Untersuchungsbereich umfaßte große Teile des Kirchenschiffes (Abb. 57). Horn konnte durch seine Grabungen den direkten Vorgängerbau nachweisen, sowie einige ältere Mauerzüge, die von diesem überlagert werden. Da Horn nicht nach den heutigen Gesichtspunkten der archäologischen Grabungsmethodik vorgegangen ist, können seine Untersuchungen allerdings nur sehr schwer überprüft werden

[136] StadtAM, RA Fasz. 656 Nr. 11477. Abdruck der Quellen und einzelnen Berichte in: Sakristei der Münchner Frauenkirche, Dokumentation zur Baugeschichte von Stefan Nadler. Diözesanarchiv München.

[137] Mayer, Anton, Die Domkirche zu Unserer Lieben Frau in München. (München 1868) 280.

[138] Nagler, Georg Kasper, Beiträge zur älteren Topographie der Stadt München. OA 12 (1851/52) 235.

[139] Mayer, Josef Maria, Münchener Stadtbuch. (München 1868) 17 f.

[140] Horn, Adam, Die Ausgrabungen in der Frauenkirche zu München. Deutsche Kunst- und Denkmalpflege, (1952) 59–72. – Ders., Ergänzungsbericht zu den Ausgrabungen in der Frauenkirche zu München. Deutsche Kunst- und Denkmalpflege (1954) 114–116.

und die einzelnen Bauphasen nur relativchronologisch eingeordnet und nicht absolut datiert werden.

Vom 3.–7.12.1953 fand im Bereich des alten Westportals anläßlich des Einbaus einer Heizungsanlage eine archäologische Untersuchung durch das Landesamt für Denkmalpflege unter Leitung von W. Titze statt (Abb. 58). Sie ergab deutliche Siedlungsschichten, die, im Gegensatz zu den Grabungen Horns auch durch Keramik näher datiert werden können. Ein Vergleich dieser Schichten mit den Höhen der Hornschen Befunde ermöglicht eine Interpretation und Datierung einiger dieser Bau- und Siedlungsphasen.

Die Grabungsergebnisse von Horn erfuhren in einigen wichtigen Detailfragen eine Rezension von Christl Karnehm, deren Schwerpunkt auf der Innenausstattung liegt[141]. Sie korrigiert z.B. die von Horn aufgestellte These einer älteren Choranlage.

Walter Haas beschäftigt sich in seinem Aufsatz über die Bauten vor 1158 in München zwar schwerpunktmäßig mit der Peterskirche, fordert aber für die Frauenkirche eine weitere Überarbeitung der originalen Grabungsdokumentation, da aus ihnen seiner Meinung nach mehr Informationen herauszuarbeiten seien, als Horn dies getan hat[142].

Die Ausgrabungen

Die im Krieg stark beschädigte Frauenkirche war eines der ersten Objekte in München, deren Wiederaufbau rasch in Angriff genommen wurde. Bereits im Mai 1946 begannen nach der Beseitigung der Schuttmassen die Arbeiten zur Sanierung. In mehreren Schritten bis 1950 konnten baubegleitend der Untergrund untersucht und wichtige Bauspuren einer Vorgängerbebauung dokumentiert werden[143] (Abb. 57). Die Untersuchungen wurden vom damaligen Hauptkonservator Adam Horn geleitet. Seine Grabungsergebnisse publizierte er sehr schnell, die Ausführungen beschränken sich jedoch auf das Wesentlichste und lassen wichtige, aus den Grabungsunterlagen nachprüfbare Details unerwähnt. Im Rahmen dieser Arbeit wird deshalb eine Überarbeitung und kritische Beleuchtung der Untersuchungen von Adam Horn vorgenommen, wobei auch die kunsthistorischen Beobachtungen von Christl Karnehm und die Nachgrabungen von W. Titze im Herbst 1953 Berücksichtigung finden. Im Folgenden sollen schwerpunktmäßig Einzelfragen herausgegriffen werden, die von Horn nicht berührt wurden, wie die Beurteilung der ältesten Befunde, oder die in der Forschung eine neuere Beurteilung finden, wie z.B. die Datierung und Entwicklung des Vorgängerbaus der heutigen Kirche. Die in der Fachwelt bekannten archäologischen Befunde von Horn sowie die Befunde der Grabungen von Titze seien in aller Kürze vorangestellt.

141 Karnehm, Christl, Die Münchner Frauenkirche. Miscellanea Bavarica Monacensia 113 (München 1984).

142 Haas, Bauten, 256–266.

143 Horn, Adam, Die Ausgrabungen in der Frauenkirche zu München. In: Deutsche Kunst- und Denkmalpflege (1952) 59–72. – Ders., Ergänzungsbericht zu den Ausgrabungen in der Frauenkirche zu München. In: Deutsche Kunst- und Denkmalpflege (1954) 114–116.

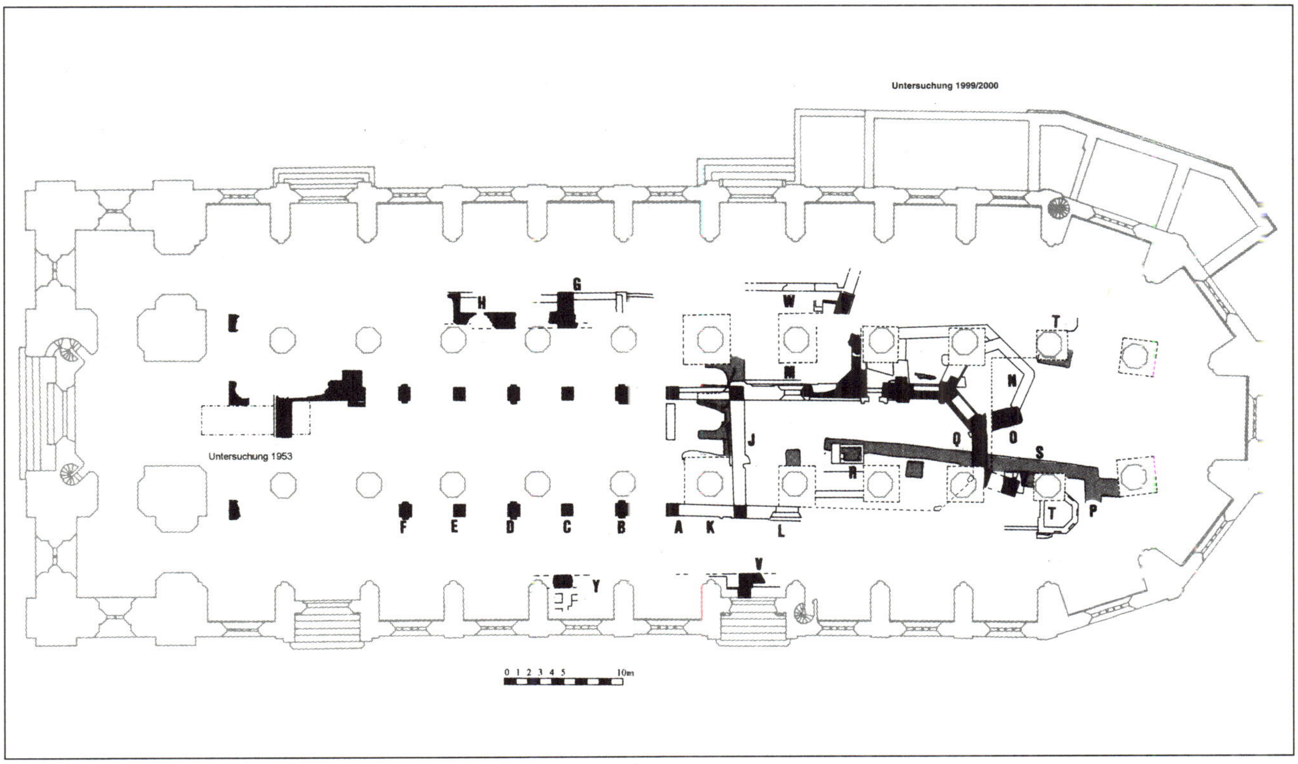

Abb. 57: München, Frauenkirche. Grabung von Adam Horn und W. Titze. Nach Horn.

Die Befunde des Vorgängerbaus der heutigen Frauenkirche

Der von Horn ausgegrabene Grundriß der alten Marienkirche läßt sich zu einer dreischiffigen Basilika mit Doppelturmfassade im Westen ergänzen (Abb. 59–61). Zwischen dem Westabschluß der Kirche und dem Chor lagen 8 Joche, wobei der Hauptchor um ein Joch nach Osten hinausgeschoben war. Die Seitenschiffe hatten eine Breite von 5,70 m, das Mittelschiff eine Breite von 10,20 m.

Das Süd- und Nordportal auf Höhe des Chores konnte bei den Punkten V und W aufgedeckt werden (Abb. 57). Das Westportal lag zwischen den beiden Türmen.

Der Hauptchor hatte einen 3/8-Abschluß mit Diensten in den Ecken und massiven Stützpfeilern außen. Für die Größe des Chores erscheinen sie überdimensioniert. Die beiden Seitenapsiden hatten innen ebenfalls einen 3/8 Abschluß, außen schlossen sie mit einer geraden Mauer ab.

Die Pfeiler des Langhauses standen auf einem 1,40 m breiten Fundamentband und waren in Ost-Westrichtung abgetreppt. Die Pfeiler zeigten im Wechsel Vorlagen von 33 cm Tiefe und 53 cm Breite, nach außen zu den Seitenschiffen hin waren sie mit 19 cm Tiefe und einer Breite von 34 cm weniger mächtig. Die Pfeilerabstände waren von Pfeiler F bis B mit 4,76 m vollständig gleichmäßig, innerhalb des Langhauses ergibt sich danach durch einen vergrößerten Abstand von 4,92 m zwischen dem Pfeiler A1 und seinem östlich anschließenden Pendant eine leichte Verschiebung, deren Grund weder durch die schriftlichen Quellen, noch durch die Grabungen geklärt werden konnte (Der Abstand von A zu seinem östlichen Nachbarpfeiler beträgt dagegen nur 4,16 m, die ungleichmäßigen Abstände zwischen

A1 und B1 mit 4,52 m und zwischen A und B mit 4,64 m erwecken fast den Eindruck, als sollten sie unsichtbar die allzu große Diskrepanz ausgleichen).

Östlich der Pfeiler A und A1 trennte eine später eingebaute Lettnerwand (J) den Chor vom Langhaus. Sie steht in Zusammenhang mit der Errichtung eines Hochgrabes für die Kaiserin Beatrix, der ersten Gemahlin Kaiser Ludwig des Bayern. Beatrix starb 1322 und wurde im Chor der Marienkirche hinter dem sogenannten Kaiseraltar beigesetzt. Erhalten hat sich nur der untere Teil der Stipes. Ein zweifach abgetreppter Sandsteinsockel war verziert mit unten spitzen Wappenschilden, an der östlichen Stirnwand schmückten ihn zwei Schilde mit dem bayerischen Löwen und Wappen, in der Mitte der Seitenwände war je ein Wappenschild mit einem Adler, flankiert von Maßwerk und vegetabilen Ornamenten. Spuren einer farbigen Fassung fanden sich nicht. Die darunter befindliche Grabkammer war im lichten 1,20 m hoch, 1,95 m lang und 1,25 m breit und war vollkommen mit Schutt aufgefüllt. In der Auffüllung fanden sich einige Scherben grünen Glases und zwei Würzburger Pfennige der Zeit von 1480 bis 1490. Unter anderem fanden sich auch grüne Stoffreste. Diese Funde markieren die Auflassung des Grabes.

Im östlichen Abschluß des Hauptchores ist ein Durchgang anhand einer Steinschwelle und der Gewände festzustellen. Horn beschreibt einen Pfeiler in der nördlichen Chorwand als Gewände dieses nördlichen Durchganges.

Der Fußboden der romanischen Frauenkirche bestand nach Horn aus festem, fast elastischem Stampfmörtel von 9 cm Stärke. Die Fundamente reichen 1,91 m unter das Niveau dieses Estrichs und stehen auf dem gewachsenen Boden.

Die ältesten Befunde der Grabungen Horn

Die ältesten Befunde lagen unter der von Horn ausgegrabenen dreischiffigen Basilika (Abb. 57 und 62–65). Die von Horn aufgedeckten Mauerzüge, die keinen direkten Bezug zu den Mauern des Vorgängerbaus haben – also nicht im Verband mit seinen Mauern stehen und eindeutig tiefer, d.h. unter dem Estrich der alten Kirche liegen – sind zwar auf Grund fehlender Schichtanschlüsse nicht genau zuzuordnen, gehören aber auf alle Fälle einer Bauperiode an, die vor der Errichtung der alten Kirche liegt. Zu den Befunden gehören fünf Mauerzüge:

Zum einen ein langgestreckter Mauerzug im Ostbereich der Kirche. Er erstreckte sich zwischen Punkt R und P auf etwa 24 m Länge (Abb. 57; 62,4). Seine Sohle lag 35 cm über dem gewachsenen Boden und liegt damit an dieser Stelle 2,70 m unter dem heutigen Kirchenboden. Die Mauer war noch 35 cm hoch erhalten mit einer Mauerstärke von 1,20 m. Es handelte sich um eine Zweischalenmauer aus Ziegeln des Formates 34,5/16/6,5 cm mit einem Füllmauerwerk aus Rollsteinen in Mörtel.

Auf der Südseite der Mauer fanden sich in gleichmäßigem Abstand zwei rechteckige Fundamentplatten in gleicher Mauertechnik. Drei an diese Mauer angesetzte Mauerzüge scheinen in regelmäßigem Abstand von 8,80 m zwei Räume zu bilden, an deren nördlicher Wand sich jeweils mittig eines der angesprochenen rechteckigen Fundamente befand. Der lange Mauerzug bricht im Osten rechtwinklig nach Süden ab und setzt sich nach einem kleinen Rücksprung noch einmal nach Osten fort. Am Westende findet sich mit einem Abstand von 1,80 m in rechtem Winkel zu dem langen Mauerzug ein zweites Mauerstück. Es dürfte sich dabei um den Westabschluß des gleichen Gebäudes handeln.

Ein dritter, 2 m langer Mauerzug fand sich nördlich anschließend in gleicher Flucht in einem Abstand von etwa 6 m (Abb. 62,2), in der selben Flucht weiter östlich lag in einem Abstand von 8,40 m vom beschriebenen langen Mauerzug ein quadratisches Punkt- oder Eckfundament (Abb. 62,3).

Von gleicher Konstruktion war schließlich ein letzter Befund, ein apsidenförmiges Gebilde (Abb. 62,1; 64; 65) unter der Quermauer J. Der Durchmesser des nördlichen Bogens betrug 2,50 m, südlich anschließend lag ein weiteres Fundament mit einem Maueransatz, der sich zu einem ähnlichen Bogen mit gleichem Durchmesser rekonstruieren ließ. Sein Ende gegen Osten scheint allerdings etwas vor die Flucht des nördlichen zu ragen. Weiter südlich setzten sich die Fundamentmauern fort. Ein dritter Bogenansatz als evtl. dritte Apside konnte nicht festgestellt werden. Dieses Gebilde ruhte auf einem ähnlichen Kiesel-Mörtel-Fundament (Abb. 64,5), wie wir es bereits von den ältesten Mauerzügen in München her kennen, in einer Tiefe von 2,50 m unter dem heutigen Kirchenpflaster. Das verwendete Ziegelformat ist identisch mit dem bereits an den größeren Mauerzügen festgestellten.

Die Grabungen von Titze

Konnte Horn bei seinen Grabungen drei Horizonte feststellen – die heutige Kirche, die romanische Basilika und eine darunterliegende Schicht mit den ältesten Baubefunden, deren Ausrichtung sich aufeinander beziehen – so konnte Konservator W. Titze bei einer Nachgrabung anläßlich des Einbaus einer Warmluftheizung im Bereich des Westabschlusses genau zwischen den beiden Turmfundamenten der romanischen Basilika ebenfalls drei Siedlungsschichten bestätigen (Abb. 58).

Die ältesten Befunde lagen bei ihm 2,00 m unter dem heutigen Kirchenboden. Hier befand sich auf dem anstehenden Kies (1) ein fester Lehmfußboden (2). Dieser Fußboden zeigte durchgehend deutliche Brandspuren und war stellenweise sogar durchgeglüht. Datierende Kleinfunde, die in den Boden eingetreten waren, wurden nicht geborgen. Einige wenige Pfostenlöcher deuteten auf Baulichkeiten hin, ein Hausgrundriß hingegen konnte auf Grund der geringen Untersuchungsfläche nicht ermittelt werden. Unter diesem Lehmfußboden konnten einige Kleinfunde aus Keramik, Tierknochen und Ziegelsplitt gemacht werden.

In dem kleinen Untersuchungsbereich konnte auch der westliche Abschluß der alten Marienkirche freigelegt werden (8). Somit konnte hier auch das einzige Mal eine stratigraphische Einordnung der Fundamente des direkten Vorgängerbaues des heutigen Domes gewonnen werden. Nach dem Bau dieser Kirche wurde innen sowie außen das Niveau durch eine mächtige Aufschüttung mit kiesig-humos-ziegeligem Boden erhöht (4). Kurz darauf setzte in dieser Aufschüttung westlich der Kirche der Friedhofsbetrieb ein. Die Gräber waren in diese Aufschüttung eingetieft und haben den alten Lehmboden teils angeschürft, ihn teils auch bis auf den gewachsenen Boden durchstoßen. Östlich der Westmauer der alten Kirche – also im Kirchen-

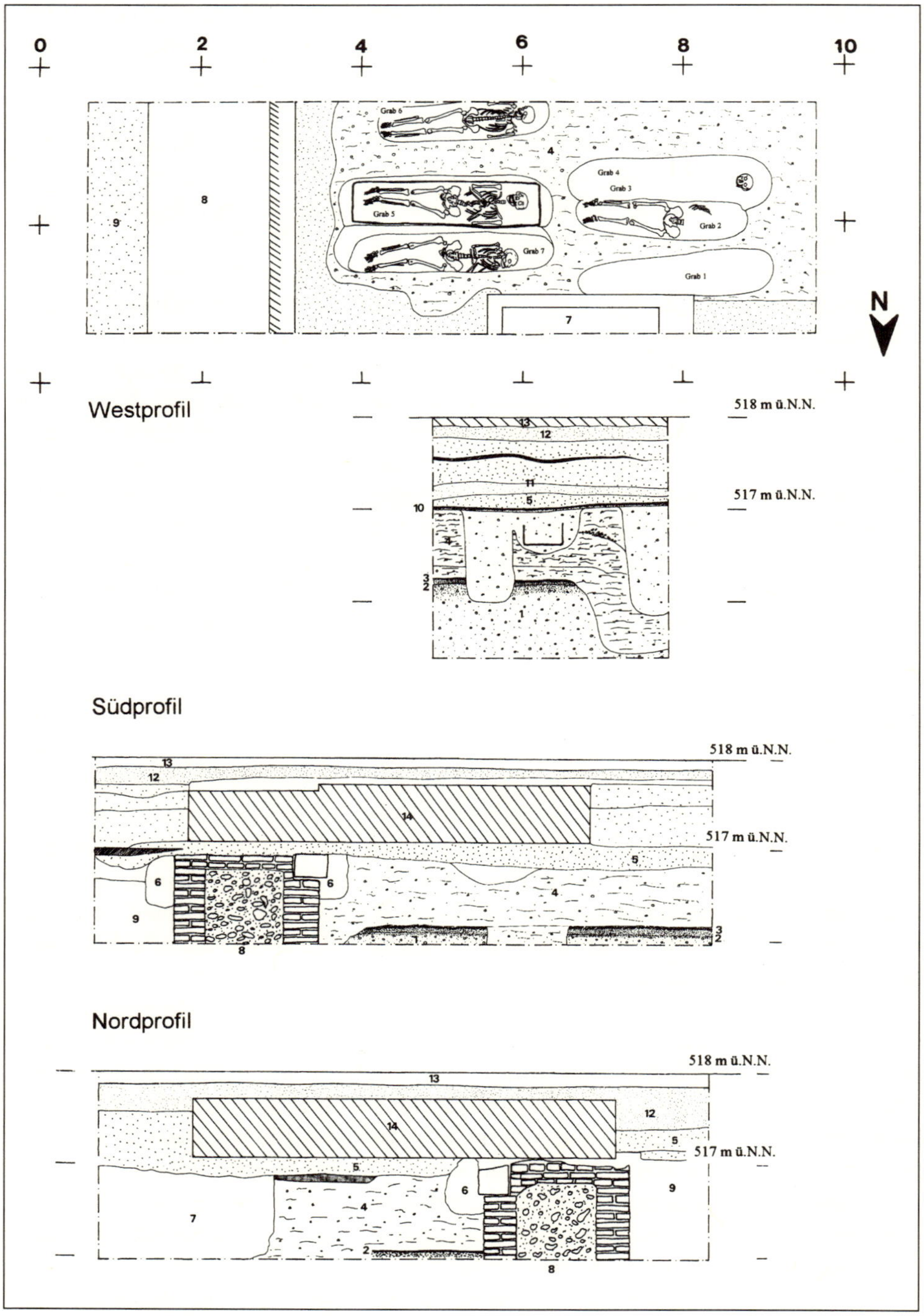

Abb. 58: München, Frauenkirche. Grabung Titze 1954. Planum, West-, Süd- und Nordprofil.

innern – hat sich in etwa 1,00 m Tiefe unter dem heutigen Kirchenboden der alte Estrichfußboden erhalten (10). Er setzt sich mit einem kleinen Höhenunterschied von + 0,10 m westlich, also außerhalb der alten Kirche fort.

Die Gräber nehmen Bezug auf die Westmauer der alten Kirche. Die Bestattungen selber sind west-östlich orientiert, nur eine von ihnen wies Spuren eines Holzsarges auf. Die nördlichste der sechs freigelegten Grabgruben wurde durch einen mächtigen Pfeiler gestört, der zu einer Reihe von vier Pfeilern gehörte, die in einem Abstand von 2,20 m vor dem Westportal standen (7). Sie dürften zu einem vorhallenartigen Anbau gehört haben.

Zwischen dem Estrich und dem heutigen Boden der Frauenkirche lag eine etwa 0,90 m starke Aufschüttung aus der Bauzeit der neuen Frauenkirche im späten 15. Jahrhundert (5).

Befunde in neuem Licht – Der Chorabschluß

Auf der Suche nach einem älteren Chorabschluß vermutet Horn zwischen den beiden Seitenapsiden eine mittlere, etwas größere Apsis, wie sie uns von den dreiapsidialen romanischen Kirchen her bekannt ist und wie sie St. Peter im 12. und 13. Jahrhundert ebenfalls hatte[144]. Den langgestreckten Chor, wie er sich nach der Ausgrabung zeigt, hält er für jüngeren Datums (Abb. 59). Einen Nachweis für seine Theorie bilden für ihn die Spuren eines Umbaus des Chores auf Höhe der beiden Pfeiler A und A1. Das nach Osten anschließende jüngere Mauerwerk (Mauern L, K und J) ist durch eine umlaufende Putzschicht von den beiden Pfeilern getrennt. So besitzt Pfeiler A1 zwei Putzschichten, die Mauern J, K und L nur eine Putzschicht. Horn geht davon aus, daß deshalb der westliche Teil der Kirche der ältere sein muß, der östliche Chor später, nach dem Abbruch der alten Apsis, angefügt wurde. Die Putzanalysen zeigen jedoch lediglich, daß die drei Mauerstücke J, K und L später eingesetzt wurden, für den Chor selbst bieten sie keine Aussage. Wie Christl Karnehm bereits nachgewiesen hat, handelt es sich bei diesem Chorumbau, zu dem die genannten Mauerstücke gehören, nur um den Innenumbau anläßlich der Errichtung des Hochgrabes für Kaiserin Beatrix und der Umgestaltung des Presbyteriums zu einer Art Hofgrablege[145]. Dazu wurden die zwei nördlichen Mittelschiffjoche abgemauert und als westlicher Abschluß die schon genannte Lettnerwand (J) errichtet. Der so entstandene Raum war zum Langhaus hin abgeschlossen und konnte über zwei seitliche Zugänge von Norden und Süden her betreten werden. Vom Einzug eines neuen Gewölbes zeugen gotische Wanddienste, die der Chorwand vorgelegt wurden. Über diesen Umbau hinaus scheint es, wie Karnehm ebenfalls schon vermutete, zu keiner anderen Zeit eine gravierende Veränderung des Chores gegeben zu haben, so daß der nachgewiesene Chor wohl auch der ursprüngliche ist. Der von Horn angenommene apsidiale Abschluß in Höhe der Seitenapsiden hätte den unter dem mittleren Chor hindurchlaufenden älteren Mauerzug an irgendeiner Stelle schneiden oder durchtrennen müssen. Ebenso hätten sich im Ansatz zwischen Langhaus und Chor deutliche Spuren von Baufugen finden lassen müssen. Für beides gibt es aber keine Anhaltspunkte. Allerdings kann zwischen der Erbauung des Langhauses und dem Chor auch eine Bauunterbrechung stattgefunden haben. Ein Indiz für diese These könnte wiederum die Lettnerwand (J) sein. Sie wäre dann, wie es z.B. auch für Regensburg nachgewiesen ist, eine für einzelne Bauabschnitte durchaus übliche Trenn- bzw.

[144] Horn, Adam, Die Ausgrabungen in der Frauenkirche zu München. In: Deutsche Kunst- und Denkmalpflege (1952) 69.

[145] Karnehm, Christl, Die Münchner Frauenkirche. Miscellanea Bavarica Monacensia 113 (München 1984) 6.

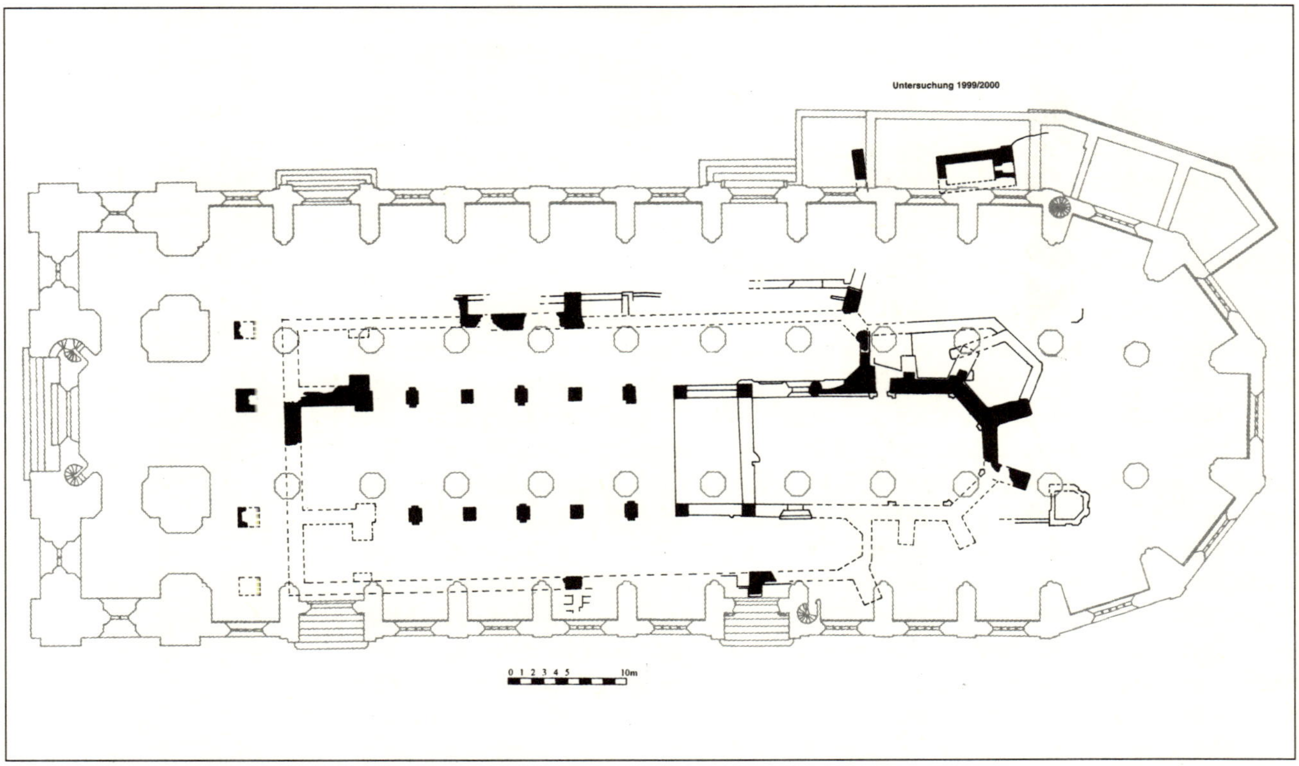

Abb. 59: München, Frauenkirche. Befunde aus dem 13. Jahrhundert: Erste Romanische Basilika und Brennofen aus der Untersuchung von 1999 und 2000.

provisorische Abschlußwand[146]. Dafür sprechen würde die leichte Verschiebung der Bauteile an dieser Stelle, die sich im schiefen Ansatz der südlichen Chorwand deutlich zeigt. Überlagert man die unter dieser Basilika liegenden Reste der Vorgängerbebauung, so kann man feststellen, daß die Lettnerwand sich direkt über dem östlichen Ende des nachgewiesenen älteren Bauwerkes erhebt. Östlich anschließend lag vermutlich eine Gasse, deren Lage durch die neuen Süd- und Nordportale wieder aufgenommen wurde. Ein westlicher Bauabschnitt der Kirche würde demnach das Langhaus und die Türme umfassen, ein zweiter ein Joch und den östlichen Abschluß. Dies würde auch die Verschiebung erklären. Diese Beobachtungen sind allerdings zu dürftig, um die These zweier Bauabschnitte zu beweisen. Zudem würden sie zwar die fehlende Beeinträchtigung des unter der alten Kirche liegenden Mauerzugs erklären, nicht aber die fehlenden Baufugen.

Das Gewölbe

Auch Adam Horn befaßt sich mit der Frage, ob und mit welchem Gewölbe das Langhaus der Basilika versehen war. Da im Bauschutt keine Rippenstücke gefunden wurden, kommen nur ein Kreuzgratgewölbe oder eine flache Deckung in Frage. Horn weist plausibel nach, daß auf Grund der übervorsichtigen Fundamentierung und der Stärke der Pfeiler eine Wölbung rekonstruiert werden muß. Ebenso wiesen die Pfeiler keine allzu großen Abstände untereinander auf. Ob es sich aber – wie Horn annimmt – bei dem

[146] Codreanu-Windauer, Silvia/Schnieringer, Karl, Die Ausgrabungen im Regensburger Dom. In: Der Dom zu Regensburg (München-Zürich 1990) 81–92.

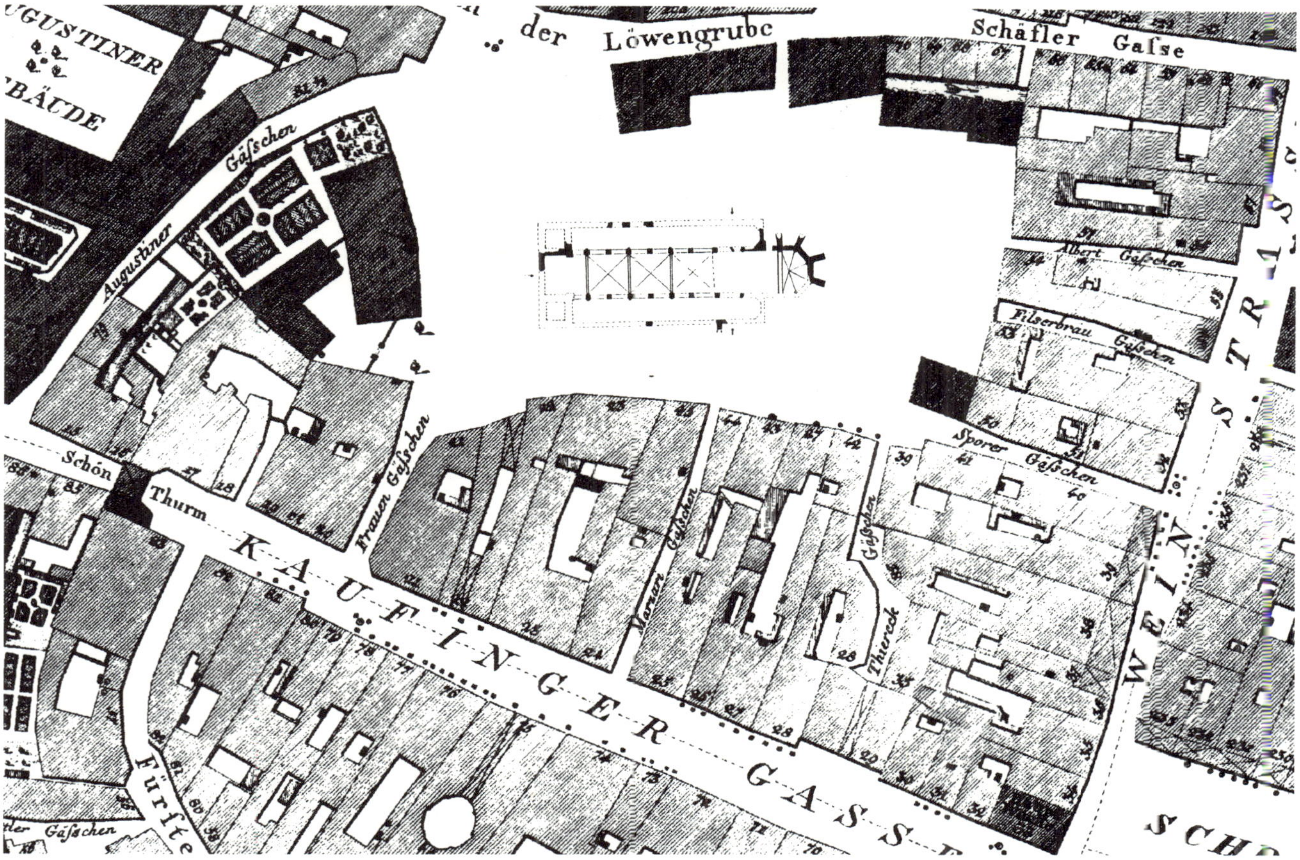

Abb. 60: München, Frauenkirche. Lage der romanischen Basilika auf dem Katasterplan von 1806.

Gewölbe tatsächlich um ein gebundenes System handelt, wie uns vielleicht der Stützenwechsel im Mittelschiff glauben machen will, muß in Frage gestellt werden. Zwar wechselten sich Kreuzpfeiler mit normalen rechteckigen Pfeilern ab, jedoch fehlen an den nachgewiesenen Bereichen der Seitenschiffwände die Halbpfeiler zumindest gegenüber jedem Kreuzpfeiler, die für ein gebundenes System nötig wären.

Mit letzter Sicherheit läßt sich für die Basilika zwar auch die Einwölbung nicht beweisen, ein Kreuzgratgewölbe ist jedoch – dies in Übereinstimmung mit Horn – ziemlich wahrscheinlich. Es scheint sich jedoch nicht um ein gebundenes, die Seitenschiffe mit einbeziehendes System gehandelt zu haben.

Für den Chor ist, anders als für das Langhaus, ein Kreuzrippengewölbe aus der Zeit des Chorumbaus um 1322 nachgewiesen.

Die Michaelskapelle

Den urkundlichen Quellen ist über die Lage der im Zusammenhang mit der Frauenkirche oft genannten Michaelskapelle nur zu entnehmen, daß sie auf dem Friedhof vor dem Chor, also wohl östlich der Kirche, lag. Auf der Suche nach dem genauen Standort stellte Horn eine auch von Karnehm übernommene Theorie auf, nach der die zur Zeit der romanischen Basilika als Friedhofskapelle genutzte kleine Kirche direkt östlich an das Chorpolygon der Marienkirche anschloß (siehe hierzu Abb. 61). Die Kapelle

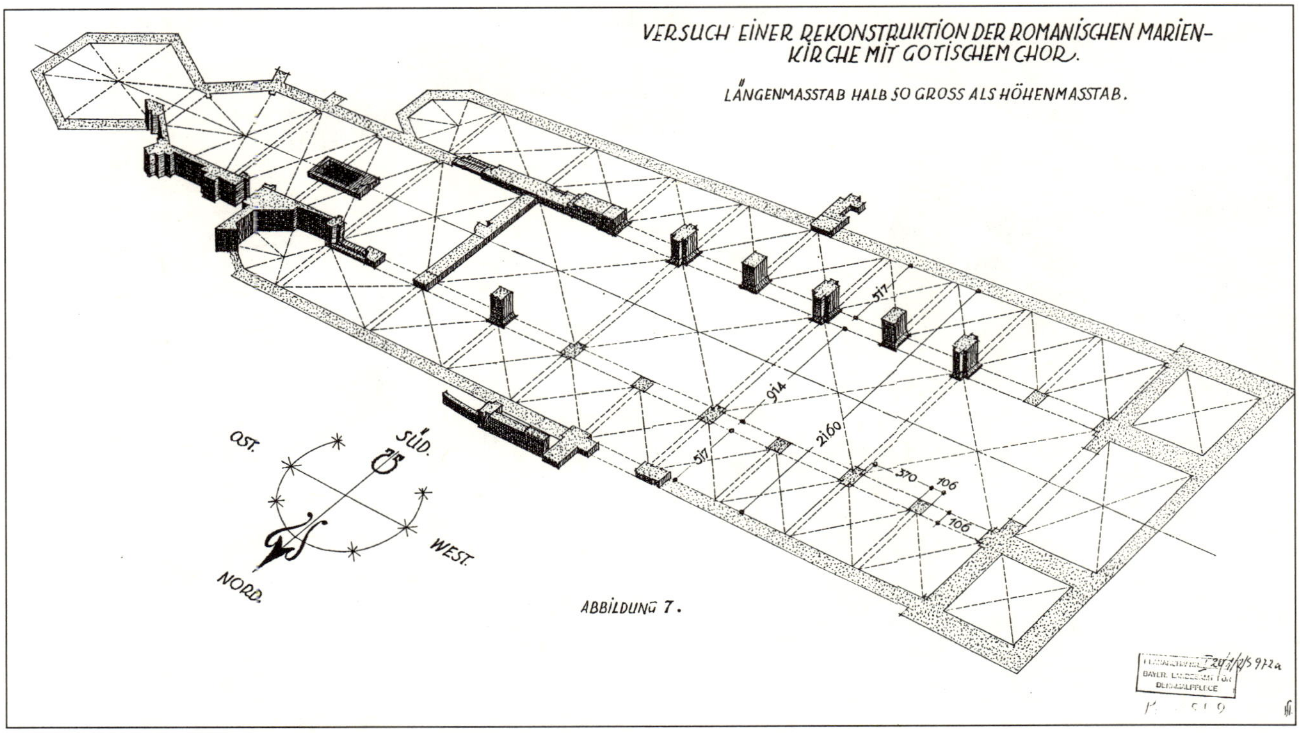

Abb. 61: München, Frauenkirche. Isometrische Ansicht der Grabungsbefunde von Horn.

selbst müsse ein sechseckiger Zentralbau gewesen sein. Diese Theorie muß nach Überarbeitung der originalen Grabungsunterlagen wieder in Frage gestellt werden. Nach Horn sind die mächtigen Strebepfeiler an der Außenseite des Chores und der festgestellte Durchgang im östlichen Abschluß des Hauptchores eindeutige Beweise für den Standort der Michaelskapelle, in der Kaiser Ludwig der Bayer vorübergehend bestattet worden ist. Dem muß aber die ebenfalls von Horn gemachte Beobachtung entgegengehalten werden, daß sich nach Osten hin keine weiteren Mauerzüge erhalten haben, die die vorhandenen Strebepfeiler mit dem östlichen Chorabschluß zu einem Zentralbau schließen ließen. Diese hätten aber durch die Grabungen Horns nachgewiesen werden müssen, da sich schließlich auch die vorhandenen ältesten Mauerreste aus der Zeit vor dem Bau der ersten Kirche trotz der Tiefe der Fürstengruft gut erhalten haben. Zudem hätten die Wände der Kapelle den älteren Mauerzug ebenso schneiden müssen, wie es bei den Wänden des ersten Chores zu beobachten war.

Auch die beiden als weiterer Nachweis für Horns Theorie angesprochenen Strebepfeiler können die Existenz einer Kapelle an dieser Stelle nicht untermauern. Sie zeigen nach den Zeichnungen gerade gemauerte Abschlüsse. Die genaue Lage der Michaelskapelle muß daher wohl weiter offen bleiben.

Die »capella simplex«

Daß auf dem Gelände, auf dem die neue Marienkirche errichtet werden sollte, bereits eine kleine Kapelle oder Kirche stand, ist hinreichend bekannt. Sie ist der eigentliche »Vorgängerbau« der Frauenkirche, älter noch als die von Horn ausgegrabene romanische Basilika. Über ihren Standort ist nichts

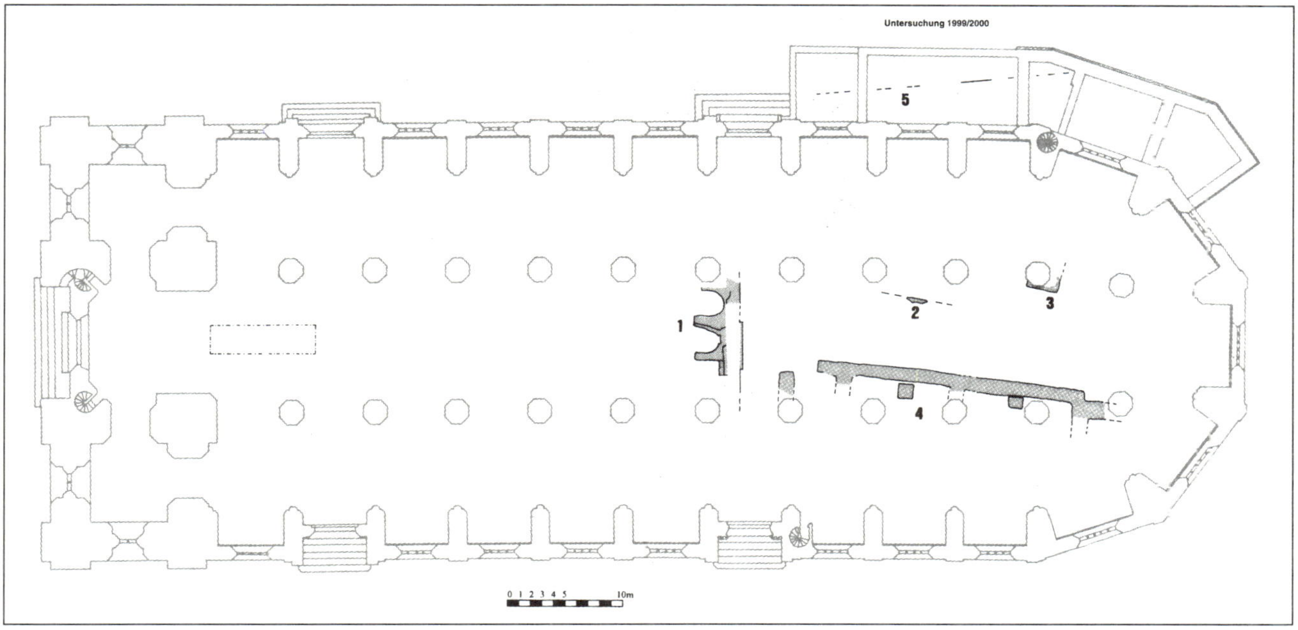

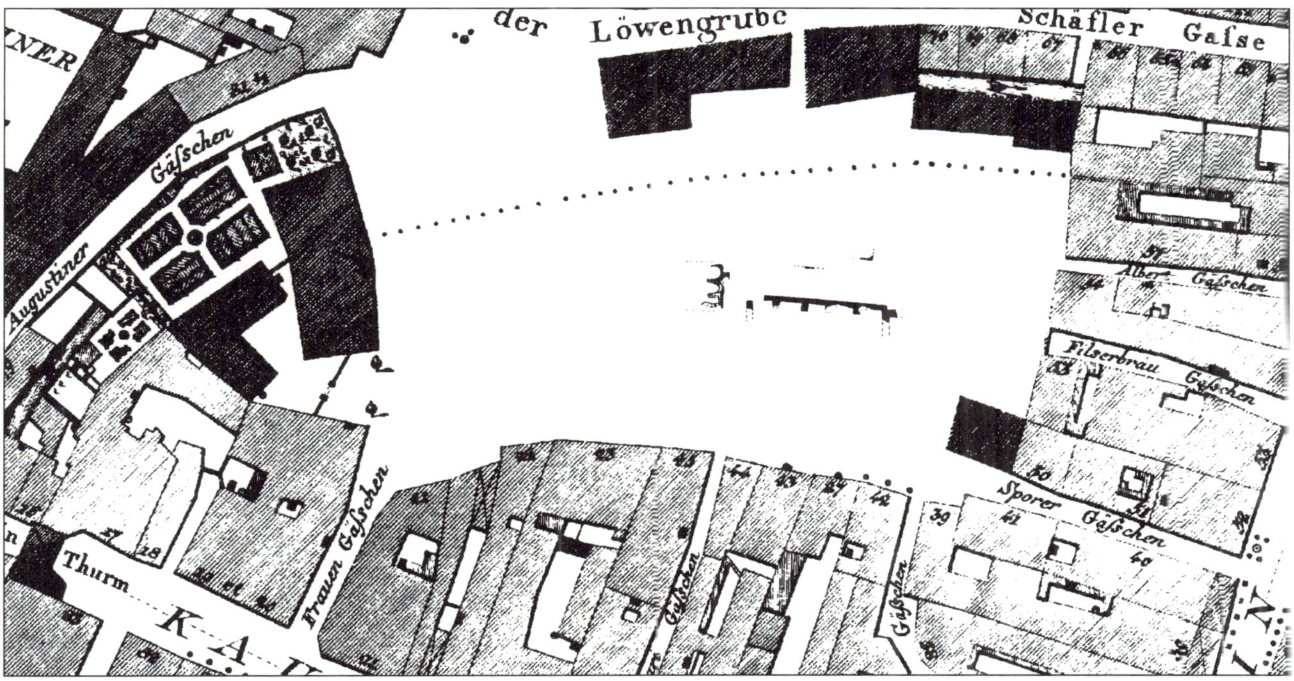

bekannt, in der Literatur wird sie gelegentlich mit der Michaelskapelle gleichgestellt, die mit dem Bau der großen Basilika zur Friedhofskapelle umfunktioniert worden sein soll. Horn hat über diesen Bau keine Überlegungen angestellt. Unter diesem Aspekt gewinnen die ältesten Befunde unter der Marienkirche an Bedeutung, wenn man bei den unter der Lettnerwand ausgegrabenen bogenförmigen Fundament- und Mauerresten an die »simplex capella«, wie die kleine Kapelle in den Urkunden genannt wird, denkt (Abb. 64; 65 und 62,1).

Abb. 62: München, Frauenkirche. Älteste Befunde unter der Frauenkirche.

Abb. 63: München, Frauenkirche. Lage der ältesten Befunde unter der Frauenkirche auf dem Katasterplan von 1806. Deutlich liegen die Befunde in der Flucht der Straßenzüge.

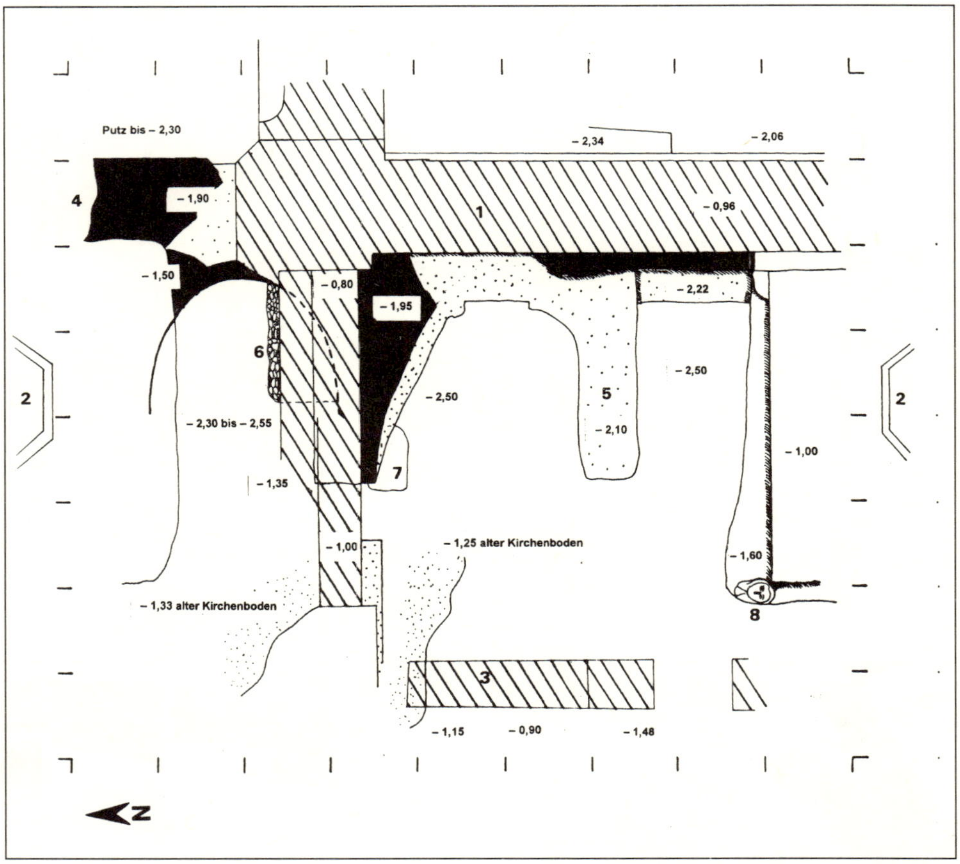

Abb. 64: München, Frauenkirche. Detail der Untersuchungen von Horn im Bereich der runden Abmauerungen. Nach Plan von Horn mit Höhenwerten.

Nach Horn bilden diese Mauerzüge das Fundament für die Lettnerwand (J) und stehen nach seiner Aussage auch mit ihr im Verband. Hierzu liefern die Pläne keine exakten Aussagen. Sie zeigen allerdings einen gesonderten Fundamentzug für die Lettnerwand, der den bogenförmigen Fundamenten aufgesetzt ist. Vor allem aber wird der einzig vollständig erhaltene nördliche bogenförmige Mauerzug eindeutig vom Estrich der ersten romanischen Basilika überdeckt, der Estrich zieht bis an das Fundament der aufgehenden Wand J. Der untere Mauerzug ist damit auf jeden Fall älter als die erst im 14. Jahrhundert eingezogene Lettnerwand, mit der er folglich auch nicht im Verband stehen kann. Auch die beschriebene Kiesel-Mörtel-Fundamentierung sowie die Ziegelformate sprechen für eine frühere Datierung.

Die bogenförmigen Gebilde hält Horn für Grüfte. Dafür erscheint allerdings eine Breite von 2,50 m etwas überdimensioniert. Grüfte wurden im allgemeinen viel schmäler und mit einfachen geraden, nicht bogenförmigen Abschlüssen angelegt. Im Zusammenhang mit einer Kapelle wäre hier eher an drei kleine Altarnischen – Apsiden – zu denken, die vielleicht zu der »einfachen Kapelle« der Urkunden gehörten. Da die Michaelskapelle erst anläßlich des Baus der heutigen Frauenkirche abgebrochen wurde, könnte sie natürlich nicht mit der alten Kapelle identisch sein.

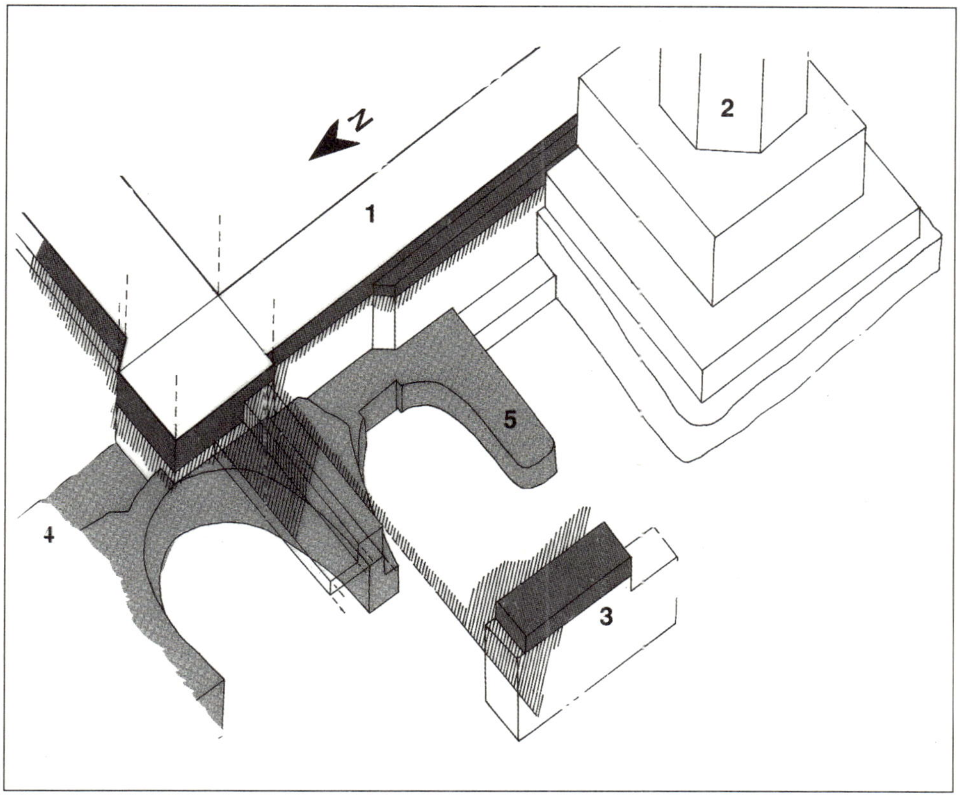

Abb. 65: München, Frauenkirche. Isometrische Ansicht der Befunde von Horn im Bereich der runden Abmauerungen. Nach Plan von Horn. Schräge Schraffur: Fußbodenniveau Basilika 13. Jahrhundert; dunkelgrau: aufgehende Lettnerwand und Pfeiler der Basilika; hellgrau: runde Abmauerung.

Älteste Befunde

Sowohl die stratigraphische Lage der oben beschriebenen ältesten Mauerzüge unter der romanischen Basilika, als auch ihre Tiefe verdeutlichen ihre Zugehörigkeit zum ältesten Nutzungshorizont aus der Grabung Titze. Hier liegen uns einige wenige Funde vor, die eine zeitliche Parallele zu den ältesten Funden aus dem Alten Hof ziehen. Eine genaue Datierung muß zwar auf Grund der geringen Anzahl ausbleiben, es ist aber interessant, daß auch hier, wie schon im Alten Hof, keine früheren Funde als aus der Zeit des späten 12. bis frühen 13. Jahrhunderts geborgen wurden. Mit einiger Vorsicht läßt sich der erste Nutzungshorizont wohl auch in diese Zeit datieren.

Interessant ist hier neben dem schon unter dem Thema »capella simplex« behandelten bogenförmigen Mauerrest, der etwa 24 m lange gerade Mauerzug unter dem Chor (Abb. 62,4). Er entspricht in der Konstruktion dem von Nagler 1849 beschriebenen Mauerstück südlich der heutigen Kirchenfassade (siehe Forschungsgeschichte). Vergleicht man die Lage beider Mauerreste, so stellt man fest, daß beide in etwa der gleichen Tiefe (die von Nagler beschriebenen Mauerzüge lagen ca. 1,45 m unter dem Straßenpflaster, der von Horn aufgenommene Mauerzug 2,30 m unter dem hier etwa 0,90 m über der Straßenoberfläche liegenden Kirchenboden) parallel zueinander verlaufen, also sicherlich direkt aufeinander Bezug nahmen und wohl gleichzeitig zur Bebauung des heutigen Frauenplatzes gehörten. Die von Nagler und Mayer vorgenommene Rekonstruktion einer Kirche aus den Überresten am Mazarigäßchen ist nicht mehr nachprüfbar, der unter der Marienkirche freigelegte Rest scheint jedenfalls eher zu einem Gebäude mit mindestens zwei abgeteilten Räumen und einem Zugang auf der Westseite zu gehören.

Die bei der Grabung Titze gefundene Brandschicht hat eine weitere interessante Parallele zum Alten Hof. Dort wurde die Frage aufgeworfen, ob die erste Bebauung auf dem Gelände des Alten Hofs, das Grubenhaus, durch einen Brand zerstört worden ist, der allerdings aus keiner Quelle zu belegen war. Lediglich der kurze urkundliche Hinweis, daß 1180 »Munichen destruitur«[147], München also zerstört wurde, deutete auf eine mögliche Katastrophe. Die Brandschicht auf dem frühen Nutzungshorizont, der ja in etwa in die gleiche Zeit datiert werden kann, scheint die Vermutung, daß zu dieser Zeit ein größerer Brand stattgefunden hat, zu erhärten.

Die Datierung der Basilika

Für die Datierung der Basilika schlägt Horn die Zeit um 1230/40 vor. Zur Begründung führt er zwei Kriterien an. Zum einen sei die von ihm angenommene Grundrißform einer Dreiapsidenkirche mit Stützenwechsel für die Zeit des ausgehenden 13. Jahrhunderts, also die Zeit, in der die Pfarrei St. Peter geteilt werden mußte, zu altertümlich. Zum anderen sieht Horn im Fund eines Gewölbeabschlußsteines mit dem Kopf eines bärtigen Heiligen (Höhe 46 cm, Breite 31 cm, Tiefe 27 cm) (Abb. 66) die Möglichkeit einer ziemlich genauen Datierung. Tatsächlich weist der Stil des Steines in die Zeit um 1230/40[148]. Im Ergänzungsbericht weist Horn ihn als Fund zwischen den Pfeilerstümpfen A und B aus. Den originalen Grabungsunterlagen ist allerdings ein ganz anderer Fundort zu entnehmen: Die Fundstelle liegt danach im Bereich des zu den Rundbögen gehörigen Mauerzuges in einer Tiefe von 1,60 m unter dem heutigen Kirchenpflaster und 60 cm unter dem Fußbodenniveau der alten Basilika (Abb. 64,8). Diese Lage und die Datierung in die Zeit um 1230/40 machen die explizite Zuordnung des Steines zur romanischen Vorgängerkirche des heutigen Domes schwierig, denn es könnte sich mit gleicher Wahrscheinlichkeit um eine Bauplastik aus der unter der Basilika liegenden Kapelle handeln, was um so wahrscheinlicher wird, wenn man bedenkt, daß ein Abschlußstein im allgemeinen wohl erst gegen Ende der Bauzeit Verwendung fand. Zur Datierung der Kirche läßt sich dieser Fund deshalb nicht heranziehen.

Daß es einen ursprünglich dreiapsidialen Abschluß der Kirche wohl nicht gegeben hat, wurde bereits ausgeführt, so daß auch hierin die von Horn vorgeschlagene Zeitstellung nicht haltbar ist.

So ist eine Datierung der Basilika mit den heutigen Erkenntnissen nur über eine zeitliche Eingrenzung möglich: Mit der ersten Erwähnung 1271 und der Altarweihe 1277 wird ein abschließendes Datum gesetzt. Billigt man dem Bau eine Entstehungszeit von gut 20 Jahren zu, so fällt die Grund-

---

[147] Stahleder, Chronik, 16 f.

[148] Horn, Adam, Kunsthistorische Funde 1953 im Münchner Dom. Das Bayerland 56 (1954) 28–30. Neuerdings wird dieser Kopf in die Zeit um 1250 datiert, allerdings richtet sich diese Einordnung nach der Datierung des Baubeginnes der ersten romanischen Basilika und nicht nach stilkriterischen Gesichtspunkten (Steiner, Peter, Münchner Gotik. Kataloge und Schriften/Diözesanmuseum für Christliche Kunst des Erzbistums München und Freising (Regensburg 1999) 121). Eine Zugehörigkeit zu einem Vorgängerbau der Zeit um 1200 ist demnach ebenso denkbar.

steinlegung etwa in die Zeit Ludwigs II., des Strengen. Diese Zeit scheint für München eine bewegte Zeit des allgemeinen Aufschwunges gewesen zu sein. Die ersten großen Bauten des Alten Hofes fanden unter Ludwig dem Strengen statt, die große Stadterweiterung wurde unter ihm begonnen. So ist auch der Neubau einer repräsentativen Kirche in diesen Jahren des Aufbaus gut denkbar. Für die Errichtung der ersten größeren Frauenkirche wären dann die Jahre von frühestens 1253, dem Regierungsantritt Ludwig des Strengen, bis 1277 anzunehmen.

Diese Datierung wird bekräftigt durch einen Fund aus dem Fundamentbereich des Pfeilers F der romanischen Basilika. Hier liegt eine einzelne Scherbe vor, die der Warengruppe A2 zuzuordnen ist (Taf. 14,12). Sie hat ihre Parallele in einem Stück, das aus der Baugrube des südlichen Turmes im Alten Hof stammt.

Eine zusätzliche Datierung der Basilika aus dem Vergleich mit anderen romanischen und spätromanischen Bauten in Bayern ist problematisch, da der Übergang von der Romanik zur Gotik ebenso fließend ist wie der von der Hochromanik zur Spätromanik. Eindeutige stilkritische Merkmale, die einigermaßen exakt einzuordnen wären, gibt es nicht. Dennoch lassen sich einige Parallelen festhalten, die die Datierung der Basilika um 1250 unterstützen.

Abb. 66: München, Frauenkirche. Kopf eines Heiligen aus Stein mit Spuren farbiger Fassung, um 1230/40.

Das Langhaus mit seinen Stützenwechseln wirkt für die angenommene Bauzeit recht altertümlich. St. Zeno in Bad Reichenhall (erbaut 1163–1208) z.B. hat einen vergleichbaren einfachen (rheinischen) Stützenwechsel, d.h. Pfeiler und Säule wechseln sich regelmäßig ab. Eine alleinige Betrachtung dieses Bauteiles würde deshalb mit Horn eine Datierung in das späte 12. oder frühe 13. Jahrhundert rechtfertigen, bei einer Rekonstruktion des Gewölbes als gebundenes System müßte dieser Zeitansatz sogar deutlich in das 12. Jahrhundert verschoben werden. Ganz anders sieht es allerdings aus, wenn man die Choranlage in die Betrachtungen mit einbezieht. Wie Beispiele zeigen, weist der gestaffelte Chorabschluß eher in die zweite Hälfte des 13. Jahrhunderts. Hier wäre zum Vergleich die Kirche des Stiftes Seitenstetten zu nennen, die 1250 bis gegen 1300 als dreischiffige Basilika mit Kreuzrippengewölbe neu errichtet wurde[149]. Ihr Chorabschluß ist praktisch identisch mit dem der Münchner Basilika. Noch später liegen die Beispiele der Stadtpfarrkirche St. Jodok in Landshut (1338–69), ein gotischer Staffelchor in Raabs an der Thaya (1. Hälfte 14. Jahrhundert) oder Regensburg (1260/79) als bestes Beispiel für eine frühe gestaffelte Choranlage. Auch die

[149] Wagner, P. Benedikt/Fasching, Herbert, Stift Seitenstetten und seine Kunstschätze. (St. Pölten 1988).

Münchner Peterskirche erhält nach Schleich in der 2. Hälfte des 13. Jahrhunderts eine ähnliche Choranlage.

Eine endgültige, wahrscheinlich sehr genaue Datierung wird vielleicht in einiger Zeit die geophysikalische Auswertung eines Kalkofens erbringen, der bei einer kürzlich stattgefundenen, ursprünglich in dieser Arbeit noch nicht aufgenommenen Ausgrabung in der Sakristei des Liebfrauendomes freigelegt werden konnte. Da die Auswertung der Befunde und Funde dieser Grabung inzwischen vorliegt, sei sie im Folgenden als Nachtrag noch angefügt[150].

Die Ausgrabungen in der Sakristei 1999/2000 (Abb. 67)

Anläßlich von Umbaumaßnahmen im barocken Anbau der nördlich an die spätgotische Frauenkirche anschließenden Sakristei durch das Metropolitankapitel München-Freising bot sich 1999 erstmalig die Möglichkeit, in diesem Bereich umfangreiche archäologische und bauhistorische Untersuchungen durchzuführen.

Die durch die früheren Grabungen innerhalb der Kirche von Horn und Titze festgestellten mittelalterlichen Niveaus wurden 1999 auch im Bereich der nördlichen Sakristei angetroffen (Abb. 67).

Als ältester Befund wurde ein stark mit Holzkohle durchsetzter humoser Boden nachgewiesen. Er erstreckte sich über den gesamten Untersuchungsbereich. Sein Niveau stimmt mit dem in den anderen Bereichen der Kirche festgestellten überein. Auf diesem Boden lagen in auffälliger Reihung mehrere größere Tuffquader auf einer Mörtel-Kies-Bettung (1). Eine Übertragung der Reste der ältesten Münchener Stadtmauer aus der 2. Hälfte des 12. Jahrhunderts in den heutigen Stadtkataster zeigt, daß die Tuffquader genau im Bereich der angenommenen Flucht der alten Mauer lagen. Für einen endgültigen Beweis, daß die Quader tatsächlich von der alten Stadtmauer stammen, ist der Befund allerdings zu gering. Er kann aber als ein mögliches Indiz gewertet werden.

Der nächste festgestellte Horizont stimmt mit dem Bauhorizont der ersten Basilika überein. Zu ihm gehören zwei Fundamentzüge (3,4). Südlich, parallel zu einem dieser Mauerzüge (3), lagen die Reste eines 6,70 m langen Ofens (5) (Abb. 68–70).

Der ehemalige Ofen wird durch das heutige Domfundament geschnitten und war deshalb nur noch mit einer Breite von 2–3 m erhalten. Er war etwa 2 m ins Erdreich eingelassen, die nicht mehr erhaltene Gicht ragte ursprünglich aus dem Erdreich heraus. Die Wände der Brennkammer waren mit einer doppelten Lage von Ziegelsteinen des Formates 33–34/16/6,5 cm (Binder) aufgeführt. So konnte sie innen bei Bedarf leichter ausgebessert werden. Zum 4,30 x > 2 m großen Brennraum war die Ziegelmauer mit Bindern im regelmäßigen Verband aufgeführt. Die Oberfläche dieser inneren Wand war stark gesintert und verglast. Die äußere Ziegelschale war

[150] Siehe hierzu auch den ersten Vorbericht: Behrer, Christian, Archäologische Untersuchungen in der Sakristei der Münchner Frauenkirche – Ein Zwischenbericht. Das Münster, Heft 2/99 (Regensburg 1999) 186–187. – Ders., »Und ... man kalchs bey der stat geprennt hat...« Untersuchungen in der Sakristei der Münchner Frauenkirche. AJB 1999 (Stuttgart 2000) 130–132.

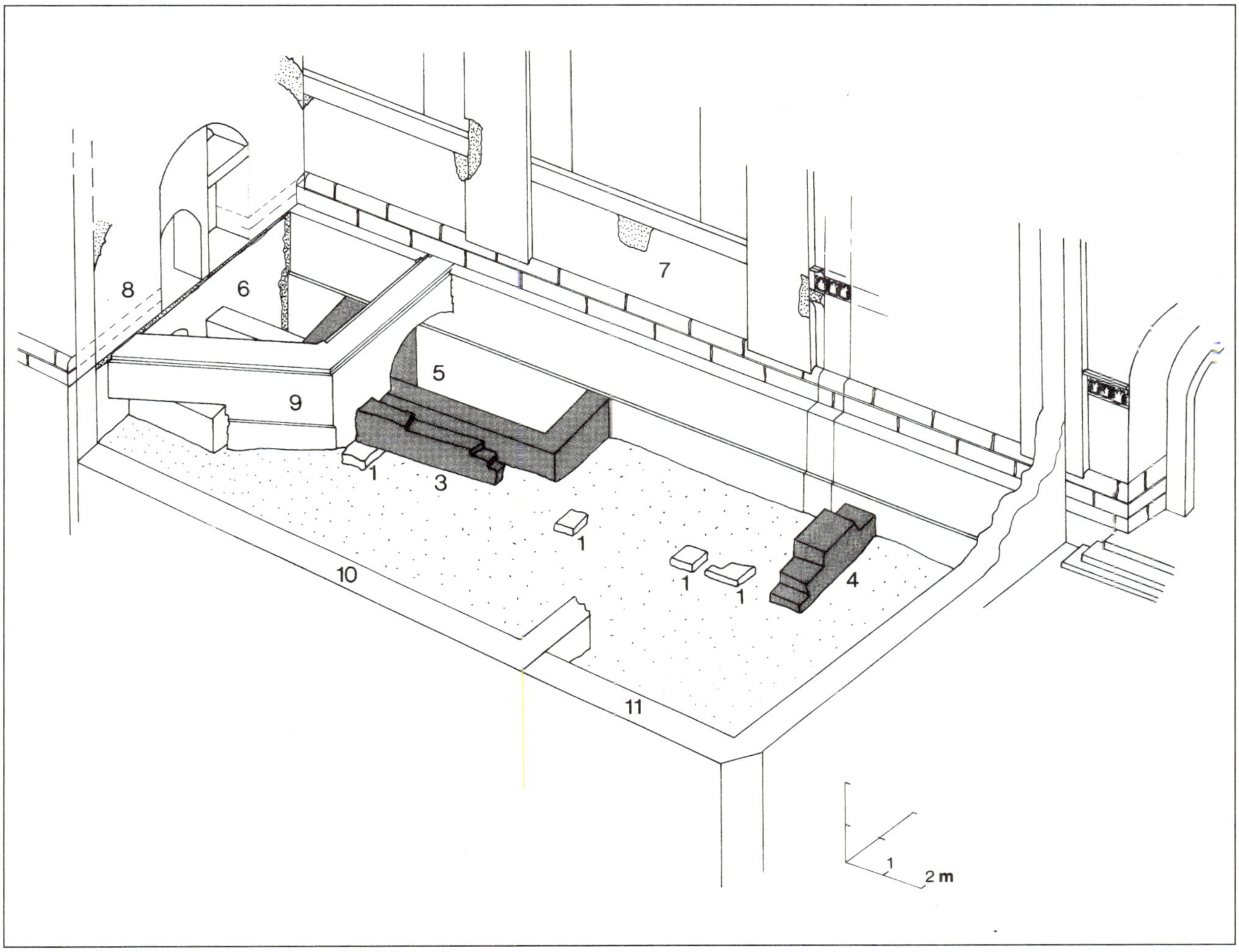

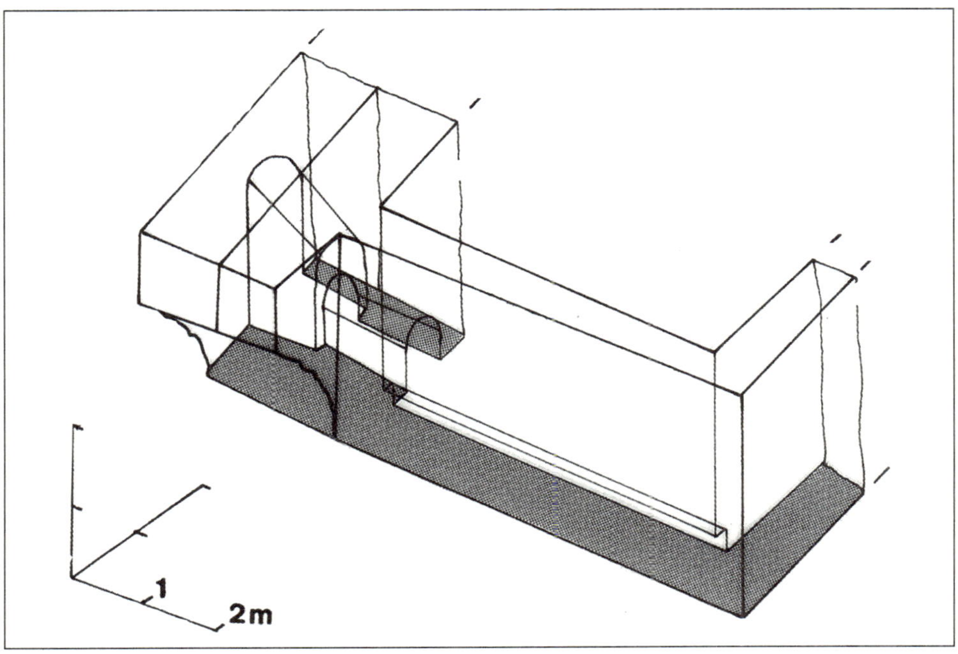

Abb. 67: München, Frauen-kirche. Isometrische Dar-stellung der Ergebnisse der Grabung 1999/2000 in der nördlichen Sakristei.
1: Tuffquadersetzung;
grau: älteste Befunde 3–5.

Abb. 68: München, Frauen kirche. Isometrische Dar-stellung des Brennofens (5 unter der Sakristei.

Abb. 69: München, Frauenkirche. Der Brennofen unter der Sakristei, Blick von Westen in den Brennofen. Im Hintergrund das Schürloch und die vorgelagerte Schürkammer.

gegen das Erdreich gesetzt. Zwischen dieser Ziegelschale und dem Erdreich befand sich eine etwa 10–20 cm starke Lehmschicht. In der Brennkammer sprang die Mauer etwa 60 cm über dem Boden 15 cm zurück und bildete die sogenannte Bank, auf der die zu brennenden Kalksteine geschichtet wurden.

In der Ostwand des Ofens befand sich das Schürloch mit vorgelagerter Schürkammer. Die Schürkammer bildete eine eigenständige vorgeblendete Schalenmauer. Sie bestand aus einer Ziegelschale mit Ziegeln des Formates 33/15–16/ 6–6,5 cm und einem Füllmauerwerk aus Mörtel und schichtweise etwas schräg gelagerten größeren Kieselsteinen, sogenannten Bachkatzen. Die Konstruktion dieses Mauerwerkes entspricht der der ältesten festgestellten Stadtmauerteile. Die Schürkammer selbst war 1,80 m hoch und 1,30 m breit. Sie verjüngte sich nach innen leicht auf eine Breite von 1,20 m und einer Höhe von 1,40 m. Der sauber gemauerte Bogen lief konisch nach innen auf das Schürloch zu. An der Außenseite dieser Ostwand fanden sich noch große Reste von hellgrauem, grobem Putz. Im Süden war sie ursprünglich gegen eine nicht mehr vorhandene Schalung gemauert, was deutlich an Abdrücken von Holzbohlen im überquellenden Mörtel zu erkennen war. Der Raum zwischen Mauer und anstehendem Erdreich war im Originalzustand aufgefüllt.

Das Schürloch diente nicht nur zum Einbringen des Brennmaterials, sondern auch der Zufuhr der zum Brennvorgang nötigen Luft. Die konische Form der vorgelagerten Schürkammer sollte die Luftzufuhr noch verbessern. Um die notwendige Tiefe für die Schürkammer zu schaffen, war der Ostwand eine weitere Schalenmauer vorgeblendet. Sie bestand aus einer Ziegelschale mit Füllmauerwerk aus sich abwechselnden Lagen von Rollsteinen und Mörtel.

Eine dicke Schicht gebrannten Kalkes am Boden des Ofens deutet auf die ursprüngliche Verwendung als Kalkbrennofen hin.

Technisch handelte es sich bei dem unter der Sakristei aufgefundenen Ofen um einen sogenannten Schürofen. Er ist in Anlehnung an das Bauprinzip des römischen Kalkofens entstanden und wurde mit Holz- oder Strauchwerk befeuert. Die Öfen wurden ganz oder teilweise ins Erdreich eingelassen, die Gicht ragte aus dem Erdreich heraus. Normalerweise waren die Öfen rund oder quadratisch. Die hier gewählte, offensichtlich längliche Form läßt deshalb an eine Mulitfunktionalität z.B. als Kalk- und Ziegelbrennofen denken.

Die Größe dieser Öfen variierte je nach den Fertigkeiten der Kalksteingewölbesetzer. Der Brennschacht wurde meist aus Sandsteinen oder Grauwacken errichtet, in unserem Fall allerdings aus einer zweischaligen Ziegelmauer. So konnte die innere Wand bei Bedarf ausgewechselt oder ausge-

Abb. 70: München, Frauenkirche. Schürkammer und -loch des Brennofens unter der Sakristei.

bessert werden. Damit der Wind das Feuer im Brennschacht nicht einseitig hochtrieb, waren vor den Schürlöchern vielfach Schutzdächer angebracht.

In der Brennkammer wurden auf einem seitlich verlaufenden Mauervorsprung – der bereits beschriebenen »Bank« von etwa 20 cm Breite – gewölbeförmig die zu brennenden Kalksteine geschichtet, der darunter entstehende Hohlraum konnte dann mit Brennstoff beaufschlagt werden. Der Ofen mußte mitunter mehrere Tage brennen, bis der Kalkstein vollständig durchgebrannt war. Danach ließ man den Ofen abkühlen und zog anschließend den gebrannten Kalk aus dem Ofen heraus. Von diesem Arbeitsvorgang zeugte noch eine in der Mitte entstandene leichte Senke, zu deren beiden Seiten sich etwa 10–15 cm dick Reste von gebranntem Kalk befanden. Den so gewonnenen gebrannten Kalk trennte man dann mit Hilfe eines Siebes von Verunreinigungen und unvollständig durchgebrannten Kalksteinen, um ihn dann langsam mit Wasser abzulöschen. Die so gewonnene Masse konnte zur Herstellung von Mörtel weiterverarbeitet werden.

Zu den weiteren Befunden und Funden dieser Grabung zählen einige Mauerreste von Grüften, sowie Bruchstücke reich verzierter Grabplatten aus dem 15. Jahrhundert, letzte Zeugen des sich zur Zeit der ersten Basilika auf dem gesamten Bereich der heutigen Sakristei erstreckenden Friedhofs.

Aus der Zeit des Dombaues 1468–94 stammen die nördliche Domwand mit ihrem getreppten Fundament (7) und eine erste, nördlich an den Chor angebaute Sakristei (8). Ein kleiner Vorbau dazu entstand im 16. Jahrhundert (9). 1576, anläßlich der Erwerbung der Reliquien des hl. Benno von Meissen, wurde dann nicht nur der Bennobogen im Kircheninnern errichtet, sondern auch westlich an die ältere gotische eine größere Sakristei angebaut (10). Diese Erweiterung reichte aber zunächst nur über 14 m der Außenfassade. Erst zu einem späteren Zeitpunkt entstand der heutige nach Westen abschließende, direkt neben dem östlichen Nordportal gelegene Eingangsbereich (11). Eine Datierung dieser letzten Baumaßnahme muß derzeit noch offen bleiben.

Datierung des Ofens

Westlich des Ofens hat sich eine deutliche Baugrube erhalten. Sie ist in den ersten Kulturhorizont eingetieft und weist neben Ziegelbröckchen Funde aus dem 13. Jahrhundert auf. Dies und die Tatsache, daß Mörtelzusammensetzung und Ziegelformate des Ofens mit denen der anderen beiden Fundamente übereinstimmen, sprechen dafür, daß der Ofen mit der angrenzenden Mauer und einem weiteren Gebäude für den Bau der ersten romanischen Basilika um 1255–70 errichtet worden ist. Eine exaktere Datierung durch die Funde ist derzeit nicht möglich. Eine von Herrn Becker vom Bayerischen Landesamt für Denkmalpflege durchgeführte geomagnetische Untersuchung des Ofens, mittels der der Zeitpunkt des letzten Brandes bestimmt werden kann, wird hierzu möglicherweise genauere Ergebnisse liefern. Die Ergebnisse der Untersuchung liegen noch nicht vor.

Historisches

Über das Kalkbrennen und den Handel mit Kalk in München im Mittelalter erfahren wir aus den Quellen nur sehr wenig. Im Stadtrechtsbuch, das um 1365 vollendet wurde, sind einige Absätze diesem Baumaterial gewidmet[151]. So bestand für gebrannten Kalk in München ein generelles Ausfuhrverbot, sowie ein fünftägiger Stapelzwang für eingeführten Kalk. Das Kalkschmuggeln durch Flößer und das heimliche Brennen des Kalkes wurden unter hohe Strafen gestellt[152]. Daß die Kalksteine in München an der Isar gewonnen wurden, erfahren wir aus dem Artikel, in dem das Sammeln und Brennen von Steinen am Isarufer durch nichtzugelassene Kalkbrenner unter Strafe gestellt wird: »Man sol auch fuerbas ueberall auf dem griezz pey der Yser zwischen der wuerm und der Yserprugk chainen stain chlauben noch rechen ze kalch noch zu den padoffen; dem richter 1 lb dn, der stat 2 lb dn«.

Des weiteren wurde eine allmonatliche Kontrolle angeordnet derjeniger, die mit Kalk umgehen und Ziegel herstellen (534 Art. 255), was sehr deutlich den hohen Stellenwert zeigt, den Kalk im mittelalterlichen München gehabt hat.

Daß an der Dombaustelle ein eigener Brennofen installiert wurde, obwohl die Kalköfen an der Isar sicherlich genügend Kalk liefern konnten, war bei großen Kirchenbauten durchaus üblich, ebenso wie sich üblicherweise auch andere Werkstätten in der direkten Umgebung einer Kirchenbaustelle ansiedelten. Hierunter befanden sich nicht nur Steinmetzbetriebe, sondern auch Schmieden, Buntmetall verarbeitende Betriebe, Glockengußanlagen und eben auch Kalkbrennöfen für die Herstellung des Mörtels. Auffallend ist aber die ungewöhnliche Größe der Anlage.

4.2.3. Ein merkwürdiger Turm auf der Schedelschen Stadtansicht von 1493

Die älteste erhaltene Ansicht von München zeigt die Stadt von Osten. Sie befindet sich im »Liber chronicarum de temporibus mundi« des Nürnberger Arztes Hartmann Schedel, eher bekannt als Schedelsche Weltchronik. Sie

[151] Pius Dirr, Denkmäler des Münchner Stadtrechts 1. Bd (München 1934) 477.

[152] »[599] Und swaz man kalchs pey der stat geprennt hat oder noch da prennet, den sol man nicht von hinnen fueren, oder dem richter 12 dn, der stat 24 dn von iedem mutt. Und swas kalchs die gest her pringent, den suellen sie hie vail haben uentz an den fuemften tag, und darnach fuerent si iren kalch von hinnen, ob sy wellent. Dem richter 12 dn, der stat 24 dn vi iedem mutt. Und swelcher flozman verpoten kalch von der stat fuert, der geit die vodern puzz.«

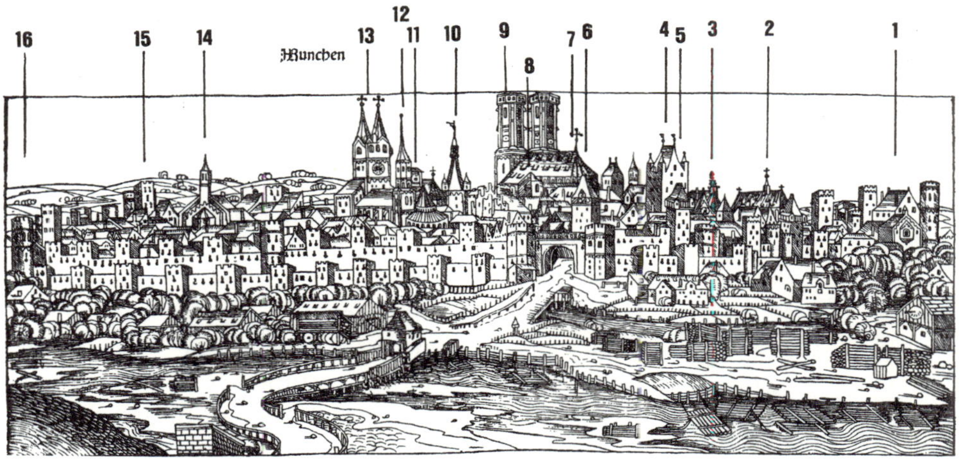

Abb. 71: Ansicht Münchens von Osten. Holzschnitt aus der »Weltchronik« von Hartmann Schedel, Nürnberg 1493.

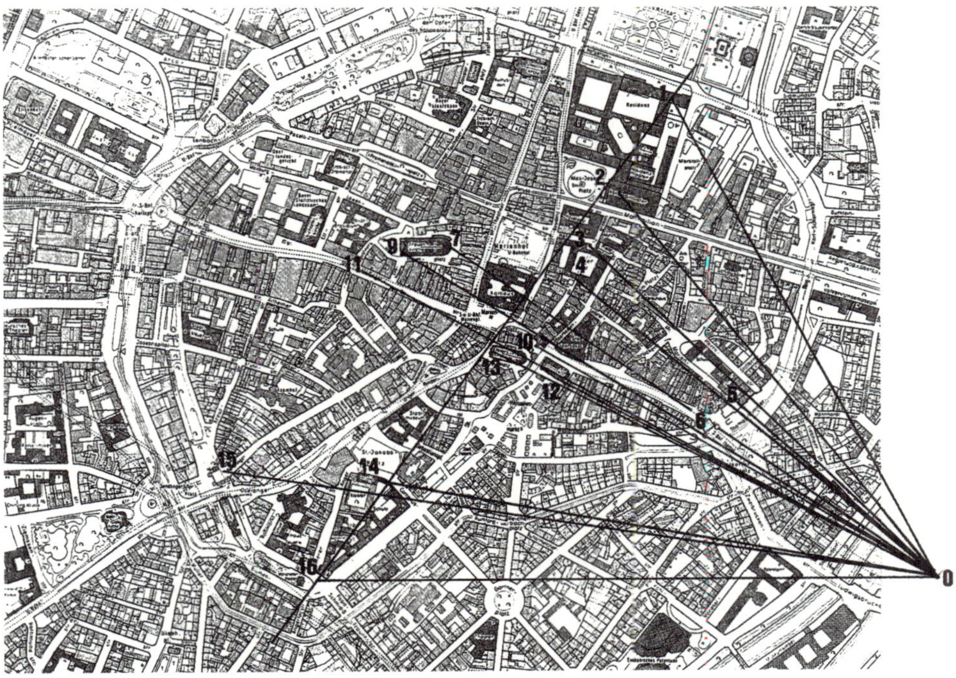

Abb. 72: München, Frauenkirche. Rekonstruktion des Standortes anhand der Fluchtlinien und Standortbestimmung des Turmes vor der Frauenkirche auf dem Katasterplan von 1997. 1: nördlichste Ecke der Neuveste. 2: Franziskanerkloster. 3: St. Lorenzkirche. 4: Südturm des Alten Hofes. 5: Lug ins Land. 6: Isartor. 7: Dachspitze des Chores der Frauenkirche. 8: bisher nicht identifizierter Turm 9: südlicher Turm der Frauenkirche. 10: Rathausturm. 11: Schöner Turm. 12: Heilig Geistkirche. 13 St. Peter. 14: Jakobskirche. 15: Sendlingertor. 16: Angertor.

erschien 1493 in lateinischer und deutscher Sprache. Die Holzschnitte wurden vom Nürnberger Meister Wilhelm Pleydenwurff und Michael Wolgemut angefertigt[153]. Wolgemut war um 1470 in München bei Gabriel Mäleßkirchner tätig, bevor er nach Nürnberg kam und dort Albrecht Dürers Lehrmeister wurde. Es ist anzunehmen, daß er in dieser Zeit die Vorlage für den Holzschnitt direkt vor Ort zeichnete, denn die Abbildung der Stadt München aus dem späten 15. Jahrhundert ist von erstaunlicher Präzision und eine der detailliertesten ihrer Art. Daß Wolgemut die Stadt durch seinen

[153] Rücker, Elisabeth, Die Schedelsche Weltchronik. (München 1973). – Die Türme scheinen portraitartig wiedergegeben zu sein, die Wohnhäuser dagegen nur schematisch. – Schramm, Albert, Der Bilderschmuck der Frühdrucke. (Leipzig 1934) Abb. 479. – Ramseger, Ingeborg, Die Städtebilder der Schedelschen Weltchronik. Ihre geistigen und künstlerischen Voraussetzungen. Ein Beitrag zur Entwicklung der Stadtvedute. Phil. Diss. (Berlin 1943) Maschinen Schrift.

Abb. 73: Der bisher nicht identifizierte Turm auf cer Schedelschen Chronik direkt südlich vor der Frauenkirche.

Aufenthalt gut kannte, zeigen einige verblüffende Details auf der Ansicht. So besaßen die Türme der Frauenkirche nur fast 30 Jahre lang, nämlich zwischen 1488 und 1525, ihren auf dem Holzschnitt festgehaltenen provisorischen Abschluß (Abb. 73). Auch andere markante, aus der Silhouette Münchens herausragende Gebäude sind auf die gleiche präzise Weise dargestellt. Noch der Vergleich mit dem fast 80–100 Jahre später entstandenen Holzmodell von Sandtner, macht die Genauigkeit des Holzschnitts deutlich, auch wenn inzwischen neue Gebäude hinzugekommen sind, alte abgerissen wurden. In vielen Details stimmen jedoch beide Ansichten noch immer überein.

Ohne Zweifel stand der Betrachter auf der Anhöhe des östlichen Isarhochufers auf Höhe des heutigen Gasteigs. Von dort hat man auch heute noch einen umfassenden Blick auf München. Viele Maler wählten diese Ansicht, so wohl auch Wolgemut[154]. Hinweise auf den Standort des Malers, aber auch auf die Genauigkeit seiner Darstellung, gibt der Schnittpunkt der Fluchtlinien, der sich ergibt, wenn man die Positionen der einzelnen sichtbaren Türme auf den heutigen Stadtplan überträgt (Abb. 71 und 72). Der Schnittpunkt der Sichtlinien liegt im Gebiet des heutigen Kulturzentrums Gasteig. Diese von Rücker festgestellte Zuverlässigkeit der Schedelschen Ansicht von München aus den Jahren des Dombaues berechtigt zur Hinterfragung von Baulichkeiten, die Wolgemut gezeichnet hat, deren Nachweis aber heute nicht gelingen mag. So irritiert vor allem ein leicht südwestlich des Südportals der Frauenkirche stehender Turm mit einem altertümlich wirkenden, gegenüber den umliegenden Dächern etwas flacheren Zeltdach mit jeweils einer Rundbogenöffnung auf den beiden sichtbaren Seiten (Abb. 73). Schon Schneider wies auf diesen Turm an der Frauenkirche hin und hielt ihn und die von Nagler und Mayer beschriebenen Fundamentreste für Überreste der alten Kapelle, die sich vor Errichtung der romanischen Basilika auf dem heutigen Frauenplatz befand. Weiter vermutet Schneider, daß diese Kapelle später dem Hl. Michael als Friedhofskapelle geweiht wurde und so noch längere Zeit existierte[155].

Von der Lage her könnte der altertümlich anmutende Turm auf der Schedelschen Abbildung in Verbindung stehen mit dem von Nagler beobachteten Mauerzug südlich der Frauenkirche (siehe Forschungsgeschichte). Ob es sich bei den beschriebenen Mauerresten aber um eine Kirche gehandelt hat, ist nicht mehr nachprüfbar. Der Turm könnte ebenso Teil eines Profanbaus, z.B. eines Patrizierhauses gewesen sein, wie auch ein alleinstehender Kampanile der unter der Basilika festgestellten Kapelle, den man als Bau- und Lastenaufzug beim Bau der romanischen und später der gotischen

[154] Vgl. auch die Ansicht von Friedrich Bernhard Werner um 1730 (StadtAM Inv.Nr. M I/951) und die Ansicht von Bernardo Bellotto (Canaletto), der München aus der gleichen Perspektive sieht, wie sie Schedel zeigt (MüStadtMu Inv.Nr. M I/1265).

[155] Schneider, Gustav, Der Werdegang des ältesten Münchner Stadtkernes. OA 112 (1988) 191 und Anm. 25.

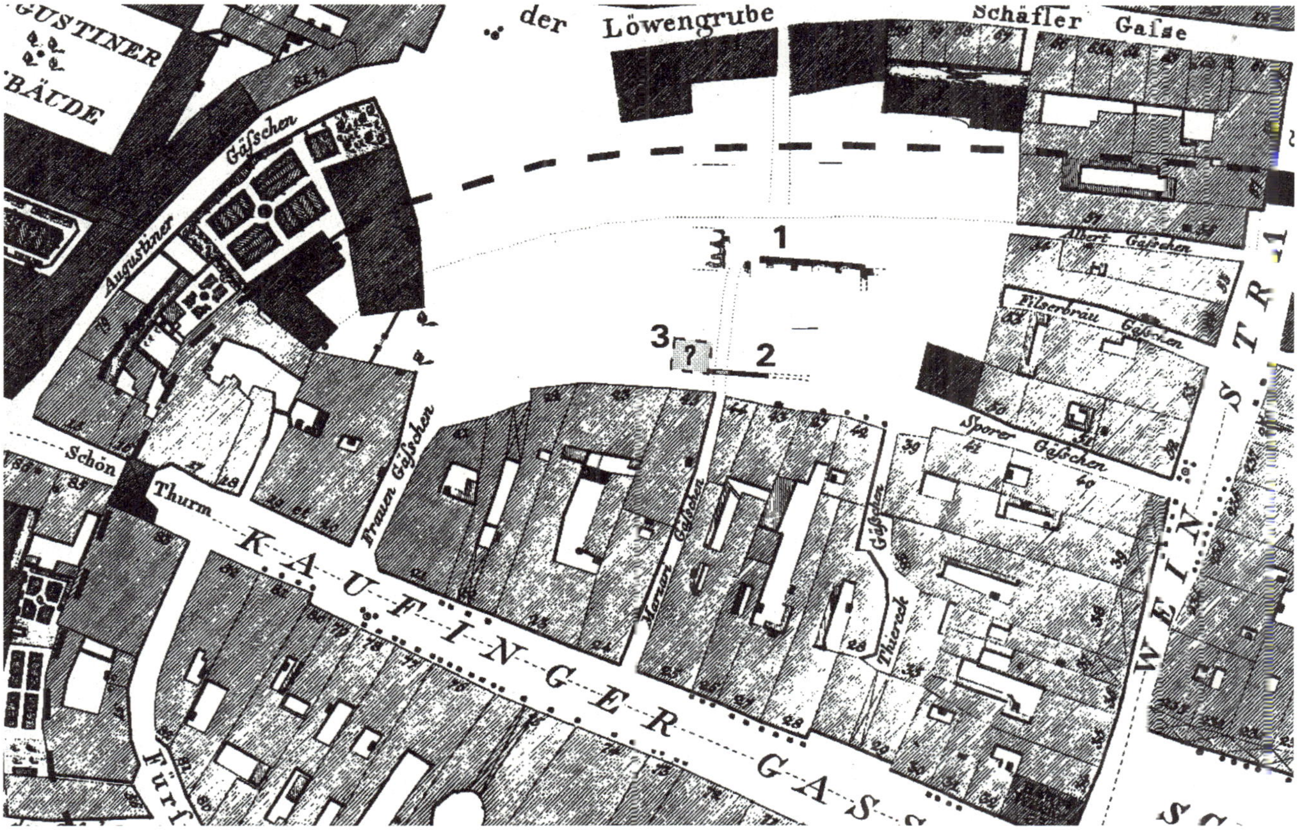

Abb. 74: Die ältesten Befunde unter der Frauenkirche (1), Rekonstruktion der Naglerschen Befunde (2) und angenommener Standort des Turmes (3).

Abb. 75: Der Eselsturm an der Nordseite des Regensburger Domes. Er stammt vom Vorgängerbau und diente als Lastenaufzug für den Bau des gotischen Domes.

Frauenkirche weiterverwendete und erst später abbrach. Letzteres kann man bei vielen mittelalterlichen Kirchen beobachten, so z.B. beim Dom zu Regensburg (Abb. 75)[156]. Hier fand der Nordturm der Vorgängerkirche als

[156] Hubel, Achim/Kurmann, Peter, Der Regensburger Dom. (München-Zürich 1989).

Lastenaufzug/-turm Verwendung und wurde, anders als in vielen Städten, nicht mehr abgebrochen. Eindeutig falsch ist Schneiders Vermutung, daß dieser Turm mit dem »Öden Turm« gleichzusetzen sei. Diese Bezeichnung trug vielmehr der Nordturm der alten Frauenkirche, in dem keine Glocken hingen, der also leer – »öde« – war[157].

Für die weitere Zukunft ergibt sich aus diesen Beobachtungen und vorsichtigen Schlußfolgerungen der Hinweis auf weitere Untersuchungsmöglichkeiten im südlichen Bereich der Frauenkirche.

4.3. Stadtbefestigung

4.3.1. Die erste Stadtmauer

Der Grundriß der ersten Siedlung »Munichen« im 12. Jahrhundert zeichnet sich noch heute im Stadtbild als ovaler Kernbereich ab (Abb. 76 und 170). Noch deutlicher hebt er sich auf dem Holzmodell der Stadt München aus der Zeit 1570–72 heraus. Nachgezeichnet wird er von der Bebauung (Abb. 175) und einem auf älteren Ansichten noch gut zu verfolgenden Wasserlauf. Dieser Wasserlauf, Überrest des alten Stadtgrabens, wurde vom sogenannten großen Angerbach gespeist, der, von Süden kommend, im Rosental auf den Graben traf. Er umschloß die gesamte ältere Stadt und floß im Norden über den Pfisterbach wieder dem breiten Bett der Isar zu. Er hat sich, kanalisiert und zum größten Teil unterirdisch in Röhren gefaßt, bis weit in unser Jahrhundert erhalten. In den schriftlichen Quellen tauchen mehrere Anwesen mit der Bezeichnung »auf dem Graben« auf, die sich entlang dieses dann schon überbauten Wasserlaufs um die alte Stadt herumzogen. Sie beschreiben in ihrem Verlauf den Graben, wie auch wohl den Verlauf einer dazugehörigen Stadtmauer[158].

Im folgenden sollen nun, nach einem kurzen Überblick über Quellenlage und Forschungsgeschichte, die vorliegenden schriftlichen und bildlichen Quellen, alte Beobachtungen und archäologische Ausgrabungsergebnisse miteinander verknüpft werden, um so in einigen Bereichen ein fundierteres Bild über Art, Bauweise und möglicherweise auch die Datierung dieser ältesten nachweisbaren Befestigung zu gewinnen.

Quellen und Forschungsgeschichte – Die schriftlichen Quellen

Um 1158 setzen für München die ersten schriftlichen Quellen ein. Von welchem Zeitpunkt an München eine befestigte, mauerumwehrte Stadt war, geht aus diesen Quellen allerdings nur sehr bedingt hervor. Einziger Anhaltspunkt ist, daß die neugegründete Ansiedlung schon bald mit den verschiedensten gewichtigen Bezeichnungen belegt wird: Am 11. März 1209 z.B. wird in einer Kaiserurkunde Otto IV. der Begriff »burgus« (»in burgo Monacum appelato«) für die Stadt verwendet, 1262 finden wir in einer Urkunde Papst Urban IV. die Erwähnung Münchens als »civitas«, auch »vil-

[157] Stahleder, Hausnamen, 610 f.

[158] Stahleder, Helmuth, Stadtplanung und Stadtentwicklung Münchens im Mittelalter. OA 119 (1995) 237–283.

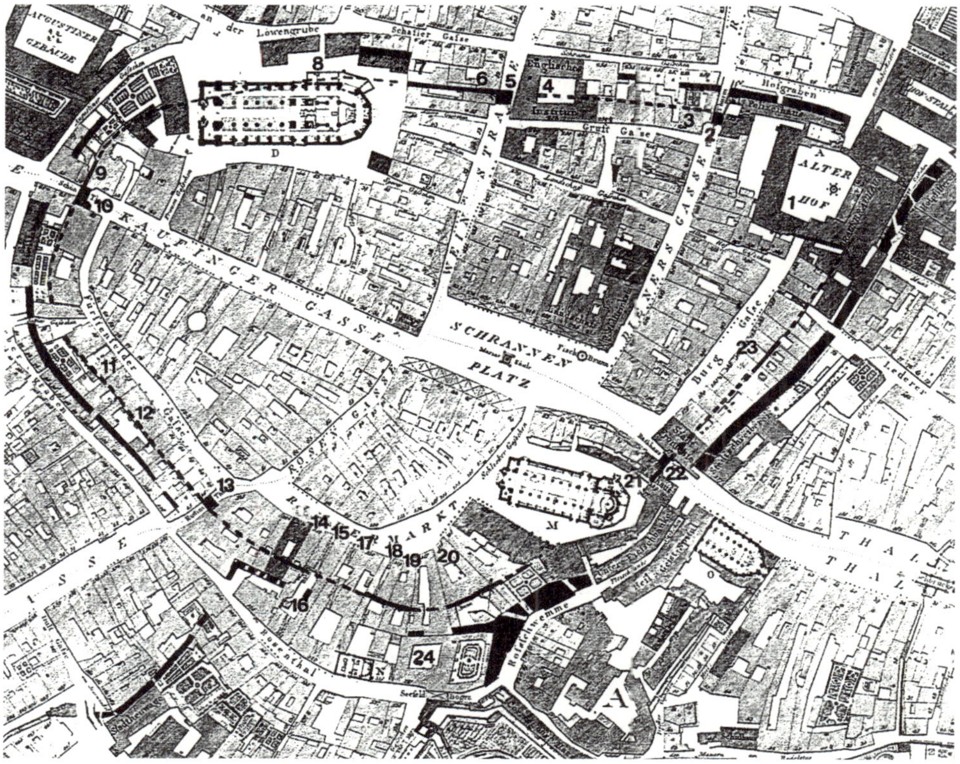

Abb. 76: Verlauf der ältesten nachgewiesenen Stadtbefestigung (Stadtmauer mit vorgelagertem Stadtbach) auf dem Katasterplan von 1806.
1: Alter Hof.
2: Larosée-/Polizeiturm.
3: Dienerstraße 11.
4: Weinstraße 13/Marienhof.
5: Wilprechtsturm.
6: Weinstraße 10/11.
7: Frauenplatz 11/12.
8: Domsakristei.
9: Kaufingerstraße 20/21.
10: Schöner Turm.
11: Fürstenfelderstraße 16.
12: Fürstenfelderstraße 14.
13: Blauententurm/Pütrichturm.
14: Rindermarkt 9.
15: Rindermarkt 8.
16: Löwenturm.
17: Rindermarkt 7.
18: Rindermarkt 6.
19: Rindermarkt 5.
20: Rindermarkt 3.
21: Altes Rathaus.
22: Rathausturm.
23: Burgstraße 4.
24: Rosental 7.
25: Kaltenbachtor.

la« wird im Zusammenhang mit München verwendet. So bedeutsam diese Namen aber auch klingen, so wenig sind sie angesichts der unterschiedlichen Deutungen, die sie in der Literatur erfahren, geeignet, schlüssige Hinweise auf Befestigung, Größe oder Bebauung zu geben[159]. Immerhin aber läßt sich festhalten, daß sich spätestens ab 1209 eine »Aufwertung« des

[159] Durch unterschiedlichen Gebrauch von Termini wie civitas, burgus und forum wurden die einzelnen Wortbedeutungen verwischt, gerade im 12. und 13. Jahrhundert, als sich die deutsche Sprache auf eine allgemein gebräuchliche Form zubewegte. Eine eindeutige Begriffszuweisung auf einen bestimmten Siedlungstyp ist nicht möglich. Siehe hierzu: Schlesinger, Walter, Burg und Stadt. In: Aus Verfassungs- und Landesgeschichte. Festschrift zum 70. Geburtstag von Theodor Mayer, Band 1 (1954) 97–150. Neudruck in: Beiträge zur deutschen Verfassungsgeschichte des Mittelalters, Bd. 2: Städte und Territorien (1963) 92–148 mit Nachtrag 263–265. – Schlesinger, Walter, Stadt und Burg im Lichte der Wortgeschichte. In: Studium Generale 16 (o.O. 1963) 433–444. – Köbler, Gerhard, »Civitas« und »vicus«, »burg«, »stat«, »dorf« und »wik«. In: Jankuhn, Herbert (Hrsg.), Vor- und Frühformen der europäischen Stadt im Mittelalter, Teil I. – Schlesinger, Walter/Steuer, Heiko, Abhandlungen der Akademie der Wissenschaften in Göttingen, Phil.-Hist. Kl., 3. Folge, 83 [1] (2. Aufl. 1975), 61, 76. – Ennen, Edith, Die Forschungsproblematik Bürger und Stadt – von der Terminologie her gesehen. In: Fleckenstein, Josef/Stackmann, Karl, Über Bürger, Stadt und städtische Literatur im Spätmittelalter. Bericht über Kolloquien der Kommission zur Erforschung der Kultur des Spätmittelalters 1975–1977. Abhandlungen der Akademie der Wissenschaften in Göttingen, Phil.-Hist. Kl., 3. Folge, 121 (Göttingen 1980) 9–26. – Schmidt-Wiegand, Ruth, Burgensis/Bürger. Zur Geschichte von Wort und Begriff nach Quellen des ostmitteldeutschen Raumes. Abhandlungen der Akademie der Wissenschaften in Göttingen, Phil.-Hist. Kl., 3. Folge, 121, (1980) 106–126. – Hundsbichler, Helmut, Stadtbegriff, Stadtbild und Stadtleben nach ausländischen Berichterstattern über Österreich. In: Das Leben in der Stadt des Spätmittelalters. Sitzungsberichte der Österreichischen Akademie der Wissenschaften, Phil.-Hist. Kl., 3. Folge, 25 (2. Aufl. 1980) 111–133. – Schmid, Alois, Die Anfänge der Stadt Vohburg. ZBLG 60 (1997) 517 f.

Ortes durch diese Begriffe in den Quellen ausdrückt. Mit der gebotenen Vorsicht kann man deshalb wohl von einer umwehrten Siedlung mit städtischem Charakter ausgehen. Ein eindeutiger Beweis für die Existenz einer Stadtbefestigung aus Stein zu diesem frühen Zeitpunkt ist es allerdings nicht.

Der einzige Hinweis auf eine frühe steinerne Befestigung ist der schon im Zusammenhang mit dem Alten Hof erwähnte Ortolf, der 1173/74 »der Mauer vorsteht« (»qui praeest muro«)[160]. Lipowsky[161] und Riezler halten ihn für einen Festungs- oder Stadtkommandanten, Arnold und Nagler[162] eher für einen »Ingenieuroffizier vom Platze«, den »Chef der Festungsbaudirektion München«. Nach den Quellenlagen muß dieser Mann mit einem Ortolf von Peißenberg in Verbindung gebracht werden. Er entstammte der welfischen Ministerialität und wird etwa von 1140 bis 1170/75 in verschiedenen Quellen erwähnt[163]. Somit scheint er wohl auch im Dienste des Welfenherzogs gestanden zu haben, verantwortlich nicht nur für die Befestigung, sondern wohl auch für eine Schutzmannschaft. Mit diesem Ortolf wird in der Literatur der erste Mauerring in Verbindung gebracht, die erste Stadtbefestigung damit auch in das späte 12. Jahrhundert datiert.

Mit der Erwähnung des westlichen Stadttores 1239 mit einem »Cunradus iuxta portam superiorem« (Konrad bei dem oberem Tore) wird erstmals auch ein Tor genannt (der spätere Kaufingerturm oder Schöne Turm)[164]. Ein »Oberes Tor« setzt natürlich ein unteres Tor als Pendant voraus, das auch 1301 als »porta inferior« in einer Urkunde auftaucht. Es handelt sich um das östliche, neben dem alten Rathaus gelegene Talburg- oder Talbrucktor[165]. Die beiden Tore sind allerdings nicht unbedingt ein Beweis für eine steinerne Stadtmauer. Wie Ausgrabungen in Bad Neustadt a.d. Saale gezeigt haben, handelte es sich bei solch frühen Stadttoranlagen manchmal auch nur um einfache Holzkonstruktionen, die einen Durchlaß in einem Erdwall befestigten[166]. Immerhin läßt sich aber zu diesem Zeitpunkt aus den Quellen die Existenz einer Befestigung um den ältesten Stadtkern erschließen.

1289 wird schließlich ein innerer Graben erwähnt[167]. Ein innerer Graben setzt nicht nur einen äußeren Graben voraus, sondern gibt auch einen wichtigen Hinweis auf die zu dieser Zeit bereits fortgeschrittene Stadterweiterung und den Bau der zweiten, in den Quellen weit besser gesicherten Mauer weiter draußen. Da auf dem Sandtner-Modell eindeutig Reste einer Mauer um den ältesten Stadtkern zu erkennen sind und diese Mauer sicherlich nicht mehr nach der großen Stadterweiterung erbaut worden ist, sondern eher nach und nach wieder aufgelassen wurde, kann man diese Erwähnung zumindest als ein Datum ante quem betrachten.

---

[160] Stahleder, Chronik, 14.
[161] Lipowski, Felix, Urgeschichte Münchens. I (München 1814) 91.
[162] Nagler, Georg Kasper, Beiträge zur älteren Topographie von München. OA 9, 2.Heft (1848) 211–218 und OA 12, 3.Heft (1850/51) 234–261.
[163] Maier, Stadt, besonders 117 f.
[164] Stahleder, Hausnamen 593 f.
[165] Stahleder, Chronik, 73.
[166] Mittelstrass, Tilman, Neustadium, oppidum Franconiae parum munitum – Stadtkerngrabung in Bad Neustadt a.d. Saale. AJB 1992 (Stuttgart 1993) 155–158.
[167] Dirr, Denkmäler, 38/39.

Mehr erfahren wir aus den schriftlichen Quellen nicht über die erste Stadtmauer. Mit der Fertigstellung der zweiten Stadtmauer etwa um 1300 wird der innere Mauerring überflüssig. Das Gelände der alten Befestigung wird zur Bebauung freigegeben, die neuen Anwesen tragen oft noch lange Zeit als Bezeichnung den Zusatz »auf dem Graben«.

Forschungsgeschichte

Zur frühen Befestigung gab es bis vor kurzem keine aussagekräftigen archäologische Grabungen. Viele Überlegungen zur ersten Stadtmauer hatten deshalb auch nur hypothetischen Charakter. Dennoch galt den Resten der Stadtbefestigung ebenso wie den ältesten Kirchen in München immer erhöhte Aufmerksamkeit. So datiert z.B. im Jahre 1880 Sigmund Riezler ausgehend von der oben angesprochenen Bebauungsstruktur und den noch an wenigen Stellen sichtbaren Resten einer mächtigen Mauer auf dem Sandtner-Modell eine erste Mauer aus Stein in die Frühzeit der Stadtgeschichte. Er schreibt dazu: »Der Flecken ward jedenfalls noch im 12. Jahrhundert ummauert«[168]. Riezlers Annahmen beruhen noch ausschließlich auf Schlußfolgerungen aus den oben vorgestellten schriftlichen und bildlichen Quellen. Nur wenige Jahre später wurden die Kenntnisse über die erste Stadtmauer durch einen glücklichen Zufall erweitert. Bei Umbauarbeiten im Bereich der Anwesen Weinstraße 10 und 11 im Jahre 1889 entdeckte der Kulturhistoriker und ehemalige Hauptmann Hugo Arnold Reste einer 2 m mächtigen Mauer, die er als die älteste Stadtmauer Münchens ansprach[169]. Seine Aufnahmen flossen kurze Zeit später in die erste zusammenfassende Abhandlung über die Befestigung Münchens des Generals Otto Kleemann ein[170]. 1914 beim Abriß großer Teile des Häuserblockes im Bereich Schäfflerstraße / Ecke Weinstraße konnte Oberstleutnant Karl Müller ebenso wie zuvor Arnold die mächtige Mauer noch einmal beobachten[171]. Den Aufzeichnungen Arnolds fügte er allerdings einige Berichtigungen hinzu. 1938 erschien ein längerer Aufsatz von Georg Gilardone, in dem er die bisher gemachten Beobachtungen mit eigenen Forschungen zusammenfaßte[172].

Nach den Zerstörungen des letzten Krieges setzte sich Dieter Oestreich in seiner Dissertation über die Entwicklung des Stadtgrundrisses von München mit dem Verlauf der ersten Stadtmauer auseinander[173]. Er konnte anhand der Unterlagen der Lokalbaukommission in Verbindung mit eigenen Beobachtungen viele wichtige Punkte der Stadtmauer belegen und nachweisen. Bauweise und Verlauf der ältesten Stadtmauer aus Ziegeln mit vorgelagertem Graben sind für ihn gesichert und gut nachvollziehbar. Sein

---

168 Riezler, Sigmund, Geschichte Bayerns I. (Gotha 1880–1914) 671.

169 Arnold, Hugo, Von der Leonischen Stadtmauer. Münchner Neueste Nachrichten, 16.02.1889, Nr. 62. – Ders., Beilage zur Allgemeinen Zeitung vom 29. Januar 1889, Nr. 29.

170 Kleemannn, Otto, Die Befestigung Alt-Münchens. Jahrbuch für Münchener Geschichte 1889–1890, 4. Jg. (Bamberg 1890) 215.

171 Müller, Karl, Von der ältesten Befestigung Münchens. Das Bayerland 23 (1911/12) 3–6 und 192/193. – Ders., München als befestigte Stadt. Das Bayerland 14 (1903) 507–509, 519–521, 531–533, 549–551, 555–557. – Ders., Münchner Neueste Nachrichten v. 8.5.1914.

172 Gilardone, Georg, Wälle und Mauern um München. Das Bayerland 46 (1935) 673–703.

173 Oestreich, Dieter, Die Entstehung des Stadtgrundrisses von München und seine Entwicklung bis zur Mitte des 13. Jahrhunderts. (Ungedr. Diss. München 1950) StadtAM Av.Bibl. 25626.

Datierungsvorschlag in das 12. Jahrhundert deckt sich mit der bisherigen Meinung, die sich seit Riezler nicht grundlegend verändert hat. 1950 versuchte Gustav Schneider erstmals eine genaue Rekonstruktion der ersten Stadtmauer[174]. Mit angenommenen 1400 m Länge und einer Höhe von 5 bis 6 m errechnet er einen Bedarf von 800 000 Ziegeln. Die Errichtung der Mauer setzt Schneider in der Zeit um 1250 an. Den in den Urkunden genannten Ortolf sieht er in Zusammenhang mit der Erbauung des Alten Hofes. Seit den 80er Jahren liegen nun auch erstmals zwei archäologische Untersuchungen vor: 1987 vom Marienhof hinter dem Rathaus anläßlich der damals noch geplanten Bebauung, 1995/96 aus dem Alten Hof anläßlich von Trockenlegungsmaßnahmen.

Die Befunde – Der Verlauf der Mauer

Der direkt hinter der Mauer gelegene Bereich war wahrscheinlich von jeglicher Bebauung ausgeschlossen[175], erst mit der Auflösung des inneren Mauergürtels konnten die Grundstücke bebaut werden. Sie waren fast alle im Besitz des Herzogs und wurden erst im Laufe des späten 13. Jahrhunderts verkauft. So ergab sich mit dem vorgelagerten Graben, der Mauer selber und dem rückwärtigen Bereich ein breiter wehrhafter Gürtel um die Stadt des hohen Mittelalters (Abb. 77). Im folgenden sollen nun vom Alten Hof ausgehend gegen den Uhrzeigersinn Befunde und Indizien vorgelegt werden, die den Verlauf dieses Gürtels und der ersten nachweisbaren Stadtmauer nachzeichnen. Die genannten Hausnummern und Straßennamen beziehen sich auf die Bezeichnungen, unter denen die entsprechenden Unterlagen bei der Lokalbaukommission verwahrt werden. Auf die heutige Situation wird, wenn nötig, jeweils kurz hingewiesen.

Alter Hof (Abb. 76,1)

Die Grabungen im Alten Hof förderten als einen Teil einer Umfassungsmauer im südlichen Gebäudetrakt eine massive Zweischalenmauer zu Tage. Nach der Untersuchung von Bohrkernen aus dem westlich anschließenden Burgstockgebäude und dem nördlich sich fortsetzenden Zwingerstock (dort konnte die Zweischalenmauer ebenfalls nachgewiesen werden), umgab sie mit aller Wahrscheinlichkeit das gesamte Areal der Herzogsburg[176]. Wie bereits ausgeführt, handelt es sich um eine etwa 1,80 m starke Mauer mit einer Schale aus Ziegelsteinen des Formates 30,5–31,5/14,5–15/7–8 cm und einem Füllmauerwerk aus in Lagen geschichteten Flußkieseln in Mörtel. Die einzelnen Kieslagen waren sorgfältig zu einem fischgrätartigen Muster

---

174 Schneider, Gustav, Der Werdegang des ältesten Münchner Stadtkernes. OA 112 (1988) 188.

175 Drei Indizien sprechen für diese Annahme: 1. Eine Anordnung Ludwig des Bayern, hinter der Mauer nicht zu bauen. Sie betrifft zwar die Mauer der zweiten Stadterweiterung, es ist aber sehr wahrscheinlich, daß es eine gleichlautende Anordnung auch für die erste Stadtmauer gab. 2. Der Verlauf der Straßen in immer dem gleichen Abstand zur Mauer, der sich bis heute erhalten hat. 3. Der allmähliche Verkauf der fast immer aus Grabenanteil und dem Grundstück bis zur dahinterliegenden Straße bestehenden Mauergrundstücke nach der Auflösung des inneren Mauergürtels um 1300. Siehe hierzu auch Stahleder, Stadtplanung.

176 Die baubegleitenden Untersuchungen im Bereich des Zwingerstockes und des westlichen Burgstockes werden im Jahr 2000/2001 vom Verfasser durchgeführt, eine abschließende Auswertung lag bei Drucklegung noch nicht vor.

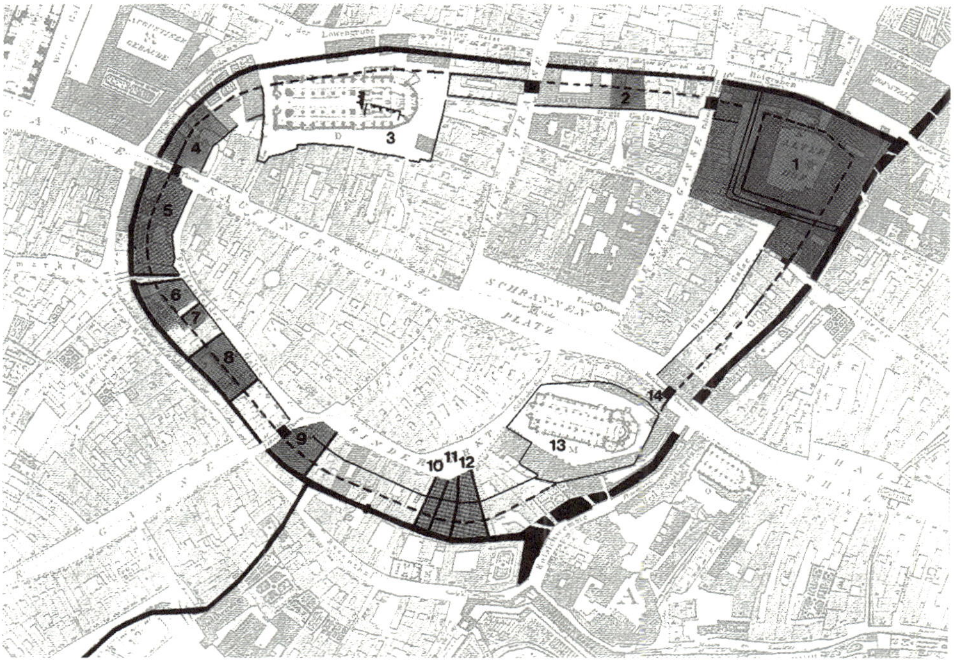

Abb. 77: Verlauf der ältesten Stadtmauer auf dem Katasterplan von 1806. Besitzverhältnisse im Bereich der ersten Stadtmauer. Gestrichelte Linie: Stadtmauer. Nach Stahleder.

zusammengefügt. Bei der Auswertung der Grabungen ergab sich, daß die Mauer bereits in der zweiten festgestellten Bauphase des Alten Hofes Bestand hatte. Das bedeutet, daß sie wahrscheinlich im späten 12. Jahrhundert errichtet wurde, wobei die früheste vertretbare Datierung etwa die Zeit um 1170/75 ist. Eine ähnlich kompakte Mauer ist auf der Grundrißzeichnung von E. Ade auch an der gesamten West-, Nord- und Ostseite des Alten Hofes zu verfolgen. An der West- und Ostseite verläuft sie als Außenmauer jeweils über die gesamte Länge des Alten Hofes, im Norden als Südwand der Lorenzkirche mit einer geringen Unterbrechung in Höhe der dort eingezeichneten Durchfahrt ebenfalls über die gesamte Breite der Burganlage (Abb. 17, siehe auch Abb. 41). Auch Gustav Schneider dokumentiert in seiner Umzeichnung für das Häuserbuch (Abb. 16) und seinen Beobachtungen während des letzten Krieges südlich der ehemaligen Lorenzkirche eine »auffallend starke Mauer« von 1,80–2 m Dicke (Abb. 177, die Mauer ist mit »d« bezeichnet). Es dürfte sich in beiden Fällen um die Überreste der alten Wehrmauer handeln. Daß die alte Wehrmauer im Norden des Alten Hofes südlich der 1816 abgerissenen Lorenzkirche verlief, ist schließlich auch auf einer Zeichnung von Domenico Quaglio aus dem Jahr 1806 zu erkennen (Abb. 13). An der westlichen Außenwand des Alten Hofs konnte bei Abbrucharbeiten 1964 noch die zweischalige Mauer freigelegt werden[177].

Die Frage, ob der Herzoghof bereits von Anfang an in die erste Stadtbefestigung eingebunden war, Wehrmauer und Stadtmauer also in einem Zuge errichtet wurden, läßt sich zum einen aus den anschließenden Mauerfluchten positiv beantworten: Sowohl die östliche, als auch die nördliche Wehrmauer der Burg liegen klar in der Flucht festgestellter Stadtmauerreste (siehe unten) (Abb. 41). Zum anderen aber zeigen die praktisch identische

[177] Burmeister, Enno (Hrsg.), Die Baugeschichtliche Entwicklung des Alten Hofes in München (München 1999) Abb. 73.

Bauweise und Stärke des im Alten Hof gefundenen Mauerstücks und der im übrigen Stadtbereich freigelegten Stadtmauerreste ihre Zusammengehörigkeit und Zeitgleichheit.

Die bei Stahleder angesprochenen Besitzverhältnisse des Geländes vor und hinter der alten Stadtmauer haben am Alten Hof eine interessante Parallele, denn zum Gebiet des Alten Hofes gehörten ursprünglich nicht nur der Hof mit seiner Randhausbebauung, sondern offenbar auch von Anbeginn an die angrenzenden Bereiche zur Dienergasse im Westen und zur Altenhofgasse im Süden, also das Gelände, das den Graben um den Herzogsitz nachzeichnet. So war, wie aus den Quellen hervorgeht, die Ostseite der Burgstraße bis zum Schlichtingerbogen, Burgstraße 8–10, am 20. und 21. Oktober 1342 Eigentum von Kaiser Ludwig und Herzog Stephan[178]. Auch das gegenüberliegende Grundstück Burgstraße 7 / Ecke Altenhofgasse scheint ständig in herzoglichem Besitz gewesen zu sein. Es wird ab 1413 als des »Herzog Wilhelms Haus« bezeichnet[179]. An der Dienerstraße gehörten die Anwesen 12 und 13 in der erstmaligen Erwähnung 1363 einem Hofbediensteten[180], ebenso 1368 die Anwesen Dienerstraße 15 B und 16[181]. Das gleiche gilt für die Ostseite zur heutigen Sparkassenstraße. Das Gelände um den Alten Hof scheint also, wie das Gebiet des gesamten Stadtmauergürtels, vollständig in der Hand des Herzoges gewesen zu sein.

Dienerstraße (Abb. 76,2.3)

Verfolgt man die Linie der nördlichen Wehrmauer des Alten Hofes nach Westen, so trifft man auf das Anwesen Dienerstraße 12. Die Pläne der Lokalbaukommission zeigen an keiner Stelle des Grundstücks Auffälligkeiten bei den Kellermauern, so daß der Verlauf der Stadtmauer in diesem Bereich nicht gesichert ist.

Westlich angrenzend an dieses Anwesen, genau in der Flucht der Südwand der Lorenzkirche, erhob sich über der Dienerstraße bis in das 19. Jahrhundert der Larosée- oder Polizeiturm an der Stelle des nordöstlichen Stadttores der ersten Stadtbefestigung (Abb. 78; 79; 80). Für dieses »innere Schwabinger Tor«[182], wie es ursprünglich hieß, gibt es ab dem frühen 14. Jahrhundert Quellenhinweise. So verrechnet z.B. die Stadtkammer in den Jahren 1323 und 1338 Ausgaben für die Brücke ad »inferiorem portam Swaebingeriorum«. Sicher belegt ist auch die Verleihung des Grabens »bei unserer Burg zu München (bis) zum Schwabinger Thor« durch Kaiser Ludwig 1332 an den Kürschner Härtlein (gemeint ist das Anwesen Dienerstraße 12). Beide Quellen können sich allerdings auch auf das zweite, weiter westlich in der Weinstraße gelegene Stadttor beziehen, so daß eine eindeutige Zuweisung zum nordöstlichsten Stadtturm erst um 1364 möglich ist, wenn es in der Kammerrechnung heißt »in turri apud Zergadmerium«, im Turm beim Zergadmer. Ihm gehörten die Anwesen Dienergasse 12 und 13. Häufig heißt der Turm auch einfach »Tor an des Dieners gassen« (1385, 1485), Krümleinsturm (1416, 1486, 1490, 1491, 1499), ab 1694 auch Muggen-

[178] StAM, GU Mü Nr. 45, 46.
[179] StadtAM, GB III 146/7, 148/10, 150/5, 157/4.
[180] Stahleder, Stadtplanung, 265 f.
[181] StadtAM, GB I 47/9 (1374) bzw. StB seit 1368.
[182] Stahleder, Hausnamen, 595 f.

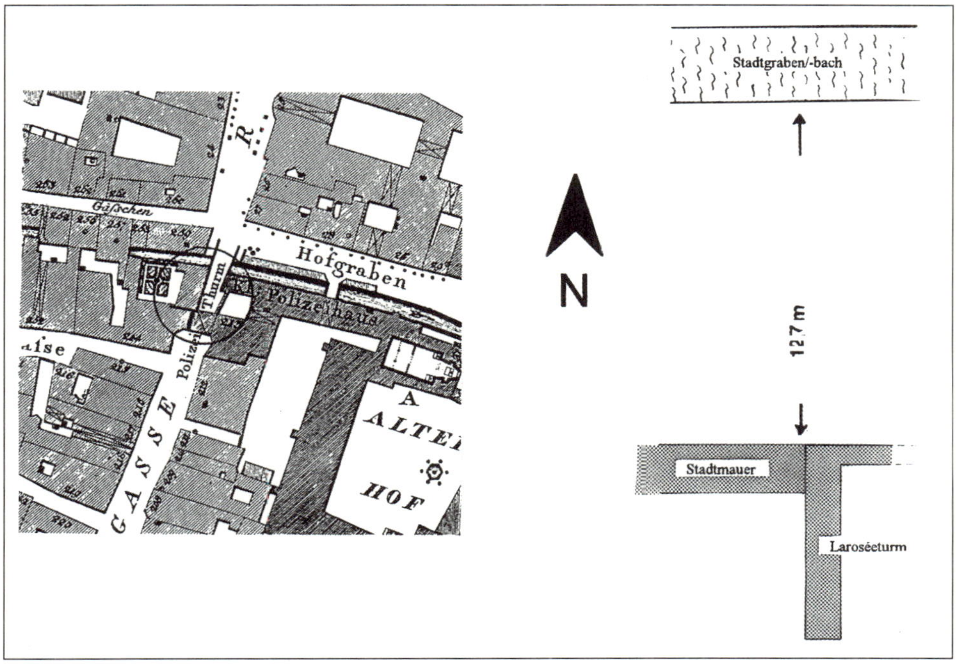

Abb. 78: Lage des Laroséeturmes auf dem Plan von 1806. Mauerbefunde und Stadtbachverlauf nach den Plänen der Lokalbaukommission aus dem 19. Jahrhundert.

thaler-Turm. Ab 1752 wird er Larosée-Turm genannt, ab 1796 Polizeiturm. Als letzter der Türme der inneren Stadtbefestigung wird er am 25. November 1842 abgebrochen. Auf einem aus diesem Anlaß aufgenommenen Plan kann man erkennen, daß Überreste des Turmes im westlich an das Stadttor anschließenden Gebäudebereich des Hauses Dienerstr. 11 erhalten blieben. Deutlich zeichnet sich die 1,40 m starke Westwand des Turmes auf einer Länge von 7,60 m ab[183]. Von der Nordwand war noch ein kleiner Rest mit 0,70 m Stärke im Gebäude vermauert (Abb. 79). Das Haus Dienerstr. 11 wurde im letzten Krieg zerstört. Auf dem Gelände hinter dem Rathaus befindet sich heute bis zur Höhe der Schrammerstraße eine öffentliche Grünanlage.

Die Ausmaße des Larosée-Turmes kann man ebenfalls dem Plan entnehmen. Neben einem 1 m breiten Nebeneingang im Osten lag der eigentliche Torbau mit einer Gesamtbreite von 5 m. Die Durchfahrt hatte eine Breite von 2,50 m und eine Höhe von 3 m. Die Mauern des Turmes bestanden aus einem zweischaligen Mauerwerk, ähnlich dem der Stadtmauer. Eine Ansicht von Michael Neher (1798–1876) (Abb. 80) zeigt den Turm ohne das Dachgeschoß, das Mitte des 18. Jahrhunderts abgetragen wurde. Auf dieser Abbildung lassen die Rundbögen über der Durchfahrt und dem östlichen Durchgang in Verbindung mit den Fensterformen eher an eine Entstehungszeit in der Neuzeit denken. Die vor dem Abbruch angefertigten Zeichnungen geben aber ein völlig anderes Bild. Nach ihnen muß das Untergeschoß mit Durchfahrt und Durchgang einer früheren Bauphase angehören als die Obergeschosse. Die Zeichnungen zeigen ab einer Höhe von 3,50 m (erstes Obergeschoß) nach einem unregelmäßigen Übergang deutlich schwächere Mauern und einen abrupten Wechsel in der Mauertechnik. Beides deutet auf einen Abbruch und Neubau des oberen Teiles

[183] StadtAM LBK 2032/I.

Abb. 79: Schnitt durch den Laroséeturm, nach Süden. Angefertigt anläßlich des Abbruches 1842.

Abb. 80: Der Laroséeturm von Norden. Nach einem Ölgemälde von Michael Neher (1798–1876).

hin, wobei das jüngere Obergeschoß auf den erhalten gebliebenen älteren Turm aufgesetzt wurde. Möglicherweise handelte es sich bei dem Untergeschoß des Larosée-Turmes noch um einen Bau aus dem 12. Jahrhundert. Für eine solche Vermutung könnte auch sprechen, daß der Larosée-Turm als einziges der alten Stadttore eine Rundbogenöffnung über der Durchfahrt hatte, während die Abbildungen der übrigen vier Tore gotische Bögen zei-

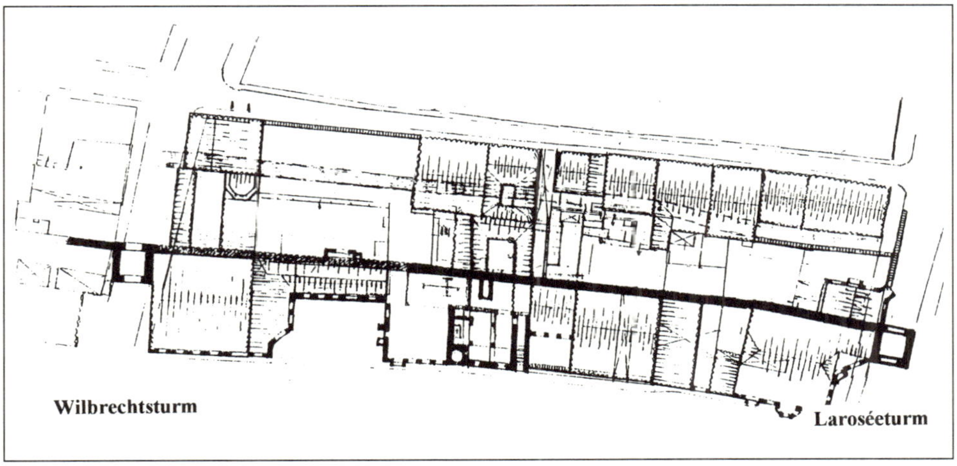

Abb. 81: Mauerverlauf auf dem Holzmodell von Sandtner zwischen dem Laroséeturm und dem Wilprechtsturm.

gen. Zusätzlich weisen der weiter westlich gelegene Wilprechtsturm und der südliche Pütrichturm eine andere Mauerwerkstechnik auf, an der vor allem die massive Tuffsteinfundamentierung auffällt.

Auf der westlichen Straßenseite schloß das schon erwähnte Anwesen Dienerstraße 11 (Abb. 76,3) an den Larosée-Turm an. Ein zeichnerischer Querschnitt durch das damals nördlich benachbarte Anwesen Schrammergasse 6 aus dem Jahre 1856 zeigt am südlichen Gebäudeende auf Höhe und in der Flucht der nördlichen abschließenden Wand des ehemaligen Schwabingertores eine Mauer von 2 m Stärke (Abb. 81)[184]. Vor dieser Mauer lag mit einem Abstand von 12 m der alte Stadtbach. Er war hier 2 m breit und lag gut 4 m unter dem Straßenniveau der Schrammergasse. Die verschiedenen dazwischenliegenden Kellerwände lassen keinen Schluß auf eine Zwingermauer zu, sondern deuten eher auf ein ehemals unbebautes, 12 m breites Vorfeld zwischen Mauer und Graben hin.

Marienhof / Judenhäuser in der Gruftgasse (Abb. 76)

Der westlich anschließende Verlauf der Stadtmauer im Bereich des heutigen Marienhofes ist auf dem Sandtner-Modell, auf alten Katasterplänen und durch archäologische Ausgrabungen sehr gut nachzuvollziehen. Im Bereich des ehemaligen Instituts der Englischen Fräulein an der Weinstraße (etwa gegenüber dem heutigen Haus Nr. 11 an der Weinstraße) zeigt das Sandtner-Modell eine noch in einer Höhe von zwei Stockwerken bestehende mächtige Mauer, die in der Flucht der Rückseite des westlich anschließenden Stadttores liegt. Hierbei handelt es sich anscheinend um die Reste der ersten Stadtmauer, die an dieser Stelle – freistehend – wohl noch in voller Höhe erhalten war. Der vorgelagerte Graben liegt auf dem Modell an mehreren Stellen zwischen Diener- und Weinstraße offen. Er ist auch auf dem Katasterplan von 1806 noch zu verfolgen (Abb. 76 zwischen 3 und 4). Mit dem Bau des Instituts der Englischen Fräulein verschwand sicherlich auch das auffallende Mauerstück. Im 19. Jahrhundert ersetzten dann nach und nach geschlossene mehrstöckige Häuserfronten die bis dahin lockere Bebauung hinter dem heutigen Rathaus. Die letzten sichtbaren Reste der alten

[184] StadtAM LBK 2032.1–3.

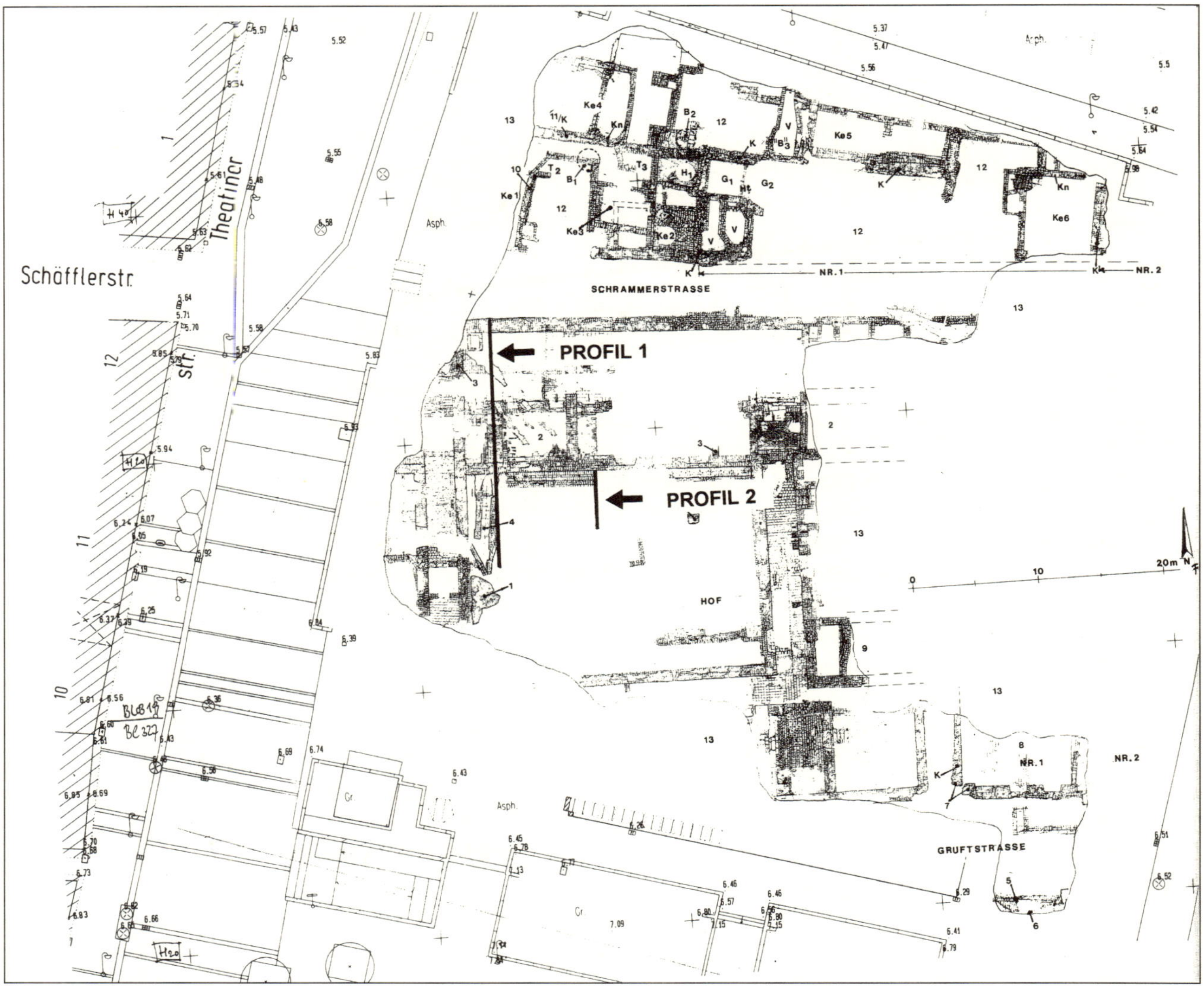

Abb. 82: Grabungsplan Marienhof mit den Profilen 1 und 2 durch den Stadtgraben. Nach H. Fastje.

Stadtumwehrung verschwanden. Die Zerstörungen im letzten Krieg waren in diesem Bereich so gravierend, daß man sich entschloß, das ganze Areal vorerst von jeglicher Neubebauung freizuhalten und es als Erholungsfläche mit möglichst nur lockerer Randbebauung zu erhalten. Im Zuge dieser Veränderungen wurde die Schrammergasse verlegt, die ursprünglich vom Hofgraben zur Schäfflergasse verlief. Heute verbindet sie den Hofgraben mit der weiter nördlich gelegenen Maffeistraße. Die ehemals von der Weinstraße zur Dienerstraße querende Gruftgasse ging vollständig in der Grünanlage des heutigen Marienhofes auf.

Eine erste Beobachtung der ältesten Stadtmauer in diesem Bereich ist kurz nach dem Krieg Gustav Schneider gelungen: Ein etwa 1,65 m starkes Mauerstück eines Anwesens an der Weinstraße (ehemals Weinstr. 13, heute Grünanlage Marienhof) ähnelte in Lage und Aufbau einem schon 1889 im unmittelbar gegenüberliegenden Anwesen Weinstraße 11 (siehe unten) aufgefundenen Mauerstück[185]. Als 1987 das Areal nördlich des Rathauses um-

[185] Handskizze, StadtAM.

Abb. 83: München, Marienhof. Aufnahme der Fundamentbettung aus Mörtel und Kies der ersten Stadtmauer (Photo: H. Fastje).

gestaltet werden sollte, wurden deshalb in Zusammenarbeit mit der Stadt München vor dem Beginn der damals noch geplanten Bebauung zwei Suchschnitte angelegt, durch die der Verlauf der ältesten Stadtbefestigung festgestellt werden sollte (Abb. 82). Gleichzeitig hoffte man, Informationen über die Konstruktion und Hinweise zur Datierung der ersten Stadtmauer zu gewinnen. Die Schnitte wurden nur photographisch dokumentiert. In einer zweiten Ausgrabung wurden drei Schnitte angelegt, die auch zeichnerisch aufgenommen wurden. Funde zu den einzelnen Schichten wurden zwar geborgen, sind aber verschollen[186].

Die von Schneider beobachtete mächtige Mauer konnte nicht mehr gefunden werden. Es wurde lediglich im Hof des im Krieg zerstörten Gebäudes in der angenommenen Flucht dieser Mauer eine Kiesel-Mörtelgußfläche von etwa 2,20 m x 3,90 m freigelegt (Abb. 83). Ob es sich hierbei um ein Fundamentstück der ersten Stadtmauer handelte, kann nicht mit Sicherheit gesagt werden. Zwar hatte das Mörtel-Kies-Gemisch Ähnlichkeit mit den bisher festgestellten Fundamenten der ältesten Mauerstücke, auch würde die Lage dafür sprechen. Um mit Sicherheit von Überresten der ersten Stadtmauer sprechen zu können, reichen diese Indizien aber nicht aus. Auch fehlen Schichtanschlüsse und aussagekräftiges Fundmaterial, die zu einer Datierung herangezogen werden könnten. Die auf dem Holzmodell von Sandtner vermutlich noch in ursprünglicher Höhe zu sehende Mauer wurde spätestens mit dem Bau der mehrgeschossigen, vierflügeligen Anlage des Klosters der Englischen Fräulein im Jahre 1690 abgerissen.

Nähere Aussagen lassen sich hingegen über den alten Stadtgraben machen (Abb. 84–86). Er verlief in gut 10 m Abstand vor der angenommenen Stadt-

[186] Fastje, Heike, Die Ausgrabungen auf dem Gelände des Marienhofs in München. Jahrbuch der Bayerischen Denkmalpflege Band 43, 1989 (München 1989) 20–36. Die Untersuchungen wurden größtenteils von der Baudenkmalpflege durchgeführt. Brunnen- und Grubenverfüllungen wurden von Prof. Hagn geborgen, die Funde aus dem Bereich des Grabens sind allerdings verschollen. Dem Verfasser liegen nur die Fundzettelblöcke vor.

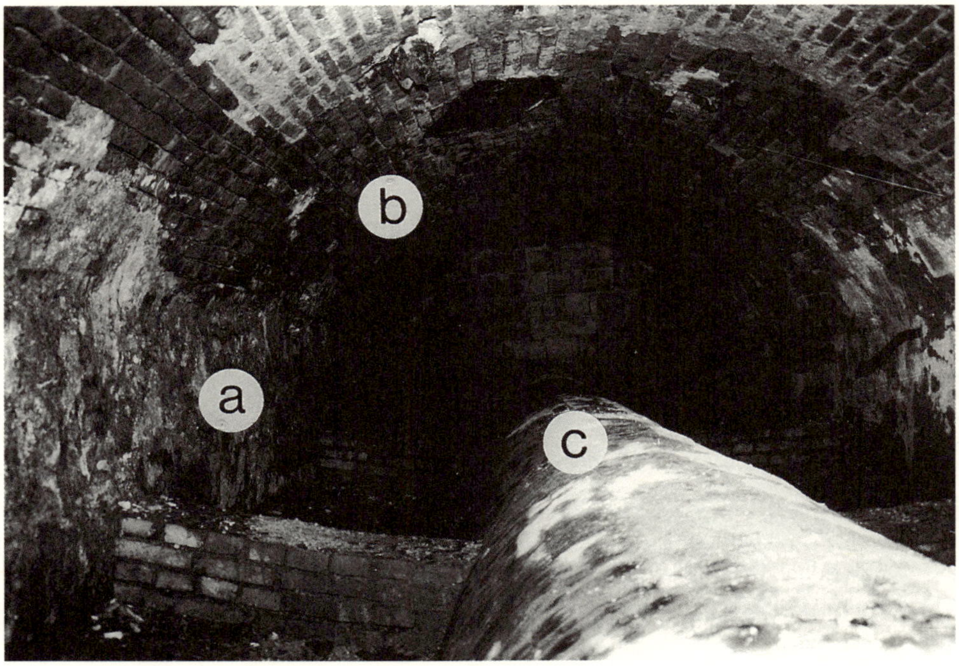

Abb. 84: München, Marienhof. Aufnahme des Stadtbaches im Bereich des Marienhofes: seitliche Tuffwandung (a), Ziegeltonnenüberwölbung, 16. Jahrhundert (b) und kanalisierte Stadtbachführung aus dem 19./20. Jahrhundert (Photo: K. Schnieringer).

mauerflucht und der festgestellten Fundamentbettung. Bei den Grabungen stieß man auf ein etwa 3,60 m breites, ursprünglich offenes Gerinne, das mit Tuffsteinen eingefaßt war. Wie die Profile zeigen, verlief dieses Gerinne auf der Sohle des alten Stadtgrabens (Abb. 85). Es war mit einem Ziegelgewölbe vollständig übertunnelt (Abb. 84). Wann diese Übertunnelung stattgefunden hat, läßt sich nur ungefähr schätzen. Wie die Bauforschung feststellen konnte, ist der Versatzmörtel des Tunnelgewölbes sowohl mit dem in der Gartenarchitektur Albrechts V. am Unteren Hofgarten verwendeten identisch, als auch mit dem anhaftenden Mörtel von wiederverwendeten Ziegelsteinen aus dem Abbruch eines an dieser Stelle stehenden herzoglichen Gebäudes aus der Zeit um 1600 (dies zeigt das Sandtner-Modell), die in großer Menge in Kellermauern verbaut wurden. Das würde auch mit den Vorgaben des Sandtner-Modells übereinstimmen, auf dem zu erkennen ist, daß der Kanal an der Stelle der späteren Vierflügelanlage bereits 1570–72, als das Holzmodell entstand, übertunnelt gewesen sein muß. Eine genaue Datierung läßt sich nicht festmachen. Von wesentlich jüngeren Baumaßnahmen zeugte schließlich eine Röhre aus Ziegelmauerwerk innerhalb der Übertunnelung. Sie stammt aus dem frühen 20. Jahrhundert, als der Kanal zu Kanalisationszwecken noch einmal gefaßt wurde. Der so gefaßte Kanal wird zwar heute nicht mehr genutzt, ist aber auf seinem gesamten Verlauf bis auf wenige Bereiche erhalten.

Der Kanal wurde in drei Profilen von Süden angeschnitten, ein Profil zeigt auch die Nordseite (Abb. 86). Aus den angelegten Schnitten läßt sich das ursprüngliche Aussehen und langsame Verfüllen des Stadtgrabens bis zum Bau der Kanalisation im 19. Jahrhundert gut rekonstruieren.

Zunächst floß der Bach frei in einem flachen Sohlgraben, der in den anstehenden Kies und Flinz (7) eingetieft war. Die Breite wurde mit ca. 14 m gemessen. Aus der ersten Nutzungszeit stammt eine unterschiedlich dicke Lehmschicht (5) mit Holzkohlestückchen und Ziegelsplittern. Letz-

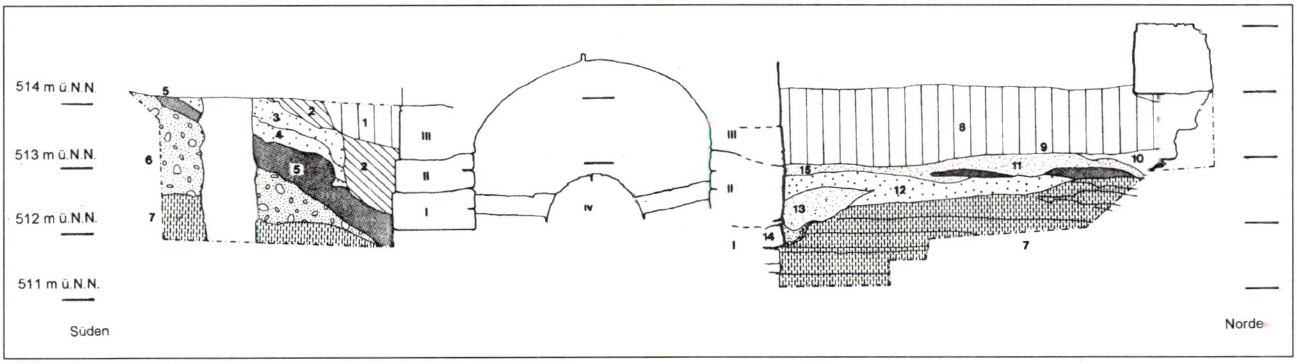

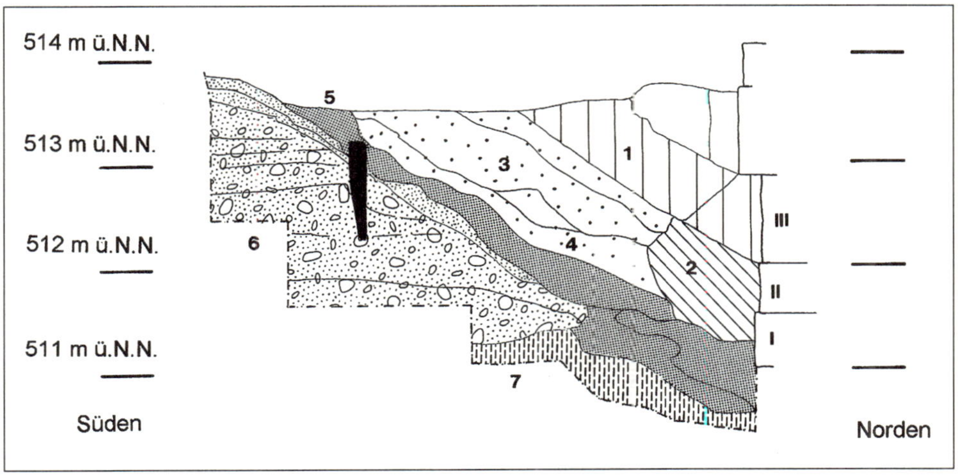

Abb. 85: München, Marienhof. Süd-Nord-Profil 1. Umzeichnung nach den Plänen von A. Arasli, I. Brantl, G. Schonlau, E. Venturini, 1989; H. Fastje, M. Lohr, 1990.

Abb. 86: München, Marienhof. Süd-Nord-Profil 2. Umzeichnung nach Plänen wie Abb. 85.

tere sind auch ein Indiz für die Einordnung dieser ersten Nutzung in die Zeit um oder nach dem Bau einer Ziegelmauer in der näheren Umgebung. Da, wie bereits ausgeführt, anfangs in der unmittelbaren Nachbarschaft der Befestigung aus Verteidigungsgründen wohl keine Bebauung existierte, ist dies möglicherweise ein Hinweis darauf, daß die Stadtmauer tatsächlich gleichzeitig mit dem Graben angelegt worden ist. Leider sind die Funde aus dieser Schicht, die für eine exakte Datierung notwendig gewesen wären, nicht mehr auffindbar. Nach dem Grabungsbericht zu urteilen handelte es sich um hochmittelalterliche Keramik.

In den anstehenden Boden sind auf einer Höhe von ca. 512,50–512,70 m ü.N.N. Absätze eingetieft (Abb. 86). Sie stammen vielleicht von einer einfachen Uferbefestigung des Stadtgrabens. Auf der Höhe von 514,00 m ü.N.N. ist in die erste Nutzungsschicht ein Pfosten eingerammt. Er könnte ebenfalls ein Überbleibsel der Uferbefestigung sein. Mit einer Auffüllschicht (4), einer Abgrabung der ersten Nutzungsschicht und der schon erwähnten Grabenbefestigung aus Tuffsteinen haben wir in einem zweiten Schritt die erste Steinfassung des Stadtgrabens vor uns (I). Die Bauforschung konnte mehrere Lagen von knapp 30 cm hohen Tuffquadern mit einer Außenschale aus Backsteinen bis in eine Höhe von 512,50 m ü.N.N. aufnehmen. Es scheint, daß der Graben auch vor diesem Umbau nicht völlig unbefestigt war. Im nördlich angrenzenden Profil nämlich, also bereits außerhalb des Stadtbaches, fand man über der Flinzschicht und dem anstehenden Kies zwei Pakete typisch schwarzgefärbter Kieselsteine, die wohl ehemals auf dem Boden des wasserführenden Grabens lagen und mit dem Bau der ersten Bachbefestigung und der evtl. Tieferlegung des Baches hierher verbracht worden sind. Unmittelbar anschließend an die Steinbefestigung kam hier eine Mulde mit Holzresten (14) zutage, die auf die oberste Kante der Tuffsteine Bezug nimmt und somit zu dieser zweiten Befestigung gehört.

Im Laufe der Zeit wird der Graben weiter zugeschüttet (1–3), die Uferbefestigung noch einmal erhöht. In einer letzten nachweisbaren Bauperiode – wie oben bereits ausgeführt, wohl in der zweiten Hälfte des 16. Jahrhunderts – wird der Bach endgültig überbaut. In einem Fundamentuntersuchungsgraben wird das Mauerwerk kontrolliert, die Tuffsteinmauer ein letztes Mal erhöht (II) und der gesamte Bach mit einer Ziegeltonne (III) überwölbt. Anschließend wird der Untersuchungsgraben wieder verfüllt und das umliegende Gelände aufplaniert.

Zur frühen Bebauung im Bereich südlich und nördlich des Stadtgrabens lieferten die Ausgrabungen keine eindeutig verwertbaren Aussagen. Somit bleibt allein der Hinweis auf die schriftlichen Quellen, nach denen die Anwesen zwischen den beschriebenen Gebäuden an der Wein- und Dienerstraße – Gruftgasse 1 und 2 – im Bereich unmittelbar hinter der Stadtmauer zum Judenviertel gehörten und, wie die meisten Grundstücke im Stadtmauerbereich, auf den Besitz des Herzogs zurückgingen[187]. Die südlich gelegene Gruftgasse führte ehemals diagonal über den heutigen Marienhof zur Schrammergasse. Die Straße wurde im Krieg vollkommen zerstört und nicht wieder aufgebaut.

Interessant sind in diesem Zusammenhang Überlegungen über den Wasserstand in den Stadtgräben zur Zeit der ersten Umwehrung. Die wasserführende Flinzschicht liegt hier am Marienhof bei 512,20 m ü.N.N. (beim Alten Hof etwas höher mit 512,60 m ü.N.N.). Der darüber anstehende Kies hat seine Oberkante bei etwa 514,40 m ü.N.N. Die Grabensohle liegt, eingetieft in die Flinzschicht, am Marienhof bei etwa 511,80 m ü.N.N., südlich des Alten Hofes entsprechend höher, etwa bei 512,20 m ü.N.N., beim Schönen Turm in der Kaufingerstraße bei 511,14 m ü.N.N. Der auf den Plänen des späten 19. Jahrhunderts angegebene Wasserspiegel in diesen Kanälen liegt bei etwa 513,00 m ü.N.N. Dies dürfte auch in etwa dem ursprünglichen Wasserstand entsprechen, dessen Höhe maximal auf 514,00 m ü.N.N. angehoben werden konnte, ohne daß es zu Überschwemmungen kam. Um insgesamt eine ausreichende Wasserhöhe zu erreichen, gleichzeitig aber im Alten Hof und im Gebiet des heutigen Marienhofs Überschwemmungen zu vermeiden, mußte der Wasserspiegel in etwa zwischen 513,00 m ü.N.N. und 514 m ü.N.N. gehalten werden. Die Wassertiefe wird also im Schnitt etwa 2 m betragen haben. Da der wasserabführende Pfister- und Roßschwemmbach am Fuße des Petersberges und des Alten Hofes mit ihrer Sohle auf etwa 510,20 m ü.N.N. lagen, mußten zur Regulierung des geschlossenen Grabens um die Stadt in Höhe des Alten Hofes und bei der Roßschwemme Stauwehre liegen, die den Zu- und Abfluß regulieren konnten.

[187] Gruftgasse Nr. 1 gehört im 14. Jahrhundert als Pfandschaft vom Herzog dem Juden Sanbel dem Jungen, Gruftgasse Nr. 2 ist 1355 in der Hand des Markgrafen Ludwig des Brandenburgers. Stahleder, Stadtplanung, 266 f.

Weinstraße (Abb. 76,5.6)

Westlich an das Grundstück Weinstraße 13 schloß ehemals das zweite der beiden nördlichen Stadttore an (Abb. 76,5 und 87). In den Quellen erscheint es erstmals 1325 als »turris apud amphoram«, 1361 taucht der Name »Wilbrechtsturm« auf. Um die Durchfahrt für den Verkehr zu verbreitern, wird er schon früh, 1691, abgebrochen. Der Turm war die erste bekannte Rüstkammer der Stadt. Sie lagerte dort 1325 »12 balistas und chrapfen«[188]. Vom Turm selber haben sich keine Reste erhalten. Die einzig erhaltene Ansicht ist die auf dem Sandtner-Modell. Die Zeichnung von Lebschée, auf der der Turm zu sehen ist, ist gute 200 Jahre nach seinem Abbruch entstanden. Verläßliche Ansichten, anhand derer man durch Fensterformen etc. Anhaltspunkte für eine Datierung gewinnen könnte, fehlen. Einzig die auf den alten Katasterplänen noch etwas schiefe und in die Straßenflucht hineinragende Fassade des Gebäudes Weinstraße 10 weist auf den ehemaligen Turm hin (Abb. 76,6). Heute sind die beiden Anwesen 10 und 11 unter einer Hausnummer (11) zusammengefaßt, die Fassaden sind begradigt, an die ehemalige Stadtmauer und das Stadttor erinnert allenfalls der an dieser Stelle kaum auffallende leichte Knick in der Straßenführung.

Abb. 87: Der Wilprechtsturm von Norden. Lavierte Handzeichnung von C. A. Lebschée, 1853.

Aus den eben genannten, ehemals westlich an den Turm angrenzenden Anwesen, Weinstraße 10 und 11 (heute Hausnummer 11, siehe oben), stammen die ältesten Beobachtungen zur ersten Stadtbefestigung Münchens (Abb. 76,6). Bereits 1889 bei einem Umbau und später noch einmal 1914 beim Abbruch der Häuser wurden auffallend starke Mauern freigelegt, die damals von mehreren Autoren beobachtet und unterschiedlich beschrieben wurden[189].

1889 während der Umbaumaßnahmen des früheren Gasthofes zum »Goldenen Hahn« in eine Gendarmeriekaserne beobachtete H. Arnold eine 2 m starke Mauer, die sich über die gesamte Länge des Gebäudes auf 60 m erstreckte (Abb. 88 und 89). Er beschreibt die Mauer als eine Zweischalenmauer des gleichen Typus, wie wir ihn aus dem Alten Hof kennen. Ihre Höhe schätzte er auf 4 m und höher. Während dieser Befund sich gut in den bisher angenommenen und im östlich gelegenen Marienhof nachgewiesenen Verlauf der Stadtmauer einordnet, müssen die weiteren Befunde vorerst uninterpretiert stehenbleiben. Er stellte in der 2 m starken Mauer senkrechte Röhren von etwa 8 cm Durchmesser in Abständen von etwa 1 m fest. Sie bargen alle Reste von Hölzern. Arnold interpretiert dies als in die Ziegelmauer aufgenommene Holzeinlagen zur Erhöhung der Festigkeit.

[188] Stahleder, Hausnamen, 660 ff.
[189] Arnold, Hugo, Von der Leonischen Stadtmauer, Münchner Neueste Nachrichten vom 16.2.1889.

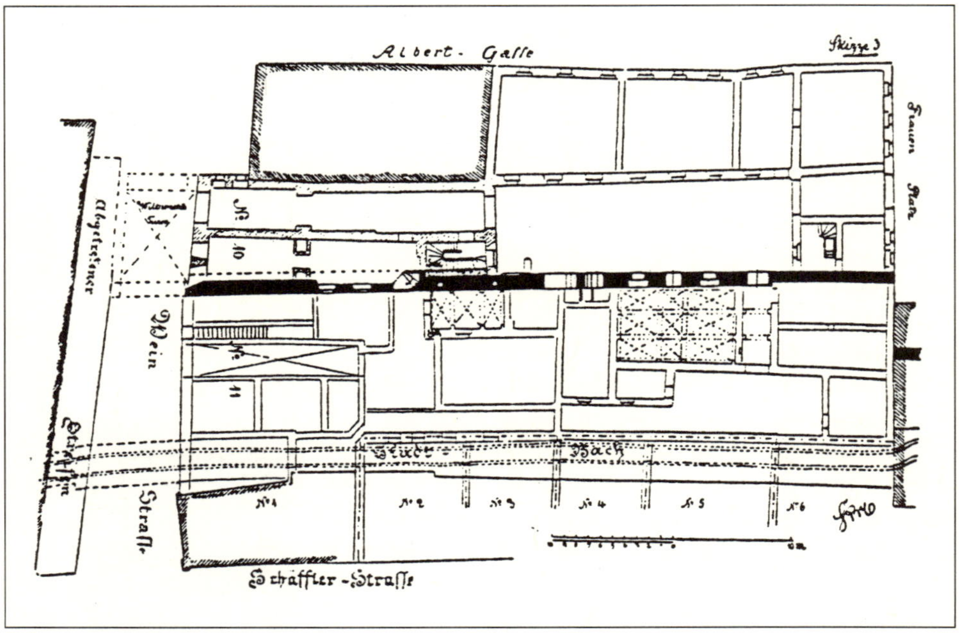

Abb. 88: Weinstraße 10/11. Beobachtung beim Abbruch des Anwesens Weinstraße 10/11 aus dem Jahr 1914. Entnommen aus: Müller, Karl, Von der ältesten Befestigung Münchens. Das Bayerland 25 (1914) 670.

Abb. 89: Weinstraße 10/11. »Der letzte Rest der alten Stadtmauer«. Beobachtung beim Abbruch des Anwesens Weinstraße 10/11 aus dem Jahr 1914. Entnommen aus: Müller, Karl, Von der ältesten Befestigung Münchens. Das Bayerland 25 (1914) 670.

Etwa 14 m vor der Mauer floß der Stadtgraben. Er hatte hier eine Tiefe von etwa 18 bayer. Schuh (ca. 5,20 m) unter dem damaligen Straßenniveau. Die Lage der Grabensohle in m ü.N.N., die zum Vergleich mit dem Befund am Marienhof nötig wäre, läßt sich nicht mehr ermitteln. Das Südufer des Stadtgrabens war mit einer Mauer ähnlicher Bauart wie der ermittelte Stadtmauerrest, aber mit nur 1 m Stärke eingefaßt. Arnold deutet sie als Zwingermauer. Ein auf der Grabenseite am westlichen Ende der festgestellten Stadtmauer angebautes gotisches Kreuzgewölbe von 3,25 m Höhe und einer Seitenlänge von 4 m interpretiert er als einen in diesem Zwinger gelegenen Anbau.

25 Jahre später, als das Gebäude endgültig abgerissen wurde, bestätigte Oberstleutnant Karl Müller die Beobachtung der Stadtmauer, fügte allerdings einige Ergänzungen hinzu. So stellte er nur eine sehr schwache Fundamentierung fest, von den röhrenförmigen Vertiefungen zeigten sich lediglich zwei solcher Rinnen in einem Abstand von 5 m. Sie reichten 2,90 m tief und hatten einen Durchmesser von 25 cm. Sie waren innen mit dünnen Holzstreifen verkleidet, am Boden befand sich Holzmulm. Die von Arnold beschriebenen Mauern zu beiden Seiten des Grabens konnte Müller nicht mehr feststellen.

Beide Beobachtungen fügen sich in das bisherige Bild der ersten Stadtbefestigung. Während an der Stadtmauer selber keine Zweifel bestehen, muß die Interpretation der Röhren offen bleiben. Die südliche des Grabens verlaufende – von Arnold als Zwingermauer gedeutete – Wand fügt sich nach ihrem Erscheinungsbild eher in die schon nachgewiesene Uferbe-

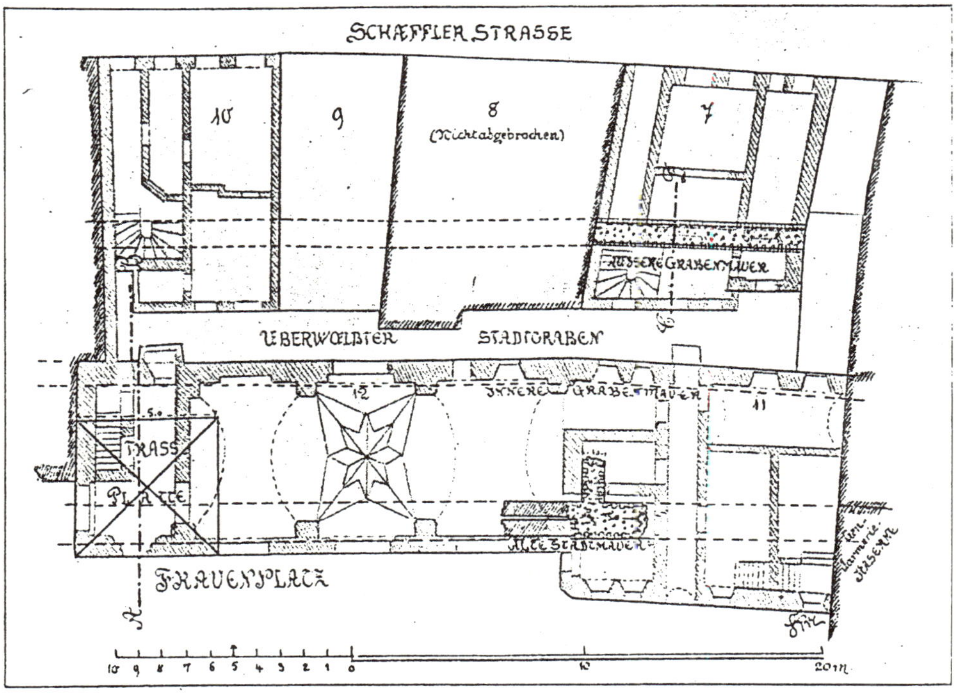

Abb. 90: München, Frauenplatz Nr. 11/12. Beobachtungen beim Abbruch des Anwesens am Frauenplatz, Plan. Entnommen aus: Müller, Karl, Von der ältesten Befestigung Münchens. Das Bayerland 23 (1911/12) 5.

festigung des Stadtgrabens ein, wie sie auch im Marienhof festgestellt werden konnte. Das gotische Kreuzgewölbe ist nicht mehr zu deuten.

Frauenplatz (Abb. 76,7)

Im Westen schlossen an die Gendarmeriekaserne die Grundstücke Frauenplatz 11 und 12 (heute Frauenplatz 12, die heutige Nummer 11 war früher der rückwärtige Teil des Anwesens Weinstraße 10/11). Hier traf man bei Abbrucharbeiten im Sommer 1911 auf den Stadtgraben und einige ältere Bauteile[190], die ebenfalls von Karl Müller dokumentiert wurden (Abb. 90 und 91). Seine Interpretationen erweisen sich jedoch zum Teil als recht widersprüchlich zu denen auf dem Grundstück der Gendarmeriekaserne.

Die Höhe der Grabensohle gibt Müller hier mit 512,60 m ü.N.N. an. Sie ist allerdings für den alten Stadtgraben nicht unbedingt aussagekräftig, da es sich hier um den wesentlich jüngeren Tunnelbau handelte. Die ursprüngliche Grabensohle wird ein gutes Stück unter 512,60 m gelegen haben.

Nördlich des Stadtbaches stellte Müller eine Schalenmauer fest. Das Profil dieser Mauer zeigte nach Angaben Müllers eine Stärke von 1,35 m im unteren Bereich und verjüngte sich nach oben auf nur noch 0,80 m Stärke. Aus einer späteren Querschnittzeichnung der Lokalbaukommission (siehe unten) ist das konische Profil allerdings nicht mehr ersichtlich. Da solche Mauerquerschnitte im allgemeinen auch erst sehr viel später auftauchen, kann man ein Versehen Müllers hier nicht ausschließen. Müller interpretiert diese Mauer als äußere Grabenbefestigung. Zwischen dem Bach und der nördlichen Mauer war ein aus 7 cm starken Bohlen und Pfählen bestehendes Beschlächt aus Fichtenholz in den Boden gerammt, hinter dem sich

[190] Müller, Karl, Von der ältesten Befestigung Münchens. Das Bayerland 23 (1911/12) 3–6.

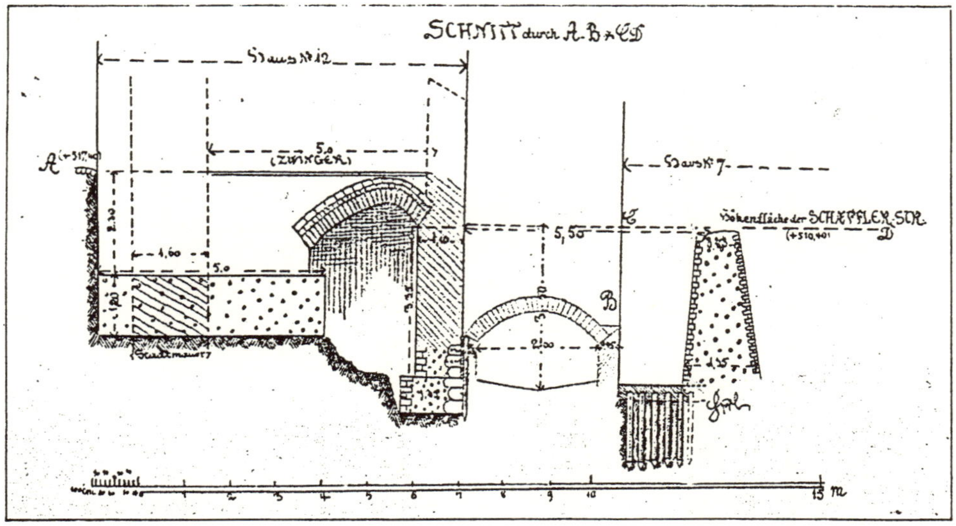

Abb. 91: München, Frauenplatz Nr. 11/12. Beobachtungen beim Abbruch des Anwesens am Frauenplatz, Schnitt durch das Anwesen. Entnommen aus: Müller, Karl, Von der ältesten Befestigung Münchens. Das Bayerland 23 (1911/12) 5.

Lagen von 30–40 cm hohen Tuffsteinen befanden. Sie dienten zur Uferbefestigung und Sicherung der Befestigungsmauer. Eine weitere, stadtseitig vor dem Graben gelegene Mauer hatte eine gleichmäßige Stärke von etwa 1 m und war, nach Müllers Zeichnungen zu urteilen, ähnlich aufgebaut wie die weiter östlich am Marienhof nachgewiesene Uferbefestigung. Sie ist die südliche Grabenbefestigung.

Südlich des Grabens kam in einem Abstand von 6 m eine dritte, 1,50 m starke Schalenmauer zutage, die allerdings nur noch in einem kleinen Bereich nachweisbar war. Westlich von einem im rechten Winkel an diese Mauer in Richtung Stadtgraben angesetzten Mauerstück ging sie in zwei parallele Ziegelmauern mit jeweils 0,64 m und 0,52 m Stärke über, die einen mit Sand aufgefüllten Zwischenraum freiließen. Müller hält sie für einen weiteren Stadtmauerrest, das nach Norden angesetzte Mauerstück für Teil einer gleichzeitig angebauten Zwingeranlage. Aber weder die Mauerstärke noch die Lage der Mauer deuten darauf hin, daß es sich hierbei um Reste der alten Stadtmauer handeln könnte. Vergleiche mit den Befunden im östlich gelegenen Anwesen zeigen, daß die älteste Stadtmauer mindestens 4 m weiter südlich gelegen haben muß (etwa 3,50 m vor der heutigen Fassade des Frauenplatz 12). Müller erklärt diese Ungereimtheit mit einer nachträglichen Verlagerung der Stadtmauer nach Norden als 1270 der Friedhof der Frauenkirche angelegt wurde. Eine Verlagerung der Stadtmauer wegen eines Friedhofs erscheint aber doch außerordentlich fraglich. Die beobachtete Mauer gehörte deshalb wohl eher zu einem Vorgängerbau des Anwesens am Frauenplatz.

Ein Schnitt durch die Anwesen Frauenplatz 11/12 in den Akten der Lokalbaukommission aus der Zeit um 1900 bestätigt die Befunde Müllers bezüglich des Stadtgrabens und seiner Befestigung (Abb. 92). Der Schnitt zeigt ein Gefälle von ca. 5 m bis zur heutigen Tunnelsohle. Der ehemalige Stadtgraben wird an dieser Stelle von zwei etwa 1 m starken Mauern eingefaßt. Für die vermutete Zwingeranlage ergeben sich aus dem Schnitt keine Anhaltspunkte. Die 2 m starke Stadtmauer ist auch in diesen Plänen nicht feststellbar[191].

[191] StadtAM, LBK 2783.

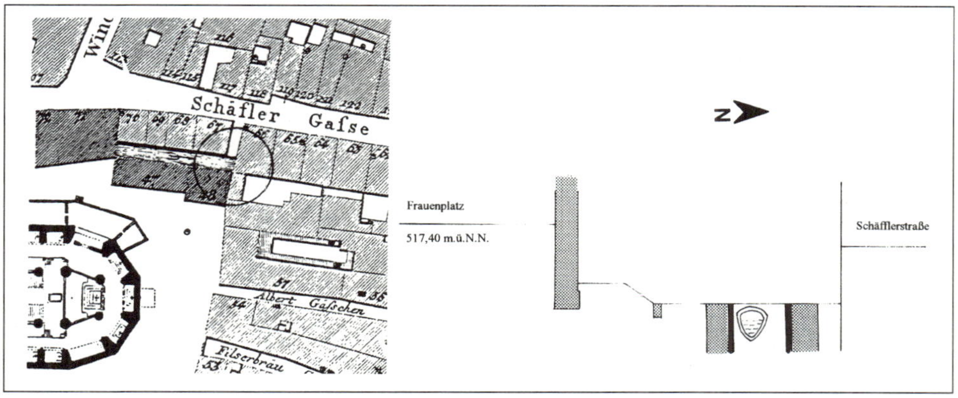

Abb. 92: Schnitt durch das Anwesen Frauenplatz Nr. 11/12. Umzeichnung nach den Plänen der Lokalbaukommission aus dem 19. Jahrhundert

Zwischen den Anwesen Frauenplatz 13 und 14 gibt es interessanterweise seit jeher einen Durchgang vom Frauenplatz zur Windenmacherstraße (er wurde mit dem Wiederaufbau nach dem Krieg ein Stück nach Osten verschoben). An diese Stelle muß wohl ehemals ein Durchgang durch die Mauer existiert haben, denn in den Quellen heißt es hier »porta apud balneum Marie«. Er wird 1325 erwähnt, und ermöglichte den direkten Zugang zum Frauenbad, das an der heutigen Ecke Schäffler / Windenmacherstraße lag[192]. Im Anwesen Frauenplatz 14 konnte ebenfalls durch eine Schnittansicht ein Gefälle von etwa 4,50 m auf 10 m festgestellt werden. In 10 m Abstand lag südlich vom Stadtbach eine 1 m stark Mauer. Die 2 m starke alte Stadtmauer ist auch hier nicht eingezeichnet. Der Bach selber ist mit Holzpfählen nördlich und südlich verbaut, sowie mit Mauern, die eine Stärke von 1–1,20 m haben[193].

Frauenkirche (Abb. 76,8)

Bei den Ausgrabungen der 50er Jahre in der Frauenkirche konnten keine Hinweise auf die älteste Stadtmauer gewonnen werden. Verfolgt man die festgestellte Linie der Mauer zwischen den Anwesen Weinstraße 11 und 10, so gelangt man in den Bereich der heutigen Sakristei. Die Untersuchungen in der nördlichen Sakristei 1999/2000 konnten einige Indizien für diesen Mauerverlauf erbringen, wenn auch die Mauer selbst nicht nachgewiesen werden konnte[194]. In der angenommenen Flucht lagen größere Tuffquader, die ihrerseits auf einem Kies-Mörtel-Fundament aufsaßen. Diese Quader standen allerdings nicht in direkter Verbindung untereinander, zudem wurde der Befund verunklärt durch einen zum Bau der ersten Basilika um 1250–70 errichteten Kalkbrennofen. Der Ofen liegt aber ebenso wie ein anderes, westlich gelegenes Mauerstück auffallend schräg im Gelände. Beide Teile nehmen damit deutlich Bezug auf die angenommene Flucht der ältesten Stadtmauer.

---

192 Stahleder, Hausnamen, 435 f. und 573 (Tor).

193 StadtAM LBK 2783.

194 Behrer, Christian, Archäologische Untersuchungen in der Sakristei der Münchner Frauenkirche – Ein Zwischenbericht. Das Münster, Heft 2/99 (Regensburg 1999) 186–187. – Ders., »Und ... man kalchs bey der stat geprennt hat...« Untersuchungen in der Sakristei der Münchner Frauenkirche. AJB 1999 (Stuttgart 2000) 130–132. Siehe auch Kapitel 4.2 »Frühe Kirchen«, »Die Frauenkirche«.

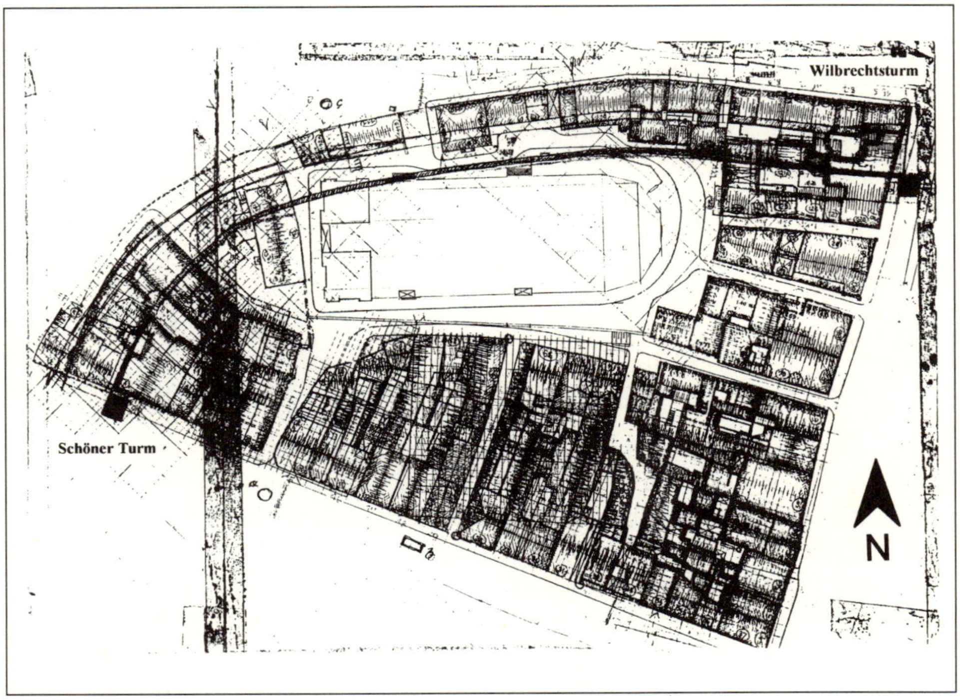

Abb. 93: Umzeichnung des Holzmodells von Gustav Schneider im Bereich des Domes mit dem angenommenen Verlauf der Stadtmauer.

Kaufingerstraße (Abb. 76,9.10)

Verlief die älteste Stadtmauer bis zum Frauenplatz annähernd in ost-westlicher Richtung, so beschrieb sie von der Frauenkirche an nun einen Bogen nach Süden auf die heutige Kaufingerstraße zu. Hier stand auf Höhe des Hauses Kaufingerstr. 22 das westliche Stadttor der ersten Stadtbefestigung (Abb. 94). Es wird erstmals 1239 als »porta superior« genannt. Zunächst hieß es nach der Familie Kauferinger »Chaufringertor« (am 15. Juni 1300 erstmalig erwähnt). 1479 wird es wegen Baufälligkeit abgetragen und 1484 neu errichtet. Von nun an trägt es wegen seiner auffallenden Bemalung in den Quellen auch oft die Bezeichnung »Schöner Turm«. 1796 durch eine Granate der Franzosen beschädigt, wird der Turm 1807 abgebrochen[195]. Bei der Umgestaltung der Kaufingerstraße in eine Fußgängerzone fügte man die Umrisse des verschwundenen Tores als farbiges Muster in die Straßenpflasterung ein, so daß heute wieder jeder geschichtlich Interessierte an dieser Stelle die Spuren Altmünchens verfolgen kann.

Dem Abbruch der Kommunmauer zwischen den beiden Häusern Kaufingerstraße 20 und 21 (heute zusammengefaßt als Kaufingerstr. 22) verdanken wir die Freilegung von Fundamentresten des alten Stadttores und eines teilweise außergewöhnlich gut erhaltenen Stückes der von Norden kommenden Stadtmauer. Aus dem Jahre 1914 existieren von Karl Müller Aufzeichnungen und zwei Skizzen über seine Beobachtungen (Abb. 95 und 96).

Auf der ersten Zeichnung (Abb. 95) erkennt man deutlich die von Norden nach Süden durchgehende massive Mauer. Sie war über 21 m lang, hatte sich am nördlichen Ende noch auf einer Länge von 8,50 m in einer Stärke von 2 m erhalten, während sie an anderen Stellen teilweise bis auf

[195] Stahleder, Hausnamen, 193.

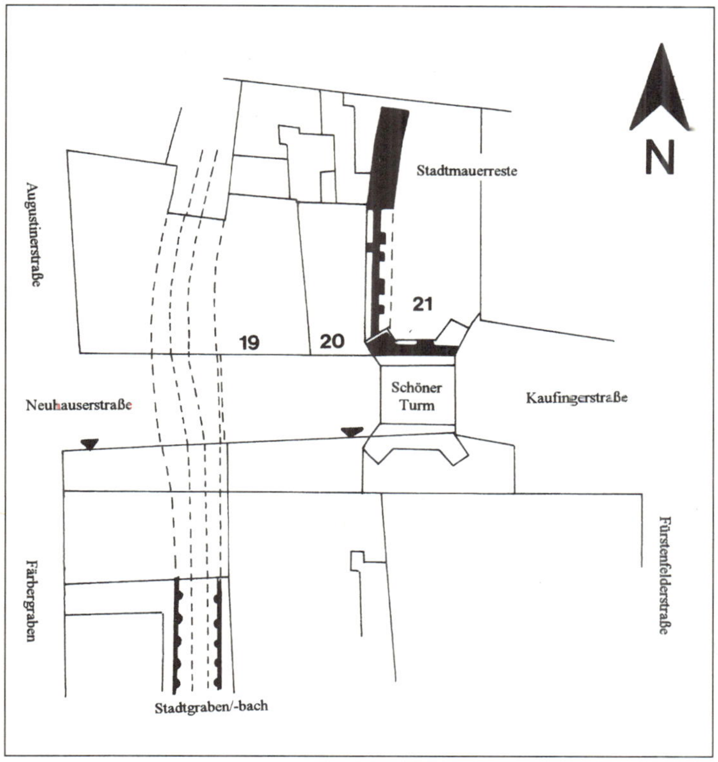

Abb. 94: Der Schöne Turm nach dem Umbau von 1479, um 1805. Kupferradierung von Friedrich Wilhelm Bollinger (1777–1825).

Abb. 95: Kaufingerstr. 20/21. Beobachtungen beim Abbruch des Anwesens Kaufingerstr. 20/21. Umzeichnung nach: Müller, Karl, Von der ältesten Befestigung Münchens. Das Bayerland 25 (1914) 669.

0,35 m abgearbeitet war. Zur Kaufingerstraße hin war sie etwa bis zu einer Höhe von ca. 2,10 m erhalten, in der nördlichen Polizeikaserne hatte sie offenbar noch ihre ursprüngliche Höhe von 2,70 m, denn hier saß noch eine weitere, 2 m hoch erhaltene und 0,80 m starke Mauer auf, die Überrest einer Brustwehr des ehemaligen Wehrgangs gewesen sein könnte. Wie bei allen bisher nachgewiesenen Stadtmauerresten gab es auch hier keine nennenswerte Fundamentierung, die Mauertechnik war die bereits bekannte Zweischalentechnik. Daß dieses Mauerstück ein Überrest der alten Stadtbefestigung sein mußte, zeigte schließlich auch der bündige Abschluß mit einem weiteren alten Überrest der Befestigung, dem Fundament der Nordwand des Stadttores.

Das Fundament, das nach der Zeichnung in die Vorderwand des Anwesens an der Kaufingerstraße integriert war, bestand aus Backsteinen und hatte eine Länge von 7 m und eine Stärke von 2 m.

Etwa 8 m westlich von dem Turmfundament, schon im Bereich der Böschung des alten Grabens, kam eine 2,50 m weite mit einem Spitzbogen überwölbte Öffnung zutage. Für die Funktion des Gewölbes gibt es keine schlüssige Erklärung. Daneben, 14 m westlich des Turmfundamentes, befand sich das alte Bett des Stadtgrabens. Wie am Marienhof war auch hier der Bach mit einem hier 4 m breiten Tonnengewölbe überbaut, das allerdings wegen einer zwischenzeitlichen Erneuerung nicht wie am Marienhof aus dem 16. Jahrhundert, sondern aus dem Jahre 1814 stammte. Der eiförmige Regenauslaßkanal aus dem 20. Jahrhundert liegt auch hier auf der Tunnelsohle. Anders als am Marienhof befand sich zwischen beiden Gewölben noch ein kleinerer, 1875 ausgeführter Tunnel, dessen Bedeutung nicht klar ersichtlich war.

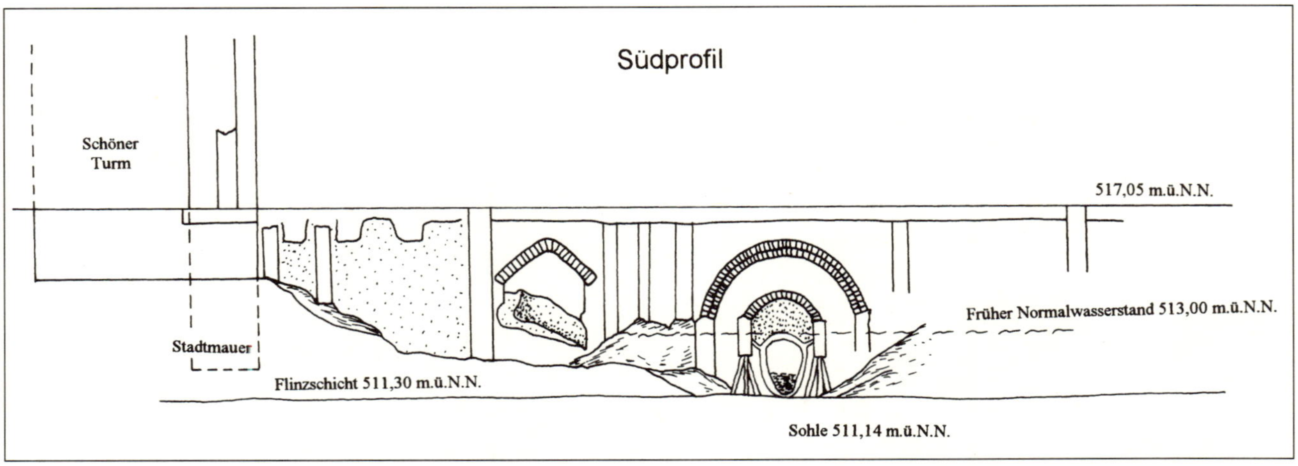

Abb. 96: Kaufingerstr. 20/21. Beobachtungen beim Abbruch des Anwesens Kaufingerstr. 20/21, Südprofil. Umzeichnung nach: Müller, Karl, Von der ältesten Befestigung Münchens. Das Bayerland 25 (1914) 669.

Die Grabensohle liegt auf der Flinzoberfläche 6 m unter dem heutigen Niveau auf 511,14 m ü.N.N., also ein wenig tiefer als weiter im Norden am Marienhof oder im Burggraben. Die Breite des Kaufingertores entspricht den Maßen des Tores an der Dienerstraße.

Fürstenfelderstraße (Abb. 76,11–13)

Im Bereich zwischen dem Kaufingertor und dem südlichen Pütrichturm läßt sich die Linie der alten Stadtumwehrung auf dem Katasterplan von 1806 besonders gut verfolgen (Abb. 76). Hier zeichnet der Straßenverlauf die Bebauung des Grabens noch von 2 Seiten nach: Fast unmittelbar am damals größtenteils noch offenen Graben verläuft der Färbergraben, vor den an der alten Stadtmauer errichteten Häusern markiert die Fürstenfeldergasse die Breite des ehemals unbebauten Gürtels. Anschließend an die Süd-West-Ecke des Kaufingertores kann man zwischen den beiden Straßen in einer gedachten Linie die Mauer nachvollziehen, wie an keiner anderen Stelle der Altstadt sonst. Fast überall endete die Bebauung der Fürstenfeldergasse damals genau an dieser Linie, entweder mit einem an das Haus Richtung Graben anschließenden Garten, oder mit einem Innenhof, der zumindest eine deutlich sichtbare Zäsur bildete. Auf der anderen Seite, am Färbergraben, reichte die Bebauung bis unmittelbar an den Stadtbach. Im Verlauf des 19. Jahrhunderts verschwanden dann nach und nach diese letzten sichtbaren Hinweise auf die erste Stadtbefestigung. Heute ist das Gebiet zwischen Färbergraben und Fürstenfelderstraße kompakt bebaut, ein Parkhaus nimmt große Teile der Fläche ein, ein großes Postgebäude samt Parkplatz bestimmt das Bild, der Stadtgraben ist durchgehend überbaut. Geblieben ist der Verlauf beider Straßen, der noch heute die alte Stadtumwehrung erahnen läßt.

Neben diesen indirekten Hinweisen konnten nach den Unterlagen der Lokalbaukommission bei verschiedenen Gelegenheiten in einigen Anwesen noch Reste der Stadtmauer dokumentiert und Profilschnitte aufgezeichnet werden. Die Überreste waren stets in der südwestlichen Abschlußwand vermauert, so daß man davon ausgehen kann, daß im allgemeinen einfach an die Stadtmauer angebaut worden ist. Über die Bauweise der aufgenommenen Mauerstücke ist in diesen Unterlagen nichts vermerkt, man kann aber

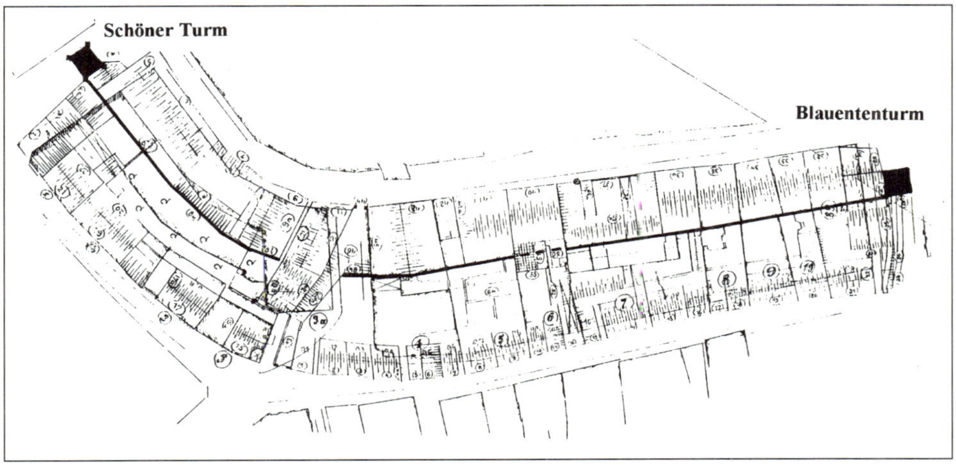

Abb. 97: Umzeichnung des Holzmodells von Sandtner von Schneider im Bereich des Färbergrabens.

sicher davon ausgehen, daß Mauerstärken von 1,70 m und mehr in normalen Bürgerhäusern nicht üblich waren und immer auf Wehrmauerreste hindeuten. Lediglich im Alten Hof konnte man auch innerhalb der Wehrmauer extreme Mauerstärken nachweisen. Im Gegensatz zu den Bürgerhäusern in der Stadt war der Alte Hof aber immer auch ein Wehrbau.

Im Einzelnen waren es drei Gebäude, in denen noch Reste der Stadtumwehrung angetroffen wurden. So zeigt ein Plan des Gebäudes Fürstenfelderstr. 16 im Keller eine Mauer mit der Stärke von 1,90 m, die im Erdgeschoß noch 1, 50–1,80 m aufwies, im ersten Obergeschoß nur noch 0,80 m stark war[196] (Abb. 76,11). Sie stand in einem Abstand von etwa 12 m zum Stadtgraben. Auch im Anwesen Fürstenfelderstraße 13 konnte man 1907 auf der angenommenen Flucht die Stadtmauer mit noch 1,70 m Stärke aufdecken[197]. Über die Topographie gibt ein Profilschnitt aus dem 19. Jahrhundert im Haus Fürstenfelderstr. 17 Auskunft[198]: Auf einer Länge von 10 m wies das Gelände ca. 5 m Gefälle bis zum Graben auf, der hier nur mit Pfählen befestigt war. Reste der alten Stadtmauer sind auf dem Profilschnitt nicht nachzuweisen. Da sich die Bebauung des Grundstücks bis zum Stadtgraben hinunterzog, ist die Mauer hier möglicherweise schon früh als störend abgetragen worden. Alle drei Gebäude wurden im Krieg zerstört und existieren heute nicht mehr. Auf dem Katasterplan von 1806 sind sie noch (in der Reihenfolge) als Fürstenfeldergasse Nr. 54, 51 und 55 eingezeichnet.

Ebenso wie an der Gruftgasse konnte auch in der Fürstenfelderstraße der ehemalige herzogliche Besitz für die meisten Häuser nachgewiesen werden. Der Verkauf an der Stadtmauer gelegener Grundstücke an verschiedene Klöster ist belegt. So für das unmittelbar südlich am Turm in der Kaufingerstraße liegende Anwesen, das an das Kloster Ettal ging[199], das Haus Nr. 16, das in den Besitz des Klosters Ebersberg kam, den Fürstenfelder Hof, Nr. 14 (Abb. 76,12) und das Haus Fürstenfelderstr. 12, die beide vom Kloster Fürstenfeld erworben wurden. Auch die Häuser von Nummer 12 bis zur

[196] StadtAM LBK 2948.
[197] Oestreich, Abb. 20.
[198] StadtAM LBK 2949/1.2.
[199] Stahleder, Stadtplanung, 270.

Abb. 98: Der Blauenten-, oder auch Pütrichturm. Lavierte Zeichnung von C. A. Lebschée, 1853

Ecke Sendlingergasse scheinen Kloster Fürstenfeld gehört zu haben und damit vorher in herzoglichem Besitz gewesen zu sein. Dies geht aus einer nicht ganz klar formulierten Urkunde hervor[200].

Am Ende der Fürstenfelderstraße, dem Verlauf der Stadtmauer folgend ein wenig in die Sendlingergasse hineinversetzt, stand das einzige nach Süden gerichtete Stadttor, der Pütrichturm, später auch inneres Sendlingertor genannt (Abb. 76,13 und 98). Er wird 1289 erstmalig erwähnt[201]. Wegen seiner Bemalung wird er ab 1536 auch Blauententurm genannt, gelegentlich auch Stockhamerturm, Rudolfturm und Ruffiniturm[202]. 1808 wird der Turm abgebrochen. Die Ansicht von Lebschée, 1853, zeigt den Turm mit Tuffsteinlagen im unteren Bereich und Ziegelmauerwerk im Aufgehenden. Die Tordurchfahrt ist ein gestufter Spitzbogen. Zur Entstehungszeit der Lebschée-Ansicht existierte der Turm allerdings nicht mehr, so daß es sich wohl auch bei dieser Ansicht, wie beim Larosée-Turm um ein nachempfundenes Bild handelt.

Rindermarkt (Abb. 76,14–20)

Östlich an die Fürstenfelderstraße, leicht nach Norden versetzt, schließt sich der Rindermarkt an. Hier zeigt sich die Bebauung schon auf dem Katasterplan von 1806 wesentlich kompakter als in der Fürstenfelderstraße. Der Stadtgraben war zu dieser Zeit bereits zum großen Teil überbaut, Gärten und Innenhöfe, die an die Linie der alten Stadtmauer angrenzen, finden sich klar nachvollziehbar nur noch bei zwei Grundstücken, Rindermarkt 2 und 3 (Abb. 76,20). Bei den übrigen Häusern läßt sich anhand der Bebauungsgrenzen eher die Linie des alten Stadtgrabens verfolgen. Heute ist die durchgehende Bebauung des Rindermarktes unterbrochen durch die neue Pettenbeckstraße, die etwa parallel zur Sendlingerstraße auf den Rindermarkt zuläuft und eine großzügige Brunnenanlage, die Rindermarkt und Rosental miteinander verbindet. Sowohl die Pettenbeckstraße als auch die Brunnenanlage sind erst nach dem Krieg entstanden.

Auch für den Bereich am Rindermarkt gibt es einige Profilschnitte und Beobachtungen, die den Verlauf der Stadtmauer oder des Stadtgrabens dokumentieren. So zeigt ein Geländeschnitt durch das Anwesen Rindermarkt Nr. 9 (Abb. 76,14) in einem Plan von 1876 einen Graben mit 2 m Breite, der hier, wie schon am Marienhof, in der Weinstraße und am Frauenplatz nachgewiesen, mit jeweils 1 m starken Mauern befestigt war. In 10 m und 15 m Entfernung vom Graben sind zwei weitere 1 m starke

[200] Stahleder, Stadtplanung, 275.
[201] Stahleder, Hausnamen, 615 f.
[202] Stahleder, Hausnamen, 559 f. und 615 f.

Abb. 99: Umzeichnung des Holzmodells von Sandtner von Schneider im Bereich des Rindermarktes.

Mauern eingezeichnet, wobei letztere unter einer 2 m starken Mauer sitzt[203]. Wahrscheinlich handelt es sich auch hier um die alte, wie überall kaum fundamentierte Wehrmauer, unter die später zur Fundamentierung oder um einen Kellerraum zu schaffen, eine dünnere Wand geschoben wurde. Das Gelände weist auf 15 m Länge ein Gefälle von 4 m von der Stadtmauer zum Stadtgraben auf.

Ein ähnliches Geländeprofil zeigte auch das Anwesen Rindermarkt Nr. 8 (Abb. 76,15)[204]. In der Flucht der im Nachbargrundstück festgestellten Stadtmauer lag hier ein immerhin noch 1,60 m starkes Mauerstück, auch dies wohl ein Rest der alten Wehrmauer. Die Häuser Nr. 9 und 8 wurden im Krieg zerstört und nicht wieder aufgebaut.

An der Ecke vom Rosental zum Rindermarkt, auf dem Grundstück Rosental 3, steht einer der wenigen erhaltenen mittelalterlichen Profanbauten Münchens, der sogenannte Löwenturm (Abb. 76,16). Die oft aufgestellte Vermutung, der mehrgeschossige Turm mit Zinnen gehöre zur ersten Stadtbefestigung, wird durch die Pläne der Lokalbaukommission widerlegt[205]. Der Turm steht unmittelbar über dem Stadtgraben. Welche Funktion er im Mittelalter hatte, ist nicht bekannt. Zu denken wäre an ein den Wasserstand regulierendes Wehr im Untergeschoß, zumal der Graben hier durch den natürlichen Taleinschnitt des Krottentales ein steiles Gefälle aufwies. Ein Hinweis darauf könnte auch das unterschiedliche Gefälle im Geländeprofil von 4 m westlich des Löwenturmes und nur noch gut 2 m an dieser Stelle sein. Im 19. Jahrhundert diente das Untergeschoß des Turmes als Toilettenanlage.

---

203 StadtAM LBK 8081.

204 StadtAM LBK 8080.

205 Bereits Gustav Schneider weist auf die Funktion des Löwenturmes als Schleusenwehr hin. Er erkannte im unteren Bereich einen älteren Bau mit Ziegeln des Formates 33/15/7cm. Maschinengeschriebener Bericht im Stadtarchiv München.

Heute bildet das Anwesen Rindermarkt Nr. 7 das Eckgrundstück zum Rosental (Abb. 76,17). Bei Erdaushubarbeiten für eine Tiefgarage entdeckte man hier 1962 eine 3,50 m tiefe, mit Kies ausgefüllte Rinne, die den Eindruck einer künstlich geschaffenen Anlage machte[206]. Sie ist unschwer als der alte, verfüllte Stadtgraben zu erkennen, der auf einem Plan von 1925 hier noch als offener Stadtbach zu sehen ist. Das Gelände fällt an dieser Stelle auf einer Länge von 30 m nur 2,30 m ab. Nördlich des Kanals folgte in einem Abstand von 10 m eine 1 m starke Mauer, in weiteren 14 m Abstand wiederum eine 1 m starke Mauer. Eindeutige Hinweise auf die alte Stadtmauer ergaben sich nicht.

Eindeutig konnte Dieter Oestreich im Haus Rindermarkt Nr. 6 (sog. Haslinger Durchgang) bei Abrißarbeiten 1949 die Reste der alten Stadtmauer aufnehmen[207] (Abb. 76,18). Er stellte eine noch erhaltene Mauerbreite von 1,53 m fest. Wiederum handelte es sich um eine Zweischalenmauer. Erhalten hatten sich 12 Schichten mit einer Höhe von 1 m. Das beobachtete Teilstück hatte, anders als die bisherigen Stücke, ein Fundament aus Tuffsteinen mit 1,50–1,60 m Breite (Format der Tuffsteine: 20/20/40 cm). Das Füllmauerwerk bestand wie im Alten Hof aus Kies- und Mörtellagen, die sich alle 10 cm abwechselten. Verwirrend ist allerdings, daß Oestreich für die verwendeten Ziegel mit 33/16/7 cm ein Maß angegeben hat, das im Alten Hof und z.B. am Sendlinger Tor erst für die Zeit um 1300 belegt ist. Auch in der Burgstraße werden diese Ziegelformate erst für nachträgliche Anbauten an die alte Stadtmauer angegeben. Denkbar wäre, daß Oestreich bei seinen Recherchen irrtümlich Ziegel vermessen hat, die von späteren Umbauten, z.B. einer Vorblendung stammen. In der gleichen Flucht entdeckte Oestreich auch in der Südostwand der Gaststätte »Zu den drei Rosen« (Rindermarkt Nr. 5) eine 1,70 m starke Mauer ähnlicher Bauart (Abb. 76,19).

Die Häuser Rindermarkt Nr. 2 und 3 waren die einzigen, bei denen die Bebauung um 1806 an der gedachten Linie der Stadtmauer endete. Das Anwesen Rindermarkt Nr. 2 zeigt denn auch in einem Plan von 1860 eine äußerst massive Ostwand mit noch 1,70 m Stärke, die sich im Erdgeschoß und Obergeschoß noch in ihrer gesamten Länge erhalten hatte, im Obergeschoß allerdings nur teilweise in gleicher Stärke. Auch hier scheint die Stadtmauer in der Hauswand integriert worden zu sein[208]. Verlängert man die Flucht der Mauer in Richtung Norden, so trifft man genau auf einen auch heute noch sichtbaren Knick in der südlichen Häuserflucht am Petersplatz (zwischen den Anwesen 8 und 9).

Alle Häuser an der Südostseite des Rindermarkts sind eng verknüpft mit herzoglichem Besitz[209].

Zum Petersplatz hin ist der Verlauf der Mauer nicht mehr deutlich erkennbar. Die verfolgte Mauerflucht trifft auf den Petersplatz etwa in Höhe des deutlichen Knickes. Ein hier auf einem Plan von 1807 eingezeichnetes Mauerstück mit 1,50 m Stärke in dieser Flucht ist der einzige Hinweis auf

[206] Nach Mitteilung von Herrn Prof. Dr. Ing. Jelinek, TH München. In: Aus der Frühgeschichte Münchens. SZ, Münchner Stadtanzeiger Nr. 1–7, 1962. – StadtAM LBK 8079.
[207] Photo bei: Oestreich, Abb. 25. – SZ Nr. 60 vom 24.5.49.
[208] StadtAM LBK 8077.
[209] Stahleder, Stadtplanung, 276.

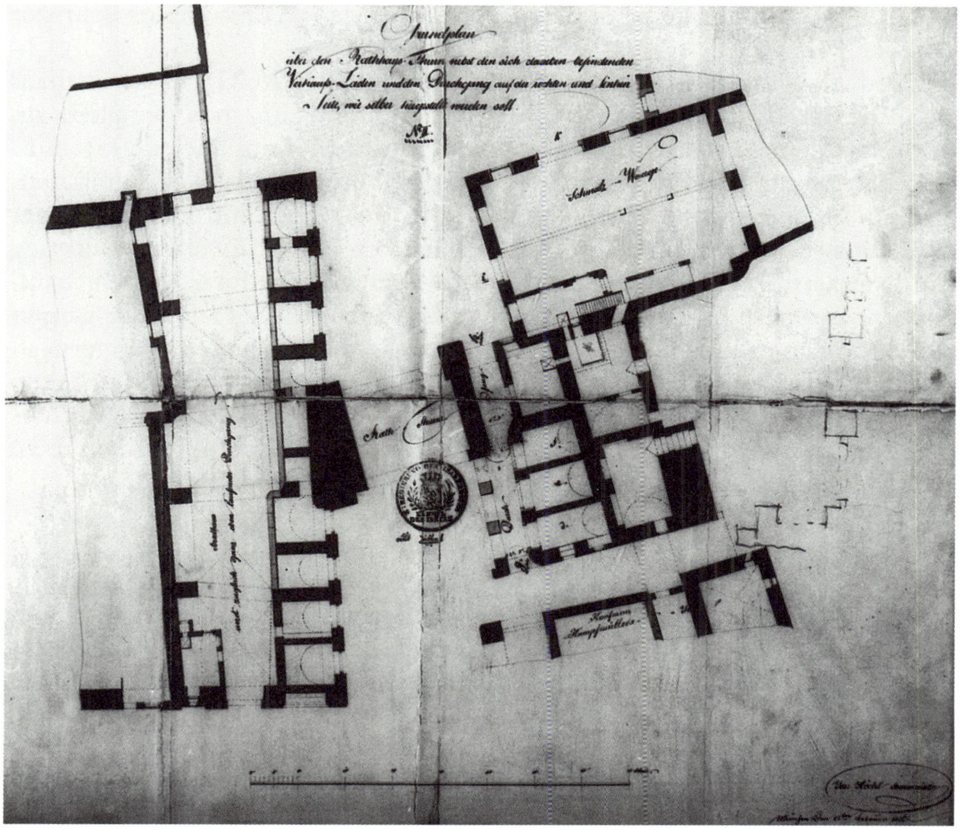

Abb. 100: München, Altes Rathaus. Rathausbau, Erdgeschoß. Plan von Höchl, 1836. Deutlich sichtbar der Rathausturm und eine nach Süden anschließende fast 2 m starke Mauer.

eine etwaige ältere Befestigungsmauer[210]. Die Grabungen auf dem Petersplatz von Schleich, Wankmüller und Dannheimer erbrachten keine deutlichen Anhaltspunkte für die Existenz einer stärkeren Befestigung, so daß eine Antwort auf die Frage, wie die Stadtmauer um die Peterskirche herum verlief, späteren Forschungen vorbehalten werden muß.

Auf der Nordseite des Platzes, im Anwesen Petersplatz 4 (heute die Rückfront des Gebäudes am Marienplatz 6), ist auf einem Plan von J. Höchl aus dem Jahre 1836 (Stadtarchiv München) ein Mauerstück mit der beachtlichen Mauerstärke von 2,20 m eingezeichnet (Abb. 76,21 und 100)[211]. Es läuft ziemlich genau von Süden nach Norden auf das anschließende ältere Stadttor zu und schließt dort mit der Süd-Ost-Ecke des Tores ab. Die Interpretation dieses Mauerstücks als Stadtmauer muß allerdings mit Vorsicht geschehen, da ein weiterer Plan aus dem Jahre 1800 (Stadtmuseum München) die gleiche Mauer nur in normaler Hausstärke zeigt. Bei dem Gebäude handelt es sich um das ehemalige Alte Rathaus (nicht identisch mit dem heutigen »Alten Rathaus«), das direkt an das östliche Stadttor anschloß. Dieser Häuserkomplex gehörte dem Ritter Ainwig Gollier. Er wird ab 1392 zum Sitz des Rates der Stadt München. Möglich wurde der Bau eines Rathauses an dieser Stelle erst mit der Aufgabe der Wehrhaftigkeit der Mauer,

210 StadtAM LBK 11 und 22571.
211 StadtAM LBK 7388 und 01345.

so daß eine Einbeziehung der alten Mauer in den Hauskomplex sehr gut denkbar wäre.

Nördlich schließt sich der Rathausturm an (Abb. 76,22). Er ist erstmals für das Jahr 1301 als »porta inferior« belegt, indirekt kann man ihn allerdings schon aus dem 1239 erwähnten »oberen Tor«, dem Kaufingertor, erschließen, das bereits die Existenz eines unteren Tores unterstellt. Unter dem Namen »Rathausturm« taucht er das erste Mal 1393 auf, kurz nach der Gründung des alten Rathauses am Petersplatz[212]. Im Zweiten Weltkrieg wurde er zerstört und 1971/72 nach historischem Vorbild wieder aufgebaut. Er hatte ähnliche Ausmaße wie der Larosée-Turm (7 m Tiefe). Ein kleiner Durchgang im südlichen Bereich des Turmes diente den Fußgängern als Durchlaß. Bündig mit der Außenmauer des Rathauses zur Seite des alten Schrannenplatzes schloß an der süd-östlichen Ecke des Fußgängerdurchgangs die alte Wehrmauer an, die auf dem Plan von J. Höchl noch in einem kleinen Rest von fast 2 m Mauerstärke zu sehen ist (Abb. 100).

Burggasse / Sparkassenstraße (Abb. 76,23)

Nördlich des Rathausturmes wird die Flucht der ehemaligen Stadtmauer auch heute noch von Hinterhöfen nachgezeichnet, wenn auch nicht so exakt und regelmäßig wie um 1806 in der Fürstenfelderstraße. Auf den Grundstücken Burgstraße 12 bis 17 (heute Burgstraße 4) wurde 1952 bei Ausschachtungsarbeiten für einen Neubau der Verlauf der ältesten Stadtmauer durch den Konservator Werner Meyer bestätigt[213] (Abb. 76,23). Am Nord- und Südende der langgestreckten Baugrube konnte er jeweils die angeschnittene, 1,60 m starke Mauer beobachten. Meyer beschreibt sie als ohne Fundamentierung auf dem anstehendem Flinz aufsitzend, im unteren Teil bis zur Höhe von 1,50 m aus massivem Ziegelmauerwerk in Kalkmörtel und darüber bis 3 m Höhe aus Schalenmauerwerk mit Ziegeln errichtet. Betrachtet man die Photos allerdings genau, so fällt auf, daß in 1,50 m Höhe, wenn das massive Ziegelwerk aufhört, erst einmal eine Schicht reiner Kiesel in Mörtel kommt, ohne die begrenzende Ziegelschale zu beiden Seiten (Abb. 102 und 103). Erst darüber beginnt die eigentliche Zweischalenmauer mit sauber in Mörtel geschichteten Kieselsteinen als Füllmauerwerk. Dies spricht eher dafür, daß die Zweischalenmauer ursprünglich mit der üblichen flachen Fundamentierung aus Kies-Mörtel-Gemisch ohne das untere Ziegelstück gebaut worden ist. Erst später mag sich herausgestellt haben, daß der steile Geländeabfall an dieser Stelle und die größere Strömung des hier ja natürlich fließenden Pfisterbaches eine Fundamentierung notwendig machte. Daß hierzu der Untergrund noch einmal abgetieft wurde und das neue Fundament gegen die sicher nicht exakt senkrecht abgegrabene Erde unter die bestehende Mauer gesetzt worden sein muß, zeigt die leicht nach innen gebogene Linie des nachträglich untergeschobenen Fundamentes. Die Ziegel hatten ein Maß von 31/15/8,5 cm, also ziemlich genau die gleiche Größe wie am Alten Hof. Spätere

[212] Stahleder, Hausnamen, 622 f.

[213] Meyer, Werner, Bericht über die Untersuchungen an einem Teil der ältesten Münchner Stadtbefestigung an der Sparkassenstraße. Ungedruckt, StadtAM Av.Bibl. Nr. 6773.

Abb. 101: München. Umzeichnung des Holzmodells von Sandtner von Schneider im Bereich der Burgstraße

Anbauten aus Ziegel hatten das Format 32–34/16/5–7 cm. Auf der Südseite befanden sich im Fundamentbereich der Mauer einige Tuffquader.

8,50 m vor der ehemaligen Stadtmauer in Richtung Osten fanden sich Reste einer parallelen Ziegelmauer von 1,20 m Stärke ohne Fundamentierung. Meyer schließt aus diesem Befund auf eine Zwingermauer. Die weiteren Befunde sprechen allerdings eher dafür, daß es sich hier, wie schon an anderen Stellen der Stadtmauer, um die Uferbefestigung des damals noch weiter westlich fließenden Pfisterbachs handelte, denn vor dieser zweiten Mauer wurde eine mit Schutt gefüllte Grube freigelegt und noch einmal 2,70 m weiter östlich eine dritte Mauer aus großen Tuffquadern (Quadergröße bis zu 200/70/40 cm). Noch im Bereich der Grube hart an der Westfront der dritten Mauer fand man Pfostenlöcher. Die beiden festgestellten östlichen Mauern mit der dazwischenliegenden Grube und den zwischen Mauer und Graben eingerammten Pfosten sind dann der verfüllte alte Stadtgraben mit seiner Uferbefestigung. Da der Pfisterbach, vermutlich zur Gewinnung von Bauland im Bereich zwischen Burg- und Sparkassenstraße, später geringfügig nach Osten verlegt wurde, liegt sein Bett heute außerhalb der festgestellten Mauerreste.

Zwischen der Stadtmauer und der Uferbefestigung lag der gewachsene Boden auf einer Höhe von 512,40 m ü.N.N., also 3,35 m unter dem

Abb. 102: München. Beobachtungen von Werner Meyer beim Abbruch der Anwesen Burgstraße 4. Blick nach Norden auf die Wehrmauer aus dem 12. Jahrhundert.

Abb. 103: München. Beobachtungen von Werner Meyer beim Abbruch der Anwesen Burgstraße 4. Blick auf die abgebrochene Wehrmauer aus dem 12. Jahrhundert.

Niveau der Burgstraße und noch 0,95 m unter dem der heutigen, östlich gelegenen Sparkassenstraße. Die Sohle des verfüllten Stadtgrabens befand sich auf 510,25 m ü.N.N.

Vergleiche mit älteren Planunterlagen der Anwesen Burgstraße 17 (festgestellte Mauerstärke von 2 m), Burgstraße 16 (Mauerstärke 1,55 m), Burgstraße 14 (Mauerstärke 1,60 m)[214] und 11 (Mauerstärke 1,65 m), bestätigen deutlich den von Meyer beobachteten Verlauf der ältesten Stadtmauer, der noch heute durch die auf einer Linie liegenden Innenhöfe nachgezeichnet wird. Ein Plan von 1899 des Anwesens Burgstraße 13 zeigt in einem Profilschnitt noch einmal ein ähnliches Bild[215]: Mit einem Abstand von 8 m (Meyers Beobachtungen waren 8,50 m) – von der westlichen Stadtgrabenmauer entfernt lag eine – hier nur – 1 m starke Mauer auf ebenem Gelände. Erst dann steigt das Gelände Richtung Burgstraße an. Auf dem aufgenommenen 17 m langen Schnitt überwindet das Gelände eine Höhe von 2,50 m (Abb. 104).

Dieses natürliche Gefälle der Altstadtterrasse zur darunterliegenden Terrasse kann man heute zwischen dem Anwesen Burgstraße 8 und 10 noch sehr gut erkennen. Hier liegt der heutige Schlichtingerbogen direkt südlich des Alten Hofes. In den Mauern der Innenhöfe, die man im Schlichtingerbogen rechts und links frei betreten kann, befinden sich heute noch die Reste der Stadtmauer. Der Schlichtingerbogen dürfte mit der »porta Türlini« gleichzusetzen sein, die 1319 das erste Mal erwähnt wird. Das Tor führte zum östlich gelegenen Türlbad, das seinen Namen von diesem Durchgang hatte.

[214] StadtAM LBK 1694.
[215] StadtAM LBK 1693, Plan von 1899.

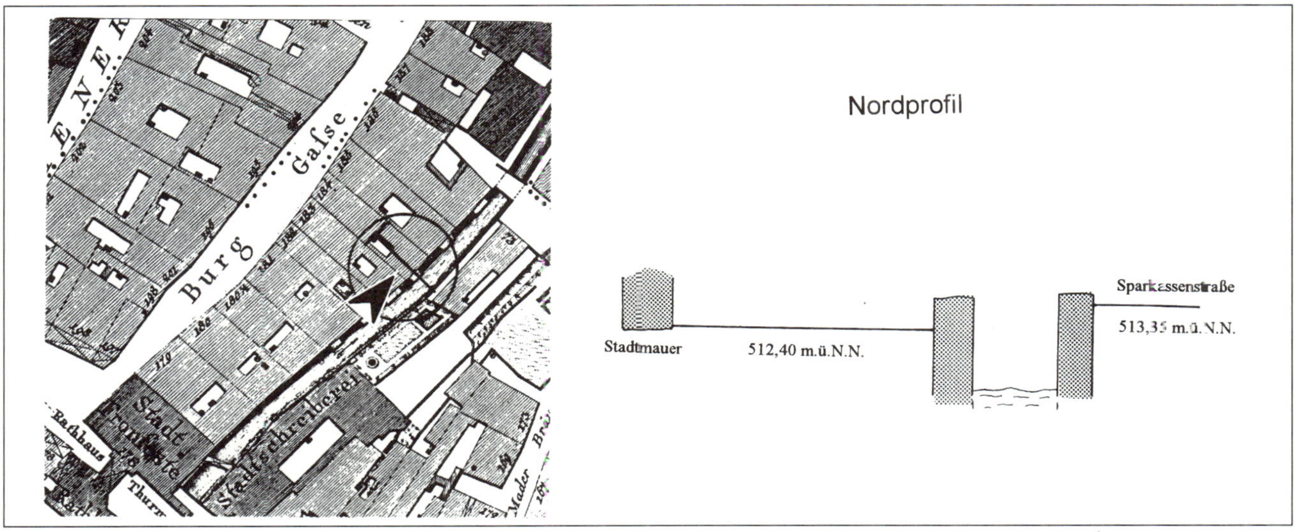

Abb. 104: West-Ost-Profil Burgstraße 12–17. Rekonstruktion und Umzeichnung nach den Angaben von Meyer.

Zusammenfassung

Der im Großen und Ganzen durch Straßenverläufe, schriftliche Überlieferungen und alte Pläne bekannte Verlauf der Stadtmauer um den ältesten Stadtkern konnte an den verschiedensten Stellen im Umfeld von notwendigen Baumaßnahmen bestätigt werden. Art und Bauweise der Stadtmauer gleichen sich an allen Stellen. Die festgestellte Mauerstärke war überall dort, wo die Mauer vollständig erhalten war, etwa 1,70–2 m; an einigen Stellen, wo dies nicht der Fall war, läßt sich die geringere Mauerstärke durch Abarbeiten bei Umbauten erklären (z.B. im Anwesen Kaufingerstr. 20/21). Wo eine Mauerwerktechnik dokumentiert war, handelte es sich stets um ein Zweischalenmauerwerk mit einem Füllmauerwerk aus sorgfältig in Mörtel geschichteten Kieselsteinen. Die verwendeten Ziegel hatten fast überall das gleiche Format. Die Mauer war im allgemeinen auf eine flache Kies-Mörtel-Unterlage gesetzt, ein regelrechtes Fundament fehlte fast immer. Lediglich in einem Grundstück am Rindermarkt und über eine Länge von 6 Grundstücken an der Burgstraße konnten Fundamente nachgewiesen werden. Zumindest in der Burgstraße ist die Fundamentierung aber eindeutig nachträglich untergeschoben worden. Hier spielten wahrscheinlich die besonderen topographischen Gegebenheiten an dieser Stelle eine entscheidende Rolle.

Von den Stadttoren hat sich wohl lediglich das Untergeschoß des nordöstlichen Larosée-Turmes bis zum endgültigen Abbruch in seiner ursprünglichen Form erhalten. Die bekannten Abbildungen der übrigen Tore zeigen sämtlich Nachfolgetore aus dem 13./14. oder 15. Jahrhundert an der Stelle älterer Mauerdurchlässe.

Außerhalb der Stadt zog sich um die Mauer als weiterer Schutz der Stadtgraben. Die Grabensohle lag auf der wasserführenden Flinzschicht, der Wasserstand im Graben muß im Schnitt bei 2 m gelegen haben. Zwischen Mauer und Graben lag ein freies Vorfeld von 10 bis maximal 15 m Breite, nur an der Burgstraße ist es mit 8 bis 8,50 m wegen der dortigen topographischen Verhältnisse deutlich schmäler.

Die häufig zu beiden Seiten des Grabens gefundenen auffallend massiven Uferbefestigungen stammen nicht aus der Zeit der Errichtung der Mauer.

Sie wurden erst später mit der zunehmenden Verfüllung des Grabens, häufig in mehreren Schritten, in die Höhe gezogen.

An keiner Stelle konnten Reste einer Zwingeranlage nachgewiesen werden. Die gelegentlich als Reste von Zwingermauern gedeuteten Mauerstücke ließen sich eher als Teile der Grabenbefestigung deuten. Da Zwingeranlagen im allgemeinen erst im 14. Jahrhundert auftauchen, ist diese Deutung ohnehin sehr unwahrscheinlich. Auch für eine von Karl Müller, Georg Gilardone und Gustav Schneider zur Diskussion gestellte Wallbefestigung als Vorgängerin der Stadtmauer ließen sich keine Nachweise erbringen[216]. Wenn sie bestanden hat, ist sie wohl nur von kurzer Dauer gewesen – die Ziegelreste in der ersten Nutzungsschicht des Grabens am Marienhof sprechen deutlich dafür, daß Mauer- und Grabenbau zeitlich zumindest nicht weit auseinander lagen.

Die einzige Datierungsmöglichkeit der Befestigungsanlage ergibt sich aus den Grabungen am Alten Hof. Danach muß die erste Ummauerung noch im 12. Jahrhundert entstanden sein. Ob sie schon 1158 zum Zeitpunkt der heute angenommenen Stadtgründung begonnen wurde, läßt sich nicht sagen. Vielleicht muß man von einer zunächst lockeren Besiedelungsstruktur ausgehen mit einem noch nicht befestigten Ministerialen-Hof auf dem Gelände des Alten Hofes. Sicher ist aber, daß die Umwehrung des Alten Hofes gleichzeitig mit dem Bau der Stadtmauer erfolgte.

4.3.2. Exkurs – Hochmittelalterliche Stadtbefestigungen in anderen Städten

Das bisher gewonnene Bild der frühen Stadtbefestigung von München läßt einige Fragen offen: das Aussehen der frühen Stadtauslässe konnte nach der Untersuchung des Larosée-Turmes nur sehr vage geklärt werden, die Frage nach einer evtl. Vorgängerbefestigung bleibt unbeantwortet und auch eine exakte Datierung der Stadtmauer wurde bislang nicht erschlossen. Um sich hier Antworten zu nähern, bleiben vorerst nur Vergleiche mit umliegenden Beispielen von Stadtbefestigungen ähnlicher Zeitstellung. Wenn im folgenden einige Forschungsergebnisse aus bayerischen und deutschen Städten vorgestellt werden, so soll nicht der Anschein erweckt werden, daß sie ohne Einschränkung auf München übertragbar wären. Sie mögen aber helfen, das Bild der mittelalterlichen Verteidigungsanlagen abzurunden und vor allem Schwerpunkte für zukünftige Untersuchungen zu setzen, die vielleicht noch zur Klärung einzelner Fragen beitragen können.

Eine Wallbefestigung zeitlich vor einer späteren steinernen Stadtmauer ist z.B. in den Marktorten Lichtenfels und Bayreuth, sowie in Bad Neustadt a.d. Saale festgestellt worden. Sie bestand in Lichtenfels[217] und Bayreuth[218] aus einem Erdwall mit vorgelagertem Sohlgraben und einer Palisade. Diese

[216] Müller, Karl, München als befestigte Stadt. Das Bayerland 14 (1903) 507 f. – Gilardone, Georg, Wälle und Mauern um München. Bayerland 46 (1935) 676. – Schneider, Gustav, Der Werdegang des ältesten Münchner Stadtkernes. OA 112 (1988) 187.

[217] Scherbaum, Jochen, Frühe Siedlungsbefestigungen in Lichtenfels und Bayreuth-Altenstadt. In: Die Andechs-Meranier in Franken (Mainz 1998) 197–200.

[218] Scherbaum, Jochen, Stadtbefestigung im nördlichen Franken. In: Ericsson, Ingolf (Hrsg.), Ausgrabungen. Begleitheft zur Ausstellung des Lehrstuhls für Archäologie des Mittelalters und der Neuzeit im Historischen Museum Bamberg. (Bamberg 1998) 136 ff.

Bauweise ist auch für zahlreiche weitere Beispiele außerhalb Frankens in der Frühphase urbaner Siedlungen archäologisch belegt[219].

Für Lichtenfels ist der Plan zum Bau einer Palisade in einer Urkunde aus dem Jahr 1231 erwähnt[220]. Die archäologischen Untersuchungen an der Stadtmauer 1995 bestätigten diese Urkunde. Sie stellten eine erste längere Siedlungstätigkeit und Holzbebauung aus dem 12. Jahrhundert fest, die erst in einer weiteren Siedlungsphase des späten 12. und frühen 13. Jahrhunderts mit einem Graben und einem Wall befestigt wurde. Von dem Wall waren noch 1,50 m erhalten. Die in der Urkunde erwähnte Palisade konnte nicht erfaßt werden[221].

Ein ähnliches Ergebnis brachten die Ausgrabungen in Bayreuth-Altenstadt. Hier konnten Reste einer Kulturschicht unter einer ersten Wallbefestigung mit Holzbauten aus dem 12. Jahrhundert nachgewiesen werden. Auch hier wurden erst in einer zweiten Siedlungsphase ein flacher Graben und ein etwa 2–3 m hoher Wall angelegt. Auf der Stadtinnenseite fanden sich Reste einer Bohlenverschalung mit Ankerkonstruktion, die aber wohl späteren Datums sind. Die Anlage konnte auf die Zeit um 1200 datiert werden und fällt somit auch in die Zeit der ersten Erwähnung der Siedlung »baierrute« im Jahr 1194[222]. Beide Städte wurden später mit einer gemauerten Anlage umgeben. Für den Zeitpunkt der Erbauung kann man nur allgemein die Aussage treffen, daß steinerne Stadtmauern in den fränkischen Gründungsstädten im allgemeinen erst ab der zweiten Hälfte des 13. Jahrhunderts in Angriff genommen wurden[223]. Diese Zeitstellung dürfte auch für Lichtenfels und Bayreuth gelten.

Das gleiche Bild ergab sich für Bad Neustadt a.d. Saale[224]: Eine unbefestigte erste Siedlungsphase, die in das 13. Jahrhundert datiert werden konnte und damit wohl in der Zeit der Ersterwähnung der Stadt im Jahr 1232 liegt. Die erste steinerne Stadtmauer wurde hier in der 1. Hälfte des 14. Jahrhunderts errichtet. Darunter zeigten sich Spuren einer älteren Befestigung aus Holz mit einem Holzturm, der bereits eine abknickende Torgasse auf der der Stadt zugewandten Seite hatte.

Eine zunächst offene Siedlung, die erst später befestigt wurde, ist auch in Hof festgestellt worden. Eine Grabung am Sigmundsgraben in der Hofer Neustadt im Jahre 1994 erfaßte die wichtigsten Stationen der Stadtentwicklung[225]. Dabei ließ sich die erste Siedlungsphase grob in den Zeitraum des 12. und frühen 13. Jahrhunderts datieren. Im Unterschied zu den vorge-

---

219 Biller, Thomas, Die mittelalterliche Stadtbefestigung im deutschsprachigen Raum. Zustand und Perspektive der Forschung. In: Stadt, Burg, Festung. Stadtbefestigung von der Antike bis ins 19. Jahrhundert. Veröffentlichung des Innsbrucker Stadtarchivs, Band 21 (1994) 99–137. – Isenberg, Gabriele/Scholkmann, Barbara (Hrsg.), Die Befestigung der mittelalterlichen Stadt (o.O. 1997).

220 v. Oefele, Edmund Frhr. Geschichte der Grafen von Andechs (1877) 243 f.

221 Hannig, Rita, Bayreuth. In: Abels, Björn Uwe/Haberstroh, Jochen, Ausgrabungen und Funde in Oberfranken 10, 1995–1996. Sonderdruck aus: Geschichte am Obermain, Jahrbuch Colloquium Historicum Wirsbergense 21 (o.O. 1997/1998) 51.

222 Herrmann, Erwin, Zur Stadtentwicklung in Nordbayern. Archiv für Geschichte von Oberfranken 53 (1973) 31–79.

223 Ebd.

224 Mittelstraß, Tilman, Neustadium, oppidum Franconiae parum munitum – Stadtkerngrabung in Bad Neustadt a.d. Saale. AJB 1992 (Stuttgart 1993) 155–158.

225 Abels, Björn-Uwe/Haberstroh, Jochen, Ausgrabungen und Funde in Oberfranken 9, 1993–1994. Sonderdruck aus: Geschichte am Obermain, Jahrbuch Colloquium Historicum Wirsbergense 20 (o.O. 1995) 38.

nannten Städten ergaben sich hier aber keine Hinweise auf eine Befestigung vor der noch in Teilen stehenden Stadtmauer, die erst etwa in der Mitte des 13. Jahrhunderts errichtet wurde.

Wie die aufgeführten Beispiele zeigen, ging der steinernen Stadtmauer nicht selten eine Wallbefestigung voraus, so die Siedlung in ihrer Entstehungszeit überhaupt geschützt war. So muß natürlich auch für München die Frage gestellt werden, ob sich nicht doch vor der um 1175 datierten Wehrmauer eine Wallbefestigung um die Siedlung zog. Allerdings zeigen die Untersuchungen auch, daß sich von diesen Anlagen oft unübersehbare Spuren erhalten haben. Nicht so in München.

Die Frage nach dem Aussehen der ersten Stadttore nimmt Paul Hofer für die vorzähringischen und Zähringerstädte auf, zu denen auch Freiburg im Breisgau zählt. Freiburg, dessen erste Erwähnung um 1220 verbürgt ist, läßt sich insofern vielleicht mit München vergleichen, als die erste Befestigung eine ganz ähnliche Mauerkonstruktion und ähnliche Türme wie in München zeigt. Die Stadtmauer war zwar nur 1,10 m dick, bestand aus großen Paragneisbruchsteinen und hatte eine – in München nicht festgestellte – Hinterschüttung, sie war aber wie in München zweischalig mit einem Kern aus Kieselrollsteinen in Mörtel aufgebaut, war wie dort nur sehr flach fundamentiert und stammt etwa aus der gleichen Zeit (für eines der Tore, das Martinstor liegt eine Dendro-Datierung für die Jahre 1201/02 vor, der Mauerbaubeginn wird in das zweite Viertel des 12. Jahrhunderts datiert). Hofer nimmt an, daß »für Wehrgürtel des ganzen 12. Jahrhunderts einschließlich der Zähringerstädte noch nicht Tortürme, sondern einfache Bogendurchgänge durch die Ringmauer angenommen werden« müssen[226]. Das gleiche stellt U. Mainzer für Köln heraus, indem er feststellt, daß die »Mehrzahl der Wall- und Mauerdurchlässe aus einfachen Pforten, die bisweilen mit Holzaufbauten versehen waren, bestand«. Bei den frühen Tortürmen, so Mainzer, »dürfte es sich um ein durch den Aufbau eines Obergeschosses ausgebautes Kammertor gehandelt haben, da der Typ des Kammertores seit karolingischer Zeit der zumeist gebräuchlichste war«.

Archäologisch nachgewiesen ist solch ein einfacher Mauerdurchlaß für die frühe Befestigung Regensburgs[227]. 1994 wurden hier im Anwesen Rote-Löwen-Straße 10 / Fidelgasse 11 Reste der Stadtmauer mit einem vorgelagerten Doppelgraben freigelegt. In die Mauer war ein 2 m breites Tor eingelassen. Zu ihrer Überraschung stießen die Ausgräber auf ein gut erhaltenes stumpfes Mauerende, das nirgends einen Anschluß an eine gemauerte Toranlage erkennen ließ. Auf der Gegenseite war das Mauerstück durch moderne Bauten erheblich gestört, aber auch hier gab es keine Anzeichen für eine Toranlage aus Stein. Zumindest an dieser Stelle hat demnach wohl nur ein einfaches Holztor den Zugang zur Stadt verschlossen. Die Entstehungszeit von Mauer und Graben wurde in das 12. Jahrhundert datiert, war also etwa zeitgleich mit dem Bau der ältesten Münchner Stadtmauer.

Ob aus diesen Überlegungen auch auf die Münchner Tore geschlossen werden kann, ist unsicher. Ein bruchloser Übergang von der Stadtmauer zu

---

[226] Hofer, Paul, Die Stadtanlage von Thun. Burg und Stadt in vorzähringischer Zeit (Thun 1982) 363.

[227] Codreanu-Windauer, Silvia, Neue Ergebnisse zur Regensburger Stadttopographie im Hochmittelalter. In: Denkmalpflege in Regensburg, Band 5 (o.O. 1994) 34 f.

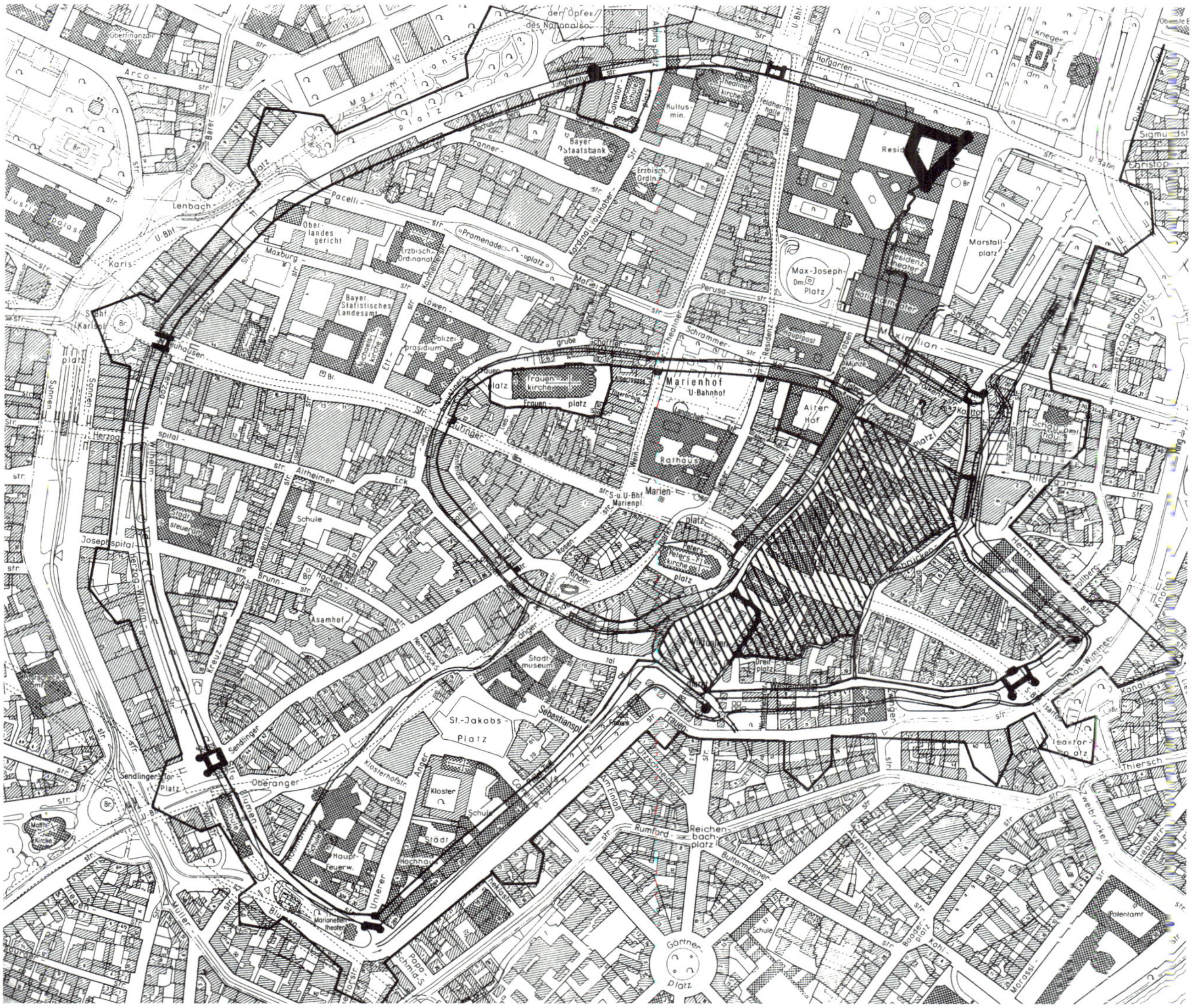

den Fundamenten der Tore ist nirgends eindeutig dokumentiert, so daß auch für das offenbar ältere Untergeschoß des Larosée-Turmes die Möglichkeit besteht, daß es zwar früh, aber nicht schon in der Anfangszeit der Befestigung errichtet worden ist.

Abb. 105: Verlauf der ältesten Stadtmauer aus dem späten 12. Jahrhundert (innerer Bereich), erste Stadterweiterung nach Osten (schraffiert) und Stadtmauerverlauf aus dem späten 13. und frühen 14. Jahrhundert

4.3.3. Die erste Stadterweiterung (Abb. 105)

Die erste Stadterweiterung, die auf die Befestigung des ältesten Stadtkerns folgte, fand vermutlich schon im frühen 13. Jahrhundert unter Herzog Ludwig I. statt[228]. Diese Stadterweiterung umfaßte nur das Gebiet östlich anschließend an die Peterskirche und den Alten Hof in das Tal hinunter (Abb. 105 schraffierter Bereich). Sie dürfte mit der Errichtung des Heiliggeistspitals um 1208 eingeleitet worden sein, sicher aber um 1250 endgültig bestanden haben, denn wir wissen für 1253, daß um diese Zeit im Tal schon

[228] Stahleder, Stadtplanung, 252.

Bürgerhäuser standen[229]. Die Ostgrenze der Stadt wurde auf die heutige Linie Radlsteg / Hochbrückenstraße vorgeschoben und mit dem Kaltenbachtor (Abb. 76,25) abgeschlossen. Südlich umfaßte sie das Gebiet um das Heiliggeistspital, nördlich bezog sie das östlich vom Alten Hof gelegene Handwerkerviertel in die Stadtgrenzen mit ein. Das Kaltenbachtor markierte bis zur endgültigen Fertigstellung des am Talende stehenden Isartores um 1336/37 auf halber Höhe des Tales die Stadtgrenzen[230]. Es wird 1319 das erste Mal erwähnt[231]. Weitere schriftliche Quellen, die Hinweise auf diese erste Stadterweiterung geben, sind nicht bekannt. Außer dem Tor und dem von Süden auf das Tor zufließenden Kaltenbach[232] deutet auch sonst nichts auf eine frühere Befestigung in diesem Bereich hin. Ein Tor an so exponierter Stelle macht jedoch nur Sinn, wenn es in ein Befestigungswerk eingebunden war. Möglicherweise aber bestand die Stadtbefestigung an dieser Stelle nur aus einem wassergefüllten Stadtgraben, eben dem Kaltenbach, mit einem davor liegenden Wall.

4.3.4. Die zweite Stadterweiterung (Abb. 105 und 106)

Die zweite, sehr viel größere Stadterweiterung wurde unter Herzog Ludwig II., dem Strengen (1253–1294), eingeleitet und schließlich unter Ludwig dem Bayern (1294–1347) abgeschlossen. Sie umfaßte dieses Mal das gesamte Stadtgebiet, verlängerte die West-Ost-Achse vom Kaufingertor zum heute noch bestehenden Karlstor und vom Kaltenbachtor bis zum Isartor, das ebenfalls noch heute im Stadtbild eine dominierende Rolle spielt. Im Norden bezog sie das Gelände der späteren neuen Residenz mit ein, den südlichen Abschluß bildeten das Angertor und das Sendlinger Tor. Die neue Befestigungsanlage blieb bis in das 17./18. Jahrhundert erhalten und ist auf dem Sandtner-Modell und vielen alten Stichen noch vollständig abgebildet.

Quellen- und Forschungsgeschichte – Die schriftlichen Quellen

Die zweite Stadterweiterung ist in den Quellen umfassend belegt. Als frühester indirekter Hinweis kann die Nachricht von 1271 gelten, daß die Pfarrei St. Peter geteilt und eine zweite, größere Pfarrkirche, die Kapelle zu Unserer Lieben Frau errichtet wird. Begründet wird diese Maßnahmen damit, daß die Stadt ins Unermeßliche gewachsen sei (»excreverit in immensum«)[233]. Kurz darauf scheint auch die Peterskirche einen neuen Bau zu bekommen, der den neuen Verhältnissen angepaßt ist (siehe Kapitel 4.2).

Vier weitere Berichte verdeutlichen in den folgenden Jahren die Ausdehnung der neuen Stadt: 1279 wird ein Haus verkauft, das in der Neuhauserstraße fast auf Höhe des heutigen Karlstores lag[234]. 1284 wurde späteren Berichten zufolge das Pütrich-Seelhaus gegründet. Es lag an der heu-

[229] Stahleder, Hausnamen, 315/316.
[230] Stahleder, Hausnamen, 583/584, 589/590.
[231] 1319 wird in der Kammerrechnung noch nicht das Isartor, dafür aber das weiter westlich gelegene »porta in valli super Chaltenbach« – das Kaltenbachtor genannt. Stahleder, Hausnamen, 589 f.
[232] Stahleder, Hausnamen, 669 f.
[233] Dirr, Denkmäler, 22/24 Nr. 10, 24/26 Nr. 11.
[234] Stahleder, Stadtplanung, 257.

tigen Residenzstraße außerhalb der alten Stadtmauern an der nördlichen Ausfallstraße nach Schwabing[235]. Das gleiche gilt 1284 für das Franziskanerkloster nördlich des Alten Hofes[236]. Am 21. September 1287 wird auch das Angerkloster als »infra muros civitatis« beschrieben[237].

Daß die Stadterweiterung 1289 schon weit vorangeschritten war, zeigt eine Quelle, in der davon gesprochen wird, daß der St. Leonhardshof an der Fürstenfelderstraße am »inneren Graben« lag[238]. Da dies natürlich einen zumindest schon geplanten äußeren Graben voraussetzt, kann man davon ausgehen, daß der Umfang der Stadterweiterung in dieser Zeit bereits abgesteckt war.

Durch Quellen belegbar ist die Stadteinteilung in eine innere und eine äußere Stadt seit einer Urkunde vom 15. Juni 1300, in der das Haus und Badhaus des Klosters Schäftlarn »außerhalb der innern stat« lagen[239]. 1301 überweist Herzog Rudolf den Bürgern von München seine am oberen und unteren Tor vereinnahmten Steuern als Beitrag zu den Kosten des Mauerbaus. Das Privileg wird von Ludwig dem Bayer am 5. Oktober 1319 erneuert[240]. Mit dem Regierungsantritt des späteren Kaisers Ludwig sind die grundlegenden Planungen zur Stadterweiterung bereits abgeschlossen, auch wenn der Stadtschreiber Rosenbusch zu Beginn des Salbuches 1444 feststellt, daß die Stadt »bey Kayser Luwigen den Bayrn am maisten aufkömen und die außer stat bey im von neuen dingen gepaut worden, wann er hat große lieb zu der stat gehabt«[241]. Unter der Regentschaft Ludwigs wird der Befestigungsring nur noch endgültig geschlossen.

Am 5. Januar 1302 wird dann zum ersten Mal das neue Neuhauser Tor im Westen genannt[242]. 1315 ist der Mauerbau soweit abgeschlossen, daß die Münchner Bürger ihre Befestigungsanlagen innerhalb und außerhalb der Ringmauer in Verteidigungsbereitschaft setzen können[243], ein deutlicher Hinweis auf die weitestgehende Fertigstellung des Mauerrings. Im selben Jahr ist auch das erste Mal von einzelnen Vierteln der Stadt die Rede: Nördlich der alten Handelsstraße, die München von Osten nach Westen durchquert, liegen das Wilbrechts- (Graggenauer-) und das Eremitenviertel (Kreuzviertel), südlich das Rindermarkt- (Anger-) und das Kramerviertel (Hackenviertel)[244].

1319 liegt erstmals eine Liste der äußeren Stadttore in der Kammerrechnung vor. Erwähnt werden das Angertor im Süden (porta in prato), das Sendlinger Tor ebenfalls im Süden (porta Sentlingeriorum), das Neuhauser Tor im Westen (porta Newnhauseriorum), das Schwabinger Tor im Norden (porta Swaebingeriorum, nicht identisch mit dem Schwabinger Tor des alten Mauerrings). Für das noch nicht fertiggestellte Isartor wird das Kaltenbachtor genannt (Abb. 76,25)[245]. Erst um 1337 wird dann das östlich vom

235 Stahleder, Chronik, 53, 145.
236 Stahleder, Chronik, 52 f.
237 Stahleder, Chronik, 56.
238 Stahleder, Chronik, 57.
239 Stahleder, Chronik, 71.
240 Stahleder, Chronik, 90 f.
241 Solleder, Fridolin, München im Mittelalter. (Aalen 1962) 10.
242 Stahleder, Chronik, 73.
243 Stahleder, Chronik, 85.
244 Stahleder, Hausnamen, 38 f.
245 Stahleder, Hausnamen, 589 f.

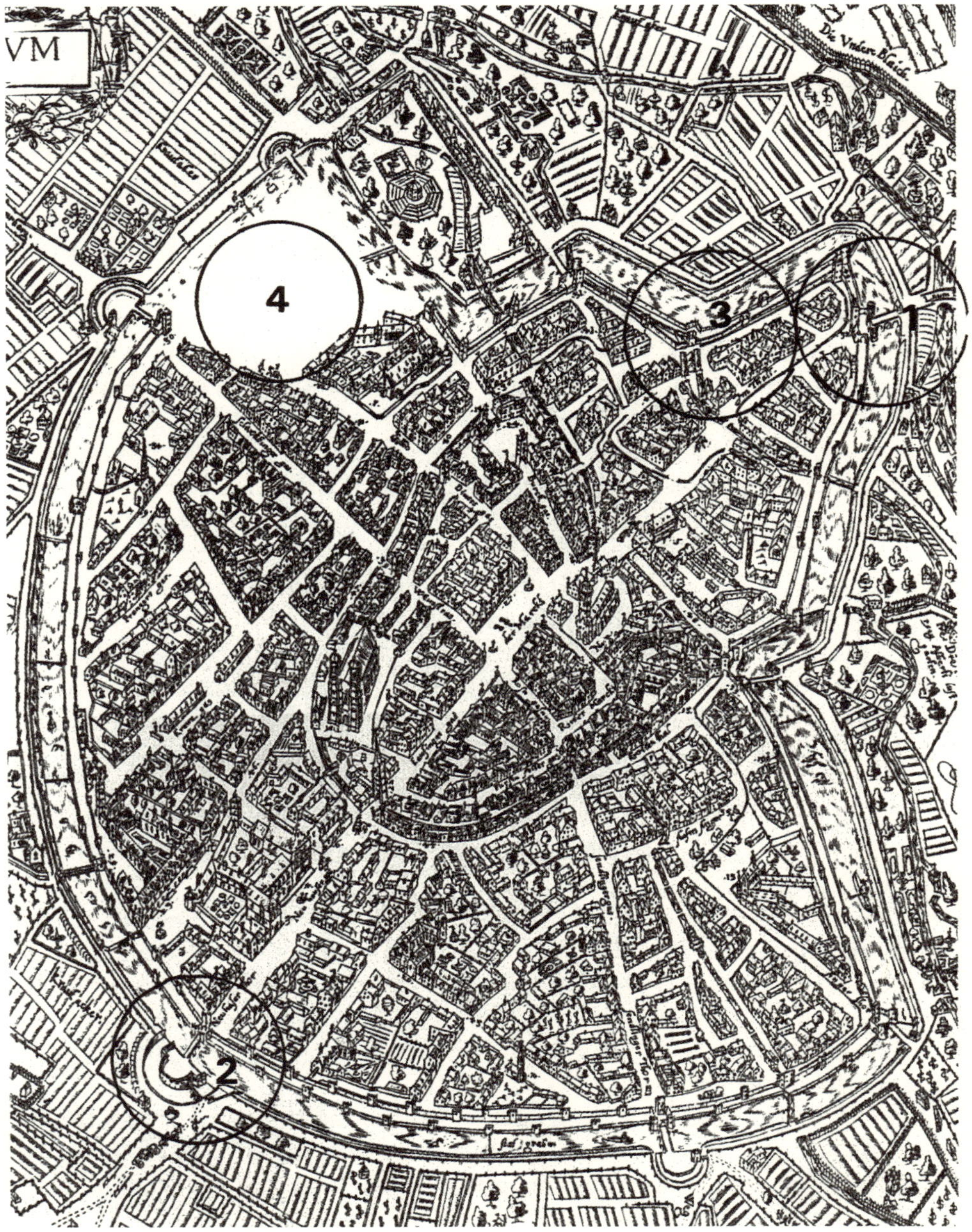

Abb. 106: München. Stadtplan von Tobias Volkmer junior, 1613. 1: Isartor 2: Neuhausertor. 3: Bräuhausstraße. 4: Residenz.

Kaltenbachtor gelegene Isartor fertiggestellt (Abb. 106,1)[246]. Die Errichtung des Isartores war der Abschluß der Bauarbeiten am neuen Befestigungsring.

1342 werden die Bausachen in die Entscheidungsgewalt des Rates übertragen, der die Fertigstellung der gesamten Ummauerung bestätigt[247]. Ein Jahr später, 1343, wird zum ersten Mal auch der Luegturm genannt[248]. Reste seiner Nordostwand befinden sich noch im Haus Marienstraße 21. Somit ist auch die gefährdetste Stelle der Stadt im Osten zur Isar befestigt. Zunächst verwirrend erscheint die Tatsache, daß 1368 das Kammerbuch die Anlage von Gräben er-

[246] Stahleder, Chronik, 112.
[247] Stahleder, Chronik, 122.
[248] Stahleder, Chronik, 123.

wähnt, wird doch bereits 1289 ein äußerer Graben genannt (siehe oben)[249]. Aufschluß geben hier die Ausgrabungsergebnisse am Isartor (siehe Anm. 262).

1372 ergeht ein Verbot, Gebäude an der Stadtmauer zu bauen[250]. Die bestehende Bebauung mußte abgerissen werden, die Bereiche vor und hinter der Mauer sollten frei zugänglich bleiben. Ähnliches darf man ja auch für die erste Umwehrung der Stadt annehmen. 1419 werden die Stadtmauer und Türme in den Farben Schwarz und Braunrot bemalt[251]. Im gleichen Jahr wird das ganze Jahr hindurch die Stadtmauer zwischen Angertor, Sendlingertor und Neuhauser Tor ausgebessert und erhöht[252].

Wegen der drohenden Hussitengefahr ab 1424 wird mit dem Bau einer Zwingeranlage begonnen. In den schriftlichen Quellen greifbar wird diese Baumaßnahme ab 1430[253]. Der Ausbau dauert bis zum 7. November 1472[254]. Erst im 30jährigen Krieg wird der Befestigungsring noch einmal der Kriegswaffenentwicklung angepaßt und ab 1619–30 unter der Leitung des Hofbaumeisters Heinrich Schön mit einem neuen Festungswerk in Form einer Wallanlage hinter dem Stadtgraben umgeben (Abb. 106)[255]. Bereits im 17. Jahrhundert werden große Teile der Befestigung an Privatleute übereignet. Für den neuen Eigentümer war damit zwar auch eine Instandhaltungspflicht verbunden, die frühere Wehrhaftigkeit der Festungsanlagen war aber nicht mehr gegeben, sie nahm rapide ab[256]. Ab 1791 wird damit begonnen, die Bastionen Schritt für Schritt zu schleifen. 1804 wird die Festung München endgültig aufgegeben[257]. Unter Aufsicht der neugegründeten Münchner Baupolizeikommission wird das Gelände der ehemaligen Stadtmauer und der vorgelagerten Gräben und Befestigungen bebaut.

Forschungsgeschichte

Der letzte große Mauerring um München wirft heute nur noch wenige Fragen auf. Seine Geschichte ist dank der zahlreichen schriftlichen Überlieferungen gut bekannt, Verlauf und Aussehen der Befestigungsanlage können im Großen und Ganzen durch das Studium des Sandtner-Modells und einer großen Zahl genauer Abbildungen geklärt werden. Stellvertretend seien deshalb nur zwei Autoren genannt, die sich im Rahmen der Münchner Stadtgeschichte auch mit dem Befestigungsring der zweiten Stadterweiterung befaßt haben: Georg Gilardone in seiner Abhandlung »Wälle und Mauern um München«[258] und Otto Kleemann mit »Die Befestigung Alt-Münchens«[259]. Als Einzelfall liegt uns auch vom Isartor ein datailliertes Aufmaß von Gustav Schneider vor[260].

[249] Gilardone, Georg, Wälle und Mauern um München. Bayerland 46 (1935) 684.
[250] Stahleder, Chronik, 155.
[251] Stahleder, Chronik, 249.
[252] Stahleder, Chronik, 250.
[253] Stahleder, Chronik, 281, 285, 289, etc.
[254] Stahleder, Chronik, 439.
[255] Gilardone, Georg, Wälle und Mauern um München. Bayerland 46 (1935) 692 f.
[256] Grobe, Peter, Die Entfestigung Münchens. Miscellanea Bavarica Monacensia 27 (München 1970) 21.
[257] Ebd. 23 f.
[258] Gilardone, Georg, Wälle und Mauern um München. Bayerland 46 (1935) 672 f.
[259] Kleemann, Otto, Die Befestigung Alt-Münchens. In: Jahrbuch für Münchner Geschichte 1889–1890. 4. Jg. (Bamberg 1890).
[260] Maschinengeschriebenes Manuskript im Stadtarchiv München.

Im Zug von Ausgrabungen im Stadtgebiet konnte in einigen Teilen die Befestigung der 2. Stadterweiterung untersucht werden: 1984 wurde im Bereich nördlich des Isartores die Stadtmauer mit der vorgelagerten Zwingermauer freigelegt (Abb. 106,1). 1987 und 88 konnte in einer anschließenden Untersuchung auch das Vorgelände im Bereich des zur Zwingeranlage gehörigen Prinzeßturmes untersucht werden. Aus den 50er Jahren liegt eine Beobachtung des Architekten Ehlers vor, der die Reste der Stadtmauer und des Bachauslasses des Mälzbaches in der Bräuhausstraße aufgenommen hat (Abb. 106,3). 1957–62 wurden Teile der Stadtmauer bei Ausgrabungen an der Residenz freigelegt (Abb. 106,4). Aus der Zeit des U-Bahnbaues stammt eine Skizze von der dem Neuhausertor vorgelagerten Bastion (Abb. 106,2).

Die Befunde – Isartor

Mit der Schließung einer der letzten großen Baulücken in der Münchner Innenstadt am Thomas-Wimmer-Ring ergab sich im Herbst 1984 die Gelegenheit zu einer Ausgrabung an der Stadtmauer der großen Erweiterung um 1300 zwischen dem Isartor und dem nord-östlich vom Isartor in die Mauer integrierten Lueg ins Land [261].

Gleich zu Beginn der Baumaßnahmen wurde, zunächst noch ohne Beteiligung von Archäologen, auf der gesamten Länge des Grundstücks die Stadtmauer und ihre davor gelagerte Zwingermauer freigelegt. Das Bayerische Landesamt für Denkmalpflege leitete daraufhin eine archäologische Untersuchung ein. Es legte 12 m südwestlich der noch bestehenden Turm-

Abb. 107: München. Das Isartor auf dem Holzmodell von Jakob Sandtner.

[261] Hagn, Herbert/Veit, Peter/Winghart, Stefan, Die Münchner Stadtmauer am Isartor. AJB 1984 (Stuttgart 1985) 166–169. Die Stadtmauer ist in der Schalterhalle der heutigen Sparkasse am Isartor sichtbar konserviert erhalten.

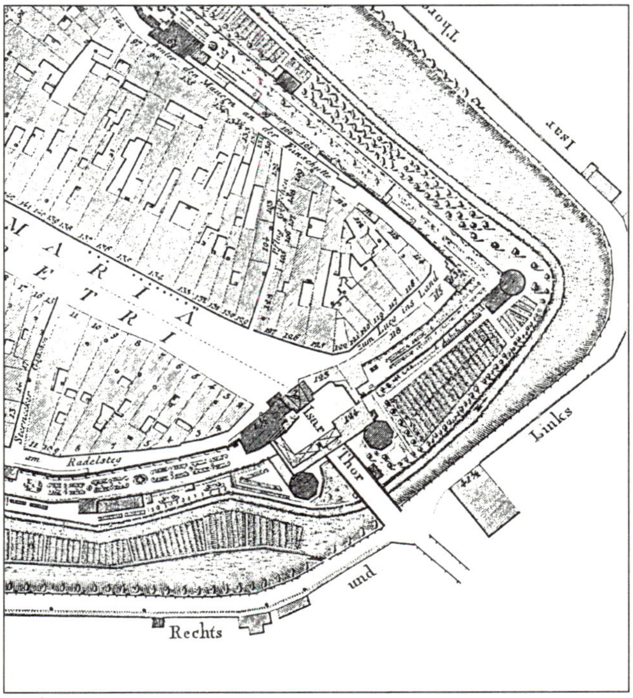

Abb. 108: München. Das Isartor auf dem Katasterplan von 1806.

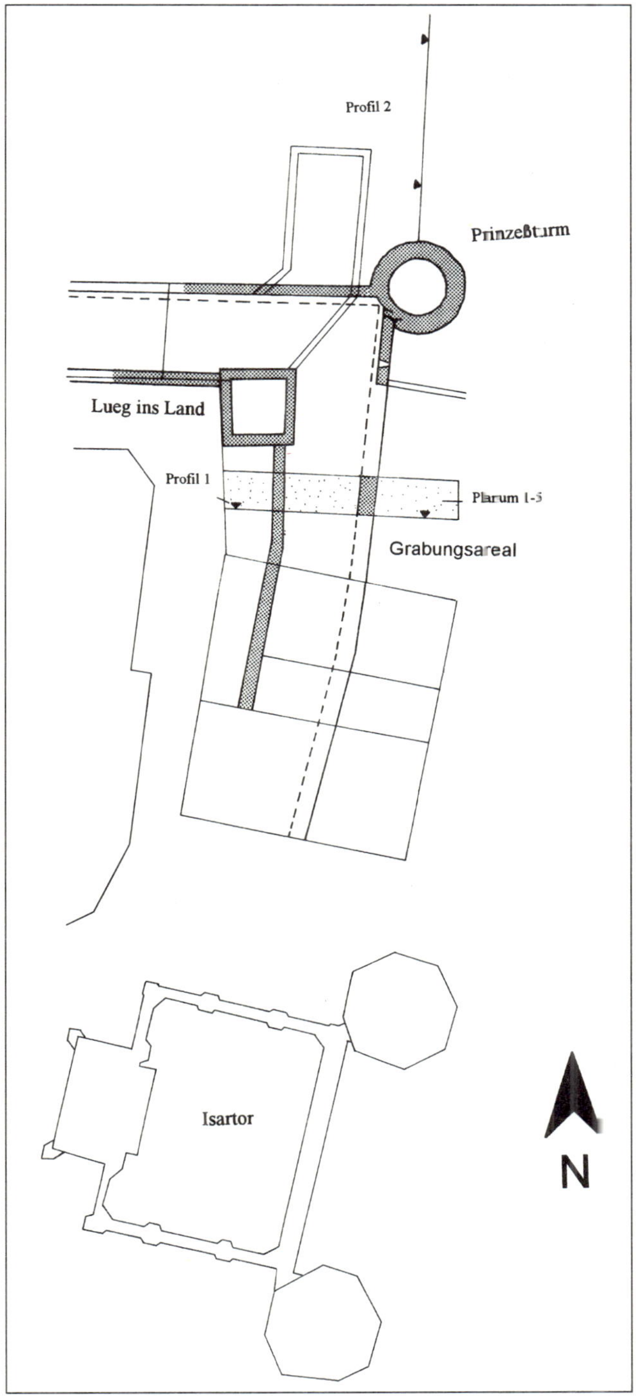

Abb. 109: München. Plan der Ausgrabungen am Isartor. Lage der Profile 1, 2 und Planum 1–5.

mauer des ehemaligen Lueg ins Land eine 4 m breite Grabungsfläche an, die sich mit 22 m Länge über die gesamte Grundstücksbreite bis zum Thomas-Wimmer-Ring erstreckte (Abb. 109). Die Befunde der Grabungen konnten im Wesentlichen die durch zeitgenössische schriftliche und bildliche Quellen bekannten Tatsachen der Wehranlage bestätigen und einige Details konkretisieren.

Die Stadtmauer hatte an dieser Stelle nur eine Stärke von 1,30 m, war also um einiges weniger wehrhaft als die Mauer um den ältesten Stadtkern (38)(Abb. 110 und 111). Anders als bei dieser fand sich hier aber ein massives, 1,10 m tief reichendes Fundament aus drei Lagen vermörtelten Tuffquadern. Die eigentliche Stadtmauer war noch bis zu einer Höhe von 30 cm erhalten (Ziegelformat 31/16/7 cm).

Ein interessanter Befund an der Süd-Ost-Seite der Stadtmauer zeigt, daß das Fundament hier nicht in den gewachsenen Boden eingetieft wurde, sondern in eine eigens hierzu aufgeschüttete 50 cm hohe Kiesbettung (36), die nach Süd-Osten, also an der stadtabgewandten Seite, flach auslief und eine 2 m breite Berme bildete. Im Profil ist vor der Außenwand der Mauer eine ca. 30 cm tiefe und 70 cm breite Abgrabung zu erkennen, die offenbar vor dem Bau der Mauer in den Boden gegraben wurde und dann mit Kies aufgeschüttet wurde. Erst auf diesen Kies wurde dann das Fundament gesetzt. Welchem Zweck diese ungewöhnliche Maßnahme diente, ist nicht mehr festzustellen. Eine mögliche Erklä-

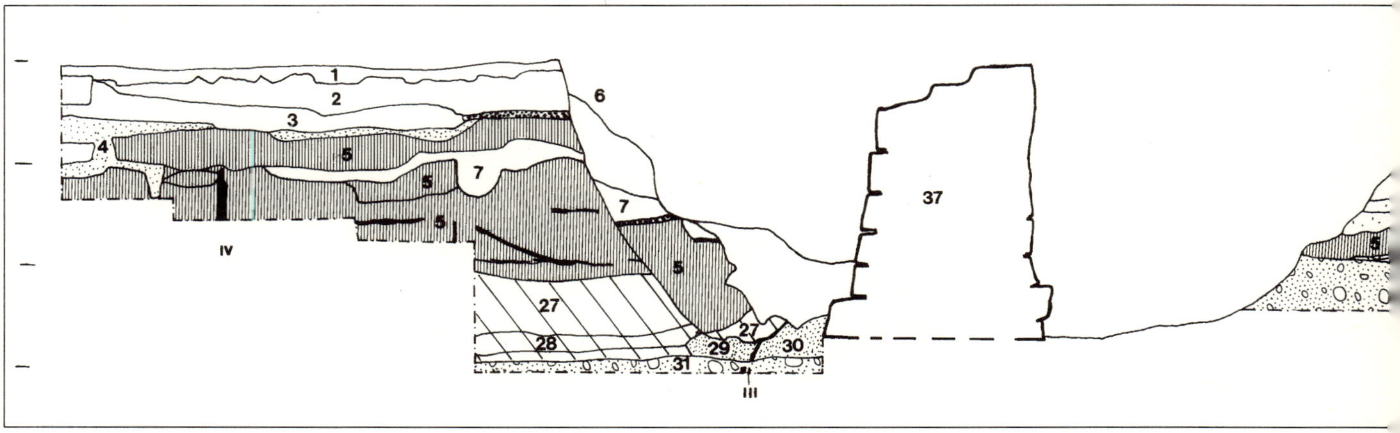

Abb. 110: Isartor, Ost-West-Profil 1. Umzeichnung nach den Plänen des BLfD.

rung wäre, daß es an dieser Stelle vor Fertigstellung der Mauer vorübergehend eine Wallanlage gegeben hat, die erst entfernt werden mußte, ehe sie durch die Mauer ersetzt wurde.

Die mit Kies gefüllte Abgrabung war gegen den anschließenden Boden durch einen Holzvorbau (I) abgegrenzt, der aber nur kurzfristig beim Bau der Mauer einen Zweck erfüllen konnte, denn unmittelbar anschließend an die Fertigstellung wurde die flache Kiesberme noch einmal mit umliegendem Material bis zu 60 cm hoch angeschüttet und mit in den Boden eingeschlagenen Pfählen gesichert.

Am Fuße der Berme, in etwa 3,50–4 m Abstand von der Stadtmauer, gab, wie bereits beim ältesten Stadtkern, ein wassergefüllter Graben weiteren Schutz. Tonig-grauer Lehm auf dem Boden und Reste einer hölzernen Uferbefestigung (II) zeugen noch heute davon (Abb. 115 und 116).

Erst sehr viel später nahm man die Zwingerbefestigung in Angriff. Die Zwingermauer (37) wurde in 7,40 m Entfernung von der Stadtmauer direkt in den nun bedeutungslos gewordenen alten Stadtgraben gesetzt (Abb. 112). Über einem 1,56 m breiten Fundament springt auf der Außenseite der Mauer eine unterste Steinlage aus Tuffquadern um 20–30 cm vor. Die Vorderfront des Fundamentes war, wohl aus fortifikatorischen Gründen, mit Buckelquadern aus Nagelfluh ausgeführt und leicht abgeschrägt. Auf der Stadtseite war die Mauer weniger abweisend mit Mörtel verstrichen und senkrecht aufgebaut. Auf dem Fundament stand noch in 4 m Höhe die Ziegelmauer des Aufgehenden.

Der Raum zwischen Stadtmauer und Zwingermauer wurde mit mächtigen Schichten aus kiesigem und lehmigem, teils auch sandigem Material mindestens bis auf eine Höhe von 2 m aufgefüllt (11). Damit war der alte Stadtbach endgültig zugeschüttet.

Unmittelbar vor der Zwingermauer wurde der neue Stadtgraben angelegt, der bei der Grabung am Isartor aber nur zu einem Teil erfaßt werden konnte (28)[262]. Gut interpretierbare Befunde über diesen Bereich konnten dann wenige Jahre später (1987/88) bei einer zweiten Grabung anläßlich

[262] Dieser neue Stadtgraben vor der Zwingermauer erklärt auch die in der Quellengeschichte zum Isartor etwas verwirrende Angabe, daß 1368 von der Anlage der Gräben gesprochen wird, obwohl bereits 1289 von einem äußeren Graben die Rede war. Im letzteren Fall handelt es sich noch um den Stadtbach außerhalb der eigentlichen Stadtmauer, während die zweite Angabe sich bereits auf die Gräben außerhalb der Zwingermauer beziehen.

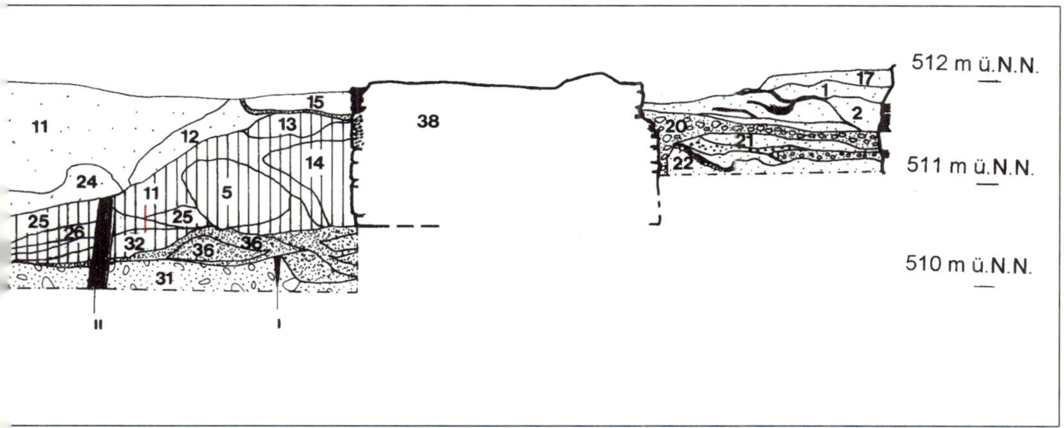

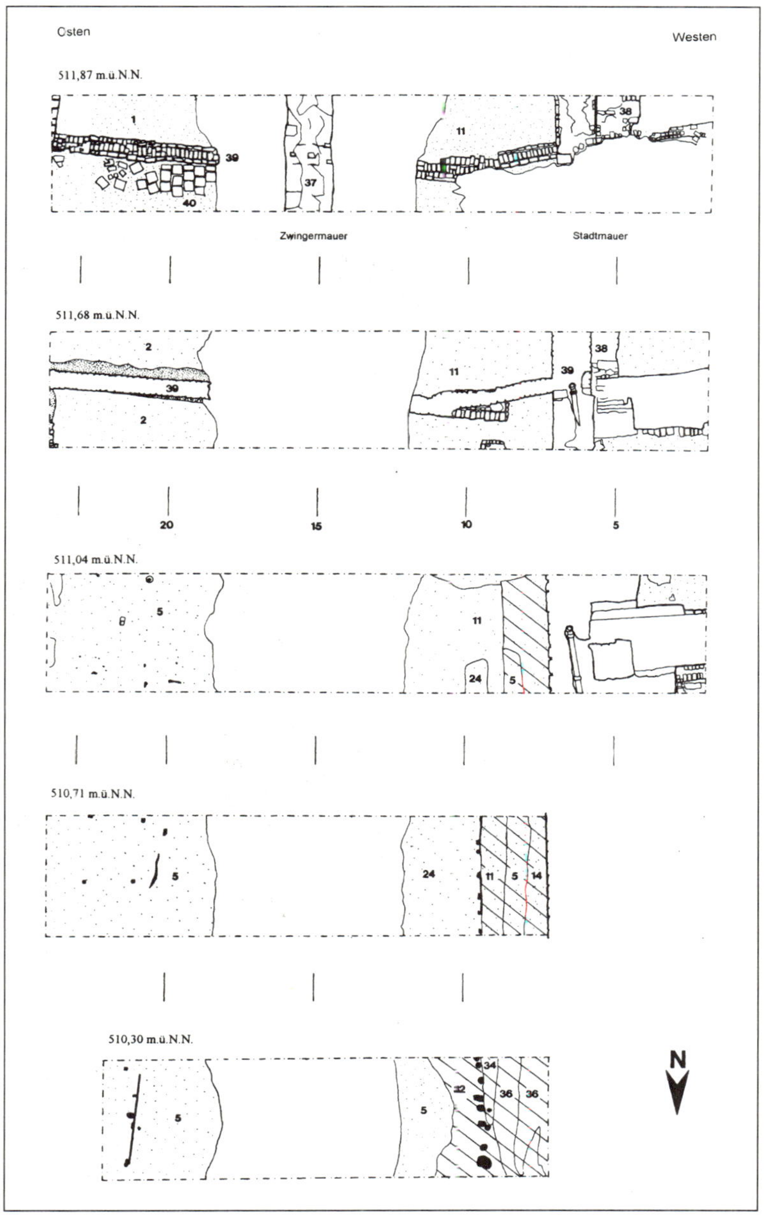

Abb. 111: München. Grabung Isartor. Planum 1–5. Umzeichnung nach den Plänen des BLfD.

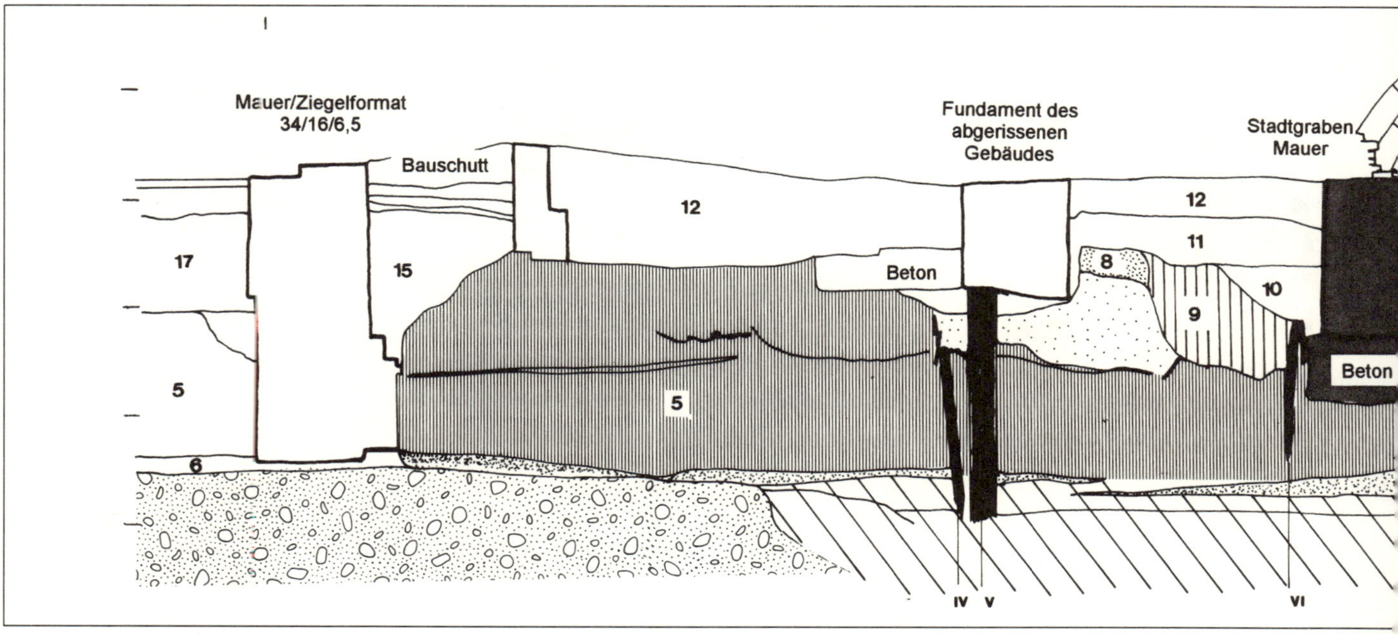

Abb. 112: München. Grabung Isartor. Blick zum Isartor auf die freigelegte Zwingermauer.

Abb. 113: Grabung am Prinzeßturm. Blick auf den freigelegten Rundturm.

des Abbruchs des Rückgebäudes Herrenstraße 11 gewonnen werden (Abb. 113 und 114). Bei dieser zweiten Grabung konnte die Zwingermauer weiter in Richtung Nord-Osten verfolgt werden. Hier war an der Ecke, an der die Mauer ursprünglich nach Nord-Westen abbog, ein Rundturm mit einem Durchmesser von 9,5 m in die Zwingerbefestigung integriert, der sogenannte Prinzeßturm (Abb. 113). Er war dem zur inneren Stadtmauer gehörigen Lueg ins Land vorgelagert.

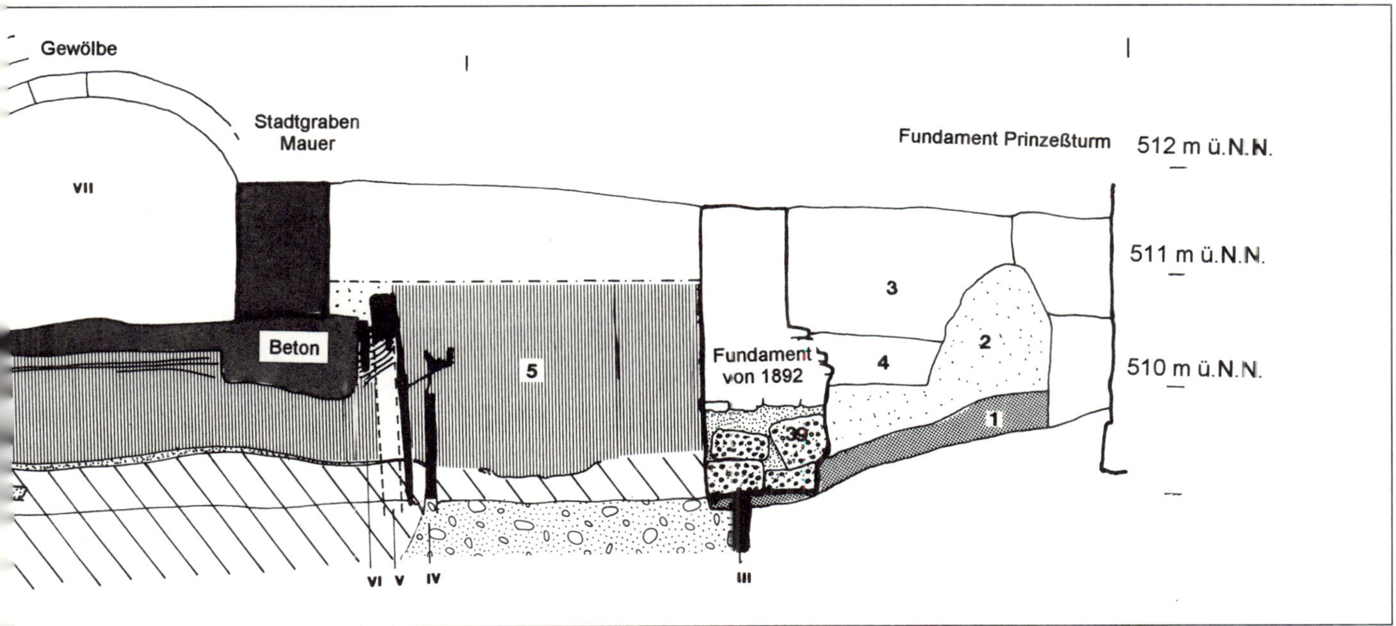

Abb. 114: Süd-Nord-Profil 2 durch den Grabenbereich vor dem Prinzeßturm. Umzeichnung nach den Plänen des BLfD.

Entsprechend dem Buckelquaderfundament der Zwingermauer hatte auch der Turm eine 2 m mächtige untere Lage Buckelquader aus Nagelfluh. Auf ihm saß in einer Breite von immerhin noch 1,50 m das aufgehende Ziegelmauerwerk auf. Rinnenartige Eintiefungen von 20 x 20 cm Querschnitt nahmen ursprünglich Balken für eine Zwischendecke auf.

Senkrecht zum Verlauf der Zwingermauer konnte an die Außenseite des Prinzeßturmes ein 24 m langer Schnitt angelegt werden, der diesmal die gesamte Grabenbreite erfaßte (Abb. 114).

Der Graben lag nach den Befunden hier überall sehr nahe an der Zwingermauer. Auf dem Profil der Grabung am Isartor ist dies an einem Pfahl der Uferbefestigung zu sehen (III). Das Profil der zweiten Grabung zeigt neben einem Holzpfosten für die Uferbefestigung noch die leichten Abböschungen zum Graben hinunter in 3,50 m Entfernung vom Prinzeßturm und noch einmal in ca. 16,50 m Entfernung auf der stadtabgewandten Seite des Baches. Der Graben selbst war in dieser ersten Periode schon 13 m breit. Die ursprüngliche Grabensohle konnte während der Ausgrabungen nicht erreicht werden.

In einer zweiten Periode wird vor dem Prinzeßturm eine weitere Mauer errichtet (39), wohl eine steinerne Uferbefestigung zum Schutz des Turmes. Zur Mauerseite bleibt der Graben erhalten, nach außen wird er um ein vielfaches erweitert. Das zeigt ein durchgehendes Muschelband über der Schicht 27, das sich als Grabensohle dieser Periode erhalten hat.

In den folgenden Perioden wird der breite Wassergraben in mehreren Schritten verschmälert, das neue Ufer aufgeschüttet und zum Teil mit Hölzern und Reisig befestigt. Nachweisbar ist eine erste Verschmälerung auf 8,40 m mit einer hölzernen Uferbefestigung aus 15 cm starken, mit querverlegten Brettern gestützten Rundhölzern (IV). In einem zweiten Schritt wird der Bach dann auf 7,50 m verschmälert, auch hier haben sich Reste der Uferbefestigung erhalten: etwa 25 cm starke, runde Weichholzpfähle, die in einem Abstand von 1,20 m in den Boden gerammt waren (V). Schließlich

Abb. 115: München, Isartor. Stadtgraben mit Holzbefestigung aus Periode IV.

Abb. 116: München, Isartor. Stadtgraben mit Holzbefestigung aus Periode IV.

verringert man die Breite ein letztes Mal auf 5,20 m, verkleidet das Bachbett mit Holz und Pfählen (VI). In diese letzte Bachbefestigung wird dann wenig später der letzte Kanal aus Stein gesetzt. Er hatte eine lichte Weite von 2,60 m (VII).

Datierung

Die festgestellten einzelnen Bauphasen lassen sich allein aus den zahlreichen schriftlichen und bildlichen Quellen heraus zeitlich einordnen (Abb. 117). Die Fertigstellung des Isartores ohne vorgelagerte Zwingertoranlage fällt mit seiner ersten Erwähnung 1336/37 in die 30er Jahre des 14. Jahrhunderts[263], ähnlich wie der kurz darauf erwähnte mächtige Eckturm Lueg ins Land (1343)[264]. Der Bau der Zwingeranlage um die Stadtmauer ist ebenfalls den schriftlichen Quellen zu entnehmen. Er liegt in einem Zeitraum von etwa 40 Jahren (1430–72). Zu ihm gehören nicht nur die umlaufende Zwingermauer, sondern auch vorgelagerte Torbefestigungen und in regelmäßigen Abständen kleine Türme in der Zwingermauer, zu denen auch der Prinzeßturm zählte, sowie ein vorgelagerter Stadtgraben, der wohl schon 1466 fertiggestellt war[265]. 1472 wird als letztes Teilstück der Stadtgraben am Angertor fertiggestellt[266].

1495 zeigt die Ansicht von Schedel bereits die voll ausgebaute Zwingeranlage mit dem Prinzeßturm. Auf einem Plan von Volckmer 1613 ist der aufgefüllte Zwingerbereich und der vorgelagerte breite Graben zu sehen, der bis an die Zwingermauer reicht. Ein Plan von 1667 zeigt den aufgefüllten Zwingerbereich mit seinem breiten Graben und die vollendete Wallbefestigung. Ein weiterer Plan von Anton Wilhelm Ertl um 1705 gibt noch den gleichen Zustand wider. Auf dem Stadtplan mit Wallbefestigung von Joseph Ernst Finster von 1781 nach Vorlage von de Grooth von 1742 findet

[263] Stahleder, Hausnamen, 583 f.
[264] Stahleder, Hausnamen, 600.
[265] Stahleder, Chronik, 407.
[266] Stahleder, Chronik, 439.

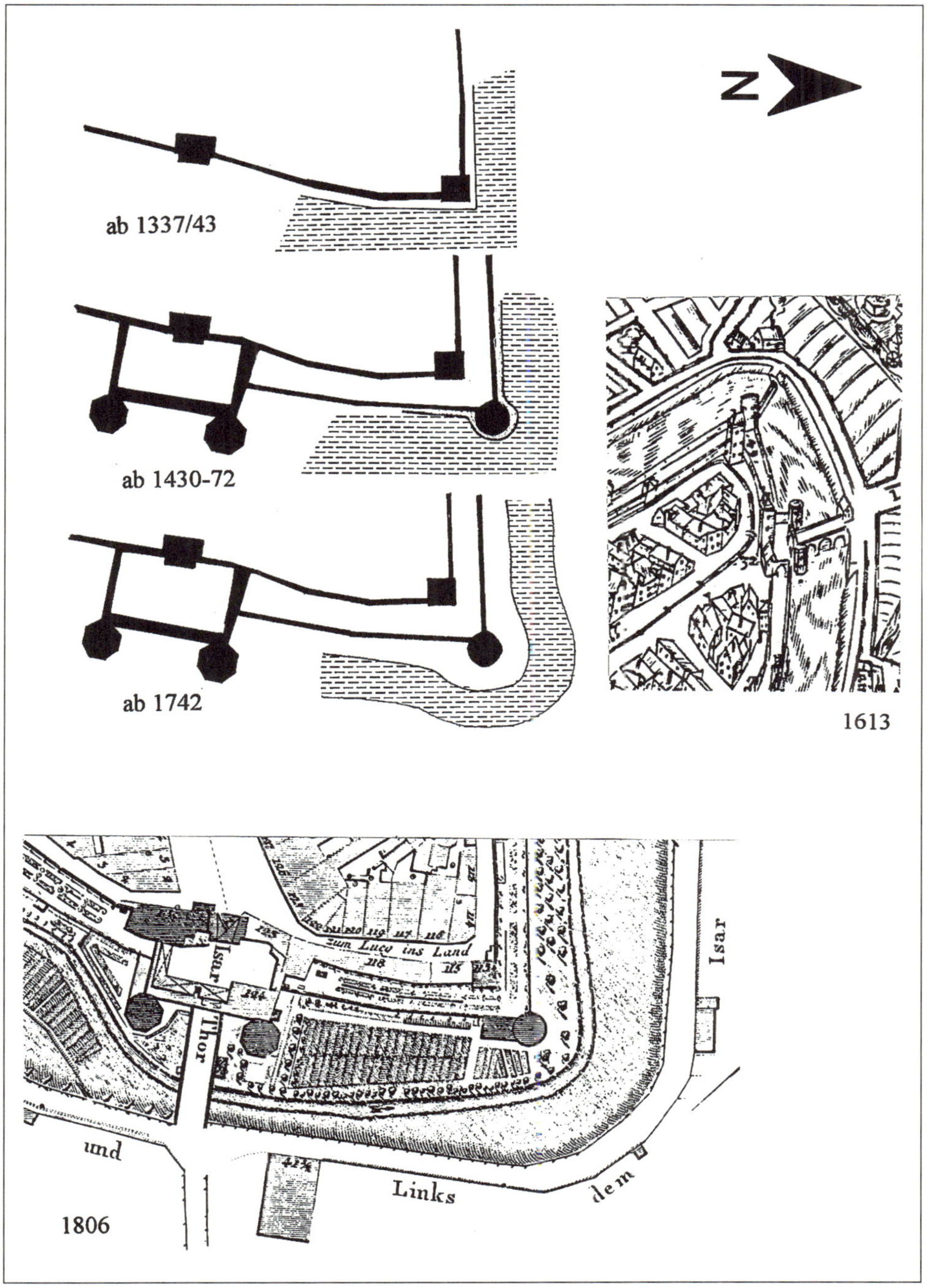

Abb. 117: München. Rekonstruktion der Befestigungsphasen am Isartor.

man den breiten Stadtgraben bereits zu einem kleinen Bach verschmälert. Für das Jahr 1807 ist der Abriß des Lueg ins Land verbürgt. Kurze Zeit später (1823–82) wird dann auch mit der Entfestigung Münchens der Graben und Mauerbereich zwischen Isartor und dem ehemaligen Schulhaus an der Herrenstraße bebaut. Die Grabungen konnten das von den schriftlichen und bildlichen Quellen gezeichnete Bild bestätigen und in einigen Details auch konkretisieren. So war auch die Hoffnung groß, durch die Auswertung dieser umfangreichen Grabung aussagefähiges Fundmaterial aus den einzelnen gut datierbaren Bauphasen zu erhalten, das für weitere Grabungen

Datierungshilfe in Form einer Keramik-Chronologie geben könnte. Diese Hoffnung wurde allerdings zerschlagen, denn wie sich nach 10 Jahren Lagerung und mehreren Umzügen der Funde herausstellte, waren die Funde den einzelnen Schichten oder einzelnen Tiefen nicht mehr zuzuordnen. So muß es hier genügen, dem kurzen Bericht von Herbert Hagn zu entnehmen, daß sich im Fundmaterial eine deutliche Konzentration von Funden aus dem 14. Jahrhundert zeigte, die vermengt war mit ältesten Stücken aus dem 12. Jahrhundert und deutlich jüngeren Stücken bis hin zu Porzellanscherben aus dem 20. Jahrhundert[267]. Ältere Stücke als aus dem 12. Jahrhundert wurden auch bei dieser Grabung nicht gefunden.

Bräuhausstraße

Bei der Verlegung einer Fernheizleitung in der Bräuhausstraße konnte der Architekt H. Ehlers 1956 Mauerfundamente aufnehmen. Er skizzierte einen schräg zur heutigen Straße verlaufenden Mauerzug, der mit einem weiteren, abgewinkelten Mauerstück in Verbindung stand (Abb. 118). Die Mauer selbst hatte eine Stärke von 1,40 m und gründete direkt auf dem anstehenden Kies. Zuunterst befanden sich vier Lagen Ziegelsteine des Formates 31/16/7 cm, darüber folgten zwei Lagen Tuffstein auf die wiederum Ziegelsteinlagen folgten. Die Mauer war noch bis zu einer Höhe von 1,12 m erhalten. Beide Mauern wurden vom ehemaligen Malzmühlbach durch-

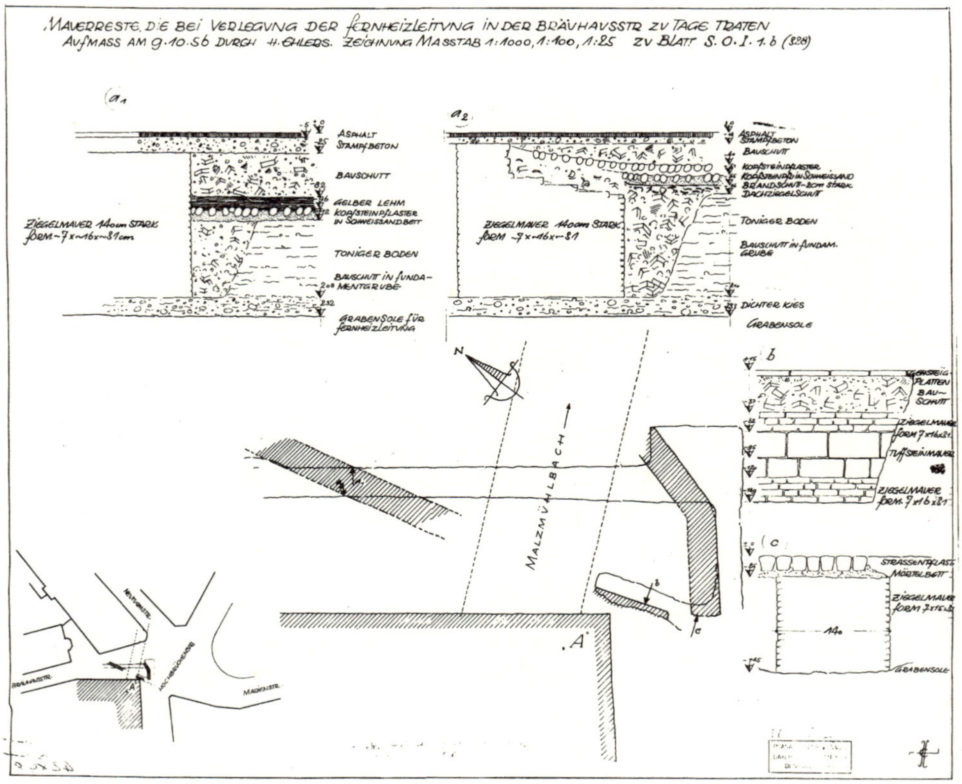

Abb. 118: München. Beobachtungen an der Bräuhausstraße von Ehlers.

[267] Hagn, Herbert/Veit, Peter/Winghart, Stefan, Die Münchner Stadtmauer am Isartor. AJB 1984 (Stuttgart 1985) 166–169.

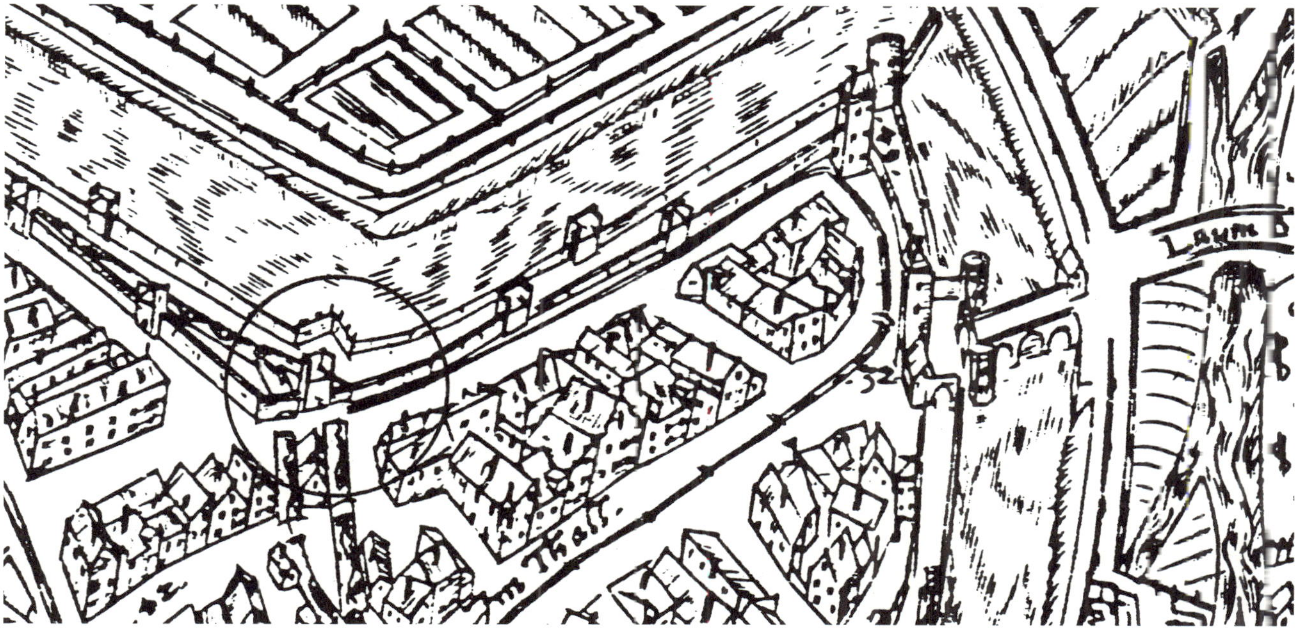

Abb. 119: Der Turm auf dem Plan von Tobias Volkmer junior, 1613.

schnitten. Der Malzmühlbach kam von Süden und ist identisch mit dem schon aus der ersten Stadterweiterung bekannten Katzen- oder Kaltenbach, gelegentlich auch Horbruckbach genannt. Auf Höhe der angeschnittenen Mauern nannte man ihn bezeichnenderweise auch »Einschüttbach« – er diente zur Entsorgung von Unrat. Der Bach floß nach den Quellen unter einem Turm (»bej der einschit«)[268] durch die Stadtmauer in den Stadtgraben. Vergleiche mit älteren Plänen zeigen an dieser Stelle einen polygonalen Turm. Die von Ehlers beobachteten Fundamente stimmen mit seiner Lage überein, so daß man davon ausgehen kann, daß es sich hier um Reste der alten Stadtmauer handelte. Mauerkonstruktion und das Ziegelformat legen eine Datierung auch dieses Stadtmauerteils in das frühe 14. Jahrhundert nahe. Funde wurden leider nicht geborgen.

Neuveste

Die Untersuchungen und Ausgrabungen der Jahre 1957–62 während der umfangreichen Wiederaufbauarbeiten an den nordöstlichen Bautrakten der Münchner Residenz lieferten nicht nur zu der unter ihren Grundmauern liegenden Neuveste – dem Nachfolgebau des Alten Hofes ab 1385 – Erkenntnisse, sondern auch zur Stadtmauer aus dem 14. Jahrhundert an der Nord-Ostecke der mittelalterlichen Stadt. In Kontinuität zur Platzwahl des Alten Hofes lag auch die neue Residenz der Herzöge in der Nord-Ostecke der Stadt. Ebenso wie im 12. Jahrhundert wurde die topographische Lage ausgenutzt und die östliche Wehrmauer am oberen Rand der Isarterrasse entlanggeführt bis zur Höhe des nördlichen Schwabinger Tores. Otto Meitinger konnte in seiner Untersuchung nachweisen, daß das Gelände der Neuveste bereits vor Baubeginn von der im späten 13. Jahrhundert begon-

[268] Stahleder, Hausnamen, 93 f.

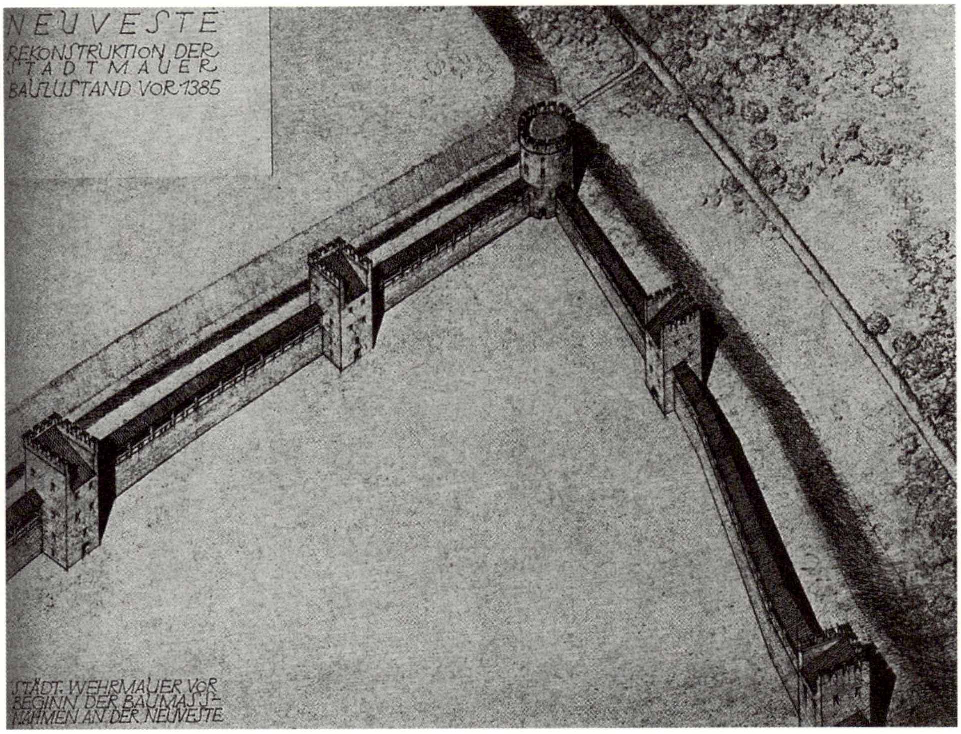

Abb. 120: München. Rekonstruktion der Stadtmauer im Bereich der Residenz von Otto Meitinger. Entnommen aus: Meitinger, Otto, Die baugeschichtliche Entwicklung der Neuveste. Ein Beitrag zur Geschichte der Münchner Residenz. OA 92 (1970).

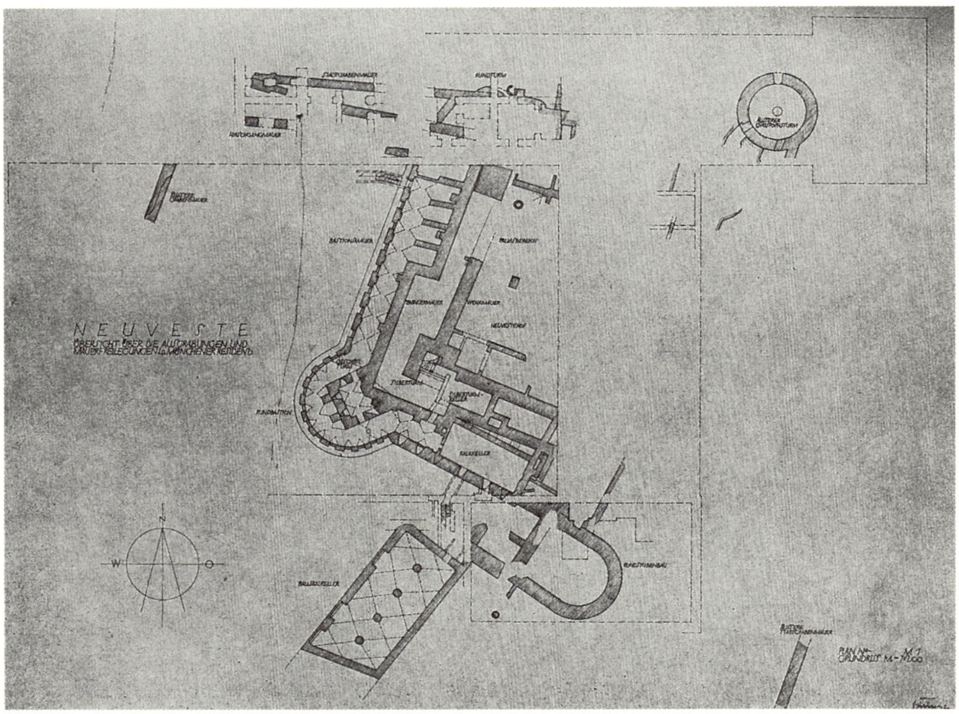

Abb. 121: München, Residenz. Befunde der Grabung von Meitinger unter der Residenz. Entnommen aus: Meitinger, Otto, Die baugeschichtliche Entwicklung der Neuveste. Ein Beitrag zur Geschichte der Münchner Residenz. OA 92 (1970).

nenen Stadtmauer umschlossen wurde[269]. Auf älteren Plänen konnte er einzelne noch erhaltene Mauerpartien aufzeigen, auch bei den Ausgrabungen wurden Teile der Stadtmauer freigelegt. Der vorgelagerte Graben senkte sich mit einer natürlichen Böschung erst vor dem Mauerfuß ab, das Wasser des Grabens reichte nicht bis unmittelbar an die Wehrmauer heran. Das bestätigt die Befunde am Isartor, nach denen der Wehrmauer in ihrer ersten Bauphase eine Berme vorgelagert war.

Karlsplatz

Während der U-Bahn-Tiefbauarbeiten am Karlsplatz / Stachus (Beginn 1964) wurde der gesamte Platz vor dem mittelalterlichen Tor bis auf eine Tiefe von ca. 25 m ausgeschachtet. Dabei kamen die Fundamentmauern einer dem Tor vorgelagerten Rundbastion und ein Kanalschacht aus der zweiten Hälfte des 19. Jahrhunderts (Abb. 123), der vom heutigen Karlstor in westlicher Richtung verlief, zu Tage. Von beiden Befunden existieren nur eine Skizze und einige Photos (Abb. 122). Die Rundbastion ist auf dem Holzmodell von Sandtner bereits zu sehen. Durch die urkundlich belegte Wahl von Heinrich Bart und Oswald Rösler zu Baumeistern der Bastion kann der Baubeginn ziemlich exakt in das Jahr 1494 datiert werden[270].

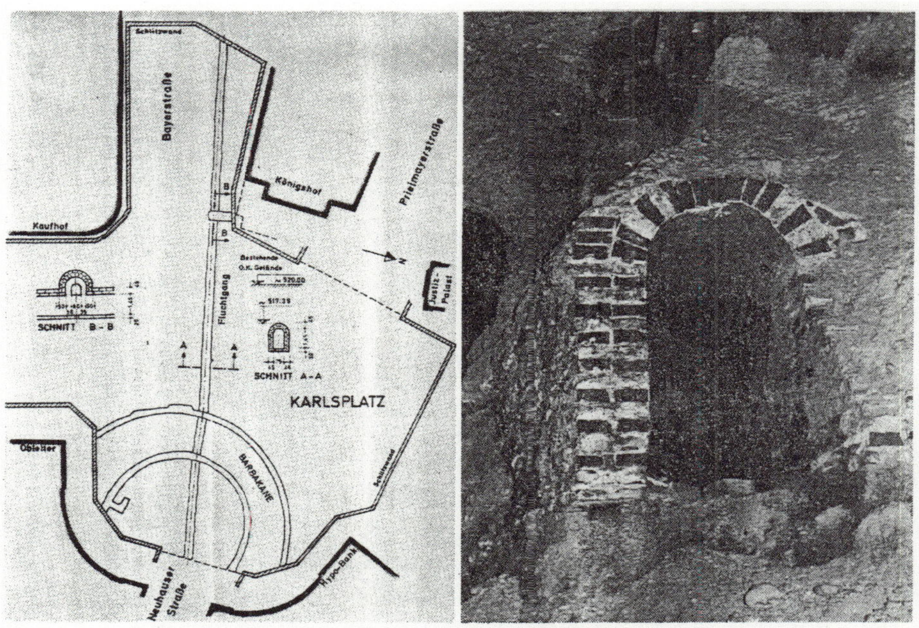

Stachusumbau bringt historische Bauten an den Tag

● BEI DEN AUSHUBARBEITEN AM STACHUS wurden Teile der ehemaligen Umfassungsmauer der dem Karlstor (vor 1791 Neuhauser Tor) vorgelagerten sogenannten Barbakane und ein — vermutlicher — Fluchtgang aus Ziegelmauerwerk (Bild oben rechts) freigelegt. Als Barbakane bezeichnet man alle dem Schutz der Stadttore dienenden Bauten außerhalb der Stadtmauer. In München waren fast alle Außentore auf diese Weise gesichert. Jenseits des Wassergrabens lag ein viereckiger, von Mauern, Wehrgängen und niederen Tortürmen umgebener Vorhof, den man erst passieren mußte, um dann über die Zug-, Schlag- oder Fallbrücke und den eigentlichen Torturm in das Stadtinnere zu gelangen. Die bei den Erdarbeiten am Stachus entdeckte Umfassungsmauer (Skizze oben links) stammt aus den Jahren 1494 bis 1499. Der vermutliche Fluchtweg in Richtung Westen ist zwar aus keiner historischen Quelle ersichtlich, es gilt aber als sicher, daß er zu Belagerungszeiten in diesem Sinne benutzt wurde. Nachdem das U-Bahn-Referat von jetzt an im Rahmen der Ausstellung „München und Umgebung in die geschichtlichen Untersuchungen beendet hat, werden die Funde Vor- und Frühzeit" im Stadtmuseum gezeigt.

Abb. 122: München, Stachus. Befunde beim U-Bahnbau unter dem Stachus. Zeitungsartikel AZ vom 20.06.1968.

[269] Meitinger, Otto, Die baugeschichtliche Entwicklung der Neuveste. Ein Beitrag zur Geschichte der Münchner Residenz. OA 92 (München 1970) 20 f.

[270] Stahleder, Chronik, 570.

Abb. 123; München, Stachus. »Profil über den neu zu erbauenden Wasser-Kanal«. Anton Höchl, um 1850.

Zusammenfassung

Mit dem Befestigungsring der zweiten Stadterweiterung wurde vorausplanend und fast zukunftsweisend ein Bereich umgeben, der bis ins 19. Jahrhundert ausreichen sollte. Er reichte im Osten bis an das heutige Isartor, im Norden bis über die neue Residenz hinaus, im Westen bildete das heutige Karlstor den Abschluß und im Süden steht noch heute das Sendlinger Tor als Zeuge der ehemals gewaltigen Anlage. 63 Wehrtürme in der Art des Lueg ins Land waren in die Stadtmauer integriert, mehr als 50 Zwingertürme in der Art des Prinzeßturmes schützten die Stadt zusätzlich[271]. Seine Wehrhaftigkeit mußte der Mauerring allerdings nie unter Beweis stellen, denn ernsthaften kriegerischen Auseinandersetzungen war die Anlage nie ausgesetzt.

Die Ausgrabungen brachten im Wesentlichen eine Bestätigung der durch Quellen belegten Kenntnisse, darüber hinaus konnten die Bauweise der Mauer und die schrittweise Entwicklung der Stadtbäche präzisiert werden. Anders als bei der ältesten Stadtmauer gab es unklare Hinweise auf eine mögliche Vorgängerbefestigung in Form einer Wallanlage, die allerdings für eine endgültige Aussage nicht eindeutig genug waren.

4.4. Eine Parzelle im Stadtkern

Neben exponierten Plätzen innerhalb einer Stadt, wie Kirchen oder befestigte Stadtburgen, bilden stets auch die Parzellen einen Schwerpunkt in der Stadtforschung. Sie sind in vieler Hinsicht ein getreues Spiegelbild der umgebenden Stadt: Läßt sich eine Parzelle bis in früheste Zeit zurückverfolgen, so kann man aus einem Wandel in Größe, Ausrichtung oder Grenzen ablesen, ob und wie Straßenverläufe im Laufe der Jahrhunderte sich veränderten, Stadtstrukturen sich wandelten. Aus der wechselnden Nutzung und Bebauung lassen sich Schlüsse auf das sich ändernde Aussehen der Stadt ziehen und vieles mehr. Die Suche nach Planmäßigkeiten in einer mittelalterlichen Stadt ist also eng verbunden mit der Frage nach dem früheren Aussehen und der Entwicklung einzelner Grundstücke. Überlieferte Stadtansichten und Pläne reichen aber in aller Regel nur bis in das späte Mittelalter zurück, Aussagen über Entwicklungen der Grundstücksgrenzen lassen sich über sie deshalb nur sehr bedingt tref-

[271] Kleemann, Otto, Die Befestigung Alt-Münchens. In: Jahrbuch für Münchner Geschichte 1889–1890, 4 Jg. (Bamberg 1890).

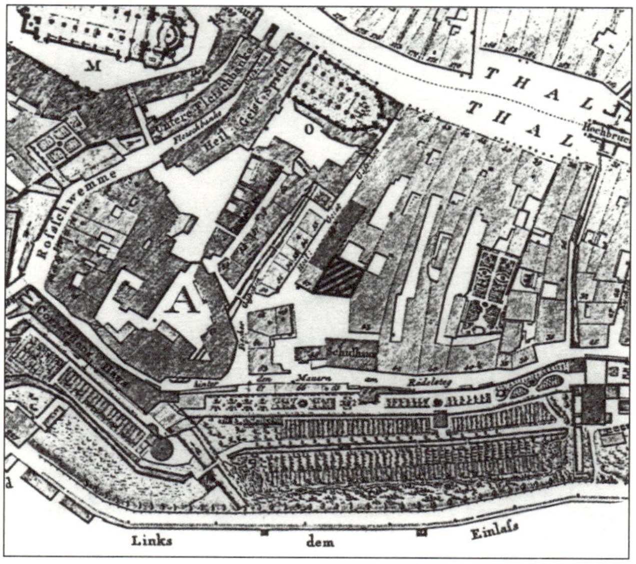

Abb. 124: München, Dreifaltigkeitsplatz Nr. 1. Die Lage des Platzes und des Untersuchungsbereiches auf dem Katasterplan von 1806.

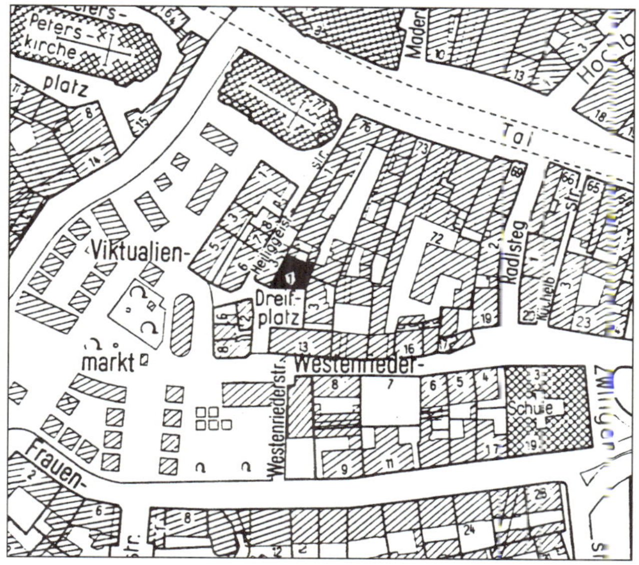

Abb. 125: München, Dreifaltigkeitsplatz Nr. 1. Die Lage des Platzes und des Untersuchungsbereiches auf dem Katasterplan von 1997.

fen. So ist man bei der Untersuchung von frühen Parzellenentwicklungen fast ausschließlich auf archäologische Grabungen angewiesen, die aber auch nur dann verwertbare Ergebnisse bringen können, wenn das untersuchte Areal zumindest den Großteil einer ganzen Parzelle umfaßt. Es sollten wenigstens die Parzellengrenzen in der Grabung erfaßt worden sein, zusätzlich große Bereiche der Innenbebauung. Punktuelle Untersuchungen an Parzellengrenzen können sehr schnell zu Fehlinterpretationen führen.

In München boten sich bislang erst zwei Gelegenheiten, Parzellenstrukturen in größerem Umfang zu untersuchen. 1989 konnten bei den Grabungen am Marienhof nördlich des Marienplatzes im alten Stadtkern Parzellen untersucht werden. Da dieses Gebiet teilweise noch zum ältesten Stadtbereich gehört, bestand Hoffnung, hier noch auf älteste Grundstücksstrukturen zu stoßen. Es zeigte sich aber, daß massive Bodeneingriffe ab dem 16. Jahrhundert gerade im ältesten Teil des Marienhofes viel zerstört hatten. Nur noch nördlich der ehemaligen Schrammerstraße, also in einem Bereich, der bereits zur Stadterweiterung im späten 13. Jahrhundert gehört, wurden alte Parzellenstrukturen angetroffen. Die festgestellten Bauabfolgen sind hier aber wegen der fehlenden Funde nicht datierbar. Ein weit besserer Einblick bot sich 1994 anläßlich einer Renovierung des Anwesens Dreifaltigkeitsplatz 1 (Abb. 124–126). Auch diese Parzelle liegt nicht im ältesten Stadtkernbereich, immerhin aber im Bereich der ersten Stadterweiterung des 13. Jahrhunderts.

Die erste Stadterweiterung bezog das direkt östlich unterhalb der westlichen Isarkante gelegene Areal in die befestigte Stadt mit ein. Nördlich angrenzend an den breiten Straßenzug der West-Ost-Hauptachse Tal lag das Mühl- und Handwerkerviertel im Einflußbereich des Alten Hofes. Im südlichen Teil, in dem auch der Dreifaltigkeitsplatz liegt, bestimmte die Heiliggeistkirche mit ihrem großen Spital das Stadtbild.

Der Dreifaltigkeitsplatz selber hat seinen jetzigen Namen von der 1679/81 am Rande dieses Platzes errichteten Dreifaltigkeitskapelle, die, 1718 noch einmal erweitert, nach einem Umbau 1803 in ein Schulhaus heute nicht mehr existiert. Um die Kapelle zog sich der 1543 geweihte

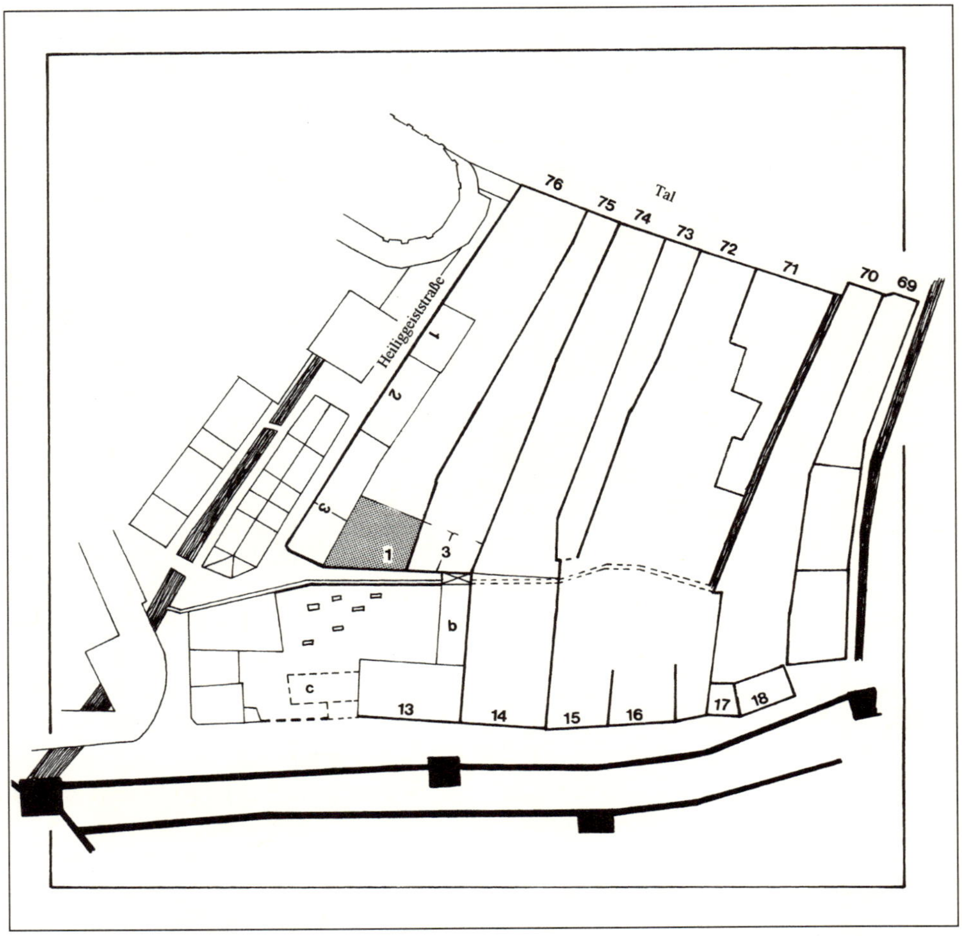

Abb. 126: München, Dreifaltigkeitsplatz. Umzeichnung des Gebietes um den Dreifaltigkeitsplatz auf dem Holzmodell von Jakob Sandtner 1570–72 mit Einzeichnung der Besitzverhältnisse. Nach Schneider.

Friedhof des Heiliggeistspitals. 1390 bezieht sich einmal der Name »auf Spittaler Hofstatt« hierher, weitere Bezeichnungen für das Areal sind nicht bekannt[272]. Nach den Quellen zu urteilen handelte es sich spätestens seit dem 16. Jahrhundert um einen freien, unbebauten Platz[273]. Im Süden wurde er von der Stadtmauer begrenzt, im Westen von der Fischergasse, der heutigen Heiliggeiststraße, im Norden und Osten von Grundstücken, die vom Tal ohne Straßenunterbrechung bis zum Dreifaltigkeitsplatz bzw. im Osten bis zur Stadtmauer durchliefen.

Dramatische Geschichte, aber auch interessante Hinweise zur Bebauung und Entwicklung der Grundstücke am Dreifaltigkeitsplatz lassen sich aus den trockenen Zahlen und kurzen Eintragungen herauslesen, die im Häuserbuch der Stadt München aus alten Quellen zusammengetragen sind[274]. Das Haus Nr. 1 am Dreifaltigkeitsplatz taucht im Häuserbuch erstmals in einer Eintragung im Jahre 1534 auf. Der damalige Besitzer war Leonhard Häckhl. 1544–67 ist ein Mänhardt als Besitzer verzeichnet, dem auch das nördlich zum Tal anschließende Anwesen gehört (Tal 76, heute Tal 4). Da die Auf-

[272] Der Name »unteres Elend« kann zwar nach Stahleder, Hausnamen, 89 f., auf den Dreifaltigkeitsplatz bezogen werden, muß aber trotzdem Spekulation bleiben.

[273] Stahleder, Hausnamen, 89 f.

[274] Häuserbuch der Stadt München. Stadtarchiv München (Hrsg.), Band IV (München 1966) 31 f.

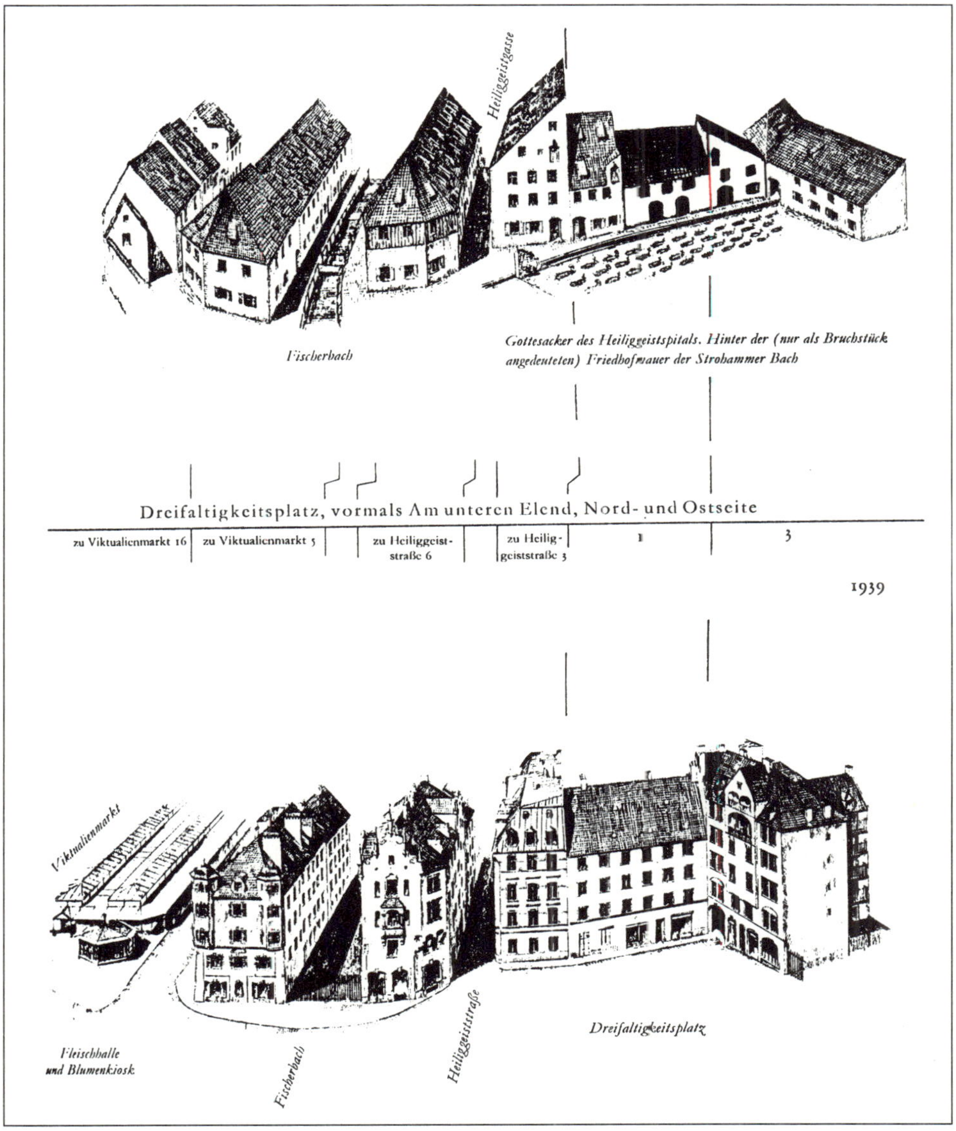

Abb. 127: München, Dreifaltigkeitsplatz. Die Bebauung am Dreifaltigkeitsplatz nach dem Häuserbuch mit Korrekturen nach dem Originalmodell von Jakob Sandtner.

zeichnungen für dieses Grundstück im Häuserbuch erst mit dem Jahr 1566 beginnen, kann man sicher davon ausgehen, daß auch der erstgenannte Leonhard Häckhl gleichzeitig Besitzer beider Grundstücke war. In Folge erscheinen beide Anwesen öfters in der Hand eines Besitzers. 1572 kann man aus den Eintragungen auch etwas über die Bebauung erfahren, es ist von »Haus, Hof, Stadel und Garten« die Rede. Aufschlußreich ist auch die Wertentwicklung des Hauses: Um 1592 wird der Wert des Hauses mit 3750 fl beziffert, 1627 steigt er auf 6600 fl, 1631 auf 8000 fl. Der selbst unter Berücksichtigung der auch damals schon fortschreitenden Inflation erhebliche Wertzuwachs im späten 16. und Anfang des 17. Jahrhunderts ist wohl auf die Bebauung mit nunmehr zwei Häusern (siehe unten) zurückzuführen. 1644 fällt der Kaufwert plötzlich auf 3650 fl. Dieser dramatische Wertverfall ist sicherlich auf den Dreißigjährigen Krieg zurückzuführen. 1632 zieht Gustav Adolf von Schweden in München ein, verschont die Stadt zwar von Plünderung und Zerstörung, aber nur nach einer Zahlung

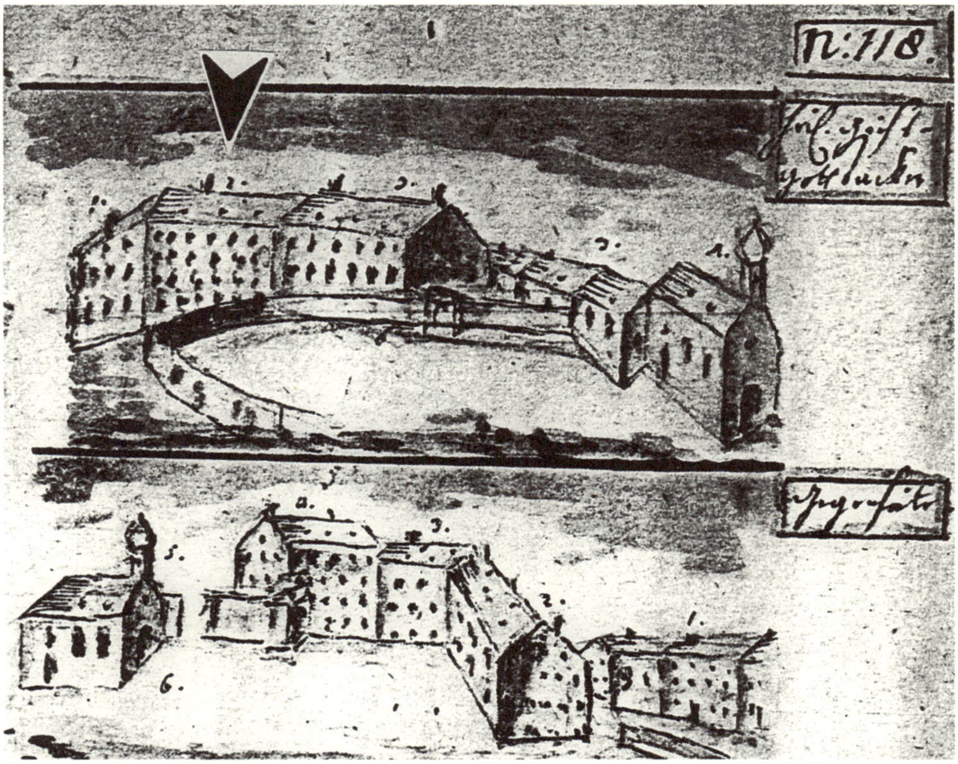

Abb. 128: München, Dreifaltigkeitsplatz. Die Ansicht der Bebauung auf dem Dreifaltigkeitsplatz um 1800 aus Stimmelmayrs Beschreibungen.

Abb. 129: München, Dreifaltigkeitsplatz. Ansicht der nördlichen Bebauung des Platzes 1996.

von 3 mal 100 000 Talern durch die Münchner Bürger. Von diesem schweren Schlag konnte sich die durch den Krieg ohnehin stark geschwächte Wirtschaft der Stadt lange nicht mehr erholen – eine trockene Zahl im Häuserbuch legt noch heute Zeugnis davon ab. Auffällig ist auch der fast um das Doppelte steigende Kaufwert zwischen 1789/90 mit 11 000 fl und 1809 mit 23 000 fl. Die tatsächliche Übernahmesumme mit angrenzender Behausung betrug dann sogar noch einmal mehr als das Doppelte, nämlich 47 500 fl. Eine Erklärung hierfür finden wir in einer Erwähnung bei Johann Paul Stimmelmayr, der dieses Haus um 1805 als das »unbekannte, vorhin nicht so hohe Haus« beschreibt[275]. Er hat also, wenn man seinen Zeichnungen Glauben schenken darf, einen größeren Umbau des Hauses miterlebt, von zwei sehr viel kleineren Häusern zu einem großen vierstöckigen Anwesen (Abb. 128). Die Erwähnung des Umbaus im Häuserbuch mit »um 1812« muß dann wohl früher angesetzt werden, da Stimmelmayrs Aufzeichnungen etwa aus dem Jahr 1805 stammen[276].

Das östliche Nachbaranwesen Dreifaltigkeitsplatz Nr. 3 gehörte ursprünglich zum Anwesen Tal Nr. 75 (heute Tal 6). Noch 1860, als das bestehende Gebäude in ein Wohnhaus umgewandelt wird, wird es als Hinterhaus von Tal 75 bezeichnet. Es bildet heute die Begrenzung des Platzes nach Osten. Die im Häuserbuch angedeutete Parzellengrenze gibt noch die Situation von vor 1799 wieder (Abb. 127): Die zwei kleinen Gebäude unmittelbar neben dem Eckhaus an der Heiliggeiststraße gehören zum Dreifaltigkeitsplatz 1, auf dem Nachbargrundstück mit der Nr. 3 steht ein schmales Haus mit angrenzender Häuserzeile, die den Platz nach Osten hin abgrenzt. Vor diesen Häusern läuft ein kleiner Bach, der Strohhammerbach. Am 13. April 1799 erwirbt Leonhard Seidl (Tal 75) vom Heiliggeistspital einen Teil des vor seinem Anwesen am Dreifaltigkeitsplatz gelegenen Friedhofes[277]. Er bezahlt dafür 546 fl. Daß dann bald darauf das schmale Häuschen abgerissen oder überbaut und die Front der angrenzenden Häuserzeile bis an die Parzellengrenze zum Haus Nr. 1 nach Westen vorgerückt wird, lassen auch die Aufzeichnungen Stimmelmayrs vermuten. Er beschreibt das Anwesen Dreifaltigkeitsplatz 3 um 1805 als »der hintere Theil vom Höger Bräuer im Thal, nunmehr dessen neu und weiter hervor gebautes Bräuhaus mit der Hinterwand«[278].

Das westlich vom Dreifaltigkeitsplatz Nr. 1 liegende Anwesen gehört bereits zur Heiliggeiststraße. Es ist das Haus Heiliggeiststraße Nr. 3. Der erste Eintrag im Häuserbuch verzeichnet als Besitzer 1459 den Fischer Hans Heindl. Von 1607–21 an wird es geteilt. Um 1780 gehört zu dem Haus eine Fischtruhe im nächst vorbeifließenden Fischerbach. Das Haus ist fast durchgehend im Besitz von Fischern.

Die Geschichte der Heiliggeiststraße (früher Fischergasse) ist eng mit den Fischern verbunden[279]. Ursprünglich siedelten die Fischer vor den Toren der Stadt im Bereich des Isartores. In den Steuerbüchern werden sie letztmalig um 1384 dort verzeichnet[280]. 1387 finden sich dann die Häuser der Fischer am Ende des Tals zu beiden Seiten der nach ihnen benannten Fischergasse.

---

275 Dischinger, Gabriele/Bauer, Richard (Hrsg.), Stimmelmayr, Johann Paul, München um 1800 (München 1980) 111.

276 Ebd., 14.

277 Häuserbuch der Stadt München. Stadtarchiv München (Hrsg.), Band IV (München 1958–1977) 480.

278 Dischinger, Gabriele / Bauer, Richard (Hrsg.), Stimmelmayr, Johann Paul, München um 1800 (München 1980) 111.

279 Die Gasse heißt nachweislich seit 1390 Fischergasse, 1399 Unter den Fischern. Seit 1806 findet sich in den Stadtplänen eine Teilung: der vordere Teil zum Tal heißt Heiliggeiststraße, der südliche zur Stadtmauer gehende Teil Fischergasse. Heute durchgehend Heiliggeiststraße. Stahleder, Hausnamen, 149.

280 Stahleder, Hausnamen, 133 f.

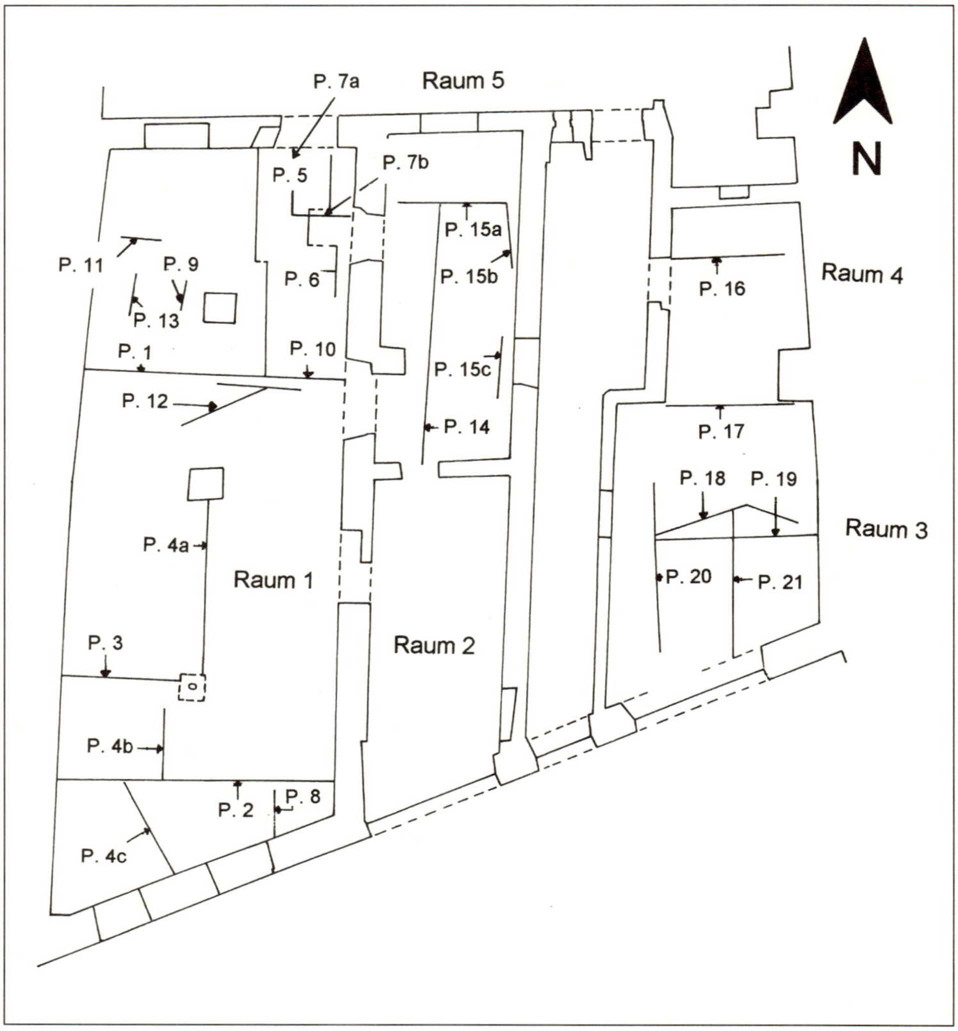

Abb. 130: München, Dreifaltigkeitsplatz Nr. 1. Lage der Profile (P) im Ausgrabungsbereich.

Grundeigentümer dieses Gebietes war das Heiliggeistspital. Über die Ursache dieser Umsiedlung besteht Unklarheit. Denkbar wäre eine Flutkatastrophe, oder der Ausbau der Befestigungsanlage östliche des Isartores. Eigens für diese Umsiedlungsaktion wurde auch vom Roßschwemmbach das Wasser umgeleitet in den für die Fischer neuangelegten Fischerbach, der westliche parallel zur Heiliggeiststraße verlief.

Weiter nach Norden liegen in der Heiliggeiststraße zwei Grundstücke, die längere Zeit zusammengehörten (Haus Nr. 1 und Haus Nr. 2). Hier stehen Gebäude die zur Bäckerei des Heiliggeistspitals gehören. So heißt es 1572: »Des Heiligen Geists Pöckhenhaus stößt an Georgen Lannzingers Garten (Lannzinger war als Schwiegersohn Mänhardts dessen Nachfolger im Besitz von Tal Nr. 76 und Dreifaltigkeitsplatz 1)«[281]. Ab 1849 wird das Grundstück dann getrennt. Eine Zugehörigkeit dieser Grundstücke zum Anwesen Tal Nr. 76 ist keiner Quelle zu entnehmen.

[281] Häuserbuch der Stadt München. Stadtarchiv München (Hrsg.), Band IV (München 1958–1977) 480.

Der archäologische Befund

Die Grabungen am Grundstück Dreifaltigkeitsplatz 1 fanden 1994/95 unter Leitung von Dr. Tilman Mittelstraß statt[282]. Das bisher nicht unterkellerte Anwesen sollte in seiner Gesamtheit unterkellert werden, so konnte fast das gesamte Areal archäologisch untersucht werden, bis auf wenige kleine Flächen, die aus statischen Gründen nicht verändert werden durften (Abb. 129 und 130). Parallel zu den archäologischen Ausgrabungen wurde vom BLfD durch Karin Uetz ein Bauaufmaß des Erdgeschosses angefertigt[283]. Da das Grundstück nicht im ältesten Stadtkern, sondern im Bereich der ersten Stadterweiterung liegt, erhoffte man sich neben den allgemeinen Ergebnissen über die Entwicklung und Bebauung der Parzelle auch Aufschlüsse über Art und Beginn der Besiedelung in diesem ursprünglich außerhalb des ummauerten Stadtbereiches gelegenen Gebiet.

Zur besseren Übersicht sind mit Ausnahme einiger Schichtpakete alle im Text genannten Befunde einer Periode mit ihren Nummern jeweils in einer gesonderten Zeichnung zusammengefaßt (Abb.-Nummer in der Überschrift). Aus dem gleichen Grund stehen die Hinweise auf Abb.-Nummern in Abweichung zu den übrigen Kapiteln in eckigen Klammern, bei den in runden Klammern angegebenen Nummern handelt es sich um die Befundnummern. Die Befundnummern verweisen auf die Beschreibung im Befundkatalog.

Periode I (Abb. 131)

Der geologische Untergrund im Bereich des untersuchten Grundstücks besteht aus grobem, sehr festem Kies. Die flächigen, durch immer wiederkehrende Überschwemmungen oft sehr massiven Aufschüttungen trugen dazu bei, daß die älteste originale Oberfläche weitgehend erhalten blieb. Das Gelände wies ursprünglich ein leichtes Gefälle nach Süden auf und fiel im Bereich der heutigen Südwand steil ab zum südlich am Haus vorbeifließenden Strohhammerbach. Er gehörte zu einem System von Bächen, die das Gelände zwischen der Altstadtterrasse und der Isar zum Teil heute noch durchqueren. Das Gebiet um den Dreifaltigkeitsplatz wurde von mehreren dieser Bäche berührt: dem westlich parallel zur Heiliggeiststraße künstlich angelegten Fischerbach, dem weiter östlich gelegenen Kalten- oder Katzenbach und dem unmittelbar südlich an dem untersuchten Anwesen vorbeiführenden Strohhammerbach, der die beiden eben genannten Bäche miteinander verband. Er mündete auf Höhe der Hochbrücke in den Kaltenbach ein. Seinen Namen hat er vom Haus Tal Nr. 70, das von 1799 bis 1818 dem Handelsmann Franz Xaver Strohhammer gehörte[284].

Im Gegensatz zum künstlich angelegten Fischerbach floß der Strohhammerbach schon lange vor Beginn der Besiedelung hier in seinem natürlichen Bachbett. Durch Ablagerung eines ca. 80 bis 110 cm mächtigen hellgrauen Schluffpaketes (32) [alle Profile] auf dem Kies der Schotterebene

---

282 Grabungsdokumentation und Pläne befinden sich BLfD, Archiv-Bodendenkmalpflege. Die Funde sind im Fundarchiv der Prähistorischen Staatssammlung eingelagert. Die detaillierte Auswertung basiert auf dem hervorragend verfaßten umfangreichen Grabungsbericht.

283 Dokumentation und Pläne befinden sich BLfD, Archiv-Baudenkmalpflege.

284 Stahleder, Hausnamen, 673 f.

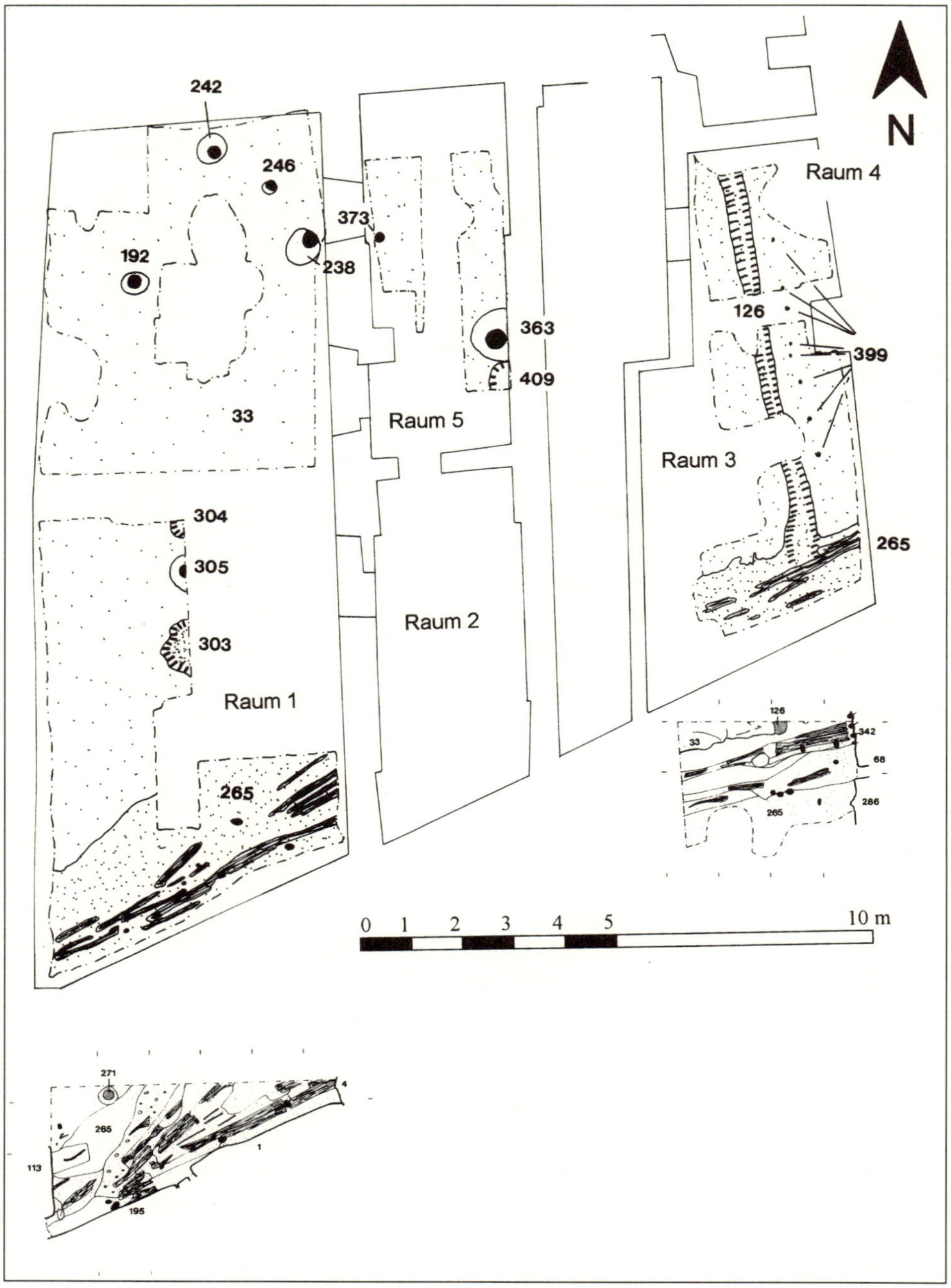

Abb. 131: München, Dreifaltigkeitsplatz Nr. 1. Die Befunde der Periode I aus dem späten 12. und frühen 13. Jahrhundert.

gewann die Bachrinne im Laufe der Zeit allmählich noch an Tiefe. Wie die schlierige Struktur des Schluffs besonders an der Unterkante erkennen läßt, war auch dies eine Folge der häufigen Überschwemmungen.

Die stratigraphisch ältesten Befunde des untersuchten Geländes zeichnen sich noch in dieser ersten und ältesten Schicht ab. Nördlich des Bachbettes fanden sich eingetretene Holzkohlepartikel und Backsteinreste, eine Holzkohlelinse (303) [Abb. 133,4a] – vielleicht von einem Lagerfeuer – und einige wenige Keramikscherben. Insgesamt zeugen diese spärlichen Spuren von einer wohl eher sporadischen Nutzung dieses Gebietes, wie etwa Rodungsarbeiten oder ähnlichen Urbarmachungsversuchen.

Von regeren Tätigkeiten in diesem Bereich zeugt erst das nächste Schichtpaket (33) [alle Profile], das auch das Ende der unregelmäßigen Bodenanschwemmungen und den Beginn der kontinuierlichen Nutzung des Geländes durch den Menschen anzeigt. Der Rand der südlichen Bachrinne wurde mit Kies angefüllt und mit querverlegten Holzbalken befestigt (265) [Abb. 131; 133, 4b.c; 135,18; 146; 147; 156]. Einige dieser Hölzer waren zusätzlich durch Pfähle vor dem Abrutschen gesichert. Diese Befestigung wurde im Laufe der Zeit mehrmals erneuert. Der Bach als solcher blieb erhalten. Über die neue Breite des Wasserlaufs läßt sich wegen der begrenzten Untersuchungsfläche nichts sagen. Man kann aber wohl davon ausgehen, daß die ursprüngliche breite Rinne durch die einseitige Verfüllung verschmälert und ein wenig nach Süden verlagert wurde. Als kleines Rinnsal floß der Strohhammer Bach noch bis in die frühe Neuzeit an der südlichen Front des Anwesens vorbei.

Abb. 132: München, Dreifaltigkeitsplatz Nr. 1. Raum 1, Süd, Fläche 4, Blick auf die Balkenlager zur Uferrandbefestigung des Strohhammerbaches.

Nach Süden hatte das Grundstück somit seine natürlich festgelegte Grenze. Bemerkenswert aber ist, daß auch eine im Osten des Areals gleich zu Beginn der Geländenutzung gezogene Grenze kaum verändert bis heute Bestand hat. In den Räumen 3 und 4 konnte ein seichtes Gräbchen festgestellt werden (126) [Abb. 131; 135; 142; 143; 146; 147; 150; 151], welches von Norden her kommend in den Strohhammerbach mündete. Östlich dieser kleinen Rinne fanden sich Überreste eines Zaunes (399) [Abb. 135; 150; 151], der hier bereits in dieser frühen Siedlungsphase errichtet wurde. Er markiert eine in den folgenden Perioden immer wieder aufgenommene Linie, die letztlich zur heutigen östlichen Grundstücksgrenze geführt hat.

Pfostenspuren lassen sich dieser ersten Siedlungsphase nur sehr schlecht eindeutig zuordnen. Lediglich die Zugehörigkeit der Standspuren 238 [Abb. 149,6], 242 [Abb. 149,5], 305 [Abb. 133,4a], und 363 [Abb. 140,15c; 141] ist zweifelsfrei, wohingegen Pfosten 192 [Abb. 153,9] nur mit Einschränkung dieser frühen Phase zugerechnet werden kann. Grube 246 [Abb. 149,6] enthielt laut Grabungsbericht undeutliche Reste eines gezogenen Pfostens, so daß es sich bei ihr möglicherweise auch um eine Pfostenstandspur handelt, sie wäre dann aber wegen der wesentlich geringeren Einschlagtiefe nicht klar als dieser Periode zugehörig zu interpretieren. Zwei weitere Gruben (304) [Abb. 133,4a], (409) [Abb. 140,15c] enthielten keinerlei Pfostenspuren, ihre Bedeutung ist nicht mehr zu erkennen. Das gleiche gilt für einen kleinen Pfahl in Raum 5 (373).

Über die Art der Nutzung des Geländes nach der Befestigung der Bachrinne läßt sich wenig Schlüssiges sagen. Die 4 beschriebenen Pfostenlöcher, die alle etwa den gleichen Durchmesser und eine gleiche Einschlagtiefe haben, möglicherweise auch noch Pfosten 192 und 264, gehören dieser

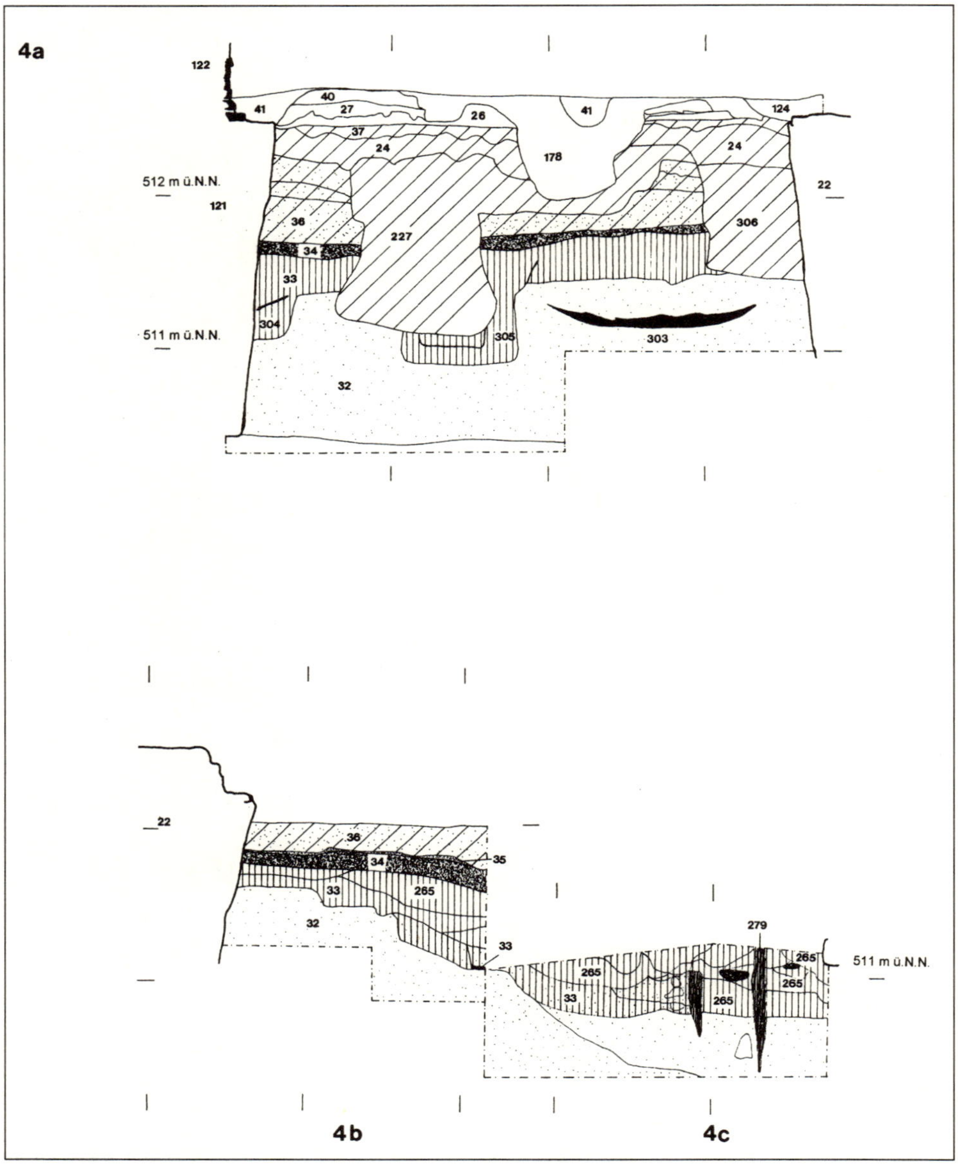

Abb. 133: München, Dreifaltigkeitsplatz Nr. 1. Raum 1, Profil 4a–c.

ersten Phase kontinuierlicher Nutzung an, jedoch lassen sie sich nicht zu einem sinnvollen Grundriß zusammenfügen. In der Fläche zeichnete sich nirgends ein Fußboden für einen Innenraum ab. Der Boden hatte überall die gleiche Beschaffenheit. Für eine Niveauabsenkung, die diese Schichten entfernt hätte, waren keine Anzeichen vorhanden.

Die Funde bestanden zum größten Teil aus Tierknochen, die gute Hinweise auf die Ernährungsgewohnheiten der Bewohner geben (siehe Anhang). Nach der Analyse des Materials handelt es sich vorwiegend um Rinderknochen (72 %). Das Schwein spielte mit nur 16,7 % noch keine große Rolle in der Ernährung, das gleiche gilt für Schaf/Ziege mit 7,8 %. Vereinzelt fanden sich auch Knochen von Hühnern (0,3 %) und Gänsen (0,2 %). Der Fund eines einzigen Pferdeknochens reicht zu einer Deutung nicht aus. Alle Knochen waren »suppentopfgerecht« zerlegt, d.h. sie waren teilweise recht unfachgerecht in kleinste Teile gespalten.

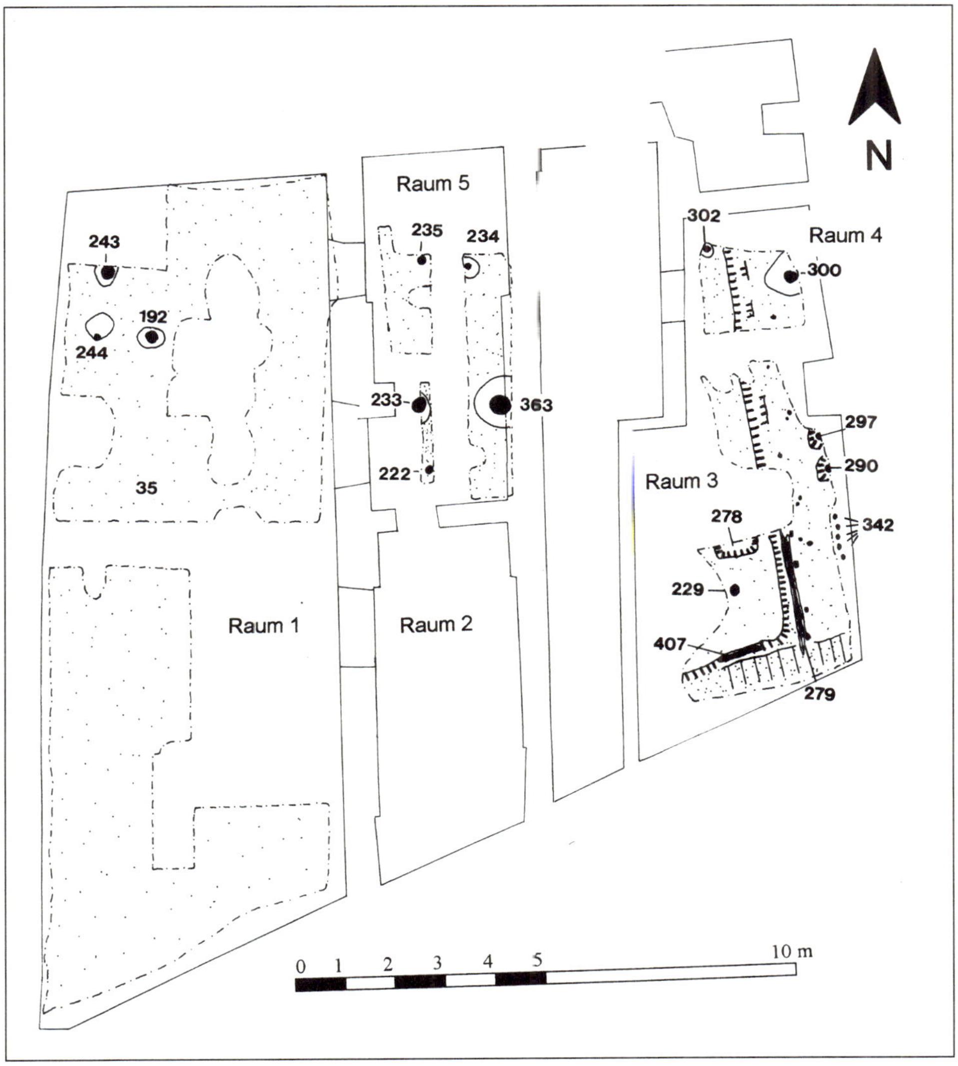

Abb. 134: München, Dreifaltigkeitsplatz Nr. 1. Die Befunde der Periode II aus dem 13. bis Mitte 14. Jahrhundert.

Keramik, wie sie für einen bewohnten und intensiv genutzten Bereich in größeren Mengen zu erwarten wäre, wurde nur wenig und ausschließlich in Form von Topfscherben gefunden. Sie gehören in das 12. und 13. Jahrhundert. Eiserne Hufnägel in größerer Anzahl geben Hinweise auf eine Bewirtschaftung (vielleicht Rodungsarbeiten?) mit dem Pferd.

Funde von angeziegeltem Hüttenlehm weisen auf eine sicher noch einfache Holzbebauung hin, so daß man im Zusammenhang mit diesen Funden wohl auch die oben erwähnten Pfostenstandspuren als Teil der Bebauung ansprechen kann, selbst wenn die Befunde nicht eindeutig sind. Vereinzelt geschmolzene Backsteine geben wegen ihrer geringen Menge keinen eindeutigen Hinweis auf eine Brandzerstörung.

Periode II (Abb. 134)

Eine zweite Nutzungsphase zeichnet sich durch eine einheitliche Planierschicht ab, die in allen Untersuchungsbereichen auf etwa der gleichen Höhe angetroffen wurde. Es ist ein Lehmpackung, die zum Großteil aus feuer-

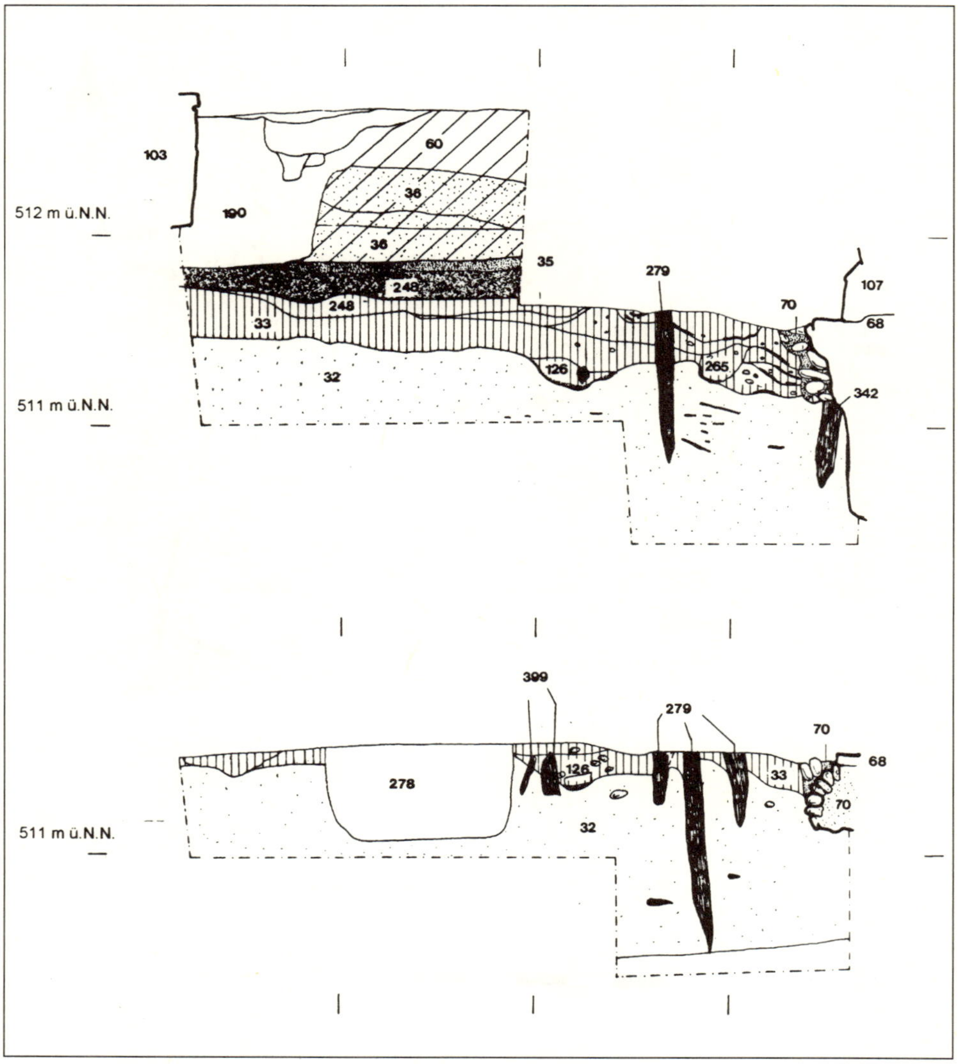

Abb. 135: München, Dreifaltigkeitsplatz Nr. 1. Raum 3, Profil 18 (oben) und 19 (unten).

geröteten Lehmbatzen besteht (34) [siehe hierzu vor allem Abb. 143 und 151; daneben Profile Abb. 133; 138; 139; 140; 142; 146; 147; 150; 152; 153; 155; 156]. Sie trug zu einer flächigen Aufhöhung des Geländes um 7 bis 20 cm bei. Ihre einheitliche und unverkennbare Struktur und Zusammensetzung und die Tatsache, daß sie überall in der gleichen stratigraphischen Position anzutreffen war, sichert die Gleichzeitigkeit dieser Aufschüttungsmaßnahmen. Direkt über dieser Schicht breitet sich ein dunkler Laufhorizont aus (35) [Abb. wie oben]. Mehrere Pfostenlöcher und kleinere Gruben bezeugen, daß das Gelände weiter genutzt wurde (192) [Abb. 153,9], (222 und 229), (233) [Abb. 152], (234), (235) [Abb. 152], (243) [Abb. 153,11], (244) [Abb. 153,13], (278) [Abb. 135,19], (302) (363) [Abb. 140,15c]. Zwei stehengebliebene Pfosten aus der ersten Bauperiode (192 – unsicher – und 363) deuten darauf hin, daß die Zeitspanne zwischen diesen beiden Perioden relativ kurz war.

Im Osten endete die Aufschüttung exakt an der zuvor durch das Gräbchen beschriebenen Grundstücksgrenze [Abb. 142]. Man hat hier den Rand, der durch die Planierung neu entstandenen ist, mit liegenden Höl-

Abb. 136: München, Dreifaltigkeitsplatz Nr. 1. Raum 3, Süd, Blick auf die Befestigung des kleinen Grenzbächleins mit Pfosten und Balken.

zern befestigt. Von dieser Befestigung war noch die Hohlform eines durch Pfähle gesicherten Rundstammes vorhanden (279) [Abb. 135; 150; 151], die nördlich anschließenden Hölzer waren nur mehr als Verfärbung im Boden erkennbar. Eine in geringem Abstand dazu gelegte Pfahlreihe zeugt davon, daß der in Periode I angesprochene Zaun weiter genutzt und gelegentlich erneuert wurde (342) [Abb. 135,18]. Nach Süden war das Grundstück, wie schon in der ersten Periode, durch verankerte querliegende Balken gegen die Bachrinne des Strohhammerbaches gesichert (407).

Die Pfostenlöcher und Siedlungsreste lassen auch für diese zweite Periode keine eindeutige Interpretation der Geländenutzung zu. Den einzigen Hinweis auf eine Nutzung im weiteren Umfeld dieses Areals gibt vielleicht der teilgebrannte Lehm, der den größten Teil der Planierschicht 34 ausmacht. Es ist unwahrscheinlich, daß er von abgerissenen oder abgebrannten Fachwerkbauten stammt. In diesem Fall hätten sich Reste der Holzkonstruktion in Form von Holzkohlestückchen erhalten. Die Zusammensetzung dieser bunten Schicht erinnert viel eher an Ofenlehm. Der Masse nach müssen am Herkunftsort des Planiermaterials eine ganze Reihe von Öfen abgeräumt worden sein. Man könnte deshalb z.B. an ein intensiv gewerblich genutztes Gebiet in der näheren Umgebung denken.

Die geborgenen Tierknochen lassen auch in dieser Phase nur Aussagen über die Eßgewohnheiten der Bewohner zu. Bei den Prozentangaben sind je ein schwerer Wildschwein- und ein Pferdeknochen herausgenommen worden, sie hätten das Ergebnis wegen ihres Gewichts verfälscht. Bei den übrigen Tierknochen behielt das Rind seinen Anteil mit 67 % am Speiseplan in etwa bei, Schwein spielte mit nur noch 8,7 % weiterhin keine große Rolle, Schaf und Ziege scheinen mit nunmehr 24,3 % an Beliebtheit gewonnen zu haben. Auch in dieser Schicht wurde erstaunlich wenig Keramik gefunden. Sie gehört dem späten 13. und frühen 14. Jahrhundert an.

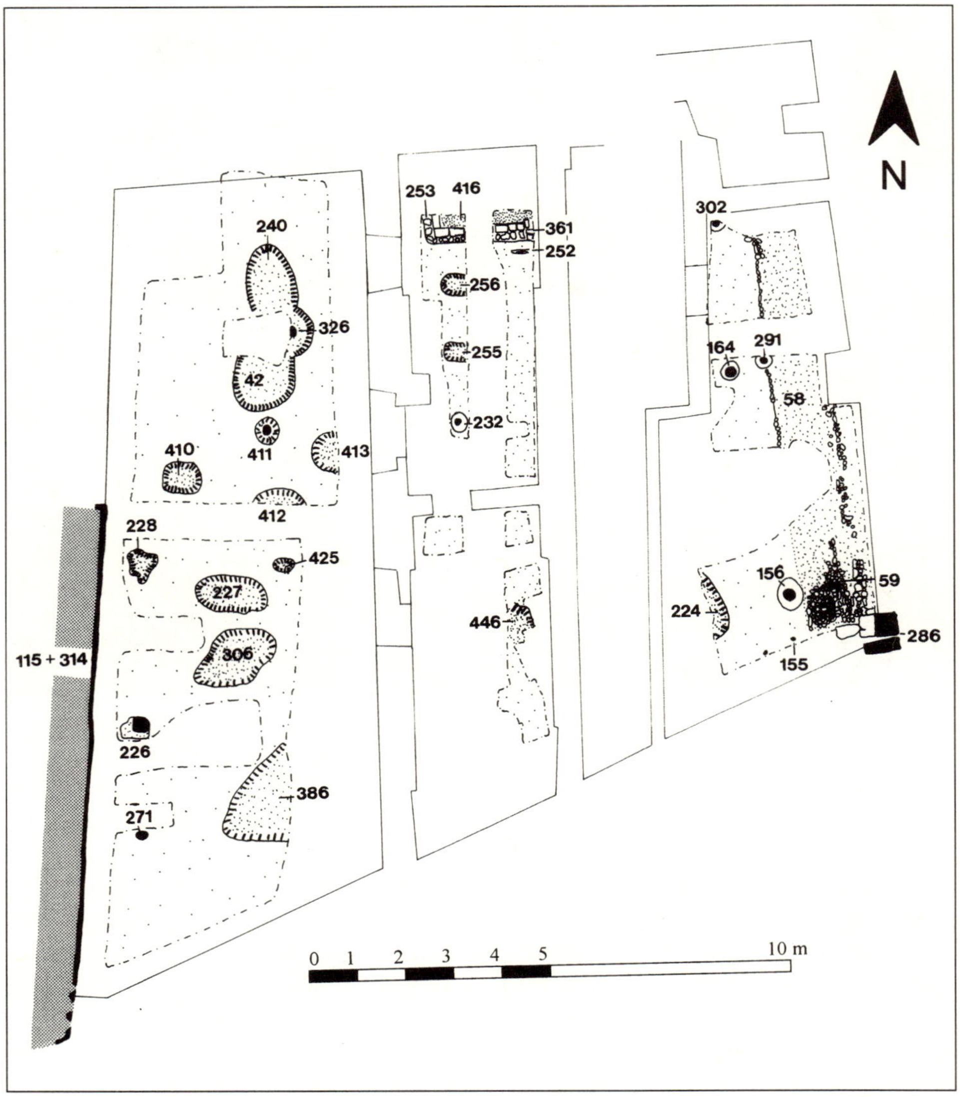

Abb. 137: München, Dreifaltigkeitsplatz Nr. 1. Die Befunde der Periode III a aus dem späten 14. und 15. Jahrhundert.

Periode III a (Abb. 137)

Wie bei der vorhergehenden Siedlungsphase markiert eine das gesamte Areal erfassende Aufschüttung 36 [z.B. Abb. 138; 139; 142; 143; 153,8 und 10; 152] den Beginn der Periode III. Sie besteht im wesentlichen aus gelbbraunem Lehm. Im westlichen Bereich des untersuchten Areals war diese Aufschüttung 50 bis 70 cm hoch, deutlich höher als im östlichen Bereich: dort erreichte sie nur eine Stärke von 15 cm. Im Gegensatz zu den vorangegangenen Perioden zeichnen sich in dieser Phase unterschiedliche Bautätigkeiten ab, die zeitlich eng aufeinander folgen.

Im Bereich von Raum 1, also im Westen des Grundstücks, fallen große, teils kreisförmige, teils unregelmäßig geformte Gruben ins Auge, die auch im Querschnitt keine Regelmäßigkeit erkennen lassen (42) [Abb. 149,5; 155, 153,10], (227) [Abb. 133,4a], (228), (240) [Abb. 149,5], (306) [Abb. 133,4a], (386, 410, 412, 413 und 425). Ähnliche Gruben liegen auch in den Räumen 2 und 3 (224) [Abb. 146,20], (446). Ein zugehöriger Laufhorizont

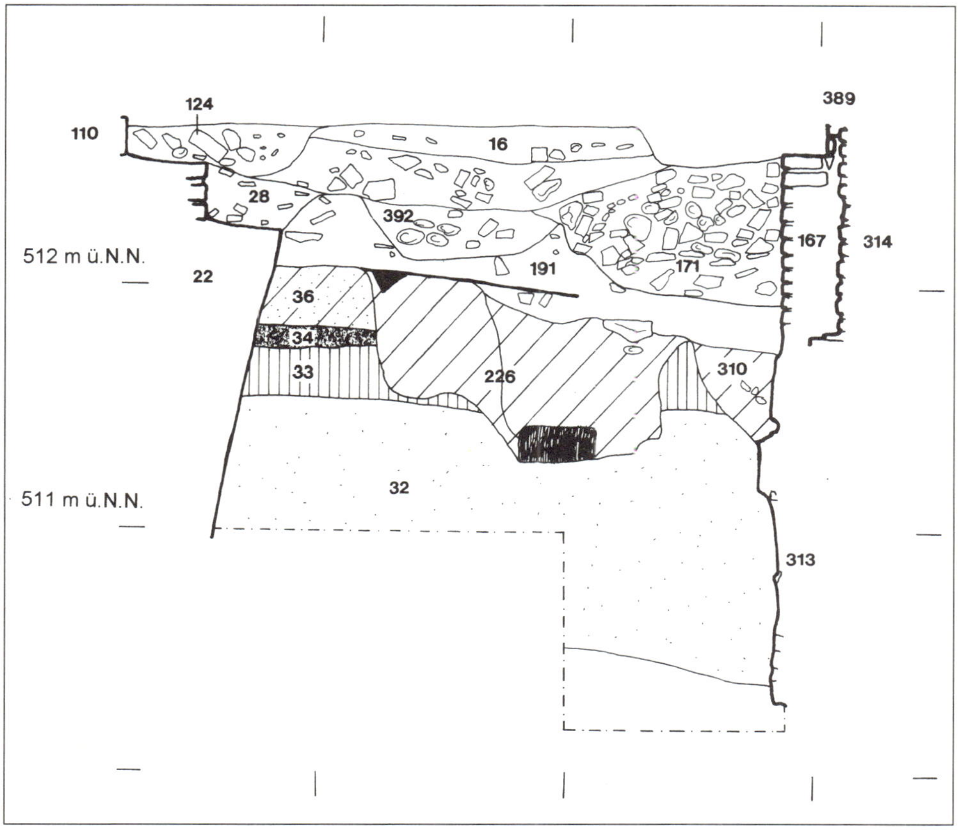

Abb. 138: München, Dreifaltigkeitsplatz Nr. 1. Raum 1, Profil 3.

Abb. 139: München, Dreifaltigkeitsplatz Nr. 1. Raum 1, Profil 3.

bildete sich nicht, was darauf hindeutet, daß die Gruben nur kurze Zeit offenlagen. Möglicherweise handelte es sich um Materialentnahmegruben, aus denen für einen anstehenden Bau ohne große Transportprobleme Lehm für Ausfachungen und Estriche oder Kiesel für das Mauerwerk (siehe unten)

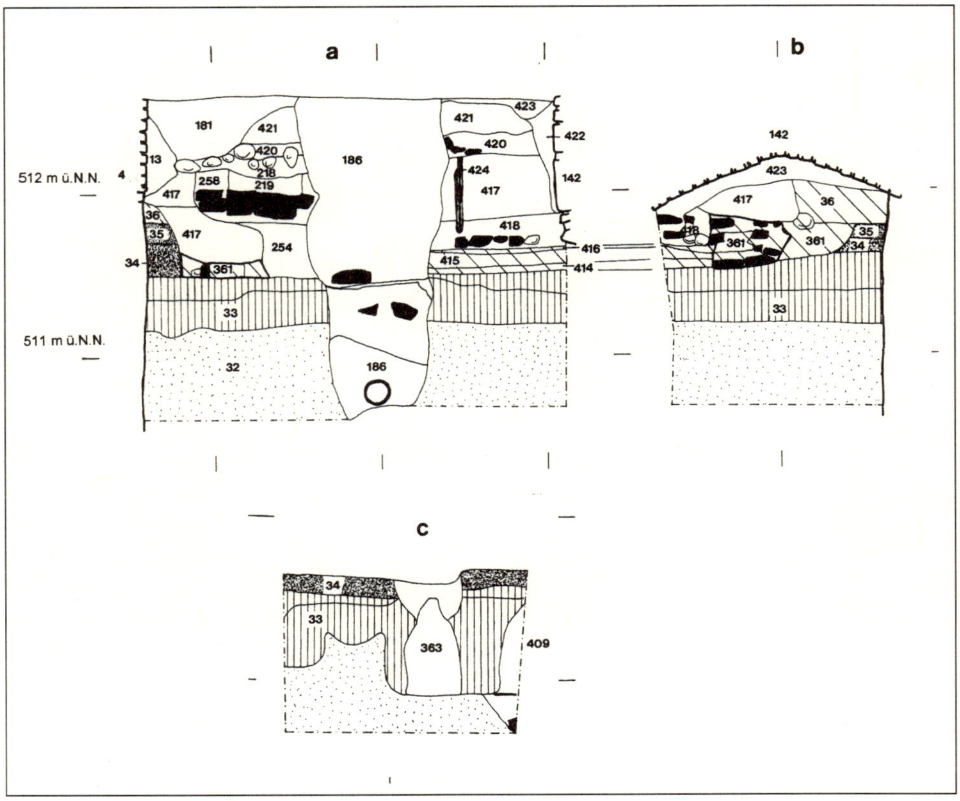

Abb. 140: München, Dreifaltigkeitsplatz Nr. 1. Raum 5, Profil 15a–c.

gewonnen werden konnten. Nachdem die Gruben wieder verfüllt waren, wurde das Gelände nochmals um 20 bis 35 cm aufgeschüttet (24) [Abb. 133,4a; 150]. Erst auf diesem Niveau bildete sich dann eine Nutzungsschicht (37) [Abb. 133,4a; 149,7a.b; 152, 155]

Ebenfalls in Raum 1 fanden sich in geringem Abstand zur heutigen Westwand des Anwesens im Boden zwei Pfostenlöcher (226) [Abb. 138; 139], (271) [Abb. 131; 132; 156] und eine weitere Grube, die man wohl ebenfalls als Pfostenloch ansprechen kann (228). Die Erklärung für diese Pfosten, die für sich gesehen keinen sinnvollen Verwendungszweck erkennen ließen, findet sich in der Westwand des Anwesens. Die Auswertung eines Bauaufmaßes ergab eine mehrphasige Kommunmauer zwischen unserem Anwesen Dreifaltigkeitsplatz 1 und dem westlich anschließenden Anwesen Heiliggeiststrasse 3. In ihr steckt ein etwa 1 m hoch sichtbar erhaltenes altes Mauerstück (314) [Abb. 138], das nach den Untersuchungen der Bauforschung hinter einer dünnen Vorblendung der Periode V noch über die ganze ursprüngliche Länge etwa von der Mitte der heutigen Westwand bis zur südlichen Abschlußmauer des Gebäudes zu verfolgen ist. Es besteht aus Backsteinen mit gelegentlich zwischengeschobenen Lagen von etwa faustgroßen Flußkieseln, einer Mauertechnik, die in diesem Anwesen nur hier auftritt, in München aber von anderen Bauwerken her gut bekannt ist[285]. Der Fugenmörtel tritt an der Oberfläche hervor und ist rotbraun verfärbt, möglicherweise die Folge eines Brandes, wenn sich auch aus den archäo-

[285] Fastje, Heike, Die Ausgrabungen auf dem Gelände des Marienhofes in München. Jahrbuch der Bayerischen Denkmaplpflege Band 43, 1989 (München 1989) 29 und Abb. 18.

Abb. 141: München Dreifaltigkeitsplatz Nr. 1. Raum 5, Profil 15a.

logischen Untersuchungen keine weiteren Hinweise auf einen Brand ergaben. Im unteren Teil dieses Mauerstückes hebt sich deutlich ein Fundamentrest ab. Er besteht noch aus vier bis fünf Lagen Backsteinen, deren Fugen wenigstens 2 cm tief mit Erdreich gefüllt sind. Leider war die zugehörige Baugrube (310) [Abb. 138; 139; 156] durch einen mächtigen Fundamentuntersuchungsgraben eines späteren Umbaues stark gestört. Die Beobachtung, daß die Oberkanten des Fundamentes und der Aufschüttung 24, mit der nach der Verfüllung der Gruben und Pfostenlöcher das Gelände noch einmal planiert wurde, etwa auf gleicher Höhe liegen (512,27 m ü.N.N.), sichert aber die zeitliche Einordnung der Mauer in diese Periode.

Die Mauer setzt sich weder im Norden noch im Süden nach Osten fort, so daß es sich im eigentlichen Sinn nicht um eine Bebauung des Grundstücks Dreifaltigkeitsplatz 1 handeln kann, sondern nur um die Erstellung des westlich anschließenden Hauses an der Heiliggeiststraße. Die Parzelle reichte in den ersten beiden Siedlungsperioden wohl vom östlich liegenden kleinen Graben bis an die Heiliggeiststraße. Erst mit dem Bau dieses ersten steinernen Gebäudes wurde die heute gültige Grenze nach Westen festgelegt. Die beiden eingangs beschriebenen Pfostenlöcher 226, 271 und wohl auch 228 entstanden vermutlich während dieses Baues durch das Aufstellen eines Gerüstes. Als das Haus fertig war, konnten die Pfosten entfernt, die entstandenen Löcher samt den nun nicht mehr benötigten Materialgruben zugeschüttet werden.

Etwa gleichzeitig mit dem Westteil des ehemaligen Gesamtareals wurde auch die Ostseite des Grundstücks großräumig bebaut. In Raum 5 legte man unmittelbar nach der beschriebenen ersten Lehmaufschüttung einen leicht eingetieften Raum mit einschaligem Backsteinmauerwerk und Estrichboden an, der wegen des zwischen den Räumen 5 und 4 liegenden Hausdurchgangs nicht weiter nach Osten verfolgt werden konnte (361, 253 und 416) [Abb. 140,15a.b; 152]. Durch die anschließende Aufplanierung wurde er zu einer Art Halbkeller. Über das zugehörige Gebäude läßt sich wegen

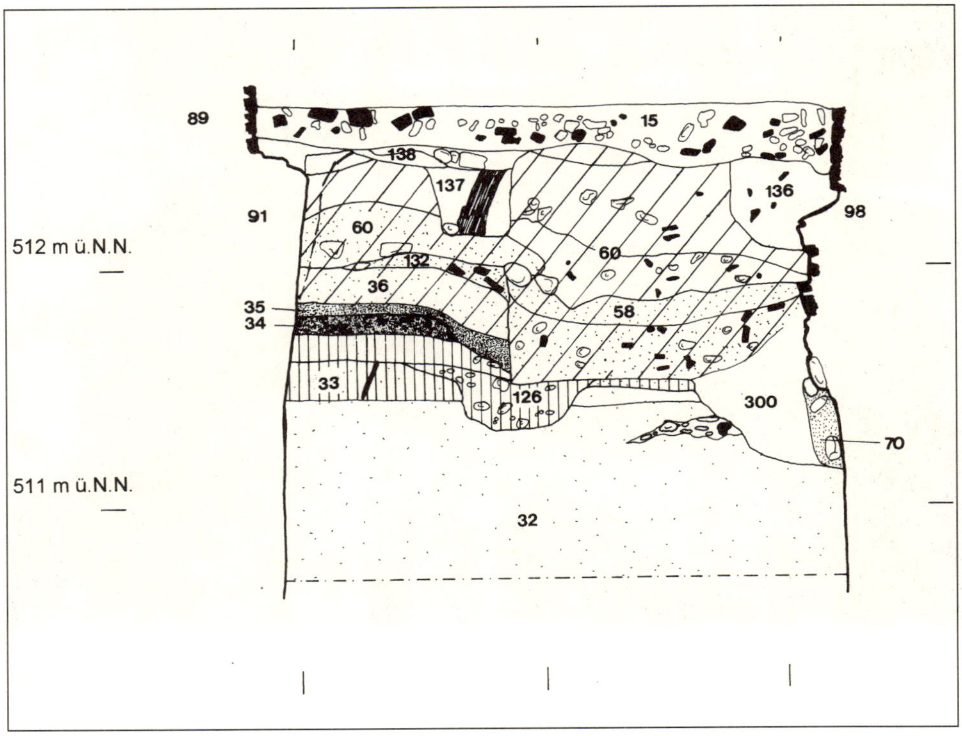

Abb. 142: München, Dreifaltigkeitsplatz Nr. 1. Raum 4, Profil 16.

zahlreicher Störungen nur sagen, daß es im Gegensatz zum benachbarten Steinbau wohl eine Holzkonstruktion war. Südlich dieses Kellers konnten drei Pfosten nachgewiesen werden (232, 255 und 256) [Abb. 152]. Sie orientieren sich an der Flucht der westlichen Kellerwand und bildeten mit ihr den Westabschluß eines Gebäudes, dessen Ostwand neben dem kleinen Graben zu suchen ist. Nach der Aufgabe dieses Gebäudes – und somit bereits schon zu Anfang der nächsten Periode III b – wurde das Gelände an dieser Stelle noch einmal mit einer Planierschicht versehen (257) [Abb. 152].

In Raum 4 fallen die Pfostenlöcher 164 und 302 auf. Sie dürften, wie schon angedeutet, zur Konstruktion der Ostwand des eben beschriebenen Gebäudes gehören. Ein Pfahl (155) und zwei Pfosten (156, 291) beziehen sich hier auf die etwas dünner ausgefallene Lehmplanierung. Auch in dieser Periode läßt sich in den Räumen 3 und 4 die östliche Grundstücksgrenze wieder nachweisen. Die Planierung reicht bis unmittelbar an den Graben [Abb. 142; 143 und 150; 151]. Der Lehmauftrag endet an dieser Stelle abrupt senkrecht und zeigt damit, daß die Randbefestigung der Periode II weiterhin intakt war und instandgehalten wurde. Auch der Zaun blieb bis weit über den Beginn von Periode III a bestehen. Der zu Anfang kleine seichte Graben ist durch die Aufschüttungen inzwischen zu einer etwa 50 cm tiefen Senke geworden, die auch im Laufe der dritten Siedlungsperiode offen blieb. In ihr sammelten sich viele aussagekräftige Kleinfunde. Am östlichen Rand der Grabungsfläche, jenseits des Grabens wurden einige Gruben (300, 290, 297) [Abb. 134] mit Pfostenstandspuren erfaßt, die auffallend parallel zur Grundstücksgrenze verlaufen. Sie sind aber durch ein späteres Fundament so stark gestört, daß eine Interpretation kaum mehr möglich ist. Zeitlich sind sie nur allgemein der Periode II oder III zuzuordnen. Ob sich hier ebenfalls ein kleiner Zaun befunden hat oder ob die

Abb. 143: München, Dreifaltigkeitsplatz Nr. 1. Raum 4, Profil 16.

Pfähle z.B. zur Stützung eines Fundamentes dienten, kann nicht mehr gesagt werden.

Ein weiterer Befund, ein separat errichteter Backsteinpfeiler auf dem heute noch die südöstliche Ecke des Hauses Dreifaltigkeitsplatz 1 ruht, war ursprünglich wohl eher als Punktfundament gedacht (286). An dieser Stelle trafen die beiden Bäche zusammen und der Kiesuntergrund fiel steil zum Bachbett des Strohhammerbaches ab, so daß der Untergrund für einen Bau denkbar instabil war. Der Pfeiler ist aus diesem Grund auch wesentlich tiefer gegründet als alle anderen Fundamente des Gebäudes. Wegen der massiven neuzeitlichen Störungen ist er allerdings nicht mit absoluter Sicherheit in diese Siedlungsperiode einzuordnen. Es ist aber sicher, daß er früher als ein nach Norden anschließendes Fundament entstanden ist, das nachweislich der Periode IV angehört. Eine Errichtung in Periode III a, spätestens aber Periode III b ist deshalb sehr wahrscheinlich. Das Punktfundament würde dann wohl zu einem Steinbau auf dem Nachbargrundstück Dreifaltigkeitsplatz 3 gehören, da ein steinerner Bau auf dem untersuchten Grundstück in dieser Periode nicht nachgewiesen werden konnte. Eine Interpretation des Pfeilers als Fundament einer Tordurchfahrt ist zwar auch möglich, für das Fundament des Gegenpfeilers, das dann in der heutigen Südfront des Hauses zu suchen wäre, gibt es aber keinen archäologischen Nachweis.

Mit diesem Neubau gut zu erklären wäre auch die folgende, letzte Baumaßnahme dieser Periode: Gegen Ende der Periode III a wurde der fundreiche Graben zwischen den beiden Grundstücken zugeschüttet und mit Flußkieseln gepflastert (59), so daß eine schmale Gasse mit Entwässerungsrinne entstand. Die Kiesel waren in festes braunes, lehmig-sandiges Material eingebettet (58) [Abb. 142; 143 und 150; 151] und teils noch als Pflasterungsreste vorhanden, teils als noch gut sichtbarer Abdruck im lehmigen Untergrund erkennbar. Daß das Pflaster genau bis an die eben beschriebene Fundamentverstärkung heranreicht, sie sogar sorgfältig zu umgehen scheint, kann wohl als Indiz dafür gelten, daß das Nachbarhaus noch vor der Pflasterung des kleinen Weges, also noch in Periode III a, erbaut worden ist.

Die Spuren der Periode III a ergeben nun das erste Mal ein anschaulicheres Bild der Bebauung. Im Westen und wahrscheinlich auch im Osten werden die Nachbargrundstücke mit Steinhäusern bebaut. Im Bereich der Räume 3, 4 und 5 entsteht ein Holzgebäude mit Keller. Es lag unmittelbar an dem schon in den ersten beiden Perioden als seichte Rinne vorhandenen kleinen Graben, der weiterhin die Grundstücksgrenze bildete. Solche Gräben, sogenannte »Ehgräben«, dienten nicht nur als Grenze, sondern waren auch ein wichtiges Glied in der städtischen Abfallentsorgung. Sie nahmen die Haushalts- und Gewerbeabfälle auf, spülten sie weiter zum nächstgelegenen Bach – in unserem Fall dem Strohammerbach – von wo sie über weitere, größere Sammelbäche und -kanäle aus der Stadt in die Isar transportiert wurden. Der Fundreichtum aus der Abfallschicht, die sich mit der Zeit über dem Boden des Grabens (126) bildete, zeugt von diesem einfachen Entsorgungssystem. Noch im Laufe dieser Bauperiode wird dann der Ehgraben zugeschüttet, die Fläche planiert und das so entstandene Gäßchen gepflastert. Nur noch eine flache Entwässerungsrinne in der Mitte übernahm die Aufgabe der Abfallentsorgung.

An Funden liegen aus fast allen Schichten große Mengen an Keramik aus dem späten 14. und 15. Jahrhundert vor. Nur die eigentliche Hausstelle war weitgehend fundfrei. Wahrscheinlich wurde beim Abbruch des Hauses der Bodenbelag entfernt und damit auch Abfälle, Scherben und dergleichen vernichtet, die sich dort gesammelt hatten.

Interessant ist unter den Funden das Stück eines menschliches Schädeldaches. Es dürfte ein Anzeichen dafür sein, daß der auf dem südlich angrenzenden Areal des Dreifaltigkeitsplatzes erst später erwähnte Friedhof des Heiliggeistspitals wohl schon sehr viel früher angelegt und genutzt worden ist, als aus den Quellen hervorgeht[286].

Periode III b (Abb. 144)

Den Baumaßnahmen der Periode III a folgt in geringem zeitlichen Abstand ein weiterer Bau. Er lag unmittelbar am Strohhammerbach im südöstlichen Teil des Areals, seine Südfront bezog sich also bereits auf die heutige Ausrichtung des Anwesens zum Dreifaltigkeitsplatz. Das Fundament ist nur in wenigen Bereichen erhalten geblieben. In Raum 3 stecken im Boden noch Reste der südöstlichen Gebäudeecke in Form eines mächtigen Blocks aus Tuffstein (158) [Abb. 147]. Er blieb stehen, weil er als Auflager für eine Mauer der nachfolgenden Periode IV neue Verwendung fand. Die nach Nordwesten anschließende Mauer dagegen war vollständig ausgebrochen. Sie hat sich nur als Ausbruchgrube mit kastenförmigem Querschnitt erhalten, der sich in der Fläche schräg nach Nordwesten über die gesamte angeschnittene Fläche zog (190) [Abb. 135,18; 147]. Zugehörig zu diesem Gebäude ist wohl auch ein Punktfundament gleicher Ausrichtung (223) [Abb. 146]. Es liegt unmittelbar über einer der verfüllten Materialgruben aus

[286] Stahleder, Hausnamen, 90.

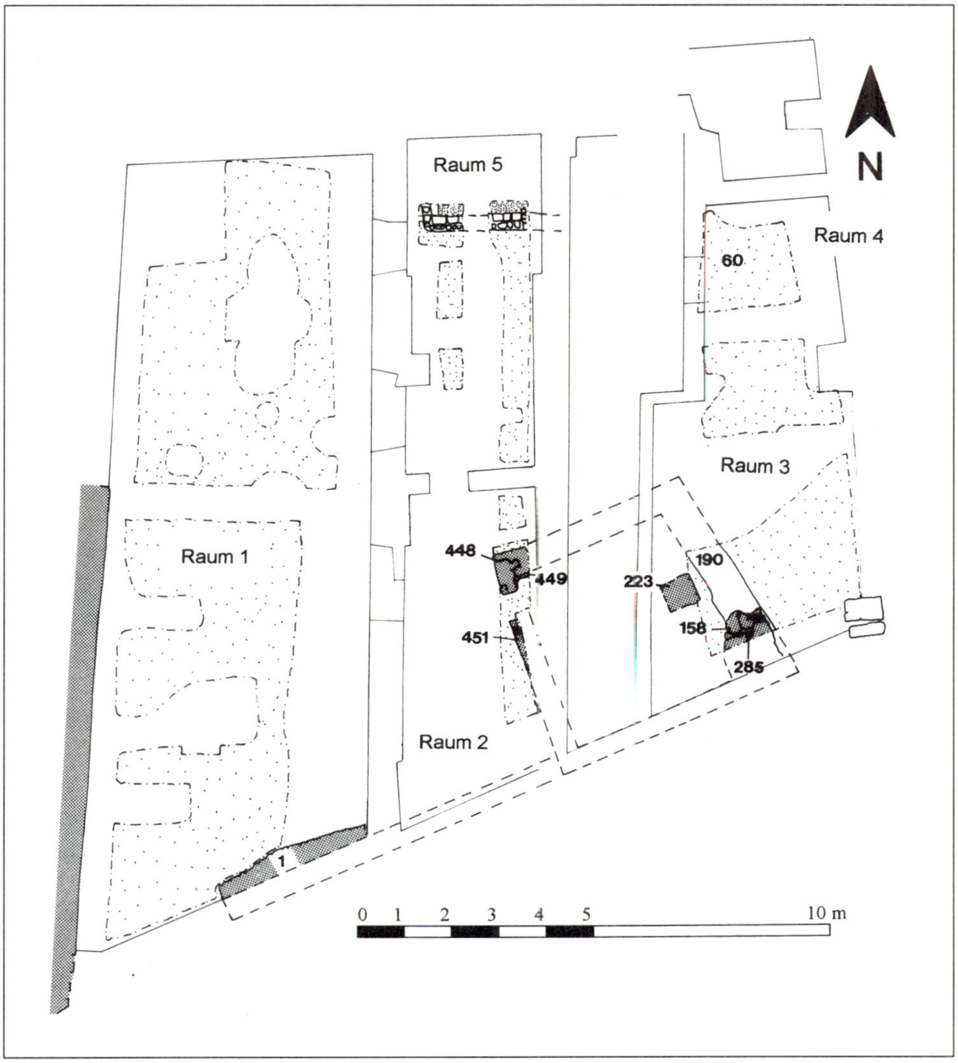

Abb. 144: München, Dreifaltigkeitsplatz Nr. 1. Die Befunde der Periode III b aus dem späten 15. und frühen 16. Jahrhundert.

der frühen Periode III, darüber zieht ein Fundament der nachfolgenden Periode IV hinweg. Die in Raum 2 freigelegten Fundamentreste 448 und 451 bilden nach Lage und Ausrichtung Pendants zu den im Raum 3 freigelegten Bauteilen und ergänzen den Grundriß nach Westen (siehe auch Abb. 145). Die besondere Bauweise mit Tuffstein wurde hier nicht gefunden, die unterschiedliche Mauerwerkstechnik spricht aber in diesem Fall nicht gegen die Zusammengehörigkeit. Nur die Eckfundamente im Bereich des alten Bachbettes benötigten die Extraverstärkung aus großen Steinen, um ein Absacken des Gebäudes an diesen gefährdeten Stellen zu verhindern. Im Inneren des Geländes war die Aufführung der Mauern mit Backsteinen durchaus ausreichend.

Die stratigraphische Zuordnung dieser Fundamentreste ist wegen der starken modernen Störungen schwierig. Der Befund ist aber klar nachträglich in die erste Aufschüttung von Periode III a eingetieft worden und wird durch die knapp östlich davon angelegten Fundamente der Periode V gestört. Die Entstehungszeit muß demnach zwischen diesen beiden Perioden liegen. Da der für die Periode IV erschlossene Grundriß eine sinnvolle

Abb. 145: München, Dreifaltigkeitsplatz Nr. 1. Raum 2, die Fundamente des steinernen Baues aus der Periode III b. Blick von Norden.

Einbeziehung der Fundamente aus dem Raum 2 nicht zuläßt (siehe dort) und das Eckfundament auch hier eine deutliche Nordwestausrichtung des dazugehörigen Gebäudes vorgibt, kann an einer Zusammengehörigkeit mit den andernfalls in der Luft hängenden Bauresten der Periode III b in Raum 3 kein Zweifel sein. Der ursprüngliche Grundriß des Gebäudes dürfte etwa quadratisch gewesen sein. Wegen der insgesamt sehr kleinen Grundfläche könnte man an einen kleinen Turm denken, wobei dann allerdings die Frage offenbleibt, zu welchem Zweck er aufgestellt wurde. Viel eher ist hier wohl an einen Umbau innerhalb des Gebäudes zu denken, wie den Einbau einer Küche oder eines Raumes für ein feuergefährdetes Gewerbe.

Schwierigkeiten bereitet auch die Frage nach dem Fortbestand des Halbkellers (361) in Raum 5, da hier durch einen großen Kanal die Schichtanschlüsse verwischt und undeutlich wurden. Nach den Schichtabschlüssen in Profil 15a–b [Abb. 140] (417 ist hier die Ausbruchgrube für den Keller, 416 der Fußboden des Kellers) und nach den Beobachtungen des Grabungsleiters vor Ort scheint er auch in Periode III b noch benutzt worden zu sein. Die dazugehörige Pfostenreihe ist allerdings spätestens gegen Ende dieser Umbaumaßnahme abgebrochen worden, so daß der ursprünglich an den Keller anschließende Pfostenbau nicht mehr existierte.

Zum Abschluß der Umbauarbeiten (Umbau von Periode IIIa zu IIIb) wurde das gesamte östliche Areal noch einmal mit einer stellenweise bis zu 65 cm starken Schicht von dunkelbraunem Erdreich aufgeschüttet und planiert (60) [Abb. 135,18; 142; 147; 150]. Zu dieser Zeit sind die Pfosten bereits abgerissen, denn im Raum 4 überdeckt diese Planierungsschicht alle Bereiche des ehemaligen Hauses. Mit der Aufschüttung wird auch das gerade erst gepflasterte Gäßchen überdeckt.

Periode III b brachte noch einmal zusätzliche Bautätigkeit auf dem Grundstück: den Abriß des Pfostenbaus, den Umbau mit einem quadratischen Einbau aus Stein und eine nochmalige Aufplanierung. In Raum 1 lassen sich in dieser kurzen Periode keine baulichen Veränderungen festhalten, selbst die Aufschüttung und Planierung betrifft nur den östlichen Bereich des Geländes.

Auch in dieser Periode fanden sich große Mengen an Keramik aus dem späten 15. und 16. Jahrhundert, zusätzlich Ofenkeramik, ein Stück eines Nuppenbechers. Auffallend war in dieser Periode die große Menge der gefundenen Paternosterabfälle. Möglicherweise gab es im nahen Umfeld eine Werkstatt, die Rosenkränze herstellte. Anhand der Quellen läßt sich dies zwar für keines der umliegenden Grundstücke nachweisen, aber hier mag auch das nahe Heiliggeistspital eine entscheidende Rolle spielen.

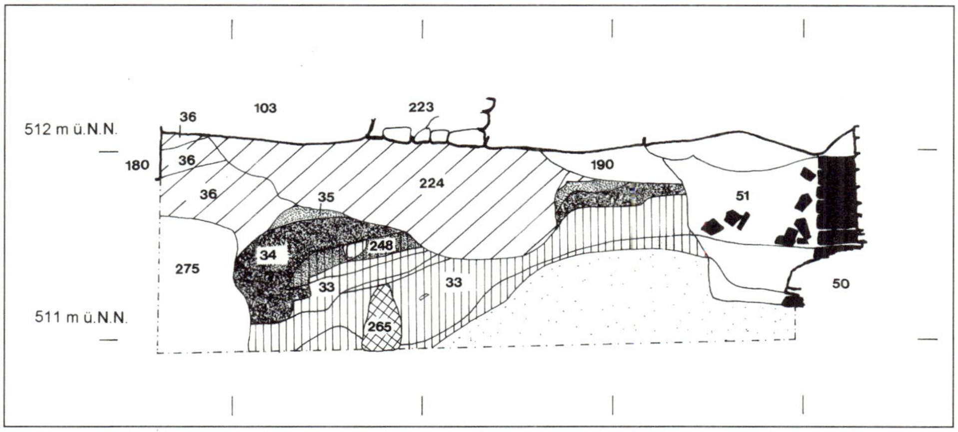

Abb. 146: München, Dreifaltigkeitsplatz Nr. 1. Raum 3, Profil 20.

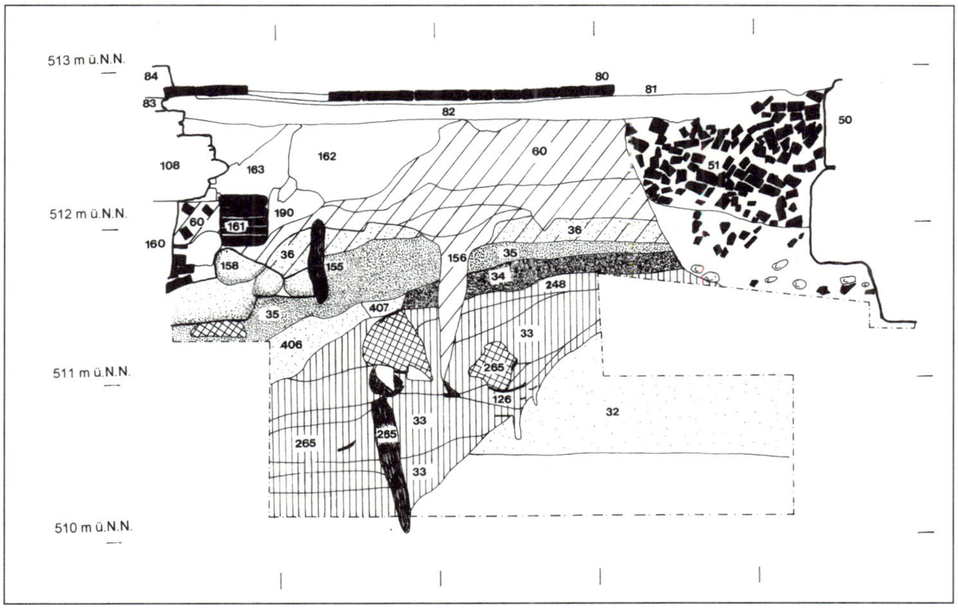

Abb. 147: München, Dreifaltigkeitsplatz Nr. 1. Raum 3, Profil 21.

Die Tierknochen wurden zu einer Periode zusammengefaßt und ausgewertet. Hier hatten Rinderknochen weiterhin den größten Anteil mit 68 %, der Verzehr von Schweinefleisch hatte mit 21,2 % gegenüber der vorhergehenden Periode etwas zugenommen und lag damit wieder etwa so hoch wie in der ersten Periode, ebenso Schaf/Ziege mit 7,8 % und Huhn mit 0,18 %. Geringe Mengen von Gänse-, Reh- und Wildschweinknochen zeigen, daß die Speisekarte vielfältiger geworden ist. Unter den Knochen fanden sich auch Reste eines kleinen Hundes (hier aufgenommen mit 1,98 %) und Knochen eines Mönchsgeiers.

Periode IV (Abb. 148)

In Periode IV wird das Grundstück fast vollständig überbaut. Die bestehenden Gebäude werden abgerissen, störende Fundamente entfernt. Die Identifizierung der einzelnen Mauern und Fundamente dieser Periode gestaltete sich allerdings schwierig. Zur Ausschnitthaftigkeit der Grabungen kam erschwerend hinzu, daß das Areal beim Bau des heute noch bestehenden

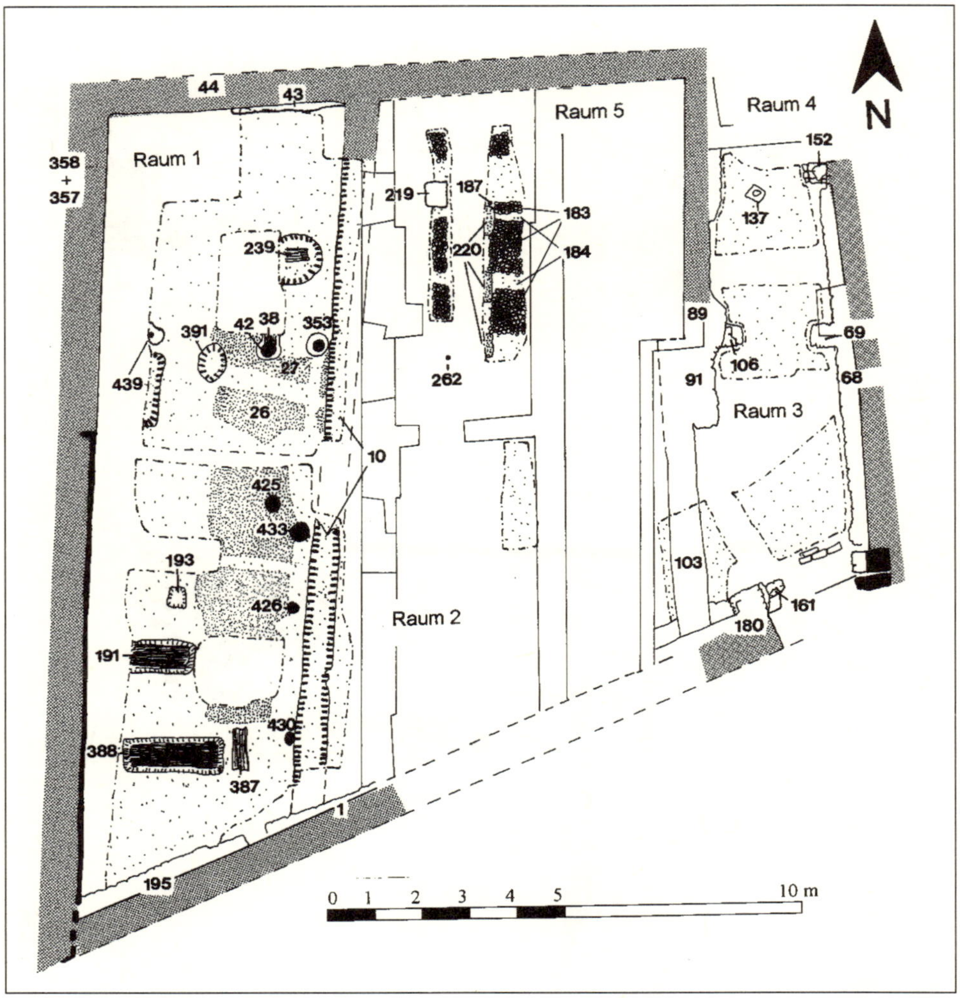

Abb. 148: München, Dreifaltigkeitsplatz Nr. 1. Die Befunde der Periode IV aus dem frühen 16. Jahrhundert bis um 1800.

Abb. 149: (Seite 187) München, Dreifaltigkeitsplatz Nr. 1. Raum 1, Profil 5, 6, 7a–b.

Gebäudes in Periode V regelrecht durchwühlt worden ist. Besonders viel zerstört haben dabei die Suchgräben, die man damals entlang den bestehenden Wänden zog, um die Fundamente auf ihre Festigkeit zu prüfen.

Zur ersten Erschließung der zur Periode IV gehörigen Mauerzüge eignet sich das Fundament 10 besonders gut, da seine Überreste noch zum Teil im intakten Schichtzusammenhang angetroffen wurden. Es zog sich ehemals über die gesamte Länge von Raum 1 in nord-südlicher Richtung hin und trennte damit einen langgezogenen schmalen Raum auf der Westseite des neuen Gebäudes ab. Zu Beginn der Periode V wurde es bis auf wenige Reste und das im Süden noch erhaltene unterste Mörtelbett komplett ausgebrochen. Von diesem Abbruch zeugt ein verfüllter Ausbruchgraben mit kastenförmigem Querschnitt, der auch im Profil gut zu erkennen ist (9) [Abb. 149,7a; 153,8; 155 und 156]. Das Fundament war in die Aufschüttungs- und Nutzungsschichten 36/24 bzw. 37 der Periode III a eingetieft und wird von der Planierungsschicht 15 der nachfolgenden Periode V überdeckt. Da Raum 1 von den baulichen Aktivitäten der Periode III b nicht berührt wurde, ist die Entstehungszeit damit auf Periode IV festgelegt.

Das westliche Pendant zu dieser nur wenig tief fundamentierten Mauer bildete die bis heute mit dem westlichen Nachbarhaus bestehende Kom-

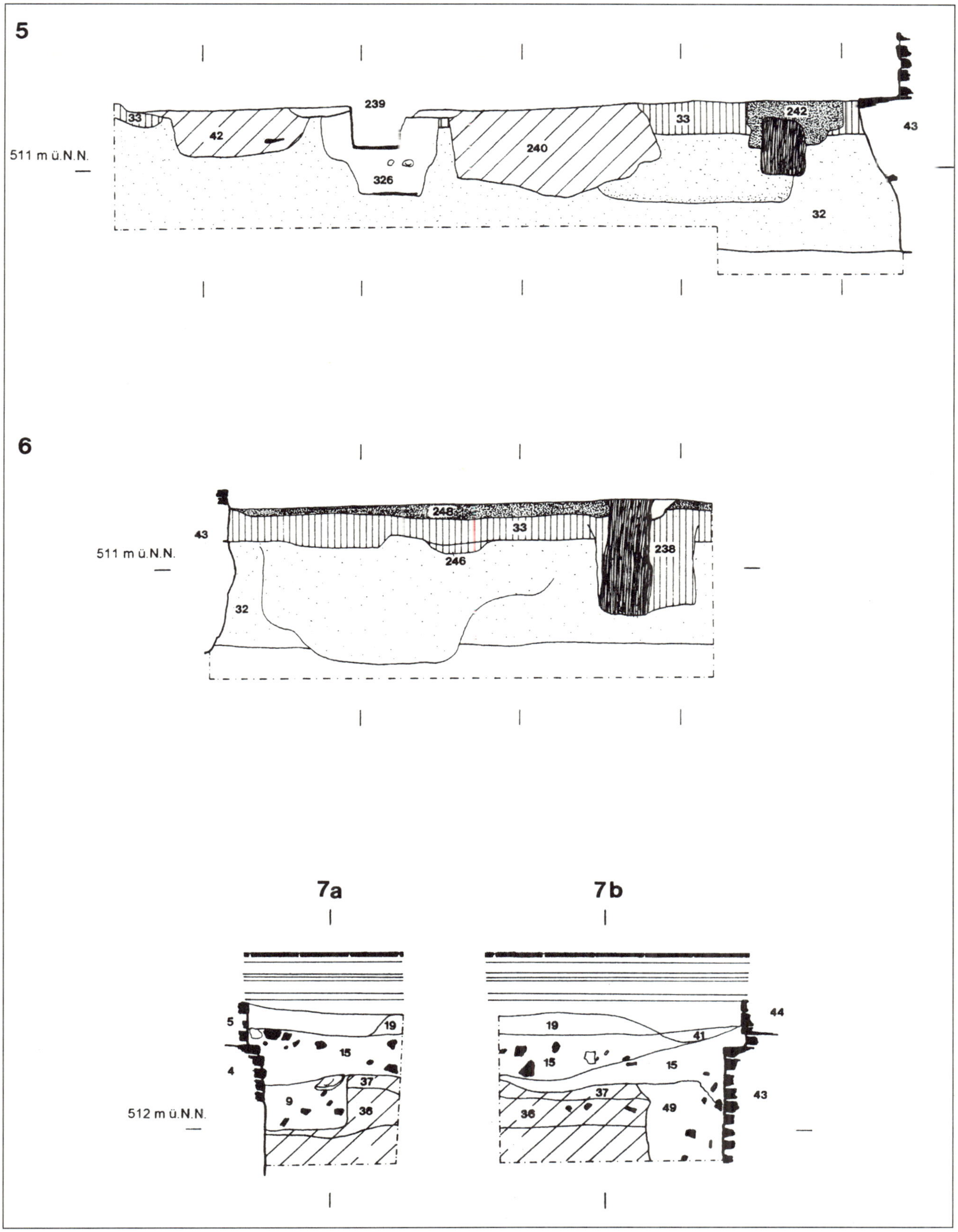
5
239
33
42
511 m ü.N.N.
326
240
33
242
43
32
6
248
43
33
511 m ü.N.N.
246
238
32
7a
7b
5
19
15
4
37
9
36
512 m ü.N.N.
19
41
44
15
15
37
36
49
43

munwand. Sie war in ihrem südlichen Teil beim Bau des Hauses Heiliggeiststraße Nr. 3 in Periode III a errichtet worden. Da das Anwesen am Dreifaltigkeitsplatz nun das gesamte untersuchte Areal einnahm und sich damit fast doppelt so weit nach Norden erstreckte, mußte die Mauer nach Norden verlängert werden. Das angebaute Teilstück (358) [Abb. 155] zeichnet sich durch besonders gleichmäßige Lagen von Backsteinen mit Verstreichspuren, zusätzlich durch an der Oberfläche sorgfältig verstrichenen Fugenmörtel aus. Eine regelmäßige Reihe von Balkenauflagern in diesem Mauerabschnitt, die zeitgleich mit der Mauer sind, zeigt deutlich, daß die Mauer dieses Mal explizit für das untersuchte Grundstück am Dreifaltigkeitsplatz entstanden ist. Es liegt auf einem nur ca. vier bis fünf Lagen hohen, ein wenig vorspringendem Fundament, dessen unterste Lage aus verschiedenen Natursteinen besteht (Kiesel-, Tuff- und Kalksteinquader) (357) [Abb. 155] (bei dem im Profil darunter sichtbaren Mauerstück 113 handelt es sich um eine moderne Betoninjektion). Die Baugrube für dieses Fundament (394) [Abb. 155] ist, wie schon das Fundament der oben beschriebenen Ostmauer (10), in die Schichten 36 und 24 bzw. 37 der Periode III eingetieft. Beide Fundamente mit dem jeweils aufgehenden Mauerwerk sind also zur gleichen Zeit entstanden.

Da beide Mauern nun bis an die Grundstücksgrenze im Norden durchgezogen waren, ist es ziemlich wahrscheinlich, daß sich auch in dieser Periode schon eine Abschlußmauer genau an der Stelle der heutigen Nordwand befand. Archäologisch von Interesse ist deshalb eher die Frage, ob die heute existierende Wand (43,44) [Abb. 149,5.7b] noch aus Periode IV stammt, oder ob sie ganz oder in Teilen später noch einmal erneuert wurde. Diese Frage ist allerdings bei der nördlichen Abschlußmauer nicht leicht zu beantworten. Das Fundament ist hier »gegen die Erde« gesetzt, d.h. es wurden nach dem Ausheben der Baugrube die Außenwände der Grube von innen hochgemauert und die Zwischenräume mit unterschiedlichem Material verfüllt. Solche gegen Erde gesetzten Fundamente hinterlasssen keine Baugruben, die alten Schichten laufen direkt an das neue Mauerwerk an, so daß eine zeitliche Bestimmung anhand der Schichten nur sehr schwer und praktisch nur noch über die Beobachtungen der Ausgräber vor Ort möglich ist. Zwei solcher Beobachtungen geben aber einen deutlichen Hinweis, daß das noch bestehende Fundament (43) der Nordwand in seinem unteren Teil bereits in Periode IV errichtet wurde, während das aufgehende Mauerwerk (44) in der nachfolgenden Periode V noch einmal erneuert wurde:

Über dem vorspringenden Fundament (43) folgen zwei regelmäßig gemauerte Backsteinlagen, darüber – mit deutlichem Rücksprung – eine weitere Lage; erst darüber erhebt sich in gleicher Linie mit den untersten Lagen das aufgehende Mauerwerk [Abb. 149,7b]. Der Mörtel ist hier sehr viel sparsamer verwendet als in den untersten Backsteinreihen. Dies alles könnte ein Hinweis auf eine zweiphasige Mauer sein. D.h die Nordwand aus der Periode IV wurde in Periode V noch einmal zum großen Teil abgebrochen und neu aufgebaut. Das Fundament und der unterste Teil des Mauerwerks blieben erhalten.

Auch der zweite Hinweis zeigt, daß nur das beschriebene Fundament, nicht aber das aufgehende Mauerwerk schon dieser Bauphase angehört. Er bezieht sich auf eine Beobachtung in der nordöstlichen Ecke des Raumes 1:

Dort war laut Grabungsbericht zu erkennen, daß der obere Teil der Nordwand im Verband steht mit der heutigen, erst in der nachfolgenden Periode V gebauten Ostwand von Raum 1 (5). Das zu dieser neuen Ostwand gehörige Fundament (4) wurde mit einer deutlich sichtbaren Baufuge an das offenbar schon bestehende Fundament der Nordwand angebaut. Zeitgleich, und zwar späteren Datums, sind also wohl nur das obere Mauerwerk beider Mauern und das ebenfalls erst später, in Periode V entstandene Fundament der neuen Ostwand. Das Fundament der Nordwand müßte dann in Periode IV zurückreichen. Da es an dieser Stelle noch über die ehemalige Ostwand der Periode IV hinauszieht, ist es gleichzeitig ein Hinweis dafür, daß wohl auch der heutige Raum 2 zu dieser Zeit schon mit einer Mauer nach Norden abgeschlossen war.

Klare Verhältnisse herrschen bei der Südwand von Raum 1. Unter dem in Periode V gemauerten Fundament, das sich wie die Nordwand an der Grundstücksgrenze orientiert, hob sich ein zweiter, älterer Fundamentzug ab. Er ist nicht in einem Stück gemauert, sondern besteht aus zwei getrennt nebeneinander gegen die Erde gesetzten Fundamentblöcken. Der erste Block beginnt an der westlichen Kommunmauer und zieht sich etwa über ein Drittel des westlichen Raumes (195), der zweite schließt mit einer deutlichen Lücke östlich daran an (1) [Abb. 131] und setzt sich unter der heutigen Südmauer fort. Die dazwischenliegende Lücke verschmälert sich nach oben. Die Trennlinie der beiden Fundamente nimmt auf die weiter unten beschriebene Innenbebauung keinen Bezug, so daß es für die Unterbrechung des Fundamentzuges keine befriedigende Erklärung, sondern nur Vermutungen gibt. Bei dem östlichen Teilstück könnte es sich z.B. um ein Fundament aus der vorangegangenen Bauphase handeln, das in direktem Zusammenhang mit dem quadratischen Bau steht. Es wäre dann als Hofmauer zu deuten, die das Grundstück nach Süden abschloß und an der Grenze zum Nachbargrundstücks eine Durchfahrt freiließ. Das westliche Teilstück hätte dann in Periode IV diese Lücke geschlossen. Einer gezielten Nachsuche in Raum 2, die diese Frage vielleicht hätte klären können, standen leider statische Bedenken entgegen.

Auf der Ostseite des Grundstücks konnte in Raum 3 der Rest der südlichen Front des quadratischen Baues aus Periode III b (180) nachgewiesen werden. Sie endet hier in einem sauber abgemauerten Kopf, unter dem noch ein schmaler Fortsatz etwas weiter nach Osten vorsteht (161) [Abb. 147]. Die anschließende Lücke nach Osten bis zu dem in Periode III a beschriebenen, tiefgegründeten Fundamentpfeiler 286 ist durch moderne Störungen nicht mehr im einzelnen zu beurteilen.

Nördlich dieses Fundamentpfeilers 286 wurde mit deutlicher Lücke eine weniger tief fundamentierte Mauer gegen die Erde errichtet (68) [Abb. 135; 150]. Sie zog sich von Süden nach Norden an der östlichen Grundstücksgrenze entlang, reichte aber nicht bis zum Ende des Grundstücks, sondern endete noch vor der heutigen Rückwand von Raum 4. Im Norden hat sich noch ein offenbar gleichzeitig mit dem Fundament gemauerter oberer Abschnitt erhalten. Dieses unregelmäßig gemauerte Stück ist ein wenig zurückgesetzt. Im Süden ist das aufgehende Mauerwerk im Zuge von Baumaßnahmen der Periode V abgebrochen und durch neues ersetzt worden. Das Fundament hatte in größeren Abständen nach Westen vorstehende Mauerzungen: 152 angebaut an das Nordende, 69 [Abb. 150] an der Trenn-

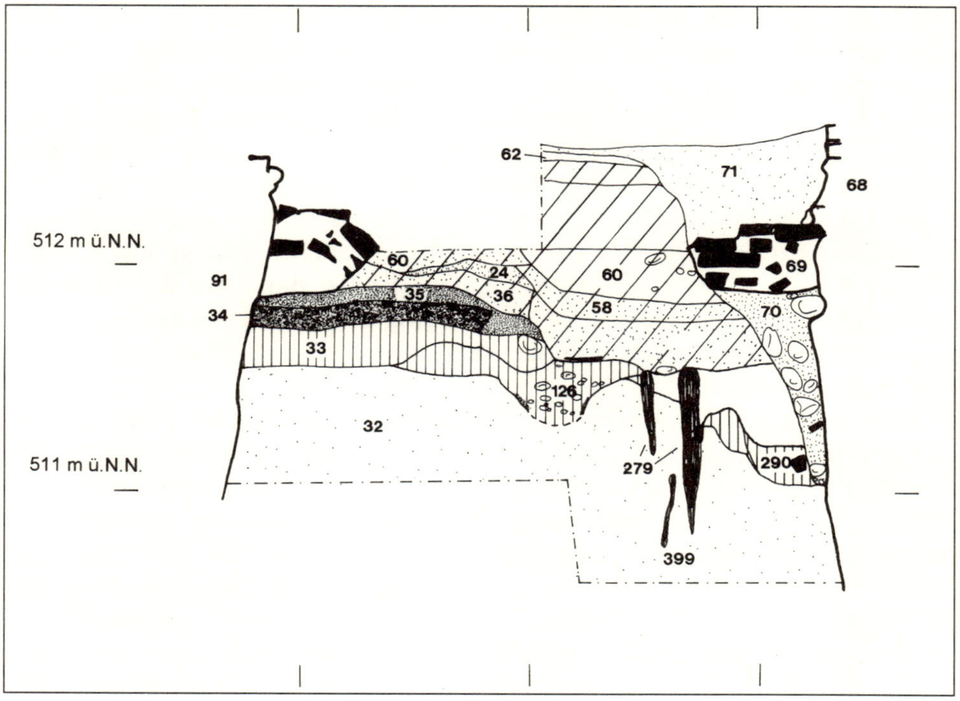

Abb. 150: München, Dreifaltigkeitsplatz Nr. 1. Raum 3, Profil 17.

linie zwischen den Räumen 3 und 4. Sie sind in einem Zug mit dem Fundament 68 gemauert.

Als Pendant zu dieser Mauer wurde östlich der heutigen Westwand von Raum 3 eine weitere Mauer von Süden nach Norden gezogen. Sie ist in Raum 3 noch als Fundamentzug erhalten (103) [Abb. 135,18; 146] und geht am nördlichen Ende des Raumes in Fundament 91 [Abb. 142; 150] über, das in Raum 4 noch heute die Unterlage für das aufgehende Mauerwerk 89 bildet. Auch an Fundament 91 sind Mauerzungen erkennbar, die hier nun östlich in den Raum hineinragen. Eine liegt deutlich sichtbar exakt gegenüber der beschriebenen Mauerzunge 69 an der Trennlinie zwischen Raum 3 und 4 (106) [Abb. 148], das Gegenstück zu 152 ist im Grabungsbericht als leichte Vorkragung am Fundament 91 beschrieben.

Die einander genau gegenüberliegenden Fundamentvorlagen sprechen eindeutig für eine Zeitgleichheit der beschriebenen Fundamente. Ihre zeitliche Einordnung in Periode IV ist eindeutig, das nachträgliche Hineinsetzen der Fundamente in die Aufschüttung von Periode III b aus den Profilen ist klar ersichtlich. So waren Fundament 68 und das darüber aufgehende Mauerwerk in der nachfolgenden Periode V noch einmal von großräumigen Umbauten betroffen. Das Mauerwerk wurde teilweise ausgebrochen, neue Fundamente in das alte Fundament gesetzt, ein neuer Mauerzug quer über den ganzen Raum zu Fundament 91 gezogen und dort klar nachträglich angesetzt (siehe Periode V), so daß hier eine sichere Einordnung ante quem gegeben ist. Umgekehrt zieht Fundament 103 über das Punktfundament 223 der Periode III b hinweg, kann also frühestens der Periode IV zugeordnet werden. Da beide Fundamente (68 und 103) zeitgleich sind, müssen sie demnach in Periode IV gelegt worden sein.

Das ursprüngliche Mauerwerk über den Fundamenten ist, wie schon angedeutet, nur in Teilen erhalten. Soweit man dies aus den untersten Lagen

Abb. 151: München, Dreifaltigkeitsplatz Nr. 1. Raum 3, Profil 17.

schließen kann, trifft dies auf die Mauer 89 über Fundament 91 zu, wohl auch für den nördlichen Bereich von Fundament 68. Mit Sicherheit neueren Datums ist die Mauer 85 (siehe Abb. 154) über dem südlichen Bereich von Fundament 68 in Raum 3.

Als Deutung für die beschriebenen Mauerzüge und die regelmäßigen Mauerzungen kommt am ehesten eine Durchfahrt in Frage, die an drei Stellen von Torbögen überwölbt wurde.

In geringen Resten haben sich aus dieser Periode ein Laufhorizont sowie einige Befunde erhalten, die darauf schließen lassen, daß als Abschluß der Bauarbeiten der Boden sauber gepflastert wurde. So fand sich in Raum 1 eine wenige cm starke hellgraue Schluffschicht (26) [Abb. 133,4a]. Abdrücke von Flußkieseln und Kieselnester bedecken darüber im ganzen Raum den Boden (27) [Abb. 133,4a]. Ein in größeren Teilen erhaltenes Pflaster gleicher Art und in der gleichen stratigraphischen Situation fand sich im Raum 5 (183) [Abb. 152]. Hier bezieht es sich eindeutig nicht auf die Wände des nachfolgenden Baues, sondern wird von den Fundamenten der heutigen Ostwand des Raumes gestört, kann also klar dieser Periode IV zugeordnet werden. Reste der hellgrauen Schluffschicht in den Räumen 3 und 4 (62) [Abb. 150] lassen vermuten, daß auch dieser Bereich mit Kieseln gepflastert war.

Von der Innenbebauung dieser Bauphase haben sich einige wichtige Reste erhalten. Die flächenmäßige Pflasterung ist bereits erwähnt worden. Bei der in Raum 5 freigelegten Pflasterung haben sich im Negativ später entfernte Querteiler (Balkengräbchen 184 [Abb. 152]) und Abdrücke von drei sich darauf beziehenden, in den Boden eingelassenen Holzkästen (220) erhalten. Sie lassen an Pferdeboxen oder Viehställe mit kleinen Jauchegruben denken. Dazu gehören wohl auch der kleine Pfahl (187) und eine Pfostenstandspur

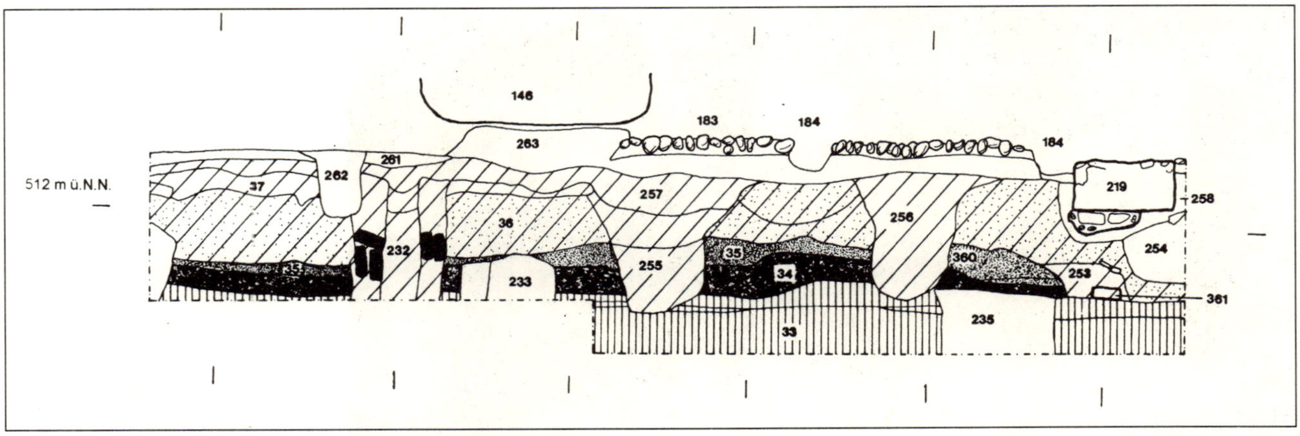

Abb. 152: München, Dreifaltigkeitsplatz Nr. 1. Raum 5, Profil 14.

(262) in Raum 5. Einige Pfosten (42 [Abb. 149,5; 153,10; 155] und 439) und Abdrücke von liegenden Hölzern (38, 387) in Raum 1 dürften von Innenaufteilungen herrühren. Einige entlang des ausgebrochenen Fundamentes 10 beobachteten Pfosten sind vermutlich letzte Spuren eines Baugerüsts (353 [Abb. 153,10], 433, 426, 430). Im nördlichen Bereich des Raumes 1 befand sich eine tiefe Grube mit einem liegenden Kantholz am Boden (239) [Abb. 149,5]. Funktion und Zweck dieses Einbaues sind nicht mehr zu erkennen. Ein großer Steinquader in Raum 5, der auf einem gemörtelten Backsteinfundament aufgesetzt war, diente wohl als Unterbau einer Säule (219) [Abb. 152]. Die Frage nach der Funktion der beiden mit Brettern ausgestatteten Gruben 191 [Abb. 138] und 388 im südlichen Bereich des Raumes 1, dreier weiterer kleiner Gruben in Raum 1 (193, 391, 425), sowie eines kleinen Grabens in Raum 3 (162) [Abb. 147] muß ebenfalls ungeklärt bleiben.

In der Zusammenschau zeigen die Befunde nun ein Gebäude, das fast die gesamte Fläche des Grundstücks einnimmt. Der Mauergrundriß umfaßt drei Räume, von denen der mittlere doppelt so groß ist wie die beiden anderen. Ob im mittleren Raum noch eine weitere Süd-Nord-Mauer eingezogen war, was wegen der doch recht erheblichen Breite des Raumes aus statischen Gründen durchaus denkbar wäre, konnte wegen der begrenzten Grabungsfläche in diesem Bereich nicht festgestellt werden. Schwierigkeiten bereitet allerdings der Vergleich mit dem Holzmodell von Sandtner. Da das Grundstück in Periode III mit einem kleineren Gebäude bebaut war, der Bau der Periode V den Maßnahmen der Zeit um 1800 entstammt und in etwa dem heutigen Gebäude entspricht, müssen die bei Sandtner gezeigten Häuser auf den Mauerzügen der Periode IV beruhen. Wie bereits eingangs erwähnt, bildet Sandtner in Abfolge 4 Gebäude ab: Das westlichste (in der Abbildung 127 links) gehört dabei zur Heiliggeiststraße, das östlichste ist Teil des Nachbargrundstücks Dreifaltigkeitsplatz 3 und wird später vollständig durch eine Vorverlegung der östlichen Begrenzung des Platzes nach Westen überbaut werden. So bleiben zwei Häuser übrig, denen die zu Periode IV gehörigen Fundamente zugeordnet werden müssen. Die Umzeichnung von Schneider zeigt im westlichen Bereich ein schmales zweistöckiges Haus, daneben ein breiteres Gebäude mit zwei Eingängen. Diese Umzeichnung ist dahingehend zu korrigieren, daß das rechte Gebäude auf dem Holzmodell im Erdgeschoß nur zwei größere Eingänge ohne dazwischenliegende Fenster

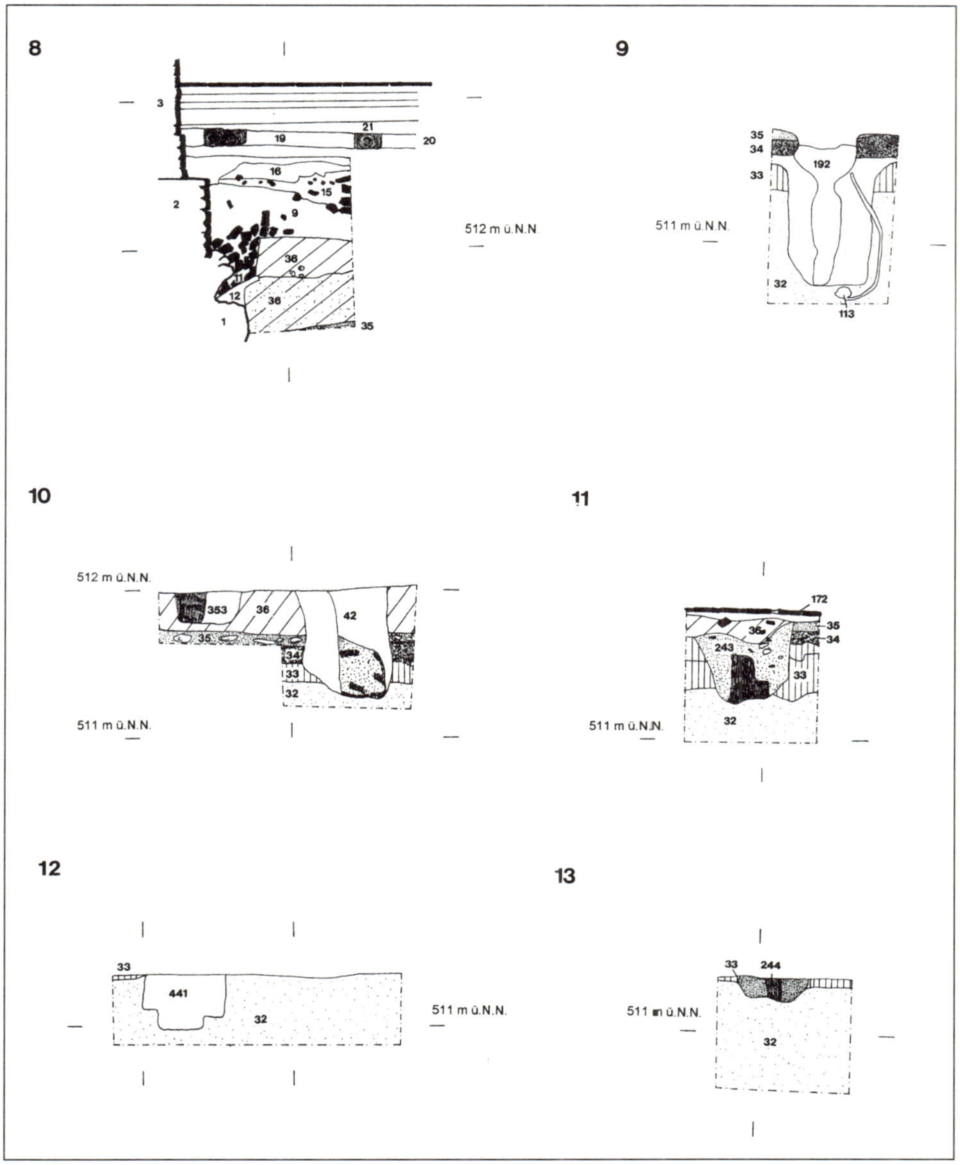

Abb. 153: München, Dreifaltigkeitsplatz Nr 1. Raum 1, Profil 8, 9, 10, 11, 12, 13.

hat. Lediglich im ersten Obergeschoß zieht sich eine Fensterreihe über die gesamte Front. Dies stimmt auch mit den Grabungsergebnissen überein, wenn wir davon ausgehen, daß die Befunde in den Räumen 3 und 4 für eine Durchfahrt zu den dahinter gelegenen freien Höfen sprechen und im Bereich der Räume 2 und 5 Stallungen lagen, die keine größeren Fenster benötigten. Die Funktion der Einbauten im Innenbereich des linken Hauses ist nicht mehr erkennbar. Es gibt vor allem keine Hinweise dafür, daß es sich um weitere Stallungen oder ähnliches gehandelt hat. Alle Befunde deuten darauf hin, daß die beiden Gebäude zur gleichen Zeit errichtet worden sind.

Aussagekräftige Funde konnten in dieser Periode wegen der fehlenden Aufschüttungen, Planierungen und Verfüllungen nur in ganz geringen Mengen geborgen werden. Sie gehören der Zeit zwischen der Mitte des 16. Jahrhunderts bis um 1800 an.

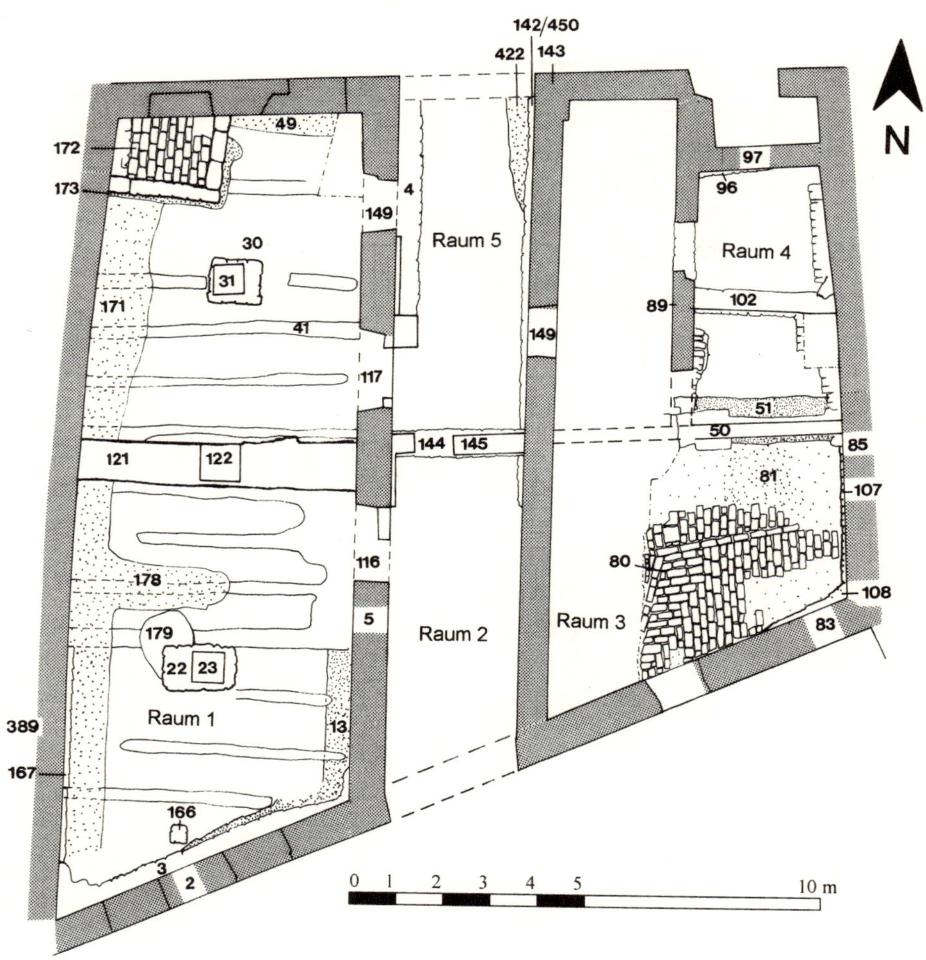

Abb. 154: München, Dreifaltigkeitsplatz Nr 1. Die Befunde der Periode V zwischen 1790 und 1805.

Periode V (Abb. 154)

In dieser Periode wird ein letztes Mal der größte Teil der bestehenden Bebauung abgerissen. In einem einzigen großen Bauschritt wird ein vierstöckiges Haus hochgezogen, das wieder die gesamte Fläche des Grundstücks einnimmt. In den Grundzügen ist dieser Bau aus der Zeit um 1800 bis heute stehengeblieben, auch wenn sein äußeres Erscheinungsbild im Laufe der Zeit Änderungen erfahren hat. Sein ursprüngliches Aussehen war bei Grabungsbeginn noch weitgehend aus dem aufgehenden Mauerwerk abzulesen: ausgehend von einer zentralen Durchfahrt im Erdgeschoß schlossen sich zu beiden Seiten mehrräumige Seitentrakte an. Detaillierte Aufgliederungen in Bauabschnitte und Umbauphasen spielen für Grundriß und äußeres Erscheinungsbild keine große Rolle mehr.

Für die Einordnung der Befunde aus der Periode V wichtig ist eine Bauschuttplanierung (15) [siehe z.B. Abb. 142; 143 und 155; 156]. Es handelt sich um eine Schicht aus dem nicht wiederverwendbaren Bauschutt vom Abriß des Vorgängerbaues, bestehend aus Mörtel, Backsteinbruch, grünglasierten Ofenkacheln und vielen Keramikscherben. An vielen Stellen ver-

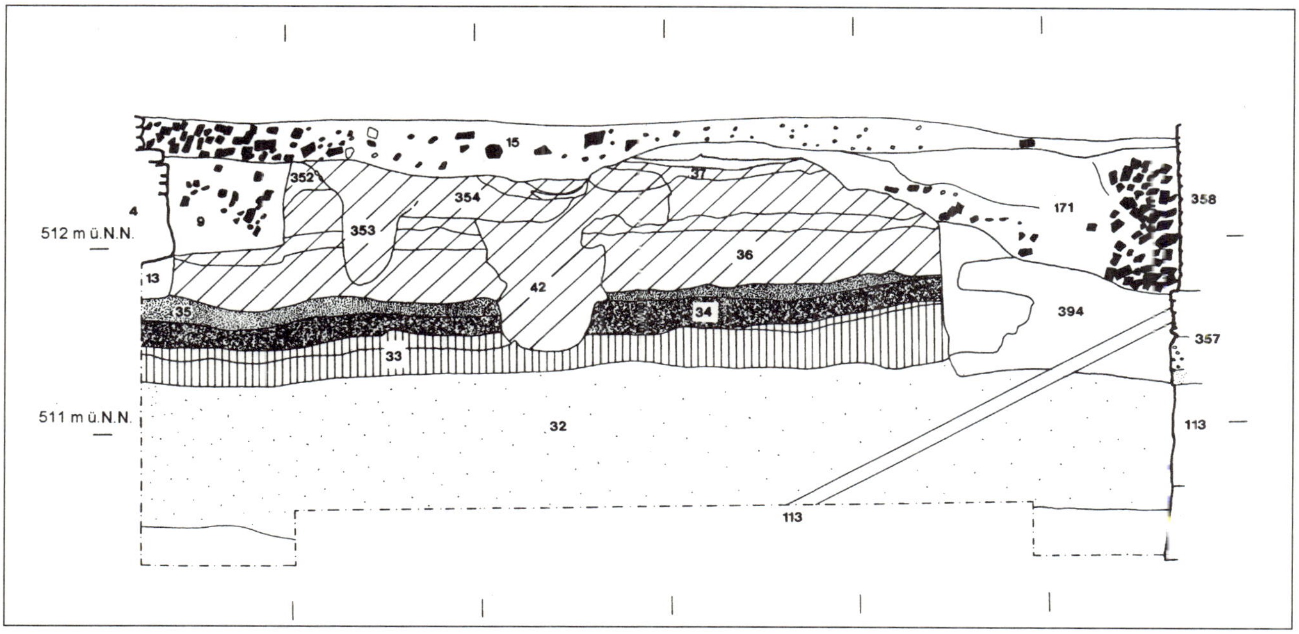

Abb. 155: München, Dreifaltigkeitsplatz Nr. 1. Raum 1, Profil 1.

füllt er die Bau- und Ausbruchgruben, die Fundamentuntersuchungsgräben und bedeckt schließlich als abschließende Auffüll- und Planierschicht die gesamte Fläche des Hauses in einer Stärke von ca. 15–40 cm.

Für die Klärung dieser Bauphase waren die Ergebnisse der Bauforschung unabdingbar. Vor Beginn der Bauarbeiten fanden noch einmal umfangreiche Erdbewegungen statt. Besonders auffallend waren die bereits erwähnten, zum Teil übermäßig breiten Gräben entlang der äußeren Mauerzüge des Vorgängerbaues. Nur in wenigen Fällen dienten diese Baugruben einem Fundamentneubau. Sie wurden vielmehr als sogenannte Kontrollgräben angelegt, um sicherzugehen, daß die Substanz der alten Fundamente dem neuen Mauerwerk auch standhält.

Nur das ältere, südliche Fundament der Kommunwand mit dem westlichen Nachbarhaus erhielt als Ergebnis dieser Untersuchungen eine Verstärkung in Form einer vorgesetzten Backsteinlage, die im Profil gut zu erkennen ist (167) [Abb. 156]. Auch im Aufgehenden hat das noch aus Periode III stammende Mauerstück zahlreiche Flickungen erfahren, blieb aber insgesamt, mit einer dünnen Schale verblendet, bestehen (389) [Abb. 138]. Der nördliche, jüngere Teil der Kommunwand blieb unverändert.

Die Fundamente und Mauerwerke der nördlichen, südlichen und östlichen Außenmauern wurden in den Ausführungen zu Periode IV eingehend besprochen (siehe dort). Von der östlichen Außenwand blieb, wie schon ausgeführt, im Norden ein Teil des Aufgehenden erhalten, im Süden wurde es vollständig abgebrochen und als Mauer 85 neu errichtet. Das alte Fundament (68) wurde dazu erhöht (107) [Abb. 135,18]. In direkten Verband mit diesem neuen Fundamentteil steht ein senkrecht zur Außenwand neu eingezogenes Fundament (50), das in Raum 3 einen kleinen Bereich südlich von den in Periode IV beschriebenen Mauerzungen 69 und 106 abtrennt. Das neue Fundament ist direkt in das Fundament 68 der Außenmauer hineingestellt und wird auf der Gegenseite mit einer weit ausgreifenden Baugrube an Fundament 91 der vorhergehenden Bauphase angebaut. Die in

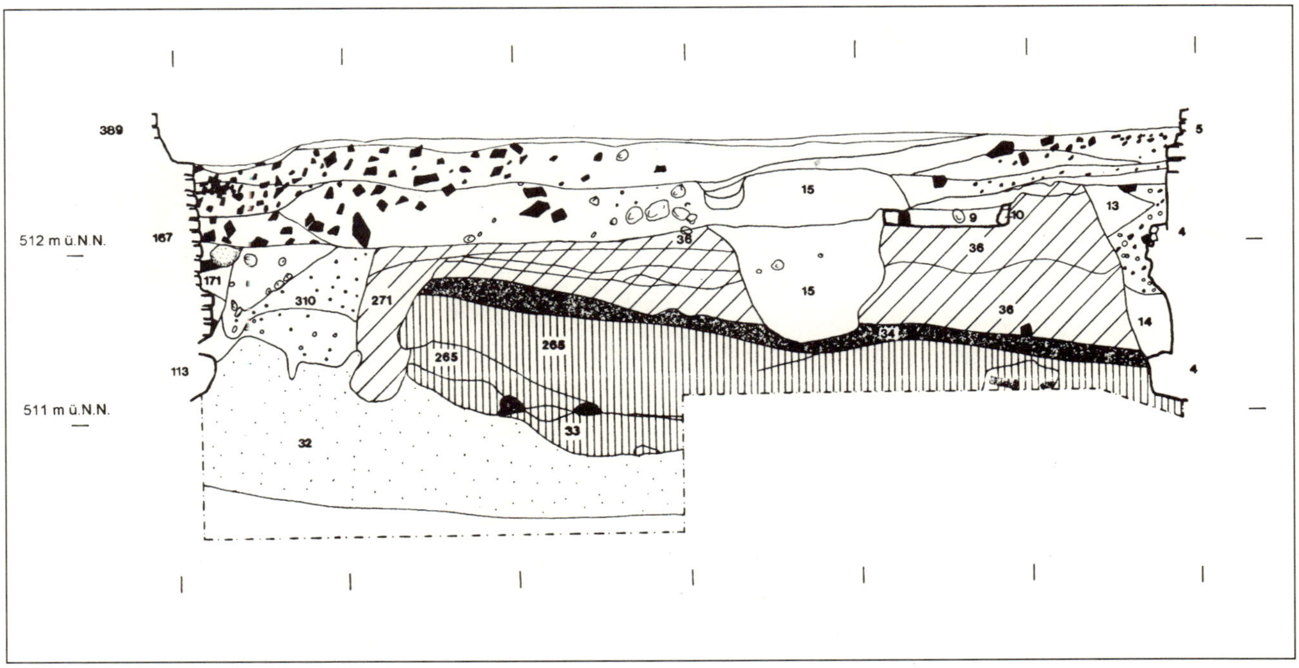

Abb. 156: München, Dreifaltigkeitsplatz Nr. 1. Raum 1, Profil 2.

Periode IV noch offene östliche Toreinfahrt wurde mit Mauer 83 [Abb. 147] endgültig geschlossen.

Die Nord-Süd-Wände im Innenbereich wurden mit wenigen Ausnahmen (wahrscheinlich Mauer 89 über Fundament 91) entfernt. Die Ostwand des Raumes 1 wurde, leicht zur Mitte des Grundstücks verschoben, neu errichtet (Mauer 5 [Abb. 149,7a; 156] über Fundament 4 [Abb. 149,7a; 155; 156]), eine weitere Nord-Süd-Wand entstand östlich von den Räumen 5 und 2 (143 auf Fundament 142). Einige festgestellte Unregelmäßigkeiten in den südlichen Fundamentteilen dieser neu errichteten Wände sind auf ihren Anschluß an das in seinen unteren Teilen weiterverwendete ältere Fundament der südlichen Außenfront zurückzuführen. Alle tragenden Innenwände der Periode V zeichnen sich im untersten Bereich durch Fundamentierungen mit Entlastungsbögen aus (142 [Abb. 140, 15b] und 4, 50, 133, 450).

Von den neuen in Ost-West-Richtung verlaufenden Trennmauern wurde das quer durch Raum 3 ziehende Fundament (50) bereits erwähnt. Bei zwei ebenfalls parallel zur Straßenfront liegenden Fundamenten in Raum 4, den Fundamenten 102 und 96, stellt sich die Frage, ob sie vor, gleichzeitig oder nach Periode V einzuordnen sind:

Beim ersteren, dem nicht sehr tief gegründeten Fundament 102, deuten die stratigraphischen Bezüge ziemlich eindeutig auf Periode V. Es ragt über das Oberflächenniveau der Periode IV hinaus, wurde ohne Rücksicht auf die Anlage von Fundament 91 nur zur Hälfte an das Fundament angebaut, darunter gegen Erde gesetzt. Der charakteristische Bauschutt (15) der Periode V ist sichtlich erst nach dem Bau angeschüttet worden. Aus all dem folgt die Zugehörigkeit des Fundaments zur ursprünglichen Anlage der Periode V. Als weitere Bestätigung dafür mag man die später teilweise vermauerte Türöffnung vom Treppenhaus her werten, die sich offensichtlich in ihrer Lage auf die ursprünglich über Fundament 102 stehende Wand bezog.

Abb. 157 und 158: München, Dreifaltigkeitsplatz Nr. 1. Der Halbkeller in der Nordwestecke von Raum 1.

Beim zweiten Fundament 96 und dem darüber aufgehenden Mauerwerk 97, der heutigen nördlichen Abschlußwand in Raum 4, ist eine eindeutige Interpretation schwierig. Sicher ist, daß das Fundament nachträglich zwei Fundamente der Periode IV verbindet (91 und 68). Da die zugehörige Baugrube 154 laut Grabungsbericht von der Planierschicht 15 bedeckt wird, kann man wohl auch hier die Zugehörigkeit zu Periode V festhalten.

Die Grabungen erbrachten zur Innengestaltung des Hauses in Periode V einige wichtige Hinweise. Die Fundamente des nördlichen und südlichen Pfeilers in Raum 1 (22 [Abb. 133,4a.b] und 30) stören das Pflasterbett der Periode IV. Der oben beschriebene Bauschutt aus der Bauzeit von Periode V (15) ist hingegen über die Fundamentvorsprünge hinweg an die Pfeilerfüße angeschüttet worden. Das zugehörige Deckengewölbe gehört demnach eindeutig dem Neubau der Periode V an. Das gleiche gilt für den Mittelpfeiler (122) [Abb. 133,4a]. Er ist gleichzeitig der letzte Rest einer Trennwand, die den Raum 1 ursprünglich in zwei etwa gleich große Räume teilte. Entsprechende Abarbeitungsspuren am Pfeiler weisen deutlich darauf hin. Von der Mauer selbst ist nur ein in Ost-West-Richtung verlaufender Fundamentrest erhalten (121) [Abb. 133,4a].

In der Nordwestecke von Raum 1 wurde ein kleiner Halbkeller (172) eingebaut (siehe auch Abb. 157 und 158). Mit seiner geringen Tiefe reichte er zwar tiefer als der bisher nachgewiesenen Halbkeller der vorangegangenen Petrioden in Raum 5, ist aber weiterhin nicht als vollständig begehbarer Keller anzusprechen. Die geringe Tiefe der angelegten Keller ist ein Indiz dafür, daß der Grundwasserspiegel am Dreifaltigkeitsplatz zu dieser Zeit noch sehr hoch war. Erst die Verlegung des Strohhammerbaches in einen Kanal Ende des 19. Jahrhunderts haben offenbar spürbare Änderung gebracht hat. Bei den Grabungen stieß man in den unteren Befunden auf eine vergleichsweise große Zahl an Hölzern, die trotz der guten Verwitterungsbedingungen fast unverrottet im Boden überdauert haben, während in den oberen Schichten die Hölzer verrottet waren. Der Grundwasserspiegel am Dreifaltigkeitsplatz muß demnach relativ lang bis knapp einen Meter unter dem Fußbodenniveau gelegen haben. Erst 1962, anläßlich des U-Bahn-Baus, wurden in München die meisten der damals größtenteils noch unterirdisch vorhandenen Stadtbäche zugeschüttet. In den folgenden Jahrzehnten sank dann der Grundwasserspiegel rasch, ließ den Untergrund austrocknen und die Hölzer langsam verrotten.

Die ältesten Fußböden der Periode V ließen sich nur mehr in den Räumen 1 und 3 nachweisen. In Raum 2, 4 und 5 waren alle erkennbaren Spuren eines Fußbodens dieser Zeitstellung verwischt. In beiden Teilen des Raumes 1 zeichneten sich über dem Bauschutt Liegespuren von Bodenbalken ab (41) [Abb. 133,4a; 149,7b]. In Raum 3 kam ein teilweise erhaltenes Backsteinpflaster zu Tage (80) [Abb. 147]. Die längs hintereinander verlegten Backsteine sind keine Abflußrinne, sie lassen eher daran denken, daß der Raum vielleicht einmal als Laden gedient hat und an dieser Stelle eine Art Ladentisch stand. Ein schmales, in Fischgrätmuster sauber gepflastertes Stück markiert den Eingangsbereich.

Periode VI

Alle nach dem großen Umbau des Periode V vorgenommen Veränderungen gehören der Periode VI an.

Datierung – Periode I (Abb. 131)

Die erste nachweisbare Siedlungsperiode auf dem Grundstück Dreifaltigkeitsplatz 1 umfaßt eine größere Zeitspanne. In der Schluffschicht 32 [alle Profile], in der sich mit Holzkohleresten die ältesten Spuren einer sporadischen Nutzung abzeichneten, fanden sich einige hochmittelalterliche Keramikscherben (Taf. 15,5.7). Da es sich ausschließlich um uncharakteristische Wandungsstücke handelt, die für eine genaue Datierung nicht ausreichten, kann man nur über die Zusammensetzung der Keramik vorsichtige Schlüsse ziehen. Hier ist im Vergleich zu den Keramikfunden aus dem über der Schluffschicht aufliegenden Schichtpaket 33 [alle Profile](Taf. 15,1.2.4.6) der Anteil an kalkgemagerter Ware A1 gegenüber der glimmerhaltigen Ware A2 mit 71,4 % deutlich höher. Im Schichtpaket 33 beträgt der Anteil nur 29 %. Ein zeitlicher Abstand zur nächsten Schicht ist also deutlich.

Aus dem angesprochenen jüngeren Nutzungshorizont 33 und der Teilverfüllung des Strohhammerbaches liegen aussagekräftigere Keramikfunde vor. Sie umfassen ein Spektrum, das dem der Verfüllung des großen Grubenhauses (59) im Alten Hof entspricht. Dies würde eine zeitliche Gleichstellung zu den dort ältesten Befunden bedeuten mit einer Datierung dieser ersten intensiveren Geländenutzung in die 2. Hälfte des 12. Jahrhunderts. Aus der untersten und ersten Ablagerungsschicht über der Holzverstärkung am Rande des Strohhammerbaches (265) stammen die Bodenscherbe eines einfachen Glasgefäßes sowie weitere Scherben (Taf. 15,3), die mit dem jüngeren Spektrum dieser Periode vergleichbar sind, so daß die Datierung für die Grundstückseinteilung und die nachfolgende volle Nutzung der Parzelle noch einmal eingeengt werden kann auf die Zeit etwa um 1200, vielleicht sogar erst das frühe 13. Jahrhundert. Eine Menge von eingetretenen und zum Teil verbrannten Backsteinen sowohl im ältesten Horizont 32 als auch in 33 bestätigen diesen Ansatz. Sie deuten in eine Zeit der Ziegelverwendung, die in München, wie bereits im Zusammenhang mit den Auswertungen im Alten Hof ausgeführt wurde, ebenfalls erst wieder gegen Ende des 12. Jahrhunderts begann. Somit dürfte der Beginn der ersten Siedlungsperiode am Dreifaltigkeitsplatz nicht vor der Stadtgründung um 1158 liegen. Möglicherweise steht die Besiedlung dieses Areals in Zusammenhang mit der zeitlich nicht ganz eindeutig festzulegenden Gründung des unmittelbar neben dem Dreifaltigkeitsplatz liegenden Heiliggeistspitals. Vieles spricht für eine Gründung im Jahr 1208, sicher ist allerdings nur, daß der Bau um 1250, als das Spital das erste Mal erwähnt wird, bereits steht[287].

Funde, die eindeutig einer früheren Zeitstellung zuzuordnen sind, kamen in keinem der untersuchten Bereiche zum Vorschein.

Periode II (Abb. 134)

Die wenigen aussagekräftigen Funde der zweiten Siedlungsperiode reihen sich in eine weite Zeitspanne ein. Das Spektrum der Randformen umfaßt ältere Formen der einfachen Leistenränder (Taf. 15,8.9), die allerdings eher durch Umlagerungen in die Schichten der Periode II gelangt sind und ursprünglich wohl aus Schichten der Periode I stammen. Eindeutig der Periode II gehören Stücke einer frühen Form der Karniesränder an, die in München in gleicher Art an der Peterskirche zutage gekommen sind und dort in die Zeit um 1300 datiert werden (Taf. 15,10.11). Dies sind die ältesten Funde dieser Periode. Ein deutlich jüngeres Stück (Taf. 16,3) stammt aus der Planierschicht 406 [Abb. 147] im Raum 3, die als zeitgleich mit der fast überall aufgetragenen Planierschicht 34 [Abb. 146; 147 und andere Profile] dieser Periode angesehen werden kann. Ihre Randformen sind ver-

[287] Zur Diskussion um die Gründung des Heiliggeistspitals siehe Stahleder, Chronik, 23 f. Viele Indizien sprechen für eine Gründung um 1208, in einer Zeit, in der Herzog Ludwig einmal in München weilte.

gleichbar mit frühen Stücken aus der Grabenverfüllung am Alten Hof aus der 2. Hälfte des 14. Jahrhunderts. Die Hauptmasse der Funde liegt aber im späten 13. und frühen 14. Jahrhundert. Die kalkgemagerte Variante A1 hat einen Anteil von 48 %, der allerdings nicht repräsentativ ist, da es sich hierbei zum größten Teil um umgelagertes Material handelt. Bei den frühen Karniesrändern handelt es sich noch um nachgedrehte Ware, während die späteren Stücke bereits auf der Drehscheibe gefertigt wurden.

Aus der geringen Fundmenge an Keramik läßt sich nicht exakt ermitteln, wie lang das Gelände in dieser Weise genutzt wurde. Auch der Zeitpunkt der Aufplanierung als Beginn der Periode II kann nicht genau bestimmt werden. Der Übergang von Periode I zu II muß deshalb offen bleiben. Die jüngsten Fundstücke legen das Ende dieser noch sehr lockeren Besiedlungsphase in die Mitte des 14. Jahrhunderts. Die gleiche Datierung ergibt sich aus den Funden der nachfolgenden Periode.

Periode III a (Abb. 137)

Aus der Periode III a liegt aus der Planierschicht 36 [z.B. Abb. 155; etc.] eine größere Menge an Funden vor (Taf. 16,4–12 und 17,1–6). Zwei umgelagerte Stücke entstammen der ersten Periode. Es handelt sich um Stücke der kalkgemagerten nachgedrehten Ware A1 mit Quellboden und einfachem Wulstrand (Taf. 16,4.5). Dominierend sind allerdings die fortgeschrittenen breiten Karniesränder. Neu im Spektrum sind schmale Leistenränder. Sie gehören zu sehr dünnwandigen Gefäßen mit Riefen im Schulterbereich (Taf. 16,11.12). Insgesamt ist das Formenspektrum dieser Schicht vergleichbar mit den jüngsten Funden aus der letzten Grabenverfüllung vom Alten Hof aus der 2. Hälfte des 14. Jahrhunderts. Da im Fundgut aber zusätzlich auch schon formal jüngere Stücke auftauchen (Taf. 16,6), sind die Baumaßnahmen der Periode III eher etwas später, gegen Ende des Jahrhunderts, anzusetzen. Eine Bestätigung dieser Datierung liefern Reste von Gläsern des Schaffhauser Typs mit kleinen Nuppen (Taf. 17,3). In dieser Planierschicht tauchen auch das erste Mal Ofenkacheln auf. Einfache Becherkacheln sind vergesellschaftet mit Schüsselkacheln. In der Baugrube 310 [Abb. 156 und 138] zur westlich anschließenden Kommunwand 314 fand sich ein breiter Karniesrand (Taf. 18,5). Auch er ordnet sich in das Fundspektrum des späten 14. Jahrhunderts ein. Die Datierung ins späte 14. Jahrhundert trifft also sowohl auf den Pfostenbau mit seinem angebauten Keller, als auch auf den westlich gelegenen steinernen Bau auf dem Nachbargrundstück zu.

Diese Datierung bringt den Neubau des Nachbarhauses mit der eingangs erwähnten Umsiedlungsaktion der Fischer in die heutige Heiliggeiststraße in Zusammenhang. Wie man den Steuerbüchern entnehmen kann, werden zwischen den Jahren 1384 und 1387 (die Steuerbücher dazwischen existieren nicht) 150 Steuerzahler mit ihren Familien, also etwa 500 Personen, aus dem vor dem Isartor in den Isarauen liegenden Gebiet »Griess« in die Stadt umgesiedelt. Ein Teil davon, eine Gruppe von Fischern (insg. 24 Steuerzahler), wurde in der eigens im Zuge der Umsiedlung neu angelegten Fischergasse angesiedelt, eben der heutigen Heiliggeiststraße. Zu den Häusern, die für die Fischer neu errichtet wurden, zählte sicher auch das an der Heiliggeiststraße 3. Es blieb nach den Eintragungen im Häuserbuch, die allerdings erst später beginnen, noch bis weit in das 18. Jahrhundert in der Hand von Fischern. Die neuen Häuser entstanden auf Grund und Boden des Heiliggeistspitals, möglicherweise auch ein Hinweis auf die frühen Besitzverhältnisse am Dreifaltigkeitsplatz. Der Name Fischergasse taucht das erste Mal 1390 auf, die Umsiedlung selbst erfolgte wohl um 1385. Dieses Datum gibt somit einen guten Anhaltspunkt für den Beginn der Periode III a.

Aus einer etwas späteren Zeit stammen die Funde aus der Befestigung der kleinen Gasse am Ostrand des Grundstücks (Taf. 17,7–11 und 18,1–5). Hier fand sich neben Karniesrändern schon typische Keramik der frühen glasierten Ware, die Mitte bis Ende des 15. Jahrhunderts auftaucht. Der Ehgraben am Rande des Grundstücks war also auch in dieser Periode noch längere Zeit in Benutzung, ehe er verfüllt und in eine kleine Gasse umgewandelt wurde. Die Pflasterung der Gasse bildete den Abschluß der Periode III a Ende des 15. Jahrhunderts.

Periode III b (Abb. 144)

Aus der Planierschicht 60 der Periode III b, die zum Abschluß der Baumaßnahmen noch einmal auf dem Gelände ausgebreitet wurde, stammen zahlreiche Funde, die vergleichbar mit denen aus III a sind (Taf. 18,6–12). Zusätzlich kommen einige wenige neuere Formen hinzu (Taf. 19), so daß die Periode III b insgesamt einen etwas späteren Zeitabschnitt repräsentiert. Neben den bekannten Exemplaren der Karniesränder tauchen nun beidseitig verdickte Leistenränder auf (Taf. 19), die als eine neue Form angesprochen werden müssen. Sie sind alle auf der Drehscheibe gefertigt. Auffallend ist ein etwas höherer Anteil an oxidierend gebrannter Keramik Warengruppe C (Taf. 18,9 und 20,8.10). An einigen alten Stücken wurde die Oberfläche noch nachträglich poliert, um sie wasserdicht zu machen, was den Gefäßen – es handelte sich hierbei z.B. um eine Wasserkanne – ein metallisch glänzendes Aussehen verlieh (Warengruppe B3, Taf. 20,3–5). Gegen Ende der Periode III b tauchen schon innen glasierte Gefäße auf (Taf. 19,2 und 20,6). Sie, wie auch Stücke eines Nuppenbechers mit größeren Nuppen (Taf. 20,11) und eines weißen Rippenbechers, können nur allgemein dem 15. Jahrhundert zugeordnet werden. Eine genauere Datierung als in das 15. Jahrhundert ist über die Funde der Schicht 60 kaum möglich.

Direkt unter dem Fundament des quadratischen Steineinbaues fanden sich einige wenige Stücke jüngerer Leistenränder, darunter ein Gefäß mit grüner Innenglasur (Taf. 17,4–6). Diese Funde deuten eher ins späte 15. Jahrhundert, so daß der Bau dieser Periode wahrscheinlich erst gegen Ende des Jahrhunderts entstand.

Aus der obersten Lage der Aufschüttungsschicht 60, die als eine Art sehr dünner Nutzungsschicht aus der Zeit nach dem steinernen Einbau angesehen werden muß, stammt eine Vielzahl von Ofenkacheln, vornehmlich Schüsselkacheln, vereinzelt auch Napfkacheln mit grüner Innenglasur. Die Funde aus diesem obersten Bereich der Planierung enthalten keine Karniesränder mehr, neu sind dafür profilierte Kragenränder (Taf. 21,1–6). Allerdings ist auch glasierte Ware mit drei Stücken weiterhin nur sehr schwach vertreten. Insgesamt deuten diese Funde schon in die frühe Zeit des 16. Jahrhunderts. Sie repräsentieren damit die Bestehenszeit der Periode III b.

Periode IV (Abb. 148)

Auf Grund des fehlenden Materialauftrages liegen aus dieser Periode keine aussagekräftigen Kleinfunde vor. Nur aus der Verfüllung der Ausbruchgrube des steinernen Baus (190) [Abb. 146] in Raum 4 stammen einige charakteristische Randstücke (Taf. 21,7–9). Sie können klar dem 16. Jahrhundert zugewiesen werden. Nach oben läßt sich die Erbauungszeit über den Umweg des Sandtner-Modells abgrenzen. Da das Grundstück zwischen 1570 und 1572, als Jakob Sandtner den Dreifaltigkeitsplatz in seinem Modell von der Stadt nachbildete, offenbar bereits vollständig bebaut war, muß das Haus irgendwann zwischen dem frühen 16. Jahrhundert und 1570 entstanden sein. Genauer läßt sich die Zeit, in der das Doppelgebäude errichtet wurde, nicht bestimmen. Sein Ende findet es mit der nächsten Periode um 1800.

Periode V (Abb. 154)

Die Baumaßnahmen der Periode V mit den Methoden der Archäologie einem genauen Zeitpunkt zuzuordnen, ist wegen der für diese Zeit nur sehr schwer einzugrenzenden Keramik fast nicht möglich, zur Absicherung der für diese Zeit vorhandenen Quellen aber notwendig. Daher sei an dieser Stelle auch verstärkt auf die eingangs bereits erwähnten schriftlichen Quellen zurückgegriffen.

Die Zusammensetzung des Fundgutes spiegelt das charakteristische Material des 17. und 18. Jahrhunderts wider (Taf. 22 und 23,1.2). Auffallend ist das komplette Fehlen von Steingut. Steingut wurde zwar im süddeutschen Raum schon um 1800 hergestellt, konnte sich aber erst ab 1820/30 durchsetzen. Die in größerer Menge gefundene grünglasierte Ofenkeramik wurde im 17. Jahrhundert hergestellt. Sie dürfte, wie wohl der größte Teil der Funde der Verfüll- und Planierschichten dieser Periode, aus den abgebrochenen Vorgängerbauten stammen und damit die letzten Jahre des alten Baus repräsentieren. In diesen Schichten wurden auch mehrere Münzen gefunden. Zwei Münzen stammen aus der Ausbruchgrube 9 [Abb. 156] in Raum 1 (1621/22 und 1701). Eine weitere Münze stammt aus der Verfüllung eines kleinen Gräbchens 162 [Abb. 147] in Raum 3. Sie stammt aus dem Jahr 1766. Die Funktion dieses Gräbchens ist unbekannt, wichtig ist es allerdings für die Datierung, denn es wird gestört durch zwei Eintiefungen aus der Bauzeit der Periode V (51 und 163 [Abb. 147]) und ist damit spätestens beim Bau des letzten Hauses verfüllt und planiert worden. Wenn man die oft lange Laufzeit der Münzen bedenkt, können somit die Baumaßnahmen der Periode V durchaus in die spätere zweite Hälfte des 18. Jahrhunderts gesetzt werden. Stimmelmayr schreibt in seinem Buch »München um 1800« über unser Anwesen: »...das rechts fort anstehende, unbekannte, vorhin nicht so hohe Haus, etwa der hintere Theil von dem Beneficiaten Hause im Thale vorne, neben dem Hartnagl«[288]. Da »vorhin« in diesem Zusammenhang zeitlich gemeint ist und deshalb nicht das schon immer sehr prächtige und hohe Beneficiatenhaus gemeint sein kann, muß der große Umbau kurz vor Stim-

[288] Dischinger, Gabriele/Bauer, Richard (Hrsg.), Stimmelmayr, Johann Paul, München um 1800 (München 1980) 111.

melmayrs Niederschrift abgeschlossen worden sein. Die Bauzeit dürfte demnach zwischen den Jahren 1790 und 1805 gelegen haben.

Zusammenfassung (Abb. 159)

Wie die Untersuchungen auf dem Grundstück Dreifaltigkeitsplatz ergaben, setzt, wie im Alten Hof, auch hier die Nutzung und spätere Bebauung erst in der 2. Hälfte des 12. Jahrhunderts ein. Nach einer relativ kurzen Anfangsphase, in der das Gebiet vielleicht urbar gemacht wurde, auf jeden Fall aber noch nicht ständig bewohnt war, wird das Areal schon bald intensiver genutzt. Spuren eines Pfostenbaues, Knochenabfälle und ein befestigter kleiner Graben, der zur Entsorgung des Anwesens diente, zeugen davon. Interessant ist vor allem die Tatsache, daß die heutige östliche Parzellengrenze bereits im Laufe der ersten Nutzungsperiode festgelegt und durch einen Zaun markiert wurde. Die südliche Grenze bildete der Strohhammerbach, im Westen dürfte das Grundstück zu dieser Zeit noch bis zur Heiliggeiststraße gereicht haben. Da die schriftlichen Quellen bis weit in die Neuzeit für das untersuchte Areal und das nördlich daran anschließende Grundstück (Tal 76) nur jeweils einen einzigen Besitzer verzeichnen, können wir davon ausgehen, daß die Parzelle einst auch in dieser Größe angelegt und erst sehr viel später geteilt wurde.

Eine Aussage, wie das Grundstücks zu dieser Zeit genutzt wurde, ist aus den Befunden nicht möglich. Man kann aber aus der mächtigen Aufschüttungsschicht, mit der zu Anfang der Periode II das gesamte Gelände planiert wurde, einige Schlüsse über die Umgebung ziehen. Bei der dicken Lehmschicht handelt es sich allem Anschein nach um die Überreste einer großen Anzahl von abgebrochenen Öfen, die sicherlich nicht von weit her geholt worden sind. So kann man wohl davon ausgehen, daß im späten 12. und frühen 13. Jahrhundert das Gebiet unterhalb der Peterskirche und südlich der Heiliggeistkirche ein Bereich intensiver handwerklicher und landwirtschaftlicher Nutzung war. Er lag zu Anfang noch außerhalb der Stadtmauern, erst im frühen 13. Jahrhundert wurde der Befestigungsring auch um dieses Areal gezogen.

In einer zweiten Nutzungsphase wird der Entsorgungsgraben noch einmal ausgebaut und befestigt. Die Bebauung des Grundstücks bleibt auch in dieser Phase wohl eher dürftig.

Erst im späten 14. Jahrhundert wird die bislang lockere Bebauung am Dreifaltigkeitsplatz dichter. Die Umsiedlung der Fischer aus dem Griess macht Wohnbauten an der Heiliggeiststraße notwendig, dafür wird im Westen ein Teil der Parzelle abgetrennt und bis zur Grundstücksgrenze mit einem Steinhaus bebaut. Wahrscheinlich wird auch das östliche Nachbarhaus zu dieser Zeit schon aus Stein errichtet. Auf der Parzelle selbst wird zwar der alte Pfostenbau abgerissen, das neue Gebäude, das nun auch schon einen großen Teil des Grundstücks einnimmt, ist aber weiterhin ein Holzgebäude. Es scheint, daß durch diese massive Verbauung die Bereiche zwischen den großen Häusern am Tal und den Neubauten am Dreifaltigkeitsplatz nur noch schlecht zugänglich waren, denn die letzte Baumaßnahme dieser Periode besteht darin, den alten Ehgraben an der Parzellengrenze zuzuschütten und sorgfältig als Zufahrtsweg zu den hinteren Bereichen zu pflastern. Er befindet sich genau auf der Parzellengrenze.

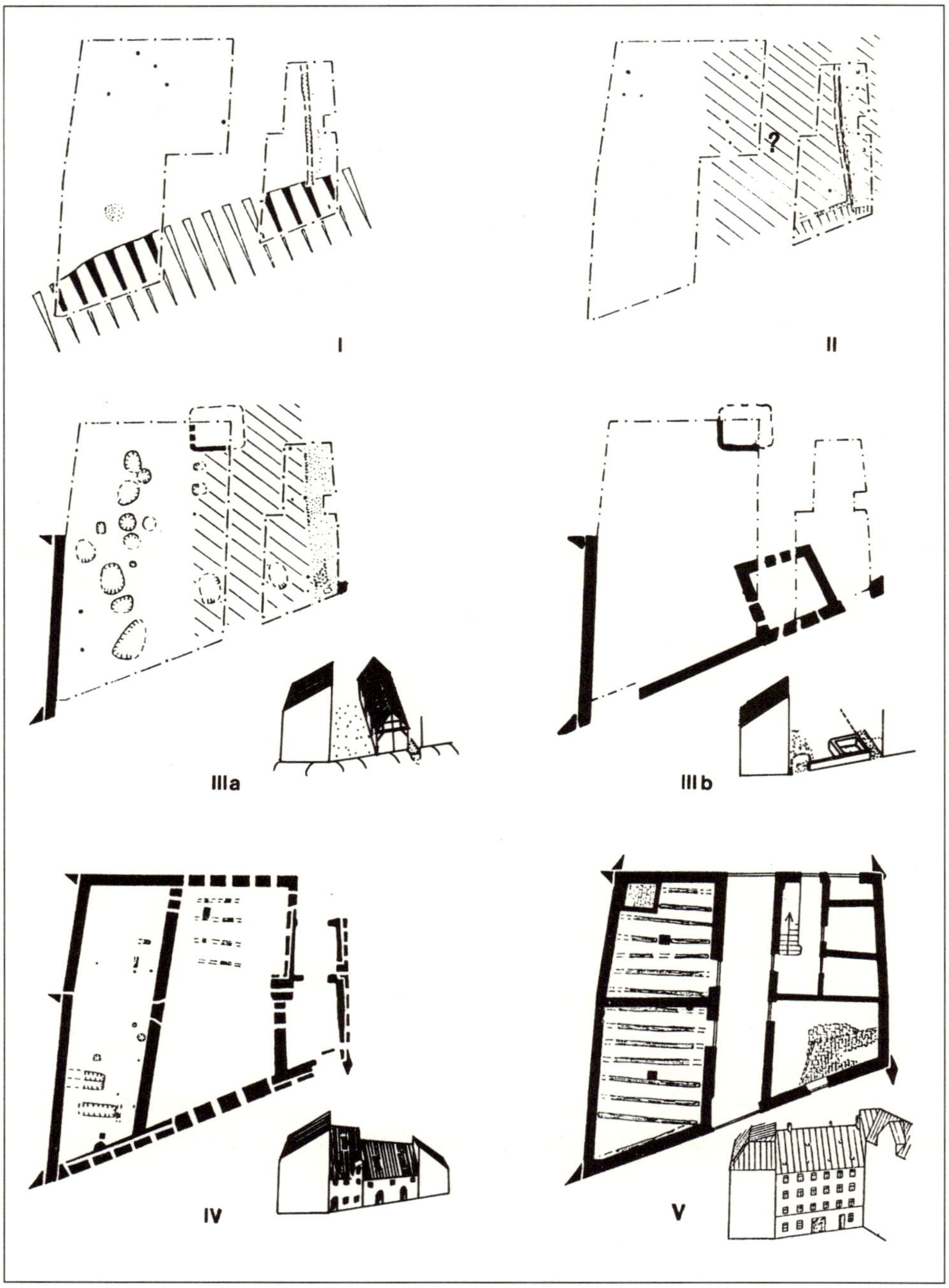

Abb. 159: München, Dreifaltigkeitsplatz Nr. 1. Rekonstruktion der einzelnen Bauphasen.

Im 15. Jahrhundert wird das bestehende Gebäude umgebaut, der südliche straßenseitige Teil in Stein aufgeführt, dessen Zweck aber nicht mehr erkennbar ist. Da die Pfosten des Holzbaus zu dieser Zeit entfernt werden, obwohl der kleine mit dem Holzhaus verbundene Keller offenbar noch längere Zeit weiter benutzt wird, gibt es für die naheliegende Interpretation als Anbau aus Stein an das bestehende Haus keinen Anhaltspunkt. Für ein eigenständiges Wohnhaus ist der Grundriß wohl zu klein. Vermutlich wird das Grundstück nun mit einer Hofmauer zum Dreifaltigkeitsplatz, dem damaligen Friedhof, abgeschlossen. Der Hof hatte seinen Zugang wohl in der Südwestecke.

Im 16. Jahrhundert wird die freie Bebauung endgültig mit einem zweiteiligen Haus, das nun die gesamte Fläche der Parzelle einnimmt, geschlossen. Nach den Grabungsbefunden und der Wiedergabe bei Sandtner zu urteilen muß es sich hierbei um Gebäude gehandelt haben, die, wenn es Wohngebäude waren, eher für die einfachere Bevölkerung gedacht waren, vielleicht aber auch nur als Wirtschaftsgebäude für das Anwesen Tal 76 gedient haben. Ein Zugang zu den hinteren Bereichen dieses Grundstückes blieb mit einem östlichen Durchgang erhalten.

Erst nach dem Umbau zu einem 4-geschossigen Haus um 1800 lassen sich die Parzellengrenzen nun an beiden Seiten nur noch anhand der Gebäudeecken ausmachen. Der Durchgang zu den hinteren Bereichen wird in die Mitte verlegt, während nach einem Zukauf eines Teils des ehemaligen Friedhofes durch den Nachbarn auf der Ostseite und der anschließenden Bebauung der Dreifaltigkeitsplatz seine heutige Gestalt bekommt.

Als das wohl wichtigste Ergebnis der Untersuchungen muß die Kontinuität der östlichen und südlichen Parzellengrenze angesehen werden. Auch nach Norden zum Tal hatte die Grenze bis in die Neuzeit Bestand, lediglich im Westen wurde ein Teil des Grundstückes schon im späten 14. Jahrhundert abgetrennt. Die Umrisse der ursprünglichen Parzelle aber sind bis heute erhalten geblieben.

5. Funde aus München

Für das hohe und späte Mittelalter gab es aus dem Stadtgebiet Münchens und seiner näheren Umgebung bislang keine sicher datierten Fundkomplexe. Das Fundgut hatte zum Großteil reinen Lesefundcharakter, Zuordnungen zu Schichten fehlten mit wenigen Ausnahmen. Einige geborgene Brunnen- und Latrinenfüllungen bilden zwar einheitliche Fundkomplexe, sind aber bis heute nicht eindeutig datierbar. Grabungen mit stratifiziertem Material wurden nicht ausgewertet, so daß die Datierung der geborgenen Keramik meist auf Vergleichen mit oft sehr entfernten Fundkomplexen basierte. Ziel dieser umfassenden Auswertung ist es deshalb nicht nur, das Fundmaterial aus den Münchner Grabungen vorzustellen, sondern auch, eine erste Keramikchronologie zu entwickeln. Einem Anspruch auf Endgültigkeit kann sie allerdings nicht gerecht werden. Zukünftige Grabungen werden mehr, vielleicht auch besseres Material liefern, genauere und detailliertere Aussagen werden möglich sein. So wird im folgenden auch in erster Linie eine relative Chronologie erstellt werden, während die absolute Chronologie für die Stadt München mangels münzdatierter Schichten, Dendrodaten oder aus Quellen exakt zuzuordnender Daten vorerst nur mit Vorbehalt aufgestellt werden kann. Zunächst muß auch der Schwerpunkt der Auswertung auf dem mittelalterlichen Material und hier speziell auf Funden aus dem 12. bis 14. Jahrhundert liegen, da die Grabungen nur zu diesem Zeitabschnitt aussagekräftige und vor allem größere Komplexe lieferten (für diese Zeit liegt mit etwa 550 Fundnummern und über 15 000 Einzelfunden genügend vergleichbares Material vor). Für die jüngeren Warengruppen (Drehscheiben- und glasierte Ware) steht aus dem gleichen Grund nicht die absolute Datierung, sondern eher die Frage nach dem frühesten Auftreten im Mittelpunkt.

Forschungsgeschichte

Aus dem alten Stadtkern Münchens sind bislang lediglich drei Fundkomplexe versuchsweise von den Ausgräbern datiert worden: die 1953 von Eugen Wankmüller aufgenommenen Funde außerhalb der Peterskirche (Taf. 10–13), die ebenfalls im Rahmen der frühen Kirchen schon besprochenen Funde Hermann Dannheimers östlich der Peterskirche an der sog. Metzgerzeile (Taf. 13,2–8) und einige Tongefäße, die Koschik anläßlich einer Notgrabung 1975 unter dem Neuen Rathaus bergen konnte (Taf. 24 und 25, MRH2). Wankmüller war der erste, der sich nicht nur mit den Rand- und Gefäßformen auseinandersetzte, sondern auch der Magerung der Keramik einen hohen Stellenwert einräumte. Er wagte eine vorsichtige Datierung der von ihm geborgenen ältesten Stücke in das 10./11. Jahrhundert[289]. Er tat dies auf Grund seiner Kenntnisse der sogenannten Muschel-

[289] Wankmüller, Eugen, Mittelalterliche Bodenfunde vom Münchner Petersbergl. BVBl 41 (1976) 150–156.

grusware, die er glaubte, in den ältesten Schichten um die Peterskirche wiederzuerkennen. Die Entstehungszeit der frühesten unter dem Rathaus geborgenen Gefäße schätzte Koschik auf das 11. Jahrhundert[290]. Einen ähnlichen Datierungsvorschlag lieferte auch Dannheimer für die ältesten Funde an der Metzgerzeile[291]. In einer Überarbeitung der Grabung hat Dannheimer diese Einschätzung allerdings erst vor kurzem korrigiert[292]. Danach gehen auch die ältesten geborgenen Funde nicht viel vor 1158 zurück. Ähnliche Korrekturen gelten auch für die Einschätzungen von Wankmüller und Koschik, die schon deshalb mit Vorsicht zu behandeln sind, weil alle diese Einordnungen auf Vergleichen mit Funden von meist weit entfernten Plätzen beruhen, die teils sogar außerhalb Bayerns liegen.

Etwas besser zeigt sich die Situation für den größeren Raum Südbayern. Hier wurden vor allem in den 90er Jahren einige größere zusammenhängende Fundkomplexe vorgestellt. Dennoch muß zur Datierung von Funden immer noch überwiegend auf die hervorragenden, aber für die genaue Einordnung eines örtlichen Komplexes viel zu großräumigen Untersuchungen von Uwe Lobbedey über die Keramik Südwestdeutschlands aus dem Jahre 1968[293] und Hermann Dannheimer über die Keramik des gesamten Bayern aus dem Jahre 1973[294] zurückgegriffen werden. Eine gut gesicherte Keramikchronologie, wie es sie z.B. für Franken[295], die Oberpfalz mit Regensburg[296], Schwaben[297] und Baden-Württemberg[298] gibt, ist für die mittelalterliche Keramik im altbayerischen Gebiet noch ein Desiderat[299].

Von den publizierten Einzelfunden und Komplexen sind hier vor allem die 1980 von Robert Koch vorgestellten Funde aus der 1208 zerstörten Burg Wittelsbach hervorzuheben. Koch lieferte mit ihnen erstmals einen

---

290 SZ vom 26.11.1974. Harald Koschik hält es laut Zeitungsbericht für möglich, daß einige Stücke noch aus dem 11. Jahrhundert stammen.

291 Schattenhofer, Beiträge, 9.

292 Dannheimer, Hermann, Mittelalterliche Funde am Petersbergl. In: BVBl 63 (München 1998) 327–332. – Ders., Mittelalterliche Bauzier aus St. Peter in München. In: BVBl 63 (München 1998) 333–336.

293 Lobbedey, Uwe, Untersuchungen mittelalterlicher Keramik vornehmlich aus Südwestdeutschland. Arbeiten zur Frühmittelalterforschung, Band 3 (Berlin 1968).

294 Dannheimer, Hermann, Keramik des Mittelalters aus Bayern. Kataloge der Prähistorischen Staatssammlung München Nr. 15 (Kallmünz Opf. 1973).

295 Losert, Hans, Die früh- und hochmittelalterliche Keramik in Oberfranken. Dissertation 1990, Universität Bamberg.

296 Wintergerst, Magnus, Hochmittelalterliche Keramik in Regensburg (10.–13.Jahrhundert). In: Angerer, Martin/Wanderwitz, Heinrich (Hrsg.), Regensburg im Mittelalter (Regensburg 1995) 267 f.

297 Czysz, Wolfgang/Endres, Werner, Archäologie und Geschichte der Keramik aus Schwaben. Neusässer Schriften, Band 6 (Neusäß 1988) 142 f.

298 Gross, Uwe, Mittelalterliche Keramik zwischen Neckarmündung und Schwäbischer Alb. Bemerkungen zur räumlichen Entwicklung und zeitlichen Gliederung, Forschungen und Berichte der Archäologie des Mittelalters in Baden-Württemberg Band 12 (Stuttgart 1991). – Scholkmann, Barbara, Zum Stand der Erforschung mittelalterlicher Keramik in Baden-Württemberg. ZAM 6 (1978) 149–159. – Scholkmann, Barbara, Sindelfingen/Obere Vorstadt. Eine Siedlung des hohen und späten Mittelalters. Forschungen und Berichte der Archäologie des Mittelalters in Baden-Württemberg Band 3 (Stuttgart 1978). – Schulze, Mechthild, Die mittelalterliche Keramik der Wüstung Wülfingen am Kocher, Stadt Forchtenberg, Hohenlohekreis. Forschungen und Berichte der Archäologie des Mittelalters in Baden-Württemberg Band 7 (Stuttgart 1981) 5–148.

299 Endres, Werner, Zum Stand der Keramikforschung in Süddeutschland vom 12./13. Jahrhundert an. Mit einer Bibliographie. ZAM 10 (1982) 171–206.

gut datierten hochmittelalterlichen Fundkomplex aus dem südbayerischen Raum[300].

Die frühen 90er Jahre erbrachten dann in der näheren Umgebung Münchens einige Fundkomplexe, die auch zur Datierung und Einordnung der Münchner Keramik herangezogen werden können: Ausgrabungen in Ingolstadte[301] und Landshut[302] (Keramik vor 1342 und 13. Jahrhundert) lieferten Komplexe verschiedener Zeitstellungen, für Eichstätt liegt seit der Publikation »Eichstätt – 10 Jahre Stadtkernarchäologie« ein Komplex der Zeit um 1300 vor[303] und aus dem Gebiet südlich von München sind die Grabungen im Schloß Murnau durch Tilman Mittelstraß vorbildlich ausgewertet worden[304].

Den jüngsten Versuch zu einer regionalen Chronologie und Typologie machte Gert Riedel 1992 mit den sehr gut datierten Fundkomplexen der Grabung auf dem Burgstall Rauenwörth bei Gungolding, Gde. Walting, Lkr. Eichstätt. Er betont allerdings, mangels vergleichbarer Fundkomplexe in überschaubarer Entfernung könne ein solcher Versuch nur ein »Kompromiß« sein, »den der derzeitige Forschungsstand zur spätmittelalterlichen Keramik in diesem (bayerischen) Raum diktiert«. Riedels Chronologie wurde im folgenden berücksichtigt[305].

Die Auswertung der Keramik von Münchener Fundplätzen erfolgte angesichts der Defizite im gesamten südbayerischen Raum unter zwei Gesichtspunkten: Sie sollte zum einen einen Beitrag zur genaueren Datierung einzelner Fundkomplexe und Einzelfunde liefern, mit dem Ziel einen ersten Vorschlag einer Keramikchronologie des Mittelalters für die Stadt München zu erstellen. Darüber hinaus soll die Vorstellung der Funde aber auch einen über die Stadt München hinausgehenden Beitrag liefern zur Erforschung der mittelalterlichen Keramik in Altbayern.

---

300 Koch, Robert, Die Ausgrabungen in Oberwittelsbach. Zusammenfassung der Ergebnisse bis Ende Oktober 1980. In: Altbayern und Schwaben. Berichte und Forschungen aus dem Landkreis Aichach-Friedberg (1979/80) 99–120. – Ders. Die Burg Wittelsbach bei Aichach. Vorbericht über die Ausgrabungen 1978/79. In: Glaser, H. (Hrsg.), Wittelsbach und Bayern I/1. Die Zeit der frühen Herzöge. Von Otto I. zu Ludwig dem Bayern. Beiträge zur Bayerischen Geschichte und Kunst 1180–1350 (München 1980) 133–138. – Ders., Ausgrabungen in der Burg Wittelsbach bei Aichach. Ein Vorbericht über die Ergebnisse bis Mai 1980 (Augsburg 1980).

301 Schütz, Cornelia/Tillmann, Andreas, Eine mittelalterliche Faßlatrine aus der Altstadt Ingolstadts. Ein Einblick in die Stadtgeschichte. Sammelblatt des Hist. Vereins Ingolstadt, 100 (1991) 135–156. – Mittelstraß, Tilman, Bericht über die Ausgrabungen des Spätjahres 1993 im äußeren Graben und im Torbau des Neuen Schlosses zu Ingolstadt. Sammelblatt des Historischen Vereins Ingolstadt, 102 (1993) und 103 (1994). – Weid, Edeltraud, Die Kleinfunde aus der mittelalterlichen Siedlung Zuchering. In: Ingolstadt 102 (1993) 205 und 103 (1994).

302 Engelhardt, Bernhard/ Häck, B., Eine Stadtkerngrabung in der Landshuter Ländgasse. AJB 1995 (Stuttgart 1996) 169–171.

303 Tillmann, Andreas, Die keramischen Funde aus dem »Brunnen 5« des ehemaligen Huttenstadels. Ein Vorbericht. In: Eichstätt, 10 Jahre Stadtarchäologie (Kipfenberg 1992) 89–100.

304 Mittelstraß, Tilman, Die Funde der archäologischen Ausgrabungen von 1991 und 1992 im Murnauer Schloß. In: Schloßmuseum des Marktes Murnau am Staffelsee (Hrsg.), Schloß Murnau, Ein Bauwerk der Stauferzeit und seine Geschichte (Murnau 1994) 120 f.

305 Riedel, Gert, Die Ausgrabungen auf dem Burgstall Rauenwörth bei Gungolding, Lkr. Eichstätt. Befunde und Funde. Sammelblatt des Hist. Vereins Ingolstadt, 101 (1992) 37–131. – Tillmann, Andreas, Grabungen in der Wasserburg Rauenwörth bei Gungolding. AJB 1987 (Stuttgart 1988) 173–176 ff. – Ders., Die Ausgrabungen in einer Wasserburg der Grafen von Hirschberg bei Gungolding, Gde. Walting, Lkr. Eichstätt. Ausgrabungen und Funde in Altbayern 1987/88. Katalog Gäubodenmuseum Straubing 13 (1989).

Die Funde werden im folgenden nach ihren Materialgruppen geordnet vorgestellt und sind im Fundkatalog in der Reihenfolge der Grabungsorte abgebildet.

5.1. Keramik

5.1.1. Geschirrkeramik

Die Geschirrkeramik aus den Grabungen im Stadtkern von München gliedert sich in vier Warengruppen (Gruppe A–D). Die Einteilung der Gruppen erfolgte in erster Linie nach technischen Merkmalen (Brennofenatmosphäre, Herstellungstechnik). Wegen des oft sehr kleinteilig zerscherbten Materials mußte aber neben der Warenart ein Hauptaugenmerk auf die Randformen und Verzierungen gelegt werden. Zur Vereinheitlichung der Terminologie hält sich die Typendefinition der Ränder an den Leitfaden zur Keramikbeschreibung der Prähistorischen Staatssammlung und die etwas vereinfachte Definition von Mittelstraß. So liegen dieser Definition die Gruppe der einfachen Ränder, der romanischen Leistenränder, der zuerst schmalen, dann breiteren gotischen Kragenränder zu Grunde. Der gotische Karniesrand ist nach dieser Definition ein konkav profilierter Kragenrand.

Der Zeitraum, in dem die nachgedrehte Ware nach und nach von der Drehscheibenware abgelöst wird, ist immer noch relativ weit gefaßt. Erst eine größere Keramikmasse, vor allem komplett erhaltene Gefäße, lassen hier genauere Aussagen über diesen sich allgemein im 13. und 14. Jahrhundert durchsetzenden Technologiesprung in München zu.

Vorgeschichtliche Keramik

Vorgeschichtliche Keramik liegt im Stadtkernbereich nur aus der Grabung im Alten Hof vor. In der dortigen Kulturschicht 1 fanden sich Keramikscherben, die wegen des Fehlens von charakteristischen Randstücken leider nur ungenau in den Zeitraum der Bronze- bis frühen Hallstattzeit (ca. 1500–700 v.Chr.) datiert werden können (Abb. 160). Wahrscheinlich aber stammen sie aus der Urnenfelderzeit[306]. Es handelt sich hierbei um das stark ausbiegende Randstück eines Topfes (Taf. 1,2) und ein gerade ausbiegendes Randstück mit aufgelegtem Zierband auf der Schulter, in das muldenförmige Vertiefungen eingedrückt sind (Taf. 1,1). Insgesamt konnten fünf Scherben aus der ältesten Kulturschicht im Alten Hof geborgen werden. Sie stellen die bislang ältesten bekannten Funde im Münchner Stadtkerngebiet dar[307].

Reduzierend gebrannte, nachgedrehte Ware (Gruppe A1–A4)

Die älteste Warengruppe A stellt das übliche Spektrum der Keramik des Hochmittelalters dar. Gemeinsam sind ihr die durch den reduzierenden Brand entstandene meist grauschwarze bis dunkelbraune Färbung (farbliche Mischformen sind möglich) und die noch recht einfache Herstel-

---

306 Nach freundlicher Mitteilung von Herrn Dr. Uenze an der Prähistorischen Staatssammlung.

307 Wagner, Denkmäler, Kartenbeilage. Auch das neueste Inventar (Stand 1999) des BLfD Münchens verzeichnet keine älteren Funde. Mündliche Mitteilung durch Herrn Dr. Timm Weski.

Abb. 160: Vorgeschichtliche Keramik aus der Grabung Alter Hof (MAH 95/17, Taf. 1,1 und MAH 95/16, Taf. 1,2).

lungstechnik. Die Gefäße wurden aus Tonwülsten oder -lappen von Hand geformt, anschließend auf eine Töpferscheibe gesetzt, die mit der Hand kurz in Schwung gesetzt wurde, um das Gefäß zu überarbeiten und den Rand zu gestalten. Abschließend glättete man oft noch im lederharten Zustand nach dem Trocknen des Gefäßes die Oberfläche. Typische Merkmale dieser Warengruppe sind unregelmäßige Drehspuren, Fingerabdrücke und rauhe Oberflächen mit deutlichen Verstreichspuren.

Wegen der variablen Herstellungstechnik umfassen das Formenspektrum und die Tonzusammensetzung einen breiten Rahmen. Dennoch lassen sich in München bei der ältesten Warengruppe A klar zwei Untergruppen trennen: Durchweg schwarze, dickwandige Scherben mit einem deutlichen Magerungsanteil an weißen Kalkstückchen (Gruppe A1) bzw. Sand- und Glimmerzusätzen (Gruppe A2). Letztere bildet die Masse der vorkommenden Keramik der Gruppe A. Drei einzelne Stücke bilden wegen ihres klingend hart gebrannten Scherbens und ihrer Nähe zum Faststeinzeug eine eigene Warengruppe (Gruppe A3). Einige wenige Stücke haben sowohl die Magerungszusätze der Gruppe A1 (weiße Kalkstückchen), als auch der Gruppe A2 (Sand- und Glimmerzusätze). Sie bilden damit zwar eine eigenständige Warengruppe (Gruppe A4), sind aber wegen der geringen Anzahl nicht in einem eigenen Kapitel aufgeführt.

Gruppe A1

Für die Warengruppe A1 ist die dunkelgraue bis teilweise schwarze Färbung charakteristisch, die sie auch im Bruch zeigt. Verantwortlich für diese Scherbenfarbe ist die reduzierende Brandführung unter Sauerstoffabschluß. Der Scherben ist mittelhart gebrannt. Der Bruch ist porös und schiefrig. Dem Ton sind Magerungsanteile zugesetzt, vor allem Kalkgerölle, die dem Scherben eine weiße Sprenkelung verleihen, und Quarz (Abb. 161). Die Magerung tritt durch das Schrumpfen der Gefäße beim Brand leicht an die Oberfläche, doch sie durchstößt diese nur sehr selten. Die erhaltenen Stücke der Gefäßkeramik zeigen alle typische Spuren des Nachdrehens auf einer Töpferscheibe. Die Außenflächen sind mehr oder weniger gut geglättet. Unregelmäßige Wischspuren und Fingerabdrücke verraten den noch einfachen Töpfervorgang auf einer nur sehr langsam rotierenden Scheibe. Die Innenseiten der Gefäße zeigen keine Drehriefen und -spuren. Sie sind oft unregelmäßig und grob und weisen Fingerdellen vom einfachen Verstreichen auf. Auffallend sind die relativ starken Wandungen, die zwischen 0,5 und 0,7 cm schwanken.

Bei den Randformen herrschen einfach ausbiegende, leicht verdickte (einer davon mit zwei Kerben) (Taf. 1,3; 3,11; 4,11; 15,1), sowie wulstartig verdickte (Taf. 1,4) und schmale Leistenränder (Taf. 6,9; 8,6; 15,2–5) vor. Seltener sind breite Leistenränder, die schon Ansätze zu einem Kragenrand zeigen (Taf. 5,9; 16,8) und leicht unterschnittene Leistenränder (Taf. 15,5). Aus dem insgesamt sehr homogen wirkenden Randformenspektrum fallen zwei Stücke heraus: Eines besitzt einen altertümlich wirkenden einfach ausbiegenden umgelegten Rand ohne Halszone (Taf. 13,7), ein weiteres hat bereits einen deutlichen schmalen Kragenrand (Taf. 17,10). Die Bodenstücke gehen alle direkt in die Wandung eines bauchigen Gefäßes über (Taf. 3,3). Die Unterseiten sind meist rauh und körnig und zum Teil mit einer leichten Wölbung nach oben, im Randbereich quellen sie leicht über (Taf. 17,2). Ein Stück hat eine erhabene plastische Bodenmarke in Form eines Radkreuzes (Taf. 1,5). Alle Böden haben auf den Innenseiten sehr grobe Verstreichspuren. In der Gruppe A1 haben sich drei Gefäße vollständig erhalten (Taf. 13,1; 23,3.4). Es handelt sich dabei um einfache bauchige Töpfe mit sehr schwach ausgeprägter Halszone. Rußspuren und eingebrannte Essensreste weisen auf die Verwendung am offenen Feuer hin. Alle drei Töpfe zeigen eindeutige Spuren vom Nachdrehen, was besonders im äußeren oberen Bereich und im unteren inneren Bereich zu erkennen ist. Der Gefäßbauch ist teilweise nur schlecht überarbeitet, davon zeugen starke Fingerspuren im Innern und am Übergang zum Rand. Der Boden ist bei allen drei Gefäßen leicht nach innen gewölbt und von körniger Struktur. Die Ränder zeigen feine Drehspuren, die auf eine Überarbeitung mit einem Formholz hindeuten. Auch der Übergang von Gefäßoberteil zum -unterteil weist grobe Fingerspuren vom Verstreichen auf. Nur zwei Stücke zeigen eine Verzierung: eines ist auf der Oberseite des Randes mit Kerben versehen (Taf. 1,3), das andere hat auf der Schulter runde, unregelmäßige Eindrücke (Taf. 15,3). Unter den Gefäßen befindet sich auch ein Öllämpchen (Taf. 15,6).

Abb. 161: Bodenstück der Warengruppe A1 aus der Grabung Alter Hof. Die Oberfläche entspricht dem Bruch.

Fundorte und Datierung

Die Keramik der Gruppe A1 kommt in den jeweils untersten Schichten der meisten Fundplätze in der Altstadt Münchens vor. Im Alten Hof konzentrieren sich die Funde auf die älteste Kulturschicht 1 (Taf. 1,3–5), die Grubenhausverfüllung 59 (Taf. 3,3.11) und die unterste Grabenverfüllung 44/45 (Taf. 6,9.12). Vereinzelte Stücke tauchen noch in den Planierungen 50 (Taf. 5,9) und 54 (Taf. 4,11), sowie den beiden oberen Verfüllschichten des Grabens 43 (Taf. 7,4) und 37 (Taf. 8,6), auf. Am Dreifaltigkeitsplatz konzentrieren sich die Funde der Warengruppe A1 ebenfalls zur Hauptsache in den untersten Schichten 32 und 33 der Bauphase I (Taf. 15,1–6). Sie finden sich auch noch – wenn auch in geringer Anzahl – in der darüberliegenden Schicht 34 der Phase II (Taf. 15,8). Bei den Einzelfunden (Taf. 16,4.5.8; 17,1.2) der Phase III dürfte es sich um verlagertes Material handeln. Auch auf dem Petersberg kommt Warengruppe A1 in den jeweils ältesten Schichten vor, so in Schicht 8 von Profil 3A, (Taf. 13,1) ebenso in der ältesten Schicht 8 (Taf. 13,7) der Grabung von Dannheimer. Unter den Lesefunden von Wankmüller befanden sich zwei Stücke der Keramik A1 (Taf. 14,1.2.8.9). Überwiegend Keramik dieser Warengruppe erbrachten schließlich auch zwei Grabungen unter dem Rathaus (Taf. 23,3–5; 24,5–8; 25,1.2).

Der Anteil der Warengruppe A1 macht im Alten Hof in der ältesten Kulturschicht noch 28 % aus (68 % Gruppe A2 und 4 % oxidierend gebrannte Ware), wohingegen die Verfüllung 59 des Grubenhauses nur noch 2 % aufweist (85 % Gruppe A2 und 13 % oxidierend gebrannte Ware). In den Planierschichten 50 und 54 sowie den beiden obersten Verfüllschichten des Grabens ist der Anteil nur noch unerheblich, möglicherweise handelt es sich hier auch zum Teil um verlagerte Stücke. Der Anteil an kalkgemagerter Ware im ältesten Schichtpaket 32 vom Dreifaltigkeitsplatz liegt bei beachtlichen 71,4 %, der schon im nächsten Schichtpaket 33 auf nur 29 % sinkt. In der Periode II steigt der Anteil zwar wieder auf 48 % vor, ist aber nicht repräsentativ, da es sich hier zum größten Teil um umgelagertes Material handelt. So beschränkt sich die Warengruppe A1 im Alten Hof, auf dem Dreifaltigkeitsplatz und dem Petersberg in erster Linie jeweils auf die zwei ältesten Schichten. Ähnliches Material erbrachten auch die Lesefunde aus der Grabung am Isartor (nur vereinzelte Stücke aus dem untersten Horizont) und an der Sparkassenstraße. Die kalkgemagerte Ware dieser Gruppe wird im Laufe der Zeit ersetzt durch die Warengruppe A2.

Die Beobachtung, daß sich die Funde der Warengruppe A1 fast ausschließlich auf die ältesten Schichten des Stadtkernbereichs beschränken und schon in den nächsten Schichten sehr schnell von der Warengruppe A2 verdrängt werden, beweist, daß es sich hier um die früheste mittelalterliche Keramik in München handelt. Die Frage nach einer absoluten Datierung kann allerdings vorerst nur über Vergleichsfunde beantwortet werden.

Hier ist der nächste bekannte Fundort die romanische Stephanskirche in Weihenstephan (geweiht 1202). Dort kamen bei archäologischen Untersuchungen Stücke der kalkgemagerten Ware mit ähnlicher Randausbildung zutage. Sie waren vergesellschaftet mit einer Münze Heinrichs des Löwen.

Die deutlichsten Parallelen für das Randformenspektrum der Warengruppe A1 gibt es unter den Funden aus der um 1208 abgebrochenen Burg

Wittelsbach[308]. Hier konnte man ebenfalls Stücke bergen, die eine gerundete Randlippe und einen gedrungenen, kugeligen Körper zeigten. Sie stammen alle aus der Nutzungsschicht der Periode III, die das gesamte 12. Jahrhundert umfaßt.

Weitere Vergleichsstücke finden sich im Fundgut vom Burgstall bei Romatsried[309]. Hier gibt es auch die besten Parallelen zu den in München gefundenen Schalen (Taf 3,1.2; 4,6; alle aber A2). Da eine eindeutige Datierung des Burgstalles fehlt, vergleicht Dannheimer die dortige Keramik mit der ältesten Ware vom Burgstall am Hohen Bogen (Lkr. Kötzting), dessen Datierung in das 12. Jahrhundert gesichert ist. Auch diese Ware zeichnet sich durch ihre weiße Sprenkelung aus[310]. Senkrecht gestellte Leistenränder zeigt der Fundkomplex der östlich gelegenen Burg Saunstein (Lkr. Freyung-Grafenau)[311]. Die Burg wurde den Schriftquellen zufolge 1222 geschleift.

Aus dem fränkischen Wülfingen am Kocher stammt ähnliches Material der Gruppen B und C, Serie 1. Es wird zeitgleich mit dem Burgstall am Hohen Bogen in das 12. Jahrhundert datiert[312]. Ein ähnliches Spektrum zeigt auch die Gruppe IV der Keramik aus Unterregenbach, die in die Zeit um 1100 bis Ende des 12. Jahrhunderts gesetzt wird. Bodenmarken, die dort den gesamten Boden bedecken, gehören in Wülfingen zu den älteren Warengruppen B und C, Serie 1, und werden dort als charakteristisch für das 11. Jahrhundert bis etwa 1150 bezeichnet[313]. Allerdings weist Schulze darauf hin, daß Bodenmarken kein eindeutiges Datierungskriterium sind, da sie vom 11. bis gegen Ende des 13. Jahrhunderts vorkommen. Die Bodenmarken stammen von hölzernen Scheiben zwischen Gefäß und Drehscheibe. Sie verschwinden erst mit dem Aufkommen der schnelldrehenden Töpferscheibe[314]. Mit Gruppe A1 vergleichbare Funde liegen schließlich auch aus Kempten vor[315].

Die Beispiele von näheren und weiter entfernt liegenden Fundorten zeigen eine synchrone Entwicklung der Randformen in Süddeutschland im 12. und 13. Jahrhundert auf: von den wulstigen Formen über die knollenartig verdickten zu den außen schräg abgestrichenen und nach innen geneigten Rändern und schließlich über die außen senkrecht gestellten bis hin zu den immer mehr nach außen geneigten Leistenrändern. Durch Verstärkung der Neigung, Verbreiterung der Randleiste und eine Profilierung entstehen im Laufe der Zeit schließlich die breiten Kragenränder, die allerdings in dieser Warengruppe noch nicht auftauchen. Diese Entwicklung läßt sich besonders gut am Fundspektrum der südlich von München gelegenen

---

308 Koch, Robert, Ausgrabungen in der Burg Wittelsbach bei Aichach. Ein Vorbericht über die Ergebnisse bis Mai 1980 (Augsburg 1980).

309 Dannheimer, Keramik, 25, 61 ff. und Taf. 33,1–9,11–13, Taf. 23,9–12, 24.

310 Dannheimer, Keramik, 51 f., Taf. 16, 16.17.20.

311 Engelhardt, Bernhard/Pleyer, R., Die archäologischen Untersuchungen des Burgstalles Saunstein, Gmkg. Mitternach, Gde. Markt Schönberg, Lkr. Freyung-Grafenau. In: Ostbairische Grenzmarken 28 (1986) Taf. 16 f.

312 Schulze, Wülfingen, 22 f.

313 Schulze, Wülfingen, 61.

314 Zu den Bodenzeichen siehe: Gross, Uwe, Mittelalterliche Keramik zwischen Neckarmündung und Schwäbischer Alb. Bemerkungen zur räumlichen Entwicklung und zeitlichen Gliederung. Forschungen und Berichte der Archäologie des Mittelalters in Baden-Württemberg Band 12 (Stuttgart 1991) 133 f.

315 Kirchberger, Stefan, Die Ausgrabungen auf dem Rathausplatz in Kempten 1987/88. Allgäuer Geschichtsfreund 94 (1994) 5–94.

Burg Murnau ablesen (Warengruppe NW 1 und 2A)[316]. Schwieriger ist die Frage nach dem Beginn dieser Warengruppe. Sie ist zur Zeit nur ansatzweise zu beantworten.

Eindeutig ältere Keramik des 10. und 11. Jahrhunderts ist im Fundgut der Burgen Sulzbach und Nürnberg nachgewiesen. Auf der Burg Sulzbach weisen diese älteren Stücke in ihrer Randgestaltung weit ausladende Lippenränder auf. Die Halszonen sind kaum ausgebildet, der Rand geht in einem großzügigen Schwung direkt in die Schulter des Gefäßes über. Hensch datiert sie in das 10. und 11. Jahrhundert[317]. Unter den Funden von der Kaiserburg in Nürnberg finden sich ebenfalls einige Stücke mit den typischen weit ausladenden Rändern. Sie werden dort in das 11. und 12. Jahrhundert datiert[318]. Ähnliche Randformen tauchen auch bei Stücken der Goldglimmerware aus Regensburg auf, die Wintergerst weit vor 1200 datiert[319].

Aus der näheren Umgebung Münchens liegen uns einige wenige Lesefunde vom Burgstall Baierbronn vor[320]. Sie zeigen alle die gleiche Magerung wie die Gruppe A1 haben jedoch die weit ausladenden Ränder der Gefäße von Sulzbach und Regensburg. Vor allem ein scharf geknickter Umbruch scheint ein Anzeichen für eine Datierung noch in die Zeit um 1000 und in das 11. Jahrhundert zu sein.

Randformen, wie sie eben beschrieben wurden, sind im Altstadtkern von München bislang an keiner Stelle gefunden worden. Sie tauchen vor allem auch nicht gleichzeitig mit der in München ältesten Keramik der Gruppe A1 auf, wie dies bei den späteren Warenarten der Fall ist, so daß der Schluß naheliegt, daß sie tatsächlich zeitlich vor den ältesten Stücken der Münchner Keramik einzuordnen sind, wobei angesichts der Beobachtung, daß die älteren Keramikarten durchaus jeweils über einen längeren Zeitraum – wenn auch mit abnehmendem Anteil – noch neben der neueren Keramik existierten, noch mehr darauf hindeutet, daß es in München lange vor 1158, dem Jahr der ersten schriftlichen Erwähnung, kaum eine Besiedelung gegeben haben kann. Die Keramik der Warengruppe A1 ist somit nach ihrer stratigraphischen Lage in München die älteste nachgewiesene Keramik.

Sie kann anhand der Vergleichsfunde und der Tatsache, daß eindeutig ältere Keramik aus der Zeit des 11. Jahrhunderts in keiner Schicht mit ihr vergesellschaftet vorgefunden wurde, vorsichtig in das 12. bis frühe 13. Jahrhundert datiert werden. Eine frühere Datierung, wie sie Dannheimer und auch Wankmüller für ihre ältesten Funde vorschlagen, ist kaum vertretbar. Auch unter den Lesefunden dieser Warenart zeigen sich keine Randformen, die gesichert in das 11. Jahrhundert datiert werden können.

---

316 Mittelstraß, Murnau, 144.

317 Hensch, Mathias, Neue Ausgrabungen zur Innenbebauung des 10./11. Jahrhunderts der Burg Sulzbach. In: Beiträge zur Archäologie in der Oberpfalz, Band 2 (Büchenbach 1998) 367–379.

318 Nadler, Martin, Die Ausgrabungen 1986 im Burgamtsmanngebäude der Nürnberger Burg. Mitteilungen des Vereins für Geschichte der Stadt Nürnberg 75 (1988) 227–240, Abb. 5.

319 Wintergerst, Magnus, Hochmittelalterliche Keramik in Regensburg (10.–13. Jahrhundert). In: Angerer, Martin/Wanderwitz, Heinrich (Hrsg.) Regensburg im Mittelalter (Regensburg 1995) 268.

320 Hagn, Herbert/Veit, Peter/Winghart, Stefan, Die Münchner Stadtmauer am Isartor. AJB 1984 (Stuttgart 1985) 166–169.

Gruppe A2

Kennzeichnend für die zweite Untergruppe ist ein dunkelgrauer Kern und ein grauer, dunkelgrauer bis dunkelbrauner Mantel. Im Unterschied zur Gruppe A1 treten in der Magerung keine Kalkzusätze mehr auf, dafür haben sie eine deutliche Beimischung von Silberglimmer. Die Farbe des Scherbens ist recht unterschiedlich und kann auch innerhalb eines einzigen Gefäßes wechseln. Diese Uneinheitlichkeit der Oberfläche beruht auf einer unterschiedlichen Brennatmosphäre im Ofen. Da im Hochmittelalter die Technik des Brennens noch in der Experimentierphase stand, konnte die Brennatmosphäre oft nicht genau gesteuert werden. Der absolute Sauerstoffentzug, der beim reduzierenden Brennen zum Erzielen der erwünschten grauen bis schwarzen Gefäßoberfläche nötig war, wurde gelegentlich ungewollt unterbrochen, z.B. durch undichte Stellen oder ein vorzeitiges Öffnen des Ofens. Der so in den Brennraum gelangte Sauerstoff färbte die Gefäße und ihre Oberfläche dann rötlich-braun.

Auch der Scherben der Gruppe A2 ist mittelhart gebrannt, seine Oberfläche aber sandig rauh. Im Bruch zeigt er eine klüftige Gestalt mit vielen Hohlräumen, er ist reich an Magerungsanteilen wie Quarz und Sandsteingeröllchen. Vereinzelt treten Magerungskörner an die Oberfläche. Die meisten Rand- und Wandscherben zeigen deutliche Spuren vom Nachdrehen auf einer Töpferscheibe, besonders in der Hals- und Randzone. Manche sind allerdings von echter Drehscheibenware kaum mehr zu unterscheiden.

Das Spektrum der Randformen ist vielseitig: Die typologisch älteste Form ist durch eine Reihe knollenartig verdickter Ränder (Taf. 1,6–12; 3,9.10.12; 4,1.2–10) vertreten. Vorherrschend sind aber Leistenränder. Sie können schräg (Taf. 2,4) oder gerade abgestrichen (Taf. 2,5) sein. In der Warengruppe A2 sind auch schon profilierte Leistenränder vertreten, es überwiegen aber noch die schmalen Formen (Taf. 2,6.7; 4,12.13; 7,1; 15,10). Breite Formen, die schon Anklänge an die breiten profilierten Kragenränder (»Karniesränder«) haben, tauchen nur vereinzelt auf (Taf. 6,1.2; 7,5; 15,11).

Die Gefäße sind teilweise auf der Schulter verziert. Vorherrschend sind einfache, oft sehr breite Drehriefen (Taf. 6,4.5) in teils sauberer, teils auch recht unordentlicher Führung (Taf. 5,10; 14,12). Zwei Stücke haben auf der Schulter ein umlaufendes einfaches Rollstempeldekor mit rechteckigen Einstichen (Taf. 7,2; 11,7). Bei den Stücken mit feineren Drehriefen muß man wohl davon ausgehen, daß zumindest einige von ihnen schon auf einer schnellen Drehscheibe entstanden sind, möglicherweise sogar schon auf ihr hochgezogen wurden. Diese Vermutung läßt sich allerdings auf Grund des fragmentarischen Erhaltungszustandes nicht mehr eindeutig nachweisen.

Die Böden sind teils noch stark ausladend (Taf. 3,4.5), teilweise haben sie aber auch schon steilere Wandungsansätze (Taf. 4,4; 6,11). Die Unterseiten sind meist flach, teilweise auch hochgewölbt oder mit überquellendem Rand. Ein Stück trägt eine plastische Bodenmarke in Form eines einfachen kleinen Kreuzes (Taf. 2,8), das aber nur einen Teil des Bodens bedeckt.

Bei den Gefäßtypen herrscht die Form des bauchigen Topfes mit gedrungener Form vor. Rußspuren und eingebrannte Essensreste lassen bei vielen Töpfen auf eine Verwendung in der Küche schließen. Soweit die fragmentarisch erhaltenen Stücke hierüber einen Schluß zulassen, sind sie bis auf wenige Ausnahmen henkellos. Jedenfalls fand sich außer bei einem Gefäß mit Ösenhenkeln (Taf. 5,5–7) kein Hinweis auf Henkel bei den einfachen Töpfen. Einige Gefäße sind nachträglich auf der Schulter durchlöchert, sie wurden als Aufbewahrungs- oder Siebgefäße genutzt (Taf. 1,11; 3,10; 4,3). Ein großes bauchiges Gefäß fällt durch seine außergewöhnliche Randform auf. Es ist knapp unter dem Rand durchstoßen und besitzt an dieser Stelle eine Schutzklappe (Taf. 2,8). Zur Warengruppe A2 gehören auch die Fragmente einer Bügelkanne (Taf. 10,1) und einer Ausgußtülle (Taf. 10,7). Neben dem Spektrum an einfachen Kochtöpfen und Kannen findet sich auch eine Vielzahl von Schalenfragmenten (Taf. 3,1.2; 4,6). Als Deckelformen tauchen sowohl die typologisch älteren Flachdeckel auf (Taf. 12,8) als auch schon Hohldeckel mit deutlich breiterem Rand als ihn die jüngeren Warengruppe aufweisen (Taf. 10,11). Zeugnis von dem Wunsch nach Beleuchtung der dunklen Stadtwohnungen legt wie überall die große Anzahl von Öllämpchen ab (Taf. 4,7; 6,13; 7,3; 10,12; 11,1; 23,6).

Fundorte und Datierung

Die Untergruppe A2 stellt mengenmäßig den größten Anteil an der Geschirrkeramik der nachgedrehten Warengruppe A. Sie fand sich im Alten Hof im ältesten Siedlungshorizont 1, in der Grubenhausverfüllung 59 (Taf. 1,6–12; 2,1–2.4–8; 3,1.2.4–6.9.12; 4,1–7.9) der Schuttschicht 54 (Taf. 4,10.12.13; 5,1–7), in der Baugrube des Brunnens (Taf. 5,10), vermörtelt in der nördlichen Mauer des östlichen Burgstockes 15 (Taf. 6,1–4), sowie in den beiden untersten Schichten des Burggrabens (44/45) (Taf. 6,6–8.11.13) und (43) (Taf 7,1–3.5). Am Dreifaltigkeitsplatz wurde sie aus den Schichten der Periode II (126) (Taf. 15,9) und (406) (Taf. 15,11.12) geborgen. Auf dem Petersberg trat sie vorwiegend in der Brandschicht auf, fand sich aber auch schon in älteren Schichten (Profil 3A, Schicht 7, 8 und 12) (Taf. 10,1–12; 11,1.6.7–11; 12,2–4,6–11; 13,2.4.8; 14,3–7). Aus der Frauenkirche liegen uns zwei Stücke vor (Taf. 14,11.12), aus den Fundplätzen unter dem Rathaus ein Stück (Taf. 23,6).

Die relative Chronologie zeigt, daß die Keramik der Warengruppe A2 im Alten Hof mit zunehmendem Anteil von den ältesten Schichten über die Grubenhausverfüllung bis hin zur Baugrube des Torturmes vertreten war. So nimmt sie im ältesten Siedlungshorizont zwar schon 68 % ein, im nächst jüngeren Befund 59 aber schon 85 % und im letzten Befund, der Mauer des östlichen Burgstocks und deren Baugrube immer noch 75 %. Am Dreifaltigkeitsplatz zeigt sich ein ähnliches Bild, nur daß sie hier in der ältesten Siedlungsperiode völlig fehlt. Auch am Petersberg fanden sich in den ältesten Schichten keine Scherben der Gruppe A2, dafür tauchte in der Brandschicht an Keramik ausschließlich diese Ware auf. Die Keramik der Warengruppe A2 löst also die ältere kalkgemagerte Ware schon relativ früh ab.

Wie schon bei der kalkgemagerten Ware lassen sich auch innerhalb der Gruppe A2 eine Entwicklung der Formen und technologische Fortschritte beobachten. So ergibt sich aus den abfolgenden Schichten im Alten Hof auch hier der Trend von knollenartig verdickten Randformen hin zu den Leistenrändern. Sehr früh sind diese dann schon vergesellschaftet mit profilierten Leistenrändern. Sie tauchen in den untersten Schichten im Alten Hof zwar noch nicht auf, finden sich aber zumindest als Frühformen der sog. »Karniesränder« schon in der Brandschicht am Petersberg. Im Gegensatz zu den profilierten Kragenrändern aus der obersten Grabenverfüllung, die bereits der Drehscheibenware angehören, fallen sie aber noch wesentlich schmäler aus.

Die absolute zeitliche Einordnung dieser Warengruppe kann durch einige Indizien etwas genauer erfolgen als bei der kalkgemagerten Ware. Sie hatte ihren Beginn bereits in den ältesten Schichten Münchens im 12. Jahrhundert. Das Ende wird etwa in der ersten Hälfte des 14. Jahrhunderts anzusetzen sein. Darauf weist das Fehlen dieser Warengruppe in der obersten Verfüllung des Burggrabens hin. Sie wird in die Mitte bis zweite Hälfte des 14. Jahrhunderts datiert. Zusätzlich haben die Auswertungen auf dem Petersberg ergeben, daß die dortige Brandschicht mit aller Wahrscheinlichkeit aus dem frühen 14. Jahrhundert stammt. Auch das bei dem Pfeilerfundament »F« gefundene Stück aus der Frauenkirche widerspricht nicht diesem Datierungsansatz. Es ist mit der Errichtung der Basilika in den Boden gelangt und muß somit älter als die urkundlich erwähnte Chorweihe 1277 sein.

Auch für die Warengruppe A2 bieten einige Fundkomplexe bzw. Einzelfunde aus der näheren und weiteren Umgebung Münchens Vergleichsbeispiele. Von der Magerung sowie den Randformen her haben die in München gefundenen Stücke ihre nächsten Parallelen in den Fundkomplexen von Romatsried im Landkreis Kaufbeuren[321], sowie in den Funden vom Burgstall am »Hohen Bogen« im Landkreis Kötzting (Niederbayern)[322]. Beide werden in die Zeit des 12. Jahrhunderts datiert, wobei bei beiden Grabungen eine deutliche Stratigraphie der Keramik fehlt. Da beide Fundkomplexe gegen 1200 enden, fehlen in ihnen jedoch die Leistenränder, deren Formen auch eher typisch für das 13. Jahrhundert sind, völlig. Dies legt auch für die Münchner Leistenränder eine Datierung in die Zeit um 1200 und später nahe.

Parallelen für die Leistenränder finden sich in der Gruppe C Serie 2 der Wülfinger Keramik[323], sowie der Gruppe V der Keramik aus Unterregenbach[324]. Sie kommen dort in einem zeitlichen Rahmen vom ausgehenden 12. bis zum Ende des 13. Jahrhunderts vor. Das gilt auch für die Bodenstücke und die gezeigten Verzierungselemente. Sie haben ihre Entsprechungen ebenfalls im erwähnten Vergleichsfundgut.

Ein direkter Vergleich aus der näheren Umgebung Münchens findet sich im von Tilman Mittelstraß vorgestellten Fundgut der Burg Murnau. Hier gibt es deutliche Parallelen zu den Warengruppen NW 2A und 2B[325]. Mittelstraß datiert sie in die Zeit von 1250–1350.

Ein fast identisches Fundgut wie die Funde aus der Brandschicht vom Petersberg erbrachten die Ausgrabungen auf der Burg Rauenwörth[326]. Zwar

---

321 Dannheimer, Keramik, 61 f.
322 Dannheimer, Keramik, 51 f.
323 Schulze, Wülfingen, 29 f.
324 Fehring, Günter P., Unterregenbach. Forschungen und Berichte zur Archäologie des Mittelalters in Baden-Württemberg Band 1 (Stuttgart 1972) 184 f.
325 Mittelstraß, Murnau, 136 f.
326 Tillmann, Andreas, Grabungen in der Wasserburg Rauenwörth bei Gungolding. AJB 1987 (Stuttgart 1988) 173–176. – Ders., Die Ausgrabungen in einer Wasserburg der Grafen von Hirschberg bei Gungolding, Gde. Walting, Lkr. Eichstätt. Ausgrabungen und Funde in Altbayern 1987/88. Katalog Gäubodenmuseum Straubing 13 (1989) 81–84. – Riedel Gert, Die Ausgrabungen auf dem Burgstall Rauenwörth bei Gungolding, Lkr. Eichstätt. Befunde und Funde. In: Sammelblatt des Hist. Vereins Ingolstadt, 101 (1992) 37–131.

sind die Gefäße dort überwiegend oxidierend gebrannt, die Oberfläche ist aber ebenso durchgehend körnig mit Silberglimmer durchsetzt wie bei der Münchner Warengruppe A2. Auch das Randformenspektrum ist fast identisch. Der Komplex von der Burg Rauenwörth wird vom Autor in die Zeit nach 1295 bis vor 1350 datiert und liefert somit auch einen weiteren Anhaltspunkt zur Einordnung des Komplexes vom Petersberg.

Funde aus dem Stadtbrand von 1342 aus Landshut bieten einen ähnlich guten Vergleich[327]. Die dort geborgenen Gefäße haben zum größten Teil einen bauchigen Körper mit schmalem Kragenrand und ausgeprägt breite Drehriefen auf der Schulter, was auf eine Datierung in die Zeit um 1300, vielleicht sogar noch in das späte 13. Jahrhundert hinweist, wie auch ein Fundkomplex aus Eichstätt bestätigt. Hier ist allerdings eher eine etwas spätere Datierung in die Zeit kurz vor dem Brand 1342 indiziert, denn einzelne Stücke weisen schon schmale Drehriefen auf, die allgemein erst später anzutreffen sind.

Bei Grabungen im »Huttenstadel« konnte ein gesamter Keramikkomplex aus einem Brunnen geborgen werden[328]. Die Gefäße sind reduzierend mittelhart bis hart gebrannt. Die Quellböden, breite Drehrillen in Fingerkuppenbreite und schmale Kragenränder deuten auf einen Gefäßaufbau auf der langsam drehenden Drehscheibe hin. Durch ein Dendrodatum 1282 ist eine Datierung der ältesten Funde in die Zeit um 1300 gesichert. Die Wandungsstücke aus der östlichen Burgstockmauer und ihrer Baugrube im Alten Hof haben in diesem Komplex ihre nächsten Parallelen. Vergleichbar sind sie auch mit Gefäßen aus dem Kempten / Mühlberg-Ensemble, die dort ebenfalls im Zusammenhang mit einem Dendrodatum 1289 stehen. Eines dieser Gefäße ist nachgedreht und hat auf der Schulter Drehriefen. Hier markiert ein kleiner, leicht profilierter, schräger Leistenrand den Übergang zu den Karniesrändern[329].

Die Keramik der Gruppe A2 gehört stratigraphisch mit zur ältesten Geschirrkeramik in München. Sie tritt schon in den frühesten Schichten zusammen mit Gefäßen der Gruppe A1 auf und verdrängt diese mit der Zeit vollkommen. Am Petersberg ist sie allerdings in den ältesten Schichten kaum, am Dreifaltigkeitsplatz überhaupt nicht vertreten. Zusammen mit der Tatsache, daß sie auch im Alten Hof erst in den etwas jüngeren Schichten ihren Höhepunkt erreicht, läßt dies den Schluß zu, daß die Warengruppe A2 insgesamt etwas später aufgetreten ist, als die kalkgemagerte Ware.

Warengruppe A2 ist typisch für die in der Zeit des 12.–14. Jahrhunderts in Süddeutschland auftretende Töpferware und beherrscht wie in kaum einem anderen Teil Deutschlands über knapp 200 Jahre das Bild des Gebrauchsgeschirrs. Wesentlich länger als in den umliegenden Gebieten, wo sich der Übergang zu rein auf der Drehscheibe hergestellten Gefäßen sehr viel schneller vollzieht, bleiben die Töpfer im süddeutschen Raum den alten Techniken verbunden. Erst in der zweiten Hälfte des 14. Jahrhunderts scheint sich auch im altbayerischen Raum die schnelldrehende Drehscheibe voll durchgesetzt zu haben.

327 Engelhardt, Bernhard./Häck, B., Eine Stadtkerngrabung in der Landshuter Ländgasse. AJB 1995 (Stuttgart 1996) 169–171.

328 Tillmann, Andreas, Die keramischen Funde aus dem »Brunnen 5« des ehemaligen Huttenstadels. Ein Vorbericht. In: Eichstätt, 10 Jahre Stadtkernarchäologie (Kipfenberg 1992) 89 f.

329 Freundlicher Hinweis von Stefan Kirchberger. Die Funde aus dem »Mühlberg-Ensemble« in Kempten liegen noch nicht publiziert vor.

Gruppe A3

Zwar nicht als eigene Warengruppe betrachtet, dennoch etwas herausgestellt werden sollen drei Scherben von Gefäßen, die von der Magerung her der Warengruppe A2 entsprechen, jedoch klingend hart gebrannt sind. Die Oberfläche ist annähernd metallisch glänzend, anthrazitfarben und teilweise durchgesintert. Im Bruch zeigt der Scherben einen hellgrauen Kern, der teilweise schiefrig bricht (Taf. 2,3; 6,10). Alle drei Stücke besitzen schräg abgestrichene Leistenränder. Zwei kommen aus dem Alten Hof aus der Verfüllung des Grubenhauses (59) bzw. aus der untersten Grabenverfüllung (44/45), ein Wandstück stammt aus der Periode II am Dreifaltigkeitsplatz (34). Die beiden Stücke vom Alten Hof gehören zum selben Gefäß. Randform, grobe Verstreichspuren und die Vergesellschaftung mit Keramik der Warengruppe A1 und A2 weisen diese Stücke in das 12. und 13. Jahrhundert. Rein zufällig dürfte hier bei reduzierender Brandführung im Ofen ein Gefäß entstanden sein, das vom Scherben her Ähnlichkeit hat mit Früh- oder Faststeinzeug. Da, wie bereits ausgeführt, im hohen Mittelalter die Brenntemperatur und -atmosphäre in den Töpferöfen nicht genau kontrolliert werden konnte, ist dieser dichte Scherben sicher ungewollt entstanden.

Reduzierend gebrannte Drehscheibenware (Gruppe B1–B3)

Zeigten sich schon in der Warengruppe A2 Ansätze zur scheibengedrehten Ware, so sind die Gefäße der Warengruppe B nun vollständig auf der Töpferscheibe aus einem Tonklumpen gedreht. Das zeigt sich in feinen Drehriefen auf der gesamten Oberfläche, der Dünnwandigkeit der Gefäße, in fein gearbeiteten Randformen sowie teilweise an Spuren vom Abdrehen mit einer Schnur am Boden. Auch für die Warengruppe B ist der Brand unter Sauerstoffabschluß typisch. Der Scherben ist jedoch härter gebrannt als die Scherben der Gruppe A. Er ist mit feinem Sand gemagert und einfarbig grau bis hellgrau mit einem leichten Stich ins gelbliche.

Die Randformen zeigen ausgeprägte Profilierungen, wie sie nur mit Hilfe einer schnell laufenden Töpferscheibe erzielt werden können. Die sich aus den Leistenrändern des 13. Jahrhunderts entwickelnden Formen des 14. und 15. Jahrhunderts sind die sog. Karniesränder, deren Gestaltung sehr variabel sein kann. Manche sind schräg (Taf. 8,2–3) abgestrichen, manche haben eine runde Endung (Taf. 8,1; 18,8). Für einen besseren Halt des Deckels besitzen die nachfolgenden jüngeren Randformen eine ausgeprägte Innenkehlung, die den Karniesrändern allerdings noch fehlt.

Gruppe B1

In der Warengruppe B1 sind die frühen Formen der reduzierend gebrannten Drehscheibenware zusammengefaßt. Die Gefäße sind überwiegend noch dickwandiger als die nachfolgenden Gefäße der Gruppe B2. Auch zeigen sie eher eine noch bauchige, henkellose Form (Taf. 16,9), wenn auch der formale Trend schon zu schlanken Formen geht. Die spätere Technik, fertige Gefäße mit einer Schnur oder einem Draht von der Scheibe »abzuschneiden«, ist noch nicht bekannt, so daß die Böden noch rauhe Unterseiten und keine Abschneidespuren zeigen.

Bei den Randformen dominieren die Kragenränder. Sie können schmal sein (Taf. 7,9–14), oder auch konkav profiliert als sog. Karniesrand (Taf. 8,1.2; 17,7.9; 18,6–8.10–12; 19,1.3). Unter den Randformen befinden sich auch wenige schräg abgestrichene Leistenränder (Taf. 7,7.8) und frühneuzeitliche, senkrecht gestellte Kragenränder (Taf. 16,3.7.11.12). Letztere haben zur Aufnahme eines Deckels auf der Innenseite eine Kehlung. Die Gefäßoberflächen haben oft feine Drehriefen auf der Schulter (Taf. 16,11.12) oder ein doppeltes Rollrädchendekor (Taf. 8,8). Ein Stück ist mit einem unregelmäßigen Wellenband verziert (Taf. 7,8), ein weiteres besitzt ein ähnliches Dekor am Rand (Taf. 16,10). An Deckelformen kommen sowohl die typologisch älteren Flachdeckel (Taf. 8,11.12) vor als auch die jüngeren Hohldeckel (Taf. 9,5). Zur Warengruppe B1 gehören unter anderem auch Öllämpchen (Taf. 9,1–4), die im Gegensatz zu ihren älteren Vorläufern dünnwandiger sind und einen leicht spitzen Rand besitzen. Eines von ihnen ist mit einem Loch zum Aufhängen versehen.

Fundorte und Datierung

Stücke der Warengruppe B1 kommen im Alten Hof nur in der obersten Verfüllschicht des Grabens vor (Taf. 7,6–14; 8,1–5.8–12; 9,1–5). Am Dreifaltigkeitsplatz stammt die Hauptmasse aus der Periode II (Taf. 16,1–3) und aus der darüberliegenden Auffüllschicht 36 (Taf. 16,6.7.9–12; 17,5.7–9.11; 18,2.4.5), die den Beginn der Periode III kennzeichnet. Einige wenige Stücke tauchen auch noch zwischen Befund 36 und 37 auf und gehören damit bereits in das Ende der Periode III (Taf. 18,6–8.10–12; 19,1.3). Das Formenspektrum der letzten Grabenverfüllung vom Alten Hof ist zwar vergleichbar mit dem Fundgut der Periode III, dennoch fällt auf, daß am Dreifaltigkeitsplatz zusätzlich schon jüngere Stücke auftauchen. Die Bebauung des Grabens spätestens um 1400 gibt für die Funde am Alten Hof eine sichere Datierung ante quem, für die Funde am Dreifaltigkeitsplatz Nr. 1 ist die Umsiedlung der Fischer um 1385 und der evtl. damit verbundene Neubau des steinernen Hauses westlich des Grundstückes zu Beginn der Periode III zumindest ein Indiz. Da sich die breiten Karniesränder hier eindeutig auf Periode II und den Anfang der Periode III konzentrieren, kann man für den Münchner Befund insgesamt wohl eine deutliche Datierung der Karniesränder in die zweite Hälfte des 14. Jahrhunderts festhalten. Die frühneuzeitlichen, senkrecht gestellten Kragenränder, mit denen die Karniesränder in der Schicht 36 der Periode III schon vergesellschaftet sind, liegen demnach in München um 1400 und im frühen 15. Jahrhundert.

Die Datierung der Warengruppe B1 in das späte 14. Jahrhundert wird bestätigt durch das Fundgut der Burg Murnau. Die dortige Warengruppe FW1 kann man gleichsetzen mit der Gruppe B1 in München. Sie entspricht auch der von Lobbedey als »jüngere Drehscheibenware« bezeichneten Keramikgruppe. Auch in Murnau konnte der Ausgräber Mittelstraß feststellen, daß sich der breite Kragenrand im Verlauf der ersten Hälfte des 14. Jahrhunderts langsam herausbildet, dann aber erst im späteren 14. Jahrhundert zur gängigen Form wird[330].

---

330 Mittelstraß, Murnau, 151 f.

Die Karniesränder als Sonderform der Kragenränder stellen allgemein die typische Form der ältesten Drehscheibenware dar. Vergleiche finden sich in vielen Grabungen. Sie sind in den verschiedensten Varianten die übliche Randform vom späten 13. Jahrhundert bis in das 15. Jahrhundert. Dies gilt für München allerdings nur eingeschränkt. Übergangs- bzw. Frühformen der Karniesränder fanden sich lediglich in der um 1327 datierten Brandschicht am Petersplatz, vollausgebildet tauchen sie im Münchner Fundgut erst ab der zweiten Hälfte des 14. Jahrhunderts auf. Die Keramik der Warengruppe B1 insgesamt ist in München etwa von der zweiten Hälfte des 14. Jahrhunderts bis in das frühe 15. Jahrhundert zu finden.

Gruppe B2

Im Gegensatz zu Gruppe B1 zeigen die Scherben der Gruppe B2 eine deutlich höhere Dichte und glattere Oberflächen. Die bessere Brenntechnik brachte zusätzlich eine einheitlichere Scherbenfarbe mit sich.

Bei den Randformen herrschen Kragenränder vor. Auffallend ist die große Vielfalt. Sie kommen in den Varianten von einfach verdickt (Taf. 19,7–14; 20,1.2; 21,4) bis mehrfach profiliert (Taf. 21,2.5.7; 22,6) vor. Zu beobachten ist eine Abnahme der Größe der Ränder: Während in Periode III b am Dreifaltigkeitsplatz noch große Randformen dominieren, werden sie in der späteren Periode V immer kleiner (Taf. 22,1–3.5.7–10). Um einem Tondeckel besseren Halt zu geben, haben sie meistens Innenkehlungen. Die Verzierungen unterscheiden sich nicht von denen der Gruppe B1. Die Böden sind ausnahmslos plan und sehr dünn und haben an der Unterseite konzentrische Ringe vom Abziehen des fertigen Gefäßes von der Töpferscheibe mittels einer Schnur oder eines Drahtes. Sie gehen alle sehr steil in den Gefäßkörper über (Taf. 27,4–7), ganz im Gegensatz zu den bauchigen Töpfen der Gruppe A. Zur Unterseite schwingen sie leicht aus. Die Gefäßform läßt sich nur noch anhand von rekonstruierbaren Töpfen erschließen (Taf. 27,4–7). Da keine reduzierend gebrannten Henkelfragmente gefunden wurden, kann man davon ausgehen, daß die henkellose Topform in der Warengruppe B2 vorherrschte. Fast alle Töpfe, die teils starke Rußspuren aufweisen, sind sehr schlank. Der Warengruppe B2 ist nur ein einziger Hohldeckel zuzuordnen (Taf. 20,7).

Fundorte und Datierung

Keramik der Gruppe B2 fand sich nur unter dem Rathaus, sowie im Fundgut der Grabungen am Dreifaltigkeitsplatz Nr. 1. Dort kam sie hauptsächlich in der Planierschicht 60 der Periode III b vor (Taf. 19,4.5.7–14; 20,1.7; 21,1–5.7–9), sowie in den Schichten der Periode V (Periode IV lieferte kaum Funde) (Taf. 22,1–3.5–10). Für die Funde der Periode III b kann eine ungefähre Datierung ante quem gegeben werden aus der Tatsache, daß die Planierung 60, die nach dem Bau des kleinen quadratischen Baus am Ende der Periode III ausgebracht wurde, eine gute Zeit vor der Erstellung des Stadtmodells von Sandtner 1570/72 liegen muß (siehe hierzu auch Datierung Periode IV im Kapitel »Eine Parzelle im Stadtkern«). Insgesamt aber können die Funde der Gruppe B2 nicht aus dem Befund heraus datiert werden, so daß eine Datierung über die Begleitfunde und über den Vergleich mit regionalen Fundkomplexe versucht werden muß.

In der genannten Auffüllschicht 60 am Dreifaltigkeitsplatz sind die Stücke der Warengruppe B2 vergesellschaftet mit Krautstrünken aus dem späten 15./frühen 16. Jahrhundert und glasierten Blattkacheln. Dies erlaubt eine ungefähre Einordnung in das 15. Jahrhundert.

Einen ähnlichen Randformenschatz wie der Befund 60 lieferte eine Faßlatrine in Ingolstadt[331]. Dort sind gleiche Randformen vorherrschend, auch sie mit einer auffälligen Innenkehlung. Alle Ränder schwingen bogenförmig nach außen. Die Randaußenseite steht meist senkrecht, manchmal ist sie schräg abgestrichen, manchmal glatt. Im Komplex waren zusätzlich viereckige Ofenkacheln vorhanden. Vom Ausgräber Andreas Tillmann wird eine Datierung in die zweite Hälfte des 14. Jahrhunderts bis erste Hälfte des 15. Jahrhunderts vorgeschlagen. Tillmann betont aber, daß dies für die angesprochenen Randformen tatsächlich ein sehr früher Zeitansatz, wenn nicht sogar der frühest mögliche sei. Für München kommt wegen der gleichzeitig gefundenen Blattkacheln und Krautstrünke, vor allem aber auch wegen der Tatsache, daß sich im Fundgut der etwa um 1400 liegenden letzten Grabenverfülllung am Alten Hof noch keine vergleichbaren Randformen finden, eher eine spätere Datierung des Komplexes in die zweite Hälfte des 15. Jahrhunderts, vielleicht sogar das frühe 16. Jahrhundert in Frage.

Die Keramik aus Periode V am Dreifaltigkeitsplatz (Taf. 22,1–3.5–10) hat die nächsten Parallelen im Fundgut der Perioden III–IV in Sindelfingen (16. bis 18. Jahrhundert). Die Vergesellschaftung der Keramik vom Dreifaltigkeitsplatz mit dem Stiel eines Kelchglases, Fragmenten von Tonpfeifen und einigen Münzen (die jüngste stammt von 1621) legt einen etwas späteren Zeitraum vom 17. bis ins 18. Jahrhunderts nahe, wobei die Errichtung des Neubaus auf dem Gelände des Platzes im späten 18. Jahrhundert die zeitliche Grenze nach oben gibt.

Der Großteil der Gruppe B2 findet schließlich Entsprechungen im Fundgut des »Schlößle« zu Hummertsried[332] und dem Horizont F2 (datiert in die Zeit von 1430 bis 1470)[333]. Die Keramik der Gruppe B2 findet sich über einen langen Zeitraum in München. Sie taucht bereits im späten 15. Jahrhundert auf und hält sich über mehrere 100 Jahre bis ins 18. Jahrhundert.

Gruppe B3 (»Schwarzware«)

Unter den reduzierend gebrannten Gefäßen befinden sich einige Stücke mit auffallend schwarzer, polierter Oberfläche. Es handelt sich um Funde aus der Grabung am Dreifaltigkeitsplatz und unter dem Rathaus. Ein frühes Stück stammt aus der obersten Grabenverfüllung des Alten Hofes. Ein Randstück

[331] Schütz, Cornelia/Tillmann, Andreas, Eine mittelalterliche Faßlatrine aus der Altstadt Ingolstadts. Sammelblatt des Hist. Vereins Ingolstadt, 100 (1991) 135 f.

[332] Hejna, Antonin, Das »Schlößle« zu Hummertsried. Ein Burgstall des 13. bis 17. Jahrhunderts. Forschungen und Berichte zur Archäologie des Mittelalters in Baden-Württemberg Band 2 (Stuttgart 1974) 32 f.

[333] Hejna, Antonin, Das »Schlößle« zu Hummertsried. Ein Burgstall des 13. bis 17. Jahrhunderts. Forschungen und Berichte zur Archäologie des Mittelalters in Baden-Württemberg Band 2 (Stuttgart 1974) 40 f.

gehört zu einem größeren Topf mit breitem Kremprand (Taf. 20,3). Dem Ton ist hier Graphit beigemengt. Ein weiteres Randstück gehört zu einem flachen Henkeltopf (Taf. 26,6), mehrere Stücke sind Fragmente von Bügelkannen (Taf. 8,7; 20,4.5; 27,1.2). Ebenfalls zur Schwarzware gehört der t-förmige Rand eines ehemals steilwandigen zylindrischen Gefäßes, wohl eines Vorratsgefäßes (Taf. 22,12).

Besonders bei den Bügelkannen kann man deutlich erkennen, daß die Oberfläche nach dem Brennen im lederharten Zustand poliert wurde, um sie wasserdicht zu machen. Den Gefäßen verlieh diese Behandlung ein metallisch glänzendes Aussehen.

Fundorte und Datierung

Aus der Planierschicht 60 am Dreifaltigkeitsplatz stammt der breite Kremprand (Taf. 20,3) und das Oberteil einer Bügelkanne (Taf. 20,4.5). Die Vergesellschaftung mit Fragmenten von Krautstrünken legt eine Datierung in das späte 15. oder frühe 16. Jahrhundert nahe. Das Randstück mit breitem Kremprand gehört zur spätmittelalterlichen Graphittonware, die in der Wiener Hafnerordnung von 1431 zum ersten Mal als »eisendachtein« erwähnt wird[334]. Sie beginnt im 13. Jahrhundert und war im Spätmittelalter als besondere Qualitätsware sehr begehrt, da sie durch Zusatz von Graphit äußerst hitzebeständig, wärmeleitend und in höherem Maße als die übliche Ware wasserdicht war. Der Handel dieser Ware aus dem Raum Passau-Obernzell ging über die Donau bis Ulm und Belgrad[335] sowie Wolfratshausen [336]. Der flache Henkeltopf (Taf. 26,6) stammt aus einer Grube unter dem Rathaus und hat seine nächste Parallele im Moosburger Fundgut[337]. Es wird dort um 1500 und in das 16. Jahrhundert datiert. Die Vergesellschaftung des Stückes mit späten breiten Karniesrändern und Gefäßen mit früher grüner Innenglasur deuten ebenfalls auf eine Datierung um 1500. Aus dem gleichen Fundkomplex stammt das Oberteil einer Bügelkanne (Taf. 27,1.2). Einen späteren Zeitansatz hingegen hat das Randstück des steilwandigen zylindrischen Gefäßes (Taf. 22,12) aus der Baugrube für das Fundament 50 aus der Bauperiode V am Dreifaltigkeitsplatz. Es ist dort mit dem Stiel eines Kelchglases vergesellschaftet und kann nur allgemein dem späten 16. und 17. Jahrhundert zugeordnet werden.

In München konzentriert sich die Schwarzware auf die Zeit um 1500 und taucht parallel zu Gefäßen mit ersten Glasuren auf. Sie wurde ohne Ausnahme zum Aufbewahren und Transportieren von Wasser oder anderen Flüssigkeiten verwendet, stellte also eine Alternative zu den wasserdichten glasierten Gefäßen dar.

---

[334] Hainzlmayr, Franz, Die Geschichte der Wiener Hafner-Zeche. In: 700 Jahre Wiener Hafner-Zeche 1234–1934 (Wien 1934) 11.

[335] Hainzlmayr, Franz, Die Geschichte der Wiener Hafner-Zeche. In: 700 Jahre Wiener Hafner-Zeche 1234–1934 (Wien 1934) 75.

[336] Dannheimer, Hermann (Hrsg.), Altbayerische Töpfer. Ausstellungskataloge der Prähistorischen Staatssammlung Band 18 (1990) 51, Taf. 101.

[337] Dannheimer, Hermann (Hrsg.), Altbayerische Töpfer. Ausstellungskataloge der Prähistorischen Staatssammlung Band 18 (1990) 32, Taf. 49.

Oxidierend gebrannte Drehscheibenware (Gruppe C)

Der Scherben der Warengruppe C (Taf. 18,9; 20,8.10; 21,6; 23,1) weist wegen seines Brandes unter Sauerstoffzufuhr (oxidierend) ein Farbenspektrum von sandfarben-beige über ocker bis orange auf. Er ist durchwegs hart gebrannt und mit wenig Sand und Kalkgerölle fein gemagert. Die Oberfläche ist sandig-rauh mit feinen Drehriefen. Die Böden haben konzentrische Abdrehspuren. Die Randformen ähneln denen der Gruppe B2, wie dort sind Kragenränder vorherrschend.

Unter den Gefäßtypen der Warengruppe C finden sich anteilsmäßig nur wenige Töpfe. Ihre Form ist schlank und henkellos. Die einzige vorliegende Randform ist ein profilierter, steiler Kragenrand (Taf. 18,9). Relativ hoch ist der Anteil an Hohldeckeln. Ein Exemplar besitzt einen profilierten Knauf (Taf. 20,8), ein weiteres hat einen verdickten Rand mit Innenkehlung (Taf. 21,6). Ebenfalls zur Gruppe C gehört das Oberteil einer Sparbüchse (Taf. 20,10). Auffallend ist hier allerdings der sehr viel feinere Scherben mit weniger groben Magerungsanteilen. Das Fragment läßt sich zu einer kleinen runden Sparbüchse rekonstruieren. Sie hatte auf der Oberseite einen kleinen Knauf und einen Schlitz für die Münzen. Um den Knauf bis an den Gefäßrand war die Oberfläche mit roter Engobebemalung verziert. Aus dem gleichen, etwas feineren Ton war auch das Oberteil eines bauchigen Fläschchens mit kleinem ausladendem Lippenrand (Taf. 23,1). Es dürfte zu einem Parfümfläschchen oder ähnlichem gehört haben.

Fundorte und Datierung

Die frühesten in München gefundenen Fragmente der oxidierend gebrannten Drehscheibenware stammen aus der Planierung 60 vom Dreifaltigkeitsplatz und gehören dort in das Ende der Periode III. Lediglich das kleine Fläschchen stammt aus der sehr viel späteren Periode V. Die wenigen geborgenen Gefäße lassen keine eigene Datierung dieser Warengruppe zu, es kann nur die Beobachtung festgehalten werden, daß Stücke dieser Warenguppe als Gefäßkeramik am Dreifaltigkeitsplatz erst zu Ende der Periode III auftauchen. Über das restliche Fundmaterial dieser Planierung, vor allem über die Fragmente von Krautstrünken können die Funde dieser Schicht vorsichtig in das 15. und frühe 16. Jahrhundert eingeordnet werden. Ähnliche Stücke lieferten auch die Untersuchungen in Sindelfingenk[338] sowie in Unterregenbach[339]. Sie werden dort ebenfalls in das späte 15. und frühe 16. Jahrhundert datiert. Für eine Aussage, ob dieser Zeitpunkt auch tatsächlich den Beginn der oxidierend gebrannten Drehscheibenwaren in München markiert, reichen die wenigen Funde nicht aus. Eine Parallele oder Identifizierung mit der Pollenfelder Ware, wie im nördlich gelegenen Eichstätt[340], konnte bisher nicht gefunden werden.

---

338 Scholkmann, Sindelfingen, 75, Taf. 16, 13.14.

339 Fehring, Günter P., Unterregenbach. Forschungen und Berichte zur Archäologie des Mittelalters in Baden-Württemberg Band 1 (Stuttgart 1972) 190, Beilage 51/157.

340 Wojaczek, Christoph, Die Stifts- und Stadtpfarrkirche zu Unserer Lieben Frau. In: Eichstätt, 10 Jahre Stadtkernarchäologie (Kipfenberg 1992) 53–65.

Oxidierend gebrannte, glasierte Drehscheibenware (Gruppe D)

Die Gefäße der Warengruppe D (Taf. 17,4.6; 19,2.6; 20,6; 21,10; 22,4.11) gleichen im Scherben der Warengruppe C, haben aber auf ihrer Oberfläche eine Glasur. Vorwiegend sind die Gefäße innen grün glasiert, nur ein Stück hat zusätzlich eine gelbe Glasur auf der Außenseite (Taf. 17,6), zwei weitere besitzen innen eine gelbe Glasur (Taf. 22,4.11). Die Randformen entsprechen teilweise denen der Warengruppe B2 und C, wobei die frühneuzeitlichen Randformen überwiegen. Die Gefäßwandung ist meist unverziert. Die Böden sind sehr dünn und zeigen Spuren vom Abdrehen auf der Unterseite. Bei den Gefäßtypen handelt es sich vorwiegend um schlanke Töpfe, die als Vorratsgefäße oder Kochgeschirr genutzt wurden[341]. Von den dazugehörigen Hohldeckeln war nur einer glasiert. Er hatte ein kleines Loch als Dampfablaß (Taf. 17,6). Unter den glasierten Stücken befand sich auch ein kleines Näpfchen mit einem Loch in der Mitte, dessen Funktion nicht geklärt werden konnte (Taf. 21,10).

Fundort und Datierung

Da glasierte, oxidierend gebrannte Tonwaren bis heute verwendet werden, ist für die Warengruppe D nur die Frage nach dem ersten Auftauchen in München von Bedeutung. Sie ist allerdings bislang nur mit großen Einschränkungen zu beantworten, denn ebenso wie für die Warengruppen B2 und C fehlen in München aussagekräftige große Fundkomplexe, deren Datierungen aus dem Befund heraus Anhaltspunkte für eine zeitliche Einordnung liefern könnten. Verwendbar sind hier eigentlich nur die Beobachtungen vom Dreifaltigkeitsplatz. Aus dieser Grabung liegen uns die meisten Stücke vor, die einzelnen Schichten zugeordnet werden können.

Am Dreifaltigkeitsplatz taucht die glasierte Ware erstmals unter dem Turmfundament in der Schicht 36 (Taf. 17,4) und in der Planierung 60 der Periode III b auf. Vorherrschend sind Gefäße mit grüner Innenglasur. Die Beobachtung, daß sie vergesellschaftet sind mit Stücken eines Krautstrunkes, weist sie in das späte 15. oder frühe 16. Jahrhundert. Auch hier gibt die Tatsache, daß die Planierung 60 und die Erbauung des kleinen quadratischen Baus in dieser Periode eine gute Zeit vor der Erstellung des Stadtmodells von Sandtner liegen müssen, einen Ansatz ante quem. Eine genauere Datierung ist aber gerade bei der glasierten Ware nicht möglich, da hier die Vergleichsfunde über einen viel zu weiten Zeitraum verstreut liegen und nur eine ganz allgemeine Übersicht geben können.

Glasierte Ware tritt in größerem Umfang bereits im 13. Jahrhundert auf[342]. Die Glasur beschränkt sich dabei noch auf die Innenseiten, da sie zunächst lediglich der Abdichtung dienen sollte. Die frühesten Funde dieser Art kommen vornehmlich aus Regionen Baden-Württembergs und der Nord-

[341] Einige Stücke zeigen starke Rußspuren, was auf die Verwendung dieser Töpfe am offenen Feuer hinweist.

[342] Zusammenfassend zu diesem Thema: Gross, Uwe, Mittelalterliche Keramik zwischen Neckarmündung und Schwäbischer Alb. Bemerkungen zur räumlichen Entwicklung und zeitlichen Gliederung, Forschungen und Berichte der Archäologie des Mittelalters in Baden-Württemberg, Band 12 (Stuttgart 1991) 83 f.

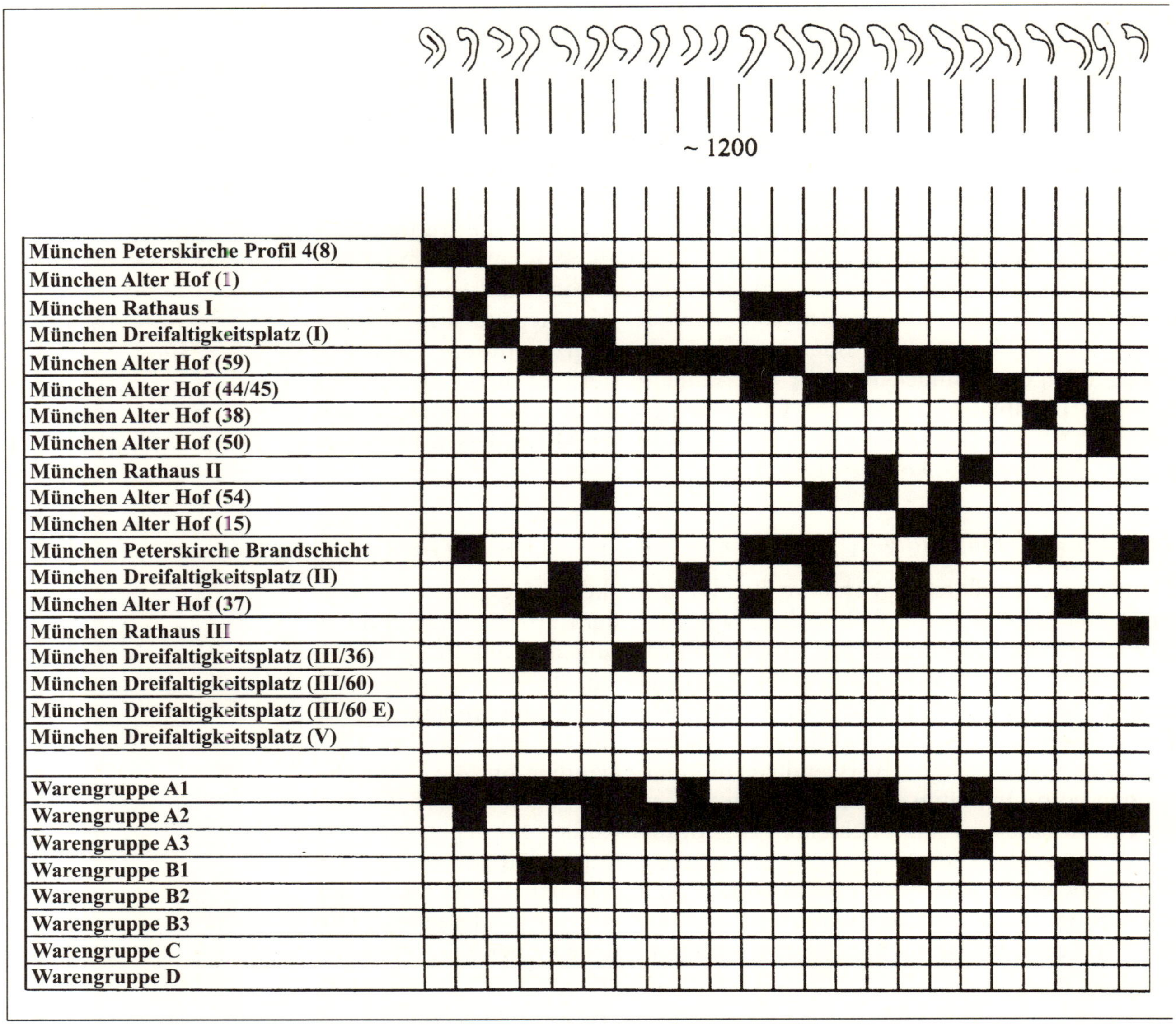

Abb. 162: Relative Keramikchronologie für München. Die Legende bezieht sich auf einzelne Fundkomplexe aus dem Fundkatalog. Aufgenommen ist ein auf 1289 (d) datiertes Gefäß aus der Untersuchung »Mühlberg-ensemble« in Kempten.

schweiz[343]. Allgemein setzt sich die glasierte Ware dann ab dem zweiten Drittel des 15. Jahrhunderts durch[344]. Ihr Anteil gegenüber der unglasierten Ware ist um 1500 im städtischen Bereich aber noch recht niedrig. So entfallen Ende des 15./Anfang des 16. Jahrhunderts in Sindelfingen nur 2,3 % auf Glasurkeramik, im Adelberger Kornhaus kommt sie fast gar nicht vor[345]. Diese Zahlen entsprechen denen aus der Innenstadt Münchens.

[343] Schmidt-Thomé, Peter, Hölzernes Alltagsgeschirr und Spiele aus einer mittelalterlichen Abfallgrube in Freiburg. In: Der Keltenfürst von Hochdorf (Stuttgart 1985) 465, Taf. 698.

[344] Gross, Uwe, Mittelalterliche Keramik zwischen Neckarmündung und Schwäbischer Alb. Bemerkungen zur räumlichen Entwicklung und zeitlichen Gliederung, Forschungen und Berichte der Archäologie des Mittelalters in Baden-Württemberg Band 12 (Stuttgart 1991) 83.

[345] Scholkmann, Sindelfingen, 89.

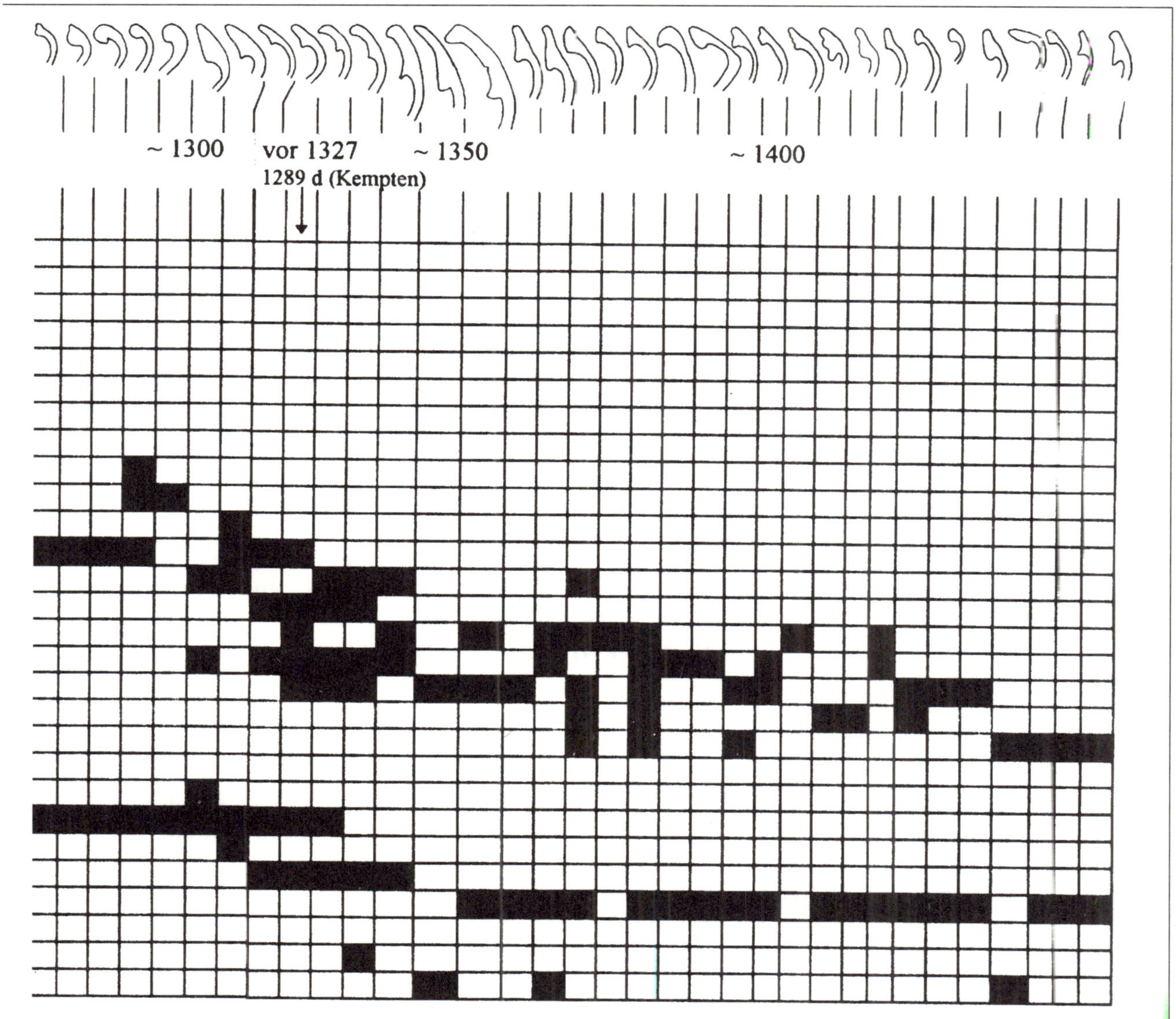

Keramikchronologie

Die Fundkomplexe aus den Grabungen im Stadtkern von München erlauben es, eine vorläufige Keramikchronologie aufzustellen (Abb. 162). Da für keinen Komplex eine exakte Datierung durch Münzen oder historische Daten ermittelt werden konnte, kann es sich vorerst allerdings nur um eine relative Chronologie handeln. Ein Problem stellt die oft große zeitliche Spanne der Funde innerhalb der einzelnen Komplexe dar. So sind z.B. die Funde aus der Periode II am Dreifaltigkeitsplatz außerordentlich weit gestreut, das gleiche gilt für die Funde aus der obersten Grabenverfüllung im Alten Hof. Bei beiden Komplexen mußte man sehr stark mit umgelagertem Material und vielen älteren Funden rechnen. Auch in der Brandschicht auf dem Petersberg aus der Zeit um 1300 fanden sich viele ältere Stücke. Durch einige ante- und postquem Datierungen kann aber dennoch ein relativ gutes Bild erreicht werden, so daß eine absolute Datierung der Entwicklung der Keramik in München annäherungsweise möglich ist.

Die Tabelle (Abb. 162) zeichnet ein klares Bild der Entwicklung der Randformen und Warengruppen. Deutlich zu erkennen ist die Ablösung der nachgedrehten Waren A durch die Drehscheibenware etwa in der Mitte des 14. Jahrhunderts. Ausschlaggebend sind hier die jüngsten Stücke aus der obersten Grabenverfüllung (37) am Alten Hof und der Brandschicht am Petersberg. Zur exakteren Einordnung ist an dieser Stelle ein durch Dendrodaten datiertes Randstück von 1289 aus Kempten eingefügt. Das 15. und 16. Jahrhundert erbrachte keine genaue Differenzierung mehr, so daß der Schwerpunkt der Aussagekraft dieser Tabelle im 13. und 14. Jahrhundert liegt. Für das 12. und 13. Jahrhundert zeigt die Tabelle recht deutlich die Formenvielfalt der Ränder, die bis um 1300 andauert, wobei einfache oder knollenartig verdickte Ränder die ältesten Formen darstellen. Im 13. Jahrhundert dominieren dann auch in München die Leistenränder, die um 1300 von profilierten und noch etwas später von konkav profilierten, den sog. Karniesrändern, abgelöst werden. Sie lassen sich auf eine nur kurze Zeitspanne im 14. Jahrhundert einengen.

Die hier vorgestellte Keramikchronologie stellt den derzeitigen Stand der Keramikforschung in München dar. Sie hat, wie eingangs bereits betont, keinen endgültigen Charakter und muß durch zukünftige Grabungen präzisiert und evtl. auch korrigiert werden.

Herkunft der Münchener Keramik

Die Frage nach der Herkunft der in München gefundenen Geschirrkeramik läßt sich beim heutigen Stand der Keramikforschung nicht eindeutig klären. Vorsicht ist auch bei der Übertragung der Forschungsergebnisse der neuzeitlichen Keramik auf den Zeitraum des hohen und späten Mittelalters geboten.

Die silberglimmerhaltige Warengruppe A2 läßt sich im 12. und 13. Jahrhundert im gesamten süddeutschen Raum beobachten. Sie bestimmt maßgeblich die Geschirrkeramik. Zentrale Produktionsorte wurden bislang nicht ausgemacht, man muß wohl eher von lokalen Produktionen ausgehen bis hin zum kleinen Brennofen, in dem nur für den Eigenbedarf produziert wurde. Indiz hierfür ist die oft recht unterschiedliche Färbung innerhalb eines einzigen Gefäßes, die auf eine unkontrollierte Brandführung im Ofen deutet und von wenig Erfahrung im Umgang mit der Keramikherstellung zeugt. Als weiteren Hinweis auf lokale kleinere Produktionen kann man auch die Tatsache deuten, daß es im hohen Mittelalter noch keine sogenannten Einheitsgrößen gab, wie sie ab dem 14. Jahrhundert festgestellt werden können. Allerdings spielt hier auch die Einführung der schnell drehenden Töpferscheibe eine entscheidende Rolle, denn nur mit ihr war es möglich, einheitliche Gefäße zu drehen.

Räumlich enger eingrenzen kann man die Warengruppe A1 mit ihrem typisch weißgesprenkelten Aussehen. Sie ist nach dem heutigen Forschungsstand auf die nordalpine Region begrenzt, Funde aus dem Allgäu[346] und

---

[346] So in: Romatsried. Dannheimer, Keramik 25. Sulzberg. Behrer, Christian, Burg Sulzberg. Von der Turmburg zum Jagdschloß (Altusried 1995) 112, zu den Dünnschliffproben: 177.

südlich von München[347] sind bekannt. Zu den nördlichsten Fundpunkten gehört zur Zeit der Münchner Raum. Für diese Warenart scheint es also sowohl eine räumliche als auch eine zeitliche Begrenzung auf das 12. Jahrhundert gegeben zu haben, beide lassen sich zum jetzigen Forschungsstand allerdings nur sehr vage fassen. Ebenso wie bei A2 kann man auf Grund des relativ großen Verbreitungsgebietes bei den Münchner Stücken auch auf eine lokale Produktion schließen. Das gleiche dürfte auch für die wenigen Stücke der Gruppe A3 und A4 gelten.

Erst in der Warengruppe B3 kann man mit Vorsicht Importware sehen, die zumindest teilweise nicht mehr in München sondern im nahen und weiteren Umland hergestellt worden ist[348]. Die Münchner Stücke stehen der Schwarzware nahe, von denen zumindest ein Herkunftsort, Moosburg, bekannt ist[349]. Das gleiche gilt für die Warengruppen C und D des späten Mittelalters in München. Auch hier könnte es sich um Importware handeln, Ähnlichkeiten gibt es zu Stücken aus Kröning/Niederbayern[350].

So ist vorerst die Beobachtung festzuhalten, daß in München offenbar erst im 15. Jahrhundert ein umfangreicher Import von Geschirrkeramik einsetzt. Vorsichtig kann man diese Aussage auch noch in das 14. Jahrhundert ziehen. Dies entspricht auch dem allgemeinen Trend zur Spezialisierung und Technisierung im späten Mittelalter, den man sehr schön an der begehrten, vornehmlich aus dem Raum Passau-Obernzell stammenden Graphitton- und Schwarzware verfolgen kann[351].

5.1.2. Ofenkeramik

Die Ofenkeramik in München ist zum größten Teil vergleichbar mit den beschriebenen Warengruppen der Geschirrkeramik. Wie dort lassen sich grob vier Gruppen unterscheiden, die sich definieren durch ihre Brandführung, ihre Magerungszusätze und ihre Herstellungsart. Gleiche Gruppenbezeichnungen sind allerdings nicht in jedem Fall auch gleichbedeutend mit gleicher Herstellungstechnik.

Reduzierend gebrannte, nachgedrehte Becherkacheln (Gruppe A)

Becherkacheln der Gruppe A entsprechen der Warengruppe A1 der Gefäßkeramik (Taf. 6,14; 7,4; 9,6–12; 12,1), sie sind wie diese reduzierend gebrannt mit deutlich sichtbaren Magerungsanteilen aus Kalk. Die becherförmigen Kacheln haben Lippenränder, die einfach ausbiegend (Taf. 7,4; 9,6–9), mit leichter Innenkehlung versehen (Taf. 9,7) oder gerade abgeschnitten

347 So in: Baierbronn. Hagn, Herbert/Veit, Peter/Winghart, Stefan, Die Münchner Stadtmauer am Isartor. AJB 1984 (Stuttgart 1985) 166f. Fraueninsel. Milojcic, Vladimir, Der Runde Berg bei Urach. Ausgrabungen in Deutschland, 1950–75. 2. Römische Kaiserzeit im freien Germanien, Frühmittelalter 1 (Heidelberg 1975).

348 Hagn, Herbert, Münchner Funde. In: Zischka, Ulrike, Ottomeyer, Hans, Bäumler, Susanne, Die anständige Lust (München 1994) 48–65, 50.

349 Dannheimer, Hermann (Hrsg.), Altbayerische Töpfer. Ausstellungskataloge der Prähistorischen Staatssammlung Band 18 (1990) 27–52.

350 Dannheimer, Hermann (Hrsg.), Altbayerische Töpfer. Ausstellungskataloge der Prähistorischen Staatssammlung Band 18 (1990) 9–25.

351 Bauer, Ingolf, Handbuch und Führer zum Keramikmuseum Schloß Obernzell (München 1983).

(Taf. 9,6) sein können. Bei den Böden zeugen die rauhe Standfläche und sichtbare Sandkorneindrücke vom Nachdrehen des Gefäßkörpers auf einer Drehscheibe. Teilweise sieht man auf der Außenseite tiefe Furchen. Sie sollten der Kachel einen besseren Halt im Ofenlehm geben. Wie das Fehlen von Rußspuren an den Randstücken beweist, wurden Becherkacheln immer mit der Öffnung nach außen vermauert. Die wärmeausstrahlende Oberfläche wurde auf diese Weise vergrößert und der schnell erhitzte Gefäßboden konnte die Wärme in kürzester Zeit nach außen leiten.

Fundorte

Die meisten Kacheln der Gruppe A stammen aus dem Graben südlich des Alten Hofs. Die übereinanderliegenden Schichten zeigen deutlich die Entwicklung der Becherkachelformen im Laufe der Zeit: Während in der untersten Schicht 44/45 noch ein einfacher Lippenrand (Taf. 6,14) den Abschluß einer steilwandigen, zylinderförmigen Kachel bildet, gibt es in der darüber liegenden Schicht 43 bereits profilierte Wandungen mit ausbiegendem Lippenrand. Der Gefäßkörper wird nach oben weiter, die Wandungsstärke geringer (Taf. 7,4). Ganz deutlich wird die Entwicklung zu konischen, immer weiter ausladenden und profilierten Kacheln dann bei den Stücken aus der obersten Schicht des Grabens (37) (Taf. 9,6–12). Sie sind noch dünnwandiger, der Rand biegt noch stärker aus, die Bodenstücke gehen schräg in die Wandung über. Im Vergleich zu den älteren Stücken sind sie wesentlich besser nachgedreht, teilweise könnte man sogar schon an eine Herstellung auf der schnelldrehenden Töpferscheibe denken.

Aus der Brandschicht in Profil 2A der Grabungen von Wankmüller nördlich der Peterskirche stammt ein einziges Randstück einer Becherkachel der Gruppe A (Taf. 12,1). Seine gerade, steile Wandung endet mit einem knollenarteig verdickten Rand. Es ist von der Form her gut zu vergleichen mit zeitlich entsprechenden Stücken aus dem Hofgraben.

Oxidierend gebrannte, nachgedrehte Becherkacheln (Gruppe B)

Neben der kalkgemagerten Ware finden sich bei den nachgedrehten Ofenkacheln auch Stücke mit deutlichem Glimmerzusatz (Taf. 3,7; 11,2.3; 13,3; 20,9; 24,2–4; 25,3–7). Sie entsprechen der Warengruppe A2 der Gefäßkeramik, nur mit dem Unterschied der oxidierenden Brandführung. Die obere Hälfte der Kacheln zeigt feine Drehspuren, der untere Teil ist dagegen mit der Hand geformt und nur sehr schlecht überarbeitet. Die Böden sind rauh mit Eindrücken von Sandkörnern. Auch bei der Gruppe B handelt es sich ausschließlich um Becherkacheln.

Fundorte

Stücke von Becherkacheln der Gruppe B gibt es in fast allen Grabungskomplexen in München: Ein Bodenstück mit hervorquellendem Boden und steilem Wandungsansatz fand sich in der Verfüllung des Grubenhauses (59) im Alten Hof (Taf. 3,7). Aus der Brandschicht auf dem Petersberg (Profil 1, Schicht 4) stammen ein Randstück mit dünner Wandung und spitz auslaufendem Rand (Taf. 11,2) und ein Bodenstück, diesmal ohne überquellenden Rand und mit schrägerem Wandungsansatz (Taf. 11,3). Unter der Brandschicht lag in Profil 4, Schicht 3 das Bodenstück einer Becherkachel, wiederum mit stark überquellendem Rand und steilem Wandungsansatz (Taf. 13,3). Fast vollständig erhaltene Becherkacheln erbrachten zwei kleinere Grabungen unter dem Neuen Rathaus. Während ein Komplex mit steilwandigen Kacheltypen, dicker Wandung, einfachem Rand und überquellenden Böden dem ältesten Formenspektrum entspricht und mit Gefäßkeramik der Warengruppe A1 vergesellschaftet war (Taf. 25,3–7), ist der Komplex aus der zweiten Grabung etwas jünger anzusetzen. Hier tauchten neben den einfachen Randformen schon dünnwandigere Typen auf mit profilierten und ausladenden Randformen (Taf. 24,2–4). Entsprechend zeigten auch die vergesellschafteten Gefäßstücke fortschrittlichere Randformen.

Oxidierend gebrannte, unglasierte Schüssel-/Napfkacheln (Gruppe C)

Der Ofenkeramik der Gruppe C gehören ausschließlich Schüssel- und Napfkacheln an. Sie haben ihre Entsprechung in der Warengruppe C der Geschirrkeramik. Von den Becherkacheln unterscheiden sie sich durch einen Mündungsdurchmesser, der größer ist als die gesamte Höhe (Taf. 28,2–5), was der einzelnen Kachel das Aussehen einer Schüssel oder eines flachen Napfes gibt. Die meisten Stücke der Gruppe C haben dicke Lehmreste an der Außenseite, die davon zeugen, daß sie ebenso wie Becherkacheln mit der Mündung nach außen im Ofen vermauert wurden. Die geborgenen Schüsselkacheln haben einen weit ausschwingenden, verdickten Lippenrand. Alle zeigen am Boden Abschneidespuren, die auf eine Herstellung auf der Drehscheibe hindeuten. Die Gruppe C ist in den bearbeiteten Fundkomplexen vorwiegend mit Schüsselkacheln vertreten, Napfkacheln fanden sich lediglich im Fundgut unter dem Neuen Rathaus.

Fundorte

Schüsselkacheln tauchen im Fundgut des Grabens am Alten Hof noch nicht auf. Die frühesten Funde stammen aus den Schichten 24 und 37 der Periode IIIa am Dreifaltigkeitsplatz und aus einem dritten Fundkomplex im dem Bereich unter dem Neuen Rathaus. Dort sind sie vergesellschaftet mit Geschirrkeramik der Gruppe B1 und B2 (Taf. 28,2–5).

Oxidierend gebrannte, glasierte Blattkacheln (Gruppe D)

Zur Gruppe D gehören Ofenkacheln des Typs Blattkacheln. Sie entsprechen der Warengruppe D der Geschirrkeramik. Da, ähnlich wie bei der Geschirrkeramik, auch die Ofenkacheln der Gruppe D weit über die spätmittelalterliche Zeit hinausgehen, würde ihre Bearbeitung den Rahmen dieser Arbeit erheblich sprengen. Hier soll deshalb die Beobachtung genügen, daß die früheste nachgewiesene Ofenkeramik der Gruppe D – es handelt sich hierbei um einfache, grünglasierte Blattkacheln – zeitgleich mit Stücken von Geschirrkeramik der Gruppe D in den Planierschichten 37 und 60 am Dreifaltigkeitsplatz auftaucht und somit dem Ende der Bauperiode III angehört.

Fundorte und Datierung

In München ist Ofenkeramik schon in den frühesten Schichten zu finden. Dieses frühe Vorkommen ist nicht ungewöhnlich: einfache Ofenkacheln in Form von Topfkacheln treten in Schweizer Burgen bereits im 11. Jahrhundert, spätestens um 1100 auf[352]. Auch auf dem Runden Berg bei Urach sind napf- und flaschenförmige Kacheln schon für das frühe 11. Jahrhundert belegt[353] und die erste Verwendung von Kachelöfen in Südwestdeutschland ist für die Zeit um 1100 nachgewiesen[354].

Solch ein frühes Aufkommen von Ofenkacheln ist allerdings immer mit herrschaftlichen oder zumindest bedeutenden Sitzen verbunden. Allgemein verbreitet sind Kachelöfen mit Becherkacheln erst im 12. Jahrhundert und über das gesamte 13. Jahrhundert. So ist z.B. in Wülfingen die Produktion von Becherkacheln auch erst für das ausgehende 12. Jahrhundert nachgewiesen[355]. Im späten 13. Jahrhundert entwickeln sich dann die niedrigeren und gedrungeneren Napf- und Schüsselkacheln[356].

Die Münchner Funde fügen sich gut in dieses allgemeine Bild von der Entwicklung der Kachelöfen ein. Aus den Schichtenabfolgen und der Vergesellschaftung mit anderen Funden läßt sich darüber hinaus für den Altstadtkern eine grobe Chronologie der Ofenkeramik erstellen, die für die Frühzeit enger, für das späte Mittelalter und die frühe Neuzeit hingegen nur noch sehr weit gefaßt werden kann.

Besonders gut läßt sich aus der Abfolge der Funde im stadtseitigen Graben vor dem Alten Hof die Entwicklung der Formen von Becherkacheln über gut 200 Jahre erschließen (Abb. 163). Während die unterste Grabenverfüllschicht noch von einfachen zylindrischen Formen beherrscht wird (Taf. 6,14; Abb. 163,1a), finden sich in den mittleren Schichten bereits konische Formen mit gerippten Außenseiten zum besseren Halt in der Ofenwandung (Taf. 7,4; Abb. 163,2d) und in der obersten Verfüllschicht schließlich Kacheln mit weiten Mündungen, dünneren Wandungen und einer wesentlich sorgfältigeren Verarbeitung (Taf. 9,6–12; Abb. 163,3). Für den Graben läßt sich auch ein ziemlich genauer zeitlicher Rahmen festlegen: Wie die Auswertung der Grabungen erbrachte, liegt die endgültige Verfüllung und damit die Datierung der jüngsten Stücke in der zweiten Hälfte des 14. Jahrhunderts, während die ältesten Stücke bereits bei der Anlage des Grabens im späten 12. Jahrhundert dort hineingekommen sein können.

Alle weiteren Funde von Becherkacheln im Stadtkern von München lassen sich zeitlich und typologisch gut in diesen Rahmen einfügen. So die Stücke der Gruppe B, die sich in den zeitlich ältesten Schichten des Alten

---

352 Meyer, Werner, Die Frohburg-Ausgrabungen 1973–77. Schweizer Beiträge zur Kulturgeschichte und Archäologie des Mittelalters 16 (Zürich 1989) 65 f.

353 Milojcic, Vladimir, Der Runde Berg bei Urach. Ausgrabungen in Deutschland, 1950–75. 2. Römische Kaiserzeit im freien Germanien, Frühmittelalter 1 (1975) 194, Taf. 11.

354 Zusammenfassend hierzu Gross, Uwe, Mittelalterliche Keramik zwischen Neckarmündung und Schwäbischer Alb. Bemerkungen zur räumlichen Entwicklung und zeitlichen Gliederung, Forschungen und Berichte der Archäologie des Mittelalters in Baden-Württemberg, Band 12 (Stuttgart 1991) 140 f.

355 Schulze, Wülfingen, 139, Taf. 75.

356 Tauber, Jürg, Herd und Ofen im Mittelalter. Schweizer Beiträge zur Kulturgeschichte und Archäologie des Mittelalters, Band 7 (1980) 306 f.

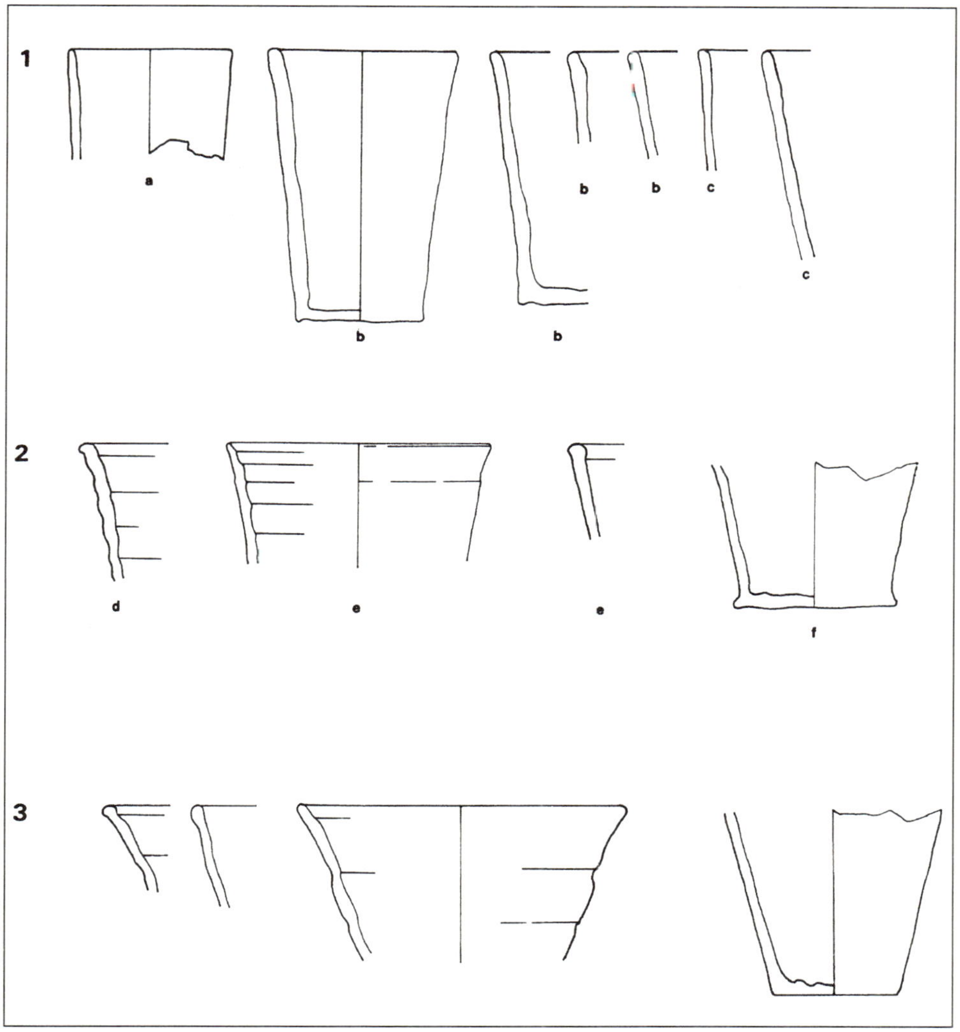

Abb. 163: Relative Chronologie der Becherkacheln in München. 1: 2. Hälfte 12. und frühes 13. Jahrhundert. 2: um 1300. 3: 2. Hälfte 14. Jahrhundert

Hofes und am Petersberg fanden (Taf. 3,7). Sie sind alle steilwandig, mit dicken Wandungen und einfachen Rändern, so daß sie mit den Kacheln aus der untersten Grabenverfüllung verglichen werden können. Das gleiche gilt für einen Komplex steilwandiger Kacheltypen der Gruppe B, der unter dem Rathaus gefunden wurde und mit Gefäßkeramik der frühen Warengruppe A1 vergesellschaftet war (Taf. 25,3–7; Abb. 163,1b), was schon aus dem Fundzusammenhang heraus eine Datierung in das späte 12., spätestens frühe 13. Jahrhundert nahelegt.

Von der Form her vergleichbar mit den Kacheln aus den mittleren Füllschichten des Grabens sind reduzierend und oxidierend gebrannte Becherkachelstücke aus dem Brandhorizont am Petersberg (Taf. 11,2.3; 12,1; Abb. 163,2e). Die Datierung der Brandschicht vom Petersberg in das Jahr 1327 findet damit ein weiteres Indiz. Auch die Stücke des zweiten Komplexes vom Neuen Rathaus gehören hierher (Taf. 24,1–4). Hier bestätigt zusätzlich die Vergesellschaftung mit fortschrittlicheren Geschirrandformen die etwas spätere Datierung.

Untermauert werden diese Datierungen durch Vergleichsbeispiele aus anderen Regionen. So werden z.B. Becherkacheln aus den jüngsten Schichten der Frohburg vom Ausgräber in das 13. Jahrhundert datiert[357]. Auch hier tauchen die reduzierend gebrannten Kacheln etwa zeitgleich mit den oxidierend gebrannten auf[358]. Ähnliche Becherkacheln wie in München wurden auch beim Geisberg bei Haugen gefunden, dort gehören sie vermutlich in die zweite Hälfte des 13. Jahrhunderts[359].

Schüsselkacheln sind im Burggraben noch nicht vertreten. Sie tauchen das erste Mal in den Planierschichten 24 und 37 der Periode III a am Dreifaltigkeitsplatz auf. Wie die Auswertung der Grabung gezeigt hat, dürfte diese Bauphase mit der Umsiedlung der Fischer 1385 in Zusammenhang stehen, so daß eine Datierung in das späte 14. Jahrhundert bis um 1400 naheliegt. Im Bereich des Neuen Rathauses sind Schüsselkacheln vergesellschaftet mit wenigen Stücken von Napfkacheln und Geschirrkeramik, die bereits der Drehscheibenware aus den Perioden III a und III b am Dreifaltigkeitsplatz ähnelt. Sie wären damit in das 15. oder sogar schon das frühe 16. Jahrhundert zu datieren.

Grün glasierte Blattkacheln tauchen, wie schon erwähnt, das erste Mal am Dreifaltigkeitsplatz zum Ende der Periode III in den Planierschichten 37 und 60 auf. Sie sind damit grob in das späte 15. Jahrhundert zu datieren.

5.1.3. Baukeramik

Datierbare Baukeramik ist im Fundgut von München praktisch nicht vertreten. Einzige Ausnahme bilden Bruchstücke von Fliesen, die auf dem Fußboden des sog. »Alten Raumes« unter der Peterskirche lagen (Abb. 164). Nagellöcher, die bei der Herstellung in den noch weichen Ton gestochen wurden, weisen sie als Wandfliesen aus. Die Datierung der Fliesen wurde ausführlich im Kapitel »frühe Kirchen« besprochen. Sie ist in der zweiten Hälfte des 12. Jahrhunderts anzusetzen.

5.1.4. Sonderformen

Aus der Verfüllung des Grabens südlich des Alten Hofes stammen Bruchstücke von zwei Gefäßen, wie sie aus Fundkomplexen von Apotheken und Laboratorien her bekannt sind (Taf. 8,10)[360]. Zwar wurde für den Laborbedarf auch normales Küchengeschirr verwendet und umfunktioniert und ist deshalb nur schwer nachzuweisen, vor allem zum Schmelzen von Proben und für das Destillieren von Flüssigkeiten wurden aber spezielle Gefäßformen entwickelt. So dürfte ein haubenförmiges Gefäß, dessen oberes Ende sich leider nicht erhalten hat, ein Destillieraufsatz oder evtl. ein Trichter gewesen sein, ähnlich den Geräten, die wir von frühen Abbildungen aus

---

[357] Meyer, Werner, Die Frohburg-Ausgrabungen 1973–77. Schweizer Beiträge zur Kulturgeschichte und Archäologie des Mittelalters 16 (Zürich 1989) 66 f.

[358] Meyer, Werner, Die Frohburg-Ausgrabungen 1973–77. Schweizer Beiträge zur Kulturgeschichte und Archäologie des Mittelalters 16 (Zürich 1989) 66, Taf. 47,1.

[359] Dannheimer, Keramik, 28 f.

[360] Kamber, Pia, Ein »Alchimistenlabor« aus dem 13. Jahrhundert. In: Mittelalter, Zeitschrift des Schweizerischen Burgenvereins, 3. Jg. (1998) 69 f. – Eine Zusammenstellung der wichtigsten Funde aus dem Bereich der Laborgeräte geben: Pfeiffer, Gerhard, Technologische Entwicklung von Destilliergeräten von Spätmittelalter bis Neuzeit. Dissertation (Regensburg 1986) und: v. Osten, Sigrid, Das Alchimistenlaboratorium von Oberstockstall. In: Daim, Falko, (Hrsg.), Monographien zur Frühgeschichte und Mittelalterarchäologie 6 (Innsbruck 1998).

Abb. 164: München Peterskirche. Romanische Wandfliesen (MPK/PS 95/5130). Oxidierend gebrannt mit Mörtelspuren an den Rändern und Kalkreste auf der Oberfläche. Die Löcher sind vor dem Brand in den Ton gestochen worden. Fundort: In der Verfüllung des »Alten Raumes« vom Boden.

dem 14. Jahrhundert kennen. Eine Schale mit rinnenförmigem Rand dürfte eine Auffangschale gewesen sein, wie sie ebenfalls von entsprechenden Abbildungen her bekannt sind. Die in der Grabenverfüllung des Alten Hofes gefundenen Stücke können nur durch ihre Vergesellschaftung mit anderen Funden und aus ihrer Fundlage heraus in das 14. Jahrhundert datiert werden. Sie gehören beide der reduzierend gebrannten Drehscheibenware an, der Aufsatz weist zusätzlich deutliche Verstreichspuren und Fingerabdrücke vom Nachbearbeiten des Gefäßes auf.

Spielzeug konnte bei den Ausgrabungen in München nur wenig geborgen werden. Aus der obersten Schicht 37 der Verfüllung des Grabens südlich des alten Hofes stammt der Körper einer Puppe aus Ton (Taf. 9,13). Der gesamte Körper ist innen hohl und verjüngt sich stetig nach oben. Er zeigt eine Frauenfigur in langem Gewand mit gefalteten Händen. Im Kragenbereich sind mittig zwei Medaillons, zwischen denen stark herausmodellierte Gewandfalten verlaufen. Ausgeprägte Gewandfalten umspielen auch den unteren Teil des Korpus. Oberhalb des Brustbereiches zieht ein Besatz um den Körper, der an einen Pelz oder ähnliches erinnert. Der Kopf der Figur fehlt, vermutlich war er aber, wie es von besser erhaltenen Exemplaren her bekannt ist, mit einer mächtigen, ausladenden Perücke, einer sogenannten Kruselerhaube, ausgestattet. Die Puppe besteht aus feinem, hellen Ton und zeigt an einigen Stellen noch Reste einer farbigen Fassung. Im Gewandbereich hat sich stellenweise rote Farbe erhalten. Die Vorderseite der Puppe ist mit einem Model hergestellt, während die Rückseite einfach mit der Hand verstrichen ist. Der Besatz ist auf dem Rücken ebenfalls als einfache handmodellierte Form aufgebracht.

Figuren aus feinem hellem Ton sind typische Erzeugnisse städtischer Produktion. Ähnliche Puppen mit ihren charakteristischen spätgotischen Gewändern waren in ganz Süddeutschland und dem angrenzenden Ausland beliebt und verbreitet[361]. Aus Bayern und dem östlichen Baden-Württemberg sind eine ganze Reihe solcher Stücke bekannt. Offensichtlich war Nürnberg ein Produktionszentrum für diese Figuren. Durch die Verwendung von Modeln konnten ohne großen Aufwand beliebig viele Stücke produziert werden. Da die Modeln oft über weite Gebiete gehandelt wurden, ist auch ein genauer Herstellungsort nur schwer festzumachen. Datiert werden solche Figuren, auch Docken genannt, in das fortgeschrittene 14./frühe 15. Jahrhundert. Völlig unklar ist die Verwendung dieser Docken. Die Frage ist, ob sie nur religiösen Zwecken dienten oder auch als Kinderspielzeug. Vermutlich aber bezweckten sie beides.

Eine Datierung in das fortgeschrittene 14. Jahrhundert stimmt auch mit der zeitlichen Einordnung der letzten Grabenverfüllung in das Ende des 14. Jahrhunderts überein.

5.2. Metallfunde

In den Planier- und Abbruchschichten fand sich eine Menge von Metallgegenständen, deren genaue Funktion wegen ihres schlechten Erhaltungszustandes nicht mehr ermittelt werden konnte. Exemplarisch seien hier einige für die Interpretation des Befundes und die Datierung wichtige Fundstücke herausgegriffen.

5.2.1. Baumaterial aus Metall

Nur wenige Metallstücke lassen Rückschlüsse auf die Bau- und Konstruktionsweisen zu. Zu den eindeutig bestimmbaren Eisenteilen gehören nur wenige Exemplare von Nägeln, deren Verwendungszweck aber meist nicht mehr genau festzustellen ist. Einige kleinere Exemplare haben eine halbrund- (Taf. 4,8) bzw. rundgewölbte Kopfplatte (Taf. 6,15), wobei letztere vermutlich zu einem Ziernagel für eine Truhe oder ähnlichem gehörte.

Einen eindeutigen Hinweis auf Hauskonstruktionen liefern hingegen Nägel mit zugespitztem Kopfende (Taf. 3,8). Sie dienten als Schindelnägel zur Befestigung von hölzernen Schindeln auf den Dachlatten[362]. Da die

---

[361] Eine Zusammenstellung bei Grönke, Erich/Weinlich, Edgar, Die Tonfigurensammlung des Germanischen Nationalmuseums unter besonderer Berücksichtigung der spätmittelalterlichen »Krüseler«figürchen. Katalog des Germanischen Nationalmuseums Nürnberg (Nürnberg 1993).

[362] Freundliche Mitteilung des Herrn Dr. Koch, in dessen Fundmaterial von der Burg Wittelsbach sich eine Menge dieser Nägel befanden. Sie finden sich ebenfalls auf fast allen Schweizer Burgen, werden dort aber nur als typisch mittelalterliche Nägel vorgestellt. Auch beim Burgstall von Romatsried fand sich dieser Typ.

Schindeln in kürzeren Abständen erneuert werden mußten, brauchte man nur die alten Dachschindeln herunterzureißen und auf den zugespitzten Nägeln neue Schindeln aufzuschlagen.

Fundort und Datierung

Die kleinere Nagelform mit flachem runden Kopf (Taf. 4,8) ist eine für das gesamte Mittelalter gängige Form. Aus dem Fundzusammenhang heraus (Grube 59 im Alten Hof) läßt sie sich in das 12./13. Jahrhundert datieren. An gleicher Stelle fanden sich die Schindelnägel, die sich ganz allgemein nicht über ihre Form datieren lassen[363]. Aus der untersten Schicht des Grabens vor dem Alten Hof stammt der Ziernagel mit rundgewölbter Kopfplatte. Er ist ebenfalls in das späte 12. bzw. frühe 13. Jahrhundert zu datieren.

5.2.2. Trachtbestandteile

Aus dem gesamten Fundmaterial der Münchner Innenstadt liegt uns lediglich aus der Grabung von Wankmüller eine Gürtelschließe mit trapezförmigem Bügel vor (Taf. 11,4). Sie besteht aus zwei Teilen: einem massiven Bügel aus Metall und einem ebenso stabilen dicken Dorn. Diese einfache Form scheint eher zum Zusammenschnüren schwerer Lasten geeignet zu sein, als zum Schnüren der Kleidung. Eine eindeutige Aussage über die Funktion ist deshalb nicht möglich. Die Art der Schließe läßt auch keine zeitliche Zuordnung zu[364]. Das Stück stammt aus der Brandschicht um die Peterskirche. Dies legt eine Datierung in die Zeit um 1300 nahe.

5.2.3. Reitzubehör

Die einzigen Funde von Reitzubehör sind ein fragmentarisch erhaltenes Hufeisen (Taf. 13,5) und ein Hufnagel (Taf. 15,7). Das Hufeisen hatte ursprünglich einen wellenförmigen Rand mit 6 Löchern, 3 Löcher der einen Seite sind noch erhalten. Der Stollen ist einfach umgeschlagen. Der Hufnagel ist mit einem flachen, halbrunden Kopf versehen.

Das Hufeisen stammt aus der Schicht 7 der Grabung von Dannheimer östlich der Peterskirche. Seine Lage wird zeitlich durch die darüberliegende Brandschicht mit Material aus der Zeit um 1300 und der darunterliegenden Schicht mit Randstücken der Warengruppe A1 und A2 aus dem 12. Jahrhundert begrenzt. Das in München gefundene größere Exemplar mit einfachem Stollen gehört einem weiterentwickelten Typ von Hufeisen an, der in Sindelfingen den ältesten Typ (ohne Stollen) vermutlich um die Mitte des 13. Jahrhundert ablöst[365]. Auf der Frohburg[366] gehören ähnliche Typen ebenfalls in das 13. Jahrhundert, so daß auch für das Münchner Exemplar eine Datierung in das 13. Jahrhundert vorgeschlagen werden kann. Der einzige

[363] Scholkmann, Sindelfingen, 97.
[364] Egan, Geoff./Pritchard, Frances, Dress accessories (London 1991) 50 f.
[365] Scholkmann, Sindelfingen, 95 f.
[366] Meyer, Werner, Die Frohburg-Ausgrabungen 1973–77. Schweizer Beiträge zur Kulturgeschichte und Archäologie des Mittelalters 16 (Zürich 1989) 76.

gefundene Hufnagel war in den ältesten Siedlungshorizont 32 am Dreifaltigkeitsplatz eingedrückt. Er gehört demnach dem 12./13. Jahrhundert an.

5.2.4. Schlösser

Aus der Füllschicht 54 im Alten Hof stammt ein Vorhängeschloß (Taf. 5,8). Ein nahezu zylindrischer Körper bildet das Grundelement des Schlosses. Es ist aus 3 mm starkem Eisenblech gebogen und mit einer Längsnaht verbunden. Das eine Ende des Schlosses wird von einer senkrecht aufgelöteten Öse gebildet, das andere ist mit einer eingeschobenen Platte verschlossen, die eine Aussparung für einen Schlüssel hat. Über diesem Ende steckte noch das vollkommen korrodierte Schlußstück eines Schließbügels in der Hülse.

Bei dieser Art von Schlössern benötigte man nur zum Öffnen einen Schlüssel, der im Innern der Hülse eine Spreizfeder aufdrückte, mit der der Schließbügel festgehalten wurde. Es ist ein uraltes Funktionsprinzip, das schon in vorchristlicher Zeit entwickelt wurde[367]. Verbreitet war es vor allem in West- und Nordeuropa. Die Vergesellschaftung mit Keramik der Warengruppe A1 und A2 und sein Fundort in der Planierschicht 54 im Alten Hof, die zeitgleich oder etwas früher als der östliche Burgstock einzuordnen ist, legen eine Datierung noch in das 13. Jahrhundert nahe. Eine Datierung über Vergleichsfunde führt hier auf Grund der Langlebigkeit dieser Form zu keiner genaueren Einordnung.

5.2.5. Werkzeug

Aus der obersten Verfüllung des Grabens südlich des Alten Hofes stammt der Kopf eines Hammers mit Holzschaft (Taf. 9,15). Der Hammer hat zwei abgeflachte Enden, der Schaft steckt in einem Schaftloch, das durch das Einschlagen beim Schmieden den Kopf in der Mitte stark ausgeweitet hat. Die Schlagflächen unterscheiden sich in ihrer Breite. Hammer mit zwei breiten abgeflachten Seiten fanden Verwendung bei der Bearbeitung und dem Zurechtschlagen von Ziegeln und Steinen. Die Beobachtung, daß sich in der obersten Verfüllung des Burggrabens gehäuft Mörtelreste, Ziegelbrocken und -splitt fanden, deutet darauf hin, daß der Hammer beim Bau eines in der Nähe stehenden Gebäudes Verwendung fand und unbrauchbar geworden war. Die Form ist eine in allen Zeiten gängige, so daß der Hammerkopf nur durch seine Fundlage und der Vergesellschaftung mit Keramik der Gruppe B1 in die zweite Hälfte des 14. Jahrhunderts datiert werden kann.

5.3. Bein

Aus der Brandschicht A3 in Profil 3A am Petersplatz stammt der geschnitzte Griff eines Messers (Taf. 12,5). Er hat die Form einer bekleideten Person in einem langen Kleid oder Mantel. Der Kopf ist nicht mehr erhalten. Bei der Figur könnte es sich um eine weibliche Person aus hochgestellten

[367] Jacobi, G., Werkzeug und Gerät aus dem Oppidum bei Manching. Die Ausgrabungen in Manching 5 (Wiesbaden 1974).

Kreisen handeln. Die Arme sind vor dem Bauch verschränkt und stecken unter dem Gewand. Das Kleid wird auf Hüfthöhe von einem Gürtel zusammengerafft, der Gürtel selber ist nicht sichtbar. Wegen der untypischen Gewandfalten handelt es sicherlich nicht um eine Mönchsgestalt, der Griff hat eher Parallelen zu zeitgenössischen Frauendarstellungen[368]. Der Fundort in der großen Brandschicht legt eine Datierung um 1300 nahe. Aus den Vergleichen mit ähnlichen Stücken kann keine stichhaltige Datierung gewonnen werden. Stücke ähnlicher Art waren über einen längeren Zeitraum gebräuchlich.

5.4. Glas

Bei den Grabungen im Stadtkern von München fanden sich mit Ausnahme der großen Glaskomplexe vom Marienhof nur relativ wenige Glasfragmente[369]. Unter ihnen herrschen Scherben von Trinkgläsern mit aufgelegten kleinen Nuppen vor. Teilweise bestehen sie aus farblosem Glas, wie ein Fund aus dem Alten Hof (Taf. 9,14), teilweise mit bräunlicher Färbung vom Petersberg (Taf. 11,5), zwei Stücke weisen eine Grünfärbung auf, eines vom Petersberg (Taf. 14,10) und ein Stück vom Dreifaltigkeitsplatz (Taf. 17,3). Fragmente mit größeren Nuppen vom Dreifaltigkeitsplatz gehören zu Krautstrünken (Taf. 20,11). Aus einer jüngeren Schicht stammt der Stiel eines Kelchglases (Taf. 23,2).

Fundort und Datierung

Das wohl älteste Glas aus dem Stadtkern von München stammt aus einem geschlossenen Fundkomplex unter dem Rathaus. Es ist dies der Boden eines Glases oder einer Flasche (Taf. 25,8). Er ist dort vergesellschaftet mit Funden der Warengruppe A1 und gehört demnach in das 12. oder frühe 13. Jahrhundert. Frühes einfaches Gebrauchsglas ist in der Literatur eher selten zu finden, dies mag auch an den Erhaltungsbedingungen liegen. Der Boden könnte zu einer doppelkonischen Flasche gehören, die im entfernten Budapest in die Zeit um 1300 datiert wird[370]. Bei den Grabungen in München konnte eine größere Zahl von Glasfragmenten mit kleinen aufgelegten Nuppen geborgen werden. Sie unterscheiden sich nur in der Farbe der Glasmasse und der Größe der aufgelegten Nuppen. Auf Form und Größe der Gläser läßt die geringe Größe der geborgenen Fragmente leider keinen Schluß zu.

Aus der obersten Grabenverfüllung im Alten Hof stammt ein Fragment mit etwas größeren Nuppen (Durchmesser 1 cm, Taf. 9,14). Die Glasmasse

---

[368] Hierbei danke ich den freundlichen Auskünften Pater Dr. Gregor M. Lechners, der mich in diesen Fragen tatkräftig mit seinem großen Wissen unterstützt hat. Er schließt eine Mönchsdarstellung mit großer Wahrscheinlichkeit aus.

[369] Hagn, Herbert, Die Funde vom Marienhof. Jahrbuch der Bayerischen Denkmalpflege 43/1989 (München 1989) 20–36. – Ders./Winghart, Stefan, Stadtarchäologie in München. Der Marienhof. AJB 1989 (Stuttgart 1990) 195–197. – Ders./Veit, Peter, Brunnen 1 am Marienhof – ein Beitrag zur spätmittelalterlichen Marktgeschichte Münchens. AJB 1990 (Stuttgart 1991) 163–166. – Ders., Stadtkernforschung in München: Brunnen 1 am Marienhof. Amperland 27 (1991) 176–184.

[370] Biegel, Gerd (Hrsg.), Budapest im Mittelalter (Braunschweig 1991) Katalognr. 245.

ist vollkommen durchsichtig. Aus dem Fundzusammenhang heraus ergibt sich eine Datierung in die zweite Hälfte des 14. Jahrhunderts. Es gehört wahrscheinlich zu den farblosen Nuppenbechern mit Trichtermündung italienischer Herkunft. Zum Typ der leicht grünlichen Schaffhauser Becher gehören Fragmente aus der Periode III am Dreifaltigkeitsplatz (Nuppendurchmesser 0,6–0,8 cm, Taf. 17,3) und ein Lesefund aus der Grabung um die Peterskirche mit ähnlichem Nuppendurchmesser (Taf. 14,10). Während das erste Stück aus dem Fundzusammenhang heraus in die Zeit um 1400 datiert werden kann, stammt das letztere spätestens aus der Brandschicht um 1327. Der Forschungsstand läßt hier noch keine genauere Datierung als allgemein das 13. und 14. Jahrhundert zu[371]. Das Fragment eines grünlichen Glases mit sehr viel größeren aufgelegten Nuppen – ein sog. Krautstrunk (Nuppendurchmesser: 3,6 cm, Taf. 20,11), stammt vom Dreifaltigkeitsplatz aus der Planierschicht 60 und ist über Vergleiche mit anderen Gläsern dieser Art in das späte 15. bzw. frühe 16. Jahrhundert zu datieren: Nach Baumgartner sind Krautstrünke eine für die Zeit um 1500 typische Becherform[372], Vergleiche finden sich vor allem im Kunstgewerbemuseum in Köln mit einer Datierung in das späte 15. Jahrhundert[373] und in Heidelberg mit einer nur sehr allgemeinen Einordnung vom späten 14. Jahrhundert bis zur ersten Hälfte des 16. Jahrhunderts[374]. Auch in Murnau gehören ähnliche Fragmente nach Mittelstraß in die zweite Hälfte des 15. und erste Hälfte 16. Jahrhunderts. Bestätigt wird diese allgemeine Zuordnung auch für München durch die bereits angesprochene ante quem Datierung der Schicht 60 am Dreifaltigkeitsplatz längere Zeit vor 1570. Eine Feindatierung ist ebenso wie bei den früheren Formen nicht möglich.

Mit einem noch größeren zeitlichen Spielraum muß der Stiel eines Kelchglases datiert werden (Taf. 23,2). Er stammt aus der Periode V vom Dreifaltigkeitsplatz, die ihr Ende kurz vor 1800 hat. Gläser mit hohem Stiel sind nur allgemein der Zeit von der zweiten Hälfte des 16. Jahrhunderts bis ins 17. Jahrhundert zuzuordnen[375].

---

371 Mittelstraß, Murnau, 179 – Baumgartner Erwin/Krueger, Ingeborg, Phönix aus Sand und Asche. Glas des Mittelalters (München 1988) 165.

372 Baumgartner E./Krueger, I., Phönix aus Sand und Asche. Glas des Mittelalters (München 1988) 54 f.

373 Kleese, Brigitte/Reineking-v. Bock, Gisela., Glas. Kataloge des Kunstgewerbemuseums Köln 1 (Köln 1973) 98 f.

374 Vergleichbare Exemplare aus Heidelberg. Landesdenkmalamt Baden-Württemberg (Hrsg.), Vor dem großen Brand. Archäologie zu Füßen des Heidelberger Schlosses (Stuttgart 1992) 85 f.

375 Landesdenkmalamt Baden-Württemberg (Hrsg.), Vor dem großen Brand. Archäologie zu Füßen des Heidelberger Schlosses (Stuttgart 1992) 93.

6. Fragen zur Geschichte Münchens

Betrachtet man rückblickend noch einmal die Forschungsgeschichte Münchens, so steht im Vordergrund immer wieder die Frage nach dem wirklichen Alter der Stadt: Wurde München tatsächlich 1158 gegründet, gab es eine Vorgängersiedlung? Eng damit verbunden ist die Frage nach der Topographie der frühen Stadt: Gab es entscheidende Änderungen in der Struktur, den Straßenführungen und Parzellierungen, aus denen Schlüsse zur Entwicklung der Stadt gezogen werden können? Wie sah München im Hochmittelalter aus? Zum Teil wurden diese Fragen schon bei der Vorstellung der einzelnen Grabungskomplexe berührt. Im Folgenden sollen sie noch einmal aufgegriffen und im Zusammenhang mit historischen Quellen, früheren Forschungsergebnissen und den Ergebnissen der Ausgrabungen erörtert werden.

6.1. Die Stadtgründung

Die am häufigsten diskutierte Frage ist ohne Zweifel die nach dem tatsächlichen Alter der Stadt München. Zur Beantwortung stehen uns zwei Wege zur Verfügung: zum einen die Auswertung der schriftlichen Quellen, die für München in hervorragender Weise bereits vorliegt, und zum anderen die Zusammenschau der archäologischen Ergebnisse im Hinblick auf die ältesten Funde und Befunde. Hier sollen beide Wege zusammengeführt werden zu einer Gründungstheorie, die den aktuellen Forschungsstand widerspiegelt. Sie erhebt keinen Anspruch auf Endgültigkeit, sondern will vor allem einen neuen Diskussionsbeitrag zur Geschichte der Stadt München liefern.

Die schriftlichen Quellen

Über die Vorgänge um die Gründung Münchens berichten uns zwei Quellen: eine aus dem Jahre 1158, eine zweite aus dem Jahre 1180. Die erste, ausgestellt am 14. Juni 1158, und damit auch die erste Quelle, in der München erwähnt wird, ist unterzeichnet von Kaiser Friedrich I., Barbarossa. Sie sollte einen Streit schlichten, der zwischen seinen eigenen Verwandten, seinem Onkel dem Bischof Otto von Freising und dem ebenfalls mit ihm verwandten Herzog Heinrich dem Löwen ausgebrochen war[376]. Es ging dabei um die Märkte und Zollbrücken der Orte Föhring – im Herrschaftsbereich des Bischofs von Freising gelegen – und München (»foro apud Verigen et Munichen«), das zu diesem Zeitpunkt offenbar bereits im Herrschaftsbereich Heinrich des Löwen gelegen war. Die in der Urkunde festgehaltene Vereinbarung (»conventio«) sah vor, daß Markt und

[376] MGH, Diplomata Friedrich I. (DD Fr.I), Nr. 218.

Zollbrücke bei Föhring nicht mehr bestehen bleiben sollten. Als Ersatz sollte der Herzog je ein Drittel der Zolleinnahmen und der Münzrechte auf die Kirche von Freising übertragen, der Bischof behielt zudem das Recht, eine eigene Freisinger Münze zu errichten[377].

In dieser Urkunde liegt der Beginn der zentralörtlichen Funktion der heutigen Stadt München mit Markt, Münze, Brücke und Zoll. Welche Streitigkeiten im einzelnen dieser Vereinbarung zugrunde lagen, geht aus der Urkunde zwar nicht hervor, es gilt aber als sicher, daß im Mittelpunkt weit weniger territoriale Besitzansprüche Heinrichs des Löwen standen, als vielmehr der regalienrechtliche Anspruch des Kaisers, der über die Marktrechtverleihung an die Siedlung München und die mit der Schließung der Föhringer Brücke verbundene Verlegung der Salzstraße wieder mehr Einfluß in einem Gebiet zu gewinnen hoffte, das ihm wohl durch die aggressive Politik des Bischofs von Freising aus der Hand geglitten war[378]. Für die Frage nach dem Gründungszeitpunkt Münchens weit bedeutender als die Einzelheiten der Vereinbarung ist die Tatsache, daß hier ein Streit nicht erst begann, sondern bereits beigelegt wurde. Dies und die für lateinische Urkunden untypische Schreibweise der Siedlung »munichen« zeigen, daß der Ort zu diesem Zeitpunkt schon bestanden haben muß. Wie weit er allerdings zurückreicht, geht aus der Urkunde nicht hervor. Der Historiker Lorenz Maier vermutet, daß die den Streit auslösenden Handlungen Heinrichs des Löwen wohl in das Jahr 1157 fallen.

1180, ein Jahr nach der Reichsachterklärung über Heinrich den Löwen, wurden in einer in Regensburg ausgestellten Urkunde die Vereinbarungen von 1158 wieder aufgehoben. Aus der Urkunde erfahren wir auch das erste Mal von einer bereits einige Zeit zurückliegenden Gewalttat Herzog Heinrich des Löwen, denn diese wird nun für »ungültig« erklärt. Möglicherweise handelte es sich bei dieser Gewalttat um die jedem Münchner Schulkind geläufige »Zerstörung der Föhringer Brücke«, die angeblich zur Gründung Münchens geführt hat. Daß die gewaltsame Brückenzerstörung aber tatsächlich Auslöser für die Vereinbarungen von 1158 war, wird in keiner Quelle bestätigt. Die Tatsache, daß diese wohl kriegerische Auseinandersetzung erst in der Urkunde von 1180 erwähnt wird, also lange, nachdem München gegründet worden war, weist viel eher darauf hin, daß die angesprochene »Gewalttat« nicht Ursache sondern vielmehr Folge der gütlichen Einigung von 1158 war, mit der wohl beide Seiten nicht zufrieden sein konnten.

In der Urkunde wird die Zurückverlegung von Markt und Brücke nach Freising verfügt. Dieser Beschluß ist niemals durchgeführt worden. Die urbane Funktion von München blieb bestehen und wurde niemals mehr angegriffen.

Ebenfalls aus dem Jahr 1180 stammt eine weitere Quelle, die im Zusammenhang mit aufgenommenen Brandschichten schon einige Male zitiert wurde. Es handelt sich um die Schäftlarner Annalen, in denen am 13. Juli 1180 von der Absetzung Heinrichs nach der Verhängung der Reichsacht die Rede ist[379]: »Dux Heinricus ducatu privatur [Herzog Heinrich wird

377 Maier, Stadt, 28.
378 Maier, Stadt, 22 f. und 25.
379 Siehe hierzu die Ausführungen Stahleders: Stahleder, Chronik, 16 f.

des Herzogtums beraubt]. Otto maior palatinus loco eius dux constituitur [Pfalzgraf Otto der Ältere wird an seiner Stelle als Herzog eingesetzt]«. Weiter heißt es: »Munichen destruitur. Feringen reedificatur.« Über Art und Grund der Zerstörung Münchens sagt die Urkunde leider nichts aus. Möglich ist eine Zerstörung im Zuge der Auseinandersetzungen zwischen dem Herzog und dem Bischof, die dann allerdings sehr spät stattgefunden hätte, aber auch eine Brandkatastrophe, die nichts mit den Streitigkeiten zu tun hatte.

Von einem vermutlichen »Wieder«-aufbau erfahren wir durch eine sehr viel jüngere Quelle: Um 1429 schreibt Hermann Sack, der Chronist des Franziskaner- und Klarissenklosters davon, daß im Jahre 1180 »...incepit civitas Monacensis edificari...« (man damit begann, die Stadt München aufzubauen)[380]. Möglicherweise gibt es hier einen Zusammenhang mit der in den Schäftlarner Annalen angedeuteten Zerstörung Münchens.

Explizit von der Zerstörung der Föhringer Brücke schreibt nur ein einziger Chronist: Veit Arnpeck[381]. In seiner deutschsprachigen Bayerischen Chronik heißt es: »...und in dem lesten jar seins regiments [1179] hat er den markt Veringen und di prük...zerprochen unrechtlich und in sein dorf München gemacht, dann der zeit nur ain dorf was, und mit samt dem zol.« Da auch dieser Bericht erst einige hundert Jahre später entstand, nämlich 1493, muß man allerdings nach den obigen Urkunden die Richtigkeit der Jahreszahl, bzw. der Reihenfolge der Ereignisse in Zweifel ziehen.

Festzuhalten ist die Tatsache, daß alle Chronisten, unabhängig von der Kenntnis der ersten Urkunde von 1158 (sie wurde erst 1582 von Wiguleus Hund veröffentlicht), Heinrich den Löwen als den Gründer der Stadt München sehen und daß das Jahr 1180 in der Entwicklungsgeschichte der Siedlung eine bedeutende Rolle spielte.

Festzuhalten ist auch, daß durch die Urkunde von 1158 die Existenz einer Siedlung München um diese Zeit gesichert ist. Der Wortlaut der Urkunde bezieht sich mit aller Wahrscheinlichkeit auf den heutigen Kernbereich der Münchner Altstadt, er gibt aber keinerlei Hinweis darauf, seit wann die Siedlung schon Bestand hatte. Betrachtet man allerdings das historische Umfeld, so wird klar, daß der Kaiser, wie schon angedeutet, vor dem Hintergrund des Erstarkens der Ministerialität und der Kirche durchaus eigene Interessen in diesem Konflikt verfolgte. Mit einer neuen Stadt in unmittelbarer Nähe Freisings unter einem ihm wohlgesinnten Verwandten konnte er die Macht des Bischofs nachhaltig beschneiden. Vor diesem Hintergrund ist man geneigt, eher an eine vor kurzem erfolgte Neugründung zu denken, eine Bestätigung ist es aber nicht. Dem Wortlaut der Urkunde ist lediglich zu entnehmen, daß die Gründung bereits erfolgt war.

Von der Gewalttat Heinrichs des Löwen wird zwar erst in der Urkunde vom 13. Juli 1180 berichtet[382], betrachtet man aber die weiteren Unternehmungen des Herzogs in Bayern, so ist solch ein Handstreich sehr wohl für die Zeit um 1158 oder nicht allzu lange danach denkbar, vor allem, wenn einem die Zielrichtung Heinrichs klar wird: 1162 erste Erwähnung und wohl Bau der Burg Landsberg am Lech durch Heinrich den Löwen,

---

[380] Stahleder, Chronik, 16 f.
[381] Stahleder, Chronik, 16 f.
[382] Stahleder, Chronik, 16 f.

1164/65 Besetzung Burghausens, 1161 Donaustaufs und Reichenhalls. All diese Landnahmen und schließlich der Erwerb der Vogteien, die über die Klöster Polling und Wilten am Weg zum Brenner herrschten, zielten nicht auf territorialen Zugewinn, sondern vielmehr auf eine rasche und möglichst umfassende Kontrolle des Salzhandels und der Fernwege ab. München wurde denn auch sehr schnell zum zentralen Salzmarkt südlich der Donau und behielt ein für allemal, was schon in der Urkunde von 1158 zum Ausdruck kommt und in dem berühmten Salzprivileg Kaiser Ludwigs des Bayern von 1332 noch einmal bestätigt wird, nämlich das Recht »auf das die stat Munichen gestift war«, wie der Stadtschreiber Sighard Tückel vermerkt[383].

Festzuhalten ist schließlich auch, daß München in einem Gebiet gegründet wurde, das bereits seit dem 8. Jahrhundert, wie Maier sich ausdrückt, »fiskalisch dicht besiedelt« [384], d.h. fest in der Hand von Ministerialen der verschiedensten Einflußbereiche war, so daß Heinrich der Löwe eine Neugründung nur über einen kriegerischen Akt oder über einen bereits vor Ort sitzenden Ministerialen seines eigenen Einflußbereiches bewerkstelligen konnte. Man kann wohl davon ausgehen, daß eher das letztere zutrifft, denn einen Handstreich, der das Gebiet München neu in seine Gewalt bringen sollte, hätte Heinrich wohl nicht gerade in Föhring, sondern an dem Ort unternommen, den er erobern wollte.

Über die Frage, auf welche Ministerialität Heinrich sich stützen konnte, vor allem wo ein entsprechender Ansitz gelegen haben könnte, sozusagen als »Keimzelle« Münchens, kann man nur Vermutungen aufstellen. In der Literatur ist häufig von einem Burgstall die Rede, der möglicherweise auf dem Gelände der heutigen Residenz, nördlich des Alten Hofes, gelegen war[385]. Auffallend ist in diesem Zusammenhang die direkte Verfügungsgewalt des Herzogs über dieses Gebiet. Ab 1284 wird den Franziskanern vom Herzog nördlich des Alten Hofes Baugrund für ein Kloster übertragen[386], ab dem späten 14. Jahrhundert entsteht auf dem nördlich anschließenden Gelände die Neue Veste, die neue Residenz der Wittelsbacher.

Ein zweiter möglicher Standort wäre die Erhebung am Petersberg, der in der Geschichte der Phantasien über Vorgängersiedlungen in München immer schon eine tragende Rolle innehatte. Hier ist eine ältere Bebauung nachgewiesen, die durchaus ein ehemaliger befestigter Ansitz gewesen sein könnte. Schwierig ist diese Theorie allerdings deshalb, weil gerade am Petersberg in den Jahren bis 1240 ziemlich eindeutig ständig freisingisch-bischöfliche Amtsträger saßen, so daß man sogar eher die Frage stellen könnte, ob hier nicht schon vor der Gründung Münchens eine bischöfliche Besitzung stand.

Die in der Urkunde von 1158 vorgesehene Aufteilung der Privilegien in München scheint auch Auswirkungen gehabt zu haben auf die grundherrlichen Rechte in der Stadt. Jedenfalls ist für die Gründungszeit eine starke Präsenz sowohl bischöflicher als auch welfischer Amtsträger nachgewiesen, so daß Maier feststellte, man müsse sich München im 12. Jahrhundert als

383 Schattenhofer, Beiträge, 18.
384 Maier, Stadt, 19.
385 Stahleder, Hausnamen, 81 f.
386 Stahleder, Chronik, 52 f.

einen »herrschaftlich aufgesplitteten Ort« vorstellen[387]. So gehörte z.B. der erste nachweisbare Richter der bischöflich-freisingischen Ministerialität an, während der bereits einige Male genannte Ortolf, der um 1170/75 »der Mauer vorstand«, also wohl mit dem Bau der Stadtmauer zu tun hatte, offenbar ein welfischer Ministeriale war. Erst ab etwa 1240 kann man davon ausgehen, daß sich die Stadtherrschaft der Wittelsbacher in München durchgesetzt hat. Bis zu dieser Zeit deutet alles auf eine Teilung der Rechte in München zwischen Freising und den Welfen in Wolfratshausen, bzw. später Andechs-Meranien hin. Eine klösterliche Herrschaft ist trotz des Namens Munichen und des Mönchs im Stadtwappen für München weder vor noch nach 1158 zu belegen.

Die Ergebnisse der Grabungen

Die Grabungen in München haben als ältestes Material Funde aus dem 12. Jahrhundert erbracht. Damit kann das in den schriftlichen Quellen genannte Datum 1158 als spätester Zeitpunkt der Stadtgründung auch archäologisch bestätigt werden.

Nicht ganz so klar beantworten, aber doch wesentlich exakter eingrenzen läßt sich aus archäologischer Sicht die nach dem Studium der Quellen offene Frage nach der Existenz einer Siedlung »munichen« vor 1158. Eindeutig auszuschließen ist hierbei eine weit in die römische Vergangenheit zurückreichende Ansiedlung, wie sie z.B. am Petersberg gern vermutet wird. Nicht nur die Quellen, auch die archäologischen Funde und Befunde erbrachten keinerlei Hinweise und Bestätigungen für diese Theorie. Ebenso klar zu verneinen ist auch eine seit der Frühgeschichte durchgehende Besiedelung, wie sie zumindest für das Gebiet des Alten Hofes gelegentlich angenommen wurde. Auf dem Gelände des Alten Hofes konnten zwar aus dem ersten Kulturhorizont einzelne Fragmente aus der Bronzezeit geborgen werden, sie waren aber bereits mit Keramik vergesellschaftet, die in das 12. Jahrhundert datiert werden muß. Über diese wenigen bronzezeitlichen Reste hinaus konnte kein einziger Fund vom Alten Hof vor das 12. Jahrhundert datiert werden. Eine durchgehende Nutzung des Geländes hätte aber mit Sicherheit in dieser ersten Schicht ihre Spuren hinterlassen. Die gleichen Ergebnisse wie am Alten Hof erbrachten auch alle anderen Grabungen im Stadtkernbereich Münchens: Kein einziger Fund kann vor das 12. Jahrhundert datiert werden und auch die Lesefunde aus dem gesamten Gebiet der spätmittelalterlichen Stadt fügen sich in dieses älteste Material ein.

Diese Beurteilung der Funde schließt auch eine Gründung Münchens schon lange vor der ersten Erwähnung aus. Da die Funde aus dem hohen Mittelalter bislang nicht genauer datiert werden können als allgemein in das 12. Jahrhundert, ist zwar eine Festlegung auf ein genaues Gründungsjahr heute noch nicht möglich, mit ziemlicher Sicherheit kann aber die Aussage getroffen werden, daß die ältesten Funde aus der Innenstadt von München nur eine Datierung um 1158 ± 20 Jahre zulassen, so daß man davon ausgehen kann, daß die Stadtgründung nicht erheblich früher als 1158 stattgefunden hat. Da sowohl die Grabungen im Alten Hof, als auch auf dem

[387] Maier, Stadt, 39.

Petersberg, unter der Frauenkirche und unter dem Rathaus Besiedlungsspuren erbrachten, die in die gleiche Zeit zurückreichen, sind diese ersten Spuren sicher auch gleichbedeutend mit einer über diese Bereiche ausgedehnten Stadt. Alle diese ältesten Befunde fallen mit dem ersten Kulturhorizont zusammen, der direkt auf dem gewachsenen Kiesschotter liegt, so daß man als Ergebnis der archäologischen Untersuchungen festhalten kann: Der von der ersten nachgewiesenen Mauer umgebene Stadtkern Münchens ist nach Ausweis der Funde nicht viel früher einzuordnen als die erste uns bekannte Erwähnung der Siedlung »munichen« im Jahre 1158.

Als Frage bleibt allerdings bestehen, ob die in den ersten Quellen erwähnte Siedlung tatsächlich mit dem Altstadtbereich identisch ist, oder ob es sich vielleicht nicht doch um eine ältere, bisher nicht nachgewiesene Siedlung außerhalb des Mauerberings handelt, wobei hier in erster Linie an den eigenständigen Steuerbezirk Altheim im Süden des alten Stadtkerns zu denken wäre (Abb. 167). Dies wird für die Zukunft vor allem eine Frage an die Archäologie sein.

Die Zusammenschau der dieser ersten Kulturschicht folgenden Besiedlungsschichten liefert vor allem bei der Peterskirche, dem Alten Hof und der Frauenkirche erstaunlich übereinstimmende Ergebnisse.

Die Grabungen im Bereich der Peterskirche erbrachten eine klare Abfolge der Bebauung: Eine erste Vorgängerbebauung, die unter der ersten nachgewiesenen Kirche gefunden wurde, liegt im Vergleich zu den heutigen Bauten noch leicht schiefwinklig im Gelände. Erst der Gründungsbau der ersten Peterskirche zeigt die in etwa ost-westliche Ausrichtung der heutigen Kirche, der dann auch die späteren Bauten im Umfeld folgen. Dieser erste Kirchenbau fällt nach einer vorangegangenen Erweiterung um die sog. »Reiche Kapelle« einer Brandkatastrophe zum Opfer, die sich allerdings nicht als Brandschicht in den Außenbereichen am Petersberg nachweisen läßt. Den Wiederaufbau datiert Schleich etwa in die Zeit um 1180, wobei allerdings der Verdacht naheliegt, daß Schleich sich mit diesem Datum an der auch ihm bekannten Quelle orientierte, in der von der Zerstörung Münchens um 1180 berichtet wird. Archäologisch ist eine Datierung für diesen Brand und den nachfolgenden Neubau jedenfalls nicht festzumachen. Da aber vor dem späteren gotischen Bau, der ab 1278 begonnen wird, außer diesem Wiederaufbau noch eine kleinere und eine umfassende Erweiterung der alten Kirche stattfanden, liegt eine vorsichtige Datierung der Brandzerstörung in die Zeit um 1180 immerhin im Bereich des Möglichen. 1327 wird dann der gotische Neubau durch eine Brandkatastrophe zerstört, die offenbar ganz München betraf und in den schriftlichen Quellen gut dokumentiert ist. Parallel zu diesen Befunden konnte auch Dannheimer bei seiner Grabung bei der Metzgerzeile eine Abfolge von sieben Nutzungsschichten bis zur Brandschicht von 1327 nachweisen.

Die Untersuchungen im Alten Hof ergaben wie bei der Peterskirche eine erste, schiefwinklig im heutigen Areal liegende Bebauung, die noch im 12. Jahrhundert wieder abgerissen wurde. Stark von Feuer mitgenommene Funde in der Verfüllung des ehemaligen Grubenhauses deuten hier ebenfalls auf einen frühen Brand hin, auch wenn nicht eindeutig nachgewiesen werden konnte, daß er die einzige Ursache für den Abbruch dieses ersten Baus war. Zumindest aber ist am Alten Hof eine Datierung des Brandes in das Ende des 12. Jahrhunderts möglich. Wie am Petersberg gibt auch am Alten

Hof die nächste Bebauung bereits die endgültige, bis heute eingehaltene Ausrichtung vor.

Die Grabungen in der Frauenkirche erbrachten vor dem ersten Kirchenbau in der Zeit um 1250 einen Bau- und Aufschüttungshorizont, unter dem ein von einem Brand stark mitgenommener Lehmfußboden freigelegt wurde. Der Fußboden gehörte zum allerersten, direkt auf dem gewachsenen Kies aufliegenden Kulturhorizont. Brand- und erste Kulturschicht können nach den Funden einer kürzlich stattgefundenen Ausgrabung unter der Domsakristei wie am Petersberg in das 12. Jahrhundert datiert werden[388]. Auch hier gab es also bereits in der ersten Kulturschicht eine Bebauung, die dann offenbar von dem nachgewiesenen Brand zerstört wurde.

Nach diesen Befunden gewinnt die bisher immer nur ungläubig und oft außer Acht gelassene Urkunde aus den Schäftlarner Annalen an Bedeutung, die 1180 erwähnt, daß »munichen destruitur, veringen reedificatur«. Oft ist es schwierig die schriftlichen Quellen mit den archäologischen Ergebnissen in Einklang zu bringen und nicht selten ist die Archäologie durch sie zu voreiligen Fehlschlüssen verleitet worden. Deshalb sollte man für München als nachweisbar auch nur festhalten, daß in seiner Entstehungsgeschichte relativ früh ein Brand vermutlich fast die ganze Stadt zerstörte. Dieser Brand liegt nach Auskunft der Funde im 12. Jahrhundert. Seine Spuren sind bis jetzt nur auf der Hochterrasse, dem Gebiet des ältesten Stadtkerns, beobachtet worden. Die Untersuchungen am Dreifaltigkeitsplatz erbrachten keine Brandschicht dieser Zeitstellung. Interessanterweise lieferte auch die Grabenverfüllung des Stadtgrabens am Marienhof und am Alten Hof keine Brandschichten aus dieser Zeit, wie auch die älteste nachweisbare Wehrmauer keine Feuerspuren zeigt. Angesichts dieser Übereinstimmung der archäologischen Befunde mit den Quellen ist man trotz aller Vorsicht geneigt, insbesondere die beiden Urkunden, in denen 1180 von der Zerstörung Münchens und 1175 von dem bereits bekannten Ortolf »qui praeest muro« berichtet wird, miteinander in Einklang zu bringen und in die überlieferte Geschichte der frühen Stadt einzubinden. So stünde eine erste Siedlung im Zusammenhang mit Herzog Heinrich dem Löwen. In den Wirren um die Jahre 1180 mit der Verhängung der Reichsacht über den Herzog und dem Kampf um die Vormachtstellung wäre die neugegründete Stadt München zerstört und wiederaufgebaut worden. Vielleicht war mit diesem Wiederaufbau und der damit verbundenen endgültigen Festlegung des Stadtgrundrisses dann auch die erste Ummauerung der Siedlung verbunden; das Fehlen von Brandspuren an der Mauer, die Erwähnung Ortolfs in dieser Zeit sprechen zumindest für eine solche Interpretation. Eindeutig aus den Quellen herauslesbar ist nach Meinung des Historikers Maier auf jeden Fall ein erster großer Entwicklungsschub für die Stadt um 1180[389].

Kann nun in der sogenannten »leonischen« Stadt der Siedlungsbeginn im 12. Jahrhundert als gesichert gelten, muß dies für die Bereiche außerhalb des ersten Mauergürtels noch offen bleiben. Einzig die Grabung am Dreifaltig-

388 Im Februar 1999 fanden unter der Domsakristei der Frauenkirche Ausgrabungen unter Leitung des Verfassers statt. Sie erbrachten unter anderem in einem zweiten nachweisbaren Kulturhorizont einen außerordentlich großen Kalkbrennofen aus der Zeit des Baus der ersten romanischen Kirche. Die bei dieser Grabung aus der ersten Kulturschicht geborgenen Funde gehören der Warengruppe A1 an und stammen aus dem 12. Jahrhundert.

389 Maier, Stadt, 37.

keitsplatz gibt hier einen begrenzten Einblick in die frühesten Siedlungsabläufe des 12. und frühen 13. Jahrhunderts. Wie die Auswertung zeigte, liegt die älteste nachweisbare Aufsiedlung dieses Geländes bereits im 12. Jahrhundert. Eine erste Kulturschicht wird allerdings noch von einer mächtigen Schicht einer Überschwemmung bedeckt, so daß eine »überschwemmungssichere« Kultivierung und intensive Nutzung erst zu einer späteren Zeit einsetzt. Die Funde aus dem 12. Jahrhundert und die Gründung des benachbarten Heiliggeistspitals vermutlich schon 1208 weisen auf die Stadterweiterung nach Osten hin.

Ebenfalls die Bereiche außerhalb des ersten Mauergürtels betrifft die Frage nach einem Ministerialensitz, auf den sich Heinrich der Löwe bei seinem Handstreich stützen konnte. Hier ist vor allem das Areal nördlich des Alten Hofes interessant, also ein Gebiet, das bereits außerhalb des ältesten Stadtkerns liegt. Im Rahmen seiner Untersuchungen in den Jahren 1957–62 über die Münchner Residenz stellte Otto Meitinger fest, daß dieses Gelände von der zweiten Stadtmauer bereits umschlossen war, bevor es bebaut wurde[390]. In seinem Gutachten spricht Meitinger in diesem Zusammenhang auch von einem Burgstall auf dem Gelände, den auch Stahleder erwähnt[391]. Leider ergibt sich aus Meitingers Unterlagen nicht eindeutig, ob er noch Überreste dieses Burgstalls feststellen konnte, oder sich nur auf Quellen bezog. Archäologische Untersuchungen zur Klärung dieser Frage sind wegen der umfassenden Zerstörungen des Krieges und beim Wiederaufbau der Residenz leider nicht mehr möglich.

Ein Ministerialensitz auf dem Petersberg muß ausgeschlossen werden, da die Besiedelung hier nach den archäologischen Befunden und Funden kaum vor die Zeit der Gründung Münchens zu datieren ist.

Die Frage nach der Gründung Münchens konnte durch die bisherigen Grabungen ansatzweise beleuchtet werden. Sicherlich kann das Datum 1158 ohne eine exakte Datierung, beispielsweise mittels Dendrodaten, durch die Archäologie nie bewiesen werden. Dennoch haben die Auswertungen das Bild der Anfänge der Stadt München konkretisieren können. Eine Siedlung Heinrichs des Löwen konnte bestätigt, eine Vorgängersiedlung im Münchner Altstadtbereich ausgeschlossen werden. Die nachgewiesene Zerstörung weiter Teile dieser ersten Siedlung und ein Wiederaufbau geben zum ersten Mal konkrete Hinweise zu den Ereignissen der Jahre um 1158 bis 1180. Dennoch bleiben viele Fragen offen, denen nun zielgerichteter nachgegangen werden kann. Offen bleiben muß vor allem die Frage nach eventuell älteren Keimzellen, wie wir sie möglicherweise im Bereich Altheim oder im Gebiet um das Angerkloster noch finden können. Hier sollte in Zukunft der Archäologie mehr Platz eingeräumt werden.

---

[390] Meitinger, Otto, Die baugeschichtliche Entwicklung der Neuveste. Ein Beitrag zur Geschichte der Münchner Residenz. OA 92 (1970) 20 f.

[391] Stahleder, Hausnamen, 81 f.

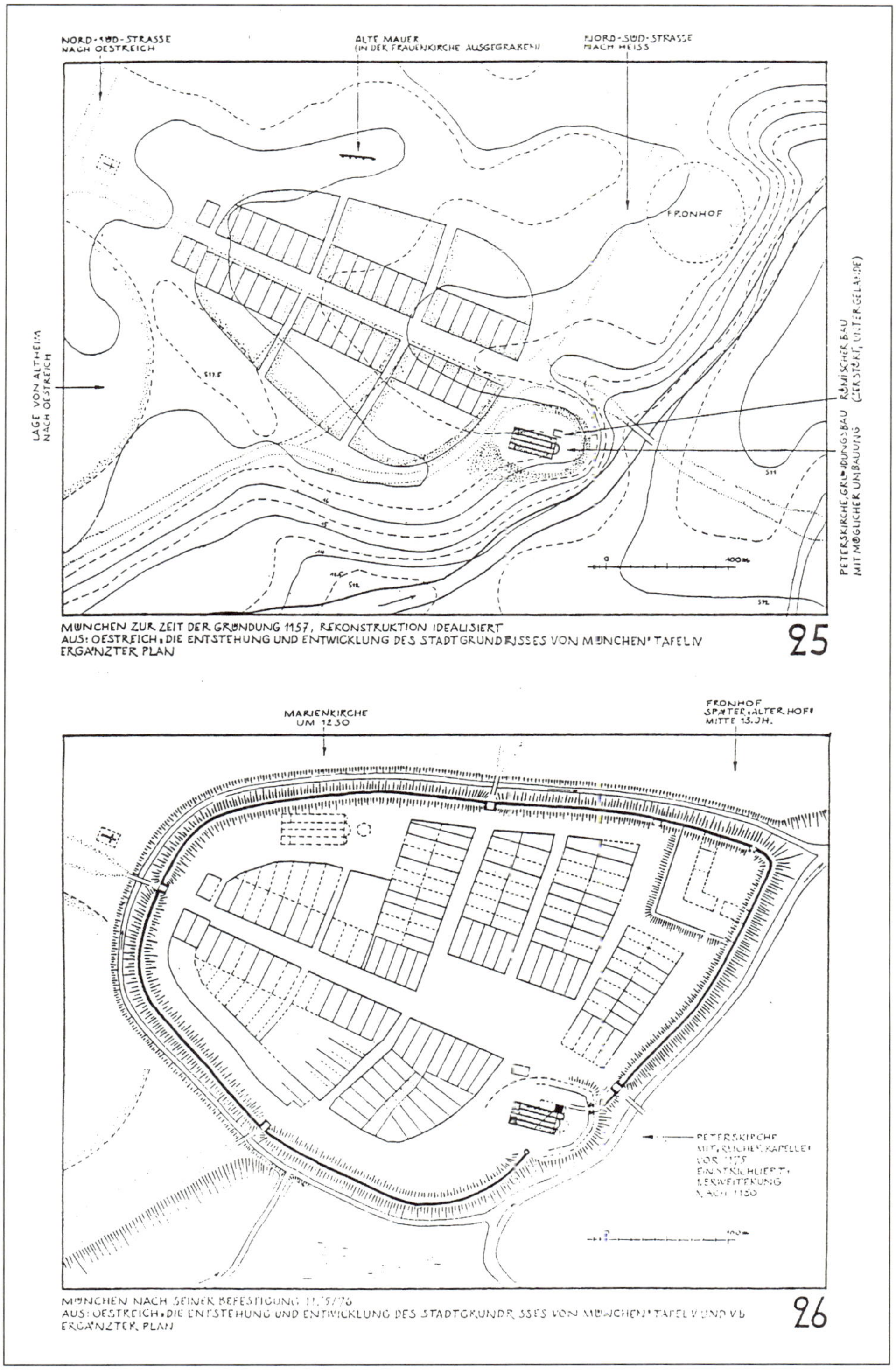

Abb. 165: München. Die heute teilweise überholte Rekonstruktion der ersten beiden Entwicklungsphasen nach Oestreich, ergänzt durch Schleich. Entnommen aus: Schleich, Erwin, OA 83 (1958) Taf. 25 und 26.

6.2. Stadttopographie – Antworten und Fragen

Neben der Frage nach dem Alter stand auch immer die Frage nach dem Aussehen der hochmittelalterlichen Stadt München im Mittelpunkt der Diskussionen.

Als einer der ersten versuchte hier Dieter Oestreich in den 50er-Jahren auf der Grundlage von alten Stadtansichten, Plänen und dem Sandtnerschen Holzmodell einen Grundriß der neugegründeten Stadt zu erarbeiten[392]. Er rekonstruierte eine zweiphasige Entwicklung vom einfachen Straßenmarkt zur ummauerten Siedlung mit vollkommen regelmäßigen Parzellen von rund 12 m (40 Fuß) Breite und 30 m (100 Fuß) Länge (Abb. 165). Einen ähnlichen Weg geht Reinhold Schaffer, wenn er die Siedlungsgeschichte Münchens aus den topographischen Gegebenheiten der Stadt abzulesen versucht[393].

Alle diese Überlegungen dürfen aber nicht darüber hinwegtäuschen, daß sie reine Hypothesen sind, denn für München hat sich zwar eine Vielzahl genauer Pläne erhalten, keiner aber erlaubt es, mit der Entwicklung der Stadttopographie weiter als ins 16. Jahrhundert zurückzugehen. Auch das schon des öfteren angesprochene Sandtnersche Holzmodell stammt erst aus den Jahren 1570–72, so daß auch seine Aussagen für die Gründungszeit nur bedingt verwendbar sind. Im Zusammenhang mit archäologischen Ausgrabungen ist das Bild, das uns dieses Modell von der mittelalterlichen Stadt gibt, allerdings immer noch von großer Bedeutung. Bester Kenner dieses Modells war Gustav Schneider[394]. Seine Erkenntnisse setzte er in den Zeichnungen zum Häuserbuch um[395]. Als Grundlage dieser Zeichnungen fertigte er maßstabsgetreue Pläne an[396]. Schneiders Arbeiten sind heute bei der Interpretation der archäologischen Befunde unverzichtbar geworden. Als alleinige Grundlage für Überlegungen zur Stadttopographie der frühen Stadt taugen sie aber ebensowenig wie die alten Pläne aus dem 16. Jahrhundert.

Untersuchungen des Münchner Stadtgrundrisses anhand des Sandtnerschen Stadtmodells und damit verbundene Rückschlüsse auf das hohe Mittelalter sind ein legaler Versuch, sich der historischen Wahrheit zu nähern. Er darf aber nicht das Bewußtsein verdrängen, daß solche Rückschlüsse oft genug ein völlig falsches Bild ergeben, denn gerade das 12. und 13. Jahrhundert brachten viele gravierende Veränderungen im Stadtbild, die die Spuren älterer Bebauungen manchmal fast vollständig verwischten. Auch wenn uns mit diesem Holzmodell ein einmalig lebendiges Abbild der Stadt aus dem späten Mittelalter vorliegt, so ist es eben doch nur ein Abbild aus dem 16. Jahrhundert. Aus diesem Grund bleibt nur die Überprüfung durch planmäßige archäologische Ausgrabungen.

---

[392] Oestreich, Dieter, Die Entstehung des Stadtgrundrisses von München und seine Entwicklung bis zur Mitte des 13. Jahrhunderts. (Ungedr. Diss. München 1950) StadtAM Av.Bibl. 25626.

[393] Schaffer, Reinhold, Der Münchner Stadtplan als Geschichtsquelle. In: Wirtschafts- und Verwaltungsblatt der Stadt München, Heft 2 (München 1942) 37 f.

[394] Schneider, Gustav, Der Werdegang des ältesten Münchner Stadtkerns. In OA 112 (1988) 181–195.

[395] Häuserbuch der Stadt München, Stadtarchiv München (Hrsg.) 5 Bände. (München 1958–77).

[396] Nachlaß Schneider, StadtAM.

Straßen

Die Untersuchungen des Straßensystems in und um München spielt nicht nur für die Frage nach der Topographie Münchens im hohen Mittelalter eine große Rolle, sondern ist auch für die Beantwortung nach dem Alter und der Gründung der Stadt von großer Bedeutung.

Wie die Straßenverläufe im Großraum Münchens zur Gründungszeit aussahen und welche Rolle sie spielten, wurde im Kapitel Vor- und Frühgeschichte ausführlich dargestellt. Es wurde festgestellt, daß mit den frühen, stets nord-südlich gerichteten Straßenverbindungen in fast allen Fällen auch eine Nord-Süd-Ausrichtung der Ortschaften einherging und lediglich die Siedlungen Laim, Moosach und Neuhausen eine Ausnahme bildeten, wobei Neuhausen, das erst 1163/70, also nach der Gründung Münchens, in den Quellen auftaucht, vielleicht sogar von Anbeginn mit München in Verbindung stand. So deutet allein die Ost-West-Ausrichtung Münchens auf eine im Vergleich zu den umliegenden Ortschaften wesentlich spätere Gründung der Stadt hin. München ist aber nicht nur als fast einzige Gründung von Anfang an ost-westlich ausgerichtet, es lag zudem, wie ebenfalls gezeigt wurde, auch abseits aller wichtigen Fernstraßen. Es scheint, als sei München mitten zwischen alten Fernverbindungen an einer noch freien Stelle gegründet worden, einer Stelle, die sich vor allem dadurch auszeichnete, daß die Isar gut zu überqueren war. Diese Absage an alle wichtigen Fernverbindungen in den Norden und Süden zeigt noch einmal, worum es Heinrich dem Löwen bei der Gründung der Stadt ging: Wichtig war einzig der Zugang zur Salzstraße von Österreich, der an dieser Stelle nur durch eine gewaltsame Verlegung des Überweges über die Isar nach Süden zu gewinnen war.

Für den Altstadtbereich spielt denn auch folgerichtig das alte Wegesystem um München kaum eine Rolle. Die einzige wohl durch München verlaufende Nord-Süd-Verbindung, die allerdings relativ bedeutungslos gewesen sein muß, scheint beim Bau des Alten Hofes sogar überbaut und nach Westen verlegt worden zu sein. Sie verlief, wie man heute vermutet, am westlichen Isarufer immer knapp am Rande des Hochufers entlang von Obersendling nach Schwabing, wobei das Gelände des Alten Hofes unmittelbar auf dieser Straße gelegen wäre. Man löste das Problem des Herzogsitzes offenbar auf einfache Weise, indem man die Verbindung nach Schwabing ein wenig nach Westen verlegte und die Straße nun unmittelbar westlich am Alten Hof vorbeiführte. Die Vermutung, die alte Nord-Süd-Verbindung zwischen Sendling und Schwabing wäre über den Rindermarkt, vorbei an der Peterskirche, durch die Burgstraße nach Norden verlaufen, gilt deshalb wohl auch nur für die Zeit, als es die Burg und die Stadt München noch nicht gab. Die Grabungen am Alten Hof konnten jedenfalls für die Anfangszeit keinen Durchlaß am Ende der Burgstraße bestätigen. Die Toranlage in der südlichen Mauer stammt vielmehr erst aus dem 13. Jahrhundert, die einzig mögliche Zufahrt zum Burghof lag in der Anfangszeit der Burg im Westen zur Dienerstraße. Wie die Grabungen im Alten Hof gezeigt haben, wird erst ab der Mitte des 13. Jahrhunderts die Burgstraße zu einer wichtigen Zufahrt zum Herzogssitz. Dies dürfte mit der Verlegung des Herzogssitzes nach München ab 1255 zusammenfallen. In diese Zeit fällt

Abb. 166: München. Holzmodell von Jakob Sandtner 1570–72. Blick von Ost nach West. Deutlich hebt sich der Straßenmarkt hervor, der nur vom Rathausbau unterbrochen wird. Im Vordergrund das Isartor.

wohl auch die nochmalige Verschiebung des Nord-Süd-Verkehrsstromes nach Westen in die Rosen- und Weinstraße.

Die weit wichtigere Rolle spielte aber in München die Ost-West-Verbindung durch die Kaufingergasse (Abb. 166). Hier lagen mit dem »oberen« und »unteren« Tor die beiden wichtigsten Zolltore (eine Zollerhebung am nördlichen Schwabingertor und am südlichen Sendlingertor läßt sich erst für das Jahr 1414 nachweisen und auch dann nur für den relativ unbedeutenden »Pflasterzoll«[397]). An ihr orientierten sich auch die neuangelegten Wege zu den die neue Siedlung direkt umgebenden älteren Orten. Ihre im Vergleich zu den nördlich und südlich aus der Stadt herausführenden Stra-

[397] Stahleder, Chronik, 187.

ßen wesentlich größere Breite läßt sich zwar erst auf dem Stadtmodell von Jakob Sandtner, also ab 1570–72 eindeutig nachweisen, ist aber mit aller Wahrscheinlichkeit bereits in der ältesten Stadt vorgegeben. Anzeichen für eine Umorientierung innerhalb der ersten Siedlung gibt es nach den bisherigen Grabungsauswertungen nicht. Sie geben eher Hinweise auf eine Beibehaltung der einmal festgelegten Straßen seit der Stadtgründung. Hier können vor allem die Beobachtungen Naglers auf dem Frauenplatz und die Ergebnisse der Grabungen Adam Horns unter der Liebfrauenkirche angeführt werden: Aus der Lage der unter der ältesten Kirche und in ihrem Umfeld freigelegten Mauerzüge läßt sich ablesen, daß sowohl die heutige Mazaristraße von der Kaufingerstraße kommend, als auch die nach Osten zur Weinstraße führende Sporerstraße und Filserbräugasse bereits zu dieser Zeit ihren heutigen Verlauf gehabt haben müssen. Nachzuvollziehen ist sogar eine Verlängerung des alten Mazarigäßchens zur Stadtmauer zwischen einem langgestreckten Bau und dem kleinen Bau mit drei Apsiden, die heute durch die Frauenkirche abgeschnitten ist. Daß sich die östlichen Süd- und Nordportale der heutigen Frauenkirche und ihres Vorgängerbaues noch an dieser ehemaligen Gassenflucht orientieren, ist ein interessanter Hinweis auf die alte Bebauungsstruktur. Auch die Bebauung am Frauenplatz kann allerdings nicht zweifelsfrei in die Zeit der Stadtgründung datiert werden, ist aber auf jeden Fall älter als die erste romanische Kirche, mit deren Bau etwa in der Zeit um 1250–55 begonnen wurde. Der endgültiger Nachweis einer kontinuierlichen Straßenführung seit 1158 sollte bei künftigen archäologischen Untersuchungen in der Münchner Innenstadt ein wichtiger Aspekt sein.

Bauten und Institutionen

Über die Bebauung im München des 12. und 13. Jahrhunderts können wir derzeit nur sehr begrenzte Aussagen machen. Übergreifend kann man aber als Ergebnis festhalten: Alle archäologisch untersuchten Gebäude hatten Vorgängerbauten, die sich in die heute noch abzeichnenden Straßenführungen und Parzellengrenzen einfügen. Auch dies also noch einmal ein Hinweis auf eine relativ kontinuierliche Bebauung in schon sehr früh angelegten Strukturen, die sich bis heute erhalten konnten.

Die für das frühe München bislang festgestellten zentralen Plätze mit wichtigen Baulichkeiten sind der Alte Hof, die leichte Erhebung, auf der die Peterskirche steht und der Marienplatz. Ob man auch den Bereich um die heutige Frauenkirche schon in der Anfangszeit als zentralen Platz ansprechen kann, muß derzeit noch offen bleiben.

Im Bereich des Alten Hofes konnte für die Siedlungsanfänge Münchens ein erster befestigter Sitz nachgewiesen werden. Die Umwehrung mit einer Mauer ist ebenfalls für das 12., spätestens das frühe 13. Jahrhundert gesichert. Sie ist in die Umwehrung der ganzen Stadt eingebunden. Dieser Sitz entspricht den in vielen Städten am Ortsrand gelegenen Verwaltungshöfen des jeweiligen Landesherrn. In München dürfte es der Hof eines welfischen Ministerialen gewesen sein. Ob er Heinrich dem Löwen als Pfalz gedient hat, ist fraglich. Aufenthalte des Welfenherzogs in München sind jedenfalls nicht beurkundet. Mit Sicherheit kann man sich für die Zeit um 1158 keine Burganlage im heutigen Sinne vorstellen. Vielmehr muß man von einer

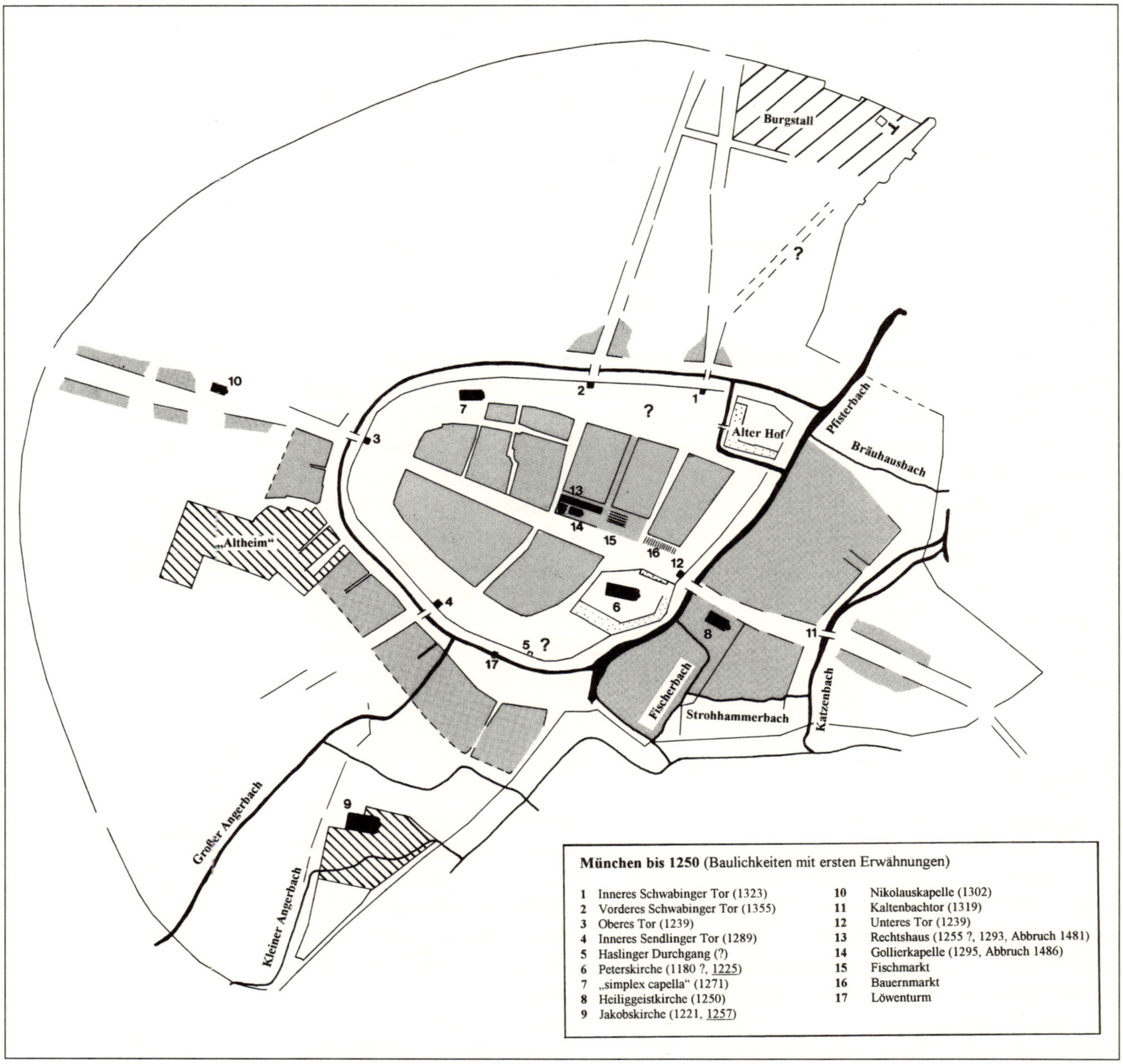

Abb. 167: München um 1250.

Art Wirtschaftshof mit freien Hofflächen, Wirschafts- und Lagerräumen ausgehen, wie dies für die meisten Verwaltungshöfe in mittelalterlichen Städten und Ortschaften nachgewiesen ist[398]. Ein größerer, repräsentativer Steinbau entstand im Alten Hof mit dem östlichen Burgstock erst im frühen 13. Jahrhundert, wobei allerdings die begrenzte Grabungsfläche diese Aussage auf den südöstlichen Teil der Burg beschränken muß.

Interessant und aufschlußreich sind im Zusammenhang mit der Frage nach Bauten, die auch zu Repräsentationszwecken dienen konnten, eine Lehensaufsagung eines Hofes zu Wörnbrunn durch Herzog Ludwig I. die

[398] siehe hierzu auch Kapitel 4.1 »Die Herzogsburg«.

1225/26 »in ecclesia sancti Petri in Muonichen«[399], in der St. Peterskirche in München, stattfand, und ein längerer Aufenthalt Bischof Gerolds 1226/27 in »Monaci in domo plebani«, also in München im Hause des Pfarrers (von St. Peter)[400]. Auch wenn zu dieser Zeit die Kirchen als juristischer Ort galten und die Amtshandlung des Herzogs an diesem Ort deshalb nicht von vornherein ungewöhnlich ist, kann man doch vermuten, daß die in herzoglichem Besitz befindlichen Gebäude einschließlich der capella simplex am Frauenplatz für wichtige Amtshandlungen noch nicht geeignet waren. Die auffallend seltenen Besuche des Herzogs deuten darauf hin, daß dies wohl auch für die Wohnsituation galt. Ein längerer Aufenthalt in München, wie der des Bischofs im Haus des Pfarrers am Petersberg, ist von Herzog Ludwig I. nicht überliefert.

Aus den zur Verfügung stehenden Grabungsunterlagen läßt sich ein repräsentativer Bau neben der Peterskirche im frühen 13. Jahrhundert nicht rekonstruieren, da im Zuge der Kanalbauarbeiten am Petersplatz jeweils nur sehr kleine Mauerstücke angeschnitten wurden. Einige von ihnen lassen aber sehr wohl die Vermutung zu, daß es sich hier um frühe Repräsentationsbauten gehandelt haben könnte. Interessant sind hier vor allem die Mauerzüge XI 1 und XI 2 nord-östlich der Kirche und der Mauerzug XIV auf der Südostseite. Die Mauerreste XI 1 und XI 2 stammen aller Wahrscheinlichkeit nach aus der Zeit des ersten Kirchenbaus und sind mit tuffgemauerten Schalen auffallend repräsentativ ausgeführt. Mauerzug XIV datiert Schleich zwar in die Gotik, dies aber lediglich auf Grund der nicht unbedingt nachvollziehbaren Überlegung, daß massives Ziegelmauerwerk erst in der Gotik Verwendung gefunden habe. Mauerzug XIV hat laut Schleich eine Stärke von 1,60 m, so daß man hier eigentlich schon von einem Wehrbau sprechen muß. Diese Beobachtungen und die randhausartige ovale Bebauung um die Peterskirche lassen an eine befestigte Kirchenanlage denken, deren Wehrhaftigkeit allein schon durch das noch heute erkennbar ehemals steil nach Osten, Norden und Süden abfallende Gelände gegeben war.

Da alle in Schleichs Plan eingezeichneten Mauerreste sich unter dem Boden des freien Platzes befinden und wohl nur zum Teil zerstört sind, können hier in der Zukunft möglicherweise klarere Erkenntnisse gewonnen werden. Vorerst läßt sich für das 12. und frühe 13. Jahrhundert nur festhalten: Mit Sicherheit gab es in München nur wenige repräsentative und größere Räumlichkeiten. Und ebenso sicher gehörte zu ihnen die Kirche St. Peter (erstmals 1167/70/71 indirekt über den Pfarrer Herbort erwähnt) und wohl auch das Haus des Pfarrers von St. Peter.

Zu den Gebäuden am Marienplatz gibt es bislang keine archäologischen Untersuchungen. Die historischen Recherchen Helmut Stahleders weisen aber auch hier eine seit der Gründung durchgehende Bebauung nach. Danach war der Straßenverlauf auch hier von Anfang an vorgegeben. Anfangs war der heutige offene Platz auf der Nordseite noch zum größten

[399] Stahleder, Chronik, 28 f. Zwar sind Kirchen im Mittelalter ein typischer Rechtsort, dennoch macht diese Erwähnung deutlich, daß die Kirche St.Peter zumindest für das 12. und frühe 13. Jahrhundert der einzige größere Versammlungsort in München ist. Dies ist vielleicht auch ein Hinweis darauf, daß der Vorgängerbau der Frauenkirche noch nicht stand.

[400] Stahleder, Chronik, 29.

Teil überbaut, so daß man für die Frühzeit, wie in vielen anderen Städten der ersten Zeit noch von einem Straßenmarkt sprechen muß (Abb. 166 zeigt die Ost-West-Achse des alten Straßenmarktes durch München auf dem Modell von Sandtner). Durch einen Erlaß Kaiser Ludwigs wird der Platz 1315 von störenden Bauten befreit und erhält seine heutige Form[401]. Schon sehr früh war der Marienplatz auch Standort wichtiger Gebäude, so wahrscheinlich des Rechts-, Ding- oder Brothauses für den bereits 1169 bis ca. 1171/72 erwähnten Richter »Hainrich iudex de Munechen«[402] und der Gollierkapelle. Mit Sicherheit stand auch die Münze für den 1173/74 in den Quellen erwähnten Münzmeister »Wernhart monatarius« auf dem Platz, denn 1294 berichtet eine Quelle davon, daß eben diese Münze am Marienplatz aufgebrachten Bürgern zum Opfer fällt[403].

Unklar ist die Rolle des Platzes, an dem heute der Liebfrauendom steht. Noch vor der ersten Basilika stand hier eine kleine dreiapsidiale Kirche oder Kapelle an der Stelle des heutigen Domes. Sie dürfte mit der in den Urkunden angesprochenen »simplex capella«, an deren Stelle die neue Marienkirche errichtet werden sollte, identisch zu sein. Die Kapelle scheint keine bedeutende Rolle gespielt zu haben. Daneben gab es schon sehr früh weitere Bauten. Ob es Wohnbauten, Werkstätten oder zur Kirche gehörige Gebäude waren, ist nicht bekannt.

Nicht geklärt ist auch die Identität des auf der Schedelschen Chronik deutlich erkennbaren Turmes neben der Frauenkirche. Ungeklärt ist bis heute auch die Lage der in den Quellen oft genannten Michaelskapelle.

Außerhalb des ältesten Stadtkerns sind für das 13. Jahrhundert zwei wichtige Gebäude bekannt: die südlich der Stadtmauer liegende Jakobskirche (Abb. 171 und 172), in der man unter Umständen eine Keimzelle einer möglichen Vorgängersiedlung sehen könnte und das außerhalb des östlichen Stadttores auf der Südseite Ausfallstraße zur Isar gelegene Heiliggeistspital mit der Heiliggeistkirche. Letzteres wird erstmals 1250 erwähnt, wahrscheinlich aber schon 1208 gegründet. Diese frühe Datierung zeigt vor allem, daß sich bereits vor der großen Stadterweiterung um 1300 entlang der östlichen Ausfallstraße eine Bebauung reihte, der später die Heiliggeistkirche als Pfarrkirche zugeordnet wurde. Wie in den Ausführungen über die Parzelle am Dreifaltigkeitsplatz gezeigt wurde, gab es hier auch noch weitreichenden Grundbesitz des Heiliggeistspitals (die Grundstücke an der sog. Fischeregasse gehörten z.B. dazu), so daß hier noch einmal der Einfluß der Kirche, bzw. des Freisinger Bischofs zur Geltung kam, während die Nordseite der Stadt wohl schon von Anfang an im Herrschaftsbereich des Herzogs lag.

Über die Wohnhäuser im hochmittelalterlichen München brachten die Grabungen nur wenige Erkenntnisse. Vor allem über Aussehen und Konstruktionsweise gibt es kaum Aussagen. Auch die schriftlichen Quellen liefern nur sehr bedingt Hinweise. Einige wenige Rückschlüsse kann man aus den ersten Bauordnungen des 14. Jahrhunderts ziehen, so z.B., daß 1342,

[401] Stahleder, Chronik, 82 f.
[402] Stahleder, Chronik, 13.
[403] Stahleder, Chronik, 65 f.

15 Jahre nach dem großen Stadtbrand, steinerne Kamine und Ziegeldeckung für Neubauten obligatorisch werden, des weiteren, daß die Häuser aus Stein gebaut werden sollen. Ab 1347 sind laut Stadtrechtsbuch Strohdächer grundsätzlich verboten. All diese Verordnungen setzen sich aber nur sehr langsam durch, denn über das gesamte 14. Jahrhundert hinweg gelten Steinhäuser offenbar immer noch als etwas Besonderes, sie werden in den Quellen explizit vermerkt. Einen, wenn auch begrenzten Einblick konnten hier die Grabungen am Dreifaltigkeitsplatz liefern. Ihre Aussagen sind zwar für das eigentlich untersuchte Grundstück insofern nicht repräsentativ, als es sich bei der einfachen Holzbebauung um Rückgebäude gehandelt hat. Nicht um Rückgebäude handelt es sich hingegen bei der Bebauung westlich des untersuchten Grundstücks. Hier wurden etwa um 1385 eine Reihe von Steinhäusern für die umgesiedelten Fischer errichtet, deren Rückwände bei der Grabung noch als Kommunmauer freigelegt werden konnten. Diese Häuser stellen zwar insofern eine Besonderheit dar, als sie höchstwahrscheinlich in städtischer Regie gebaut wurden und deshalb nicht unbedingt Schlüsse auf die Gewohnheiten privater Bauherren zulassen, immerhin aber zeigen sie eindeutig, daß zu dieser Zeit der Steinbau als Regelbau gewollt und zumindest teilweise auch durchgeführt wurde. Eine Antwort darauf, wie schnell er sich dann im gesamten Stadtgebiet durchsetzen konnte, muß künftigen archäologische Untersuchungen überlassen werden, wobei auch Untersuchungen an noch erhalten gebliebenen Bauten in Zusammenarbeit mit der Bauforschung einen größeren Raum einnehmen sollten.

Die Struktur der Bewohner zeigt schon sehr früh eine sehr gesunde Verteilung von Handwerkern und Händlern in der Stadt. So erfahren wir schon im 12. Jahrhundert von einem Kürschner, Friedrich pellifex, und einem Fischer[404]. 1241 wird der Herzog als Herr über Mühlen und Lohstampf der Lederer erwähnt, die im Bereich der heutigen Lederergasse lagen[405]. 1195, 1217 und 1242 werden Münchner Kaufleute erwähnt[406]. Helmuth Stahleder konnte in seiner Arbeit über die Stadtplanung und Stadtentwicklung Münchens im Mittelalter zurückreichend bis in das frühe 14. Jahrhundert teilweise auch den Standort einzelner Berufsgruppen und ihrer Läden festmachen[407]. Um 1229 wird mit »Abraham de Munich« der erste Jude in München genannt. Die Juden waren westlich des Alten Hofes im Bereich des heutigen Marienhofes angesiedelt[408].

Daß die Siedlung München wahrscheinlich bereits im 12. Jahrhundert umwehrt war, haben die Auswertungen im Kapitel Befestigung gezeigt. Damit ist die Erbauung der ersten Mauer in die Zeit Heinrichs des Löwen, spätestens Otto von Wittelsbach oder Ludwig des Kehlheimers gesichert.

---

404 Stahleder, Chronik, 14 f. und 29. – 1174/74 und 1227/30 Münchner Kürschner (»pellifex«). Er gehört mit seiner ganzen Familie zu den Zinsleuten der Freisinger Kirche.

405 Stahleder, Chronik, 33.

406 Stahleder, Chronik, 82 f.

407 1253: Ein Bereich in der Stadt wird »inter watmangerios« genannt, unter den watmangern. Die Watmanger sind Tuchhändler, Wahrscheinlich ist die Häusergruppe am Marienplatz, zwischen dem Alten Rathausturm und der Einmündung des Rindermarktes in den Marienplatz gemeint. Stahleder, Hausnamen, 322/323.

408 Stahleder, Chronik, 29.

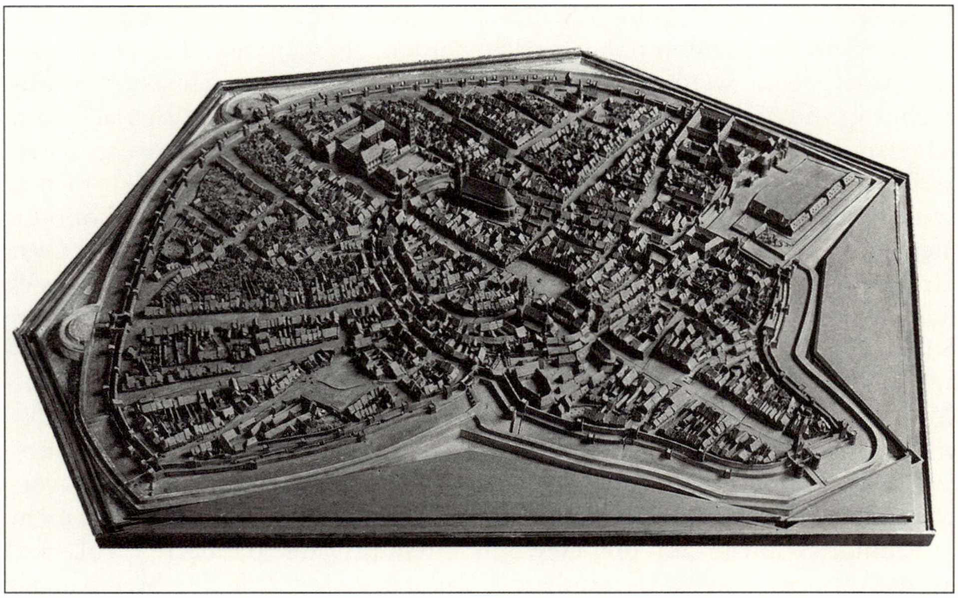

Abb. 168: München auf dem Holzmodell von Jakob Sandtner aus den Jahren 1570–72.

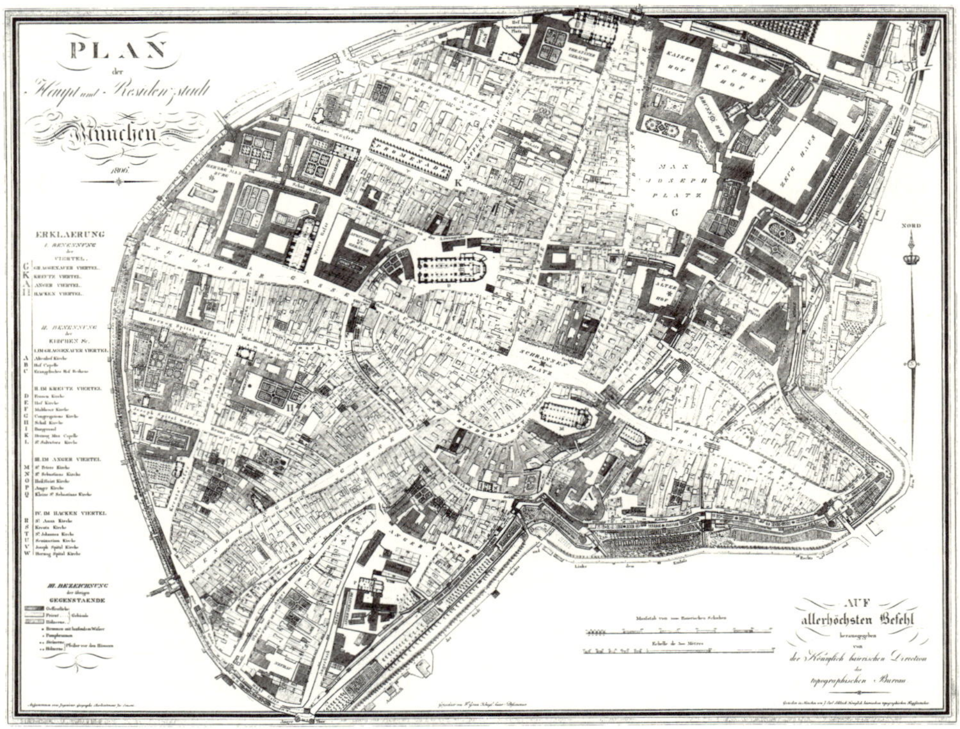

Abb. 169: München auf dem ersten Katasterplan »Plan der Haupt- und Residenzstadt München 1806« von Cosoni.

Ob sie bereits um 1158 Bestand hatte, muß derzeit noch offen bleiben. Hier können nur weitere Grabungen Aufschluß geben.

Überlegungen zur Entwicklung der Parzellen in München

Zur Frage der Parzellenentwicklung konnten in München bisher nur zwei Grabungen konkretere Aussagen liefern: Die Ausgrabungen unter der Frauenkirche und archäologische Untersuchungen am Dreifaltigkeitsplatz.

Abb. 170: München auf dem Katasterplan von 1997. Deutlich zeichnen sich heute noch die Entwicklungsringe der mittelalterlichen Stadt ab.

Für den Bereich der »leonischen« Stadt konnten die Auswertungen der Beobachtungen am Frauenplatz und der Grabungen unter der Frauenkirche einige neue Ansatzpunkte geben. Wie schon ausgeführt, liegen hier wohl bereits seit der Gründungszeit, sicher aber vor 1250, die Straßenführungen fest. Die von Süden kommende Mazaristraße ist durch die früheste festgestellte Bebauung ebenso nachgezeichnet wie die nach Osten zur Weinstraße führende Sporerstraße und die parallel dazu verlaufende Filserbräugasse. Großräumig standen die Bebauungsgrenzen in diesem Bereich also wohl schon sehr früh fest. Sie sind bis heute erhalten geblieben, die zur Bebauung vorgesehenen Blöcke veränderten im Laufe der Jahrhunderte nur durch Straßenverbreiterungen oder -verengungen oder ausnahmsweise durch einmalige Großprojekte, wie den Bau der Frauenkirche, ihre Gestalt. Diese Beobachtung scheint auch für das Gelände des Alten Hofes zuzutreffen: Auch wenn die Bauten selbst anfangs schiefwinklig auf dem Grundstück lagen, scheinen die äußeren Grenzen des Alten Hofes von Anfang an festgestanden zu haben. Ob die hier erkannte Kontinuität der Bebauungsgrenzen auf die gesamte »leonische« Stadt übertragbar ist, muß angesichts der wenigen untersuchten Flächen offen bleiben. Auch eine zweifelsfreie Datierung in die Zeit der Stadtgründung ist noch nicht möglich.

Die am Frauenplatz festgestellte Kontinuität der »Bebauungsblöcke« bringt allerdings noch keine Aussage über die ursprüngliche Größe und Entwicklung der darin liegenden Parzellen, denn auch wenn die Bebauungsgrenzen schon von der Zeit der Stadtgründung an großräumig festgelegt waren, muß dies nicht zwangsläufig für die »Binnenstruktur« der einzelnen Blöcke gelten. Eine zumindest über einige hundert Jahre zurückreichende Kontinuität läßt sich hier aus Quellen belegen. Ein Blick auf den ersten Katasterplan von München aus dem Jahre 1806 zeigt besonders in den Gebieten der ersten und zweiten großen Stadterweiterung eine sehr regelmäßige Einteilung mit schmalen langen Parzellen, die meist von einer Straße zur anderen durchgehen (Abb. 169). Diese Struktur läßt sich bis in das 16. Jahrhundert zurückverfolgen. Sie ist auf dem 1570/72 entstandenen Holzmodell von Jakob Sandtner deutlich zu erkennen (Abb. 168). Die Auswertung dieses Modells parallel zum Häuserbuch ergibt in diesen Bereichen eine immer gleichartige Nutzung mit Wohn- und Geschäftshäusern an der vorderen Straßenseite und einer im wesentlichen aus Wirtschaftsbauten bestehenden lockeren Bebauung im rückwärtigen Teil. In den Quellen taucht hier oftmals die Beschreibung Haus, Hof und Stadel auf. Sehr viel weiter als bis in die Zeit des Sandtner-Modtells läßt sich die Entwicklung der Parzellen aber über die schriftlichen und bildlichen Quellen nicht aufklären. Hier bot die Grabung am Dreifaltigkeitsplatz eine willkommene Möglichkeit, das erste Mal eine Parzellenecke mit ihren Bauabfolgen bis zur frühesten Nutzung zurückzuverfolgen.

Mit seiner langen schmalen Form entsprach das ursprüngliche Grundstück den im ersten Katasterplan und auf dem Sandtner-Modell vorgegebenen Parzellen. Die archäologischen Untersuchungen konnten nachweisen, daß die Fixierung der Parzellengrenzen zumindest im Osten und Süden tatsächlich bereits mit der ersten Besiedelung festgelegt und bis heute eingehalten wurde. Nach Westen wurde das Grundstück gegen Ende des 14. Jahrhunderts einmal der Länge nach geteilt, um für die Bebauung mit Häusern für umgesiedelte Fischer Platz zu schaffen, die ursprüngliche Westgrenze an der heutigen Heiliggeiststraße wurde aber als Bebauungsgrenze auch bei dieser Aktion nicht angetastet. Nach Norden zog sich das Grundstück ziemlich sicher von Anfang an bis zur großen Ausfallstraße, dem Tal, durch. Dies ist zwar nicht archäologisch gesichert, aber vom 14. Jahrhundert bis weit in die Neuzeit durch Aufzeichnungen belegt und durch die Art der Bebauung (bis in das 16. Jahrhundert nur wenige und auffallend kleine Bauten, wie sie für die rückwärtige Bebauung einer solchen Parzelle typisch waren) bestätigt.

Auch die aus dieser Grabung gewonnenen Erkenntnisse über die Kontinuität der einmal festgelegten Parzellengrenzen lassen sich nur mit Vorbehalt auf das leonische München übertragen. Zum einen ist auch hier die erste Besiedelung nur allgemein in das 12. bzw. frühe 13. Jahrhundert zu datieren, zum anderen handelt es sich um einen vorstädtischen Bereich, der erst mit der ersten Stadterweiterung im frühen 13. Jahrhundert in die Stadt eingegliedert wurde. Auch wenn man nach dem Grabungsergebnis am Dreifaltigkeitsplatz geneigt ist, die langen schmalen Parzellen – sie finden sich nicht nur im Stadterweiterungsbereich, sondern vor allem auch innerhalb der ersten Stadtumwehrung auf Höhe der Kaufingerstraße – als Urparzelle anzunehmen, läßt sich, übertragen auf München, wohl erst ab der zweiten Hälfte des 13. Jahrhunderts einigermaßen gesichert davon sprechen, daß die Parzellengrenzen in der Stadt kaum mehr geändert wurden.

Lange schmale Grundstücke galten bislang als Kennzeichen für die europäische Stadt des späten Mittelalters. Daß dies nicht unbedingt von Anfang an gilt, zeigt nicht nur die Teilung der Parzelle am Dreifaltigkeitsplatz, sondern hat sich auch in anderen Städten bestätigt. Ein ähnliches Parzellengefüge wie in München zeigen z.B. auch die Katasterpläne aus dem 19. Jahrhundert in Lübeck. Hier kamen aber archäologische Untersuchungen in einem größeren Bereich zu dem Ergebnis, daß sich an der Stelle von später fünf Grundstücken am Anfang nur eine große Parzelle befand[409]. Grundstücksteilungen sind auch in Basel[410], Braunschweig[411] und Zürich[412] von der zweiten Hälfte des 13. Jahrhunderts an zu belegen. Dies scheint das Wirtschafts- und Bevölkerungswachstum und den damit verbundenen Strukturwandel widerzuspiegeln. Immer aber bleibt wie in München die Form der ursprünglichen Parzelle unberührt.

Eine von der Entwicklung der Parzellen unabhängige Kontinuität der Straßen wie in München findet sich auch in Lübeck. Dort ist sie wie in München schon seit dem späten 12. Jahrhundert nachgewiesen. Auch die anfangs noch ohne erkennbare Ausrichtung im Grundstück liegenden Bauten wie am Petersplatz und im Alten Hof haben ihre Parallelen: Für Basel sind in der Stadthausgasse 14–20 sogenannte Kernbauten für das 11. Jahrhundert nachgewiesen, die zwar die Begrenzung der heutigen Straße aufnehmen, sich aber nicht an der Flucht der heute erkennbaren Parzelle ausrichten

Gedanken zu möglichen Vorgängersiedlungen

Auf der Suche nach einer möglichen Vorgängersiedlung Münchens außerhalb des alten Stadtkerns gibt es nur wenige Ansatzpunkte. Zwei davon sollen hier in aller Kürze vorgestellt werden.

---

409 Fehring, G. P., Lübeck zur Zeit der Welfen (1125–1235). In: Luckhardt, Jochen/ Niehoff, Franz, Heinrich der Löwe und seine Zeit, Band 2 (München 1995) 408–417.

410 Zusammenfassend mit Literaturangaben: Hartmann, Fanny u.a., Die salische Stadt – ein Idealbild. In: Böhme, Horst Wolfgang, Siedlungen und Landesausbau, Band 2 (Sigmaringen 1991) 177–194.

411 Rötting, Hartmut, Das Quartier St. Jakobi. In: Das Modell Quartier St. Jakobi-Turnierstraße (Braunschweig 1995) 1–6.

412 Schneider, Jürg E.,/Gutscher, Daniel, Holz- und Steinbauten aus dem 9./10. bis 12. Jahrhundert in Zürich. In: Böhme, Horst Wolfgang, Siedlungen und Landesausbau, Band 2 (Sigmaringen 1991) 195–215.

Heftig diskutiert wird heute vor allem immer wieder der lange Zeit eigenständige Steuerbezirk Altheim ein kleines Gebiet außerhalb der ersten Stadtmauer südwestlich des ehemaligen »Schönen Turms«[413] (Abb. 167). Es wird in etwa begrenzt vom Altheimer Eck, der Damenstift-, Brunn-, Hotter-, bis über die Hofstattstraße und gehört zu einem etwa 100 m breiten Streifen, der sich südlich des Färbergrabens, den Verlauf der ältesten Stadtmauer nachzeichnend, etwa vom heutigen Altheimer Eck bis über die Sendlinger Straße erstreckt. Noch auf dem Katasterplan von 1806 fällt dieser Bezirk, wie schon auf dem Stadtmodell von Sandtner, innerhalb der doch sehr gleichmäßigen Bebauung in der inneren und äußeren Stadt des Mittelalters durch seine etwas anders geartete Struktur auf: verwinkelte Straßenführungen und Bebauungsgrenzen in der sonst so regelmäßig strukturierten Innenstadt und von der Hauptstraße abzweigende Sack- und Stichstraßen, die es nur in diesem Teil der Altstadt gibt. Dies und der Name »Altheim«, der möglicherweise auf einen »alten« Stadtteil hinweist, löste die Theorie aus, in Altheim eine Vorgängersiedlung, oder, wie man es nannte, »Urmünchen« zu sehen[414] (so z.B. Lorenz Maier[415], Dieter Oestreich). Anders Stahleder: Er hält den Bezirk Altheim eher für eine vorstädtische Siedlung, die sich vor den Toren der Stadt in gleichmäßigem Abstand zur Mauer ausgebreitet hat. Dafür sprechen seiner Meinung nach auch Straßennamen wie »hinter der Schmalzgassen bei der Linde«, »im grünen Ängerlein«, »im Hagken bei der Linde«, die viel eher auf ein landwirtschaftlich genutztes vorstädtisches Gebiet deuteten[416]. Der gleichen Meinung sind auch Michael Schattenhofer[417] und Gustav Schneider[418]. Die Archäologie lieferte für diesen Teil der Stadt bisher leider noch keine Ergebnisse, so daß hier sicherlich noch interessante Schwerpunkte für Ausgrabungen gesetzt werden könnten.

Ein zweiter interessanter Ansatzpunkt ist die Jakobskirche mit dem Angerkloster am heutigen Jakobsplatz (Abb. 167,9; 171 und 172). Die Ursprünge der Kirche liegen, wie die Kunsthistorikerin Astrid Brosch in ausführlicher Weise dargestellt und herausgearbeitet hat, schon zwischen 1160 und 1230[419]. Sehr viel genauer läßt sich die Erbauung dieser Kirche vor den Stadttoren der Stadt Heinrichs des Löwen heute noch nicht datieren. Die verschiedenen Fußbodenhorizonte, die für eine Datierung oft aufschlußreich sind, lassen sich bei der Jakobskirche aus den vorhandenen Planunterlagen nur schwer genauen Zeiten zuordnen, zumal im Seitenchor, dem

---

413 Stahleder, Hausnamen, 55 f.
414 Fastlinger, M., München Stadt? Das Bayerland 46 (1935) 481 ff.
415 Maier, Stadt, 34.
416 Stahleder, Hausnamen, 55 f. und auch seine Ausführungen zur »Hofstatt«, die im Bezirk Altheim lag, 155 f.
417 Schattenhofer, Beiträge, 15.
418 Schneider, Gustav, Aus der Frühgeschichte Münchens, SZ, Münchner Stadtanzeiger, Nr. 1 vom 4. Jan. 1962 und 16. Febr. 1962.
419 Brosch, Astrid, Die Münchner Jakobskirche am Anger – Eine Baugeschichte vom 12. Jahrhundert bis heute. OA 121 (1997) 223–295. – Hier sei auch verwiesen auf die Ergebnisse der Dissertation von Caroline Weichselgartner, die bei Drucklegung allerdings noch nicht vorlagen. Ich danke ihr für die ergebnisreichen Gesprächen und Diskussionen, die sich mit der Frage nach der Gründung der Kirche beschäftigten. Historische und kunsthistorische Quellen deuten in der Zusammenschau auf eine Gründung der Jakobskirche eher in die Zeit um 1200. Der Gründungsakt dürfte somit eher in die Zeit Ludwig des Kelheimers fallen.

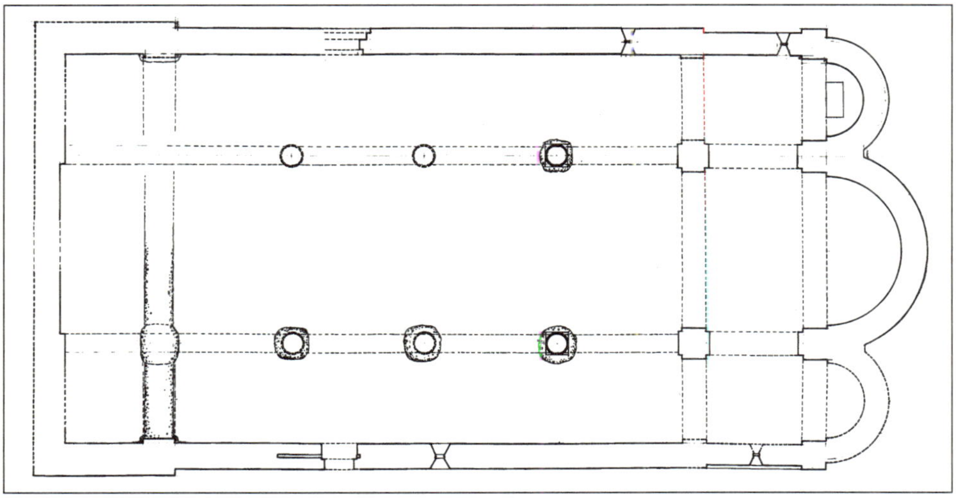

Abb. 171: München, Jakobskirche. Ergänzter Grundriß der Jakobskirche.

Abb. 172: München, Jakobskirche. Eine der romanischen Säulen aus Ziegelsteinen. Aufgenommen 1952 und 1954 anläßlich des Abrisses der Kirche.

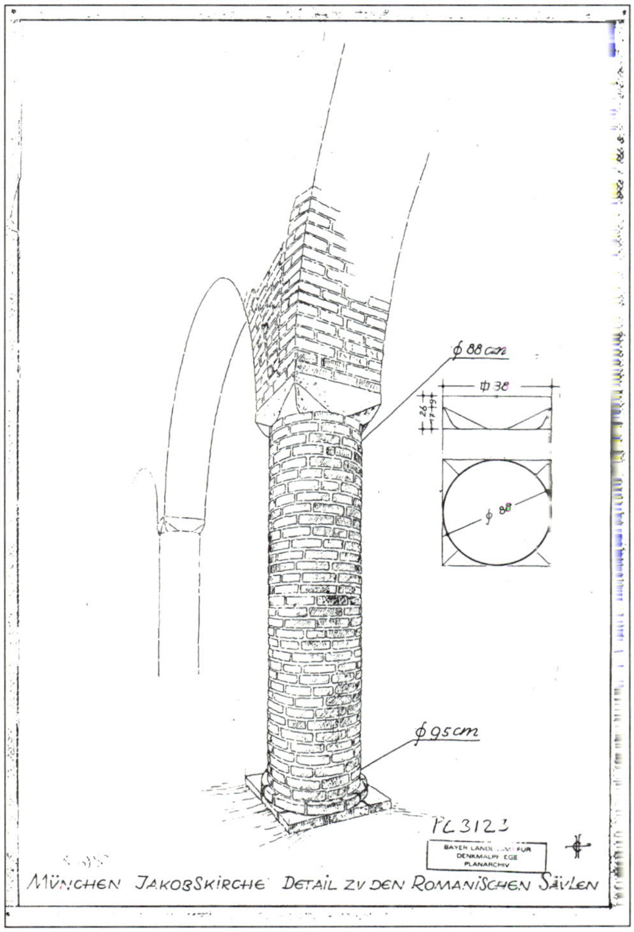

mittleren Chor und dem Langhaus jeweils eine unterschiedliche Anzahl von Bodenniveaus beobachtet wurde, die miteinander nur schwer in Einklang zu bringen waren. Eine vorsichtige Bestätigung der Zeit zwischen 1150 und 1200 können noch Vergleiche der vorgefundenen, zum ursprünglichen romanischen Bau gehörigen Rundsäulen mit Beispielen aus anderen Kirchen geben (Abb. 172). Sie waren aus Backstein aufgebaut und hatten einfache Kapitelle aus Sandstein[420]. Ähnliche Säulen finden sich in der norddeutschen Backsteingotik, hier vor allem in der Stiftskirche zu Jerichow aus der zweiten Hälfte des 12. Jahrhunderts[421]. Interessant wären genauere Aussagen über die Erbauungszeit der Jakobskirche vor allem deshalb, weil eine so frühe Datierung, wie sie sich aus der Zeitstellung der Säule ergäbe, bedeuten würde, daß die Kirche schon bestanden hat, bevor der Bezirk um die Kirche im Zuge der großen Stadterweiterung in die Stadt eingegliedert wurde, möglicherweise schon vor der »Gründung« Münchens. Das legt den Gedanken nahe, daß es hier vielleicht schon eine frühe Ansiedlung um das Gotteshaus herum gegeben haben könnte: eine Vorgängersiedlung am Rande der Stadt? Allein die Tatsache der Existenz einer so großen Kirche spätestens in der Zeit der großen Stadterweiterung neben der Peterskirche, einer nur kleinen Kapelle am Frauenplatz und vielleicht noch einer kleinen Kapelle beim Heiliggeistspital zeigt die Bedeutung dieses Platzes vor der Stadtmauer. Von Archäologen unterstützte Untersuchungen auch in der

[420] BLfD, Plan Nr. 3123.
[421] Conrad, Dietrich, Kirchenbau im Mittelalter (Leipzig 1997) Abb. 108; 129.

Abb. 173: Der älteste Stadtkern von München auf dem Holzmodell von Jakob Sandtner aus den Jahren 1570–72.

näheren Umgebung der Kirche könnten hier möglicherweise zu genaueren und wertvollen Ergebnissen führen. Nur am Rande und mit entsprechender Vorsicht sei in diesem Zusammenhang noch auf eine, in alten Plänen sichtbare Lücke in der Bebauung unmittelbar südlich des Stadtbaches am Rosental hingewiesen[422]. Sie liegt am Ende einer am Angerbach entlang nach Norden in die Innenstadt gedachten Verlängerung der von Süden auf der »Holzstraße« über das spätere Angertor zur alten Jakobskirche führenden Straße. Ein Stadttor, das eine Erklärung für diese Baulücke geben könnte, ist an dieser Stelle nicht bekannt.

6.3. Zusammenfassung

Die bisherigen Grabungen in München legten Spuren einer Siedlung frei, deren Anfänge im 12. Jahrhundert liegen. Keine Anzeichen sprechen dafür, daß die Stadt wesentlich älter ist, als aus den ersten Urkunde von 1158 hervorgeht. Eine römische Vergangenheit, eine frühe, durchgehende Nutzung des Alten Hofes, eine weit vor das 12. Jahrhundert reichende Besiedelung des Petersbergls durch Mönche, alle diese Vermutungen müssen für die Stadt Heinrich des Löwen ad acta gelegt werden, zumindest soweit es sich um den ältesten Stadtkern handelt.

[422] Es handelt sich um das südliche Rückgebäude des Anwesens Rindermarkt 12A (auf dem Katasterplan von 1806 Nr. 125, östlicher Teil) mit Hinterhaus am Rosental (dieses ist auf dem Sandtner-Modell als Turm dargestellt, 1901 abgerissen, heute Pettenbeckstraße. Zwischen Rosentals 1 und 2).

Die älteste Siedlung vom heutigen Alten Rathaus im Osten bis zum späteren Schönen Turm im Westen reichend, nach Norden den Alten Hof und den heutigen Frauenplatz umfassend und nach Süden an der Fürstenfelderstraße entlang über den Rindermarkt und um das Petersbergl ziehend, kann man sich mit einer lockeren Bebauung, wenigen großen Steinbauten und ansonsten überwiegend einfachen Holzhäusern vorstellen. Auch der Herzogssitz selbst, auf dem Gelände des Alten Hofs kaum viel früher oder später als die neue Stadt angelegt und bis in die Zeit Kaiser Ludwig des Bayern ohnehin nur als Pfalz und nicht als ständiger Wohnsitz genutzt, war wohl anfangs nicht mehr als ein unbefestigter Ministerialenhof mit schlichten Holzbauten. Verständlich, denn man kann davon ausgehen, daß München als Herzogssitz für Heinrich den Löwen nur eine untergeordnete Rolle spielte. Es sind keine Aufenthalte des Herrschers in seiner neugegründeten Stadt bekannt, wie er denn auch als bayerischer Herzog in den 24 Jahren seiner Amtszeit ohnehin nur elfmal in Bayern weilte.

So ist es auch nicht verwunderlich, daß man nach heutigen Erkenntnissen als ersten steinernen Bau auf dem Gelände des Alten Hofes die Wehrmauer ansehen muß, die Ende des 12., Anfang des 13. Jahrhunderts gleichzeitig mit dem Bau der Stadtmauer nun auch um den Alten Hof gezogen wird. Vielleicht war sie im Zuge der Auseinandersetzungen zwischen dem Herzog und dem Bischof von Freising nötig geworden, bei denen es wohl auf beiden Seiten zu Gewaltakten und Zerstörungen gekommen war. Wie schon bei der »Gründung« Münchens lassen sich auch bei diesen Zerstörungen die archäologischen Befunde mit den Berichten aus den schriftlichen Quellen beinahe zu gut in Einklang bringen. An fast allen untersuchten Stellen der Altstadt fanden sich Brandschichten oder Brandspuren, die noch in das 12. Jahrhundert weisen und so die Berichte über eine Zerstörung München 1180 allem Anschein nach bestätigen.

Die erste Stadt, die wir nun, vollständig von einer massiven Mauer umgeben, zu Beginn des 13. Jahrhundert vor uns haben, umfaßte ca. 17 ha. Sie bot etwa 2500 Einwohnern Platz[423]. Neben dem jetzt befestigten Herzogssitz besaß sie an öffentlichen Bauten eine größere Kirche auf dem Petersberg, das Brothaus und die Münze am Marienplatz, und neben heute noch unbekannten Gebäuden, wohl auch schon eine kleine Kapelle am Frauenplatz.

In der kurzen Amtszeit des Nachfolgers Heinrichs des Löwen, des Wittelsbachers Otto I. (1180–83), können wir keine großen Veränderungen erwarten. Als Otto starb, folgte sein Sohn, Ludwig der Kehlheimer, als 10-jähriger. Seine Herrschaft begann zunächst mit einer Vormundschaftsregierung des Bischofs von Salzburg. Dies und die wohl immer noch nicht beendete Doppelherrschaft des Bischofs von Freising einerseits und des bayerischen Herzogs andererseits dürften ebenfalls eine rege Bautätigkeit in München nicht gerade gefördert haben. Erst im ersten Viertel des 13. Jahrhunderts sind dann nicht weniger als fünf Aufenthalte Ludwigs in München bezeugt (1200, 1207/10–15, Oktober 1214, März 1218, Mai 1222, 1225/26). In diese Zeit fällt denn auch die Gründung des Heiliggeistspitals um 1208, eine Erweiterung der Peterskirche, die erste Erwähnung der Leprosen auf dem Gasteig 1213 und auch eine erste kleine Stadterweiterung nach Osten.

423 Schattenhofer, Beiträge, 53 f.

1255, als München nach der Teilung des Herzogtums Bayern zum Sitz des Herzogs von Oberbayern wurde, begann dann für die Stadt unter Ludwig dem Strengen eine Zeit des wirtschaftlichen Aufschwungs und großer Bauaktivitäten.

Im Alten Hof gehen wahrscheinlich sowohl der östliche Burgstock als auch der südliche Torturm auf Herzog Ludwig zurück. Erst mit dieser Verlegung des Zugangs zur Herzogsburg bekommt die Burgstraße ihre Bedeutung als Hauptzufahrtsweg zum Alten Hof. Wohl gleichzeitig wird auch der Hauptverkehrsweg nach Norden von der Dienerstraße in die Weinstraße verlegt.

In die gleiche Zeit fällt sicherlich auch der Neubau einer großen Kirche am Frauenplatz, des Vorgängerbaus des heutigen Frauendomes. Vor allem aber leitet Ludwig der Strenge in München die letzte, zukunftsorientierte und vorausschauende Umstrukturierung und Erweiterung ein, die das Bild der Stadt bis weit in das 19. Jahrhundert prägen wird: unter ihm beginnen die Planungen und Arbeiten zur zweiten, großen Stadterweiterung. Abgeschlossen wird dieses Jahrhundertwerk erst gegen 1340, als München bereits Sitz eines deutschen Kaisers war.

In den gut 160 Jahren, die seit dem Bau der ersten Mauer vergangen waren, hatte sich die Fläche der Stadt nun um mehr als das fünffache auf ca. 90 ha vergrößert.

Das Bild Münchens ist durch die Auswertung der Grabungen vollständiger und genauer geworden. Dabei haben sich auch neue Fragen ergeben und alte konkretisiert, Fragen, die vor allem von der Archäologie beantwortet werden müssen, denn die schriftlichen Quellen sind, soweit sie bekannt sind, erschöpfend ausgewertet. Neben einer exakteren Datierung der Stadtmauer, ihrem Verlauf am Petersberg, Straßenverläufe und Parzellen im ersten Stadtbild Münchens, gibt es einige spezielle Fragen, die sich im Laufe dieser Arbeit herauskristallisiert haben. Sie sollen abschließend noch einmal zusammengefaßt werden:

Ungeklärt ist z.B. weiterhin die Frage, ob es eine Vorgängersiedlung am Rande des alten Stadtkerns gegeben hat. Hier bietet vor allem das Gebiet um die Jakobskirche noch interessante Aspekte.

Archäologisch noch nicht erforscht ist auch der im Kern noch erhaltene Zwingerstock auf der Westseite des Alten Hofes. Hier könnte der in den vorliegenden Untersuchungen angesprochene ältere Durchgang zur Stadt gelegen haben, hier wäre möglicherweise auch eine evt. noch vorhandene frühe Steinbebauung zu lokalisieren.

Am Frauenplatz ergibt sich mit der Frage nach dem Standort der oft genannten Michaelskapelle eine neue Aufgabe, die durch Adam Horn bereits geklärt schien. Die Kapelle ist nach alten Quellen östlich des heutigen Domes zu suchen. Da aber Horns Theorie, die mächtigen Strebepfeiler an der Ostseite des Chores seien Überreste der Kapelle, nicht aufrecht erhalten werden kann, ist hier noch einmal die Archäologie gefragt.

Am Petersplatz könnten weitere Überreste einer frühen repräsentativen Bebauung bezeugen, daß der Freisinger Bischof hier versuchte, deutliche Zeichen gegen Heinrich den Löwen zu setzen.

Schließlich hat die Grabung am Dreifaltigkeitsplatz gezeigt, daß auch für Nachforschungen über die Entwicklung der bürgerlichen Kultur, wie z.B.

dem Beginn der Steinbauten in München oder die Veränderungen der Parzellen im ältesten Stadtkern, noch viele Möglichkeiten offen sind. Hier sei vor allem darauf hingewiesen, daß nach den Feststellungen des Verfassers in der Innenstadt noch Häuser existieren, die bis heute nicht unterkellert sind, so daß hier sicherlich noch ein weites Feld für archäologische Untersuchungen vorhanden ist.

Insgesamt kann als ein letztes Ergebnis festgehalten werden, daß die große Vielfalt an schriftlichen und bildlichen Quellen im Verein mit der Tatsache, daß München im Gegensatz zu vielen alten Stadtgründungen gezielt und durchdacht in der Mitte des 12. Jahrhunderts angelegt wurde und nur eine wesentliche, aber nicht stadtbildändernde Umstrukturierung in der Mitte des 13. Jahrhunderts erfuhr, München zu einem äußerst interessanten und ergiebigen Forschungsobjekt macht. Auch wenn dem Stadtkern eine römische oder frühmittelalterliche Vergangenheit fehlt, so bietet er doch gerade deshalb in seiner durch keine gravierende Umwandlung gestörten kontinuierlichen Entwicklung eine für den bayerischen Raum fast beispielloses Forschungsgrundlage für eine erfolgreiche Stadtarchäologie.

7. Stadtarchäologie in München – ein Plädoyer

Archäologie in einer lebendigen, sich rasch entwickelnden Großstadt ist immer problematisch. Stadtsanierungen sind Voraussetzungen für den Erhalt der Lebensqualität in unseren Städten, Neubauten für die wirtschaftliche Konkurrenzfähigkeit unverzichtbar. Das macht Eingriffe in den Boden der Innenstadt unumgänglich. Ohne archäologische Betreuung werden dabei nur allzu häufig unterirdische Baudenkmale unwiederbringlich zerstört, die für die Erforschung der Geschichte unserer Stadt von unschätzbarer Bedeutung gewesen wären. Oder aber es werden Archäologen hinzugezogen, aber erst so spät, daß nur mehr spärliche Reste des wertvollen Bodenarchivs aus dem Boden gerettet werden können.

Dies alles geschieht, weil oft genug einfach nicht bekannt ist, in welchen Bereichen der Stadt trotz U-Bahn-Bau, Tiefgaragen, Kellerneubauten etc. noch Spuren unserer Geschichte vorhanden sind. Wenn zudem noch das Verständnis für die Forderungen der Archäologen von seiten der Bauherren durch die Sorge um Bauverzögerungen und hohe Kosten verdrängt wird, sind die Folgen für die Geschichtsforschung abzusehen.

In den letzten Jahren hat sich hier allerdings ein positiver Wandel vollzogen, der genutzt werden sollte. So mancher Bauherr ist heute stolz auf die unterirdischen Zeugnisse der Geschichte unter seinem Grund und versucht, sie in den geplanten Neubau zu integrieren. Die Stadtsparkasse am Isartor bietet ein großartiges Beispiel dafür. So können Baumaßnahmen trotz aller Zerstörung, die sie mit sich bringen, zu einer einmaligen Gelegenheit werden, kurze, oder wie das Beispiel der Stadtsparkasse zeigt, sogar dauerhafte Einblicke in sonst unzugängliche Bereiche unserer frühen Geschichte zu ermöglichen. Die Bereitwilligkeit eines Bauherrn, den Wissenschaftlern Platz und Zeit für ihre Untersuchungen einzuräumen, evt. sogar aktiv mitzuarbeiten, wird aber auch in Zukunft davon abhängen, wie zurückhaltend und wie gezielt die Archäologen agieren können. Eine solche »sanfte« Archäologie bedeutet nicht nur zügige Untersuchungen, bei denen die Belange des Bauherrn mit denen der Archäologen koordiniert werden, sondern auch gezieltes Wissen, wo Grabungen sinnvoll sind und wo sie von vornherein, weil unergiebig, vermieden werden können. Sorgfältige Kartierungen der archäologisch empfindlichen Gebiete im Stadtkern, aber auch der Gebiete, in denen keine archäologisch wertvollen Befunde mehr zu erwarten sind, sind hierfür unabdingbar. In vielen Städten gibt es bereits solche Kartierungen. Die Ergebnisse der Grabungen in München haben gezeigt, daß es sich auch in unserer Stadt lohnt, das »Archiv aus Stein und Erde« im Boden zu achten.

Katalog der Funde

Die Abbildungen im Fundkatalog sind gegliedert nach den Fundorten und den zeitlich aufeinanderfolgenden Befunden bzw. Siedlungsphasen. Sie halten sich an die Reihenfolge der Besprechungen im Text. Auf der linken Seite jeder Doppelseite sind eine kurze Beschreibung, Maße, Fundort und Datierung angegeben. Die Angaben zum Fundort (FO) beziehen sich auf die Befundnummern (in Klammern) der jeweiligen Untersuchung, so daß der genaue Fundort anhand dieser Publikation nachvollzogen werden kann. Die Fundnummer setzt sich zusammen aus: [Fundort in Kürzel]/[Aufbewahrungsort] [Jahr der Grabung]/[Fundzettelnummer]

Darstellungsweise:

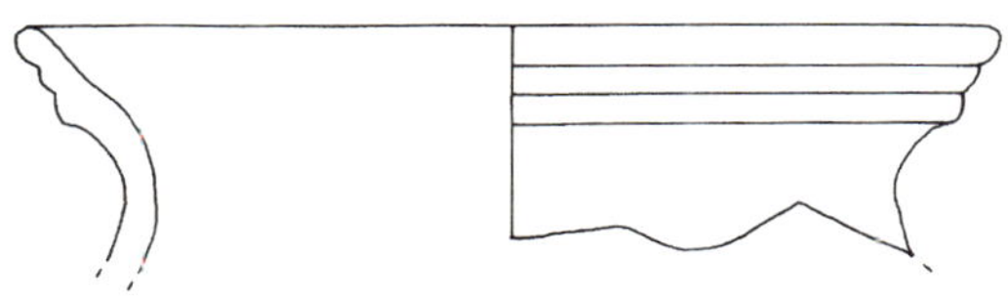

linke Seite:
Schnitt durch das Gefäß.
Der Scherben ist im
Profil abgebildet.

rechte Seite:
Außenansicht des Gefäßes oder
des einzelnen Scherbens.

Verwendete Abkürzungen:

RS =	Randscherbe	MAH	München Alter Hof
WS =	Wandscherbe	MDP	München Dreifaltigkeitsplatz
BS =	Bodenscherbe	MFK	München Frauenkirche
Dm =	Durchmesser	MPK	München Peterskirche
Dmax =	maximaler Durchmesser	MRH1	München Rathaus 1974
RDm =	Randdurchmesser	MRH2	München Rathaus 1975
BDm =	Bodendurchmesser	MRH3	München Rathaus 1974
B =	Breite		
H =	Höhe		
L =	Länge		
FO =	Fundort	PS	Prähistorische Staatssammlung
Pr =	Profil		
WG =	Warengruppe		

Fundkatalog Alter Hof (MAH)

Ältester Siedlungshorizont (1)
sp. Bronzezeit/Urnenfelderzeit

1. MAH/PS 95/17
   RS mit aufgelegter Leiste im Schulterbereich, Dm: ?
2. MAH/PS 95/16
   RS, polierte glatte Oberfläche
   Dm: ?

12. Jahrhundert

3. MAH/PS 95/9
   RS, WG A1
   mit Kerben auf dem Rand
   Dm: 9,6 cm
4. MAH/PS 95/29
   RS, WG A1, Dm: ?
5. MAH/PS 95/10
   BS mit Bodenmarke, erhabene Bodenmarke in Form eines Radkreuzes, WG A1
   Dm: 3,6 cm

Verfüllung des Grubenhauses, untere Schicht (59), 12. Jahrhundert

6. MAH/PS 95/71
   RS, WG A2, Dm: 14,4 cm
7. MAH/PS 95/71
   RS, WG A2, Dm: 10,4 cm
8. MAH/PS 95/71
   RS, WG A2, Dm: 14 cm
9. MAH/PS 95/71
   RS, WG A2, Dm: 14 cm
10. MAH/PS 95/71
    RS, WG A2, Dm: 16,4 cm
11. MAH/PS 95/71
    RS eines Siebtopfes mit nachträglich eingestoßenen Löchern
    WG A2, Dm: 10 cm
12. MAH/PS 95/71
    RS eines Topfes
    WG A2, Dm: 14 cm

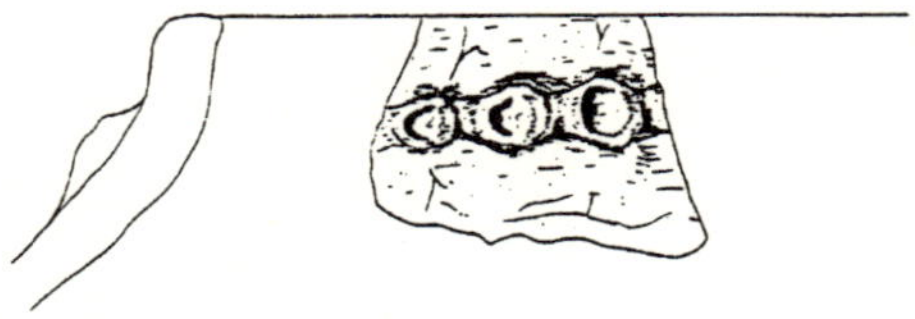
1

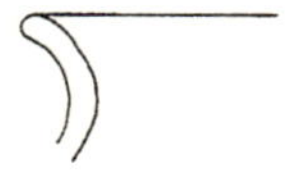
2

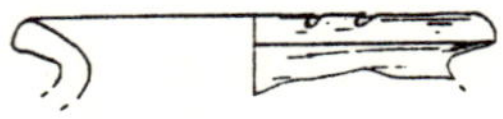
3

4

5

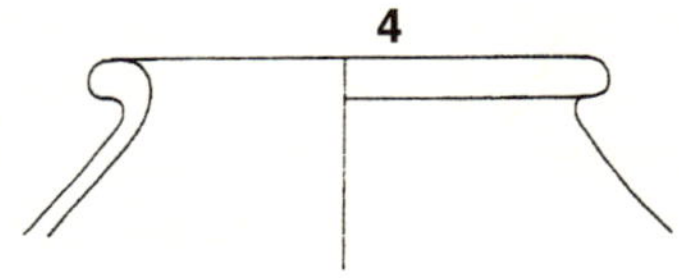
6

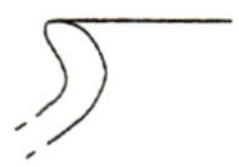
7

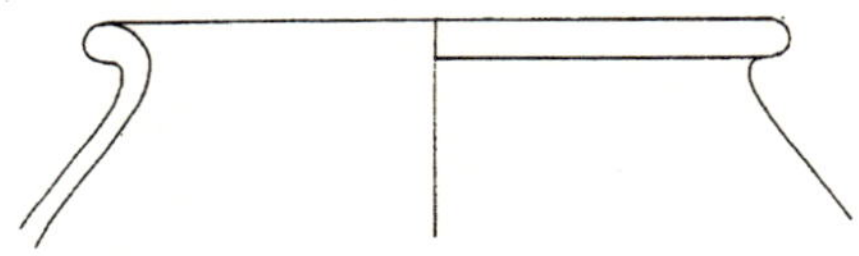
8

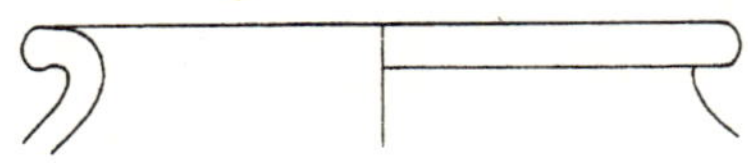
9

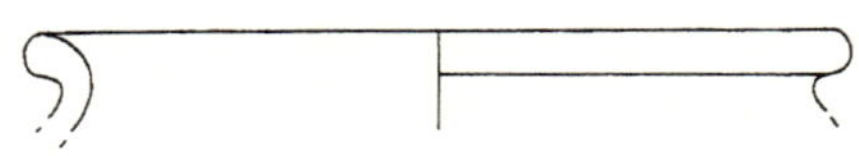
10

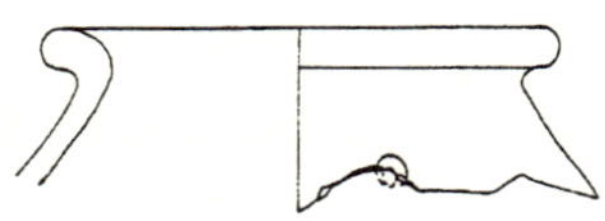
11

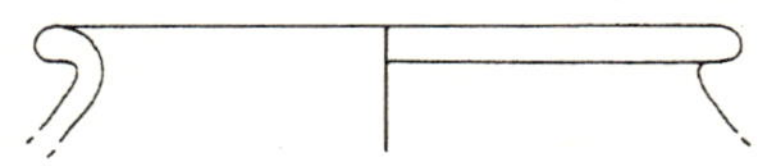
12

Tafel 1: München, Alter Hof. Maßstab 1:3.
1,2: Vor- und frühgeschichtliche Keramik aus dem ältesten Siedlungshorizont (1).
3–5: Hochmittelalterliche Keramik aus dem ältesten Siedlungshorizont (1).
6–12: Verfüllung des Grubenhauses (59).

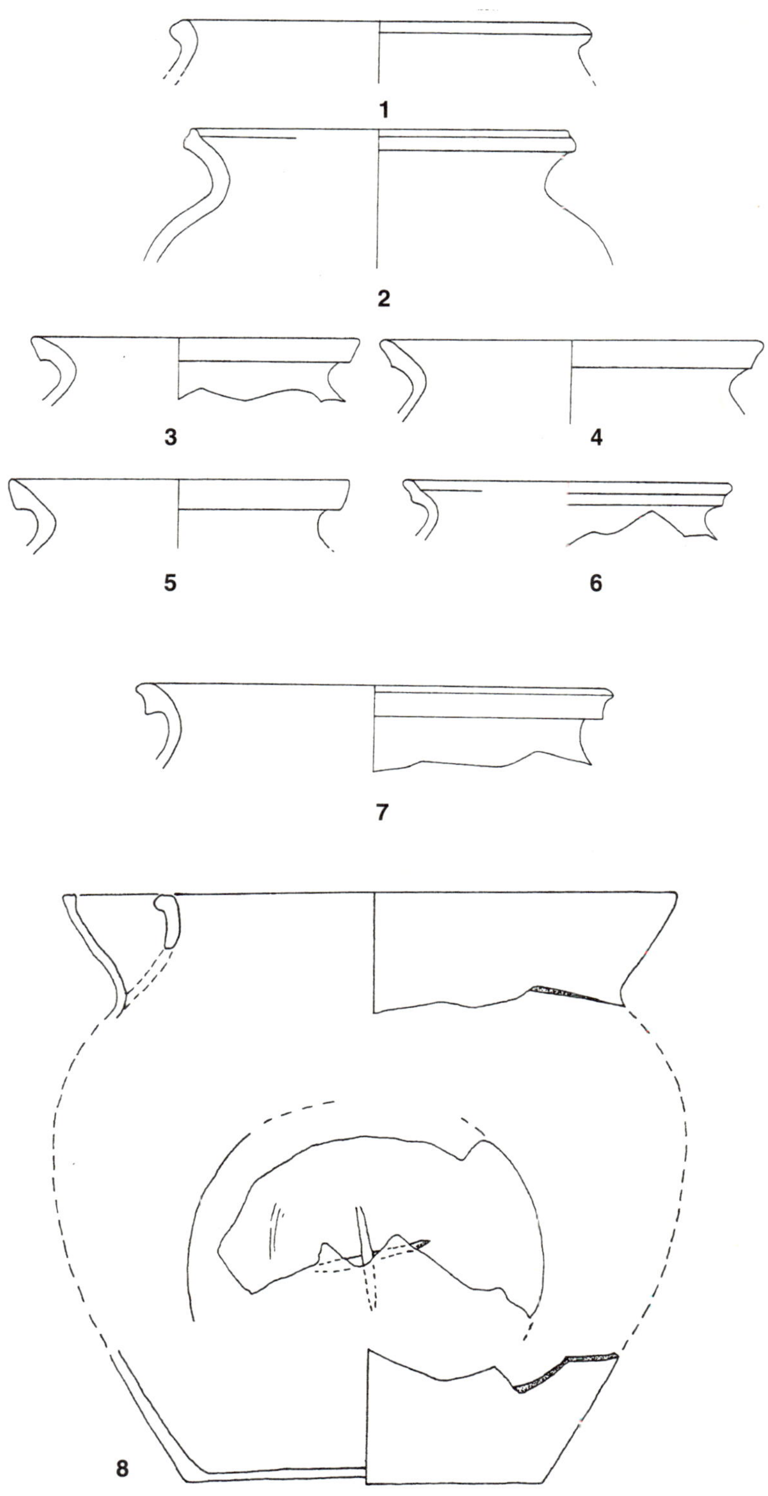

Verfüllung des Grubenhauses, untere Schicht (59), 12. Jahrhundert

1. MAH/PS 95/71
   RS eines Topfes
   WG A2, Dm: 17,8 cm
2. MAH/PS 95/71
   RS eines Topfes
   WG A2, Dm: 16,6 cm
3. MAH/PS 95/71
   RS eines Topfes
   WG A3, Dm: 15 cm
4. MAH/PS 95/71
   RS eines Topfes
   WG A2, Dm: 16,2 cm
5. MAH/PS 95/71
   RS eines Topfes
   WG A2, Dm: 14,4 cm
6. MAH/PS 95/71
   RS eines Topfes
   WG A2, Dm: 14 cm
7. MAH/PS 95/71
   RS eines Topfes
   WG A2, Dm: 20 cm
8. MAH/PS 95/71
   RS, WS und BS eines Topfes mit Schutzklappen und erhabener Bodenmarke mit einfachem Kreuz (2,4 cm Balkenlänge)

   WG A2, Dm: 18 cm (ohne Schutzklappen).

Tafel 2: München, Alter Hof. Maßstab 1:3.
1–8: Verfüllung des Grubenhauses (59), untere Schicht.

Verfüllung des Grubenhauses, untere Schicht (59), 12. Jahrhundert

1. MAH/PS 95/71
RS einer großen Schale, WG A2
Dm: ? cm
2. MAH/PS 95/72
RS einer großen Schale, WG A2
Dm: ? cm
3. MAH/PS 95/71
BS eines Topfes, WG A1
Dm: 10 cm
4. MAH/PS 95/71
BS, mit leicht gewölbtem flachem Wandungsansatz.
WG A2, Dm: 14 cm
5. MAH/PS 95/72
BS, mit leicht gewölbtem steilem Wandungsansatz.
WG A2, Dm: ? cm
6. MAH/PS 95/71
RS, eines großen Flachdeckels. Der Knauf nicht mehr erhalten.
WG A2, Dm: 20 cm
7. MAH/PS 95/71
BS einer Becherkachel.
WG B, Dm: 7,6 cm
8. MAH/PS 95/71
Schindelnagel. Der Kopf des Nagels ist dreieckig zugespitzt.
L: 4,5 cm

Verfüllung des Grubenhauses mittlere Schicht (59), 12. Jahrhundert

9. MAH/PS 95/67
RS, WG A2, Dm 14 cm
10. MAH/PS 95/67
RS, WG A2, Dm: 11,2 cm
Auf der Schulter mehrere nachträglich eingestoßene Löcher.
11. MAH/PS 95/67
RS, WG A1, Dm: 12,2 cm
12. MAH/PS 95/67
RS, WG A2, Dm: 14,2 cm

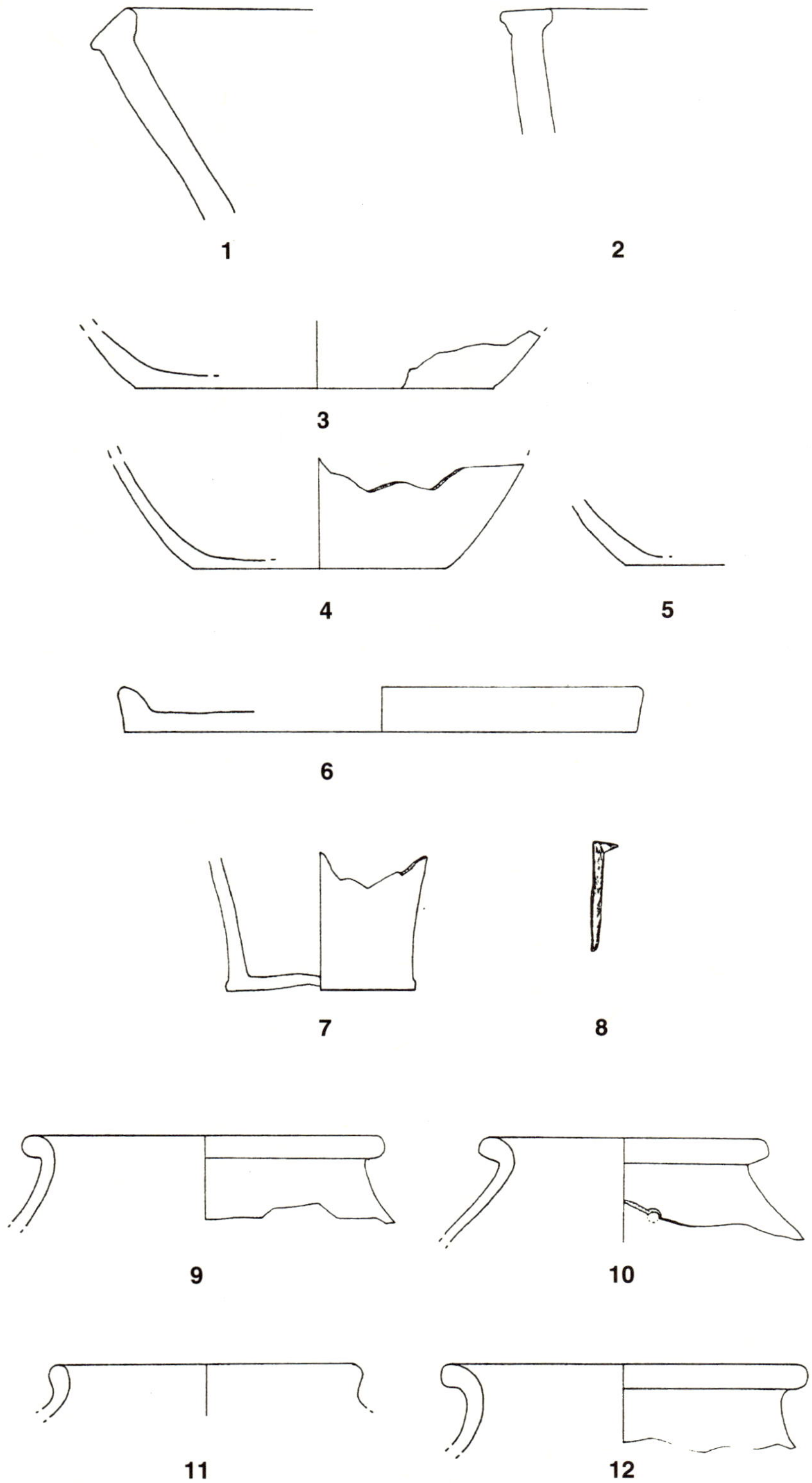

Tafel 3: München, Alter Hof. Maßstab 1:3.
1–8: Verfüllung des Grubenhauses (59), untere Schicht.
9–12: Verfüllung des Grubenhauses (59), mittlere Schicht.

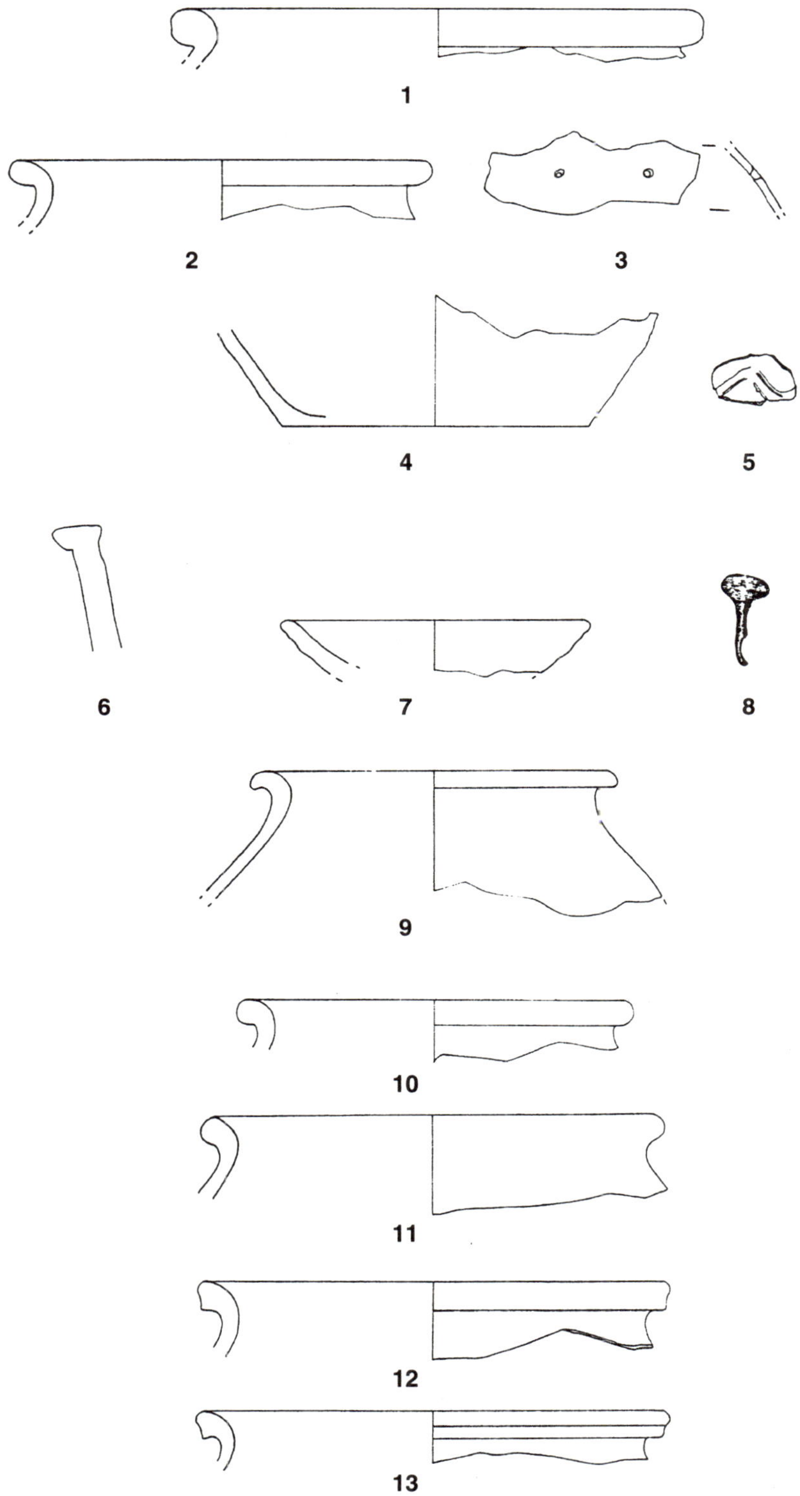

Verfüllung des Grubenhauses mittlere Schicht (59), 12. Jahrhundert

1. MAH/PS 95/67
   RS, WG A2, Dm: 20,4 cm
2. MAH/PS 95/67
   RS, WG A2, Dm: 16 cm
3. MAH/PS 95/67
   WS, WG A2, Mit mehreren nachträglich eingestoßenen Löchern.
4. MAH/PS 95/67
   BS mit steiler Wandung, WG A2
   Dm: 12 cm
5. MAH/PS 95/67
   WS, WG A2, Dm: ? cm
   Wandungsstück mit einfachem Wellenband.
6. MAH/PS 95/67
   RS, T-förmiger Rand einer Schüssel, WG A2, Dm: ? cm
7. MAH/PS 95/67
   RS, WG A2, Dm: 12 cm,
   Fragment eines Öllämpchens oder Schälchens.
8. MAH/PS 95/67
   Hufnagel mit halbrundem flachem Kopf.
   L: 3,5 cm
9. MAH/PS 66
   RS, WG A2
   Dm: 14 cm

Schicht (54)
sp. 12./ frühes 13. Jahrhundert

10. MAH/PS 95/52
    RS, WG A2, Dm: 15,4 cm
11. MAH/PS 95/53
    RS, WG A1, Dm: 18 cm
12. MAH/PS 95/52
    RS, WG A2, Dm: 18,2 cm
13. MAH/PS 95/52
    RS, WG A2, Dm: 18,6 cm

Tafel 4: München, Alter Hof. Maßstab 1:3.
1–9: Verfüllung des Grubenhauses (59), mittlere Schicht.
10–13: Schicht (54).

Schicht (54)
sp. 12./ frühes 13. Jahrhundert

1. MAH/PS 95/54
RS, WG A2
Dm: 18,2 cm

2. MAH/PS 95/54
RS, WG A2
Dm: 18,4 cm

3. MAH/PS 95/54
RS, WG A2
Dm: 20 cm

4. MAH/PS 95/54
RS, WG A2
Dm: ?

5–7. MAH/PS 95/52
RS, BS und Ösenhenkel eines Topfes, WG A2
Dm: 15,8 cm

8. MAH/PS 95/53
Vorhängeschloß

Schicht (50, 61)

9. MAH/PS 95/60
RS, WG A1, Dm: 16,2 cm
FO: 50
Datierung:
sp. 12./ frühes 13. Jahrhundert

10. MAH/PS 95/73
WS, WG A2
Wandung mit unregelmäßigen Drehspuren, Dm: ?
FO: 61
Datierung:
1. Hälfte 13. Jahrhundert

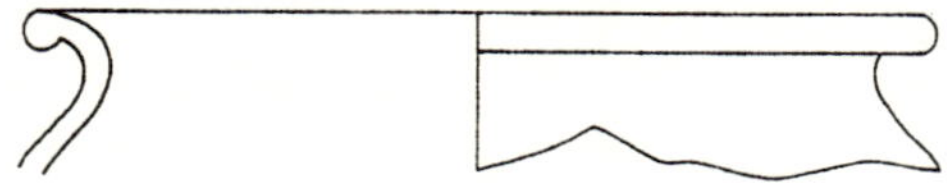
1

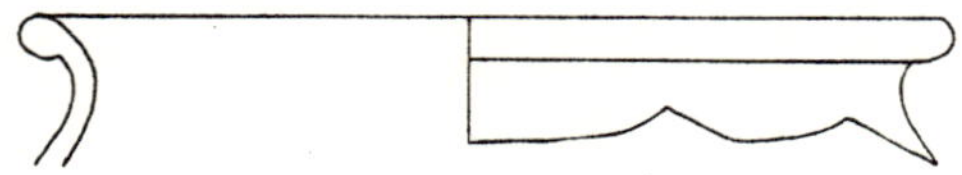
2

3

4

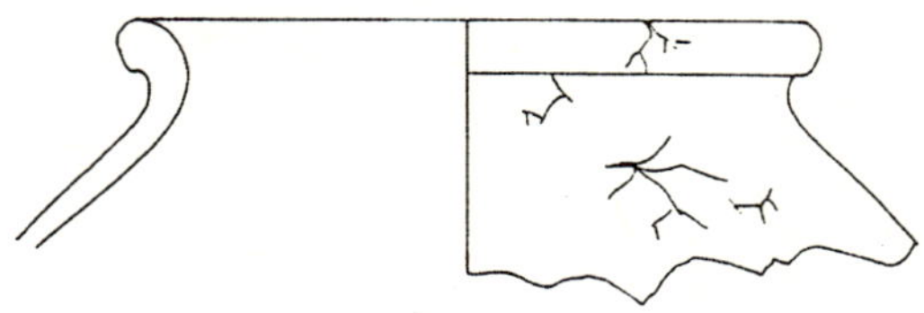
5

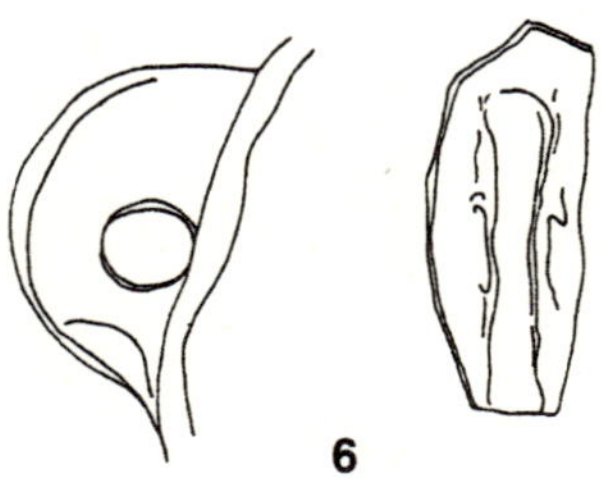
6

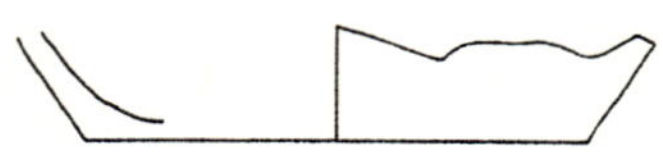
7

8

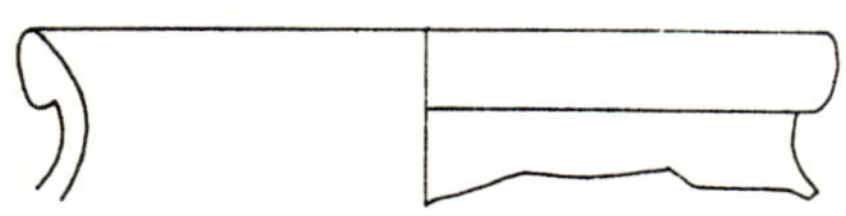
9

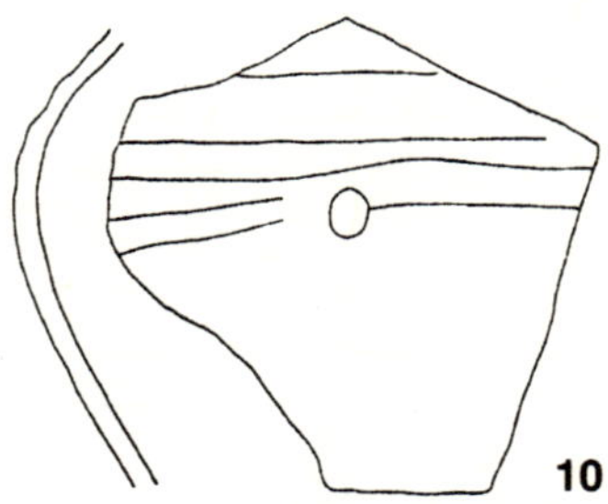
10

Tafel 5: München, Alter Hof. Maßstab 1:3.
1–8: Schicht (54).
9,10: Schicht (50).

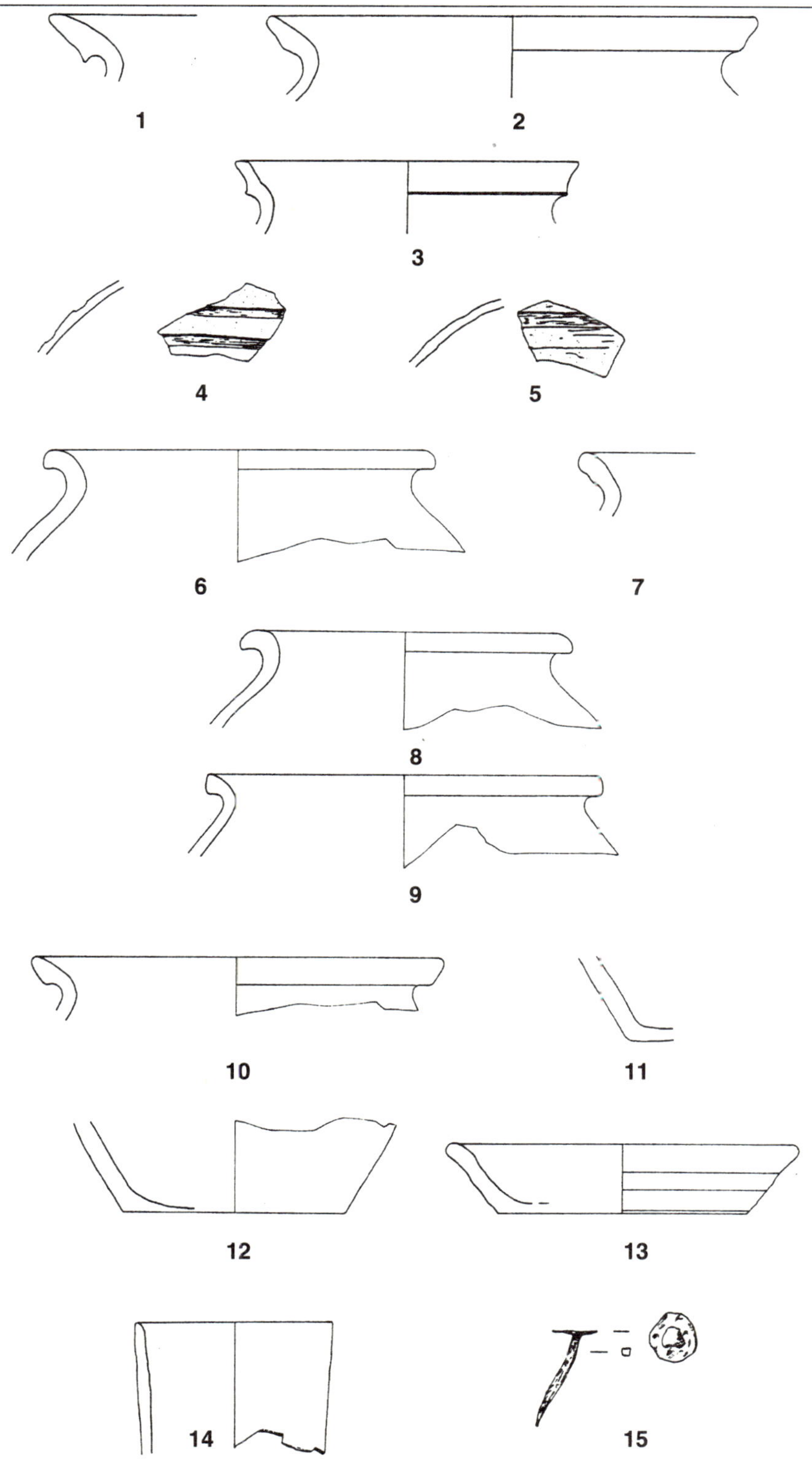

Aus der Verfüllung der Maueröffnung in Mauer (15), 2. Hälfte 13. Jahrhundert

1. MAH/PS 95/31
   RS, WG A2, Dm: ?
2. MAH/PS 95/2
   RS, WG A2, Dm: 20 cm
3. MAH/PS 95/2
   RS, WG A2, Dm: 14 cm
4. MAH/PS 95/2
   WS, WG A2, Dm: ?

Aus der Baugrube (16)
2. Hälfte 13. Jahrhundert

5. MAH/PS 95/2
   WS, WG A2, Dm: ?

Unterste Grabenverfüllung 44/45
Datierung: 12. Jahrhundert

6. MAH/PS 95/46
   RS, WG A2, Dm: 16 cm
7. MAH/PS 95/46
   RS, WG A2, Dm: ?
8. MAH/PS 95/46
   RS, WG A2, Dm: 18,8 cm
9. MAH/PS 95/46
   RS, WG A1, Dm: 16,4 cm
10. MAH/PS 95/46
   RS, WG A3, Dm: 16,8 cm
11. MAH/PS 95/46
   BS, WG A2, Dm: ?
12. MAH/PS 95/46
   BS, WG A1,Dm: 9 cm
13. MAH/PS 95/46
   Öllämpchen
   WG A2, Dm: 14,4 cm
14. MAH/PS 95/46
   RS einer Becherkachel,
   WG A, Dm: 8 cm
15. MAH/PS 95/46
   Nagel mit runder Platte
   L: 4,4 cm

Tafel 6: München, Alter Hof. Maßstab 1:3.
1–4: Aus der Verfüllung der Maueröffnungen in Mauer (15).
5: Aus Baugrube (16).
6–15: Aus der untersten Verfüllung des Grabens (44,45).

Mittlere Grabenverfüllung 43
Datierung: 13. Jahrhundert

1. MAH/PS 95/44
   RS, WG A2, Dm: 13 cm
2. MAH/PS 95/45
   WS, WG A2
   mit Rollstempeldekor
3. MAH/PS 95/44
   Öllämpchen, WG A2
   Dm: 12 cm
4. MAH/PS 95/44
   RS, Becherkachel
   WG A, Dm: ?

Mittlere Grabenverfüllung 38
Datierung: 13. Jahrhundert

5. MAH/PS 95/37
   RS, WG A2, Dm: 16 cm

Obere Grabenverfüllung 37
Datierung: 14. Jahrhundert

6. MAH/PS 95/35
   RS, WG B1, Dm: ?
7. MAH/PS 95/36
   RS, WG B1, Dm: 20 cm
8. MAH/PS 95/41
   RS mit unregelmäßigem
   Wellenband
   WG B1, Dm: 15,2 cm
9. MAH/PS 95/35
   RS, WG B1, Dm 16 cm
10. MAH/PS 95/35
    RS mit Riefen auf der Schulter
    WG B1, Dm: 19,2 cm
11. MAH/PS 95/35
    RS, WG B1,Dm: 12 cm
12. MAH/PS 95/35
    RS, WG B1, Dm: 20 cm
13. MAH/PS 95/35
    RS, WG B1, Dm: 16 cm
14. MAH/PS 95/35
    RS, WG B1, Dm: 13,6 cm

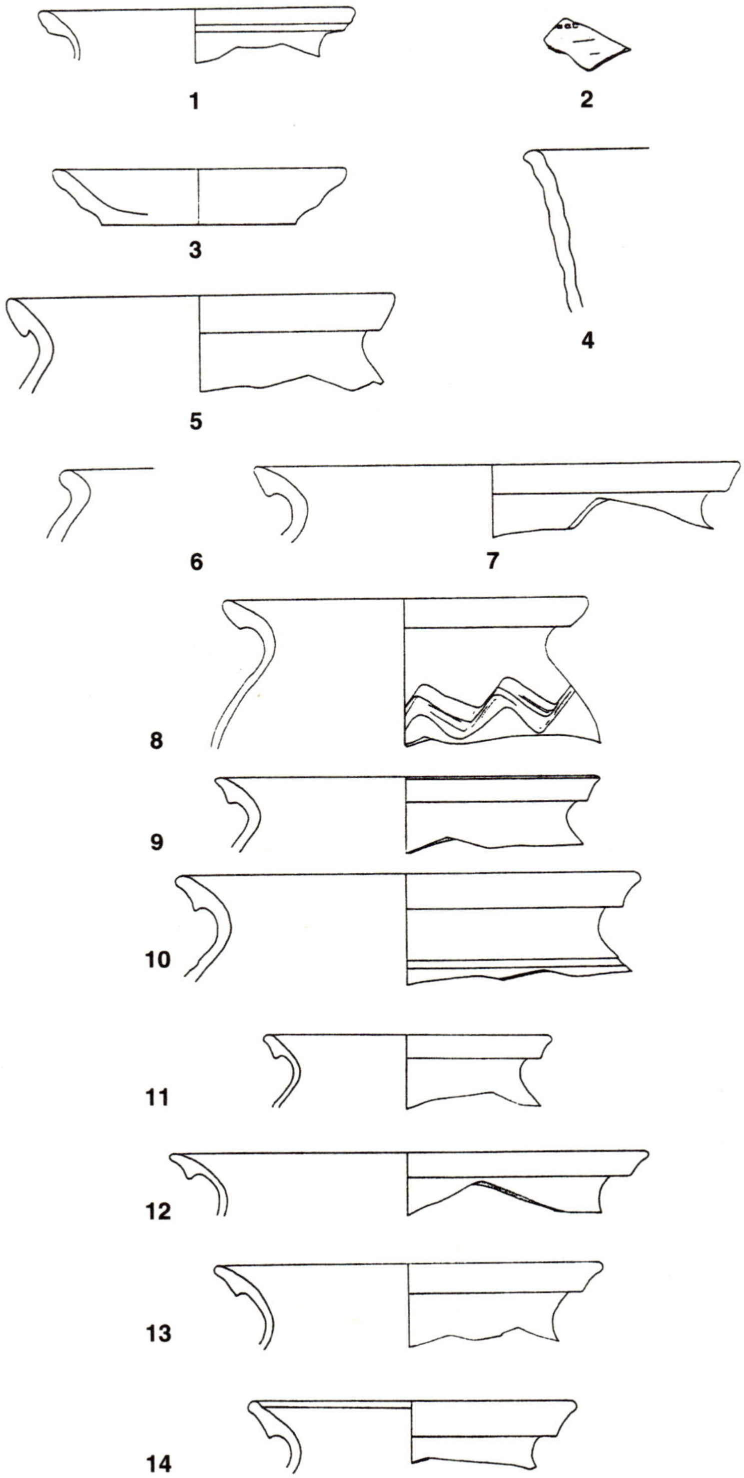

Tafel 7: München, Alter Hof. Maßstab 1:3.
1–5: Aus der Verfüllung (43) und (38) des Grabens.
6–14: Aus der Verfüllung (37) des Grabens.

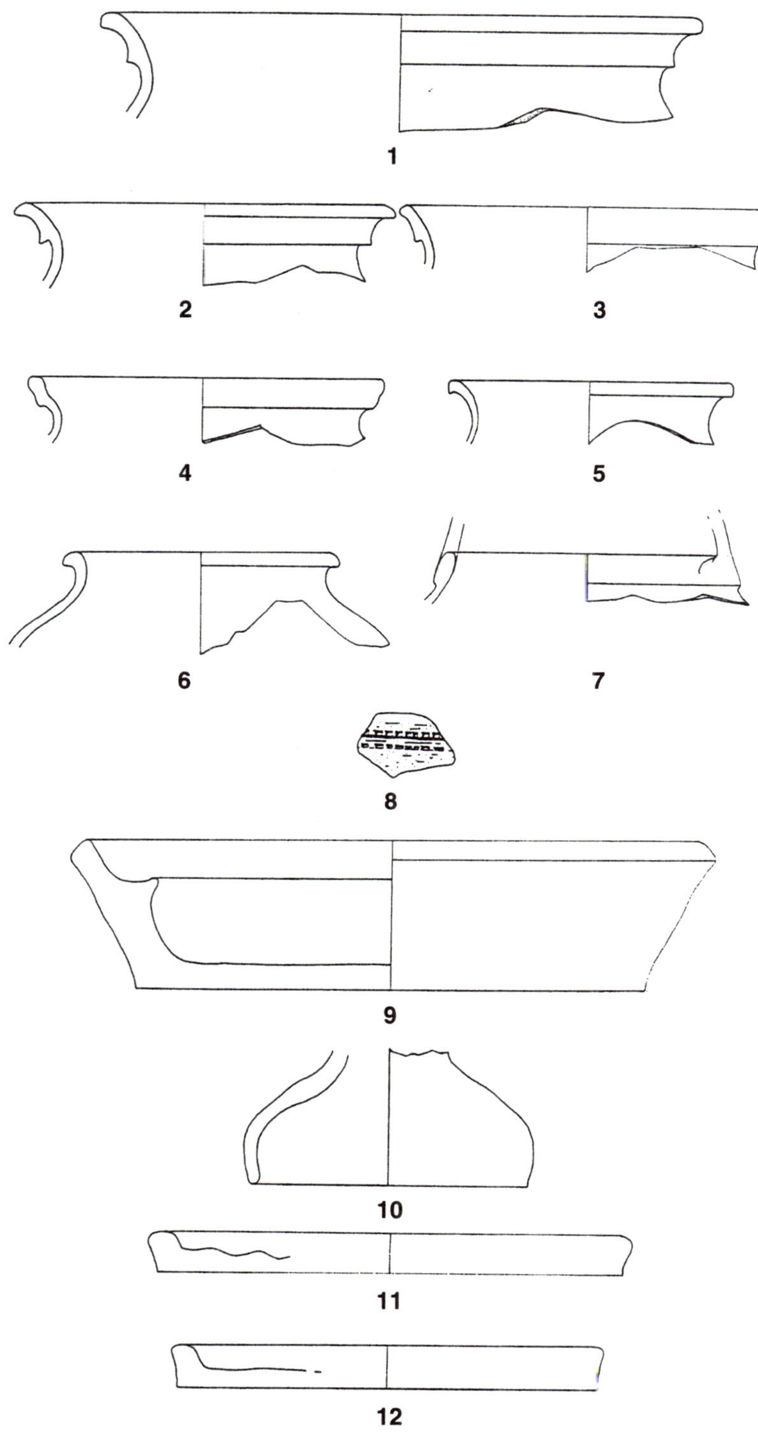

Aus der Verfüllung (37) des Grabens
Datierung: 14. Jahrhundert

1. MAH/PS 95/35
   RS, WG B1, Dm: 26 cm
2. MAH/PS 95/35
   RS, WG B1, Dm: 16,2 cm
3. MAH/PS 95/35
   RS mit unregelmäßigem Wellenband
   WG B1, Dm: 16,2 cm
4. MAH/PS 95/36
   RS, WG B1, Dm: 15,2 cm
5. MAH/PS 95/35
   RS mit Riefen auf der Schulter
   WG B1, Dm: 12,2 cm
6. MAH/PS 95/35
   RS, WG A1, Dm: 11,8 cm
7. MAH/PS 95/35
   RS einer Bügelkanne
   WG B3, Dm: 12 cm
8. MAH/PS 95/40
   WS mit Rollrädchendekor
   WG B1, Dm: ?
9. MAH/PS 95/35
   RS einer flachen Schale
   WG B1, Dm: 27,8 cm
10. MAH/PS 95/35
    RS eines Deckels, Alchemistengefäß
    WG B1, Dm: 12 cm
11. MAH/PS 95/35
    Deckel mit unregelmäßigem Wellenband
    WG B1, Dm: 20,8 cm
12. MAH/PS 95/35
    Deckel, WG B1, Dm: 18,4 cm

Tafel 8: München, Alter Hof. Maßstab 1:3.
1–12: Aus der Verfüllung (37) des Grabens.

Aus der Verfüllung (37) des Grabens
Datierung: 14. Jahrhundert

1. MAH/PS 95/35
   Öllämpchen, WG B1,
   Dm: 11,6 cm
2. MAH/PS 95/35
   Öllämpchen, WG B1,
   Dm: 12,2 cm
3. MAH/PS 95/35
   Öllämpchen, WG B1,
   Dm: 14,4 cm
4. MAH/PS 95/35
   Öllämpchen mit Loch für Aufhängung, WG B1,
   Dm: 14,2 cm
5. MAH/PS 95/35
   Hohldeckel, WG B1
   Dm: 14,2 cm
6. MAH/PS 95/35
   RS Becherkachel, WG A, Dm: ?
7. MAH/PS 95/35
   RS Becherkachel, WG A, Dm: ?
8. MAH/PS 95/35
   RS Becherkachel, WG A, Dm: ?
9. MAH/PS 95/35
   RS Becherkachel, WG A
   Dm: 16 cm
10. MAH/PS 95/35
    BS Becherkachel, WG A
    Dm: 6,2 cm
11. MAH/PS 95/35
    BS Becherkachel, WG A
    Dm: 7,8 cm
12. MAH/PS 95/35
    BS Becherkachel, WG A
    Dm: 10,8 cm
13. MAH/PS 95/35
    Krüseler Püppchen,
    erh. L: 8,6 cm
14. MAH/PS 95/35
    Nuppe eines Hohlglases
    Dm der Nuppe: 1 cm
15. MAH/PS 95/40
    Hammerkopf mit Holzschaft
    erh. L: 6,4 cm, B: 12 cm

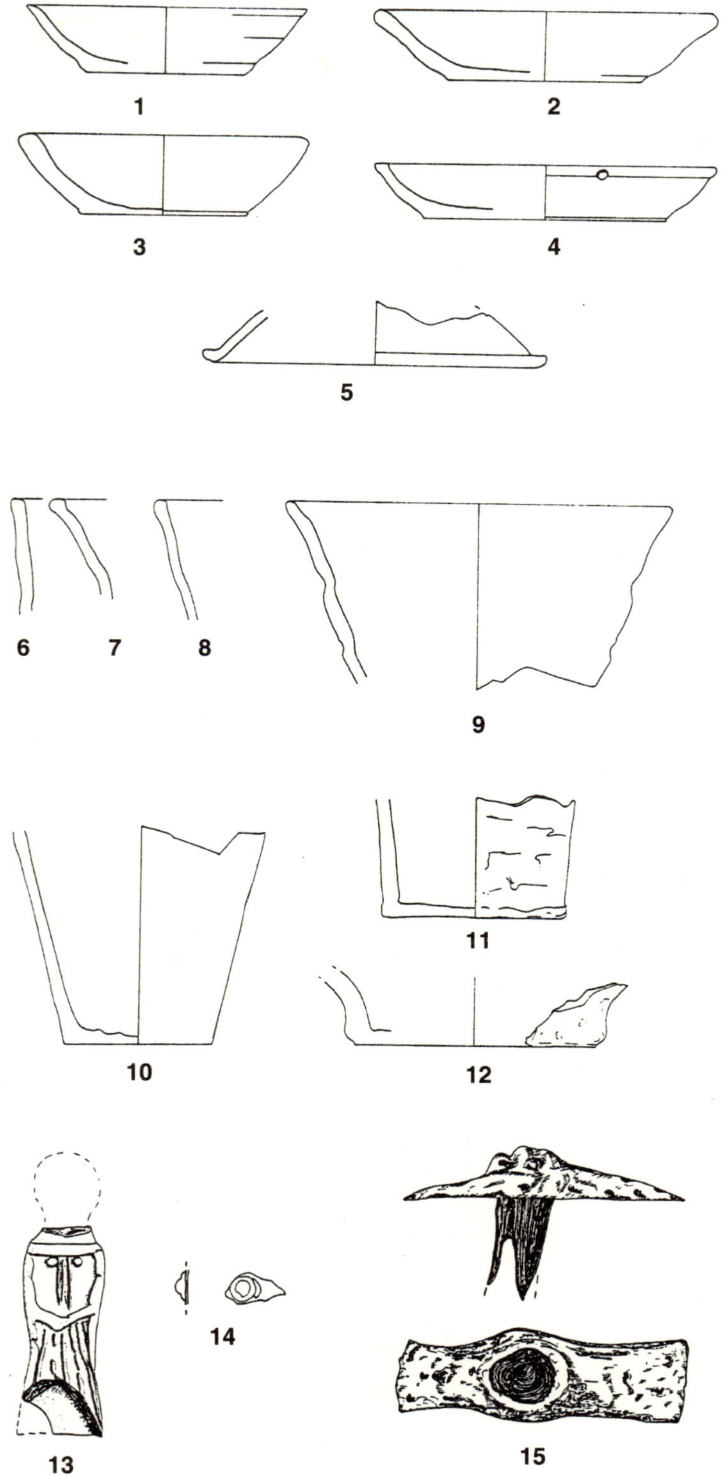

Tafel 9: München, Alter Hof. Maßstab 1:3.
1–15: Aus der Verfüllung (37) des Grabens.

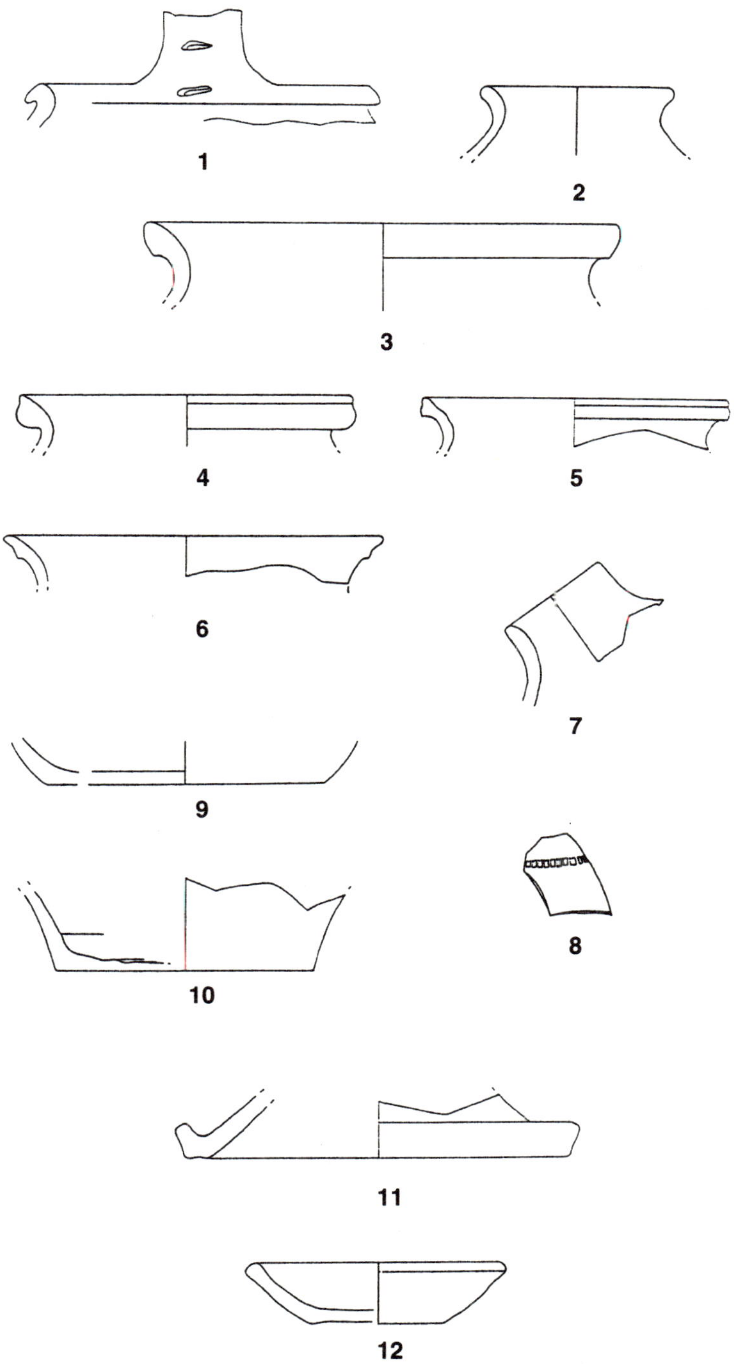

Fundkatalog Peterskirche (MPK)

Profil 1
2.Hälfte 13./1.Hälfte 14. Jahrhundert

1. MPK/PS 1970/1897
   RS und Henkel einer Bügelkanne, WG A2,
   Dm: 15,2 cm
   FO: Profil 1, Schicht 3, Scherbennest I.
2. MPK/PS 1970/1895b
   RS, WG A2, Dm: 8,4 cm
   FO: Profil 1, Schicht 4
3. MPK/PS 1970/1895b
   RS, WG A2, Dm: 20,4 cm
   FO: Profil 1, Schicht 4
4. MPK/PS 1970/1895b
   RS, WG A2, Dm: 14,4 cm
   FO: Profil 1, Schicht 4
5. MPK/PS 1970/1900
   RS, WG A2, Dm: 13,2 cm
   FO: Profil 1, Schicht 4
6. MPK/PS 1970/1900
   RS, WG A2, Dm: 16,2 cm
   FO: Profil 1, Schicht 4
7. MPK/PS 1970/1894b
   Ausgußtülle, WG A2
   Dm: 5 cm
   FO: Profil 1, Schicht 4
8. MPK/PS 1970/1895b
   WS mit Rollstempeldekor
   WG A2, Dm: 8,4 cm
   FO: Profil 1, Schicht 4
9. MPK/PS 1970/1894b
   BS, WG A2, Dm: 12 cm
   FO: Profil 1, Schicht 4
10. MPK/PS 1970/1895b
    BS, WG A2, Dm: 12 cm
    FO: Profil 1, Schicht 4
11. MPK/PS 1970/1900
    RS eines Hohldeckels
    WG A2, Dm: 16,4 cm
    FO: Profil 1, Schicht 4
12. MPK/PS 1970/1894b
    Öllämpchen
    WG A2, Dm: 11 cm
    FO: Profil 1, Schicht 4

Tafel 10: München, Peterskirche. Maßstab 1:3.
Profil 1.

Profil 1, Schicht 4
2.Hälfte 13./1.Hälfte 14. Jahrhundert

1. MPK/PS 1970/1895a
   Öllämpchen, WG A2
   Dm: 13,4 cm
2. MPK/PS 1970/1894b
   RS einer Becherkachel, WG B
   Dm: 13 cm
3. MPK/PS 1970/1894b
   BS einer Becherkachel, WG B
   Dm: 7,8 cm
4. MPK/PS 1970/1895a
   Gürtelschließe mit trapezförmigem Bügel.
5. MPK/PS 1970/1894a
   WS eines Hohlglases mit kleiner Nuppe, sehr dünnwandige bräunlich-durchsichtige Glasgefäßscherbe.
   Dm der Nuppe: 0,4–0,5 cm
6. MPK/PS 1970/1901
   Unterteil eines dünnwandigen rötlich-hellgrauen Tongefäßes, Außenseite im Bereich des Umbruches mit engständigen Rillen.
   WG A2, stark verbrannt.
   FO: ca. 1 m sw. von Scherbennest I bei Skelettresten gefunden

Profil 2 A
2.Hälfte 13./1.Hälfte 14. Jahrhundert

7. MPK/PS 1970/1902
   WS mit Rollstempeldekor
   WG A2, Dm: ?
   FO: Profil 2 A, Schicht 3
8. MPK/PS 1970/1903
   RS, WG A2, Dm: 14 cm
   FO: Profil 2A, Schicht 3
9. MPK/PS 1970/1903
   RS, WG A2, Dm: ?
10. MPK/PS 1970/1903
    RS, WG A2, Dm: 14 cm
11. MPK/PS 1970/1903
    Öllämpchen, WG A2,
    Dm: 13 cm

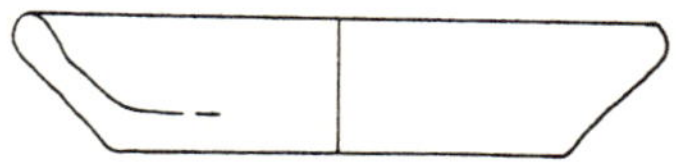
1

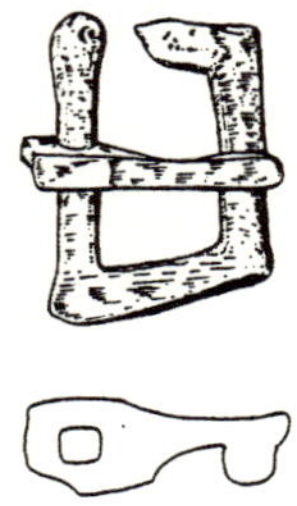
4

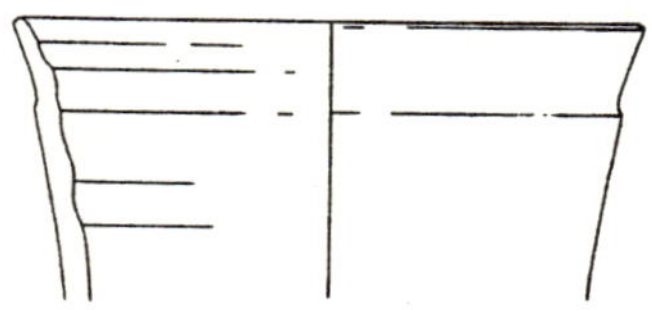
2

3

5

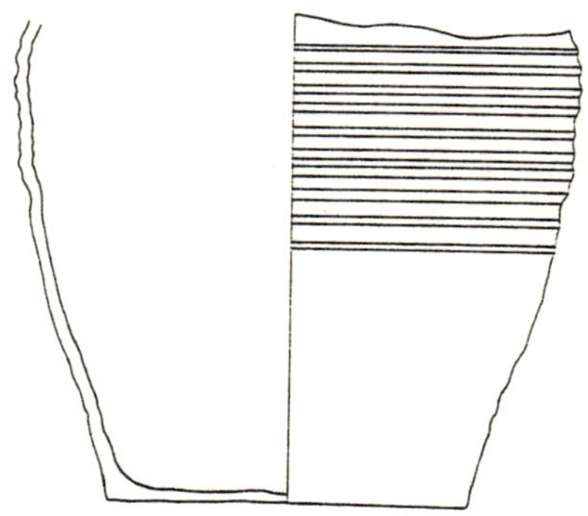
6

7

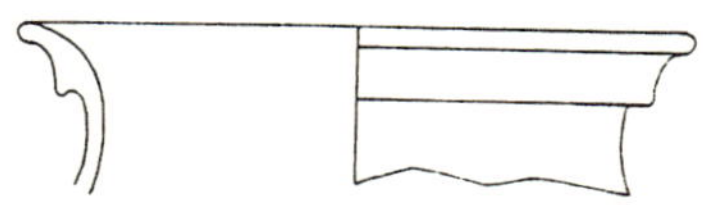
8

9

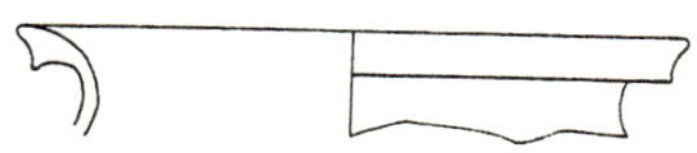
10

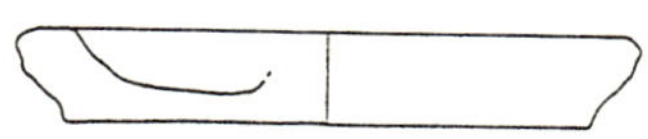
11

Tafel 11: München, Peterskirche. Maßstab 1:3.
1–6: Profil 1, Schicht 4.
7–11: Profil 2A.

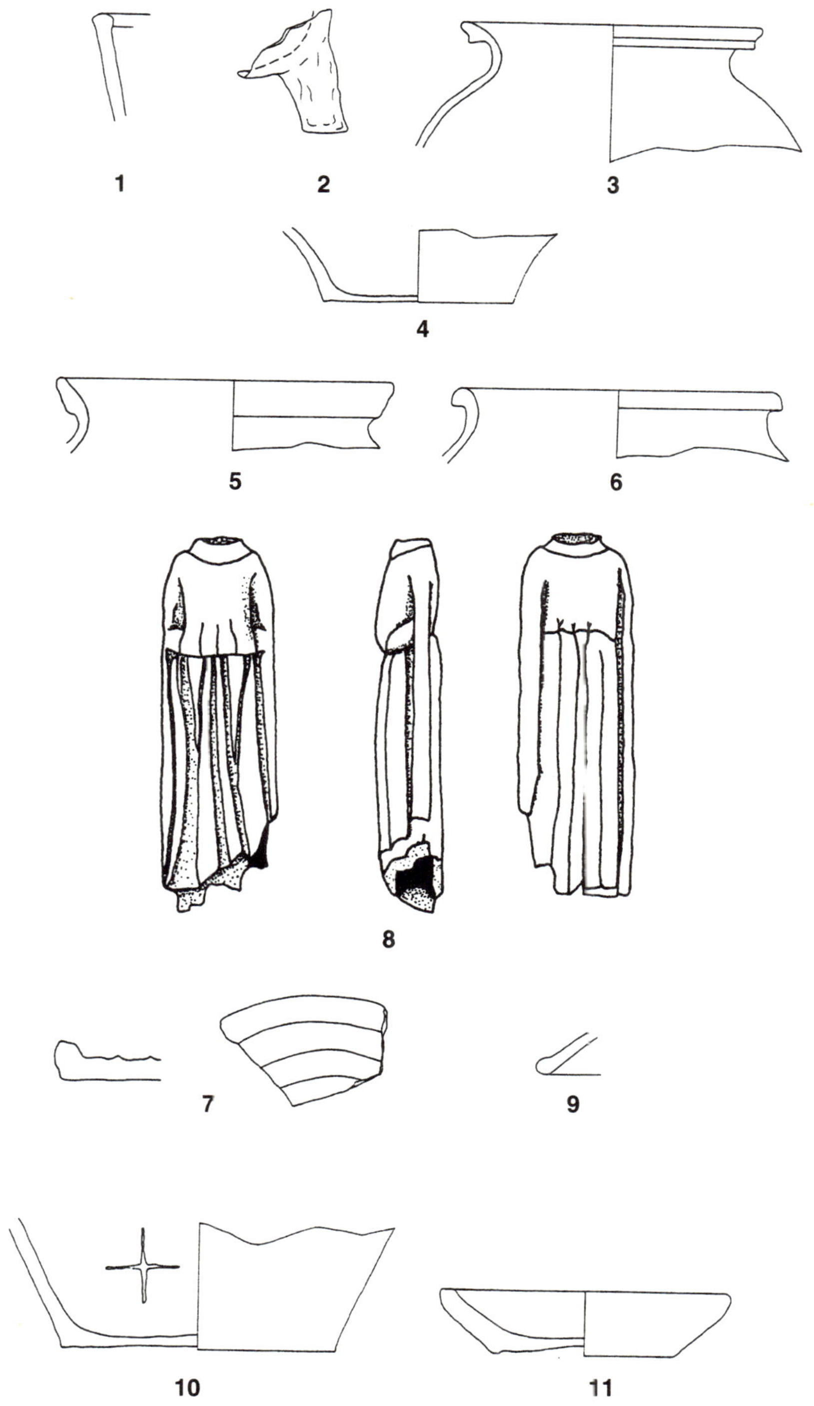

Profil 2A, Schicht 3
2.Hälfte 13./1.Hälfte 14 Jahrhundert

1. MPK/PS 1970/1903
   RS einer Becherkachel, WG A
   Dm: ?
2. MPK/PS 1970/1903
   Fuß eines Grapentopfes, WG A2

Profil 3A, Schicht 3
2.Hälfte 13./1.Hälfte 14. Jahrhundert

3. MPK/PS 1970/1904
   RS, WG A2, Dm: 12,6 cm
4. MPK/PS 1970/1904
   BS, WG A2, Dm: 8 cm

Profil 3A, Schicht 7
2.Hälfte 13./1.Hälfte 14. Jahrhundert

5. MPK/PS 1970/1906b
   RS, WG A2, Dm: 14,2 cm
6. MPK/PS 1970/1906b
   RS, WG A2, Dm: 14 cm
7. MPK/PS 1970/1906b
   RS eines Flachdeckels
   WG A2,Dm: ?

Profil 3

8. MPK/PS 1970/1905b
   Geschnitzter Griff wohl eines Messers in Form einer bekleideten Person, der Kopf ist abgebrochen.
   L. 5,4 cm (Schicht 3)
9. MPK/PS 1970/1909
   RS eines Hohldeckels
   WG A2, Dm: ?
   FO: Profil 3A, Schicht 12
10. MPK/PS 1970/1908
    BS mit plastischem Bodenzeichen, WG A2,
    Dm: 11,6 cm
    FO: Profil 3A, Schicht 12
11. MPK/PS 1970/2637
    Tonlampe
    WG A2, Dm: 12,4 cm
    FO: Im unteren Teil der Schicht 8 bei Profil 3A in einer kiesigen flachen Mulde.

Tafel 12: München, Peterskirche. Maßstab 1:3 außer 8: Maßstab 1:1.
1,2: Profil 2A, Schicht 3. 3–7: Profil 2A, Schicht 3. 8–11: Profil 3.

1. MPK/PS 1970/2636
Tongefäß, WG A1, Dm: 11,6 cm,
H: 22 cm, Dmax: 22 cm
FO: Im unteren Teil der Schicht 8
bei Profil 3A in einer kiesigen
flachen Mulde.
Datierung: 2.Hälfte 13./1.Hälfte
14. Jahrhundert

Profil 4

2. MPK/PS 1979/1487b
RS, WG A2, Dm: 16,2 cm
FO: Profil 4, Schicht 1
Datierung: 2.Hälfte 13./1.Hälfte
14. Jahrhundert
3. MPK/PS 1979/1488
BS, WG B, Dm: 8 cm
FO: Profil 4, Schicht 3
Datierung: 2.Hälfte 13./1.Hälfte
14. Jahrhundert
4. MPK/PS 1979/1489
1 RS eines Deckels, WG A2
Dm: 20 cm
FO: Profil 4, Schicht 4
Datierung: 2.Hälfte 13./1.Hälfte
14. Jahrhundert
5. MPK/PS 1979/1490a
Hälfte eines Hufeisens mit leichtem Wellenrand, darin noch ein
Nagel.
FO: Profil 4, Schicht 7
Datierung:
2. Hälfte 13. Jahrhundert
6. MPK/PS 1979/1491a
Holznagel für eine
Balkenverbindung. L: 14,3 cm
FO: Profil 4, Schicht 8
7. MPK/PS 1979/1491c
RS, WG A1, Dm: 16,4 cm
FO: Profil 4, Schicht 8
Datierung: 12. Jahrhundert
8. MPK/PS 1979/1491c
RS, WG A2, Dm: 14,2 cm
FO: Profil 4, Schicht 8
Datierung: 12. Jahrhundert

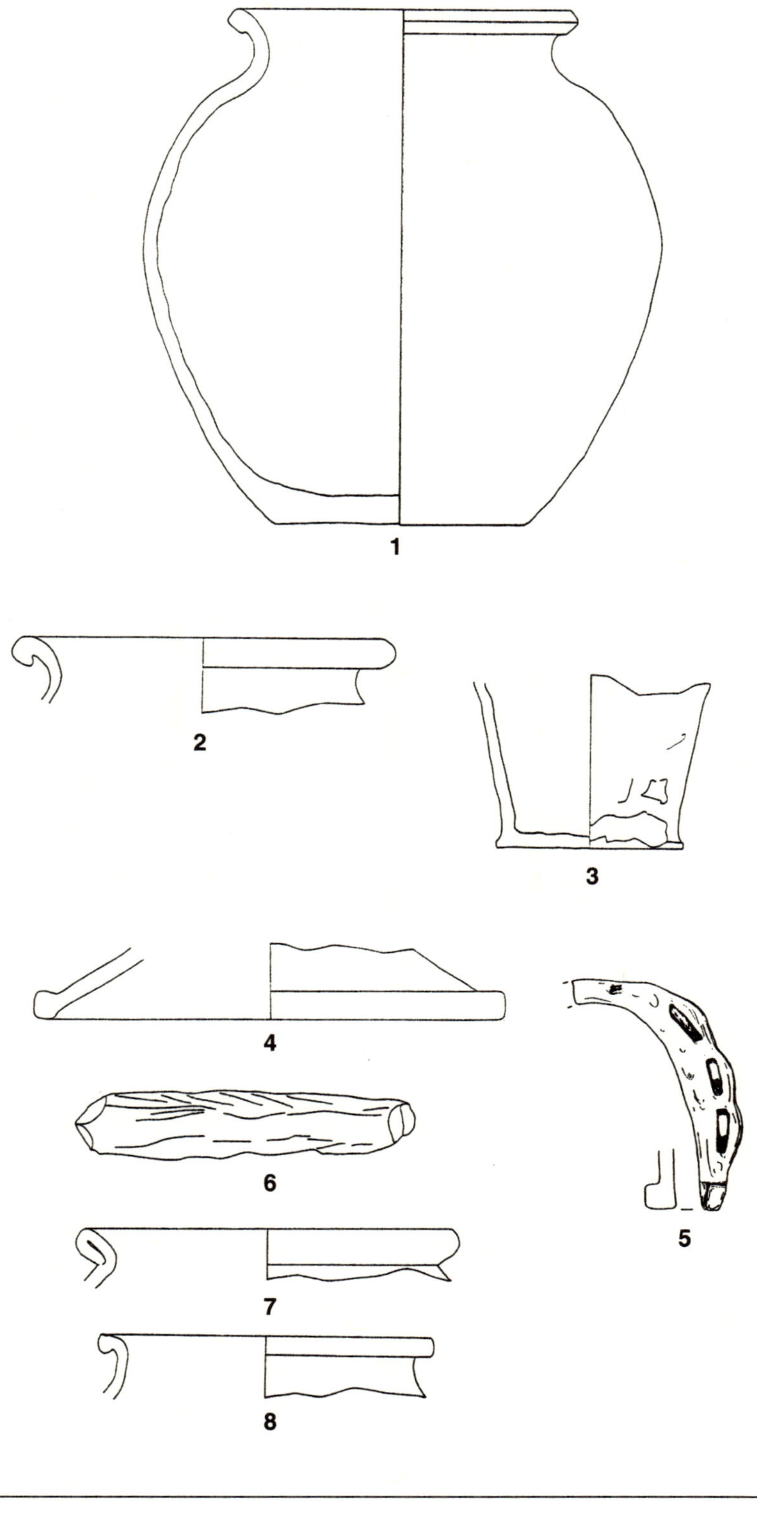

Tafel 13: München, Peterskirche. Maßstab 1:3.
1: Profil 3A. 1–8: Profil 4. Grabung »Metzgerzeile«.

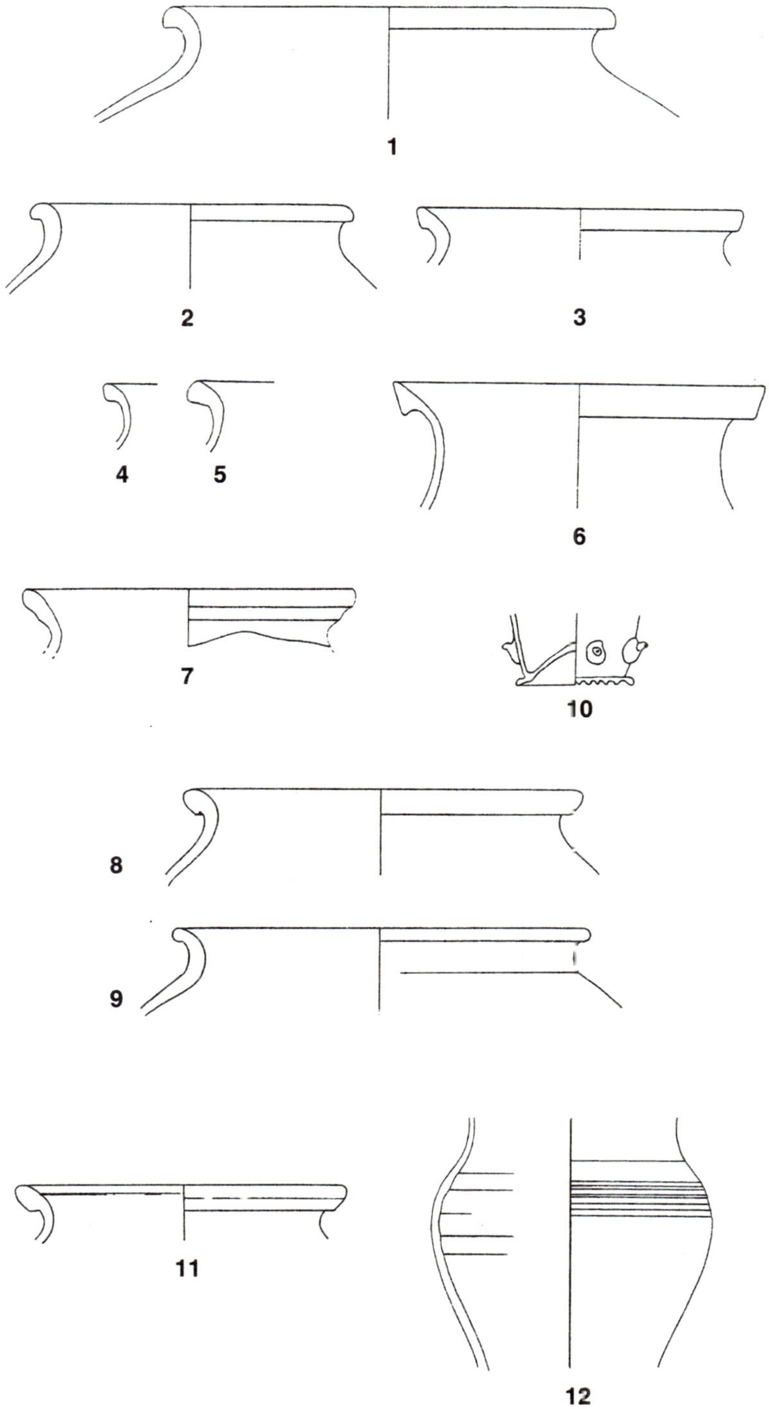

Peterskirche, Lesefunde

1. MPK/PS 1976/1896
   RS, WG A1, Dm: 19 cm
   FO: Bereich Profilschnitt -,
   jedoch nicht aus einer Schicht
   geborgen.

Aus Schacht zwischen Einstieg 237 und 238

2. MPK/PS 1976/1898
   RS, WG A1, Dm: 13,8 cm
3. MPK/PS 1976/1910b
   RS, WG A2, Dm: 14 cm
4. MPK/PS 1976/1910b
   RS, WG A2, Dm: 17,8 cm
5. MPK/PS 1976/1910b
   RS, WG A2, Dm: 14 cm
6. MPK/PS 1976/1910b
   RS, WG A2, Dm: ?
7. MPK/PS 1976/1898
   RS, WG A2, Dm: ?
8. MPK/PS 1976/1910b
   RS, WG A1, Dm: 17 cm
9. MPK/PS 1976/1910b
   RS, WG A1, Dm: 17,5 cm
10. MPK/PS 1976/1910a
    BS eines Glasbechers mit
    Nuppen, Dm: 5 cm

Fundkatalog Frauenkirche (MFK)

11. MFK/PS 1970/2634
    RS, WG A2
    Dm: 14 cm
    FO: Grabung Titze
    Datierung: 13. Jahrhundert
12. MFK/PS 1967/1219
    WS mit Drehriefen, WG A2
    Dmax: 12 cm
    FO: Frauenkirche, bei
    romanischem Pfeilerstumpf F
    Datierung:
    2. Hälfte 13. Jahrhundert

Tafel 14: München, Peterskirche. Maßstab 1:3.
1–10: Lesefunde von Wankmüller. 11,12: Funde aus der Grabung Titze (11) und Horn (12)

Fundkatalog Dreifaltigkeitsplatz (MDP)

Periode I
Datierung: 12. Jahrhundert

1. MDP/PS 94/291
   RS, WG A1, Dm: 14 cm
   FO: 33
2. MDP/PS 94/251
   RS, WG A1, Dm: 18,2 cm
   FO: 33
3. MDP/PS 94/191
   RS mit Fingereindrücken auf der Schulter, WG A1, Dm: ?
   FO: 264/265
4. MDP/PS 94/164
   RS, WG A1, Dm: 11 cm
   FO: 33
5. MDP/PS 94/128
   RS, WG A1, Dm: 14,8 cm
   FO: 32
6. MDP/PS 94/252
   Öllämpchen, WG A1,
   Dm: 13 cm
   FO: 33
7. MDP/PS 94/206
   Hufnagel mit halbrunder Kopfplatte, erh. L:3,2 cm,
   FO: 32

Periode II
Datierung: 13./14. Jahrhundert

8. MDP/PS 94/198
   RS, WG A1, Dm: ?
   FO: 34
   Datierung: 13. Jahrhundert
9. MDP/PS 94/48
   RS, WG A2, Dm ?
   FO: 126
10. MDP/PS 94/235
    RS, WG A2, Dm: ?
    FO: 406
11. MDP/PS 94/235
    RS, WG A2, Dm: 18,6 cm
    FO: 406

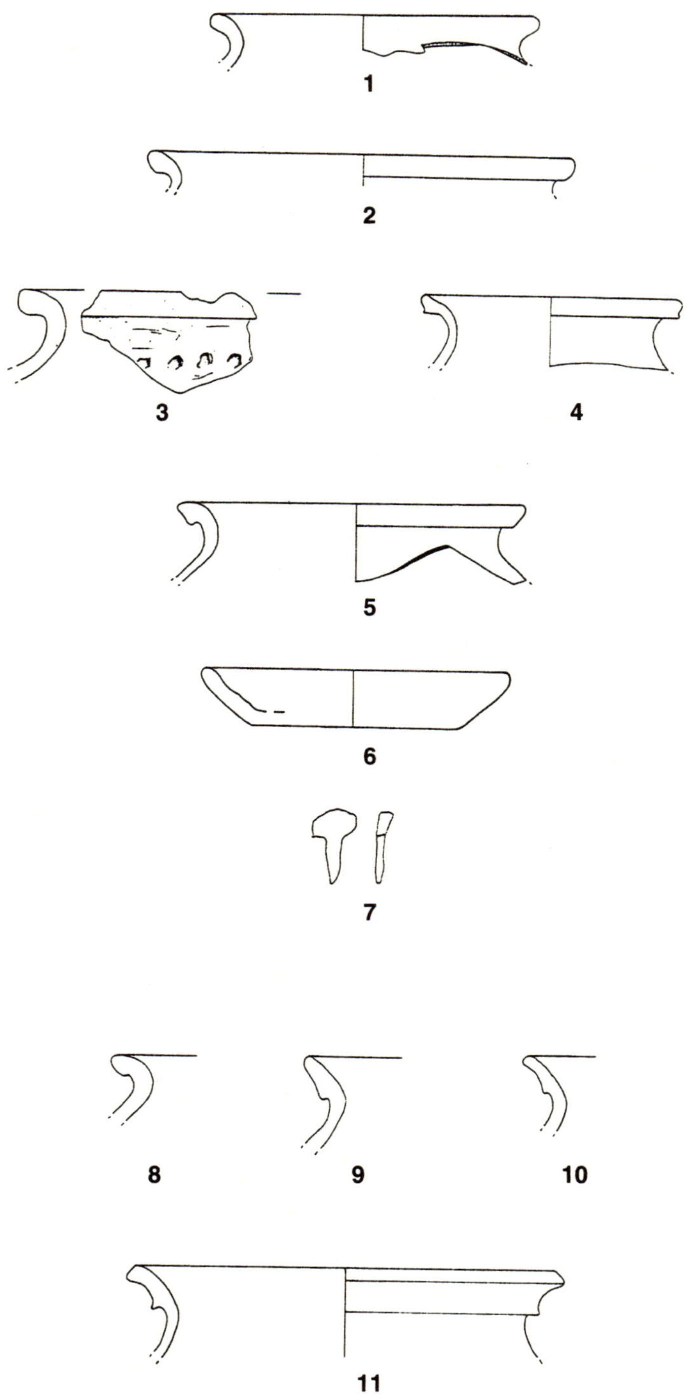

Tafel 15: München, Dreifaltigkeitsplatz. Maßstab 1:3.
1–7: Periode I. 8–11: Periode II.

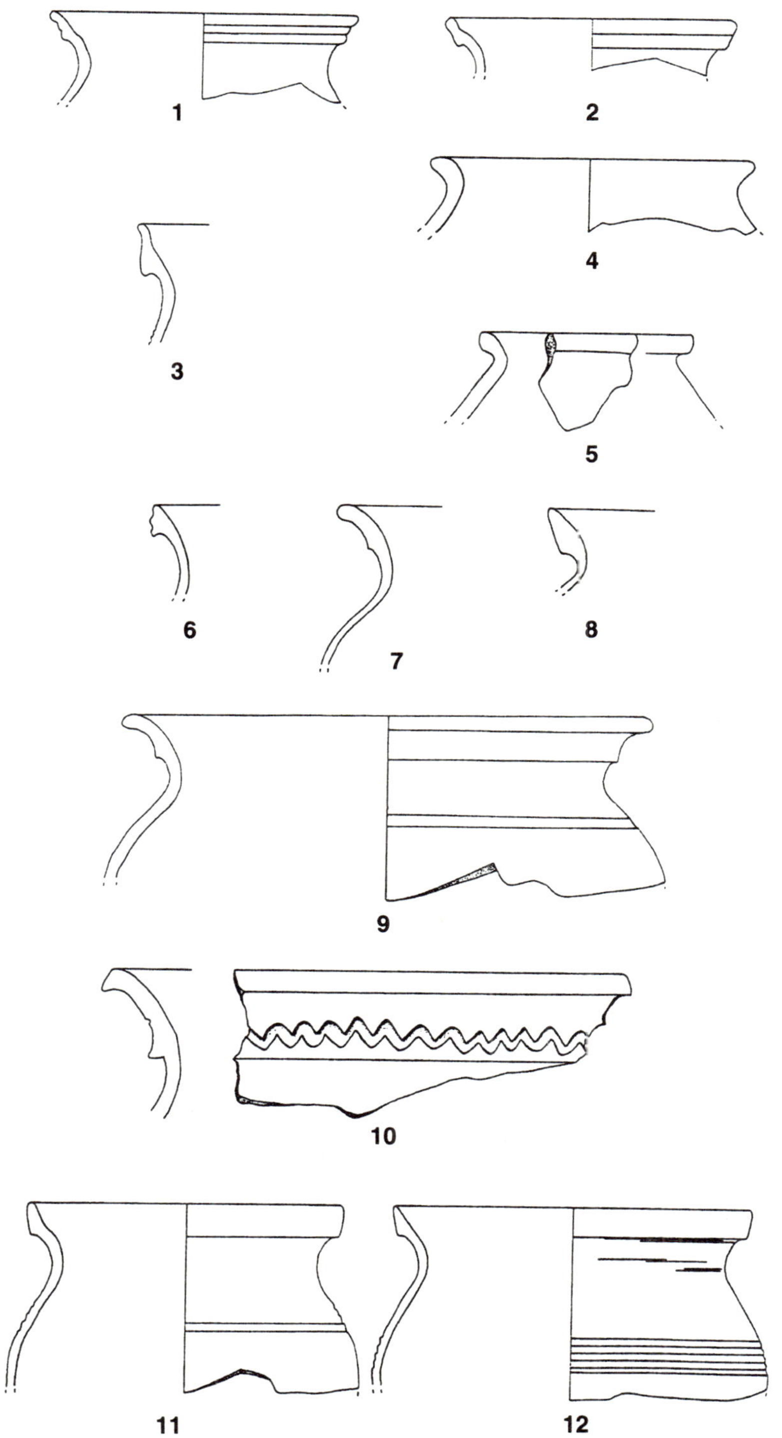

Periode II
Datierung: 13./14. Jahrhundert

1. MDP/PS 94/233
   RS, WG B1, Dm: 13,2 cm
   FO: 34
2. MDP/PS 94/233
   RS, WG B1, Dm: 12,4 cm
   FO: 34
3. MDP/PS 94/235
   RS, WG B1, Dm: ?
   FO: 406

Periode IIIa
Datierung: 14. Jahrhundert

4. MDP/PS 94/294
   RS, WG A1, Dm: 13,8 cm
   FO: 36
5. MDP/PS 94/104
   RS, WG A1, Dm: 9 cm
   FO: 36
6. MDP/PS 94/93
   RS, WG B1, Dm: ?
   FO: 36
7. MDP/PS 94/246
   RS, WG B1, Dm: ?
   FO: 36
8. MDP/PS 94/112
   RS, WG A1, Dm: ?
   FO: 306
   Datierung: 13./14. Jahrhundert
9. MDP/PS 94/93
   RS, WG B1, Dm: 22,4 cm
   FO: 36
10. MDP/PS 94/93
    RS, WG B1, Dm: ?
    FO: 36
11. MDP/PS 94/93
    RS, WG B1, Dm: 13,2 cm
    FO: 36
12. MDP/PS 94/93
    RS, WG B1, Dm: 15 cm
    FO: 36

Tafel 16: München, Dreifaltigkeitsplatz. Maßstab 1:3.
1–3: Periode II. 8–12: Periode IIIa.

Periode IIIa

1. MDP/PS 94/189
   BS, WG A1, Dm: 10 cm
   FO: 36
2. MDP/PS 94/93
   BS, WG A1, Dm: 10 cm
   FO: 36
3. MDP/PS 94/246
   WS eines Hohlglases Typ
   "Schaffhausen"
   Dm: 8 cm
   FO: 36
   Datierung: 14. Jahrhundert

Periode III, unter dem
Turmfundament
Datierung: 14./15. Jahrhundert

4. MDP/PS 94/10
   RS, WG D, Dm: 13 cm
   FO: 36
5. MDP/PS 94/10
   RS, WG B1, Dm: 12 cm
   FO: 36
6. MDP/PS 94/10
   Hohldeckel mit Loch, WG D
   Dm: 11,2 cm
   FO: 36

Fundamentierung des Weges
Datierung: 14./15. Jahrhundert

7. MDP/PS 94/124
   RS, WG B1, Dm: 16,2 cm
   FO: 58
8. MDP/PS 94/87
   RS, WG B1, Dm 18,4 cm
   FO: 58
9. MDP/PS 94/28
   RS, WG B1, Dm: 17,2 cm
   FO: 58
10. MDP/PS 94/28
   RS, WG A1, Dm: 14,4 cm
   FO: 58
11. MDP/PS 94/28
   RS, WG B1, Dm: 15,4 cm
   FO: 58

1

2

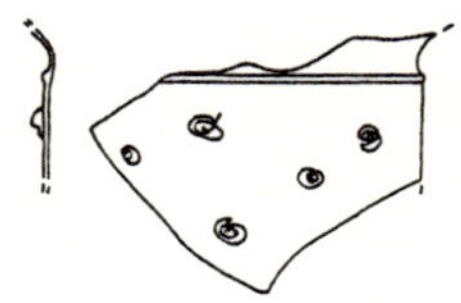
3

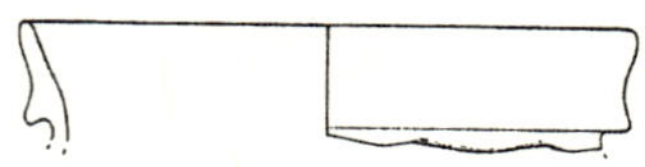
4

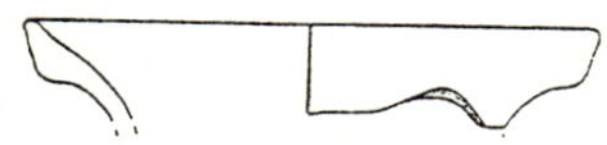
5

6
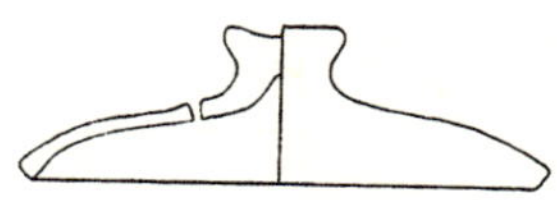

7
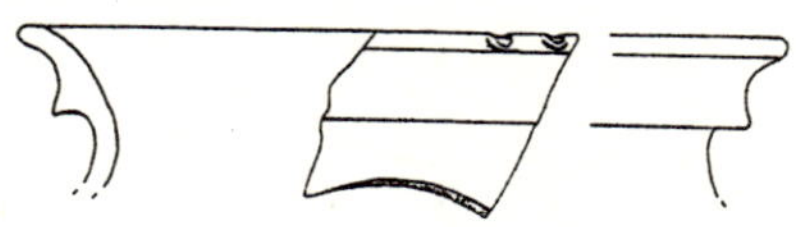

8
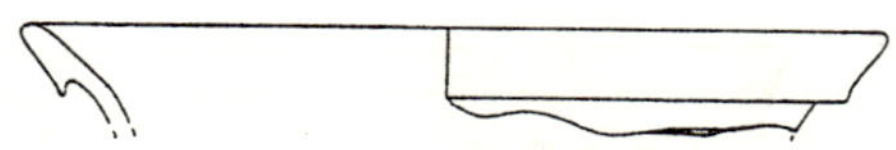

9
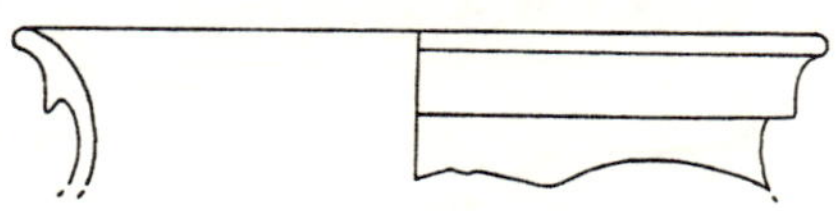

10
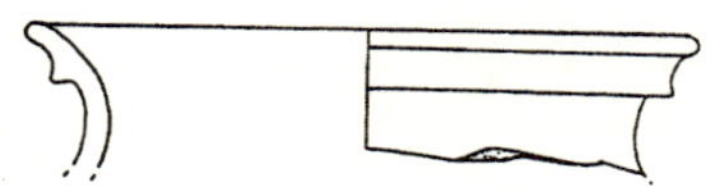

11
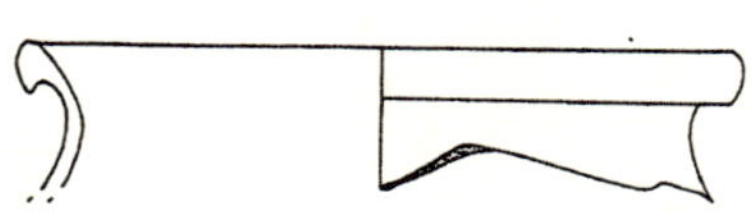

Tafel 17: München, Dreifaltigkeitsplatz. Maßstab 1:3.
Periode IIIa.

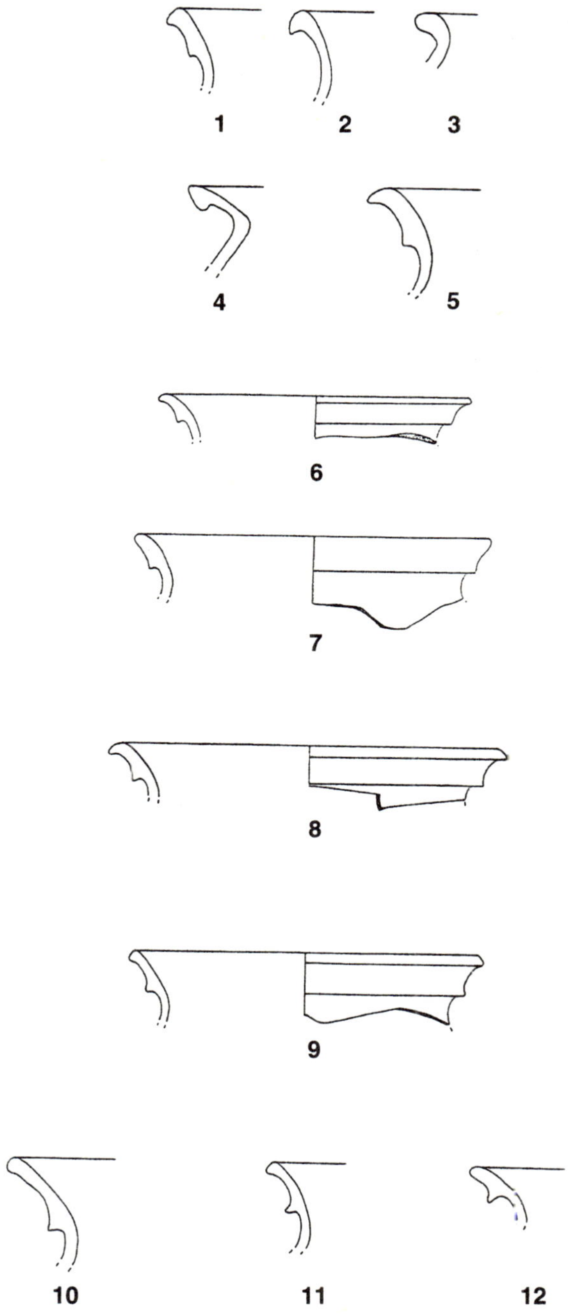

Fundamentierung des Weges
Datierung: 14./15. Jahrhundert

1. MDP/PS 94/289
   RS, WG B1, Dm: ?
   FO: 24
2. MDP/PS 94/289
   RS, WG B1, Dm: ?
   FO: 24
3. MDP/PS 94/72
   RS, WG A1, Dm: ?
   FO: 24
4. MDP/PS 94/72
   RS, WG B1, Dm: ?
   FO: 24
5. MDP/PS 94/287
   RS, WG B1, Dm: ?
   FO: 310, Baugrube für
   Fundament 314

Periode IIIb
Datierung: 15. Jahrhundert

6. MDP/PS 94/27
   RS, WG B1, Dm: 13,2 cm
   FO: 60
7. MDP/PS 94/27
   RS, WG B1, Dm: 15 cm
   FO: 60
8. MDP/PS 94/27
   RS, WG B1, Dm: 17 cm
   FO: 60
9. MDP/PS 94/27
   RS, WG C, Dm: 15 cm
   FO: 60
10. MDP/PS 94/31
    RS, WG B1, Dm: ?
    FO: 60
11. MDP/PS 94/144
    RS, WG B1, Dm: ?
    FO: 60
12. MDP/PS 94/37
    RS, WG B1, Dm: ?
    FO: 60

Tafel 18: München, Dreifaltigkeitsplatz. Maßstab 1:3.
1–5: Periode IIIa. 6–12: Peride IIIb.

Periode IIIb
Datierung: 15. Jahrhundert

1. MDP/PS 94/37
RS mit Wellenband in der Randzone, WG B1, Dm: ?
FO: 60
2. MDP/PS 94/30
RS, WG D, Dm: ?
FO: 60
3. MDP/PS 94/31
RS, WG B1, Dm: 18 cm
FO: 60
4. MDP/PS 94/144
RS, WG B2, Dm: ?
FO: 60
5. MDP/PS 94/27
RS, WG B2, Dm: 12,2 cm
FO: 60
6. MDP/PS 94/30
RS, WG D, Dm: 13 cm
FO: 60
7. MDP/PS 94/37
RS, WG B2, Dm: ?
FO: 60
8. MDP/PS 94/37
RS, WG B2, Dm: ?
FO: 60
9. MDP/PS 94/144
RS, WG B2, Dm: ?
FO: 60
10. MDP/PS 94/144
RS, WG B2, Dm: ?
FO: 60
11. MDP/PS 94/144
RS, WG B2, Dm: ?
FO: 60
12. MDP/PS 94/31
RS, WG B2, Dm: 12,4 cm
FO: 60
13. MDP/PS 94/144
RS, WG B2, Dm: ?
FO: 60
14. MDP/PS 94/31
RS, WG B2, Dm 15,2 cm
FO: 60

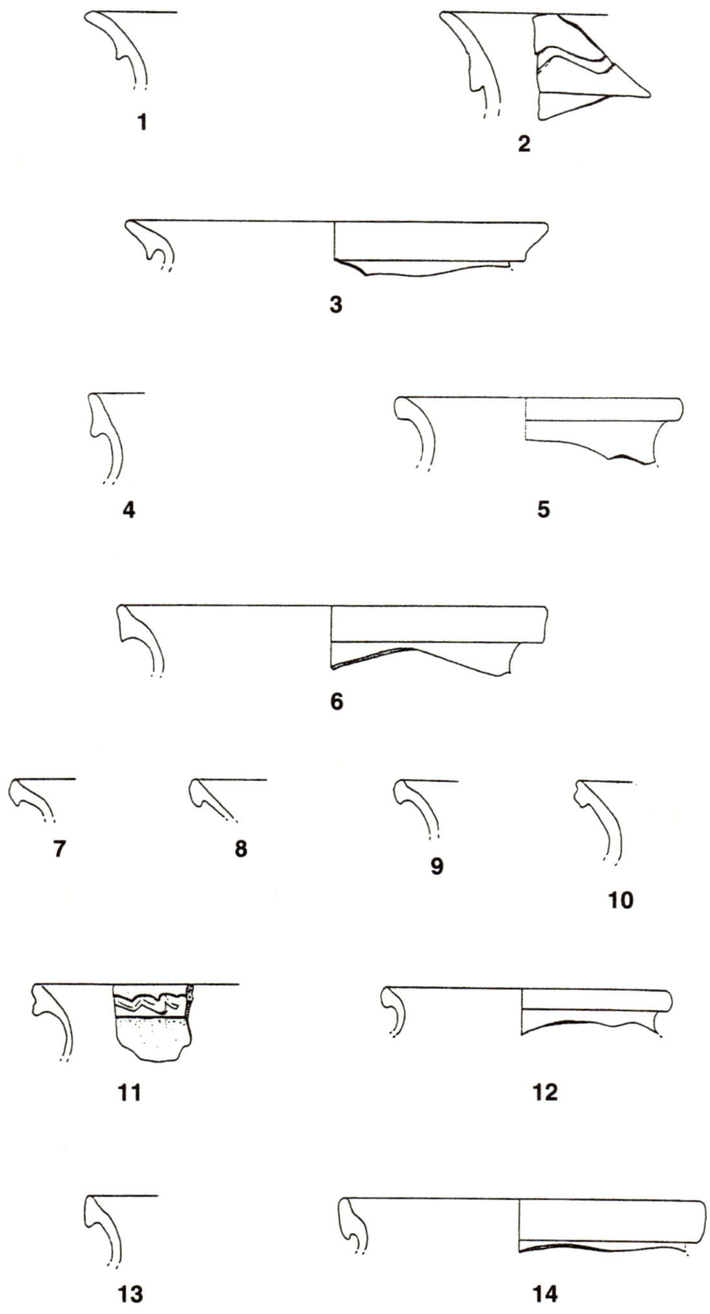

Tafel 19: München, Dreifaltigkeitsplatz. Maßstab 1:3.
Periode IIIb.

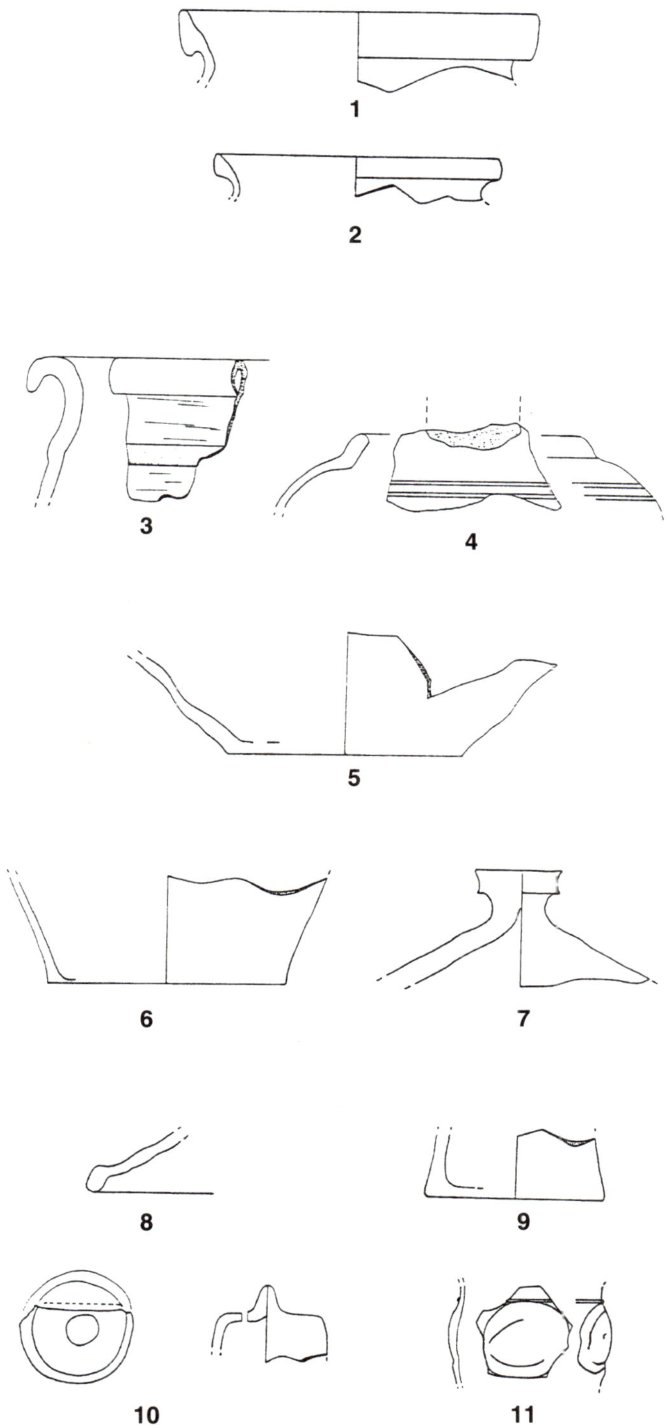

Periode IIIb
Datierung: 15. Jahrhundert

1. MDP/PS 94/30
   RS, WG B2
   Dm: 15,4 cm
   FO: 60
2. MDP/PS 94/86
   RS, WG B2
   Dm: 12,4 cm
   FO: 60
3. MDP/PS 94/54
   RS, WG B3, Dm: ?
   FO: 60
4. MDP/PS 94/144
   RS einer Bügelkanne
   WG B3, Dm: 10 cm
   FO: 60
5. MDP/PS 94/144
   BS von 4, WG B3, Dm 10 cm
   FO: 60
6. MDP/PS 94/27
   BS, WG D, Dm: 10 cm
   FO: 60
7. MDP/PS 94/37
   Knauf eines Hohldeckels
   WG B2, Dm: ?
   FO: 60
8. MDP/PS 94/144
   RS eines Hohldeckels
   WG C, Dm: ?
   FO: 60
9. MDP/PS 94/27
   BS einer Becherkachel
   WG B, Dm: 17,8 cm
   FO: 60
10. MDP/PS 94/144
    Oberteil einer Sparbüchse mit roter Engobebemalung
    WG C, Dm: 5 cm
    FO: 60
11. MDP/PS 94/86
    WS eines Nuppenbechers
    Dm: 6,8 cm
    FO: 60

Tafel 20: München, Dreifaltigkeitsplatz. Maßstab 1:3.
Periode IIIb.

Periode IIIb – Ende
Datierung: 15./16. Jahrhundert

1. MDP/PS 94/26
   RS, WG B2, Dm: 17,4 cm
   FO: oberer Bereich von 60
2. MDP/PS 94/26
   RS, WG B2, Dm: 14,6 cm
   FO: oberer Bereich von 60
3. MDP/PS 94/26
   RS, WG B2, Dm: 11,2 cm
   FO: oberer Bereich von 60
4. MDP/PS 94/26
   RS, WG B2, Dm: 10,6 cm
   FO: oberer Bereich von 60
5. MDP/PS 94/26
   RS, WG B2, Dm: 14,4 cm
   FO: oberer Bereich von 60
6. MDP/PS 94/233
   RS eines Hohldeckels mit Rußspuren. WG C, Dm: ?
   FO: oberer Bereich von 60

Ausbruchgrube des Turmhauses (Periode IIIb)
Datierung: 15./16. Jahrhundert

7. MDP/PS 94/146
   RS, WG B2, Dm: 17,6 cm
   FO: über 60
8. MDP/PS 94/172
   RS, WG B2, Dm: 13 cm
   FO: über 60
9. MDP/PS 94/143
   RS, WG B2, Dm ?
   FO: über 60

Ausbruchgrube der Mauer 10 (Periode IV)
Datierung: 16. Jahrhundert

10. MDP/PS 94/70
   Näpfchen mit Loch,
   WG D, innen grünglasiert
   Dm: 5 cm
   FO: 9

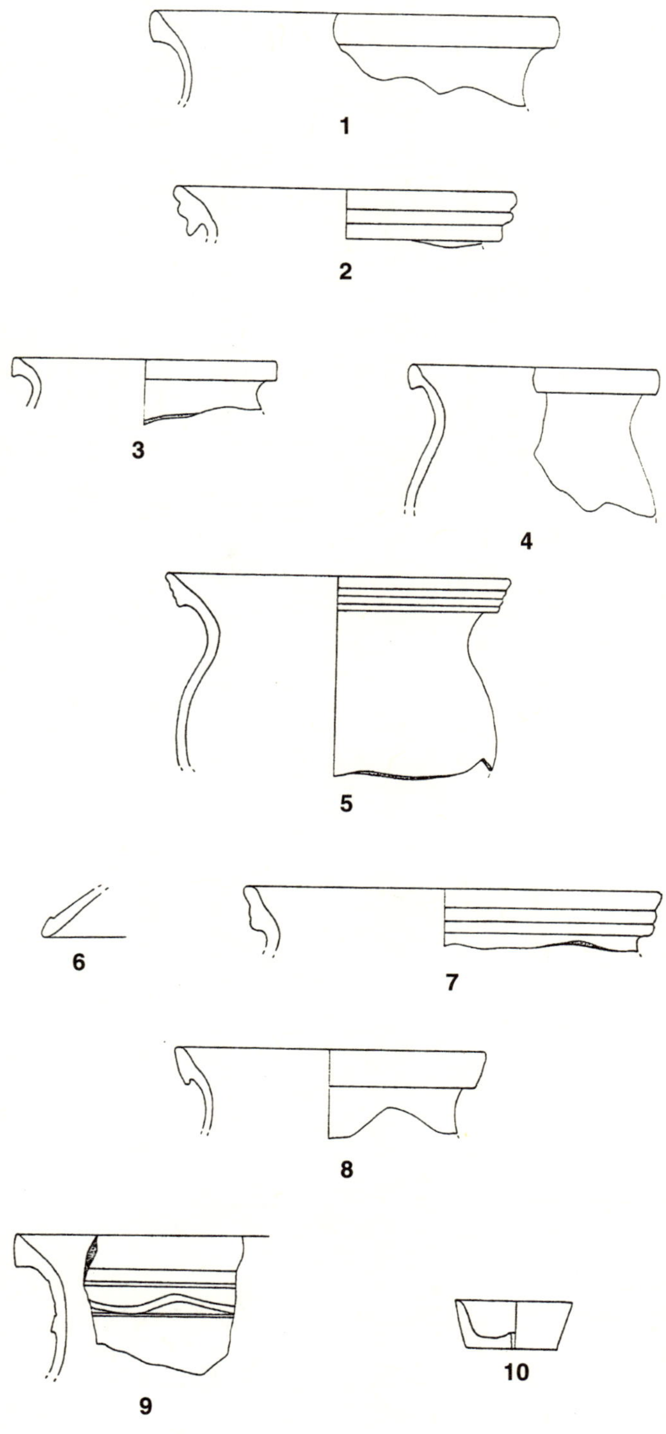

Tafel 21: München, Dreifaltigkeitsplatz. Maßstab 1:3.
1–9: Periode IIIb. 10: Periode IV.

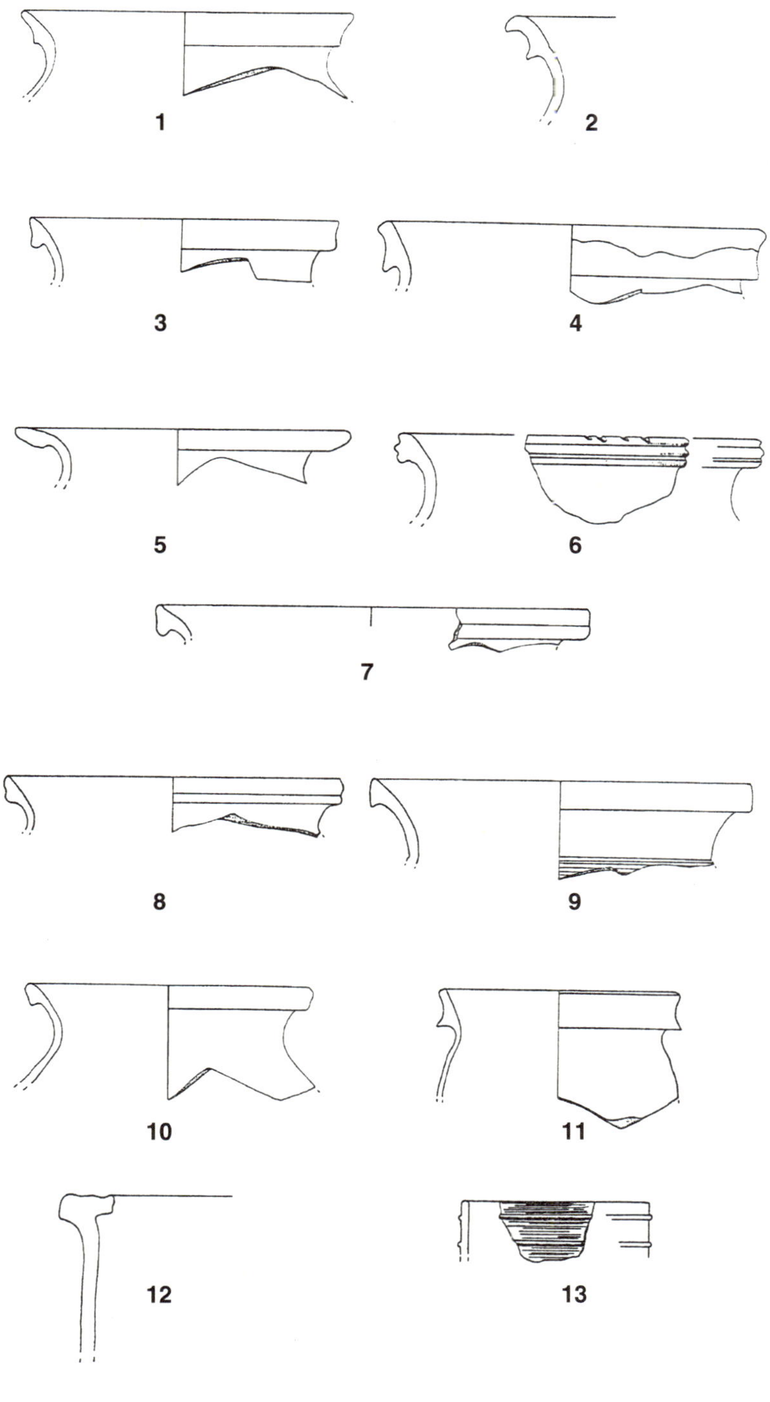

Periode V
Datierung: 17./18. Jahrhundert

1. MDP/PS 94/111
   RS, WG B2, Dm: 14 cm
   FO: 171
2. MDP/PS 94/111
   RS, WG B2, Dm: 13 cm
   FO: 171
3. MDP/PS 94/111
   RS, WG B2, Dm: ?
   FO: 171
4. MDP/PS 94/23
   RS, WG D, innen gelbglasiert
   Dm: 16,4 cm
   FO: 99
5. MDP/PS 94/295
   RS, WG B2, Dm: 14,2 cm
   FO: 13
6. MDP/PS 94/89
   RS, WG B2, Dm: 15,6 cm
   FO: 154
7. MDP/PS 94/267
   RS, WG B2, Dm: 18,4 cm
   FO: 378
8. MDP/PS 94/267
   RS, WG B2, Dm: 14,4 cm
   FO: 378
9. MDP/PS 94/261
   RS, WG B2, Dm: 16,4 cm
   FO: 15
10. MDP/PS 94/118
    RS, WG B2, Dm: 12 cm
    FO: 15
11. MDP/PS 94/35
    RS, WG D, innen gelbglasiert
    Dm: 10,2 cm
    FO: 15
12. MDP/PS 94/52
    RS, WG B3, Dm: ?
    FO: 51 (Baugrube für Fundament 50)
13. MDP/PS 94/43
    RS eines Lavezbechers,
    Dm: 8 cm
    FO: 15

Tafel 22: München, Dreifaltigkeitsplatz. Maßstab 1:3.
Periode V.

Periode V
Datierung: 17./18. Jahrhundert

1. MDP/PS 94/12
   RS, WG C, Dm: 3,2 cm
   FO: 15
2. MDP/PS 94/12
   Stiel eines Kelchglases,
   erh. L: 8,4 cm
   FO: 15

Fundkatalog Rathaus (MRH1–3)
Rathaus I, Juli 1974

3. MRH1/PS 1974/3394a
   RS, WG A1, Dm: 19 cm
   FO: Bei Reparaturarbeiten am Fundament des neuen Rathauses im Keller gefunden (Juli 1974). Die Fundstelle liegt unter der westlichen Toreinfahrt des Rathaus-Haupteinganges, und zwar unmittelbar an der Hofseite an der westlichsten Torwange.
   Datierung: 12./13. Jahrhundert
4. MRH1/PS 1974/3393
   ganzer Topf, WG A1
   Dm: 14,4 cm
   FO: siehe 1974/3394a
   Datierung: 12./13. Jahrhundert
5. MRH1/PS 1974/3393
   BS, WG A1, Dm: 11 cm
   FO: siehe 1974/3394a
   Datierung: 12./13. Jahrhundert
6. MRH1/PS 1974/3394
   Öllämpchen
   WG A2, Dm: 12,8 cm
   FO: siehe 1974/3394a
   Datierung: 12./13. Jahrhundert

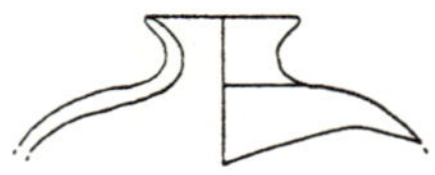

1

2

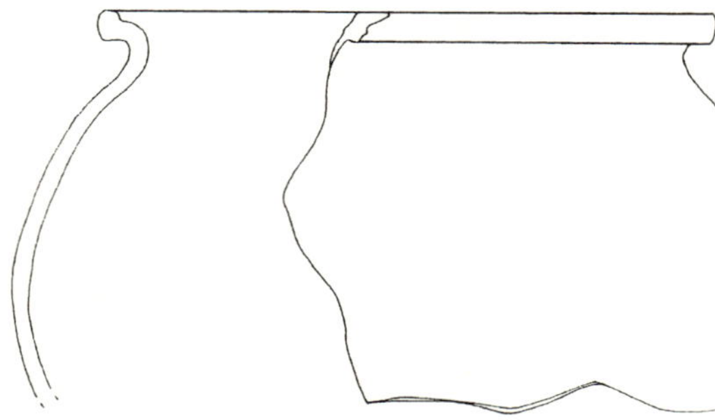

3

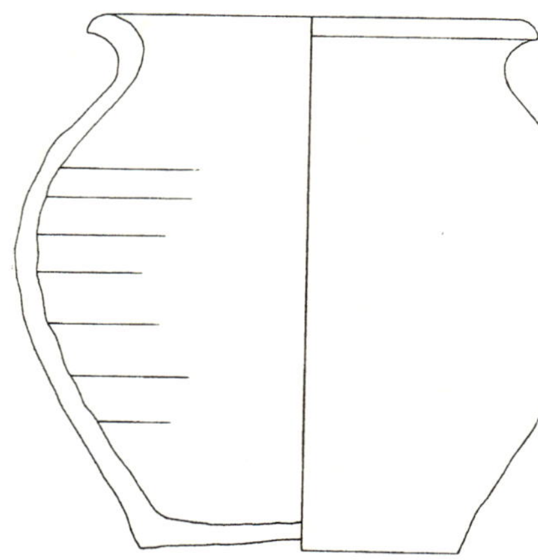

4

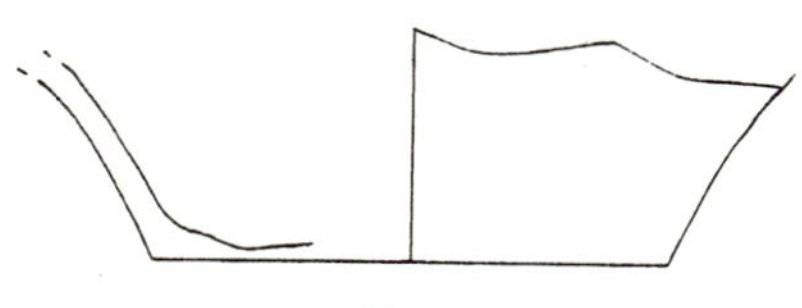

5

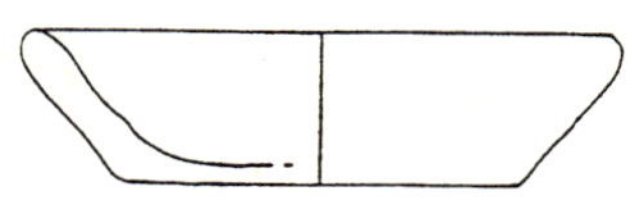

6

Tafel 23: München, Dreifaltigkeitsplatz. Maßstab 1:3.
1–2: Periode V. 3–6: München, Rathaus I. Maßstab 1:3. Funde aus einer Notbergung Juli 1974.

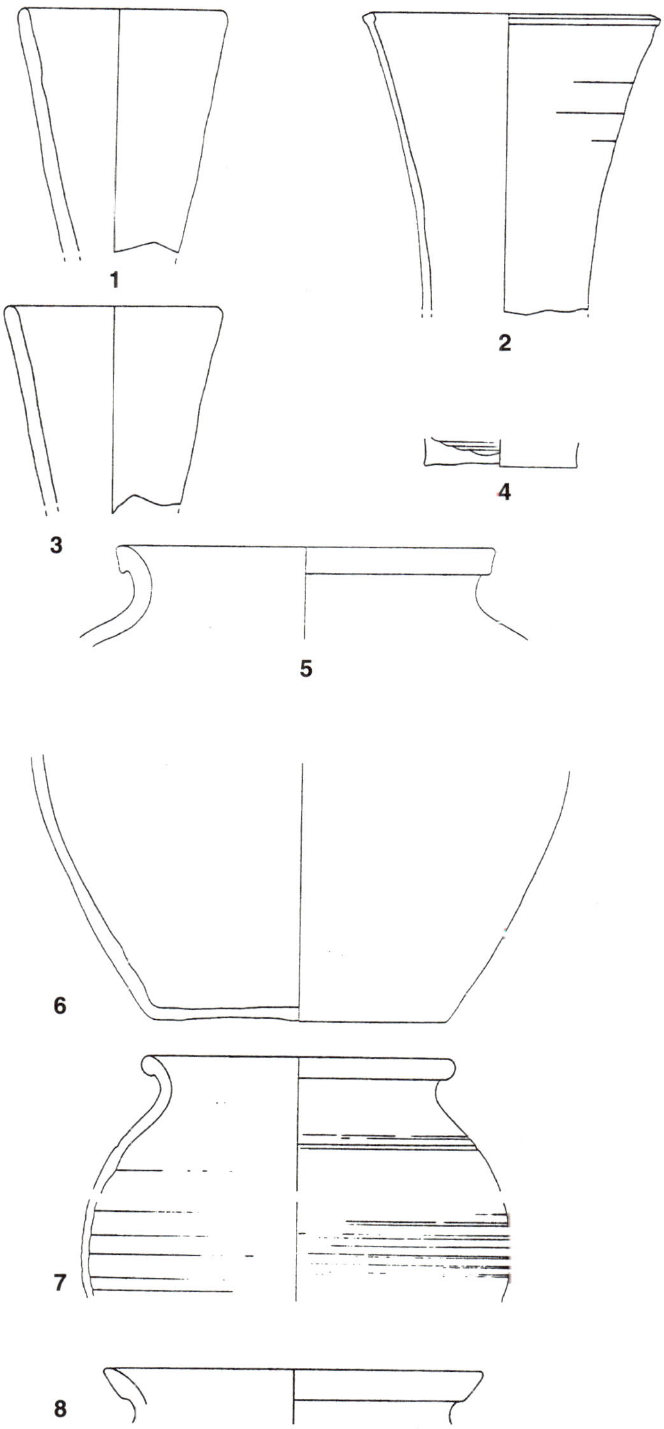

Rathaus I, Juli 1974

1. MRH1/PS 1974/3394b
   RS einer Becherkachel
   WG A, Dm: 9 cm
   FO: siehe 1974/3394a
   Datierung: 12./13. Jahrhundert
2. MRH1/PS 1974/3394b
   RS einer Becherkachel
   WG B, Dm: 9 cm
   FO: siehe 1974/3394a
   Datierung: 12./13. Jahrhundert
3. MRH1/PS 1974/3394b
   RS einer Becherkachel
   WG B, Dm: 12,4 cm
   FO: siehe 1974/3394a
   Datierung: 12./13. Jahrhundert
4. MRH1/PS 1974/3394b
   BS einer Becherkachel
   WG B, Dm: 6,2 cm
   FO: siehe 1974/3394a
   Datierung: 12./13. Jahrhundert

Rathaus III, 3.4.1975
Datierung: 12./13. Jahrhundert

5–6. MRH2/PS 1975/892g
   RS und BS, WG A1, Dm: 16 cm
   FO: Aus einer Grube unter dem neugotischen Rathaus, und zwar unter dem Nordostteil des Gebäudes, unmittelbar an der Landschaftstraße. Aus dem oberen Teil der Grubenverfüllung bis 0,6 m unter der Planierungsfläche, die teilweise modern gestört war. bzw. aus dem unmittelbar darüber gelegenen Bereich von den Bauarbeitern geborgen.
7. MRH2/PS 1975/893b
   Oberteil eines Tongefäßes
   WG A1, Dm: 13,4 cm
   FO: siehe oben
8. MRH2/PS 1975/892h
   RS, WG A1
   Dm: 16 cm
   FO: siehe oben

Tafel 24: München, Rathaus I. Maßstab 1:3.
1–4: München, Rathaus I. Funde aus einer Notbergung Juli 1974.
5–8: Rathaus III. Funde aus einer Notbergung vom 3.4.1975.

Rathaus III, 3.4.1975
Datierung: 12./13. Jahrhundert

1. MRH2/PS 1975/892g
   Unterteil eines bauchigen dünnwandigen Tongefäßes
   WG A1, Dm: 11 cm
   FO. siehe 1975/892g
2. MRH2/PS 1975/893d
   Unterteil eines Topfes.
   Fehlbrand
   WG A1, Dm: 12,5 cm
   FO. siehe 1975/892g
3. MRH2/PS 1975/892f
   RS einer Becherkachel, WG B
   Dm: 9 cm
   FO. siehe 1975/892g
4. MRH2/PS 1975/892f
   RS einer Becherkachel, WG B
   Dm: 8 cm
   FO. siehe 1975/892g
5. MRH2/PS 1975/892f
   RS einer Becherkachel, WG B
   Dm: 9 cm
   FO. siehe 1975/892g
6. MRH2/PS 1975/892b
   Becherkachel, WG B
   H: 13,6 cm, Dm: 9,1 cm
   FO. siehe 1975/892g
7. MRH2/PS 1975/892e
   Becherkachel, WG B
   H: 13,1 cm, Dm: 10,5 cm
   FO. siehe 1975/892g
8. MRH2/PS 1975/893a
   Boden mit Standring eines Glasgefäßes, hellbraun
   Dm: 5,9 cm
   FO. siehe 1975/892g

Rathaus II, 25./26.11.1974

9. MRH3/PS 1976/190b
   RS, WG B2, Dm: 18 cm
   FO: Beim Umbau des Ratskellers am 25./26.09.1974 aus einem Schacht/Kloake geborgen.
10. MRH3/PS 1976/190b
   RS, WG A2, Dm 26 cm
   FO: siehe 1976/190b

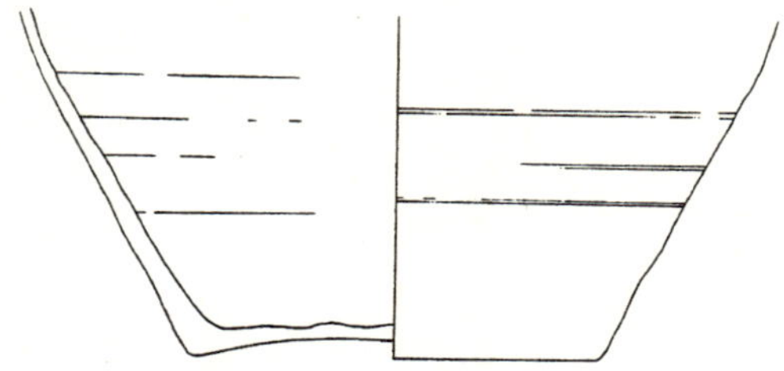
1

2

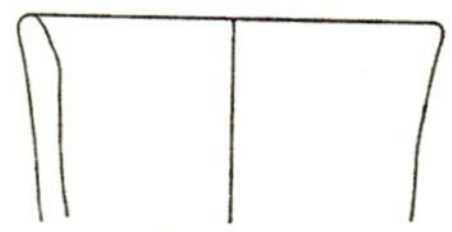
3

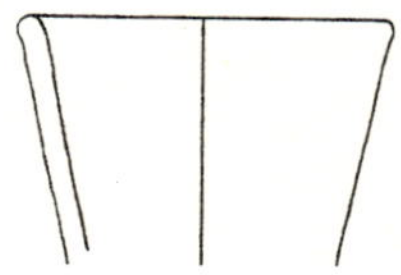
4

5

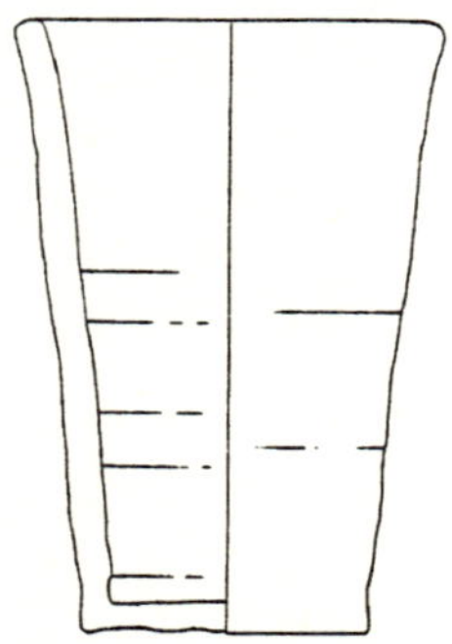
6

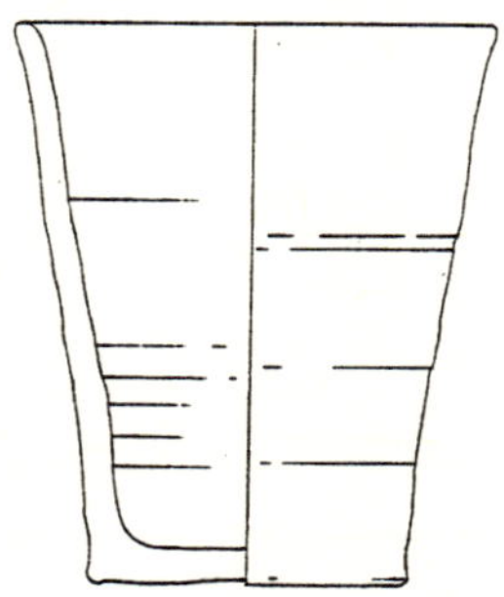
7

8

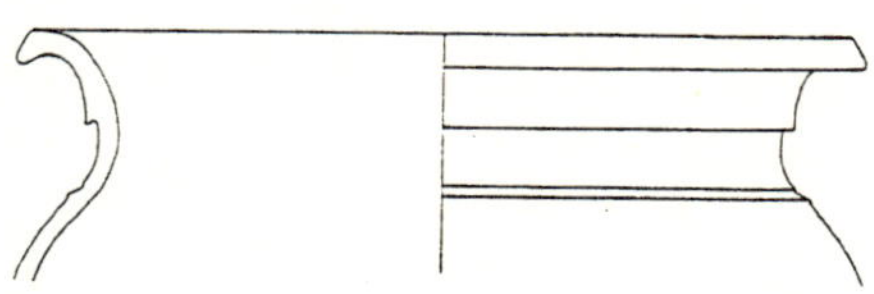
9

10

Tafel 25: München, Rathaus III. Maßstab 1:3.
1–8: München, Rathaus. Funde aus einer Notbergung vom 3.4.1975.
9–10: München, Rathaus. Funde aus einer Notbergung vom 25./26.11.1974.

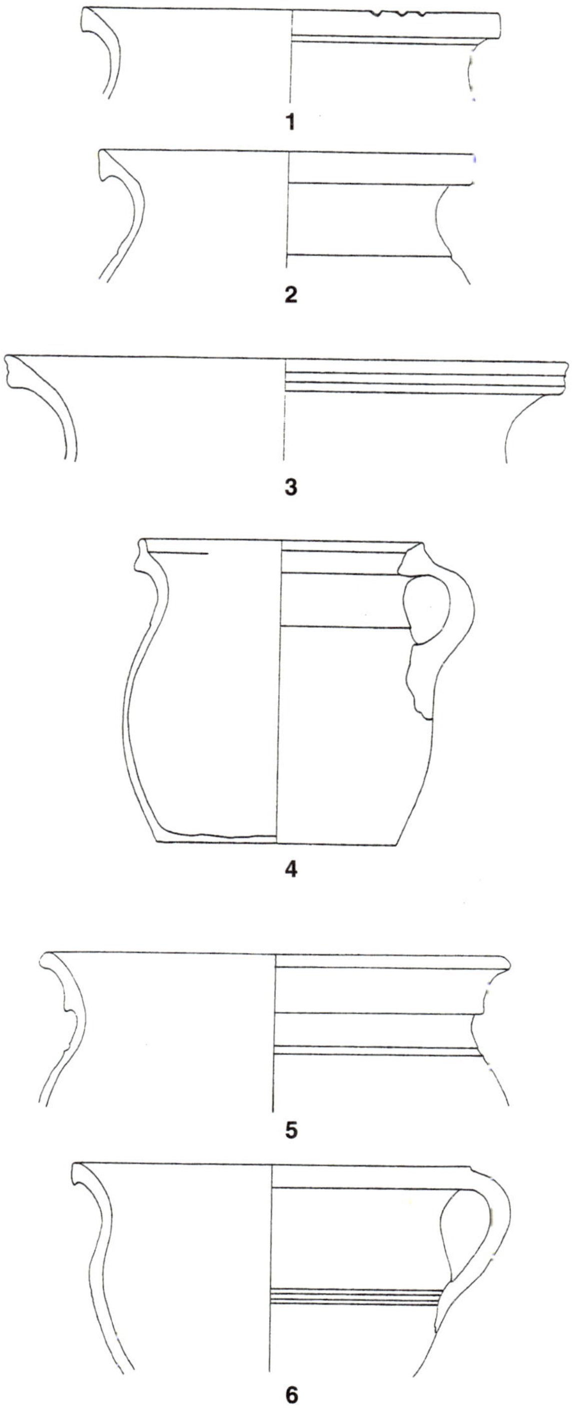

Rathaus II, 25./26.11.1974

1. MRH3/PS 1976/190b
   RS, WG A2, Dm: 17,8 cm
   FO: siehe oben
2. MRH3/PS 1976/190b
   RS, WG A2, Dm: 16 cm
   FO: siehe oben
3. MRH3/PS 1976/190b
   RS, WG B2, Dm: 24 cm
   FO: siehe oben
4. MRH3/PS 1976/156
   Bauchiger Henkelkrug mit grüner Innenglasur, ergänzt. Außen gelbbraune Tonoberfläche, leichter Halsansatz, WG D
   H: 14,4 cm, Dm: 11,5 cm
   Bd. 10,2 cm
   FO: siehe oben
5. MRH3/PS 1976/190a
   RS, WG B2, Dm: 20 cm
   FO: siehe oben
6. MRH3/PS 1976/190b
   Oberteil eines Henkeltopfes
   WG B3, Dm: 17,8 cm
   FO: siehe oben

Tafel 26: München, Rathaus II. Maßstab 1:3.
Funde aus einer Notbergung vom 25./26.11.1974.

Funde aus einer Notbergung vom 25./26.11.1974

1. MRH3/PS 1976/190b
   Oberteil einer Henkelkanne mit Ausgußtülle
   WG B3, Dm: 10,4 cm
   FO: siehe oben
2. MRH3/PS 1976/190b
   Oberteil einer Henkelkanne mit Bandhenkel
   WG B3, Dm: 110 cm
   FO: siehe oben
3. MRH3/PS 1976/190b
   RS einer Schale
   WG B2, Dm: ?
   FO: siehe oben
4. MRH3/PS 1976/154
   Konischer Gefäßdeckel mit massivem kantigem Knauf und Drehrillen am verdickten Rand
   WG B2, H: 5,2 cm, Dm: 11,8 cm
   FO: siehe oben
5. MRH3/PS 1976/153
   Topf wie 1976/152
   WG B2, H: 17,6 cm,
   Dm: 13,1 cm
   BDm: 7,7cm
   FO: siehe oben
6. MRH3/PS 1976/152
   Topf mit hochliegender Schulter, ergänzt, auf Schulter und Umbruch Drehrillen
   WG B2, H: 22,6, Rdm: 17,0 cm,
   Bdm: 9,8 cm
   FO: siehe oben
7. MRH3/PS 1976/155
   Henkelkrug mit hochliegender Schulter, auf Schulter und Umbruch Drehrillen
   WG B2, H: 14,3 cm,
   Dm: 11,2 cm
   Bdm: 6,2 cm
   FO: siehe oben

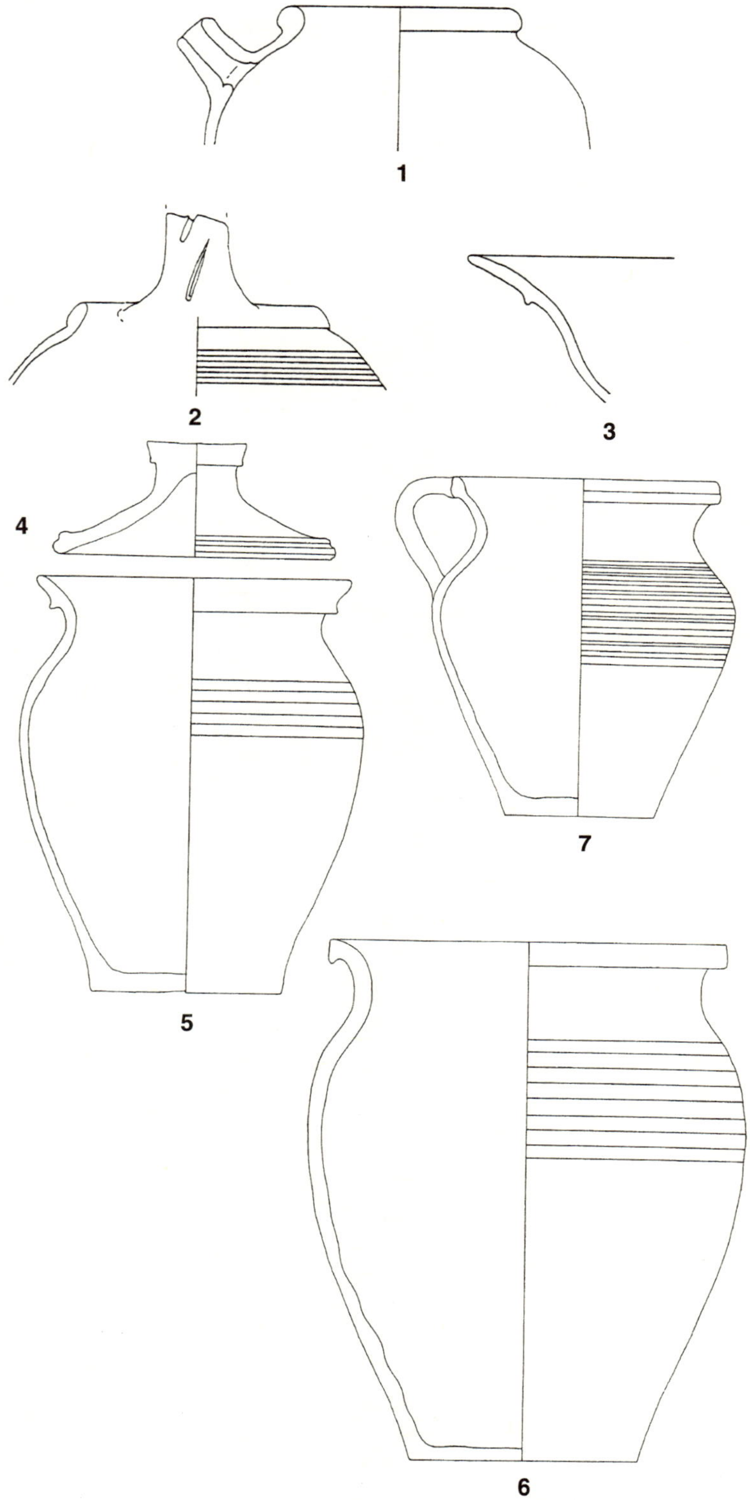

Tafel 27: München, Rathaus II. Maßstab 1:3.
Funde aus einer Notbergung vom 25./26.11.1974.

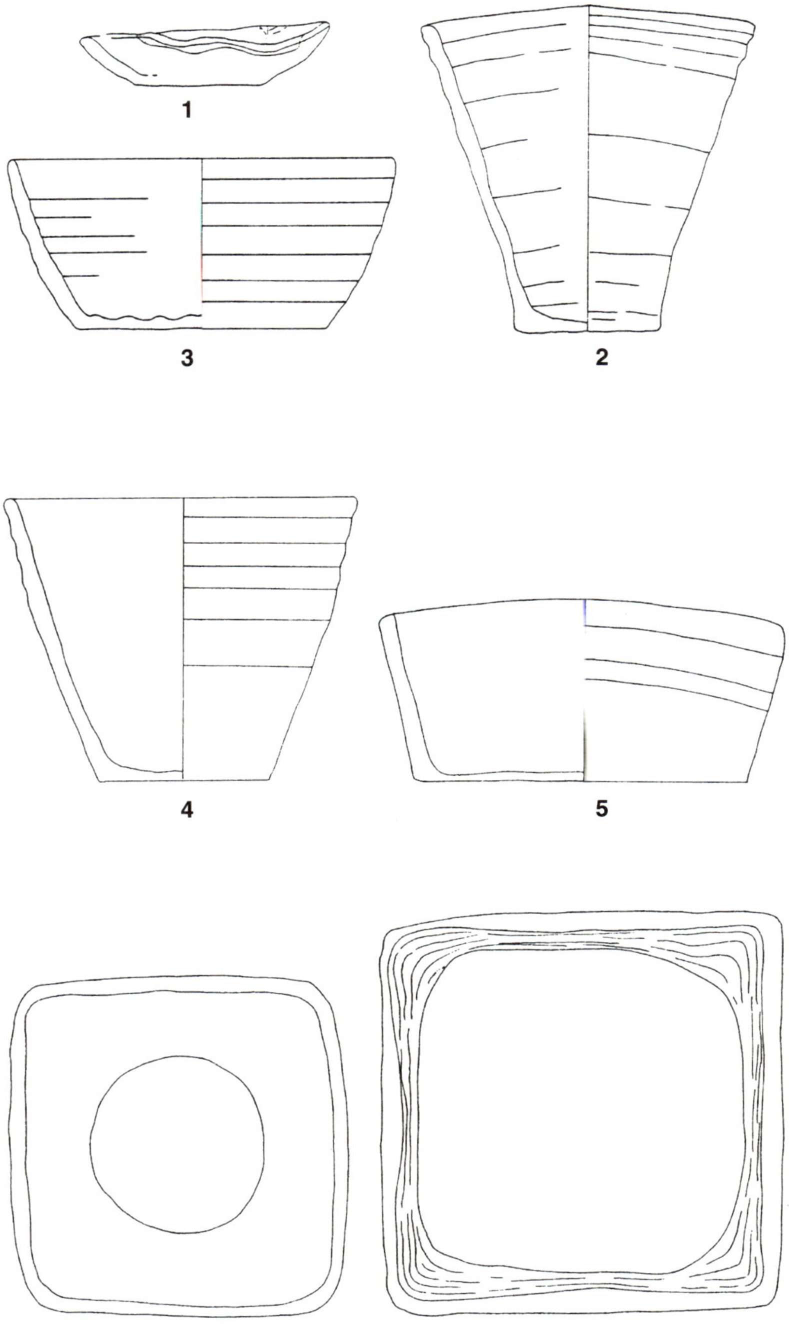

Funde aus einer Notbergung vom 25./26.11.1974

1. MRH3/PS 1976/161
   Schalenförmige Lampe, im Brand verzogen
   WG B3, H: 2,8 cm, Rd: 10,1 cm,
   Bd: 6,5 cm
   FO: siehe oben
2. MRH3/PS 1976/177
   Schüsselkachel, ergänzt. Grauer Ton mit bräunlichen Sinterungsresten, außen Drehrillen und anhaftender Lehm WG C, H: 14 cm,
   Bd: 6,2 cm
   FO: siehe oben
3. MRH3/PS 1976/182
   Napfkachel, sekundär verbrannt, ergänzt
   WG C, H: 7,4 cm, Bd: 11 cm
   FO: siehe oben
4. MRH3/PS 1976/178
   Becherkachel
   WG C, H: 12,4 cm, Rd: 18,2 cm
   Bd: 7,3 cm
   FO: siehe oben
5. MRH3/PS 1976/181
   Napfkachel
   WG C, H: 8,1 cm, Rd: 22,9 cm,
   Bd: 14,5 cm
   FO: siehe oben

Tafel 28: München, Rathaus II. Maßstab 1:3.
Funde aus einer Notbergung vom 25./26.11.1974.

Katalog der Befunde

Der folgende Katalog enthält die Beschreibung der Einzelbefunde der abgebildeten Plana und Profile in der Reihenfolge der vorgestellten Grabungen. Soweit in den beschriebenen Einzelbefunden Funde verzeichnet sind, sind sie mit aufgelistet. Bei abgebildeten Funden wird auf den Fundkatalog verwiesen. Die Abbildungsnummern entsprechen denen im Text.

Den Befundnummern aus der Grabung Dreifaltigkeitsplatz ist jeweils eine römische Ziffer vorangestellt. Sie bezeichnet die Zugehörigkeit zu einer Bauphase.

Befunde Alter Hof

G Geologisch gewachsener Untergrund
Besteht aus zwei Komponenten:
– im oberen Bereich ein teils feiner, teils grober Kies (Körnung von unter 5 mm bis über faustgroß), gelblichbraungrau bis gelblich-rostbraun, mittelfest bis locker;
– im unteren Bereich ein graugrüner Schluff, mittelfest; dieser ist nach unten hin zunehmend gesteinsartig hart.
Funde: fundleer
alle Profile und Plan 1

1 ursprünglicher Oberboden/Laufhorizont
Schwarzbraun, humos-lehmig, mittelfest, enthält wenige bis fingergroße Kiesel; nach unten zu G hin keine scharfe Trennlinie, sondern ein heller werdender Übergangshorizont.
Funde: MAH 95/4.6.7.9.10.11.14.15.16.17.25.29.33.59 (Taf. 1,1–5).
Abb. 25 und 27; Profil 1–6,8–10.

2 Mörtelfußboden
Hellgelblichgraue Mörtellage; enthält bis über cm-große Kalkspatzen, bis fingergroße Kiesel. Auf der Oberfläche stellenweise ein dünner Holzkohlebelag.
Funde: MAH 95/24.
Abb. 27; Profil 1,2.

3 Mauer/Fundament (Westwand des Kellerabgangs)
Besteht aus Backsteinen (34,5/15–16/6–7 cm); grober Mörtel, gelblichgrau, enthält bis über cm–große Kalkspatzen, bis über fingergroße Kiesel.
Abb. 20.

4 Baugrube für 3
Knappe, steilwandige Baugrube für 3; Verfüllung gelblichgrau, mittelfest bis locker, enthält bis über 5 mm-große Mörtelbröckchen, wenig bis ca. 5 mm großen Ziegelbruch, wenig Holzkohle.
Abb. 20.

5 Pflaster
Aktuelles Kopfsteinpflaster im Hof.
Profil 1,2.

6 Planierschicht
Gelblichgrau, Kies, locker. Füllschicht unter der modernen Pflasterung 5.
Profil 1,2.

7 Planierschicht
Gelblich-graubraun, humos-lehmig, mittelfest, enthält viele bis fingergroße Kiesel.
Profil 1.

8 Planierschicht
Gelblichgrau, kiesig, locker, enthält bis über fingergroße Kiesel.
Funde: MAH 95/55.
Profil 1,2.

9 Fundament
Besteht aus Backsteinbruch (bis ca. 23/15/7 cm) und faustgroßen Kieseln; grober Mörtel, gelblichgrau, stark sandhaltig, enthält bis über cm–große Kalkspatzen. Ausbrüche in 3 werden von Steinen aus 9 geschlossen. Das Fundament ist z.T. auf, z.T. unmittelbar westlich neben Kellerhals 3 gesetzt. Ein Stück Backsteinpflaster schloß sich nach Westen an, konnte wegen überraschender Abbaggerung jedoch lediglich durch F. Becker photographisch dokumentiert werden. Es reichte nicht bis zu den Profilen 3, 13 und 14.
Abb. 20.

10 Planierschicht
Schwarzbraun, humos-lehmig, mittelfest, enthält lehmigen Sand, vereinzelt Holzkohle und Backstein, Ziegel, bis über cm–große Kiesel, Mörtel.
Funde: MAH 95/3.22
Profil 1,2.

11 Planierschicht
Besteht aus 2 Komponenten:
– im oberen Bereich graubraun, humos-lehmig, mittelfest, enthält bis über cm-große Kiesel
– im unteren Bereich schwarzbraun, humos-lehmig, mittelfest, enthält Backsteinfragmente, bis über fingergroße Kiesel, Mörtel, bis über cm-große Holzkohlepartikel.
Profil 1,2.

12 Feuerungsanlage (Ofen)
Besteht aus einer bräunlich-gelben Lehmlage von schwankender Stärke (ca. 3–10 cm), deren Oberfläche sich zur Mitte hin leicht wannenförmig absenkt. Sie ist dort braunrot und schwarz angeziegelt. Die beidseitige Begrenzung im Westen und Osten besteht aus einer länglichen Packung über faustgroßer Kiesel, dazwischen

vereinzelt bis fingerlange Backsteinfragmente, die in eben diesem Lehm verlegt sind. Diese Flußkieselpackung zog sich u-förmig auch um den Nordabschluß (=Rückwand) der Anlage, saß dort jedoch auf einer Lage mit ihren Längsseiten nebeneinander in den Lehm gesetzter Backsteine (29–31/3,5–14,5/7–8 cm) und Backsteinfragmenten. Das Südende der Feuerstelle war vor Grabungsbeginn durch eine Baggersondage zerstört worden; jedoch war in der Westwand dieses Lochs noch erkennbar, daß die Lehmlage sich ab Profil 3 noch etwa 1,60 m nach Süden fortsetzte. Die ursprüngliche Gesamtlänge betrug somit etwa 2,60 m, die Breite etwa 1,50 m.
Funde: MAH 95/57.58.
Abb. 27; Profil 1.

13 Grube
Steilwandige Grube mit flacher Sohle; Verfüllung gelblich-braungrau bis schwarzbraun, humos-lehmig, mittelfest, im oberen Bereich streifig, enthält Ziegelbruch, bis über cm-große Kiesel, Holzkohle, Keramik, Knochen.
Funde: MAH 95/5.26.
Abb. 20; Profil 1.

14 Pfostengrube
Steilwandige Grube von kastenförmigem Querschnitt mit flacher Sohle; Verfüllung gelblich-graubraun, humos-lehmig, mittelfest, enthält hohen Kiesanteil mit bis faustgroßen Kieseln; Bodensatz schwarzbraun, humos-lehmig, mittelfest, enthält bis über cm-große Kiesel. Darin hebt sich eine Pfostenstandspur ab: schwarzbraun, humos-lehmig, mittelfest, enthält bis fingergroße Kiesel und Holzkohle.
Abb. 20; Profil 1.

15 Fundament/Mauer (ursprüngliche Nordwand des östlichen Burgstocks)
Besteht aus Backsteinen (32–34/16/5–6 cm) und Backsteinbruch; grober Mörtel, gelblichgrau, enthält bis cm-große Kalkspatzen, bis über cm-große Kiesel. Anhaftende Reste des gewachsenen Kieses im Mörtel an der Unterseite zeigen, daß dieses Fundament ursprünglich in G gesetzt und nachträglich von 17 unterfangen wurde. Besitzt an der NW Ecke des Gebäudes eine im Verband gemauerte Vorlage. Zwei unterschiedlich große Öffnungen im Verlauf von 15 wurden beim Einziehen des Kreuzgratgewölbes mit Mörtel und Backsteinen verfüllt. Im Bereich des Torturms ist 29 mit einbezogen (Baufuge).
Funde: MAH 95/2.19.20.21.31 (Taf. 6,1–4).
Abb. 25 und 27; Profil 2,5,9.

16 Baugrube für 15
Knappe, steilwandige Baugrube für 15; Verfüllung bräunlichgelb, locker, enthält viel Mörtel, bis fast fingergroße Kiesel, Ziegelbruch.
Funde: MAH 95/8.2 (Taf. 6,5).
Abb. 20; Profil 5,9.

17 Fundament (Nordwandergänzung des östlichen Burgstocks)
Besteht aus Backsteinen; grober Mörtel, grauweiß, enthält viele bis cm-große Kalkspatzen, nachträglich von innen unter 15 und gegen den gewachsenen Kies gesetzt.
Profil 2,5.

18 Grube, moderne Störung
Steilwandige Grube von unregelmäßig gerundetem Querschnitt und rechteckiger Oberfläche; die Verfüllung besteht aus zwei Komponenten:
– oben: locker, besteht weitgehend aus Backsteinen, Backsteinbruch und Mörtel;
– unten: schwarzbraun, humos-lehmig, mittelfest, enthält Holzkohle, bis fingergroße Backsteinstücke, Kiesel.
Abb. 20.

19 Laufhorizont
Schwarzbraun, humoser Lehm, mittelfest; wohl nur kurzzeitig genutzter Trampelhorizont nach Verfüllung von 13 bzw. bei Einrichtung von 2.
Funde: MAH 95/29 (Taf. 1,4).
Profil 1.

20 Pfostengrube
Steilwandige Grube mit kastenförmigem Querschnitt und flacher Sohle; Verfüllung gelblich-graubraun bis schwarzbraun, humos-lehmig, mittelfest, enthält bis zu fingergroße Kiesel; Bodensatz gelblich-graubraun, kiesig, mittelfest; darin hebt sich eine Pfostenstandspur ab: schwarzbraun, humos-lehmig, mittelfest, enthält bis über cm-große Kiesel und Holzkohle.
Abb. 20; Profil 7.

21 Pfostengrube
Steilwandige, oben trichterförmige Grube mit flacher Sohle; Verfüllung schwarzbraun, humos-lehmig, mittelfest, enthält bis fingergroße Kiesel, wenig Holzkohle, wenige Knochen; darin hebt sich eine Pfostenstandspur ab: schwarzbraun gelblich-grau, lehmig bis humos-lehmig, mittelfest, sehr feucht, enthält bis über cm-große Kiesel.
Abb. 20; Profil 1.

22 Pfostengrube
Steilwandige Grube mit flacher Sohle. Bodensatz schwarzbraun, lehmig, mittelfest, sehr feucht; enthält bis fingergroße Kiesel, wenig Holzkohle.
Funde: MAH 95/13.
Abb. 20; Profil 6.

23 Laufhorizont
Gelblich-braungrau, humos-lehmig, mittelfest; im Bereich von Profil 14 rötliche Färbung durch Ziegelstaub.
Profil 2.

24 Pfostenloch (zu 2)
Steilwandig mit flacher Sohle; Verfüllung schwarzbraun bis gelblich-grau, lehmig, mittelfest, enthält bis über cm-großen Backsteinbruch, wenig Holzkohle; darin hebt sich eine Pfostenstandspur ab: mittelbraun, sandig, locker, enthält bis über cm-große Kiesel, bis 5 mm-großen Ziegelbruch; im unteren Teil ist ein mit drei Kieseln verkeiltes Stück Holz erhalten.
Abb. 25 und 27; Profil 1.

25 Grube
Grube mit flacher Sohle; Verfüllung schwarzbraun bis gelblich, lehmig, mittelfest, sehr feucht; enthält bis fingergroße Kiesel, Holzkohle.
Funde: MAH 95/18.
Abb. 20; Profil 10.

26 Brandschicht
Schwarzbraun bis dunkelbraun, humos-lehmig, mittelfest, enthält viele bis über cm-große Holzkohlepartikel, bräunlichgelbe Lehmstreifen, bräunlichgelbe, lockere Sandstreifen, bis fingergroße Kiesel, bis ca. 5 mm-großen Ziegelbruch.
Funde: MAH 95/56.
Profil 1,2.

27 Fundament des aktuellen Torbogens
Besteht aus Backsteinen (31,5/14,5–15/6–7,5 cm); grober Mörtel, grauweiß, enthält feinen Kies und große Kalkspatzen.
Profil 3.

28 Planierschicht
Lockerer Kies mit Ziegelfragmenten; humos-lehmige Einschlüsse.
Funde: vgl. MAH 95/32.
Profil 3.

29 Fundament/Mauer einer frühen Toranlage
Die Außenschalen bestehen aus Backsteinen (33/16/6–7 cm); dazwischen ein Verguß aus Mörtel mit Kieselsteinen und Backsteinbruch. Im Verlauf des Burgstock-Fundamentes im rechten Winkel nach Süden abknickend, endet der N/S-gerichtete Fortsatz von 29 mit gerader Kante am daran angebauten Fundament des östlichen Burgstocks (Baufuge). Das Fundament, dessen in die Tordurchfahrt ragendes Ende sauber gemauert ist, besitzt im Osten ein Gegenstück, welches in der Westwand des östlichen Burgstocks z.T. weiterverwendet ist.
Profil 3,4.

30 Laufhorizont
Schwarzbraun, humos-lehmig
Profil 3.

31 Teerdecke
Heutige Asphaltdecke.

32 Füllschicht
Schwarzbraun, humos-lehmig mit Kieselsteinen und Backsteinbruch.
Profil 3.

33 Planierschicht
Gelblichbraun, humos-sandig mit Kieselsteinen und Backsteinbruch.
Profil 3.

34 Planierschicht
Dunkelbraun, humos-lehmig mit Backsteinbruch, Kieselsteinen, gelbbraunem Lehm und Mörtel.
Profil 3.

35 Grube (für Pfosten?)
Oben trichterförmige, dann steilwandige Grube mit linsenförmiger Sohle; Verfüllung braunschwarz, lehmig mit Kieselsteinen, Knochen, Holzkohle, im oberen Bereich mit Ziegelbruch.
Funde: MAH 95/23.
Abb. 20; Profil 1.

36 Pfostengrube
Steilwandige Grube mit flacher Sohle; Verfüllung schwarzbraun, lehmig mit Knochen, Backsteinbruch, Kieselsteinen; darin hebt sich eine Pfostenstandspur ab: Holzkohle, Dm. 9 cm, unten angespitzt.
Abb. 20; Profil 9.

37 Füllschicht in Burggraben
Gelblich-dunkelbraun, humos-lehmig mit Kieselsteinen, Backsteinbruch, Mörtel, Dachziegeln, Knochen.
Funde: MAH 95/35.36.41 (Taf. 7,6–14; 8; 9).
Profil 4.

38 Füllschicht in Burggraben (Abbruchhorizont)
Schwarzbraun, lehmig-humos mit Dachziegelbruch (Mönch und Nonne), viel Mörtel, Holzkohle. Einige Dachziegel sind feuergeschwärzt.
Profil 4.

39 Füllschicht in Burggraben
Schwarzbraun, lehmig feucht.
Profil 4.

40 moderner Rohrgraben
Steilwandig, gelblichgrau, kiesig mit Dachziegelfragmenten, Backsteinbruch.
Funde: MAH 95/38.
Profil 4.

41 Grube
Oben trichterförmig, dann steilwandig mit flacher Sohle; Verfüllung schwarzbraun, lehmig mit viel Holzkohle, Kieselsteinen, Knochen und Backsteinbruch.
Funde: MAH 95/30.
Abb. 20; Profil 5.

42 Holzkohlekonzentration (zu 1)
Konzentration von Holzkohle; ein Profil führte zu keinem Ergebnis; kein einheitlicher Befund.
Funde: MAH 95/4.
Abb. 20.

43 Füllschicht in Burggraben
Ähnlich wie 37.
Funde: MAH 95/43.44.45 (Taf. 7,1–4).
Profil 4.

44 Füllschicht in Burggraben
graugelb, kiesig mit lehmiger Erde durchsetzt, mit Backsteinen und Dachziegeln, Knochen und Gefäßkeramik.
Funde: MAH 95/46 (Taf. 6,6–15).
Profil 4.

45 Füllschicht in Burggrabensohle
Ähnlich wie 44, aber sehr feucht; Kieselsteine und Keramik mit schwarzem Belag auf der Oberfläche.
Funde: MAH 95/48.
Profil 4.

46 Fundament/Mauer (ehemalige Wehrmauer)
Zweischalig; die Außenschalen bestehen aus Backsteinen (30,5–31,5/14,5–15/7–8 cm), die häufig kopfseitig nebeneinander gesetzt sind; dazwischen Verguß aus Mörtel und Kieselsteinen, sehr wenig Backsteinbruch; der Mörtel enthält bis fast fingergroße Kieselsteine und Kalkspatzen; Mauerstärke 1,70 m. Erkennbar ist ein vier Lagen hoher, etwas breiterer Fundamentbereich.
Profil 4.

47 Fundament/Mauer (Nordwand des ehemaligen Kellerabgangs)

Besteht aus Backsteinen (33,5–34/16/6,5–7 cm); die Backsteine sind größtenteils in eine Richtung (N-S) gesetzt, eingearbeitet ist ein Tuffstein (25/22/23 cm); grober Mörtel. Die Fundamentunterkante wurde nicht erreicht.
Funde: MAH 95/51.
Abb. 27.

48 Füll-/Planierschicht
Graugelb, lehmiger Mörtel mit faustgroßen Kieselsteinen, Backsteinbruch und wenig Holzkohle.
Profil 4.

49 moderner Rohrgraben
Schwarzbraun, humos-lehmig mit Backsteinbruch, Kieselsteinen; Verfüllung eines modernen Grabens für ein Rohr (Dm. 500 mm) unbekannter Verwendung.
Profil 4.

50 Füll-/Planierschicht
Gelblichbraune Schicht mit Backsteinbruch, Kieselsteinen, Mörtel, Lehm, Schluff und stellenweise Holzkohle.
Funde: MAH 95/60 (Taf. 5,9).
Abb. 20; Profil 2.

52 Füllschicht in 56
Hellrotbraun, mehlig, besteht aus Ziegelmehl; enthält Backsteinbruch.
Abb. 20.

53 Planierschicht
Schwarzbraun, humos-lehmig mit Backsteinbruch, Kieselsteinen und Lehm.
Profil 2.

54 Planierschicht
Schwarzbraun, humos-lehmig mit lehmigem Sand, Backsteinbruch, Holzkohle und Kieselsteinen.
Funde: MAH 95/52.53.54 (Taf. 4,10–13; 11,1–8).
Profil 2.

55 Laufhorizont
Graubraunschwarz, lehmig.
Profil 2.

56 Baugrube zu modernem Kohlenkeller
Schrägwandig, Unterkante wurde nicht erreicht.
Die Verfüllung besteht aus zwei Komponenten:
- im oberen Bereich braungrau, humos–lehmig mit Erde, Mörtel, Kalk und Bauschutt
- im unteren Bereich graugrüner Schluff aus dem Gewachsenen mit Backsteinbruch und Kieselsteinen.

Funde: MAH 95/64.
Abb. 20.

57 Planierschicht
Schwarzbraun, humos-lehmig, mit Kieselsteinen, Backsteinbruch.

58 Pfostengrube
Steilwandige Grube mit kastenförmigem Querschnitt und flacher Sohle; Verfüllung schwarzbraun, humos-lehmig mit Kieselsteinen, Backsteinbruch, Mörtel, Kalk; darin zeichnete sich eine Pfostenstandspur ab: dunkelbraun bis schwarz, humos; vom Pfosten sind Holzkohlestückchen und Holzfasern erhalten, Dm. 12–13 cm.
Funde: z.T. MAH 95/69.
Abb. 20.

59 Eintiefung
Steilwandig mit flachem Boden, schwarzbraun, lehmig-humos, mit Kieselsteinen, Backsteinbruch und ganzen Backsteinen.
Funde: MAH 95/62.65.66.67.70.71.72 (Taf. 1,6–12; 2; 3; 4,1–9).
Profil 1.

60 Füllschicht
Gelblichweiß und schwarzbraun, sandig und humos-lehmig; Gemisch aus Mörtel und Sand, humosem Lehm und Backsteinbruch, teilweise mit anhaftendem Verputz.

61 Baugrube eines Brunnens
Oben steil geböscht, unten steilwandige Eintiefung; Verfüllung graugrün, schluffig, mit Lehmschlieren, vereinzelt Kieselsteine und festgebackene Schluffknollen. Der einzig aus dieser Grube stammende Fund lag nahe am Fundament 29, so daß hier eher ein Zusammenhang mit dem Bau dieser ersten südlichen Toranlage besteht.
Funde: MAH 95/73 (Taf. 5,10).
Profil 3,4.

62 Brunnenschacht
Steilwandiger Schacht; Verfüllung hellgrau, kiesig
Profil 3,4.

63 moderner Leitungsgraben
Steilwandige Eintiefung; Verfüllung oben meist hellbraun, kiesig, locker, unten dunkelbraun, lehmig mit grobem Kies, Backsteinfragmenten und starkem Fäkaliengeruch. Ist auf dem Leitungsplan von 1905 eingezeichnet.
Profil 4.

64 Planierschicht
Graubraun, lehmig-sandig; enthält vereinzelt Dachziegelfragmente und etwas Holzkohle.
Profil 4.

65 Brand-/Planierschicht
Besteht aus zwei Komponenten: z.T. schwarz, sandige Asche mit viel Holzkohle; z.T. gelbbraun mit orangefarbigem Stich, sandig-lehmig mit etwas Ziegelsplit.
Profil 4.

66 Füllschicht in Burggraben
Schwarzbraun, sandige lockere Verfüllmasse, darin große Mengen Backstein-, Dachziegelfragmente und Holzkohle. Ausplanierter Brandschutt.
Profil 4.

67 Füllschicht in Burggraben
Teils braun, lehmig-sandig; z.T. Lagen aus Backsteinmehl und Backsteinfragmenten.
Profil 4.

68 Planierschicht
Hellgraubraun, sandig mit Backsteinfragmenten.
Profil 4.

69 Laufhorizont
Dunkelgrau, lehmig-sandig mit Backsteinfragmenten.
Profil 4.

70 Eintiefung
Steilwandige Eintiefung; nördliche Wandung nicht erfaßt, scheint wegen der Verfüllungsstruktur jedoch nur knapp außerhalb der Grabungsgrenzen zu liegen; Verfüllung dunkelbraun, lehmig-sandig mit Kiesanteil, Backsteinfragmenten und verrottetem Holz.
Profil 4.

71 Planierschicht
Hellbraun, lehmig-sandig mit Backsteinfragmenten.
Profil 4.

72 Leitung
Zwei Eisenrohre aus je zwei gefalzten Hälften in Leitungsgraben; Verfüllung heterogen mit Dachziegelfragmenten.
Funde: MAH 95/4.
Profil 4.

73 Leitung
Drei schwarze Plastikrohre in Leitungsgraben; Verfüllung unten grauer Sand, darin hell- und dunkelgraue Bänderung, sandig-kiesig.
Funde: MAH 95/4.
Profil 4.

74 Abgrabung
Nur die nördliche, steile Grubenwand erfaßt; sie bezieht sich auf Leitung 77. Jedoch scheint die Abgrabung 74 auch für Leitung 76 angelegt worden zu sein, evtl. für noch weitere Anlagen. Verfüllung in der Hauptsache gelblichbraun, kiesig-sandig mit Backsteinfragmenten.
Profil 4.

75 Eintiefung
Steilwandige Eintiefung; Verfüllung dunkelbraun, sandig-lehmig mit Kiesanteil, Kieselsteinen, Backsteinen, größeren Asphaltbrocken und Betonfragmenten.
Profil 4.

76 ehemalige Stromleitung
Vier Leitungskanäle aus Formsteinen aus armiertem Beton; Abdeckung z.T. mit Beton-, z.T. mit Plastikplatten. Leitungen sind nicht mehr erhalten.
Profil 4.

77 Leitung
Dunkelrot lackiertes Eisenrohr. Endete im Profil.
Profil 4.

78 Leitungsgraben
Steilwandiger Graben; Verfüllung dunkelbraun, sandig mit Kiesanteil. Vom zugehörigen Leitungskanal wurde nur eine hochkant stehende Betonplatte erfaßt.
Profil 4.

79 Leitung
Vier parallel verlegte Eisenrohre.
Profil 4.

80 ehemaliger Oberboden (?)
Dunkelbraun, sandig-lehmig mit Kiesanteil. Es könnte sich um Schicht 1 handeln, jedoch läßt sich dies wegen der Nähe zur Oberkante des beobachteten Profilabschnitts nicht mit Sicherheit sagen.
Profil 4.

81 Füllschicht in Burggraben
Dunkelbraun, sandig-lehmig mit Kiesanteil.
Profil 4.

82 Füllschicht in Burggraben
Schwarzgrau, sandig mit Backsteinfragmenten, Dachziegelfragmenten, Mörtelbrocken und Holzkohle.
Profil 4.

83 Füllschicht in Burggraben
Dunkelbraun, sandig-lehmig mit Kiesanteil mit Backsteinfragmenten und reichlich Holzkohle.
Profil 4.

84 Füllschicht in Burggraben
Besteht aus losem Mörtel, enthält Backsteinfragmente.
Profil 4.

85 Planierschicht
Dunkelbraun, sandig mit Kiesanteil und Ziegelfragmenten.
Profil 3.

86 Planierschicht
Graugrün, schluffig. Es handelt sich um umgelagertes 61.
Profil 3.

Befundkatalog Peterskirche Grabung Wankmüller (Profil 1–3)

Profil 1 Abb. 54

1 Kies mit Ziegelschutt und alten Bestattungen

2 Ziegelbrockenschutt mit Kies, etwas Scherben

3 Dunkler Kies stark mit grauer Asche durchsetzt
Funde: MPK/PSL 1970/1897 (Taf. 10,1)

4 Kies mit schwarzem Erdreich, Holzkohle und Scherben
Funde: MPK/PSL 1970/1894a.b, 1895a.b, 1900, 1901 (Taf. 10,2–12; 11,1–6)

Profil 2 Abb. 53

1 Kies mit Ziegelschutt und alten Bestattungen

2 Kies-Ascheschicht mit Ziegelstückchen

3 Dunkelbraune Kiesschicht mit Ziegelbrocken und Scherben
Funde: MPK/PSL 1970/1902,1903 (Taf. 11,7–11; 12,1–2)

5 Holzkohle-Brandschicht

6 Heller Kiessand
Graue Ascheschicht

7 Tonig - Braunrötlich mit Ziegelbrocken

8 Mauer: Ziegelsteinmauer, Tuffsteinplatte, Rollkiesel

Profil 3A Abb. 51

1 Kies mit Ziegelschutt und alten Bestattungen

2 Dunkler Kies mit Ziegelstücken

3 Dunkle Schicht, etwas Holzkohle und Scherben, wenig Ziegelreste und Estrichbrocken
Funde: MPK/PSL 1970/1904, 1905b (Taf. 12,3.4.8)

5 Schwarze Ascheschicht mit Holzkohle

6 Feiner Kies, Sandschicht

7 Grauer Kies mit Ziegelbrocken,Knochen und Scherben
Funde: MPK/PSL 1970/1906b (Taf. 12,5.6.7)

8 Rötlicher Kies mit Ziegelbrocken
Funde: MPK/PSL 1970/2637, 2636 (Taf. 10,11; 11,1)

10 Ton/Flinz

11 Lehm

12 Flacher Graben, dunkle Erdschicht ohne Kies
Funde: MPK/PSL 1970/1909, 1908 (Taf. 12,9.10)

Profil 3B Abb. 52

1 Kies mit Ziegelschutt und alten Bestattungen

2 Dunkler Kies mit Ziegelstücken

3 Dunkle Schicht, etwas Holzkohle und Scherben, wenig Ziegelreste und Estrichbrocken

6 Feiner Kies, Sandschicht

7 Grauer Kies mit Ziegelbrocken,Knochen und Scherben

8 Rötlicher Kies mit Ziegelbrocken

10 Ton/Flinz

11 Lehm

12 Flacher Graben, dunkler Kies und Ascheschicht mit Holzkohle, Estrichbrocken, Scherben und Knochen

13 Rötlich dunkelbrauner Kies mit Ziegelstückchen
Estrich, weißgrau

Profil 4 (Grabung Metzgerzeile) Abb. 55

1 Humos, kiesiger Brandschutt mit großen Mörtelbrocken, Ziegelschutt und großen Brocken Holzkohle, Scherben, Knochen, Eisenfragmenten, 1 Silbermünze
Funde: MPK 1979/1487 (Taf. 13,2)

2 Dünnes Lehmband.

3 sandig-kiesige Schuttschicht mit Ziegelbrocken und Scherben. Sie ist durch ein dünnes Lehmband (2) von (1) getrennt.
Funde: MPK 1979/1488 (Taf. 13,3)

4 Ziegelsteinreihe, auf der ein dünnes Holzkohleband liegt
Funde: MPK 1979/1489 Taf. (13,4)

5 Lehmiger Sand mit Kies und Ziegelschutt.

6 Graubraunes humoses Band

7 10 cm starker feiner hellgrauer Ton mit wenig Kies (Wasserablagerung).
Funde: MPK 1979/1490 (Taf. 13,5)

8 Schwarzer Humus mit Kies aus Ablagerung im wenig bewegten, bzw. stehenden Wasser. Vor allem in der obersten Zone viel Holz, Ziegel, Leder und Keramik. Nur in den oberen Bereichen fanden sich Scherben, 1 Stück Holz, Knochen und Ziegelbrocken (bei 511,40–411,80 m ü.N.N.). (3) hat fließenden Übergang zu (2).
Funde: MPK 1979/1491,1492 (Taf. 13,6–8)

9 Ton mit feinem Kies. (2) hat fließenden Übergang zu (1).

10 Hellgrauer Ton mit gröberem Kies.

11 Ziegelmauer.

12 Sandig-kiesige Schuttschicht mit Ziegel-, Mörtelbrocken.

Befundkatalog Frauenkirche

Detail der Untersuchungen von Adam Horn Abb. 64

1 Gotische Lettnermauer. Oberkante auf 0,96 m unter dem Kirchenfußboden (518 m ü.N.N.). Ziegelformat 34/16/6,5 cm mit teilweise anhaftendem Putz

2 Langhauspfeiler des gotischen Baues mit quadratischem Gußfundament

3 Mauerzug aus Ziegelsteinen (30/15/6 cm) in den Fußboden der romanischen Kirche eingespannt. Abgebrochen auf 0,90 m unter dem Kirchenfußboden

4 Reste eines älteren, tieferliegenden Mauerwerkes

5 Fundamentzüge Oberkante 2,10 m unter dem Kirchenfußboden

6 Mörtel-Kies-Fundament. Tiefe nicht bestimmt

7 Fundament aus 3 Ziegellagen (25/17/6,5 cm)

8 Fundstelle spätromanischer Kopf 1,60 m unter dem Kirchenpflaster (Abb. 66)

Grabung Titzze 3.–7.12.1953, BLfD Abb. 58

Grab 1: geostet. Tiefe 1,90 m ab heutigem Pflaster. Geschlecht unbest.. Grabschacht bis auf die alte Oberfläche eingetieft. Skelett bei den Schachtarbeiten zerstört. Beigabenlos. Grab durch Pfeilerfundament gestört.

Grab 2: geostet, Tiefe 1,90 m ab dem heutigem Pflaster. Geschlecht unbest. Grabschacht zum Teil bis auf die alte Oberfläche ausgehoben. Ab dem Kreuzbein war der Oberkörper durch eine Nachbestattung gestört. Zwischen dem Skelett lagen ältere Skeletteile verstreut. Keine Sargspur, Holzmoder um das Skelett. Pathologische Veränderungen.

Grab 3: geostet, Tiefe 1,90 m. Geschlecht unbest. Skelett zerstört durch Nachbestattung (Grab 4). Nur noch der Schädel erhalten.

Grab 4: geostet, Tiefe 2,20 m. Geschlecht unbest. Skelett in Rückenlage, Hände auf der Brust gefaltet, Beine ausgestreckt, sehr gut erhalten, beigabenlos. Keine Sargspuren, jedoch Holzmoder um das Skelett. Pathologische Veränderungen.

Grab 5: geostet, Tiefe 2,10 m. Geschlecht unbest. Skelett in Rückenlage, (L. 1,65 m), Hände auf der Brust gefaltet, Beine ausgestreckt, sehr gut erhalten. Sargspuren (2,00 x 0,45 m), im Holzmoder eiserne Sargnägel und in der Grabfüllung Keramik. Pathologische Veränderungen.
Funde: MFK/PSL 1970/2635

Grab 6: geostet, Tiefe 1,11 m. Geschlecht unbest. Skelett in Rückenlage, (L. 1,55 m), Hände auf der Brust gefaltet, Beine ausgestreckt, sehr gut erhalten. Keine Sargspuren, jedoch Holzmoder um das Skelett. Pathologische Veränderungen.

Grab 7: geostet. Tiefe 2,23 m. Geschlecht unbest. Skelett in Rückenlage (L. 1,50 m) mit auf der Brust gefalteten Händen und ausgestreckten Beinen. Am Schädel noch Haarreste. Holzmoder um das Skelett, ohne Sargspuren. In der Grabenverfüllung Keramik. Beigabenlos. Pathologische Veränderungen.

1 gewachsener Boden, Kiesschotter

2 Nutzungshorizont, humos
Funde: MFK/PSL 1970/2634 (Taf. 14,11)

3 Lehmestrich mit deutlichen Brandspuren, stellenweise durchgeglüht, jedoch ohne Brandschicht
Funde: keine

4 Planierung, kiesig, humos mit Ziegelbruchstücken
Funde: keine

5 Humos-sandig, kiesig mit Ziegelstückchen

6 Störung. Evtl. durch die Ermittlung der Fundamente der Marienkirche entstanden

7 Baugrube und Pfeiler, der der romanischen Marienkirche vorgelagert war

8 Westwand der romanischen Marienkirche

9 Aufschüttung

10 Estrich

11 Aufschüttung für den Frauenkirchenneubau

12 Sand-Kies-Gemisch als Unterfütterung des modernen Fußbodens

13 Moderner Fußboden

14 Modernes Fundament

Befundkatalog Marienhof Abb. 85 und 86

1 Baugrubenverfüllung aus Bauschutt, Dachziegelbrocken, Putzresten, Mörtelresten, Kies

2 Baugrubenverfüllung aus Bauschutt, kleinen Dachziegeln, größeren Ziegelbrocken und Flußkieseln

3 Lehmschicht, tonig, fein, mit Kieselsteinen, Holzkohlestückchen, Ziegelsplit und grauen Kalklinsen

4 Lehmschicht, tonig, mit Sand, Knochen, grün mit dunklen ockerfarbenen Schlieren

5 Lehmschicht, kleine Kieselsteine, Knochen Ziegelbruchstücke, Holzkohlestücke

6 Kiesschicht mit Lehm

7 Lehmschicht

8 Bauschutt, Ziegelbrocken, Mörtelreste, Dachziegelreste, Putzreste

9 Kalk-Kies-Estrich

10 Kiesschicht mit Sand

11 Kiesschicht mit Lehm und viel Sand, kalkhaltig

12 Kiesschicht, lehmig kompakt, sandig, Ziegelbrocken und -splitter

13 Kiesschicht mit Lehm, Holzkohlestückchen und Ruß, Knochen

14 organisches Material, zerkleinertes Holz

Befundkatalog Lueg-ins-Land Abb. 110 und 111

1 ziegeldurchsetzter Bauschutt

1a Kalkmörtel mit Ziegelbruchstücken

2 braunschwarzer, kleinsteiniger Humus mit kleinen Holzkohlebröckchen. Wenig Ziegel

3 Graubrauner, kleinsteiniger, toniger Humus mit Holzkohlebröckchen

4 Grüngrauer, fast steinfreier, schwach humoser, lehmiger Ton

5 Wechselnd gelbgrauer bis blaugrauer, steinfreier, lehmiger Ton mit wenigen Holzkohlebröckchen

5a Wie 5, nur stärker mit Holzkohle durchsetzt

5b Verrutschtes Material von 5

6 Kleinsteiniger Kies in 4

7 Wie 4, jedoch grauer und schwächer humos

7a Gelblicher Lehm mit Humuseinschlüssen und geringfügigen Ziegeleinschlüssen

8 Humoser, toniger Lehm mit Ziegelresten und kleinen Kalksteinen

9 Grauschwarzer, sandiger Humus

10 Gelber, kiesdurchsetzter Mörtel, Abbruchhorizont der jüngeren, darunterliegenden Mauer

10a Ziegelstaub (Abbruchhorizont)

10b Sandiger Mörtel, humos gemischt (Abbruchhorizont)

11 Grauer, tonig-sandiger, schwach humoser Kies

12 Gelber. toniger Sand, fast steinfrei. Oberkante schwach humos

13 Wie 12, jedoch kiesig

14 Brauner, toniger, kiesiger Sand

15 Brauner Humus mit vielen Kalkeinlagerungen. Baugrube zur benachbarten Ziegelmauer

16 Graubrauner, sandiger Humus

17 Humus, gemischt mit Steinen und Ziegelschutt

17b Wie 17, jedoch stärker mit Ziegelsplitt durchsetzt

18 Weißer Kalkmörtel mit kleinstem Ziegelbruch

19 Gelber steiniger Kalkmörtel

20 Grober Flußkies in grauem, tonigem Humus

21 Grünlicher Sand mit kleinen Steinen

22 Grauer, steinfreier Sand

23 Mörtelsand in humosem Lehm

24 Grauer, kiesiger Lehm mit wenigen Kalkkieseln, humos durchsetzt

25 Roter Sand mit Kies in 5

26 Roter Sand
27 Blaugrauer Schlick
28 Gelblicher Schlick, wohl Pflanzenboden
29 Gelblicher Lehm mit Kies und wenig Ziegelbruch
30 Grauer Kies
31 Roter bis gelber Kies. Anstehendes
32 Nahezu reines, umgelagertes Anstehendes
33 Grauer, tonig-humoser Lehm mit Ziegel- und Tuffstein-einschlüssen. Bauhorizont zur Stadtmauer
34 Graugelber Sand
35 Grauer, toniger Sand
36 Grauer Kies, gröber als 30
37 Zwingermauer. Im Fundamentbereich Buckelquader aus Nagelfluh, vermörtelt, mit Reparaturstellen aus Ziegelstein. Das Fundament lag auf einem Kies-Mörtelbett auf. Darüber Ziegelmauerwerk
38 Stadtmauer. Fundament aus drei Lagen Tuffstein, vermörtelt. Darüber Ziegelmauerwerk
39 Nagelfluhquadermauer mit Kies-Sandhinterfüllung

Befunde München–Dreifaltigkeitsplatz

G — Gewachsenes
Gelbbrauner Kies mit Sand, teils sehr fest.

IIIb/IV 1 — Fundament
Wenig sorgfältig gemauertes Fundament aus Backsteinen und Backsteinfragmenten (?/18/7 cm) in Mörtel versetzt. Zwischen 1 und 195 klafft eine nach unten breiter werdende Lücke. Im Westen setzt sich das Fundament unter der im Verband gemauerten Ecke von 2/4 nach Westen hin fort.
Abb. 131, 144, 148; Profil 8.

V 2 — Fundament
Backsteinfundament (31,5–32,5/14,5–16/6,5–7 cm) mit Mörtel. Das Fundament bildet gegenüber dem aufgehenden Mauerwerk (Befund 3) einen deutlichen Vorsprung.
Abb. 154; Profil 8.

V 3 — Mauer (Südwand von Raum 1)
Backsteinmauer (?/14,5–17/6–7 cm).
Abb. 154; Profil 3.

V 4 — Fundament
Wie 2, besitzt jedoch an der Basis statt eines älteren Fundamentes einen tieferen Bauabschnitt. Dieser besteht aus einem längeren Fundamentstreifen im Süden (=194); nach Norden schließen sich drei Pfeiler mit überbrückenden Entlastungsbögen an. Der südlichste dieser Pfeiler diente zugleich als Auflager für einen Entlastungsbogen von 121. Nur die Unterkante des Pfeilers am Nordende reicht bis zum gewachsenen Kies, die Zwischenpfeiler stehen in Planierschichten, das Fundament im Süden z.T. auf 265. Fundament 34 bildet gegenüber dem Aufgehenden 5 einen deutlichen Vorsprung.
Abb. 154; Profil 1,2,7a,15a.

V 5 — Mauer (Ostwand von Raum 1)
Backsteinmauer (25–27/14,5–17/6–7 cm) mit Mörtel. Die Mauer trägt neben dem jetzigen Verputz im unteren Bereich die Reste eines älteren, der auf Befund 2 Bezug nimmt. In Raum 2 ist ein vertikaler Versprung z.T. mitgemauert, in den unteren drei Lagen nachträglich ausgeschlagen (Toranschlag?).
Abb. 154; Profil 2,7a.

V 9 — Ausbruchgrube von Fundament 10
Graben von kastenförmigem Querschnitt mit flacher Sohle; darin wenige Reste des fast vollständig abgebrochenen Fundamentes 10. Dunkelgraue sandig-lehmige Verfüllung mit Holzkohle, Mörtel- und Putzbrocken, Backsteinfragmenten und Ofenkachelfragmenten.
Funde: MDP 94/95 (Münze 1621/22).70 (Taf. 21,10).
Profil 1,2,7a,8.

IV 10 — Fundament
Im wesentlichen nur noch als Ausbruchgrube 9 erhalten; in situ lediglich drei Backsteine an verschiedenen Stellen (32,5/16/6,5–7 cm), dazu auf der Sohle eine Mörtellage. Die Auflast des ehemaligen Fundamentes hat die darunterliegende Schicht sichtbar zusammengepreßt.
Abb. 148; Profil 2.

V 11 — Baugrube
Steilwandige Eintiefung; dunkelgraue lehmige Verfüllung mit Backsteinfragmenten und Mörtelbrocken.
Profil 8.

IV 12 — Baugrube für 1
Steilwandige Eintiefung; dunkelgraue lehmige Verfüllung mit Backsteinfragmenten und Kies.
Profil 8.

V 13 — Baugrube für 4
Steilwandige Eintiefung; dunkelgraue lehmige Verfüllung mit Backsteinfragmenten, Kies und Mörtelbrocken.
Funde: MDP 94/295 (Taf. 22,5).
Abb. 154; Profil 1,2,15a.

V 14 — Baugrube für 4/194
Steilwandige Eintiefung mit olivbrauner lehmiger Verfüllung.
Profil 2.

V 15 — Planierschicht
Hellbraun, besteht aus Bauschutt: Sand, Mörtel, Backsteinfragmente, Hohlziegel, Ofenkachelfragmente, Holzkohle, Kiesel.
Funde: MDP 94/12.35.43.52.118.261 (Taf. 22,9–13; 23,1–2).
Profil 1,2,7a–b,8,16.

V 16 Planierschicht
Dunkelgraue lehmige Schicht mit Backsteinfragmenten und Mörtelbrocken.
Funde: Münze 1843/56
Profil 3,8.

VI 19 Planierschicht
Hellgrünlichgraue sandig-kiesige Schicht. Auffüllung zwischen den Bodenbalken von 20.
Profil 7a–b,8.

VI 20 Holzboden
Auf einem Betonbrett sind im Südteil von Raum 1 abgefaste Kanthölzer verlegt, die als Auflager für die Bodenbretter gedient haben. In situ vorgefunden wurden 8 Hölzer, von weiteren nur noch die Liegespur im Betonbett. Auf diesen Boden bezieht sich der ältere Verputz in Raum 1 (Befund 5) und 114. Dendrochronologie: 6 Proben (4x Fichte und 1x Kiefer (Winter 1911/12), 1x Tanne (Winter 1910/11))
Profil 8.

VI 21 Planierschicht
Hellgrau, sandig, locker. Ausgleichsschicht für modernen Bodenaufbau (Fußbodenheizung).
Profil 8.

V 22 Fundament
Fundament für einen verschwundenen Pfeiler anstelle von 110. Mit zweifachem Absatz aus Backsteinen gemauert (32,5/13–15/5,5–8 cm) mit Mörtel.
Abb. 154; Profil 3,4a–b.

V 23 Ummantelung
Ummantelung einer Säule; gehört zum modernen Bodenaufbau. Besteht aus Hohlblocksteinen und in der Mitte einem quadratischen, mittig gelochten Kunststein.
Abb. 154.

IIIa 24 Planierschicht
Olivbraungraue lehmige Schicht mit Holzkohle, Dachziegelstückchen, Mörtelbrocken und Backsteinfragmenten.
Funde: MDP 94/289.72 (Taf. 18,1–4).
Profil 4a,17.

IV 26 Pflasterbett
Hellgrau, schluffig.
Abb. 148; Profil 4a.

IV 27 Pflaster
Zum größten Teil ausgebrochenes Pflaster aus faustgroßen Kieseln. Die Ausdehnung ist an Befund 26 abzulesen.
Abb. 148.

V 28 Baugrube für 22
Steilwandige Eintiefung; die Verfüllung besteht z.T. aus Befund 15 und gelbbraunem Lehm.
Profil 3.

V 30 Fundament
Mit zweifachem Vorsprung aus Backsteinen gemauert (34/15/6–6,5 cm) weitgehend gegen Erde gesetzt mit Mörtel. In der westlichen Oberkante eine Ausarbeitung für Befund 41. Bei Errichtung von Fundament 30 scheint Befund 239 noch im Holz erhalten gewesen zu sein.
Abb. 154.

V 31 Säule
Besteht aus großen, übereinander gesetzten Tuffquadern, von denen jeder die gesamte Stärke der Säule einnimmt.
Abb. 154.

I 32 Schwemmschicht
Graue tonig-schluffige Schicht mit Holzkohle. In der Zone unmittelbar über dem gewachsenen Kies sind feine Einschwemmbänderungen sichtbar. Im oberen Bereich zeigten sich in den Profilen gelegentlich etwas dunklere Bereiche; da sie vereinzelt Knochen, Angeziegeltes und Kiesel enthielten, könnte es sich trotz unklarer oder fehlender Grenzen um Eintiefungen handeln, die mit gleichartigem Material wieder zugeflossen sind. Endet im Süden der Grabungsfläche in einer steilen Böschung.
Funde: MDP 94/128.206 (Taf. 15,5.7).
Profil 1–6,9–13,15a–21.

I 33 Laufhorizont/Nutzungsschicht
Dunkelgraue tonig-schluffige Schicht, z.T. streifig und mehrlagig, enthält vereinzelt Holzkohle.
Funde: MDP 94/164.251.252.291 (Taf. 15,1.2.4.6).
Abb. 131; Profil 1–6,9.

II 34 Planierschicht
Gelbbraune Schicht mit orangebraunen lehmigen Batzen; enthält bis faustgroße angeziegelte Lehmbrocken. Der Anteil an Angeziegeltem ist in Raum 5 und in der SO-Ecke von Raum 1 nur gering.
Funde: MDP 94/198.233 (Taf. 15,8; 16,1.2).
Profil 1,2,3,4a,4b,9–11,1417,20,21.

II 35 Planierschicht/Laufhorizont
Dunkelgraue sandig-schluffige Schicht mit Kiesanteil; enthält vereinzelt Holzkohle, verrottete Holzreste und Kieselsteine.
Abb. 134; Profil 1,4b,8–11,15a–b,16–18,20,21.

IIIa 36 Planierschicht
Besteht aus mehreren Komponenten bzw. verschiedenen, nicht überall gleichmäßig vorhandenen Lagen, die aber einem gemeinsamen Auffüllvorgang angehören. Die Hauptmasse ist olivbraun in verschiedenen Schattierungen, lehmig und enthält vereinzelt Holzkohle, Ziegelstückchen, Angeziegeltes und Kalkbröckchen; eingelagert ist in weiten Teilen eine sterile Schicht aus hellgrauem Schluff, außerdem dunkelbraune Schlieren.
Funde: MDP 94/10.93.104.189.210.246.294 (Taf. 16,4–7.9–12; 17,1–6).
Profil 1–4b,7a,b,8,10,11,14,15a–c,16–18,20,21.

IIIa 37 Planierschicht/Laufhorizont
Dunkelbraune lehmig-sandige Schicht mit Ziegelstückchen, Holzkohle, verrotteten Holzresten und Lehmstreifen.
Profil 1,4a,7a,b,14.

IV 38 Holzlage
Nur noch als Verfärbung erhaltene Spur eines Rundbalkens, der in SW/NO-Richtung in einer flachen Grube verlegt ist; graubraune lehmige Verfüllung mit Mörtelbrocken. Das Holz wurde möglicherweise einmal erneuert. Bei seiner Auflassung ist etwas von Befund 26/39 in das Balkengräbchen gelangt.
Abb. 148.

V 40 Füllschicht/Laufhorizont
Streifig, braungrau, schluffig-sandig mit Holzkohle und Ziegelstückchen und Umgelagertem aus Befund 26.
Profil 4a.

V 41 Holzboden
Spuren von Gräbchen für 15 im Abstand von ca. 1 m etwa NW/SO verlegte Bodenbalken mit gerundeter Unterkante. Diese sind bei Aufgabe des Bodens wieder entfernt worden; nur einige wenige verrottete Holzreste sind zurückgeblieben. Verfüllung unten Steinkohlegrus, der stellenweise auch flächig zwischen den Gräbchen liegt, darüber lockerer Bauschutt.
Abb. 154; Profil 4a,7b.

IIIa/IV 42 Pfostengrube/Grube
Steilwandige, kreisförmige Grube (Dm. 65 cm; T mind. 75 cm); Verfüllung gelbbraun mit grauen schluffigen Schlieren; darin erhaltene Standspur eines Rundpfostens (Dm. 35 cm, erh. L. 100 cm).
Abb. 137, 148; Profil 1,5,10.

IV 43 Fundament
Besteht aus sorgfältig gemauerten Backsteinen (27/15–17/6–6,5 cm und 30,5/12–12,5/1,5–8 cm); im Norden gegen Erde gesetzt mit Mörtel. Bei Befund 172 Reste von ehemaligem Verputz. Von der NW-Ecke des Raumes ausgehend, springt das Fundament zunehmend vor und ist am Rand mit einer dicken Schicht fast reinen Kalks bedeckt.
Abb. 148; Profil 5,6,7b.

IV 44 Mauer (Nordwand von Raum 1)
Wie Befund 5. Die Mauer ist wahrscheinlich zweiphasig: Auf dem vorspringenden Fundament 43 sitzen zunächst zwei zugehörige Lagen kopfsichtiger Backsteine, eine dritte zieht um 3–5 cm ein; die Anbindung dieser drei Lagen an Fundament 4 scheint nicht homogen gelöst. Das darüberliegende Mauerstück steht wieder etwas hervor; im Gegensatz zu den drei unteren Lagen beginnt der Setzmörtel erst sehr tief in den Fugen.
Abb. 148; Profil 7b.

V 49 Fundamentuntersuchungsgraben
Steilwandige Eintiefung mit deutlichem Abstand zu Fundament 43; Verfüllung mit Backsteinfragmenten und Mörtelbrocken. Zu Befund 172 hin weist die Südwand von 49 eine Stufe auf.
Abb. 154; Profil 7b.

V 50 Fundament
In Raum 3 wurde von Fundament 50 ein Pfeiler mit Entlastungsbogen erfaßt, der auf der anderen Seite auf Fundament 63 aufsitzt. Das Fundament besteht aus Backsteinen (32,5–33,5/16/5–6,5 cm) mit Mörtel. Die einst darauf stehende EG-Mauer stützte eine noch vorhandene Zwischenwand im 1.OG, die jetzt auf einem Eisenträger ruht (vergl. 92).
Abb. 154; Profil 20,21.

V 51 Baugrube für Fundament 50
Steilwandige Eintiefung mit deutlichem Abstand zu 50; Verfüllung mit lockerem Bauschutt, bestehend aus Backsteinen und Mörtelbrocken.
Abb. 154; Profil 21.

IIIa 58 Pflasterbett
Dunkelbraun, lehmig-sandig mit Kiesanteil; enthält Mörtelbrocken und Ziegelstückchen.
Funde: MDP 94/28.63.87.124 (Taf. 17,7–11).
Abb. 137; Profil 16,17.

IIIa 59 Pflaster
Weitgehend ausgebrochene Pflasterung eines Weges mit Entwässerungsrinne; das Pflaster besteht aus über faustgroßen Kieseln, die hochkant nebeneinander in Bettung 58 verlegt sind.
Abb. 137.

III b 60 Planierschicht
Dunkelbraun, schluffig-lehmig; enthält Holzkohle, Dachziegel-, Backsteinfragmente und Mörtelbrocken.
Funde: MDP 94/27.30.31.37.54.62.86.144 (Taf. 18,6–12; 19; 20).
direkt auf 60: MDP 94/26.143.146.172.233 (Taf. 21,1–9).
Abb. 144; Profil 16–18, 21.

IV 62 Pflasterbett
Hellgrau, tonig-schluffig, mittelfest; enthält auf der Sohle bis cm-große Mörtelbrocken, ein über cm-großes Ziegelstückchen.
Abb. 127, Profil 17.

IV 68 Fundament
Gegenüber der aktuellen Wandflucht stark vorspringend, Nordende bei Fundament 152 erfaßt; besteht aus Backsteinen (25,5/12,5–16,5/5,5–7,5 cm) mit Mörtel.
Abb. 148; Profil 16–19.

IV 69 Fundament (für Pfeilervorlage?)
Besteht aus Backsteinen (28,5/17/5–6,5 cm) mit Mörtel. Gehört zusammen mit Fundament 106 vermutlich zu einem Torbogen.
Abb. 148; Profil 17.

IV 70 Baugrube für Fundament 68/98
Steilwandige Eintiefung; Verfüllung dunkelgrau, tonig-schluffig mit Kieselsteinen und Backsteinfragmenten.
Profil 16–19.

V 80 Bodenpflaster
Besteht aus sehr sorgfältig in den Mörtel verlegten Backsteinen (33–34/15,5–16/5,5–6 cm). Zur Ladenfront hin ist durch eine Backsteinreihe eine trapezförmige Fläche abgetrennt, innerhalb derer von der Eingangstür die Backsteine über Eck verlegt sind, vor dem Schaufenster in N/S-Reihen. Nördlich außerhalb des Trapezes setzte sich das Pflaster – nur noch z.T. erhalten – in N/S-Reihen bis zur ehemaligen Zwischenwand fort.
Abb. 154; Profil 21.

V 81 Bodenbettung für Pflaster 80
Besteht aus weißem, mäßig hartem, kalkreichem Mörtel; darüber, stellenweise auch statt dessen eine graue, sehr feste Lage aus kiesig-sandigem Material mit Mörtelbeimischung.
Abb. 154; Profil 21.

V 82 Planierschicht
Hellgraue kiesig-sandige Schicht mit Mörtelbrocken, Backsteinfragmenten, Steinen und an der Unterkante zu Befund 51 zahlreichen Verputzbrocken, im NW einige lose, wie absichtlich in einer Ebene verlegte komplette Backsteine.
Profil 21.

V 83 Mauer (Südwand von Raum 3)
Besteht aus Backsteinen (33/16/6,5 cm) mit Mörtel; größtenteils mehrlagig verputzt.
Abb. 154; Profil 21.

VI 84 Nische und Eingangstür in Mauer 83 für Ladenfront
Gut 50 cm tiefe Nische mit abgeschrägten Seitenwänden für Eingangstür und Schaufenster. Das westliche Gewände bei der Tür scheint von vornherein mit eingebaut zu sein, beim östlichen ist dies wegen der Überputzung nicht erkennbar.
Profil 21.

V 85 Mauer (Ostwand der Räume 3 und 4)
Besteht aus Backsteinen (33/12–16/5,5–6 cm) mit Mörtel; größtenteils verputzt.
Abb. 154.

IV 89 Mauer (Westwand von Raum 4)
Besteht aus Backsteinen; größtenteils verputzt. Südlich von Befund 95 Spur einer zugesetzten Öffnung.
Abb. 148; Profil 16.

IV 91 Fundament
Besteht aus Backsteinen unterschiedlichen Formates (meist 32–33/14,5–16/6 cm) in Pfeilerfundament-/Entlastungsbogenbauweise mit Mörtel. Das Fundament besitzt gegenüber von Fundament 152 eine kleine Vorkragung, so daß unter Umständen ein Pfeilervorlagenpaar analog zu Fundament 69/106 vorliegt. Die Fortsetzung von Fundament 91 darüber hinaus nach Norden wirkt zwar etwas regelmäßiger gemauert, jedoch ohne Baufuge oder abweichenden Mörtel.
Abb. 148; Profil 16,17.

V 96 Fundament für Mauer 97
Besteht aus Backsteinen unterschiedlicher Formate (?/15/7,5 cm) mit Mörtel.
Abb. 154.

V 97 Mauer (Nordwand von Raum 4)
Besteht aus Backsteinen; größtenteils verputzt.
Abb. 154.

V 99 Baugrube für Fundament 107
Steilwandige Eintiefung in ziemlichem Abstand zu Fundament 107; Verfüllung braungrau, lehmig-sandig mit Mörtelbrocken und Backsteinfragmenten.
Funde: MDP 94/23 (Taf. 22,4).

V 102 Fundament
Besteht aus Backsteinen (?/11,5–14/7–9 cm) mit Mörtel. Die einst darauf stehende EG-Mauer stützte eine noch vorhandene Zwischenwand im 1. OG, die jetzt auf einem Eisenträger ruht.
Abb. 154.

IV 103 Fundament
Besteht aus Backsteinen (32–33/14,5–16/5,5–6 cm) mit Mörtel.
Abb. 148; Profil 18,20.

IV 106 Fundament (für Pfeilervorlage ?)
Besteht aus Backsteinen (33/16/6,5 cm), unsorgfältig gesetzt, am Ende ein schräggestellter Backstein. Gehört zusammen mit Fundament 69 vermutlich zu einem Torbogen.
Abb. 148.

V 107 Fundament
Besteht aus Backsteinen (?/15–16,5/5–6 cm), mit Mörtel wie bei Mauer 85.
Abb. 154; Profil 18.

V 108 Fundament für Mauer 83
Zweifach gestuft, besteht aus Backsteinen (31/15–16/5,5–6 cm) und einem Kalkstein. Das Fundament ist auf später abgesacktem Grund gebaut, wodurch sich die unteren Lagen von den darüberliegenden z.T. gelöst haben und durchhängen.
Abb. 154.

VI 113 Betoninjektion
Profil 1,2,9.

IIIa 115 Mauer (Westwand von Raum 1)
Sicher mehrphasige Mauer mit zahlreichen Ausflickungen, vielen Kommunnischen und zugesetzten Öffnungen. Sie besteht aus Backsteinen verschiedener Formate; der Setzmörtel

ist wegen sekundärer Fugenverputzung meist nicht zu erkennen. In groben Zügen kann man einen im Kern älteren, vielfach ausgebesserten bzw. veränderten südlichen von einem jüngeren nördlichen Teil unterscheiden.
– Südteil: ältester Teil ist Mauer/Fundament 314, die einen stärker nach SW zielenden Verlauf aufwies als die heutige Mauer; sie wurde im oberen Teil weitgehend abgebrochen und durch Mauer 189 ersetzt; nach Süden zu ist Mauer 389 vorgeblendet, um die heutige Mauerflucht zu erreichen; zugehörig zu dieser Erneuerung ist außerdem das im Süden vorgeblendete Fundament 167.
– Nordteil: nördlich des Ansatzes von Fundament 121 stößt mit Fuge ein völlig anderes Mauerwerk an (Fundament 314/359).
Abb. 137.

V 116 Durchgang in Mauer 5
Durchgang in Mauer 5 zwischen den Räumen 1 und 2 mit gewölbtem Bogen. Von Anfang an in Mauer 5; sekundäre Betonschwelle.
Abb. 154.

V 117 Durchgang in Mauer 5
Durchgang in Mauer 5 zwischen den Räumen 1 und 5 mit gewölbtem Bogen. Von Anfang an in Mauer 5; von der ursprünglichen Schwelle ist noch eine nach Osten zurückgesetzte Stufe erhalten; bestehend aus einem Natursteinmonolith und einigen kleineren Natursteinblöcken.
Abb. 154.

V 118 Durchgang in Mauer 5
Durchgang in Mauer 5 zwischen den Räumen 1 und 5. Reicht heute bis zur Decke; scheint jedoch ursprünglich zu sein, da im Norden noch der Ansatz eines gewölbten Bogens erhalten ist.
Abb. 154.

V 121 Fundament
Besteht aus Backsteinen (?/15,5–16/6 cm) mit Mörtel. Besitzt einen Fundamentabsatz; besteht aus zwei Entlastungsbögen, die bei Fundament 4 und Mauer/Fundament 314 ansetzen und in der Mitte von Raum 1 auf einem Fundamentpfeiler aufsitzen.
Abb. 154; Profil 4a.

V 122 Mauer
Ehemals duchgängige Mauer aus Backsteinen verschiedener Formate (26–32/13–16/6–8 cm) mit Mörtel. Die Mauer wurde zu einem späteren Zeitpunkt bis auf den noch stehenden Mittelpfeiler 122b abgebrochen.
Abb. 154, Profil 4a.

VI 124 Störung/Baugrube
Störung in Zusammenhang mit dem Einbau von 110 anstelle eines steinernen Pfeilers über Fundament 22, Verfüllung graubraun, kiesig-sandig mit Steinkohlegrus, Backsteinbrocken und Steinabschläge.
Profil 3,4a.

I 126 Gräbchen
Seichtes Gräbchen von muldenförmigem Querschnitt (B. ca. 30–40 cm, T. ca. 20 cm.); Verfüllung dunkelgrau, schluffig-lehmig mit Kies, enthält an seiner Mündung im Süden ein über faustgroßes, feuerstrapaziertes Backsteinfragment
Funde: MDP 94/48 (Taf. 15,9)
Abb. 131; Profil 16–19,21.

IIIa 132 Planierschicht
Braungrau, weiß gesprenkelt, schluffig-lehmig mit Mörtelbrocken und Dachziegelfragmenten.
Profil 16.

IV 136 Baugrube für Fundament 152
Steilwandige Eintiefung; Verfüllung dunkelgrau, lehmig mit Backsteinfragmenten, Holzkohlepartikeln und Mörtel.
Profil 16.

IV 137 Pfostengrube mit Pfostenstandspur
Steilwandige Grube mit rechteckigem Umriß und flacher Sohle; Verfüllung dunkelgrau, lehmig mit Dachziegelfragmenten, Mörtelbrocken und Holzkohle. Darin erhalten die verrotteten Reste eines unten flach abgeschnittenen Holzpfostens.
Abb. 148; Profil 16.

V 138 Füllschicht
Graubraun, sandig-lehmig mit viel Mörtel, Kieselsteinen, Backsteinfragmenten, Ziegelfragmenten, Asche und Holzkohle. Die Füllschicht steht im Zusammenhang mit der Aufgabe von Befund 137.
Profil 16.

V 142 Fundament
Besteht aus Backsteinen verschiedener Formate (31,5–32/16/6 cm) mit Mörtel. Das Fundament besteht aus zwei Entlastungsbögen in Raum 5 und einem weiteren in Raum 2, die am Nordende und dazwischen auf tiefgegründeten Pfeilern aufsitzen, im Süden jedoch auf einem (wohl dennoch zugehörigen) Fundamenstreifen 450 mit abweichender Flucht.
Abb. 154; Profil 15a–b.

V 143 Mauer (Westwand der Räume 2 und 5)
Besteht aus kopfsichtig vermauerten Backsteinen (?/15,5–17/6–6,5 cm) mit Mörtel.
Abb. 154.

V 144 Fundament
Besteht aus grauem, reichlich kieshaltigem Beton.
Abb. 154.

V 145 Mauer (Trennwand zwischen Räumen 2 und 5)
Besteht aus Backsteinen in Wechsellage (24,5–25/11,5–12/6–6,5 cm) mit Mörtel.
Abb. 154.

VI 146 Fundament
Mörtel und Ober-/Unterkantenhöhe wie Fundament 144.
Profil 14.

V 149 Durchgang in Mauer 143
Inzwischen zugesetzter Duchgang in Mauer 143 zwischen Raum 5 und dem heutigen Hausgang mit gewölbtem Bogen. Von Anfang an in Mauer 143; Schwelle mehrfach erneuert, zuletzt in Beton.
Abb. 154.

IV 152 Fundament (für Pfeilervorlage ?)
Material und Mörtel wie bei Fundament 68/98. Bildet zusammen mit einer gegenüberliegenden Vorkragung in Fundament 91 ein Pfeilervorlagenpaar analog zu Fundament 69/106.
Abb. 148.

V 154 Baugrube für Fundament 96.153
Steilwandige Eintiefung mit deutlichem Abstand zu den zugehörigen Fundamenten; Verfüllung hellbraun, lehmig-sandig mit Backsteinfragmenten und Mörtel.
Funde: MDP 94/89 (Taf. 22,6)

IIIa 155 Pfahl
Oben als Verfärbung, unten noch als Hohlraum erhaltener Rundpfahl
(Dm. 10 cm; erh. L. 55 cm).
Abb. 137; Profil 21.

IIIa 156 Pfostenspur
Nur als Verfärbung/Verfüllung erhaltene Spur eines angespitzten Pfostens von unklarem Umriß (B. 18 cm); vermutlich wieder gezogen.
Abb. 137.

III b 158 Fundament
Besteht aus sorgfältig gesetzten, meist über kopfgroßen Tuffbrocken; Bindemittel ist ein helllgraues, schluffig-kiesiges Material.
Abb. 144; Profil 21.

IV 160 Füllschicht
Besteht in der Hauptsache aus losen Backsteinen. Es könnte sich um in den darunterliegenden Hohlraum abgesackte Teile von Fundament 108 handeln.
Profil 21.

IV 161 Fundament (für Pfeilervorlage ?)
Besteht aus Backsteinen (?/17/6–6,5 cm) mit Mörtel. Bildet das östliche Ende von Fundament 180.
Abb. 148; Profil 21.

IV 162 Gräbchen
Gräbchen mit teils steiler, teils geböschter Wandung und flacher Sohle, nach Süden tiefer werdend (B. ca. 75 cm; T. 25–50 cm); Verfüllung braungrau, lehmig-sandig mit Mörtelbrocken und Dachziegelfragmenten.
Profil 21.

V 163 Ausbruchgrube von Fundament 161/Baugrube für Fundament 180
Steilwandige Eintiefung; Verfüllung dunkelbraun, lehmig mit Backsteinfragmenten, Mörtelbrocken und Kieselsteinen
Funde: z.T. MDP 94/133.
Profil 21.

IIIa 164 Pfostengrube mit Pfostenstandspur
Steilwandige Grube mit rundem Umriß; Verfüllung braungrau, lehmig mit Angeziegeltem. Darin als Verfärbung erhaltene Spur eines Rundpfostens (Dm. 22 cm).
Abb. 137.

V 166 Punktfundament
Besteht aus Backsteinfragmenten (D. 6,5 cm) mit Mörtel.
Abb. 154.

V 167 Fundament für Mauer 389
Das Fundament springt vor und ist nur im Süden soweit vorhanden, wie die Westwand von Raum 1 erneuert ist; Oberkante stellenweise bis zu drei Lagen tief ausgebrochen. Besteht aus Backsteinen (?/14,5–16/6–7 cm) mit Mörtel.
Abb. 154; Profil 2,3.

IV 169 Füllschicht in 388
Dunkelgrau, lehmig mit Dachziegelfragmenten, Mörtelbrocken und Kieselsteinen.

IV 170 Füllschicht in 388
Dunkelbraun, lehmig mit Holzkohle und Kieselsteinen.

V 171 Baugrube
Weit vor dem Fundament angesetzte Eintiefung von muldenförmigem Querschnitt; erst am Fundament steilwandig abgetieft. Bei Fundament 357/Mauer 358 verzichtete man auf eine Erneuerung; daher diente die weite Abgrabung im oberen Bereich in erster Linie der Fundamentuntersuchung. Verfüllung grau, sandig mit Backsteinfragmenten, Mörtel- und Verputzbrocken.
Funde: MDP 94/111 (Taf. 22,1–3).
Abb. 154; Profil 1–3.

V 172 kleiner Keller
In die NW-Ecke von Raum 1 eingebauter kleiner Keller. Seine Mauern bestehen aus meist kopfsichtig gesetzten Backsteinen (34,5–35/15–16/6 cm) mit Mörtel. Der Boden besteht aus sorgfältig verlegten Backsteinen; in der NO-Ecke sitzt ein Mörtelklumpen, an dem Reste der Verfüllung anhaften.
Abb. 154; Profil 11.

V 173 Baugrube für Keller 172
Knappe Baugrube für den kleinen Keller; Verfüllung rotbraun, lehmig-sandig mit Backsteinfragmenten und Mörtelbrocken.
Abb. 154.

V 177 Baugrube für Fundament 121
Knapp neben dem Fundament angelegte Eintiefung; Verfüllung z.T. dunkelgrau mit viel Kies.

V 178 Graben
Etwa NW/SO verlaufender Graben von sackartigem Querschnitt; Verfüllung oben Material ähnlich wie Befund 15, darunter dunkelgrau, lehmig mit Backsteinfragmenten und Kieselsteinen.
Abb. 154; Profil 4a.

V 179 Grube (?)
Eintiefung (?) mit rundem Umriß; Verfüllung wie Grube 178.
Abb. 154.

IV 180 Fundament
Besteht aus Backsteinen (33/16/6 cm) mit Mörtel. Das östliche Ende ist schräg abgemauert und endet mit Fundament 161.
Abb. 148; Profil 20.

VI 181 Leitungsgraben mit Rohr
Abwasserleitung; Verfüllung hellgraubraun, sandig-lehmig mit Backsteinfragmenten und wenig Mörtel.
Profil 15a.

IV 183 Pflaster
Besteht aus ohne Mörtel verlegten, etwa faustgroßen Kieselsteinen (ganz vereinzelt auch Backsteinbrocken); steigt im Osten leicht an. Das Pflaster wird von den quer zum Raum verlaufenden Balkengräbchen 184 und 185 unterbrochen; zugehörig sind die darunter angelegten, holzausgekleideten Gruben: Möglicherweise Rest eines Stallpflasters mit abgetrennten Boxen.
Abb. 148; Profil 14.

IV 184 Balkengräbchen
Aussparung in Pflaster 183; Verfüllung dunkelbraun, sandig-lehmig mit Holzmulm.
Abb. 148; Profil 14.

VI 186 Leitungsgraben mit Rohr
Abwasserleitung; Verfüllung dunkelgraubraun, kiesig-lehmig mit Backsteinfragmenten, einer faustgroßen Keramikplatte (Oberfläche mit plastischem Rautengitter), Fragmenten von dicken braunglasierten Keramikrohren; Verfüllung an der Sohle umgelagerter Befund 32; dort ein Eisenrohr. Ein Austausch der Rohrleitung ist zu vermuten.
Profil 15a.

IV 187 Pfahlspur
Hohle Spur eines vergangenen Rundpfahles (Dm. 7 cm).
Abb. 148.

III b 190 Ausbruchgrube
Durch Ausbruchgrube komplett entferntes ehemaliges Fundament; stößt auf Fundament 158.
Abb. 144; Profil 18,20,21.

IV 191 Grube
Vermutlich steilwandige Grube mit flacher Sohle mit Bretterboden (stark verrottet, fast nur als Hohlform erhalten); darunter eine winklige Verfärbung, vielleicht von untergelegtem Querholz. In der Südhälfte war anstelle des Bretterbodens eine etwas tiefer reichende Verfüllung anzutreffen, falls dies nicht mit einem Ausbruch des Bretterbodens zusammenhängt, war die Grube hier unter Umständen abgestuft.
Abb. 148; Profil 3.

I/II 192 Pfostengrube mit Pfostenspur
Steilwandige Grube mit flacher Sohle; Verfüllung dunkelgrau mit hellen Flecken, schluffig mit Holzkohle. Südlich des Pfostens hat sich entlang des Grubenrandes eine plattenartige Kalkkonkretion gebildet. In der Grube die Spur eines nur noch als Verfärbung mit wenig Holzmulm erhaltenen Pfostens.
Abb. 131, 134; Profil 9.

IV 193 Grube
Steilwandige Grube mit rechteckigem Umriß und flacher Sohle; Verfüllung wie Befund 179.
Abb. 148.

IV 195 Fundament
Besteht aus Backsteinen (?/14–16/5–7 cm) mit Mörtel. Ist mit deutlicher Lücke neben Fundament 1 gegen Erde bzw. in Baugrube 196 gesetzt; in dieser Lücke befindet sich ein von einer 2–3 cm dicken Schale aus Kalkkonkretion umschlossener Hohlraum, ein weiterer in Baugrube 196.
Abb. 148.

IV 196 Baugrube für Fundamt 195
Wie Baugrube 12; enthält zusätzlich etwas verrottetes Holz und eine Kalkkonkretion um einen Hohlraum. Eine Grenze zu Baugrube 12 ist nicht erkennbar.

IV 218 Pflasterbett
Hellgrau, schluffig-sandig, mittelfest bis locker. Ist Bettung für Pflaster 183, allerdings nur im NO von Raum 5.
Profil 15a.

IV 219 Steinsetzung/Punktfundament
Kalksteinquader (60/46/28 cm), wohl in Zweitverwendung, mit glatt behauener Sichtseite (dort Zangenloch). Sitzt auf einem wenig sorgfältig gemauerten Fundament aus Backsteinen (?/15,5/6,5 cm).
Abb. 148; Profil 14,15a.

IV 220 Bretterschächte
Reste von vier kastenförmigen Eintiefungen mit verbretterten Wänden (davon noch Abdrücke und Holzreste); kein Belag auf der Sohle. Nach weitgehender Zerstörung durch Leitung 186.221 sind noch vorhanden: bei dreien eine komplette Seitenwand, von dieser ausgehend die Ansätze rechtwinklig anschließen-

der Seitenwände. Die Gruben sind unmittelbar vor der Pflasterung angelegt und beziehen sich auf die Balkengräbchen 184.185. Evt. Sickergruben in Stallanlage.
Abb. 148.

II 222 Pfosten
Hohlform eines vergangenen Pfostens (Dm 19 cm; erh. L. 77 cm); randlich spärliche Holzreste. War bei Anlage von Leitung 186 noch im Holz erhalten.
Abb. 134.

III b 223 Fundament
Wenig sorgfältig gesetzter Klotz von 69 cm Kantenlänge (verm. Punktfundament); besteht aus Backsteinen und Backsteinfragmenten (?/15,5/6–7 cm).
Abb. 144; Profil 20.

IIIa 224 Grube
Eintiefung mit unregelmäßigem Grundriß und Querschnitt; Verfüllung graubraun mit Backsteinfragmenten, Mörtelbrocken, Kieselsteinen und Holzkohle.
Abb. 137; Profil 20.

IIIa 226 Pfostengrube mit Pfostenspur
Steilwandige, einfach gestufte Grube mit flacher Sohle; Verfüllung graubraun mit Holzkohle, Angeziegeltes, Mörtelbrocken. Darin unten der als dunkelbraune Verfärbung erhaltene Rest eines Rechteckpfostens (33 x 30 cm). Eine vertikale Trennlinie in der Grubenverfüllung entlang der ehemaligen Pfostenkante zeigt, daß der Pfosten wieder ausgegraben worden ist.
Abb. 137; Profil 3.

IIIa 227 Grube
Steilwandige Grube mit breiter Stufe und flacher Sohle; Verfüllung graubraun, lehmig mit Angeziegeltem, Mörtel und wenig Holzkohle.
Abb. 137; Profil 4a.

IIIa 228 Grube
Eintiefung unbekannter Form, Verfüllung graubraun und dunkelgrau, lehmig mit Holzkohlepartikeln, Dachziegelfragmenten und Mörtelbrocken.
Abb. 137.

II 229 Pfostenspur
Nur als Verfärbung erhalten; Material braungrau, lehmig mit Kiesanteil, Holzkohle und Mörtelbrocken.
Abb. 134.

IIIa 232 Pfostengrube mit Pfostenspur
Standspur eines Rundpfostens (Dm. 17–20 cm; erh. L. mind. 66 cm; Material rotbraun, lehmig-kiesig, mit Holzmulm); eine steilwandige kreisrunde Pfostengrube; Verfüllung graubraun, lehmig mit Dachziegelfragmenten , einige Backsteine zum Verkeilen (?).
Abb. 137; Profil 14.

II 233 Pfostengrube mit Pfostenspur
Hohlform eines vergangenen Pfostens (Dm. 24–30 cm, erh. L. 46 cm); randlich spärliche Holzreste, an der Sohle Holzmulm. Verfüllung der steilwandigen Pfostengrube graubraun mit orangebraunen Brocken, Angeziegeltem, lehmig.
Abb. 134; Profil 14.

II 234 Pfosten
Hohlform eines vergangenen Pfostens (Dm. 24–30 cm, erh. L. mind. 36 cm); randlich spärliche Holzreste. War bei Anlage von Leitung 186 noch im Holz erhalten.
Abb. 134.

II 235 Pfostengrube mit Pfostenspur
Steilwandige Eintiefung mit flacher Sohle; Verfüllung dunkelgrau, lehmig-schluffig mit Kiesanteil, Holzkohle und einem Dachziegelfragment. Darin unten der Rest eines verrotteten Holzpfostens.
Abb. 134; Profil 14.

I 238 Pfostengrube mit Pfostenspur
Hohlform eines vergangenen Rundpfostens (Dm. 30 cm; erh. L. 74 cm); randlich spärliche Holzreste, auf der Sohle Holzmulm. War bei Anlage von Leitung 186 noch im Holz erhalten.
Abb. 131; Profil 6.

IV 239 Grube mit liegendem Holz
Steilwandige Grube von etwa kreisförmigem Umriß mit flacher Sohle, Verfüllung gelbbraun und hellgrau, lehmig-schluffig. Von der Sohle nach unten ist als Unterlage eines später wieder entfernten Pfostens ein Kantholz verlegt (29 x mind., 26 x mind. 62 cm), nur noch als Hohlform erhalten, randlich spärliche Holzreste. Der Balken muß bei Anlage von Fundament 30 noch im Holz erhalten gewesen sein.
Abb. 148; Profil 5.

IIIa 240 Grube
Steilwandige Grube von etwa ovalem Grundriß mit flacher Sohle; Verfüllung graubraun mit grauen und rostbraunen Flecken (Angeziegeltes), lehmig mit Holzkohle.
Abb. 137; Profil 5.

I 242 Pfostengrube mit Pfostenspur
Steilwandige, kreisrunde Grube mit flacher Sohle; Verfüllung grünlichgrau, lehmig mit Spur eines Rundpfostens (Dm. 27 cm; erh. L. 36 cm), Holzmulm und verrotteten Rindenresten.
Abb. 131; Profil 5.

II 243 Pfostengrube mit Pfostenspur
Steilwandige, kreisrunde Grube mit flacher Sohle; Verfüllung dunkelgrau, schluffig-lehmig mit Kiesanteil, Holzkohle, Mörtelbrocken und Dachziegelfragmenten. Enthält Spur eines Rundpfostens (Dm. 24 cm; erh. L. 30 cm), Holzmulm.
Profil 11.

II 244 Pfostengrube mit Pfostenspur
Grube von unregelmäßigem Umriß mit flacher Sohle; Verfüllung dunkelgrau, schluffig-lehmig mit Kieselsteinen, viel Holzkohle. Enthält Spur eines Rundpfostens (Dm. 11 cm; L. mind. 14 cm). Abb. 134, Profil 13.

I 246 Pfostengrube mit Pfostenspur
Steilwandige, kreisrunde Grube mit flacher Sohle; Verfüllung schwarzgrau, lehmig-schluffig; darin in Resten Spur eines gezogenen Pfostens. Abb. 131; Profil 6.

IIIa 252 Holzlage
In SO-Richtung liegender Balken, von dem nur noch geringe Holzreste vorhanden sind z.T. nur noch das Negativ.
Abb. 137; Profil 14.

IIIa 253 Baugrube für Fundament 361
Steilwandig, seicht mit flacher Sohle; Verfüllung heterogen, gelbbraun und dunkelgraubraun, lehmig mit Mörtel von Fundament 361.
Abb. 137; Profil 14.

IV 254/z.T. 362 Grube
Steilwandige Eintiefung mit flacher Sohle; Verfüllung graubraun, lehmig mit Kieselsteinen, Backsteinfragmenten und verrotteten Holzresten.
Profil 14,15a.

IIIa 255 Grube
Steilwandige Grube mit sackförmigem Querschnitt; die Verfüllung besteht aus verschiedenen Komponenten (unten rötlichbraun, lehmig-kiesig; oben dunkelgraubraun mit verrotteten Holzresten und Backsteinfragmenten).
Abb. 137; Profil 14.

IIIa 256 Grube
Steilwandige Grube mit sackförmigem Querschnitt; die Verfüllung besteht aus verschiedenen Komponenten (unten rötlichbraun, lehmig-kiesig; oben dunkelgraubraun mit verrotteten Holzresten und Backsteinfragmenten).
Abb. 137; Profil 14.

IIIa 257 Planierschicht/Laufhorizont
Dunkelbraun, lehmig-kiesig mit Ziegelstücken.
Profil 14.

IV 258 Baugrube für Fundament 219
Steilwandige Eintiefung mit unregelmäßigem Querschnitt; Verfüllung braungrau, schluffig und dunkelgrau, lehmig mit Ziegelstücken.
Profil 14,15a.

IV 261 Planierschicht
Hellgraubraun, sandig-mörtelig, besteht zum Großteil aus cm-großen Mörtelbrocken.
Profil 14.

IV 262 Pfostengrube mit Pfostenspur
Steilwandige Grube mit flacher Sohle; Verfüllung dunkelgrau, lehmig mit Kiesanteil, Holzkohle und Backsteinfragmenten. Mittig die Standspur eines Holzpfostens (B. 14 cm), einige verrottete Holzreste.
Abb. 148; Profil 14.

VI 263 Baugrube für Fundament 144.145
Flachgründige Abgrabung; Verfüllung dunkelgrau, lehmig-sandig mit Backstein-/Mörtel- und Dachziegelbrocken.
Profil 14.

I 265 Holzlage/Wasserlauf
Nach Verfüllung einer tiefen Rinne im Verlauf der späteren Häuserfront zum Dreifaltigkeitsplatz blieb eine seichte Rinne zurück, deren Lauf durch von Pfählen arretierten Holzbalken stabilisiert wurde. Die Verrottung der Hölzer sowie Einschwemmung und Einbringung von Erdmaterial machten immer wieder Reparatur- und Erneuerungsarbeiten nötig. All diese Balkenlagen auf verschiedenen Ebenen, die zugehörigen Pfähle und die verschiedenen Schwemm- und Füllschichten werden zu Befund 265 zusammengefaßt. Die Balken und Pfähle sind meist bis auf ein wenig Holzmulm so verrottet, daß nur eine Hohlform zurückblieb. Bei Errichtung von Fundament 4/194 jedoch muß der unmittelbar darunter liegende Balken von Holzlage 265 noch im Holz erhalten gewesen sein. Die Schwemmschichten bestehen aus hellgrauem Schluff, die Füllschichten sind meist dunkler, haben einen Kiesanteil, enthalten etwas Holzkohle, selten winzige Stückchen Angeziegeltes und Backsteinfragmente.
Funde: MDP 94/191 (Taf. 15,3).
Abb. 131; Profil 2,4b,4c,18,20,21.

IIIa 271 Pfostengrube mit Standspur
Steilwandige Grube mit ovalem Grundriß; Verfüllung dunkelgrau, schluffig-kiesig mit Ziegelstückchen.
Abb. 131, 137, Profil 2.

II 275 Grube
Steilwandige Eintiefung am Südrand der Grabungsfläche; Verfüllung grünlichgrau, unten dunkler, lehmig-kiesig.
Profil 20.

II 278 Grube
Steilwandige Grube mit rechteckigem Umriß und kastenförmigem Querschnitt; Verfüllung hellgrau, lehmig-schluffig mit Backsteinfragmenten, Batzen von umgelagerter Planierschicht 129, vereinzelt Mörtelbrocken und Kieselsteine.
Abb. 134, Profil 19.

II 279 Holzlage (Zaun?)
Der Verlauf der Struktur wird gekennzeichnet durch einen nur noch als Hohlform mit wenigen Rindenresten erhaltenen, liegenden Rundstamm, der die Aufschüttung Planierschicht 129.273 bzw. 130 nach Osten abschließt. Gegen das tiefer liegende Gelände zu ist er mit Pfählen arretiert. Weitere Pfähle zeigen, daß die Struktur

sich im Bereich von Raum 4 fortsetzte. Die Zugehörigkeit der einzelnen Pfähle ist nicht in jedem Fall gesichert, da an gleicher Stelle ohne viel dazwischenliegendem Materialauftrag 399 vorausging.
Abb. 134, Profil 4c,17,18,19.

IIIb 285 Pfahl
Nur noch als Hohlform erhaltener Rundpfahl in Fundament 158 (Dm ca. 7–8 cm).
Abb. 144.

IIIa 286 Fundament
Sehr tief reichender Fundamentpfeiler in der SW-Ecke von Raum 3; besteht aus Backsteinen und ist rundum mit Mörtel bedeckt.
Abb. 131, 137.

II/IIIa 290 Grube (siehe auch II)
Steilwandige Eintiefung mit wannenförmigem Querschnitt und flacher Sohle; Verfüllung dunkelgrau mit hellgrauen Flecken, schluffig-lehmig mit Holzkohle und Backsteinfragementen.
Abb. 134, Profil 17.

IIIa 291 Grube mit Pfostenstandspur
Steilwandige Grube mit kreisrundem Umriß; Verfüllung dunkelgraubraun mit hellen Flecken, lehmig mit Dachziegelfragmenten, Kieselsteinen und Mörtelbrocken. Ein darin erhaltener Pfosten ist teils als Verfärbung, teils durch die entsprechend nach unten gedrückte Grubensohle zu erkennen.
Abb. 137.

IIIa 297 Grube mit Pfostenenspur
Verfärbung von gerundetem Grundriß; Verfüllung schwarzgrau, lehmig, mittelfest, enthält sehr viel Holzkohle, dazu Holzmulm.
Abb. 134.

II/IIIa 300 Pfostengrube mit Pfostenspur
Steilwandige Grube von rundem Umriß, wannenförmigem Querschnitt und flacher Sohle; Verfüllung dunkelgrau, lehmig-schluffig mit Kiesanteil und Holzkohle. Darin ein nur noch als Hohlform erhaltener Rundpfosten (Dm. 19 cm, erh. L. 15 cm); Rindenreste.
Abb. 134, Profil 16.

II/IIIa 302 Pfostengrube mit Pfostenstandspur
Grube mit rundem Umriß; Verfüllung gelbgrau mit Angeziegeltem. Der darin erhaltene Rundpfosten (Dm. ca. 11 cm) ist nur noch als Hohlform mit einigen verrotteten Holz- und Rindenresten bzw. als Verfärbung erhalten, war jedoch beim Bau von Fundament 96 noch als Holzstumpf vorhanden.
Abb. 134, 137; Profil 4a.

I 303 Füllschicht
Flache wannenförmige Mulde in Befund 32; Verfüllung zwei Holzkohlebänder, etwas Kalk und Angeziegeltes. Stellenweise kaum von Befund 32 zu trennen.
Abb. 131; Profil 4a.

I 304 Grube
Steilwandige Grube mit flacher Sohle; Verfüllung wie Befund 32, an der Sohle Holzkohle, ebenso ein in die Vertiefung eingelagerter Streifen. Stellenweise kaum von Befund 32 zu trennen
Abb. 131; Profil 4a.

I 305 Pfostengrube
Steilwandige Grube mit kastenförmigem Querschnitt und flacher Sohle; die Verfüllung ist eine Mischung aus umgelagertem Befund 32 und 33, im unteren Bereich kaum von Befund 32 zu trennen.
Abb. 131; Profil 4a.

IIIa 306 Grube
Steilwandige Eintiefung mit flacher Sohle; Verfüllung graubraun mit grauen Flecken, lehmig mit Batzen angeziegelten Lehms, vereinzelt Holzkohle, Dachziegelfragmenten, Kieselsteinen und Mörtelbrocken.
Funde: MDP 94/112 (Taf. 16,8).
Abb. 134.

V 308 Planierschicht
Besteht ausschließlich aus hellgrauem Mörtel (viel Sand, viele Kalkspatzen).

IIIa 310 Baugrube für Fundament 314
Steilwandige, in erheblichem Abstand zum Fundament angelegte Eintiefung; Verfüllung unten dunkelgrau, oben dunkelbraun, lehmig mit Dachziegelfragmenten, Mörtelbrocken und Holzkohle.
Funde: MDP 94/287 (Taf. 18,5)
Profil 2,3.

VI 313 Fundament (Keller)
Angegraben wurde an zwei Stellen die rückwärtige, vom Nachbarhaus im Westen gegen Erde gesetzte Seite. Es dürfte zu einem nachträglichen Kellereinbau gehören. Besteht aus Backsteinen (28/14–15/6,5 cm).
Profil 3.

IIIa 314 Mauer/Fundament (zum Südteil der Westwand von Raum 1)
Ältester Kern der Westwand von Raum 1. Besteht aus meist kopfsichtigen Backsteinen (29,5–30/14–16/6–7cm), dazwischen auch längs verlegte Backsteine mit auffallend dunkler Oberfläche und einzelnen Lagen faustgroßer Kieselsteine. Der Mörtel ist an der Oberfläche hellrotbraun verfärbt (feuergerötet). Bei 512,27 m.ü.NN. ist eine Trennung zwischen Fundament und Aufgehendem auszumachen: die Mauer springt nach oben leicht zurück; Kieselsteine sind nur oberhalb verwendet, auf den oberen Bereich beschränkt sich außerdem die Feuerrötung des hier bis an die Oberfläche tretenden Mörtels. Die Fugen des unteren Bereiches sind tief und voll dunkelgrauem Lehm.
Abb. 137; Profil 3.

IIIa 326 Pfostengrube
Steilwandige Grube mit rundem Umriß und flacher Sohle (auf dieser verrottete Holzreste); Verfüllung dunkelgrau mit hellgrauen und gelbbraunen Flecken, lehmig-schluffig mit Kieselsteinen und Backsteinfragmenten.
Abb. 137; Profil 5.

II 342 Pfahlfundament (?)
Fünf in einer Reihe eingeschlagene, angespitzte Rundpfähle (Dm. 8–12 cm; erh. L. 45–54 cm), nur noch als Hohlform erhalten. Sie sind nebeneinander und mit den Spitzen einander angenähert so weit eingeschlagen, daß die Spitzen bis zum gewachsenen Kies reichen.
Abb. 131, 134; Profil 18.

IV 352 Baugrube für Fundament 10
Steilwandige Grube; Verfüllung dunkelgrau, lehmig mit Holzkohle, Angeziegeltem und vereinzelt Mörtelbrocken.
Profil 1.

IV 353 Pfostengrube mit Pfostenstandspur
Steilwandige kreisrunde Grube mit flacher Sohle; Verfüllung graubraun mit hellen Flecken, schluffig-lehmig mit Kieselsteinen, Backsteinfragmenten, Holzkohle und Mörtelbrocken. Enthält die dunkelbraune Spur eines Holzpfostens (Dm. ca. 20 cm; erh. L. 50 cm; verrottetes Holz).
Abb. 148; Profil 10.

IV 354 Grube
Eintiefung mit schräger Wandung und ebener Sohle; auf dieser ein Bodensatz, sonstige Verfüllung graubraun, lehmig, mittelfest, enthält viel Holzkohle und Angeziegeltes, vereinzelt bis cm-große Mörtelbrocken.

V 355 = 9

IIIa 356 zu 42

IV 357 Fundament für Fundament 358
Die unterste Lage besteht aus verschiedenen Natursteinen (Quader aus Tuff, über Kieselsteinen), darüber Backsteine (30–32/14,5–16/6–7 cm), letztere überwiegend zweitverwendet und von unterschiedlichen Formaten, dazwischen vereinzelt gut faustgroße Kieselsteine.
Abb. 148; Profil 1.

IV 358 Mauer (Nordteil der Westwand von Raum 1)
Sehr ebenmäßig aus Backsteinen unterschiedlicher Formate gemauert (30,5–32/12–16/6,5 cm).
Abb. 148; Profil 1.

IIIa 361 Fundament eines eingetieften Raumes
Besteht aus sorgfältig verlegten inneren Reihen von Backsteinen (33,5/16–17/5,5–6,5cm), rückwärtig sind Backsteinfragmente verbaut. Das Bindemittel ist z.T. in Baugrube 253 geflossen.
Abb. 137; Profil 14,15a–b.

I/II 363 Pfostengrube mit Pfostenstandspur
Steilwandige Grube mit flacher Sohle; Verfüllung: umgelagertes Material aus Befund 33 mit vereinzelt gelbbraunen Lehmbatzen. Der Pfosten ist weitgehend nur als Hohlform erhalten, an der Sohle Holzmulm (Dm. 34 cm; erh. L. 60 cm).
Abb. 131, 134; Profil 15c.

I 373 Pfahl
Nur noch als Holzmulm-Verfärbung erhaltener Rundpfahl (Dm. 5 cm; erh. L. 13 cm).
Abb. 131.

IV 382 Füllschicht in Grube 388
Dunkelgrau, lehmig mit Backsteinfragmenten, Putz- und Mörtelbrocken, Kieselsteinen und Holzkohle.

IIIa 386 Grube
Eintiefung von unregelmäßig sackförmigem Querschnitt; Verfüllung gelbbraun, lehmig, mittelfest, enthält bis faustgroße Kiesel, vereinzelt bis über cm-große Backsteinfragmente und Mörtelbrocken.
Abb. 137.

IV 387 Holzlage
Nur noch als Verfärbung erhaltene Spur eines Rundbalkens, der etwa in SW/NO-Richtung in einer flachen Grube verlegt ist; Verfüllung dunkelgrau, lehmig, dazu hellgraues, schluffiges Material.
Abb. 148.

IV 388 Grube
Steilwandige Grube mit Bretterboden (davon nur noch Holzmulm erhalten): Eine ca. 1 cm tiefe und ebenso breite Aussparung entlang der NO-Kante des Grubenbodens könnte von einer Bretterwand stammen.
Abb. 148.

V 389 Mauer (zum Südteil der Westwand von Raum 1)
Reparatur/Teilneubau der Westwand von Raum 1. Besteht aus meist kopfsichtig gesetzten Backsteinen verschiedener Formate (30–32,5/14–16/6–7,5 cm).
Abb. 154, Profil 3.

IV 391 Grube
Eintiefung mit rundem Umriß (unten kreisrund); Verfüllung braun, lehmig, enthält verworfene Kieselsteine von Pflaster 27.
Abb. 148.

V 392 Planierschicht
Dunkelbraungrau, lehmig mit Mörtelbrocken, Backsteinfragmenten, Kieselsteinen, Holzkohle und verrotteten Holzresten.
Profil 3.

IV 394 Baugrube für Fundament 357
Steilwandige, in erheblichem Abstand zum Fundament angelegte Eintiefung mit flacher Sohle; heterogene Verfüllung, unten umgelager-

tes Material von Befund 32 und 33, darüber eine kiesig-schluffige, dunkelbraungraue und eine dunkelgraue, lehmige Schicht.
Profil 1.

I 399 Zaun
Zaun entlang von Gräbchen 126, z.T. deutlich mit dem Gräbchen in Zusammenhang stehend, eingeschlagene Rundpfähle. Die Zugehörigkeit der einzelnen Pfähle ist nicht in jedem Fall gesichert, da an gleicher Stelle ohne viel dazwischenliegenden Materialauftrag Holzlage/Zaun 279 nachfolgte.
Abb. 131; Profil 17,19.

II 406 Planierschicht
Dunkelgrau, kiesig-lehmig mit Backsteinfragmenten, Spuren von Holzmulm und Kieselsteinen.
Funde: MDP 94/235 (Taf. 15,10.11; 16,3)
Profil 21.

II 407 Verfärbung (Liegespur eines Balkens ?)
Verfärbung von rundem Querschnitt; Material dunkelbraun, lehmig mit Spuren von Holzkohle und Angeziegeltem.
Abb. 134; Profil 21.

I 409 Grube
Steilwandige Eintiefung; Verfüllung umgelagerter Befund 32, stellenweise Holzkohlelinsen und Spuren von Angeziegeltem; Grenzen z.T. unklar.
Abb. 131; Profil 15c.

IIIa 410 Grube
Etwa kreisrunde Eintiefung; Verfüllung graubraun mit gelbbraunen Batzen und dunkelgraubrauner Komponente, lehmig mit Dachziegelfragmenten und Holzkohle.
Abb. 137.

IIIa 411 Pfostengrube mit Pfostenstandspur
Etwa kreisrunde Eintiefung mit flacher, gestufter Sohle; Verfüllung gelblichbraun, schluffig-lehmig mit Holzkohle, Spuren verrotteter Holzreste. Pfostenstandspur an der Stufung erkennbar (B. 30 cm).
Abb. 137.

IIIa 412 Grube
Etwa kreisrunde Grube; Verfüllung wie bei 411, enthält zusätzlich vereinzelt Dachziegelfragmente.
Abb. 137.

IIIa 413 Grube
Etwa kreisrunde Grube mit einem »Auswuchs« nach Süden; Verfüllung wie bei 411, enthält zusätzlich Dachziegelfragmente. Bei dem »Auswuchs« könnte es sich um eine gestörte ältere Grube handeln, jedoch ist an entsprechender Stelle keine Grenze zu erkennen.
Abb. 137.

IIIa 414/z.T. 362 Planierschicht
Grünlichbraun, lehmig.
Profil 15a–b.

IIIa 415 Planierschicht
Grau, lehmig; enthält stellenweise Mörtelstreifen und vereinzelt Ziegelsplitt.
Profil 15a.

IIIa 416 Pflasterbett
Bettung eines ausgebrochenen Bodenpflasters aus Mörtel. Zieht in die zweitunterste Lage von Fundament 361; der Mörtel der darüber folgenden Steinlage ist über 416 gestrichen.
Abb. 137; Profil 15a–b.

IV 417 Ausbruchgrube von Fundament 361
Steilwandige Eintiefung; Verfüllung oben dunkelgraubraun mit hellen Flecken, darunter grünlichgrau mit grauer Komponente, lehmig mit Holzkohle, Ziegelsplitt, Mörtelbrocken, Backsteinfragmenten und Kieselsteinen.
Profil 15a,b.

IV 418 Planierschicht
Verfüllung des Raumes zu Fundament 361 nach dessen Aufgabe; schwarzgrau, lehmig-feinsandig; besteht zum Großteil aus Mörtelbrocken, Kieselsteinen und Backsteinfragmenten.
Profil 15a,b.

V 420 Planierschicht
Graubraun bis dunkelbraungrau, stark durchmischt, sandig-lehmig mit Kiesanteil, Kieselsteinen, Backsteinfragmenten, Mörtelbrocken und verrotteten Holzresten.
Profil 15a.

V 421 Grube/Störung
Flache Eintiefung in Pflaster 183; Material dunkelbraun mit allen möglichen Flecken, lehmig, stark durchmischt mit Holzkohle, Backsteinfragmenten, Mörtelbrocken und Kieselsteinen.
Profil 51a.

V 422 Baugrube für Fundament 142
Steilwandige Eintiefung; Verfüllung heterogen, meist dunkelgraubraun oder dunkelbraun, lehmig mit Bauschutt.
Abb. 154, Profil 15a.

V 423 Planierschicht
Hellrosabraun, sandig-mörtelig mit viel Mörtel und Backsteinfragmenten.
Profil 15a–b.

IV 424 Pfahl
Nur noch als Hohlraum erhaltener, vierkantiger Pfahl (D. 5 cm; L. 46 cm); am Rand Holzreste.
Profil 15a.

IIIa/IV 425 Grube
Kreisrunde Grube; Verfüllung hellgrau, schluffig-lehmig mit Kieselsteinen (umgelagertes Pflaster 27), Dachziegelfragmenten und Backsteinfragmenten.
Abb. 137, 148.

IV 426 Pfostengrube mit Pfostenstandspur
Pfosten (wahrscheinlich Kantholz; ca. 20 x 20 cm) nur noch als Hohlform erhalten; unten Holzmulm.
Abb. 148.

IV 430 Pfostenspur
Nur noch als Hohlform erhaltener Rundpfosten (Dm. 24 cm); am Rand verrottete Holzreste.
Abb. 148.

IV 433 Pfostengrube
Eintiefung mit unregelmäßigem Umriß; Verfüllung braungrau, lehmig mit Backstein- und Mörtelbrocken, etwas Holzkohle und verrotteten Holzresten. Am östlichen Rand scheint eine sehr lockere Stelle eine Pfostenstandspur anzuzeigen.
Abb. 148.

V 438 Entlastungs-/Überbrückungsbogen
Nach Anlage von Baugrube 51 und Errichtung von Fundament 50/90 vom bereits bestehenden Fundament 103 über die Baugrube geschlagener Backsteinbogen (Material wie bei Fundament 50/90).

IV 439 Pfostengrube mit Pfostenstandspur
Eintiefung mit unregelmäßigem Umriß; Verfüllung dunkelgrauer Schluff und gelber Lehm mit Holzkohle und Mörtelbrocken. Enthält die Spur eines Rundpfostens
(Dm. ca. 15 cm).

VI 441 Baugrube für Fundament 442
Steilwandige Eintiefung in erheblichem Abstand zum Fundament; Verfüllung braun, sandig-lehmig mit Backsteinfragmenten und Kieselsteinen.
Profil 12.

IIIa 446 Grube
Material/Verfüllung graubraun, lehmig mit Holzkohle und Backsteinfragmenten.
Abb. 137.

III b 448 Fundament
Rest eines Eckverbandes, von dem die Innenfluchten noch intakt sind, die westliche Außenflucht jedoch schräg abgeschnitten durch Leitung 186; besteht aus Backsteinen (31,5–32/16–17/6,5–7cm). Sekundär leicht abgekippt. Fundament 451 ist Fortsetzung nach Süden, die Lücken zwischen beiden Fundamenten ist ursprünglich (jew. glatter Abschluß).
Abb. 144.

III b 449 Baugrube für Fundament 448
Knappe Baugrube; Verfüllung dunkelgrau, lehmig mit Holzkohle.
Abb. 144.

V 450 Fundament
Besteht aus zwei durch einen Entlastungsbogen überbrückten Fundamentpfeilern, von denen der nördliche mit einer Abschrägung endet, die dem ersten Entlastungsbogen von Fundament 142 als Auflager dient. Besteht aus Backsteinen (30–33,5/15–16/6,5–7 cm). Fundament 450 wurde von Fundament 142 getrennt numeriert, da es eine abweichende Flucht aufweist, die sich an der südlichen Hausfassade orientiert; es handelt sich aber wohl um zwei Bauabschritte einer zusammengehörigen Baumaßnahme.

III b 451 Fundament
Besteht aus Backsteinen (31,5/16/6,5 cm).
Abb. 144.

Fundort München

Katalog der archäologischen Ausgrabungen im Stadtbereich von München

Hochmittelalter – Neuzeit

Die Katalognummern beziehen sich auf die Nummern auf Abb. 1 im Buchdeckel.

1

Frauenkirche/südliches Portal

1849
Beobachtung

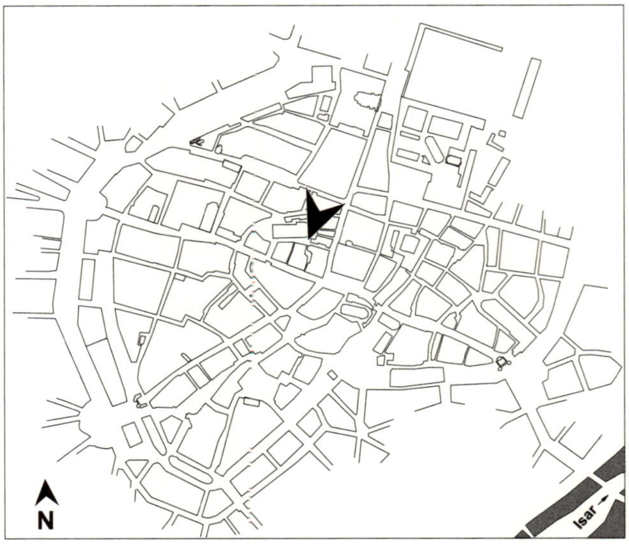

1849 Beobachtung von Nagler

Bei umfangreichen Kanalbauarbeiten im August 1849 wurde südlich der Frauenkirche ein Mauerwerk freigelegt, das Nagler in einer Veröffentlichung im Oberbayerischen Archiv ausführlich beschrieb. Das zweischalig ausgeführte Mauerstück war 5 Fuß (1,45 m) breit und über eine Länge von 35 Fuß (10,15 m) erhalten. Es zog sich von der östlichen Ecke des Mazarigäßchens am »Sedaller´schen Haus« vorbei (heute Frauenplatz Nr. 6) leicht schräg in Richtung südlicher Frauenkirchturm (siehe Abb. 74). Auf der Höhe des Mazarigäßchens beschreibt Nagler einen Durchlaß in der Mauer. Hier fanden sich noch Fragmente von Stufen und Stücke grobkörnigen Marmors. Östlich des Durchgangs war die Mauer nur noch in einer Länge von etwa 5 Fuß (1,45 m) erhalten. Das Mauerwerk war hier etwas dünner. Nagler deutete den Mauerzug als Teil einer frühen Kirche mit einem Kirchenportal auf Höhe des Mazarigäßchens, die Marmorstücke seien noch als Teile der Portaleinfassung erkennbar gewesen. Am östlichen Ende des Mauerzuges vermutete Nagler das Presbyterium, das, so Nagler, wohl 4–5 Fuß höher gelegen sei als das Schiff der Kirche. Diese Interpretation dürfte allerdings nicht haltbar sein. Vielmehr hatte Nagler wohl die Reste der südlichen Friedhofsmauer beobachtet.

Siehe auch Kapitel 4.2. »Frühe Kirchen«

Literatur:
Nagler, Georg Kasper, Beiträge zur älteren Topographie der Stadt München. OA 12 (1851/52) 235.

Weinstraße 10/11

1889/1914
Beobachtung

1889/1914 Beobachtung
Pläne: BLfD, Archiv–Baudenkmalpflege
3657–3660

Beim Umbau/Abbruch des Anwesens Weinstraße 10/11 kamen 1889/1914 massive Mauerreste zu Tage. Konstruktion und Lage (sie liegen auf der Flucht des nördlichen Abschlusses vom Wilprechtsturm) deuten auf die Reste der ersten Stadtmauer aus dem 12. Jahrhundert hin.

Siehe Kapitel 4.3. »Stadtbefestigung« und Abb. 88/89

Literatur:

Arnold, Hugo, Von der Leonischen Stadtmauer. Münchner Neueste Nachrichten, 16.02.1889, Nr. 62, – Ders., 2. Beilage zur Allgemeinen Zeitung vom 29. Januar 1889, Nr. 29.

Müller, Karl, Von der ältesten Befestigung Münchens. Das Bayerland 34 (1914) 669 ff.

Ders., München als befestigte Stadt. Das Bayerland 14 (1903) 507 ff.

Ders., Münchner Neueste Nachrichten v. 8.5.1914.

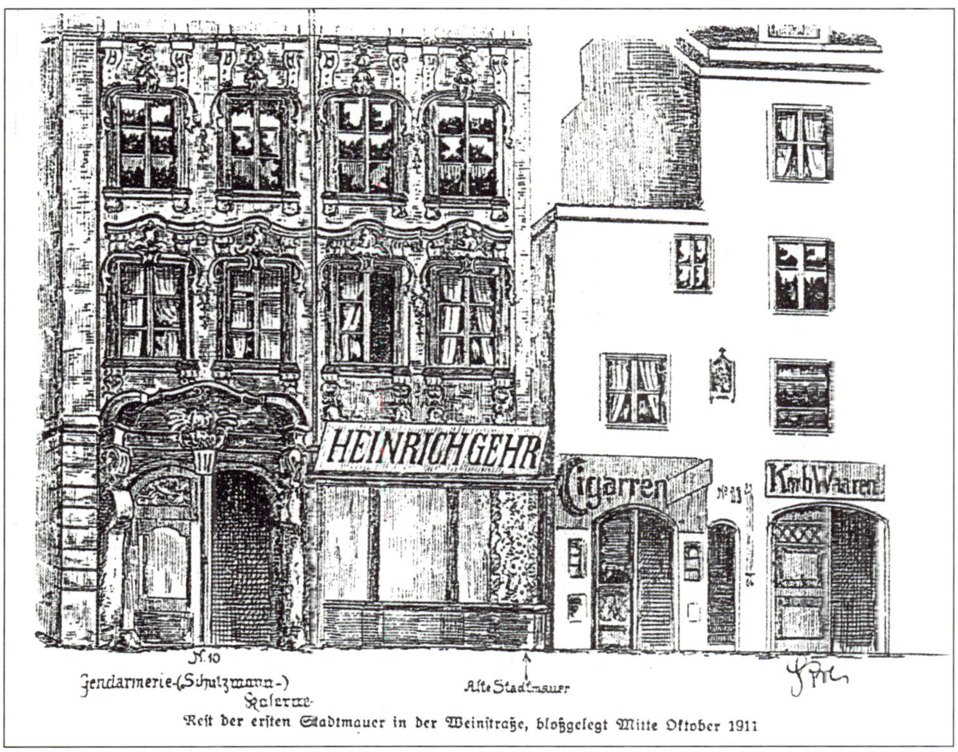

Abb. 174: »Reste der ersten Stadtmauer in der Weinstraße, bloßgelegt Mitte Oktober 1911«. Aus: Das Bayerland, 23. Jahrgang (1912) 192.

3

1906
Fundbergung

Garten der Alten Akademie (Neuhauserstr. 51)

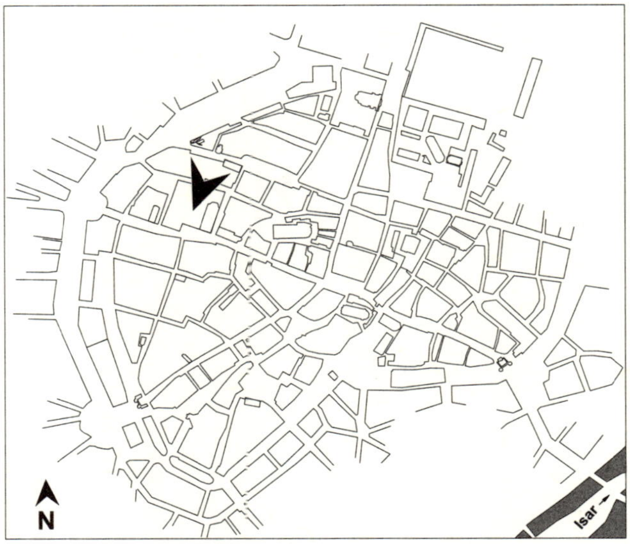

1906 Fundbergung

Funde: 1906/747
1 Tragkasten mit Scherben und Knochen
Fundverbleib: PS

Beim Ausschachten des Bassins für die Zoologie wurden neuzeitliche Funde geborgen.

4

1911
Beobachtung

Frauenplatz 11/12

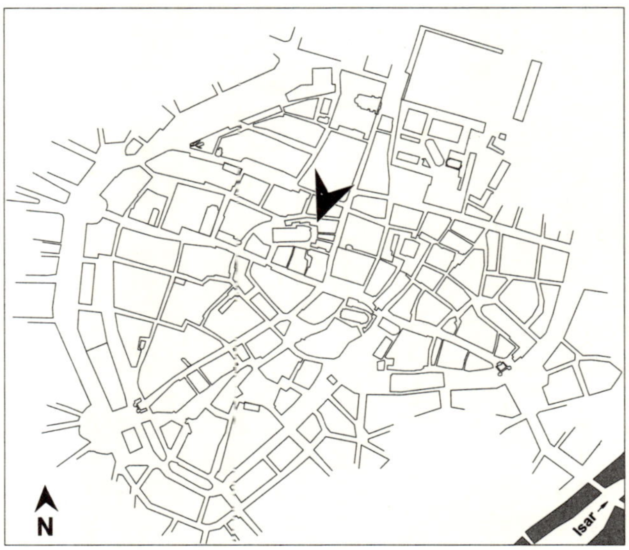

1911 Beobachtung

Im Anwesen Frauenplatz 11/12 traf man bei Abbrucharbeiten im Sommer 1911 auf den Stadtgraben und einige ältere Mauerreste, die von Karl Müller dokumentiert wurden (siehe Abb. 90 und 91).

Literatur:
Müller, Karl, Von der ältesten Befestigung Münchens. Das Bayerland 23 (1911/12) 3–6.

Kaufingerstr. Nr. 22/Augustinerstr.

5 6

1914
Beobachtung

1914 Beobachtung

Im Anwesen Kaufingerstr. Nr. 22/Augustinerstraße traf man bei Abbrucharbeiten 1914 auf den Stadtgraben, die Stadtmauer und einige ältere Bauteile, die von Karl Müller dokumentiert wurden (siehe Abb. 95 und 96).

Literatur:
Müller, Karl, Von der ältesten Befestigung Münchens. Das Bayerland 23 (1911/12) 3–6.

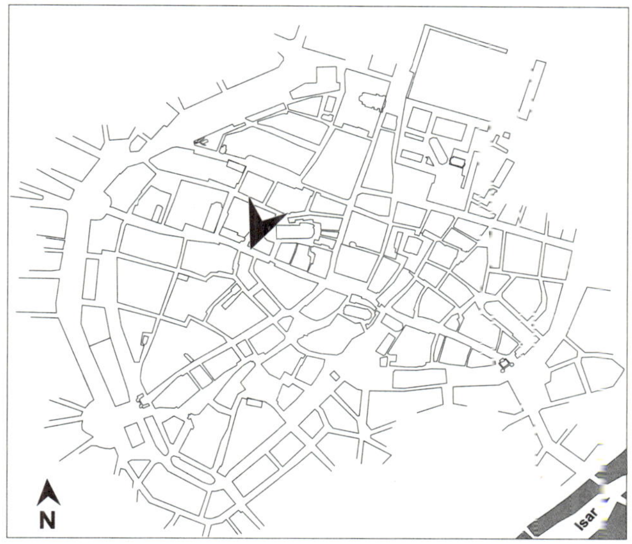

Max-Joseph-Platz

– ehemaliges Franziskanerkloster mit Friedhof

7

1934
Beobachtung

12.5.**1934** Beobachtung (Inv.Nr. 7835/0166)

Skelettfunde in 1,5–2 m Tiefe, Ort nicht näher bezeichnet.

Literatur:
Münchner Neueste Nachrichten Nr. 127 vom 12.5.1934.

8

Residenz

1939
Fundbergung

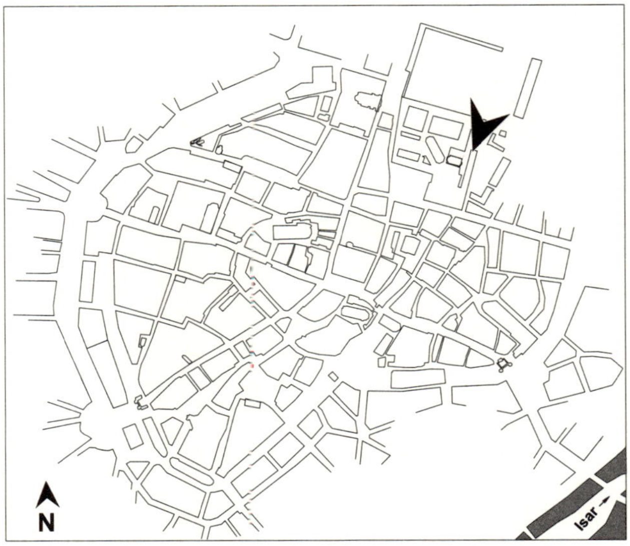

31.10.**1939** Fundbergung beim Umbau des Residenz-Museums
Funde: 1970/2715
Fundverbleib: PS

Am 31.10.1939 wurden beim Bau eines Luftschutzkellers im Residenz-Museum gefunden: 36 Tonfragmente von gefäßartigen, figürlich verzierten Gegenständen, darunter eine Hand mit Stab und stark vereinfachte Fußpaare auf einem Deckel.

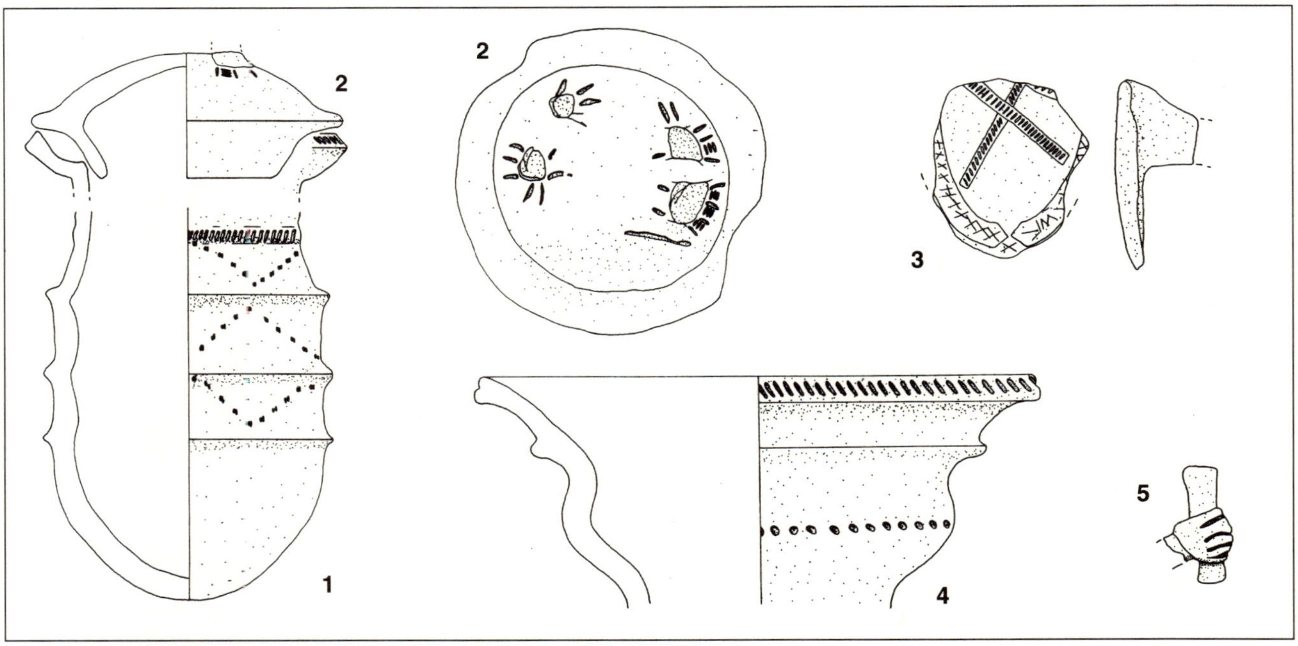

Abb. 175: Funde aus der Residenz. Mittelalterliche Tongefäße, 6 davon eiförmig (1), mit Deckel (2). Auf der Oberfläche umlaufende Verzierung durch Einstiche. Auf dem Deckel Ansätze von Tonfiguren (2). Von den Figuren haben sich wenige Teile erhalten, darunter ein Arm mit Schild (3), eine Hand mit Stab (5) und Füße (nicht abgebildet). Maßstab 1:3.

Hottergasse

1943 Beobachtung

Beim Erdaushub für den Hochbunker an der Hotterstraße stieß man ungefähr 18–20 m westlich dieser Straße in 2–3 m Tiefe auf drei parallel laufende, nord-südlich gerichtete Gräben, deren tiefster (am Ostrand der Baugrube) bis zu einem Meter tief in den festen Kies einschnitt. Hierbei dürfte es sich um die westliche Begrenzung der Smycher-Hofstatt handeln.

Literatur:
Schneider, Gustav, Aus der Frühgeschichte Münchens. Münchner Stadtanzeiger Nr. 1 vom 4.01.1962 und 16.02.1962.

Abb. 176: Skizze zur Beobachtung in der Baugrube des Luftschutzbunkers an der Hotterstraße 1943. a: Humus. b: lockerer Kies (2,0-3,0 m). c: Humus und blauer Letten. d: fester Kies. Gesamttiefe der Baugrube 4,20-4,50 m (Nach Zeichnung v. Architekt Männche, Hornstein von Schneider). Aus: Münchner Stadtanzeiger Nr. 1 vom 16.02.1962.

10

Alter Hof

1944
Beobachtung

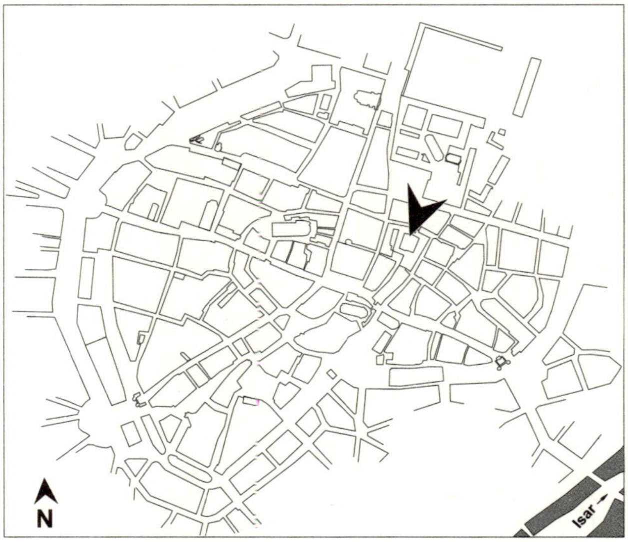

1944 Beobachtung von Gustav Schneider

siehe Kapitel 4.1. »Die Herzogsburg«

Literatur:
Ortsakt BLfD

Burmeister, Enno, Die Baugeschichtliche Entwicklung des Alten Hofes in München (München 1999).

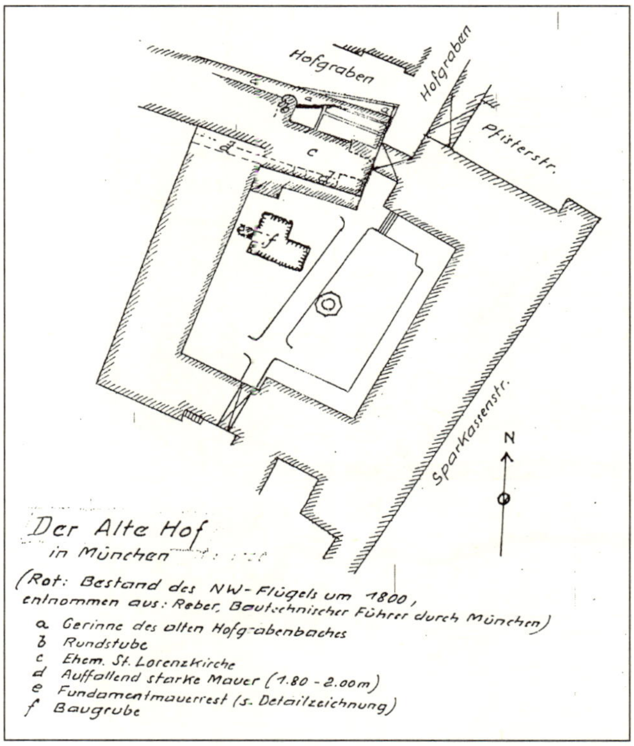

Abb. 177: Lageplan der Beobachtung im Alten Hof von Gustav Schneider.

Frauenkirche

11

1946–53
Archäol. Ausgrabung

1946/47 und **1949/50** Archäol. Ausgrabung (Inv.Nr. 7835/0168)
1953 Archäol. Grabung
Grabungsleitung: A. Horn
Funde: 1967/1219 (Taf. 14.12)
Fundverbleib: PS
Pläne: BLfD, Archiv–Baudenkmalpflege 2977, 2979–2991, 3006, 3007, 3011, 20833, 21139

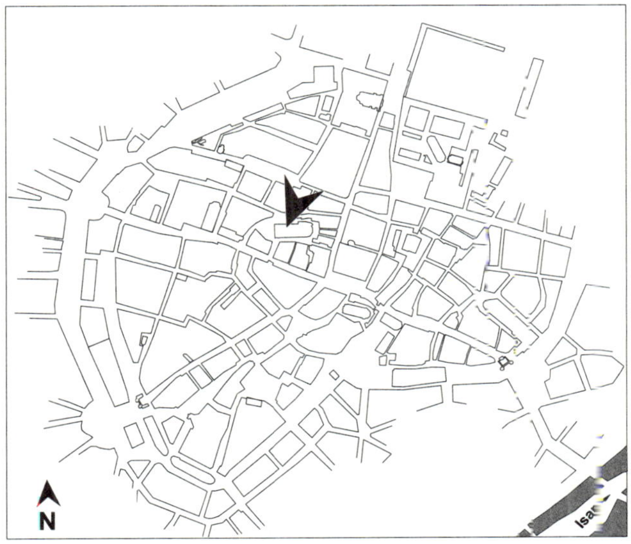

Siehe Kapitel 4.2. »Frühe Kirchen«

Literatur:
Horn, Adam, Die Ausgrabungen in der Frauenkirche in München. Deutsche Kunst- und Denkmalpflege (München 1952) 59–72.

Ders., Ergänzungsbericht zu den Ausgrabungen in der Frauenkirche zu München. Deutsche Kunst- und Denkmalpflege (München 1954) 114–116.

Frauenplatz/Südwestecke

12

1952
Beobachtung

19.6.**1952** Beobachtung (Inv.Nr. 7835/0176)

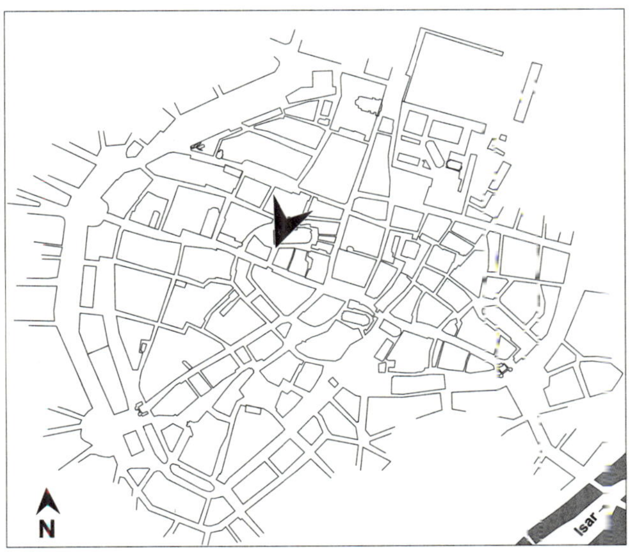

Bei Kanalbauarbeiten südlich der Türme der Frauenkirche wurden Bestattungen, gemauerte Grabschächte und Ziegelmauerwerk freigelegt. Die Bestattungen gehören zu dem bis in das 18. Jahrhundert genutzten Domfriedhof.

Literatur:
Ortsakt BLfD mit Lageskizze

13

Peterskirche

1952/53
Archäol. Ausgrabung

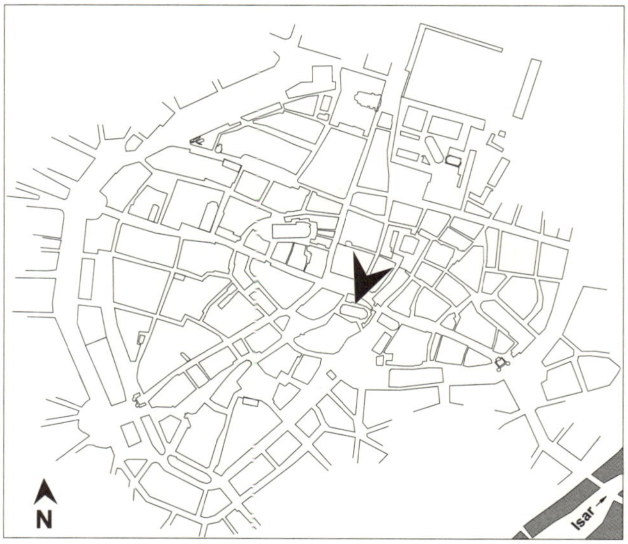

1952/53 Archäol. Ausgrabung
Grabungsleitung: E. Schleich
Pläne: Architekturmuseum
BLfD, Archiv–Baudenkmalpflege
20843 (Schober 1990),
3221 (Schleich)
Funde: 1995/5130 (Abb. 164)
Fundverbleib: PS

Siehe Kapitel 4.2. »Frühe Kirchen«

Literatur:
Schleich, Erwin, Die St. Peterskirche in München. Ihre Baugeschichte und ihre Beziehung zur Stadt im Mittelalter. OA 83 (1958).

Abb. 178: Blick in die Ausgrabungen in der Peterskirche. Entnommen aus: Schleich, Erwin, Die St. Peterskiche in München, OA 23 (1958) Abb. 2.

Frauenkirche

14

1953
Archäol. Ausgrabung

3.–7.12.**1953** Archäol. Ausgrabung (Inv.Nr. 7835/0168)
Grabungsleitung: W. Titze (BLfD)

Funde:	1964/1376–77 1970/2634 2635 (Taf. 14.11)
Fundverbleib:	PS
Pläne:	BLfD, Archiv–Bodendenkmalpflege

Siehe Kapitel 4.2. »Frühe Kirchen« Abb. 58

Literatur:
Ortsakt BLfD (Bodendenkmalpflege)

Salvatorplatz/Friedhof

15

1953
Beobachtung

21.7.**1953** Beobachtung (Inv.Nr. 7835/0171)

Bei der Verlegung der Fernheizleitung auf dem Salvatorplatz wurden Bestattungen des zur Frauenkirche gehörigen Friedhofes freigelegt. Der Platz war vom späten 15. Jahrhundert bis kurz vor 1800 Friedhof der Frauenkirche.

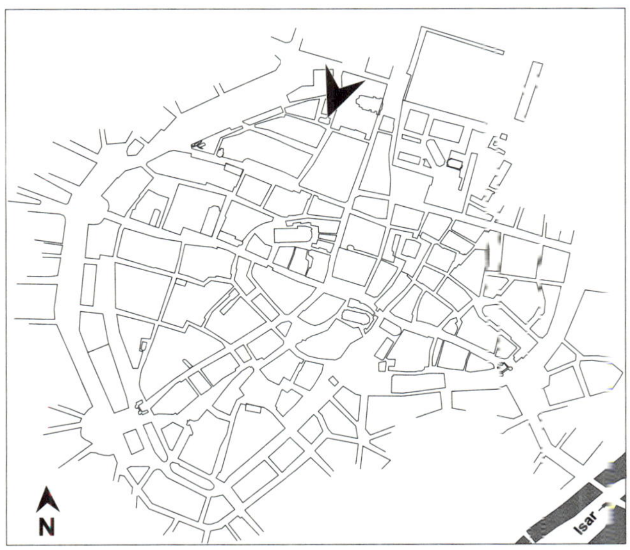

16

Petersplatz

1954
Beobachtung

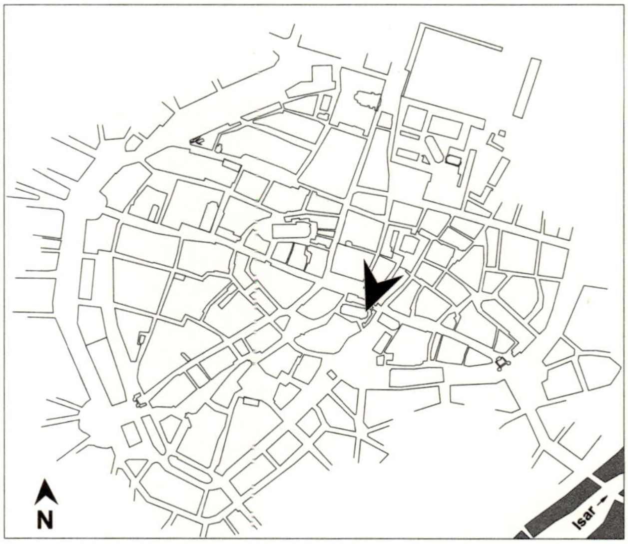

1954 Beobachtung
Aufgenommen durch: E. Wankmüller

Funde:	1970/2636–2640 (Taf. 12.11; 13.1) 1976/1894–1911 (Taf. 10–12)
Fundverbleib:	PS
Pläne:	BLfD, Archiv–Bodendenkmalpflege Originale im Privatbesitz Wankmüller

Siehe Kapitel 4.2. »Frühe Kirchen«

Literatur:
Wankmüller, Eugen, Mittelalterliche Bodenfunde vom Münchner Petersbergl. Bayerische Vorgeschichtsblätter 41 (1976) 150–156.

Jakobskirche

17

1955
Bauaufmaß und Beobachtung

1955 Bauaufmaß und Beobachtung
Pläne: BLfD, Archiv–Baudenkmalpflege
2976, 3111–3124

Anläßlich des Abbruchs der Jakobskirche wurden von Georg Hubmann 1951 eine Bauaufnahme und verschiedene Photos angefertigt.

Siehe Kapitel 6: »Fragen zur Geschichte Münchens« (Gedanken zur möglichen Vorgängersiedlung)

Literatur:

Brosch, Astrid, Die Münchner Jakobskirche am Anger – Eine Baugeschichte vom 12. Jahrhundert bis heute. In: OA 121, 1997, 223–295.

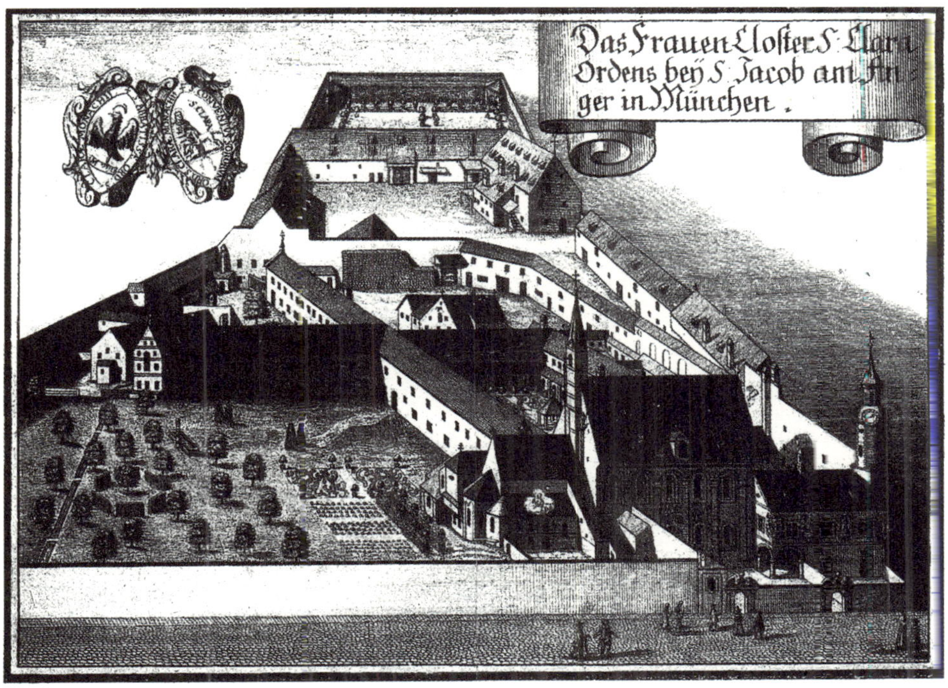

Abb. 179: »Das Frauen-Closter St. Clara-Ordens bey St. Jakob am Anger in München«. Stich von Wening 1701.

18

Bräuhausstraße

1956
Beobachtung

9.10.**1956** Beobachtung
Aufgenommen durch: H. Ehlers
Pläne: BLfD, Archiv–Baudenkmalpflege 3450

Ehlers konnte die Fundamentreste des »Turmes bei der Einschütt« aufnehmen. Durch diesen Turm floß der Einschüttbach (Verlängerung des Kaltenbachs) in Richtung Norden aus der Stadt (Abb. 118).

Siehe Kapitel 4.3. »Stadtbefestigung«

19

Max-Joseph-Platz
– ehemaliges Franziskanerkloster mit Friedhof

1957
Beobachtung

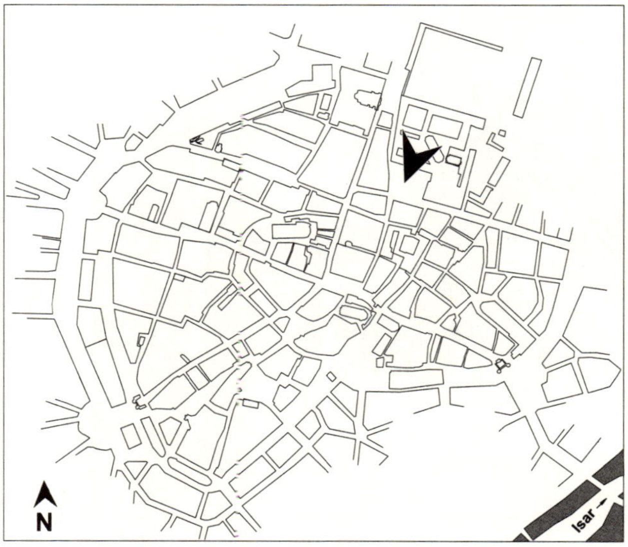

23.9.**1957** Beobachtung (Inv.Nr. 7835/0166)

8 m westlich des Denkmals wurden auf einer Länge von 12 m und in einer Tiefe von 1–1,20 m 10–12 Bestattungen freigelegt. Die Gräber waren aber durch frühere Erdarbeiten gestört. Sie waren ost (Schädel) – westlich orientiert. Bei einem der Skelette fand man einen Bronzeanhänger mit Verschlußteil (um 1720). Im untersuchten Bereich wurde eine Ziegelmauer angeschnitten, vermutlich Teil einer Umfassungsmauer (Breite 0,50 m).

Literatur:
Ortsakt BLfD
Münchner Merkur vom 25.9.1957.

Neuveste/Residenz

20

1957–62
Archäol. Ausgrabung

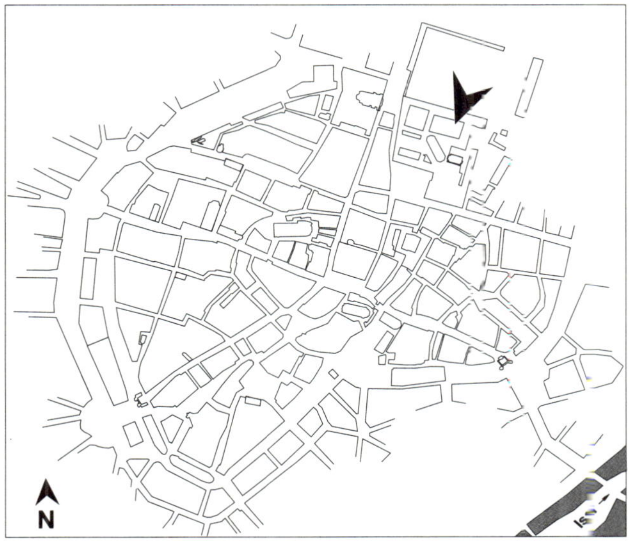

1957–62 Archäol. Ausgrabung
Grabungsleitung: O. Meitinger
Funde: keine

Siehe Kapitel 4.3. »Stadtbefestigung«

Literatur:
Meitinger, Otto, Die baugeschichtliche Entwicklung der Neuveste. Ein Beitrag zur Geschichte der Münchner Residenz. OA 92 (München 1970).

Residenz

21 24

1963
Fundbergung

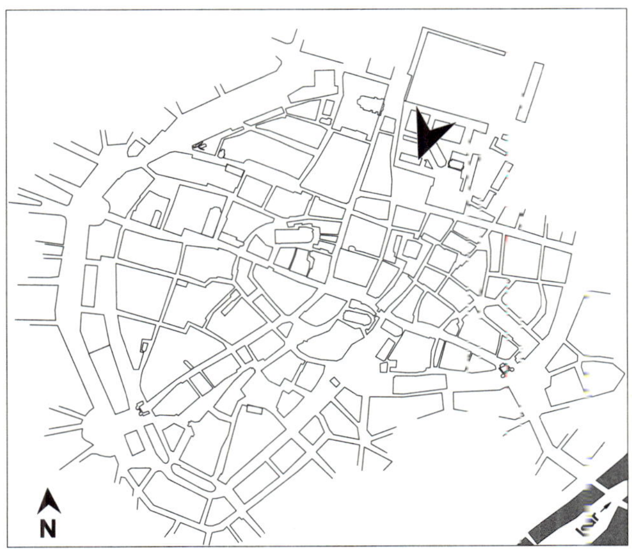

05.07.**1963** Fundbergung
Funde: 1967/1257 (Tonkugeln)
Fundverbleib: PS

Etwa 30 m nordöstlich der NO-Ecke der Allerheiligen Hofkirche wurden im Juli 1963 bei Baggerarbeiten im Bereich des Neubauflügels der Residenz mehrere Kugeln aus gebranntem Ton gefunden. Es handelt sich um Tonkugeln von der Größe einer Kegelkugel, die im Innern eine Höhlung aufweisen. Es dürfte sich um Wurfgranaten des 16. und 17. Jahrhunderts handeln.

(2 unregelmäßige graue Tonkugeln (Dm. 13 cm) mit Loch (Dm. 2,6 cm) und 12 Fragmente weiterer gleichartiger Tonkugeln)

22

Max-Joseph-Platz

– ehemaliges Franziskanerkloster mit Friedhof

1963
Beobachtung

25.4.**1963** Beobachtung (Inv.Nr. 7835/0166)

Beim Bau der Tiefgarage wurden Grüfte des ehemaligen Franziskanerklosters freigelegt.

Literatur:
Süddeutsche Zeitung vom 25.04.1963.

BEI DEN ARBEITEN FÜR DIE TIEFGARAGE *vor dem Nationaltheater wurden in diesen Tagen Grüfte des ehemaligen Franziskanerfriedhofs freigelegt. Zahlreiche Münchner Geschlechter hatten hier ihre Grabstätten. Unter anderen bedeutenden Persönlichkeiten wurde auch Orlando di Lasso in diesem Friedhof bestattet. Das danebengelegene Kloster wurde im 18. Jahrhundert aufgehoben.*
Photo: Fritz Neuwirth

Abb. 180: SZ-Artikel vom 25.04.1963 mit Bauarbeitern vor den Grüften des ehemaligen Franziskanerklosters.

Burgstraße 4

23

1952
Beobachtung

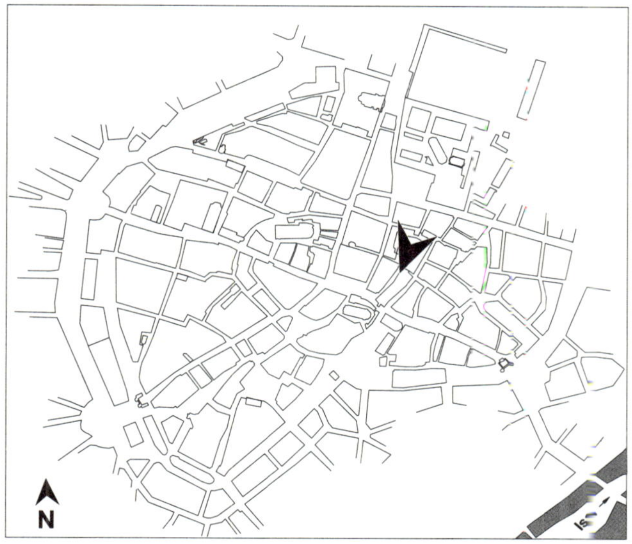

1952 Beobachtung
Aufgenommen durch: W. Meyer
Pläne/Photos: Bericht über die Untersuchungen an einem Teil der ältesten Münchner Stadtbefestigung an der Sparkassenstraße (Abb. 102 und 103).

Siehe Kapitel 4.3. »Stadtbefestigung«
Siehe auch 1997, Sparkassenstraße 3–5

Literatur: StadtAM Av.-Bibl. Nr. 6773.

Ecke Tal/Viktualienmarkt vor der Heiliggeist-Kirche

25

1968
Fundbergung

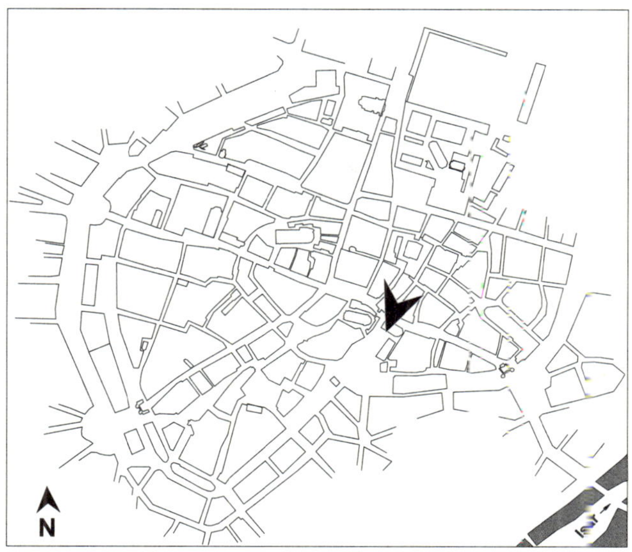

1968 Fundbergung
Fund: 1968/606
Fundverbleib: PS

Bei Erdarbeiten zur Vorbereitung des S-Bahn-Baues wurde in etwa 6 m Tiefe im alten Bachbett ein Tongefäß mit schmalem Kragenrand geborgen.

26

Neuhauserstraße 40

1967
Beobachtung

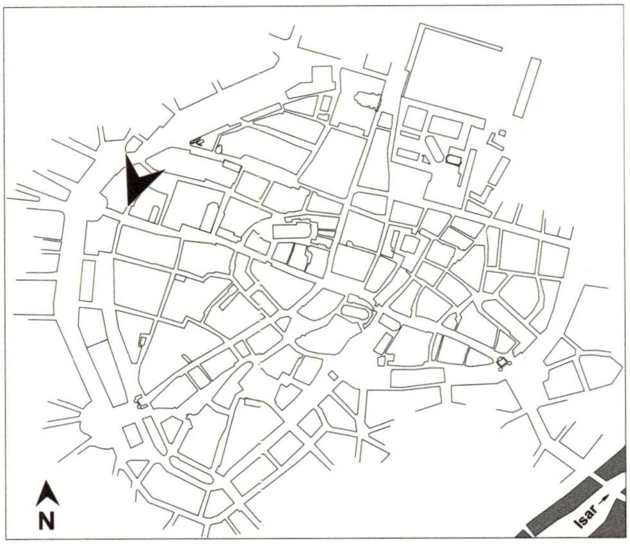

DIE RESTE EINES ALTEN BRUNNENS wurden bei Aushubarbeiten in der Baugrube der künftigen Tiefgarage hinter dem Kaufhaus Oberpollinger freigelegt. Die Greifer eines Baggers faßten plötzlich harten Stein, wo sonst nur feiner Schweißsand gegraben wurde. Der örtliche Bauleiter Felix Klein ließ sofort die Arbeit stoppen und den Brunnen mit Schaufeln ausgraben. Im Landesamt für Denkmalflege vermutet man, daß der Brunnen aus dem Mittelalter stammt. Präzisere Angaben sind nicht möglich, weil nichts gefunden wurde, was eine genauere Bestimmung des Alters ermöglichte. Die Zisterne wurde jedoch wahrscheinlich bereits 1580 zugeschüttet, als der südliche Teil der Herzog-Max-Burg erweitert wurde und viele Bürgerhäuser dem Vorhaben weichen mußten. Der Brunnen, der aus glatt und vorzüglich behauenen Tuffsteinquadern besteht, hat einen Durchmesser von 1,15 Metern, die Sohle liegt sieben Meter unter der Oberfläche. Davon befinden sich die letzten zwei Meter unter dem Grundwasserpegel. Die Steinröhre des Brunnens ruht auf einem doppelten Ring von Eichenbohlen. Das Grundwasser trat durch Schlitze in der Eichenbohlenplatte ein. Die hölzernen Versteifungen gegen den Grundwasserauftrieb wurden noch unversehrt gefunden. Photo: Fritz Neuwirth

SZ 30.8.1967 FA München

30.08.**1967** Beobachtung

Am 28.8.1967 wurde von der Bauleitung der Oberpollinger-Tiefgarage dem BLfD die Aufdeckung eines alten Brunnens mitgeteilt. Die Fundstelle lag am westlichen Rand der geplanten Tiefgarage Ecke Herzog-Max- und Maxburgstraße (ehem. Herzog-Maxstraße 7, an der Stelle der früheren Synagoge).

Festgestellt werden konnte ein kreisrunder Brunnenschacht mit einem lichten Durchmesser von 1,15 m, dessen Sohle etwa 7 m unter dem heutigen Straßenniveau lag und somit auch in den Grundwasserspiegel reichte. Der Schacht bestand aus innen sorgfältig geglätteten, außen grob behauenen Tuffquadern, von denen noch zwei Lagen (0,42 m bzw. 0,37 m hoch und ca. 0,20 m stark) im Aufgehenden erhalten waren. Der Brunnen war mit Bauschutt angefüllt und enthielt im untersten Teil sandigen, dunkelgrauen Schlick. Trotz sorgfältiger Beobachtung des ausgeräumten Materials konnten nur einige Eisenteile, wenige Tierknochen und Glassplitter festgestellt werde. Keramik wurde nicht geborgen.

Interessanterweise war der unterste Quaderkranz auf eine doppelte Lage ringförmig verlegter Bohlenstücke gesetzt. Die Bohlen waren aus Eichenholz und 4 cm stark. Die Brunnensohle bildete einen Rost aus zugespitzten, ca. 4 cm starken Fichtenplatten, darunter war der gewachsene Boden noch ca. 15 cm tief schwarz-braun verfärbt und mit Schlick durchsetzt. Der Brunnenrest wurde vermessen und photographiert, einige Fundstücke und ein Teil einer Eichenbohle mitgenommen.

Literatur:
Ortsakt BLfD
Süddeutsche Zeitung vom 30.08.1967.

Abb. 181: Die Reste eines alten Brunnens wurden 1967 im rückwärtigen Bereich des Grundstückes Neuhauserstr. 40 beim Bau der Tiefgarage entdeckt. SZ-Artikel vom 30.08.1967.

Stachus

27 28

1968
Beobachtung und Fundbergung

1968 Beobachtung (27) und Fundbergung (28)
Funde: 1970/2641–2648
Fundverbleib: PS

Aus einem Graben unmittelbar westlich der Karlstorfundamente, ca. 6 m unter der Straßenoberfläche, wurden im Oktober 1968 geborgen:

- Glasgefäßscherben,
- Bruchstücke von Butzenscheiben,
- innen und außen grünglasierte Schüssel mit breitem Rand,
- innen und außen blau glasiertes Näpfchen (H. 2,9 cm, Mündungsdm. 8,2 cm, Bdm. 7,5 cm),
- steilwandiger, gelblich-grauer Henkelbecher, innen grünlich-braun glasiert, sehr stark ergänzt,
- flaches, nach oben konisch verengtes Näpfchen aus hellrötlichem Ton, außen hellbräunlich glasiert,
- Unterteil eines Kännchens mit birnenförmigem Körper, in vertikalen Streifen weiß, grün, gelb und dunkelrot glasiert,
- 200 Scherben mit grüner Glasur,
- 100 Scherben mit gelber, bzw. brauner Glasur,
- grünglasierte Ofenkacheln.

Siehe Kapitel 4.3. »Stadtbefestigung«

Literatur:
Ortsakt PS
U-Bahn für München (München 1971)
Abendzeitung vom 20.06.1968.

Abb. 182: Bei den Arbeiten zur ersten Münchner U-Bahn wurde auf die Beobachtung historischer Bausubstanz keinen Wert gelegt. Nur vermeintlich Spektakuläres wurde erwähnt, wie hier am Stachus ein sogenannter Fluchtweg, der nichts anderes war als ein Stück alter Kanalisation aus dem späten 19. Jahrhundert. Entnommen aus: U-Bahn für München (München 1971) Abb: 6.

29

Ecke Sparkassenstraße/Tal

1967
Fundbergung

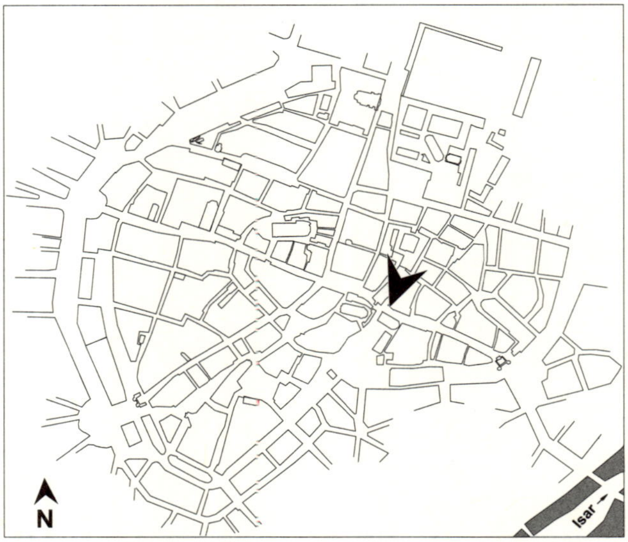

1967 Fundbergung
Funde: 1970/2631–2633
Fundverbleib: PS

Funde:

2631 Saxartiges Eisenmesser mit anhaftenden Griffresten und anoxidiertem Bronzeschnällchen mit unbeweglichem Bügel und rahmenförmigem Beschlägteil Länge 32,1 cm

2632a Tonnäpfchen

2632b Tondeckel mit abgesetztem Knauf

2632c Keramik

2632d 5 Bruchstücke von Ofenkacheln

2632e Hälfte eines Glasbecherbodens mit genupptem Standring, Dm 7,5 cm.

2633 2 ineinandergreifende Endstücke zweier hölzerner Wasserleitungsrohre aus halbierten, ausgehöhlten Baumstämmen; Dm 55 cm, L. noch 43 bzw. 47 cm.

Im Bereich des alten Bachbettes Ecke Sparkassenstraße/Tal fanden sich bei Ausschachtungsarbeiten für die Münchner

S-Bahn unter dem heutigen Straßenniveau mittelalterliche Funde und Reste einer hölzernen Wasserleitung.

Rathaus

30 31 32

1974/75
Notgrabung und Fundbergung

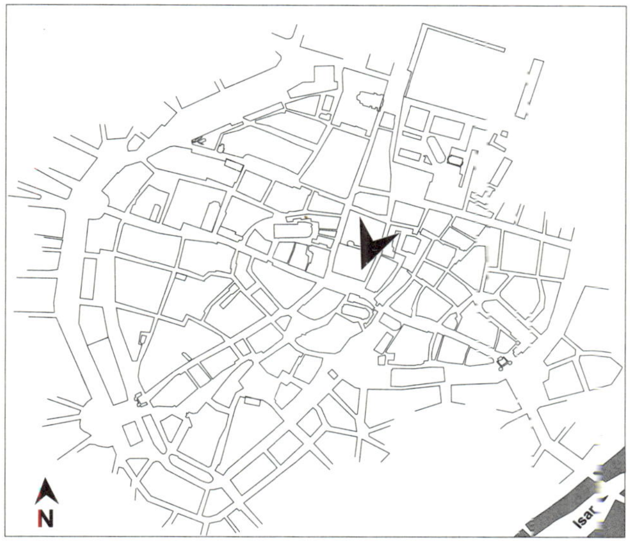

Juli **1974** Fundbergung (Inv.Nr. 7835/0252)
Pläne: PS
Funde: 1974/3393–3394 (Taf. 24.1–4)
Fundverbleib: PS

Bei Reparaturarbeiten am Fundament des neuen Rathauses konnte hochmittelalterliche Keramik geborgen werden. Die Fundstelle liegt im Keller unter der westlichen Toreinfahrt des Rathaus-Haupteinganges unmittelbar an der Hofseite an der westlichen Torwange. Eine fachkundige Begutachtung der Fundstelle war nicht mehr möglich, da sie bei der Übergabe der Funde bereits zubetoniert war.

Rathaus

25./26.11.**1974** Notgrabung
Pläne: PS
Funde: 1976/152–207 (Taf. 25.9.10; 26)
Fundverbleib: PS

Bei Umbauarbeiten im Ratskeller unter dem Marienhof (Südseite) stießen Bauarbeiter am 22.11.1974 aufVerfärbungen und Keramikreste. Im unregelmäßigen Profil der Baugrube zeigte sich eine auf eine Grube hindeutende Verfärbung, die zahlreiche Scherben, Glasstücke, Knochen und Holzreste enthielt. Hierbei handelte es sich um einen senkrechten Schacht, der in der Mitte ehemals durch einen senkrechten Pfosten abgestützt war. In diesen Schacht mündete ein abschüssig verlaufendes Gräbchen. Schacht und Gräbchen waren in den anstehenden festen, graugelben Flinz eingetieft. Die Sohle des Schachtes wurde 0,35 m unter dem Planum erreicht. Die Einfüllung bestand aus fundreichem, humos-schmierigem Material, durch dessen feuchte Beschaffenheit sich auch organische Stoffe gut erhalten haben. Die Anlage ist vermutlich als Abfalldeponie und Kloake zu interpretieren.

Rathaus

3.4.**1975** Fundbergung
Funde: 1975/892(a–e), 893
(Taf. 24.5–8; 25.1–8)
Fundverbleib: PS

Notbergung aus einer Grube unter dem nordöstlichen Teil des neugotischen Rathauses, unmittelbar südlich der Landschaftstraße.

33

Burgstraße 12

1977
Beobachtung

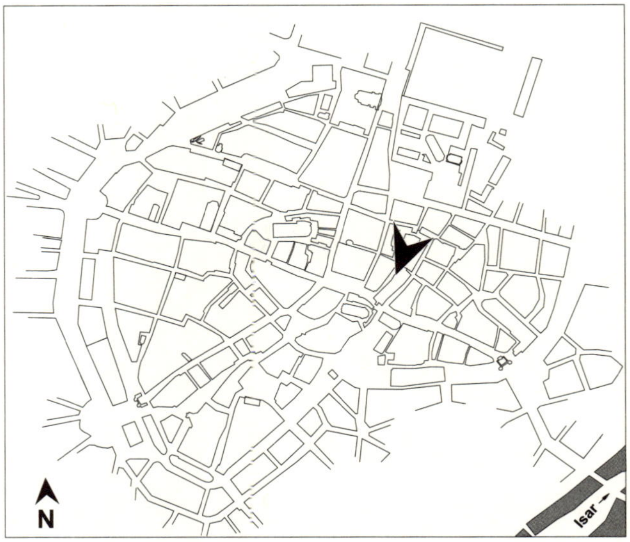

12./13.1. und 16.5.**1977** Beobachtung
Funde: 1977/1110
Fundverbleib: PS
Pläne: PS

Veranlaßt durch den Innenumbau des Anwesens Burgstraße 12 konnten an der Südostfront des Hauses zwei nebeneinanderliegende, mit einem Durchlaß verbundene Räume untersucht werden. Es wurde ein 8,90 m langer und 1,15 m breiter Schnitt durch die beiden Räume gelegt und der vorhandene Ziegelfußboden abgedeckt.

Im gleichen Anwesen wurde am 16.5. an der östlichen, 4 m hohen Kellerwand, und zwar genau in der Nordostecke des Kellers ein aus Ziegelsteinen gemauerter Brunnenschacht entdeckt. Der Brunnenschacht, der einen Durchmesser von ca. 80–90 cm besaß, war beim Ausräumen des Kellers bis zur Hälfte abgetragen worden.

Kaufingerstr. 6

1976
Archäol. Ausgrabung

3.–16.3.**1976** Archäol. Ausgrabung
(Inv.Nr. 7835/0251)

Pläne:	BLfD, Archiv–Bodendenkmalpflege
Funde:	1977/2173–82
Fundverbleib:	PS

Im Februar/März 1976 wurde unmittelbar westlich des Kaufhofgebäudes zwischen der Kaufingerstraße und der Fürstenfelder Straße eine Baugrube für die neue Bebauung des Areals ausgehoben. Für eine von der Prähistorischen Staatssammlung durchgeführte Untersuchung konnte lediglich ein kleiner Bereich unmittelbar an der Kaufhofmauer freigehalten werden. In dem kleinen Ausschnitt konnten zwei runde Brunnenanlagen beobachtet werden. Vollständig erhalten hat sich ein kleines Bassin mit einem Duchmesser von 1,1 m. Es war aus Ziegeln mit dem Format 27/15,5/6,8 cm in Mörtel aufgemauert.

Dieses Bassin störte einen älteren Brunnen mit einem Durchmesser von 2,2 m, der ebenfalls aus Ziegeln gemauert war. Der Boden des Brunnens lag bei 512,60 m ü.N.N.

Während das Bassin den Funden nach neuzeitlich ist, dürfte der kleinere Brunnen wohl noch dem späten Mittelalter angehören.

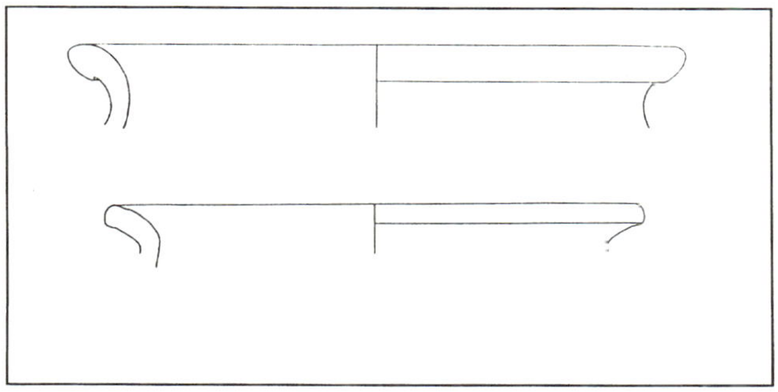

Abb. 183: Die ältesten Funde aus der Untersuchung im Anwesen Kaufingerstr. 6 gehören dem 12. Jahrhundert an

35

Petersplatz/Metzgerzeile

1979
Archäol. Ausgrabung

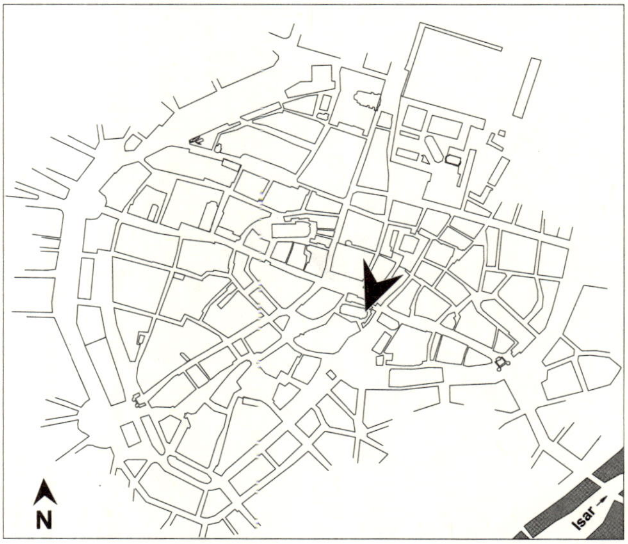

1979 Archäol. Ausgrabung
Grabungsleitung: H. Dannheimer
Pläne: PS
Funde: 1979/1487–94 (Taf. 13.2–8)
Fundverbleib: PS

Anläßlich des Abbruches der Bauten östliche der Peterskirche wurde von H. Dannheimer das Westprofil der Baugrube aufgenommen. Aus den einzelnen Schichten wurden Funde aus dem 12.–14. Jahrhundert geborgen.

Siehe Kapitel 4.2. »Frühe Kirchen«

Literatur:
Dannheimer, Hermann, Mittelalterliche Funde am Petersbergl. In: BVBl 63 (München 1998) 327-332.

Max-Joseph-Platz

– ehemaliges Franziskanerkloster mit Friedhof

36

1982
Archäol. Ausgrabung

1982 Archäol. Ausgrabung (Inv.Nr. 7835/0166)
Grabungsleitung: S. Winghart (BLfD)

Pläne:	BLfD, Archiv–Bodendenkmalpflege
Funde:	BLfD
Fundverbleib:	BLfD

Anläßlich einer Erweiterung der Tiefgarage unter dem Max-Joseph-Platz konnte das BLfD eine Untersuchung der betroffenen Fläche einleiten. Freigelegt wurden Teile der südwestlichen Kirchengrundmauern der Franziskanerkirche und spätbarocke Grüfte der Nonnen aus den benachbarten Regelhäusern der Pütrich und Richter.

An der Stelle des heutigen Max-Joseph-Platzes stand ehemals das Franziskanerkloster mit Friedhof. Das Kloster wurde 1282–1294 errichtet und 1802 abgebrochen.

Abb. 184: Die Ausgrabungen auf dem Max-Joseph-Platz 1982, aufgenommen vom Dach des Nationaltheaters.

37

Marienstraße 17

1983
Beobachtung

1983 Beobachtung (Inv.Nr. 7835/0260)

Beim Abriß des Gebäudes Marienstraße Nr. 17 konnten Reste der Stadtmauer aus dem 13. Jahrhundert beobachtet werden.

Abb. 185: Die Stadtmauer in der Marienstraße. Aus: Alt-Münchner Bilderbuch, Abb. 63.

Isartor

38

1984
Archäol. Ausgrabung

14./16.8. und 27.9.-25.10.**1984** Archäol. Ausgrabungen und Bauaufnahme der Zwingermauer (Inv.Nr. 7835/0253)

Pläne:	BLfD, Archiv–Baudenkmalpflege 3632, 3634–3639, BLfD, Archiv–Bodendenkmalpflege
Funde:	9 Kisten Lesefunde
Fundverbleib:	PS

Siehe Kapitel 4.3. »Stadtbefestigung«

Literatur:

Hagn, Herbert/Veit, Peter/Winghart, Stefan, Die Münchner Stadtmauer am Isartor. AJB 1984 (Stuttgart 1985) 166f.

Lenbachplatz

39

1984
Beobachtung

3.8.**1984** Beobachtung (Inv.Nr. 7835/0258)
Photos: Ortsakt, BLfD

Bei der Neugestaltung des Bürgersteiges nordwestlich des BMW-Pavillons am Lenbachplatz konnte ein Mauerfundament freigelegt werden.

Bei der Überprüfung durch das BLfD am 6.8.1984 fand sich ein etwa SW-NO-verlaufender Mauerzug auf einer Länge von 4 m in etwa 0,40 m Tiefe. Die volle Breite des Mauerzuges wurde nicht erfaßt.

Das Mauerwerk liegt in der Flucht der spätmittelalterlichen Befestigungsanlage und könnte mit ihr in Verbindung stehen.

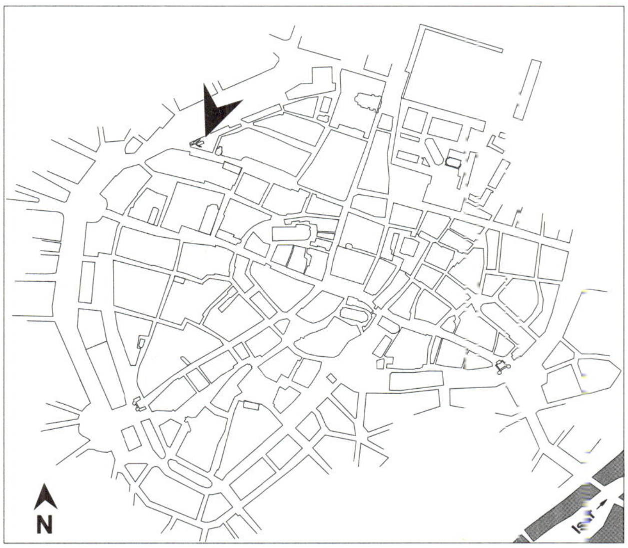

40

Kreuzstraße/Allerheiligenkirche

1985
Fundbergung

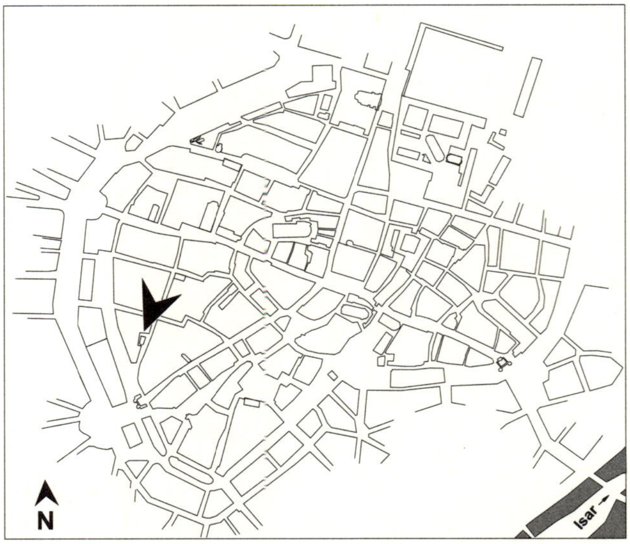

14.02.**1985** Fundbergung (Inv.Nr. 7835/0116)
Funde/Fundverbleib: Privatbesitz

Nördlich der Allerheiligenkirche am Kreuz wurde ein Schacht aus Ziegelsteinen freigelegt (1,20 x 1,20 m) mit einer Tiefe von 1,20 m. In etwa 1,40 m Grabungstiefe befand sich eine Kiste, in der ein Krug und ein Becher in Vasenform lagen. Datierung unbekannt.

Hofgarten

41

1986
Archäol. Ausgrabung

1986 Archäol. Ausgrabung (Inv.Nr. 7835/0259)
Funde: keine
Pläne: BLfD, Archiv–Baudenkmalpflege

Im Sommer 1986 konnte das Bayer. Landesamt für Denkmalpflege auf dem Neubaugelände der Bayerischen Staatskanzlei eine größere Fläche archäologisch untersuchen. Die Befunde reichten bis in die Zeit um 1600 zurück.

Untersucht werden konnte:

1. Teichanlage Maximilians I.: langrechteckige Anlage, die in der Mitte durch einen Steg mit einem kleinen Pavillon geteilt war. Erhalten haben sich von dieser Konstruktion ausgedehnte Teile des Weiherbeckens sowie Bohlen- und Pfahlreste von zwei vermutlich gleichzeitig angelegten Uferbefestigungen. In der Südwestecke des Teichbeckens fanden sich die Reste des kanalisierten und überbauten alten Stadtbaches.

2. Vormaximilianische Zeit: Ein 2 m breiter Bach mit Holzverbau, ein Mauerfundament aus Ziegeln und rechteckige Kieselpflaster gehören in die Zeit vor 1616, ebenso Fundamente eines Turmes.

3. Nachmaximilianische Zeit: Trockenlegung des Teiches 1796 mit einer Aufplanierung des Geländes um 2,5 m.

Literatur:

Keller, Erwin, Notizen zur Geschichte des Unteren Hofgartens in München. AJB 1986 (Stuttgart 1987) 168–173

Herz, H.,/Unger, H.J., Ein geologisch bemerkenswertes Profil im Münchner Hofgarten. AJB 1986 (Stuttgart 1987) 174–176.

Abb. 186: Blick auf die Grabung im Hofgarten 1986 vom Dach des Alten Armeemuseums.

42 46

Pfisterbach/Sparkassenstraße

1987/88
Beobachtung und Fundbergung

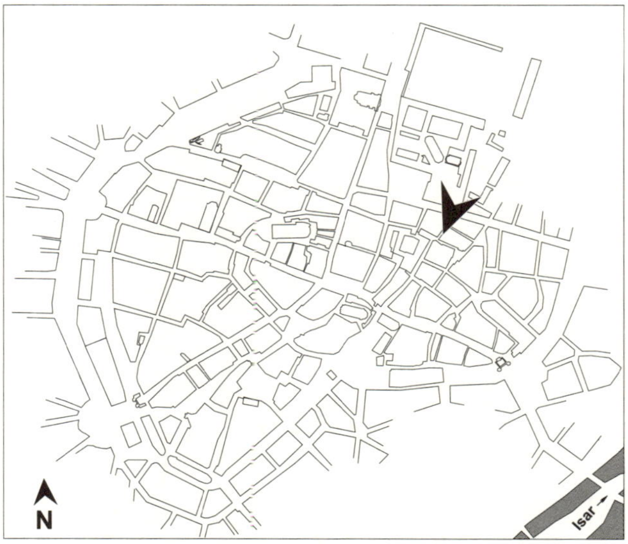

7.1.–5.2.**1987/88** Beobachtung
(Inv.Nr. 7835/0254 und 7835/0251)
Funde: keine

Aushubbeobachtung in der Sparkassenstraße zwischen Münzstraße und Pfisterstraße.

3.12.1987 Beobachtung und Fundbergung
Pläne: BLfD, Archiv–Bodendenkmalpflege
Fundverbleib: BLfD (ausgestellt im BLfD)

Im Zuge von Umbaumaßnahmen der Alten Münze konnte der alte Verlauf des Pfisterbaches beobachtet und dokumentiert werden. Die Verfüllung des Baches bestand zum größten Teil aus neuzeitlichem Material, darunter auch einige Stücke spätmittelalterlicher Keramik. Die Münzen lieferten einen Datierungszeitrahmen von 1600 bis 1906.

Literatur:

Hagn, Herbert, Stadtarchäologie in München, Die Funde aus dem Pfisterbach. AJB 1988 (Stuttgart 1989) 163f.

Abb. 187: Holzpfähle der älteren Einfassung des Pfisterbaches.

Paulanerkloster (außerhalb der Karte)

43

1987
Archäol. Ausgrabung

14.9.–30.10.**1987** Archäol. Ausgrabung
Pläne: BLfD, Archiv–Bodendenkmalpflege
Funde: keine

Die Anfänge des Paulanerklosters liegen im Jahr 1621. Herzog Albrecht V. ließ neben seinem Jagdschlößchen im Hofgarten zu Neudeck ob der Au ein kleines Kloster errichten. Sein Sohn Wilhelm V., der Fromme, ließ eine Kirche erbauen und dem heiligen Borromäus weihen. Kirche und Kloster wurden dem griechischen Basilianer-Orden übergeben. Sie sollten die Seelsorge in der Au übernehmen. 1627 wurde das Gelände den Paulanermönchen übergeben. Nach den Plänen des Baumeisters Wenzel Gebhardt entstand ein neues Kloster. Der Klosterbau hatte die Form zweier Vierecke, die durch einen Mittelbau getrennt waren. In den Höfen befanden sich große Gärten. Den Auer Mühlbach leitete man quer durch die ganze Anlage unter der Klosterküche und dem Refektorium hindurch. Bei den Ausgrabungen im Herbst 1987 wurden der Sockel eines Ofens, ein Brunnen und ein Abfluß gefunden. Noch heute sind an den Fundamenten des alten Klosters die Bögen zu sehen, unter denen einst der Bach das Gelände in einem Kanal durchfloß.

1800/01 wurde das Kloster als französisches Feldspital und Lazarett genutzt, 1807 in ein Straf- und Arbeitshaus umgewandelt. Die Ausgrabungen konnten die alten Heizungsschächte im Fußboden eines Arbeitsraumes freilegen.

Abb. 188: München, Paulanerkloster. Blick auf die Grundmauern der Kirche St. Karl Borromäus (1621-23) von Süden.

Abb. 189: München, Paulanerkloster. Südgarten, Westflügel mit Heizkanälen und südliche Kirche von Westen.

44

Prinzeßturm

1987/88
Archäol. Ausgrabung

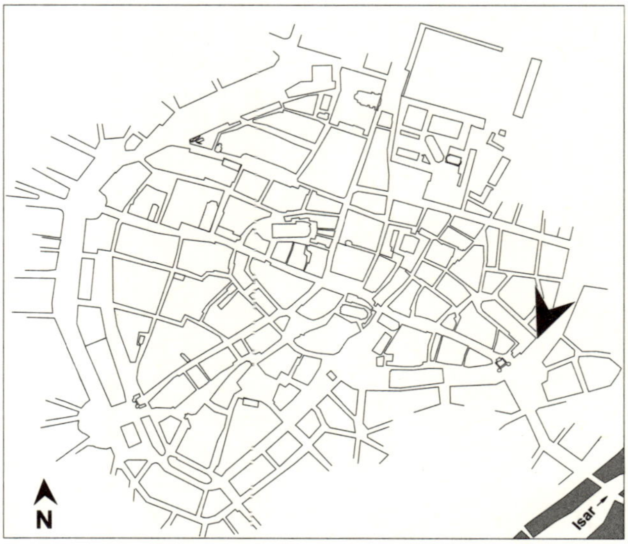

3.11.–12.11.**1987** Archäol. Ausgrabung
(Inv.Nr. 7835/0253)
Pläne: BLfD, Archiv–Bodendenkmalpflege

18.–20.04.**1988** Archäol. Ausgrabung
Stadtgraben am Thomas–Wimmer–Ring
Pläne: BLfD, Archiv–Bodendenkmalpflege
Funde: 2 Kisten Lesefunde
Fundverbleib: PS

Siehe Kapitel 4.3. »Stadtbefestigung«

Marienhof

45

1987/89
Archäol. Ausgrabung

26.10.–13.11.**1987** Sondierung
Pläne: BLfD, Archiv–Bodendenkmalpflege
Funde: keine

14.4.–23.12.**1989** Archäol. Ausgrabung (Inv.Nr. 7835/0250)
Pläne: BLfD, Archiv–Bodendenkmalpflege
Funde: Fundzettel vorhanden
Fundverbleib: unbek.

Siehe Kapitel 4.3. »Stadtbefestigung«

Literatur:

Hagn, Herbert/Winghart, Stefan, Stadtarchäologie in München. Der Marienhof. AJB 1989 (Stuttgart 1990) 195–197.

Ders./Veit, Peter, Brunnen 1 am Marienhof – ein Beitrag zur spätmittelalterlichen Marktgeschichte Münchens. AJB 1990 (Stuttgart 1991) 163–166.

Ders., Stadtkernforschung in München: Brunnen 1 am Marienhof. Amperland 27 (1991) 176–184.

Ders., Die Funde vom Marienhof. Jahrbuch der Bayerischen Denkmalpflege 43/1989 (München 1989) 20–36.

MÜNCHEN

DER ALTE STADTGRABEN, an den sonst nur noch der Straßenname „Hofgraben" erinnert, ist mit seiner Mulde im Grabungstermin zum Vorschein gekommen (unterhalb der Plane erkennbar). Rechts davon, nicht weit entfernt, wurde eine Spur des ältesten Mauerrings entdeckt. Photo: Klaus Bischoff

Die bauhistorischen Entdeckungen am Marienhof:

Für archäologischen Stadtpark nicht wertvoll genug

Aus dem Gutachten des Landesamts für Denkmalpflege / Spuren der ersten Stadtmauer des 12. Jahrhunderts gefunden

Für die Bauforschung hochinteressant, aber nicht unbedingt erhaltenswert! So in etwa stuft das Landesamt für Denkmalpflege in einem ersten Gutachten das Mauerwerk ein, das seit April auf dem Marienhof hinterm Rathaus freigelegt wurde. Erfolgreich ist das Schürfen nach Zeugnissen der Stadtgeschichte bisher dennoch verlaufen. So hat sich zumindest eine Spur der ersten Stadtmauer des 12. Jahrhunderts gefunden.

Von Heinrich Breyer

Die Vermutung, daß von dieser frühen Befestigungsanlage aus der Zeit Heinrichs des Löwen kein Stein übriggeblieben ist, hat sich zwar bisher bestätigt. Der zuständige Archäologe Stefan Winghart hatte in dieser Hinsicht von Anfang an kaum Hoffnung. „Es ist klar, daß man das Befestigungswerk, sobald es durch den zweiten Mauerring überflüssig wurde, wie einen Steinbruch ausgeschlachtet hat. Baumaterial war ja kostbar." Doch wurde nahe der Dienerstraße, exakt auf der Linie, auf welcher der Verlauf der Mauer angenommen wurde, ein „Trass" entdeckt, nämlich mit Kalk verdichtetes Erdreich. Das war eine damals gebräuchliche Methode, den Boden zu präparieren, ehe Fundamente gesetzt wurden. Diese Fundstelle liegt auch in der richtigen Entfernung zum ehemaligen Stadtgraben, der im Untergrund eindeutig geortet wurde, unmittelbar neben einer Kanalisationstonne aus dem 19. Jahrhundert. Hier will man auch unter Beseitigung von jüngeren Baurasten, dem Graben bis auf den Grund gehen. Sollten noch weitere Spuren der Stadtmauer existieren, dann müßten sie weiter östlich zu finden sein, meint der Denkmalexperte, auf dem Areal, auf dem im 17. Jahrhundert das erste Institut der Englischen Fräulein errichtet wurde. Hier und in der Südostecke des eingefriedeten Grabungsfelds konzentrieren sich in den nächsten Monaten die Arbeiten. Auf diesem geschichtsträchtigen Boden stand die erste Münchner Synagoge, die nach einem Judenpogrom 1442 in die „Gruftkirche" umgewandelt wurde. Viel Hoffnung hat Winghart jedoch nicht, daß von dem Sakralbau noch irgend etwas übriggeblieben ist; daß der Komplex der ersten Münchner Polizeidirektion, Anfang des 19. Jahrhunderts anstelle des niedergerissenen Gotteshauses errichtet, noch irgendwelche Reliquien verschont hat.

Das bisher freigelegte Gemäuer, ein Konglomerat von Bauresten aus fünf Jahrhunderten, vom späten Mittelalter bis zur Luftschutzkeller-Zeit, ist mittlerweile genau vermessen und der Befund dokumentiert worden. Ihr Denkmalwert ist jedoch nach Einschätzung der Fachleute keineswegs so hoch, daß es, wie das bereits gefordert wurde, als eine Art archäologischer Stadtpark erhalten bleiben müßte. Voraussichtlich wird sich auch zunächst die Arbeit der Archäologen auf das Geviert beschränken, das zur Zeit mit Maschendraht eingezäunt ist. Denn durch den kürzlich vom Stadtrat mit knapper Mehrheit beschlossenen Planungsstop für das von Stephan Braunfels entworfene preisgekrönte Marienhofprojekt und für eine Tiefgarage ist auch die Dringlichkeit vorsorglicher Bodenforschung entfallen.

Außerdem nimmt der Archäologe des Denkmalamts an, daß auf der Fläche des jetzigen Parkplatzes längs der Weinstraße, die ursprünglich in die Kampagne einbezogen werden sollte, kaum noch bedeutsame Funde zu erwarten seien. „Sollte jedoch entschieden werden, daß hier gebaut wird, müßte natürlich auch dieses Terrain vorher erkundet werden."

Die Entscheidung über den Fortgang der Arbeiten sei aber auf alle Fälle von der Stadt zu treffen, betont Winghart, denn seine Behörde sei in diesem Fall nur mit der wissenschaftlichen Begleitung betraut.

CHEN ★ ★ Süddeutsche Zeitung Nr. 106 / Seite 19

Überraschende Funde bei der Grabungskampagne

Ein „Stadtgeschichtskeller" im Marienhof?

Wichtige Spuren mittelalterlicher Bebauung / Haffner erwägt Umplanung der Tiefgarage

Weit ergiebiger als erwartet sind die ersten Resultate der archäologischen Grabungskampagne auf dem Marienhof, die vor drei Wochen begonnen hat. Zwar liegt noch keine exakte wissenschaftliche Bewertung des Gemäuers vor, das in der Nähe der Dienerstraße ans Tageslicht gekommen ist, doch Gewölbeformen und Lichtnischen legen eine Datierung ins 16. Jahrhundert nahe. Sollte das Landesamt für Denkmalpflege die Bedeutung der Bodenfunde entsprechend hoch einstufen, hält es Baureferent Horst Haffner für möglich, daß das Konsequenzen hat; daß nämlich beim Projekt der Tiefgarage, die an dieser Stelle entstehen soll, eine Umplanung nötig wird.

Von Heinrich Breyer

Da das Marienhof-Gelände bis zu den Kriegszerstörungen sehr dicht mit Geschäftshäusern jüngeren Datums bebaut war, hatten die Archäologen des Denkmalamts keine allzu großen Hoffnungen, sehr viel Älteres als Kellerreste aus dem vorigen Jahrhundert zu entdecken; zumal eine frühere Sondierung mit dem Ziel, Hinweise auf den Verlauf der ersten Stadtmauer zu finden, im Sand verlaufen ist. Umso überraschender kam es für die Ausgräber, daß sie diesmal so rasch und ausgiebig fündig geworden sind. Unter den vermutlich spätmittelalterlichen Ziegelmauern wurde auch ein Ziehbrunnen entdeckt, der aus noch älterer Zeit stammt, dazu Keramikscherben, die mit Sicherheit schon jahrhundertelang im Boden liegen.

Dieser erfolgreiche Anlauf bei der Suche nach Spuren früher Stadtgeschichte könnte nach Ansicht von Baureferent Haffner Folgen für die Marienhof-Planungen haben. „Wenn die Bodenfunde bedeutend genug sind, müssen sie erhalten werden." Er sähe das historische Mauerwerk dann auch nicht gern in einer Tiefgarage, sondern lieber in einer Art „Stadtgeschichtskeller", in dem dann vielleicht auch Ausstellungen stattfinden könnten. Das unterirdische Parkhaus müßte also in diesem Fall anders plaziert werden.

Für solche Entscheidungen, die Oberbürgermeister und Stadtrat treffen müssen, ist natürlich auch der weitere Verlauf der Grabungen und ihr Erfolg ausschlaggebend. Die Arbeiten, die noch heuer abgeschlossen werden, sollen sich später zur Weinstraße hinüberziehen, und auch nach der Stadtmauer, die in einer Verlängerungslinie von der Schäfflerstraße her anzunehmen ist, wird noch einmal geforscht.

Über den Verlauf des Unternehmens will das Stadtbauamt demnächst die Passanten mit einer Reihe von Vitrinen längs der Diener- und der Weinstraße in Wort und Bild aktuell unterrichten, möglicherweise mit ein paar Fundsachen als Blickfang. Den Zaungästen soll hier jedoch neben der Historie auch Künftiges vor Augen geführt werden, nämlich die Planung des Architekten Stephan Braunfels für Wintergarten und Kunsthalle. Um deren Höhendimension zu demonstrieren, wurde vor einiger Zeit an der Schrammerstraße ein Phantomgerüst aufgebaut. Haffner will dieses Gebilde demnächst an die Rathaus-Rückseite verpflanzen lassen, um auch hier den Maßstab für die künftige Bebauung sichtbar zu machen. Daß das Projekt verwirklicht wird und auch bei der Bevölkerung Gefallen findet — davon zeigt sich Haffner überzeugt. Er verteidigt in diesem Zusammenhang auch nochmals die Entfernung von Bäumen und Sträuchern. „Für die Grabungen war das unbedingt nötig." Und das Erschrecken beim Anblick des kahlen Geländes habe auch darin seine Ursache, „daß man ohne den Grünschleier plötzlich gesehen hat, wie häßlich dieses ungestaltete Gelände ist."

Abb. 190: Zeitungsberichte über die Ausgrabungen auf dem Marienhof.

47

Neuhauserstraße 40

1990
Bauaufnahme

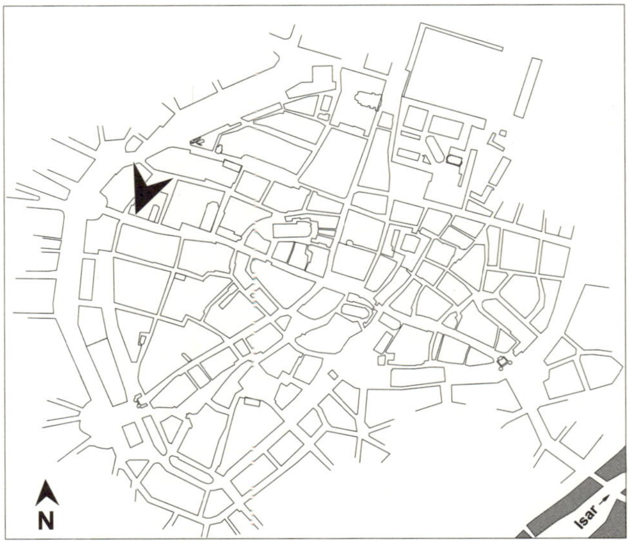

1990 Beobachtung
Pläne: BLfD, Archiv–Bodendenkmalpflege
Archiv–Baudenkmalpflege

Anläßlich von tiefgreifenden Umbaumaßnahmen im Anwesen Neuhauserstraße Nr. 40 wurde vom Büro Hölzl eine bauhistorische Aufnahme der Kelleranlagen angefertigt.

Dokumentiert werden konnten Reste der Toranlage des ehemaligen Neuhauser Tores und Teile der Stadtmauer aus dem späten 13. Jahrhundert.

Abb. 191: Das Karlstor wurde am 15.09.1857 mit dem nördlich angrenzenden Gebäude durch eine gewaltige Pulverexplosion zerstört.

Rathaus

48

1991
Fundbergung

1991 Fundbergung
Fundverbleib: unbek.

Anläßlich des Baues eines Stuhllagers für den Ratskeller unterhalb des neuen Rathauses entdeckten Bauarbeiter einen Schacht, der im oberen Teil mit Bauschutt, weiter unten stellenweise mit großen Mengen an Keramik- und Glasresten sowie organischem Material verfüllt war.

Die aufgedeckte Grube wies die Maße 2,3 x 2,5 m auf. Vermutlich handelt es sich um einen aufgelassenen Brunnen, ähnlich dem Brunnen 1 am Marienhof. An Funden wurden geborgen: vorwiegend einheimische Ware der näheren Umgebung, zusätzlich zwei Exemplare mit Trichterhals aus Siegburger Steinzeug. Münzen: Pfennig aus der Zeit Herzog Wilhelms V., ein Halbbatzen aus der 2. Hälfte des 16. Jahrhunderts.

Die Qualität der einzelnen Stücke und die Zusammensetzung des Fundgutes deuten nicht auf einen gewöhnlichen Hauhalt hin, sondern lassen eher an eine Gastwirtschaft denken. Die Fundstelle lag in einem Bereich, in dem im 16. Jahrhundert das Landschaftshaus stand.

Literatur:

Hagn, Herbert/Veit, Peter, Ein umfangreicher Keramik- und Glasfund des späten 16. Jahrhunderts unter dem Neuen Rathaus in München, AJB 1991 (Stuttgart 1992) 181–185.

Münchner Funde – Die Ratstrinkstube im späten 16. Jahrhundert. In: Die anständige Lust, Ausstellungskatalog des Stadtmuseums München (München1994) 48–65.

49

Kaufingerstr. 32

1993
Archäol. Ausgrabung

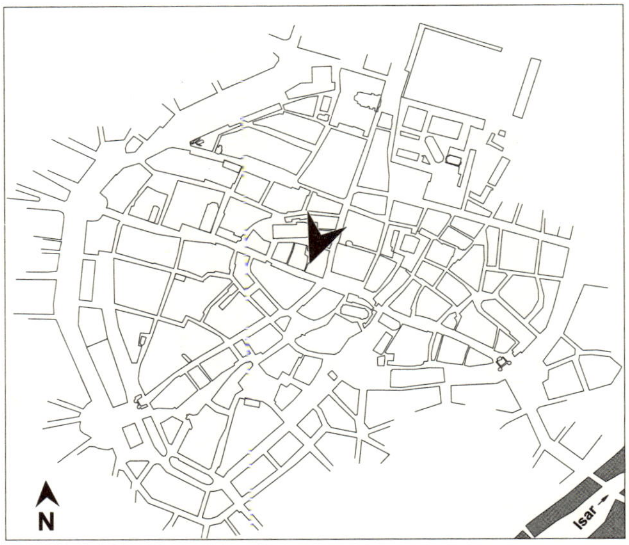

31.3.–1.4.**1993** Archäol. Ausgrabung
Pläne: BLfD, Archiv–Bodendenkmalpflege
Funde/Fundverbleib: H. Hagn

Bei Umbauarbeiten wurde im nördlichen Teil des Gebäudes ein Brunnen freigelegt. Er wurde geschnitten und ein etwa 10 m hohes Profil aufgenommen. Es handelte sich um einen aus Ziegelsteinen trocken gemauerten Brunnenschacht, der auf einem Holzkranz aufsaß und in den anstehenden Kies eingetieft war. Wie die Einfüllschichten zeigten, wurde der Brunnen sekundär als Latrine genutzt.

50

Statistisches Landesamt

1994
Beobachtung

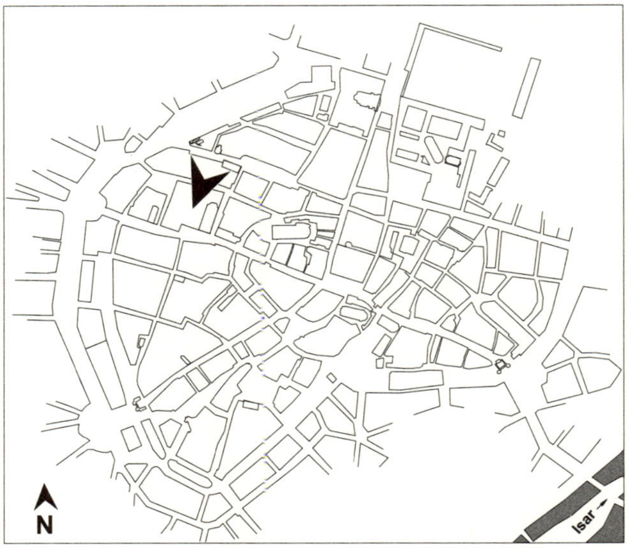

23.11.**1994** Beobachtung (Inv.Nr. 7835/0006)
Aufgenommen durch: BLfD

Bei Aushubarbeiten für eine Fettabscheidegrube vor der Ostwand im Innenhof des Statistischen Landesamtes München wurden Mauerbefunde freigelegt. Es handelte sich um Kellerfundamente der Bebauung vor 1600.

Salvatorplatz 2

51

1994
Beobachtung

6.5.**1994** Beobachtung (Inv.Nr. 7835/0296)
Pläne und Photos:
BLfD, Archiv–Bodendenkmalpflege
Funde: keine

Bei umfassenden Sanierungsmaßnahmen im Gebäude Salvatorplatz 2 (heute Kultusministerium) wurde ein gemauerter Brunnenschacht entdeckt. Die Mauerstärke beträgt 0,5 m, die lichte Weite etwa 2,50 m. Der Grund wurde bei den Arbeiten nicht erreicht. In einer Tiefe von 1 m befand sich ein treppenförmiger Absatz.

Der Brunnen war überbaut mit einem gemauerten Gewölbebogen, der sich kreuzförmig über den Brunnen spannte. Datierende Funde konnten nicht geborgen werden. Der Brunnen befindet sich im westlichen Teil des ehemaligen Theatinerklosters. Er wurde 1663 von Lorenzo Perti entworfen.

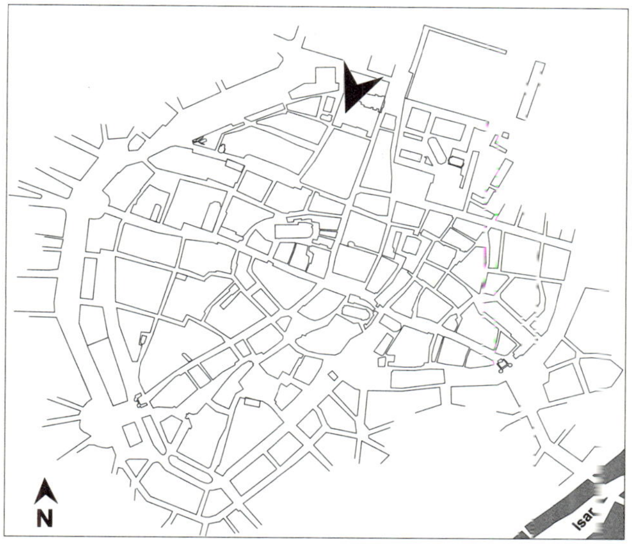

52

Marstallplatz

1994/95/2000/2001
Archäol. Ausgrabung

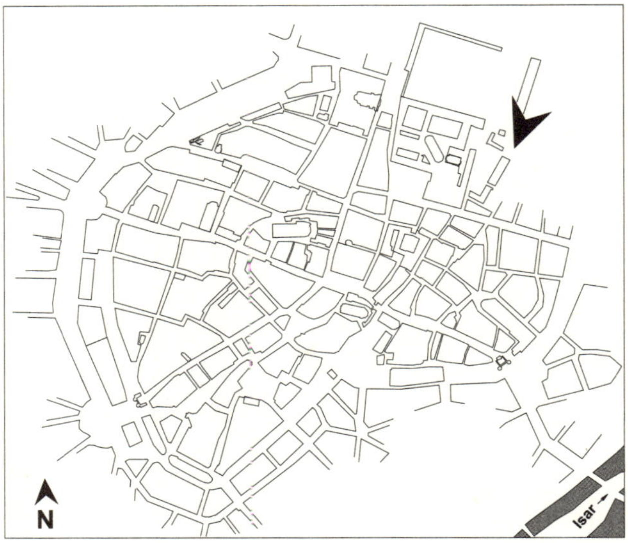

1994/95 Archäol. Ausgrabung
(Inv.Nr. 7835/0172)
Grabungsleitung: Peter Weinzierl (BLfD)
Bauforschung: Reinhold Winkler
Funde: BLfD
Pläne: BLfD

Anläßlich des Baues eines Verwaltungszentrums der Max-Planck-Gesellschaft wurde im Vorfeld das ehemalige Marstallgelände archäologisch untersucht.

Ausgegraben wurden u.a. Reste eines Pavillons Herzog Wilhelms IV. (1508–1550), den er in seinem Rosengarten errichten ließ. Zu den herausragendsten Funden zählen Bruchstücke eines Prachtofens mit polychromen Kacheln und figürlichen Szenen. Der Befund stimmt mit dem in einem Brief von Caesare Grazio beschriebenen Gartenpavillon überein. Die Ausgrabungen wurden 2000/2001 fortgeführt.

Die Auswertung erfolgt durch M.A. Reinhold Winkler im Rahmen seiner Dissertation bei Prof. Dr.–Ing. Wolf Koenigs am Lehrstuhl für Baugeschichte und Bauforschung der TU München. Arbeitstitel: »Die Grabungen auf dem Marstallplatz in München und die Höfe und Gärten der Münchner Residenz im 16. und frühen 17. Jahrhundert«.

Literatur:
Winkler, Reinhold, Zur Grabung auf dem Marstallplatz der Münchner Residenz und dem »Lustgarten« Herzog Wilhelms IV. (reg. 1508–1550). In: Koldewey Gesellschaft Bericht über die 40. Tagung für Ausgrabungswissenschaft und Bauforschung in Wien 1998, (Stuttgart 2000) 152–160.

Abb. 192: München, Marstallplatz-Nord, Schnitt Ost von West.

Dreifaltigkeitsplatz Nr. 3

53

1994/95
Archäol. Ausgrabung und Beobachtung

7./8.12.**1994** Baustellenbeobachtung
(Inv.Nr. 7835/0007)
Pläne: BLfD Ortsakt

Bei der Verlegung einer Leitung wurde vor dem Haus Dreifaltigkeitsplatz Nr. 3 (Gaststätte Alter Markt) eine Ziegelmauer vom Bagger durchtrennt. Zusätzlich kamen menschliche Knochen zutage. Die Ziegelmauer verläuft etwa in Nord-Süd-Richtung. Die Ziegel sind vermörtelt. Die Mauersohle wurde bei den Untersuchungen nicht erreicht. Nach Osten lag eine Abbruchschicht der Mauer. Innerhalb dieser Schicht fanden sich menschliche Knochen (Langknochen, Rippen, Schädelfragmente). An einer Stelle lagen Knochen auf einer schwarzen Humus-/Holzkohle-schicht, möglicherweise eine einzelne Bestattung, die noch nicht gänzlich verworfen war. Alle anderen menschlichen Knochen lagen verstreut, die Bestattungen waren wohl beim Abbruch der Mauer gestört worden.

Dreifaltigkeitsplatz Nr. 1

1995/96 Archäol. Ausgrabung
(Inv.Nr. 7835/0004)
Grabungsleitung: Tilman Mittelstraß
Bauforschung: K. Uetz
Funde: PS (Taf. 15–22; 231.2)
Fundverbleib: PS
Pläne: BLfD, Archiv–Bodendenkmalpflege
Archiv–Baudenkmalpflege
Grabungsdokumentation: BLfD, Archiv–Bodendenkmalpflege

Siehe Kapitel 4.4. »Eine Parzelle im Stadtkern«

Literatur:
Mittelstraß, Tilman, Stadtkernarchäologie in München – Ausgrabungen am Dreifaltigkeitsplatz und im Alten Hof. AJB 1995 (Stuttgart 1996) 176–179.

54

Alter Hof

1995/96
Archäol. Ausgrabung und Beobachtung

1995/96 Archäol. Ausgrabung
(Inv.Nr. 7835/0167)
Grabungsleitung: Tilman Mittelstraß
Bauforschung: Frank Becker
Funde: (Taf. 1–9)
Fundverbleib: PS
Pläne: BLfD, Archiv–Bodendenkmalpflege
Archiv–Baudenkmalpflege
Grabungsdokumentation:
BLfD, Archiv–Bodendenkmalpflege

siehe Kapitel 4.1. »Die Herzogsburg«

Literatur:

Mittelstraß, Tilman, Stadtkernarchäologie in München. AJB 1995 (Stuttgart 1996) 176–179.

Burmeister, Enno, Die Baugeschichtliche Entwicklung des Alten Hofes in München (München 1999).

Abb. 193: Die Grabungen im südlichen Areal des Alten Hofes.

Abb. 194: Die Grabungen südlich des Alten Hofes in der Burgstraße.

Feldherrnhalle

55

1996
Beobachtung

15.3.**1996** Beobachtung (Inv.Nr. 7835/0005)

Bei Sanierungsarbeiten am Fundament der östlichen Fahnenstangen vor der Feldherrnhalle wurden Tierknochen geborgen. Die Bauarbeiten zerstörten auch eine Ziegelmauer. Sie verlief von West nach Ost und stand vermutlich in Zusammenhang mit dem abgerissenen Schwabinger Tor.

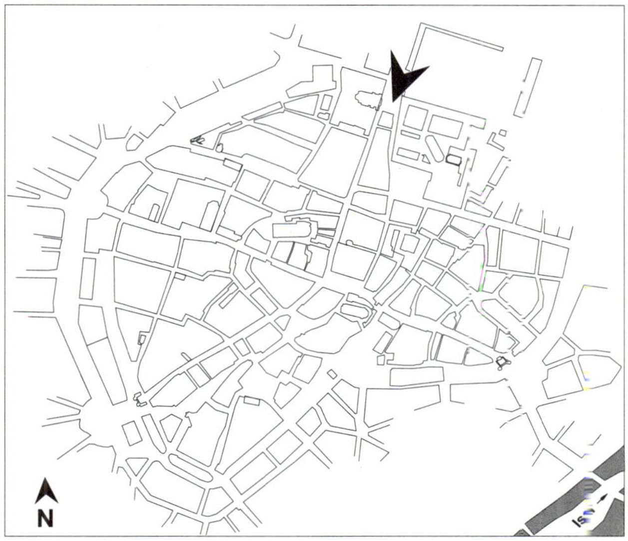

56

Neudeck (außerhalb der Karte)

1996/97
Archäol. Ausgrabung

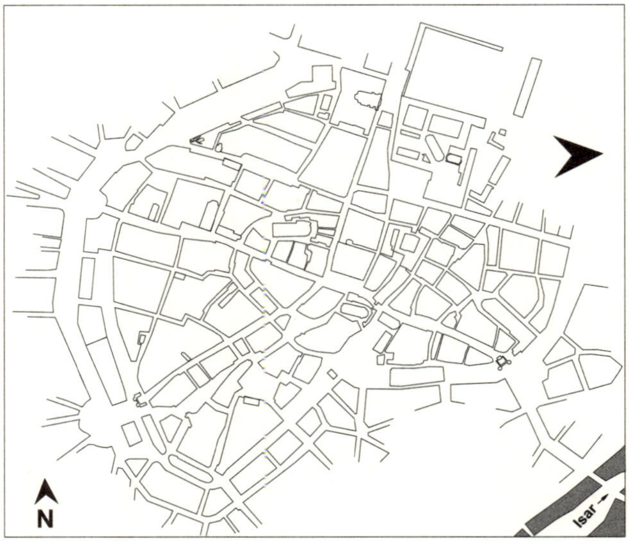

21.10–28.11.**1996** und 13.–15.5.**1997**
Archäol. Ausgrabung
Grabungsleitung: Tilman Mittelstraß
Bauforschung: Reinhold Winkler
Funde: PS
Fundverbleib: PS
Pläne: BLfD, Archiv–Bodendenkmalpflege
Archiv–Baudenkmalpflege
Grabungsdokumentation:
BLfD, Archiv–Bodendenkmalpflege

Im Zuge des Anschlusses des Anwesens Am Neudeck 3a an das Abwassersystem der Stadt konnte eine archäologische Ausgrabung Informationen liefern über die Bauabfolgen auf dem Gelände eines ehemaligen herzoglichen Gartens aus dem 16. Jahrhundert und über evt. Baulichkeiten der in nächster Nähe gelegenen, 1747 errichteten ältesten Münchner Porzellanmanufaktur.

1. Phase: holzverbaute Eintiefung, Fischweiher, Fischgrube aus der 2. Hälfte des 16. Jahrhunderts vor der Umgestaltung zum herzoglichen Lustgarten.

2. Phase: erstes achteckiges Brunnenhaus, ca. 4 m Länge. Es wurde 1586 auf Veranlassung des Herzogs errichtet.

3. Phase: um 1800 Abbruch des Brunnenhauses, zweites Brunnenhaus wird auf den alten Fundamenten errichtet.

4. Phase: Gestaltung eines Wasserbassins mit Wasserrad um 1800.

5. Phase: Mitte 19. Jahrhundert (vermutlich 1856/57) Veränderung der Inneneinrichtung.

Abriß: 1906

Augustinerkirche

1997
Archäol. Ausgrabung und Beobachtung

15./16.4.**1997** Archäol. Ausgrabung
Grabungsleitung: Christian Behrer
24./25.4.**1997** Archäol. Ausgrabung
Grabungsleitung: Fa. Arcsys
27.5.**1997** Beobachtung (BLfD)
Fundverbleib: Deutsches Fischerei- und Jagdmuseum, PS
Pläne: BLfD, Archiv–Baudenkmalpflege 3497
Grabungsdokumentation:
BLfD, Archiv–Bodendenkmalpflege

Vor der ersten Stadtmauer, direkt nördlich des westlichen Stadttores – des sogenannten Schönen Turmes – errichteten die Augustinereremiten um 1290 die Augustinerkirche. Geweiht wurde die dreischiffige turmlose Basilika ohne Querschiff 1294. Der Chor wurde im frühen 14. Jahrhundert im frühgotischen Stil angefügt (Weihe 1341). 1620–21 folgt die barocke Umgestaltung und somit auch die heutige Fassung. Nach Aufhebung des Augustinerklosters 1803 wurde die Kirche in ein Hauptzollamtsgebäude und eine Mauthalle umgewandelt. Nach einem Umbau in den Jahren 1911–13 bildete die Kirche mit dem gesamten anschließenden Häuserblock das Polizeipräsidium. Seit 1964 befindet sich nach Umbauten durch Erwin Schleich das Deutsche Fischerei- und Jagdmuseum in den Räumen der Augustinerkirche.

Beim Teilabriß und Umbau des Gebäudes entdeckte man 1913 gewölbte Grufträume, deren Lokalisierung heute nicht mehr bekannt ist. 1997 wurde bei Umbaumaßnahmen eine weitere Gruft aufgedeckt, die die oben genannten Untersuchungen notwendig machte. Südlich der entdeckten Ziegelgruft wurden mehrere Bestattungen ausgegraben. Der Untersuchungsbereich lag im dritten Joch des nördlichen Seitenschiffes der ehemaligen Augustinerkirche. Außer Bestattung Nr. 5 waren alle anderen gestört: Nr. 2 wurde beim Bau der Treppe und des Fundamentes im oberen Bereich gekappt, Nr. 4 war im Bereich des Kopfes gestört, bei Nr. 3 war nur noch der Oberkörper vorhanden. Die Beigaben der Bestattungen Nr. 4 und Nr. 5 erbrachten Hinweise auf eine Datierung in das 18. Jahrhundert.

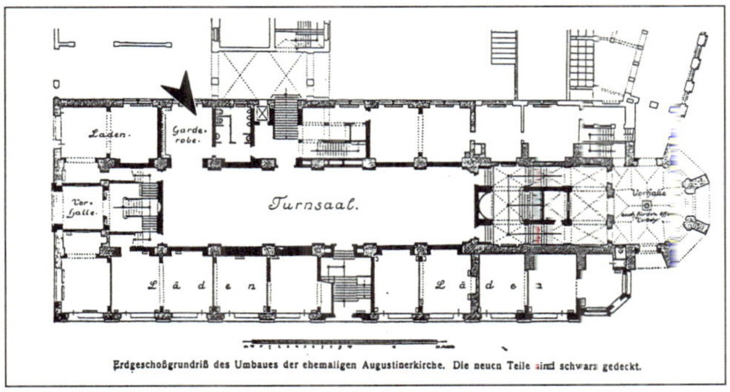

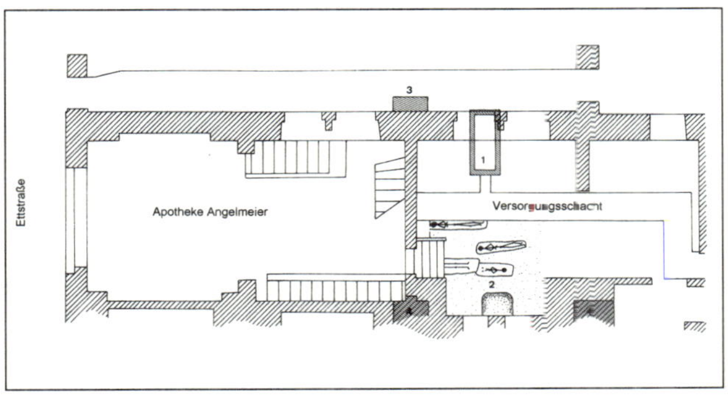

Abb. 195: Lageplan der Untersuchungen in der Augustinerkirche. 1: Ziegelgruft. 2: Bestattungen um 1700. 3: Fundament. 4: Pfeiler der gotischen Kirche.

58

Sparkassenstraße 3–5

1997
Beobachtung

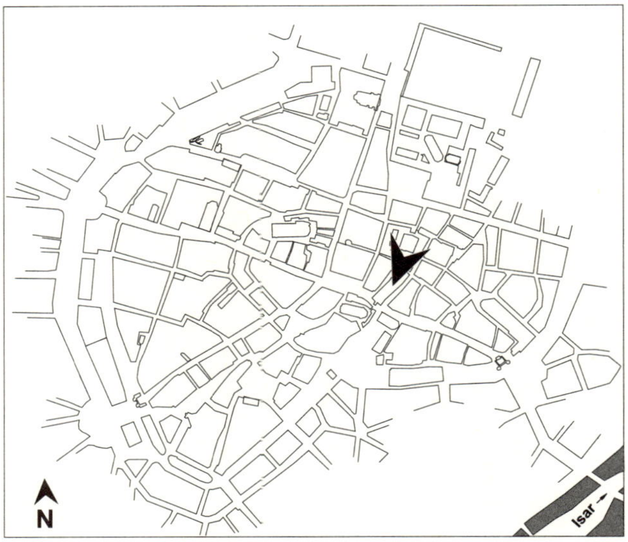

19.06.**1997** Beobachtung
Aufgenommen von: Christian Behrer
Grabungsdokumentation:
BLfD, Archiv–Bodendenkmalpflege
Funde: keine

Im Zuge von Umbau- und Renovierungsmaßnahmen an den Anwesen Burgstraße 4/Sparkassenstr. 3+5 wurden bei Kabelverlegungsarbeiten Aushubarbeiten unter dem Kellerfußboden notwendig. Die Sondagen im Keller sollten aufgenommen werden, da sie in evt. archäologisch wichtige Schichten eingriffen.

Das Anwesen liegt auf der Führung der ersten Stadtmauer aus dem 12. Jahrhundert und somit in einer äußerst sensiblen Zone der Münchner Altstadt. So hatten 1952 die Untersuchungen von Werner Meyer für das Nachbargrundstück drei alte Mauerzüge ergeben, die parallel zur Sparkassenstraße verliefen.

Die Aufnahme wurde am 19. Juni 1997 durchgeführt, die Sondagen wurden nur photographisch dokumentiert. Wegen ausbleibender Schichten und Funde wurden die Sondagen auch nicht eingemessen.

Siehe auch 1952, Burgstraße 4

Tal 62

59

1997
Archäol. Sondagen

17. und 18.04.**1997**
Grabungsleitung: Christian Behrer
Grabungsdokumentation:
BLfD, Archiv–Bodendenkmalpflege
Pläne: BLfD, Archiv–Bodendenkmalpflege, Archiv–Baudenkmalpflege
Funde: keine

Im Zuge von Umbau- und Renovierungsmaßnahmen am Anwesen Tal 62/63 wurden punktuelle Fundamentuntersuchungen notwendig. Die Sondagen im Erdgeschoß und Keller sollten aufgenommen werden, da sie in archäologisch wichtige Schichten eingriffen. Die Sondagen bestätigten die Vermutung, daß sich unter dem Fußboden für die Siedlungsgeschichte dieser Parzelle aufschlußreiche Befunde erhalten haben. Zukünftige Umbaumaßnahmen und Kellereinbauten sollten die Ergebnisse dieser kleinen Untersuchung berücksichtigen und nicht ohne archäologische Begleitung durchgeführt werden.

Die Sondage 3 liegt an der Grenze der Kommunmauer zum Anwesen Tal 61. Sie ist insofern von besonderem Interesse, als die Untersuchung im nahegelegenen Anwesen Dreifaltigkeitsplatz 1 eine Kontinuität der Parzellengrenzen als Ergebnis brachte.

Die Sondagen im Keller ergaben in allen Bereichen den gewachsenen Boden (Kies). In allen Sondagen wurde der Grundwasserspiegel erreicht (ca. 80 cm unter Kellerfußbodenniveau).

Alle Sondagen blieben fundleer.

60

Karl-Scharnagel-Ring

1998
Archäol. Ausgrabung

1998/99 und **2000** Archäol. Ausgrabung
Grabungsleitung: Tilman Mittelstraß
Grabungsdokumentation:
BLfD, Archiv–Bodendenkmalpflege
Funde: PS

Anläßlich der Aufstellung eines Bebauungsplanes für ein Grundstück am Karl-Scharnagl-Ring fand hier eine archäologische Untersuchung statt. Das ausgewiesene Grundstück liegt im Bereich der barocken Wallanlagen.

Die Untersuchungen erbrachten fünf Entwicklungsstadien. 4,30-5,50 m unter der heutigen Oberfläche steht der natürliche Untergrund an. Schwemmschichten deuten darauf hin, daß dieser Bereich der Stadt lange Zeit im Überschwemmungsgebiet der Isar lag.

Erstes Anzeichen einer Nutzung ist eine Uferbefestigung. Sie wurde in zwei verschiedenen Ausbauphasen angetroffen. Funde aus diesem Bereich gehören dem 15. bis frühen 17. Jahrhundert an. Dieser Uferbereich verschwand mit der Errichtung der barocken Wallbefestigung, die spätestens um 1648 fertiggestellt worden ist. Auf dieser Bastion stand, wie die Grabungen ergeben haben, ein parallel zur Bastionskante ausgerichtetes Gebäude.

Es handelt sich hierbei um einen Heumagazinstadel der kurfürstlichen Waage. Er ist auf einem Plan Joseph von Eulers von 1793 eingezeichnet und auf dem von Karl Pfister 1785 erstellten Plan als kurfürstlicher Wagenschuppen benannt. Diese Lagerhalle wird später durch ein etwas nach Westen gerücktes Gebäude ersetzt. Es ist dies das 1873 errichtete Fourrage-Magazin, das erst nach 1945 abgerissen wurde.

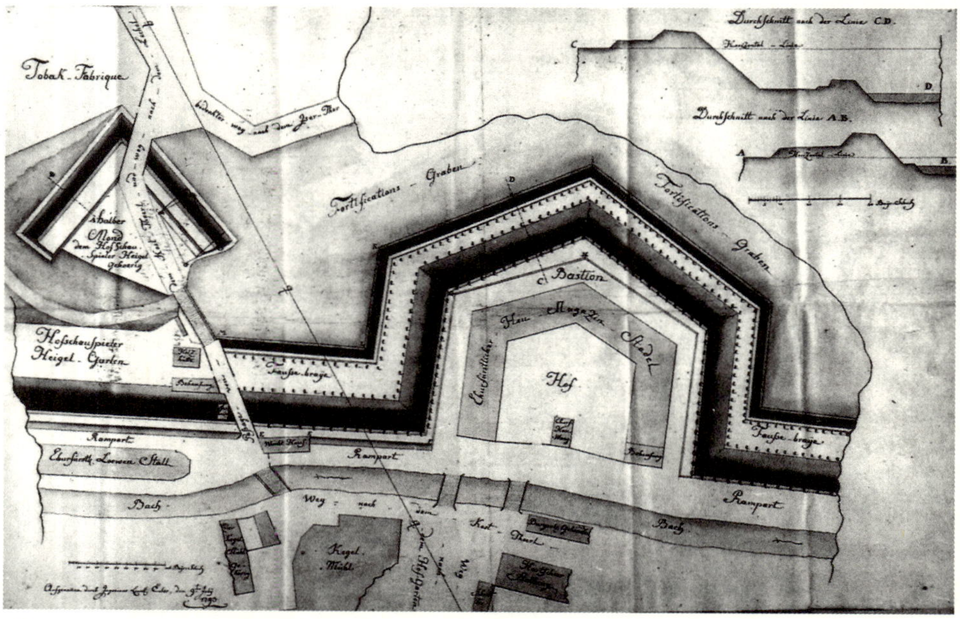

Abb. 196: Joseph Euler, Bastion und Heumagazin östlich des Hofgartens. Situation und Schnitte 1793.

Frauenkirche – Domsakristei

61

1999
Archäol. Ausgrabung

1999 Archäol. Ausgrabung
Grabungsleitung: Christian Behrer
Grabungsdokumentation:
BLfD, Archiv–Bodendenkmalpflege
Funde: PS
Fundverbleib: PS

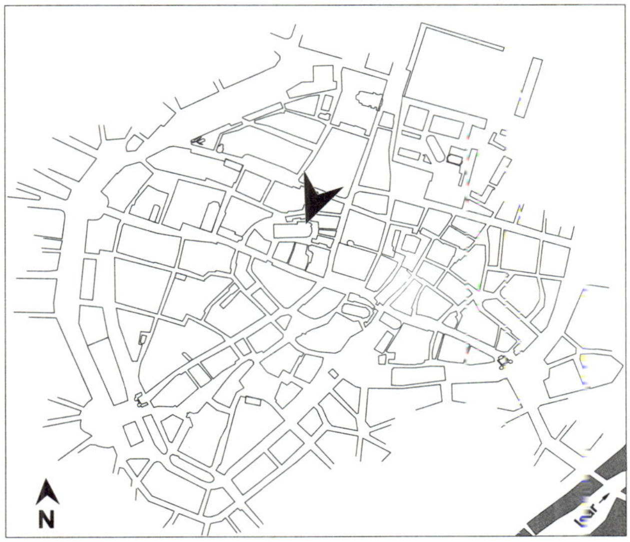

Durch die Ausgrabungen in der Domsakristei konnten verschiedene Erweiterungen der älteren, östlich gelegenen gotischen Sakristei freigelegt werden. Sie stehen zeitlich zwischen der Errichtung des heutigen Domes 1468–94 (1 und 2) und der Erweiterung der Sakristei um 1603 (5) anläßlich der Errichtung des Bennobogens im Chorbereich der Frauenkirche. Die wichtigsten Befunde aus dieser Zeit sind:

1. Ein nach außen führender Lichtschacht einer Gruft (8), der unter der gotischen (östlichen) Sakristei liegt. Heute befindet sich dort das Treppenhaus.

2. Das Fundament eines polygonalen Anbaues an die gotische Sakristei (3). Es wurde errichtet aus dem Abbruchschutt einer älteren Kirche – vermutlich dem Vorgängerbau der heutigen Frauenkirche aus dem 13. Jahrhundert.

Unter diesen Bauresten aus dem 16. Jahrhundert konnten als älteste Befunde nachgewiesen werden:

1. Vermutlich Reste der ersten Stadtmauer aus dem 12. Jahrhundert (10).

2. Ein Kalkbrennofen zum Bau der ersten romanischen Basilika (11) Mitte des 13. Jahrhunderts, dem Vorgängerbau der heutigen Frauenkirche. Dieser Vorgängerbau lag im südlichen Bereich der heutigen Kirche und wurde 1271 das erste Mal erwähnt.

Siehe Kapitel 4.2. »Frühe Kirchen«

Literatur:

Behrer, Christian, Archäologische Untersuchungen in der Sakristei der Münchner Frauenkirche – Ein Zwischenbericht. Das Münster, Heft 2/99 (Regensburg 1999) 186–187. – Ders., »Und ... man kalchs bey der stat geprennt hat...« Untersuchungen in der Sakristei der Münchner Frauenkirche. AJB 1999 (Stuttgart 2000).

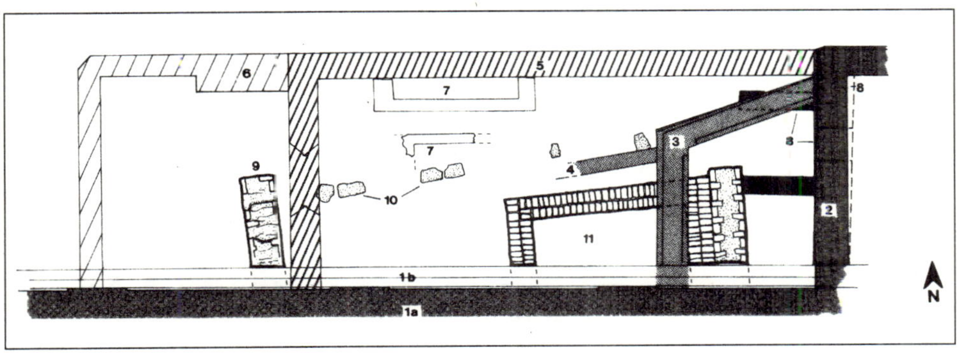

Abb. 197: München, Frauenkirche. Die Grabungen 1999 und 2000 in der nördlichen Domsakristei.

62

Brunnstraße 5 und 7

2000
Beobachtung

10.06.**2000** Beobachtung
Aufgenommen von: Tecta-Plan GmbH

Bei Sanierungsmaßnahmen in den Anwesen Brunnstraße 5 und 7 wurde im östlich gelegenen Treppenhaus ein 5 m tiefer Brunnen angetroffen. Der Befund wurde vom zuständigen Architekturbüro aufgenommen.

Die beiden Grundstücke sind erst seit 1885 in einer Hand. Bereits auf dem Holzmodell von Jakob Sandtner ist an dieser Stelle ein Brunnen verzeichnet. Der Brunnen dürfte zum ehemaligen Anwesen der Ratsfamilie Schrenckh gehört haben (Brunnstraße Nr. 3 und 5 waren bis 1598 in der Hand der Familie Schrenckh). Lage und Konstruktion aus Ziegelsteinen sprechen für eine Datierung in das späte Mittelalter.

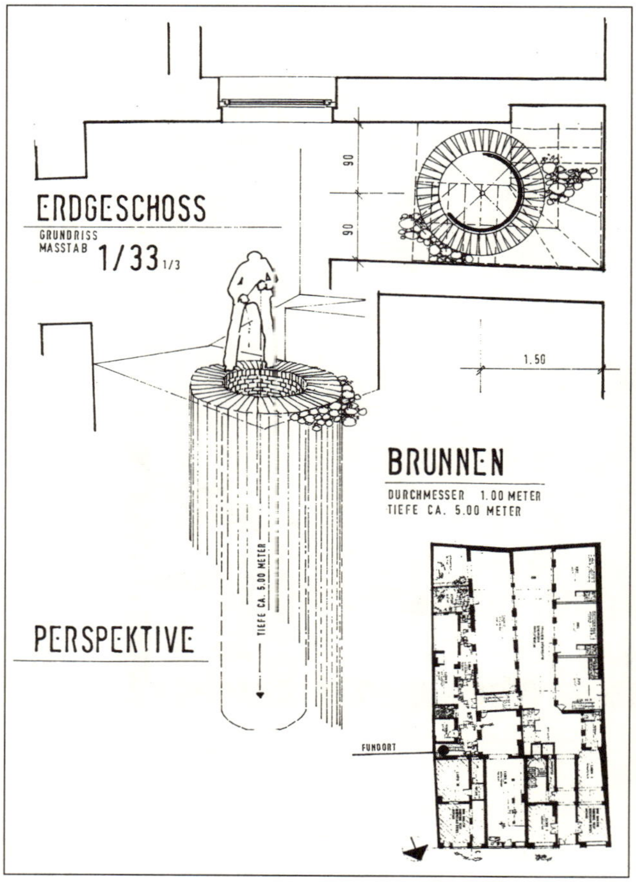

Abb. 198: Der aufgedeckte Brunnen in der Brunnstraße.

Laufende Projekte 2000/2001

Alter Hof

63

2000/2001
Archäol. Ausgrabung

2000/2001 Archäol. Ausgrabung
Grabungsleitung: Christian Behrer
Grabungsdokumentation:
BLfD, Archiv–Bodendenkmalpflege
Bauforschung: Andreas Poost
Funde: PS
Fundverbleib: PS

Anläßlich der Sanierung des Zwingerstockes und des westlichen Burgstockes konnten baubegleitend archäologisch und bauhistorisch wichtige Bereiche dokumentiert werden.

Wie bereits angenommen, ließ sich die im östlichen Burgstock festgestellte massive 2 m starke Wehrmauer des 12. Jahrhunderts auch in der Außenmauer des westlichen Burgstockes und des Zwingerstockes nachweisen. Ebenso gelang der Nachweis eines frühen Steinbaus im Bereich des südlichen und mittleren Zwingerstockes, dessen Datierung allerdings noch aussteht.

Siehe Kapitel 4.1. »Die Herzogsburg«

64

Schrannenhalle

2000
Archäol. Ausgrabung

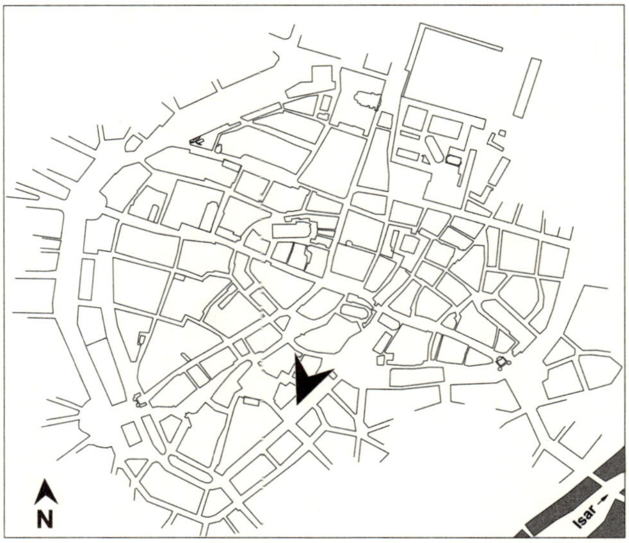

2000 Archäol. Ausgrabung
Grabungsleitung: Tilman Mittelstraß
Grabungsdokumentation:
BLfD, Archiv–Bodendenkmalpflege
Funde: PS
Fundverbleib: PS

An der Blumenstraße südlich des Viktualienmarktes stand von 1853 bis 1932 die über 400 m lange Schrannenhalle. Die Eisenkonstruktion von Karl Muffat gehört zu den frühesten Dokumenten des Ingenieurbaus in Bayern. Nach ihrer Brandzerstörung wurde sie demontiert. Ein 120 m langes Teilstück blieb erhalten. Anläßlich des Wiederaufbaus der Schrannenhalle wurden der Bereich des ehemaligen Stadtgrabens und das Vorfeld archäologisch untersucht.

Prälat-Zistl-Straße

65

2000
Beobachtung

2000 Beobachtung
Aufgenommen von: Tilman Mittelstraß
Grabungsdokumentation:
BLfD, Archiv–Bodendenkmalpflege

Am Nordende der Prälat-Zistl-Straße wurde bei Kanalisierungsarbeiten das Fundament des ehemaligen Einlaßtores angeschnitten. Es stand von 1582 bis 1826 an dieser Stelle.

Rosental 7 »Kustermann«

2000
Archäol. Ausgrabung

23.08.–02.10.**2000** Archäol. Ausgrabung
Grabungsleitung: Christian Behrer
Bauforschung: H. Fastje, K. Schnieringer, A. Poost
Grabungsdokumentation:
BLfD, Archiv–Bodendenkmalpflege
Funde: MKU/00–MKU/75
Fundverbleib: PS

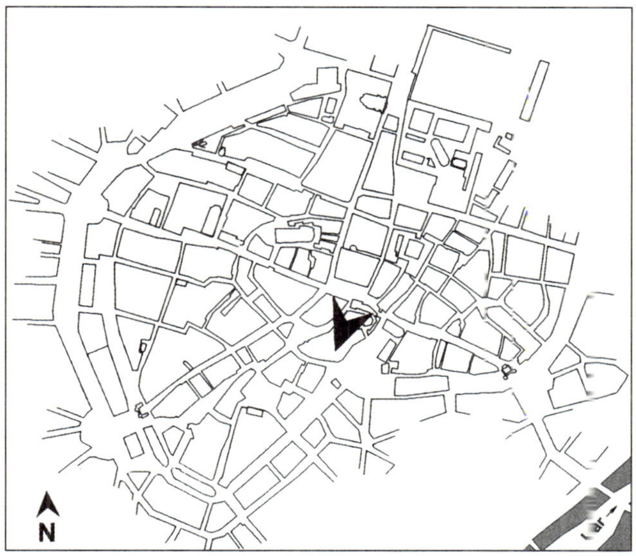

Lesefunde und kleine Beobachtungen

66

Roßmarkt

Funde: 3 Kisten Lesefunde
Fundverbleib: PS

Bogenhausener Brücke, 210 m von der Brücke entfernt (außerhalb der Karte)

Fund: 1890/400
1 mittelalterliches eisernes Beil
Fundverbleib: PS

Briennerstraße
(auf der Karte nicht verzeichnet)

Fundbergung
Fundverbleib: PS

Erhardstraße Nr. 8 (außerhalb der Karte)

Funde:
760 Medaillon, Blech und Draht.
761 Rest eines Taschenmessers, Eisen.
762 Rest eines Rosenkranzes.
763 Zehnkreuzermünze von Herzog Leopold. 2 Zweikreuzermünzen. Die übrigen Münzen wurden dem Stadtarchiv überwiesen. Silber.
764 Rest eines Taschenmessers und eines Rosenkranzes, Eisen, Draht.

Fundverbleib: PS

Galeriestr. 21 (außerhalb der Karte)

»Ausgrabung am Rockerl«
Funde: 1970/2609,2610
Schulterbecher, mit Rille am Umbruch, Innenseite glasiert, Höhe: 9,7 cm, Schmelztiegel mit Deckel
Fundverbleib: PS

Nymphenburger Kanal
(außerhalb der Karte)

Funde: 4 Kisten Lesefunde
Fundverbleib: PS

Sendlingertorplatz/Thalkirchenerstr
(auf der Karte nicht verzeichnet)

Funde: 18 Fundkisten (18./19.Jh.)
Fundverbleib: PS

Abkürzungsverzeichnis

AJB	Das Archäologische Jahr in Bayern (Stuttgart)
Arch. Korrbl.	Archäologisches Korrespondenzblatt (Mainz)
AuF Altbayern	Ausgrabungen und Funde in Altbayern (Straubing)
Av.Bibl.	Bibliotheksbestand Stadtarchiv München
BayHStA	Bayerisches Hauptstaatsarchiv
BLfD	Bayerisches Landesamt für Denkmalpflege
BVBl	Bayerische Vorgeschichtsblätter (München)
Jb. RGZM	Jahrbuch des Römisch-Germanischen Zentralmuseums (Mainz)
Jg.	Jahrgang
LBK	Lokalbaukommission
LSAK	Lübecker Schriften zur Archäologie und Kulturgeschichte (Lübeck-Bonn)
MB	Monumenta Boica
MBM	Miscellanea Bavarica Monacensia (München)
MGH	Monumenta Germaniae Historica
MüStadtMu	Münchner Stadtmuseum
OA	Oberbayerisches Archiv (München)
PS	Prähistorische Staatssammlung
StAM	Staatsarchiv München
StadtAM	Stadtarchiv München
SZ	Süddeutsche Zeitung
VHVN	Verhandlungen des Historischen Vereins für Niederbayern (Landshut)
VHVO	Verhandlungen des Historischen Vereins für die Oberpfalz (Regensburg)
ZAM	Zeitschrift für Archäologie des Mittelalters
ZBLG	Zeitschrift für Bayerische Landesgeschichte

Bibliographie

Häufig zitierte Literatur

DANNHEIMER, KERAMIK
DANNHEIMER, Hermann, Keramik des Mittelalters aus Bayern. Kataloge der Prähistorischen Staatssammlung München Nr. 15 (Kallmünz Opf. 1973).

DIRR, DENKMÄLER
DIRR, Pius, Denkmäler des Münchner Stadtrechts, 2 Bände (München 1934/1936).

DIRR, GRUNDLAGEN
DIRR, Pius, Grundlagen der Münchner Stadtgeschichte (München 1937).

HAAS, BAUTEN
HAAS, Walter, Bauten in München vor der Stadtgründung von 1158? OA 105 (1980) 256–266.

LOBBEDEY, KERAMIK
LOBBEDEY, Uwe, Untersuchungen mittelalterlicher Keramik vornehmlich aus Südwestdeutschland. Arbeiten zur Frühmittelalterforschung Band 3 (Berlin 1968).

MAIER, STADT
MAIER, Lorenz, Vom Markt zur Stadt – Herrschaftsinhaber und Führungsschichten 1158 bis 1294. In: Richard Bauer (Hrsg.), Geschichte der Stadt München (München 1992) 13–60.

MITTELSTRASS, MURNAU
MITTELSTRASS, Tilman, Die Funde der archäologischen Ausgrabungen von 1991 und 1992 im Murnauer Schloß. In: Schloß Murnau, Ein Bauwerk der Stauferzeit und seine Geschichte, Hrsg. Schloßmuseum des Marktes Murnau am Staffelsee (Murnau 1994) 120 f.

OESTREICH
OESTREICH, Dieter, Die Entstehung des Stadtgrundrisses von München und seine Entwicklung bis zur Mitte des 13. Jahrhunderts (Ungedr. Diss. München 1950) StadtAM Av.Bibl. 25626.

SCHATTENHOFER, BEITRÄGE
SCHATTENHOFER, Michael, Beiträge zur Geschichte der Stadt München. OA 109 (München 1984).

SCHOLKMANN, SINDELFINGEN
SCHOLKMANN, Barbara, Sindelfingen/Obere Vorstadt. Eine Siedlung des hohen und späten Mittelalters. Forschungen und Berichte der Archäologie des Mittelalters in Baden-Württemberg, Band 3 (Stuttgart 1978).

SCHULZE, WÜLFINGEN
SCHULZE, Mechthild, Die mittelalterliche Keramik der Wüstung Wülfingen am Kocher, Stadt Forchtenberg, Hohenlohekreis. Forschungen und Berichte der Archäologie des Mittelalters in Baden-Württemberg, Band 7 (Stuttgart 1981) 5–148.

STAHLEDER, CHRONIK
STAHLEDER, Helmuth, Chronik der Stadt München (München 1995).

STAHLEDER, HAUSNAMEN
STAHLEDER, Helmuth, Haus- und Straßennamen der Münchner Altstadt (München 1992).

STAHLEDER, STADTPLANUNG
STAHLEDER, Helmuth, Stadtplanung und Stadtentwicklung Münchens im Mittelalter.
OA 119 (1995) 217–283.

WAGNER, DENKMÄLER
WAGNER, Friedrich, Denkmäler und Fundstätten der Vorzeit Münchens und seiner Umgebung (Kallmünz 1958).

ABELS, Björn-Uwe/Haberstroh, Jochen, Ausgrabungen und Funde in Oberfranken 9, 1993–1994. Sonderdruck aus: Geschichte am Obermain, Jahrbuch Colloquium Historicum Wirsbergense 20 (1994/95) 1–92.

ALTMANN, Lothar, Die spätgotische Bauphase der Frauenkirche 1468–1525. In: RAMISCH, Hans, Monachium Sacrum, Band 2 (München 1994) 1–20.

ANDERS, Matthias, Geschichte sämtlicher Kirchen, Klöster und Kloster-Häuser in und um München, vom XII. bis zum Anfang des XIX. Jahrhunderts, mit Rückblick auf Kunstwerke (München 1826).

ARNOLD, Hugo, Von der leonischen Stadtmauer. Zeitungsartikel Münchner Neueste Nachrichten Nr. 62 vom 16. Februar 1889.

AUFLEGER, Otto/Trautmann, Karl, Alt München in Bild und Wort (München 1897).

BÄRMANN, Johannes, Die Verfassungsgeschichte Münchens im Mittelalter (München 1938).

BARFÜSSERBUCH = Dokumente ältester Münchner Familiengeschichte 1290–1620. Aus dem bayerischen Stifterbuch der Barfüßer und Klarissen in München 1424, hrsg. im Auftrag der bayer. Franziskanerprovinz (München 1954).

v. BARY, Roswitha, Verfassung und Verwaltung der Stadt München (1158–1560), Ungedruckt, erstellt im Auftrag des Stadtarchivs (München 1956).

BAUER, Ingolf, Handbuch und Führer zum Keramikmuseum Schloß Obernzell (München 1983).

BAUER, Reinhard/Piper, Ernst, München, Geschichte einer Stadt (München 1996).

BAUER, Richard (Hrsg.), Das alte München. Photographien 1855–1912. Gesammelt von Karl Valentin (München 1982).

Ders. (Hrsg.), Geschichte der Stadt München (München 1992).

Ders. (Hrsg.), Ansichten und Einsichten (München 1994).

Ders., Marienplatz und Rathaus (München 1997).

Ders./Graf, Eva, Stadtvergleich (München 4. Aufl. 1996).

BAUER, Rudolf, Das seit 1200 »namhafte« Sendling. SZ, Münchner Stadtanzeiger, Nr. 58, vom 30.7.1982.

BAUMGARTNER, Anton, Münchner Polizey–Uebersicht (München 1805).

BAUMGARTNER Erwin/Krueger, Ingeborg, Phönix aus Sand und Asche. Glas des Mittelalters (München 1988).

BEHRER, Christian (Hrsg.), Burg Sulzberg. Von der Turmburg zum Jagdschloß (Altusried 1995).

Ders., Archäologische Untersuchungen in der Sakristei der Münchner Frauenkirche – Ein Zwischenbericht. Das Münster, Heft 2/99 (Regensburg 1999) 186–187.

Ders., »Und ... man kalchs bey der stat geprennt hat...« Untersuchungen in der Sakristei der Münchner Frauenkirche. AJB 1999 (Stuttgart 2000) 130–132.

v. BERGMANN, Michael, Beurkundete Geschichte der Churfürstlichen Haupt- und Residenzstadt München von ihrem Entstehen bis nach dem Tode Kaiser Ludwigs des Vierten (München 1783).

BETZ, Walther, Die Wallbefestigung von München (München 1958).

BIEGEL, Gerd (Hrsg.), Budapest im Mittelalter (Braunschweig 1991).

BILLER, Thomas, Die mittelalterliche Stadtbefestigung im deutschsprachigen Raum. Zustand und Perspektive der Forschung. In: Stadt, Burg, Festung. Stadtbefestigung von der Antike bis ins 19. Jahrhundert Veröffentlichung des Innsbrucker Stadtarchivs, Band 21 (1994) 99–137.

BIRKNER, Ferdinand/Wagner, Friedrich, Aus Münchens Vorzeit. Katalog zur Ausstellung 1927 in der Prähistorischen Staatssammlung (München 1927).

BÖHME, Horst Wolfgang (Hrsg.), Siedlungen und Landesausbau, 2 Bände (Sigmaringen 1991).

BRENNINGER, Georg, Petersberg bei Dachau. Kleiner Kunstführer 831 (6. Aufl. München 1986).

BROSCH, Astrid, Die Münchner Jakobskirche am Anger – Eine Baugeschichte vom 12. Jahrhundert bis heute. OA 121 (1997) 223–295.

BRUNNACKER, Karl, Die Entstehung der Münchner Schotterebene. Geologica Bavarica 55 (München 1965) 341–350.

Ders., Die Entwicklung der Münchner Schotterebene seit der Rißzeit. Mitteilungen der Geographischen Gesellschaft in München 67 (München 1991) 23–38.

BURGHOLZER, Joseph, Stadtgeschichte von München als Wegweiser für Fremde und Reisende, 2 Bände (München 1796).

BURMEISTER, Enno, Die Baugeschichtliche Entwicklung des Alten Hofes in München (München 1999).

BUSCH, Karl, Die Residenz der Wittelsbacher in München. In: Der Mönch im Wappen (München 1960) 259–284.

CODREANU-WINDAUER, Silvia/Schnieringer, Karl, Die Ausgrabungen im Regensburger Dom. In: Der Dom zu Regensburg (München–Zürich 1990) 81–92.

Dies., Neue Ergebnisse zur Regensburger Stadttopographie im Hochmittelalter. In: Denkmalpflege in Regensburg, Band 5 (Regensburg 1994) 34–39.

CONRAD, Dietrich, Kirchenbau im Mittelalter (Leipzig 1997).

CZYSZ, Wolfgang/Schmidt, Wolfgang, Ausgrabungen an der mittelalterlichen Stadtmauer von Aichach. AJB 1993 (Stuttgart 1994) 164–167.

CZYSZ, Wolfgang/Endres, Werner, Archäologie und Geschichte der Keramik aus Schwaben. Neusäßer Schriften Band 6 (Neusäß 1988).

DANNHEIMER, Hermann, Keramik des Mittelalters aus Bayern. Kataloge der Prähistorischen Staatssammlung München, Nr. 15 (Kallmünz Opf. 1973)

Ders. (Hrsg.), Altbayerische Töpfer. Ausstellungskataloge der Prähistorischen Staatssammlung Band 18 (München 1990).

Ders., Mittelalterliche Funde am Petersbergl. In: BVBl 63 (München 1998) 327–332.

Ders., Mittelalterliche Bauzier aus St. Peter in München. In: BVBl 63 (München 1998) 333–336.

DAPPER, Michael/Schuler, Alexandra, Zur Rekonstruktion eines Grubenhauses aus dem 12. Jahrhundert. In: GESCHICHTE AUS GRUBEN UND SCHERBEN, 169–170.

v. DESTOUCHES, E., Das alte Kostthor. Münchner Gemeindezeitung 1872, Nr. 23.

Ders., Beiträge zur Topographie Münchens. Jahrbuch für Münchner Geschichte, Band 4 (Bamberg 1890) 438–464.

DIRR, Pius, Denkmäler des Münchner Stadtrechts, 2 Bände (München 1934/1936).

Ders., Grundlagen der Münchner Stadtgeschichte (München 1937).

DISCHINGER, Gabriele/Bauer Richard (Hrsg.), Stimmelmayr, Johann Paul, München um 1800 (München 1980).

DUVIGNEAU, Volker, Münchner Stadtbilder Buch (München 1994).

EGAN, Geoffrey/Pritchard, Frances, Dress accessories (London 1991).

ENDRES, Werner, Zum Stand der Keramikforschung in Süddeutschland vom 12./13. Jahrhundert an. ZAM 10 (1982) 171–206.

ENGELHARDT, Bernhard, Dendrochronologische Daten zur hochmittelalterlichen Stadtgeschichte Landshuts. AJB 1985 (Stuttgart 1986) 147–150.

Ders./Pleyer, R., Die archäologischen Untersuchungen des Burgstalles Saunstein, Gmkg. Mitternach, Gde. Markt Schönberg, Lkr. Freyung-Grafenau. In: Ostbairische Grenzmarken 28 (1986) 59–78.

Ders./Häck, Bernhard, Eine Stadtkerngrabung in der Landshuter Ländgasse. AJB 1995 (Stuttgart 1996) 169–171.

ENNEN, Edith, Die Forschungsproblematik Bürger und Stadt – von der Terminologie her gesehen. In: FLECKENSTEIN, Josef/Stackmann, Karl, Über Bürger, Stadt und städtische Literatur im Spätmittelalter. Bericht über Kolloquien der Kommission zur Erforschung der Kultur des Spätmittelalters 1975–1977. Abhandlungen der Akademie der Wissenschaften in Göttingen, Phil.–Hist. Kl. 3. Folge, 121 (Göttingen 1980) 9–26.

ERDMANNSDORFER, Karl, Das Bürgerhaus in München (Tübingen 1972).

FASTJE, Heike, Die Ausgrabungen auf dem Gelände des Marienhofs in München. Jahrbuch der Bayerischen Denkmalpflege Band 43, 1989 (München 1989) 20–36.

Dies., Bauforschung im unteren Hofgarten. Denkmäler am unteren Hofgarten. Arbeitshefte des Bayerischen Landesamtes für Denkmalpflege, Nr. 41 (München 1988) 193–210.

FASTLINGER, Max, München Stadt? Das Bayerland 46 (1935) 481–490.

FEHRING, Günter P., Unterregenbach. Forschungen und Berichte zur Archäologie des Mittelalters in Baden-Württemberg, Band 1 (Stuttgart 1972).

Ders., Lübeck zur Zeit der Welfen (1125–1235). In: LUCKHARDT, Jochen/ Niehoff, Franz, Heinrich der Löwe und seine Zeit, Band 2 (München 1995) 408–417.

FINAUER, Peter Paul, Versuch einer Abhandlung von dem Ursprunge (München 1769).

GEBHARD, Thorsten, ZBLG 22 (1959) 514–517.

GEIDEL, Heinrich, Münchens Vorzeit Kultur und Geschichte. Freie Schriftenfolge des StadtAM 4 (München, 2. erw. Aufl. 1938) .

GEISS, Ernst, Geschichte der Stadtpfarrei St. Peter (München 1968).

GESCHICHTE AUS GRUBEN UND SCHERBEN. Schriftenreihe des Historischen Museums Bamberg 26 (Bamberg 1993).

GILARDONE, Georg, Die Stadt München zur Zeit des Dombaus. Das Bayerland, Jg. 44 (1933) 161–166.

Ders., Wälle und Mauern um München. Das Bayerland, Jg. 46 (1935) 673–703.

GROBE, Peter, Die Entfestigung Münchens. Neue Schriftenreihe des Stadtarchivs München 27 (München 1970).

GRÖNKE, Erich/Weinlich, Edgar, Die Tonfigurensammlung des Germanischen Nationalmuseums unter besonderer Berücksichtigung der spätmittelalterlichen »Krüseler«figürchen. Katalog des Germanischen Nationalmuseums (Nürnberg 1993).

GROSS, Uwe, Mittelalterliche Keramik zwischen Neckarmündung und Schwäbischer Alb. Bemerkungen zur räumlichen Entwicklung und zeitlichen Gliederung, Forschungen und Berichte der Archäologie des Mittelalters in Baden-Württemberg, Band 12 (Stuttgart 1991).

HAAG, Ilse, Die Pfarreien St.Peter und St.Martin von München (Diss. München 1953).

HAAS, Walter, Bauten in München vor der Stadtgründung von 1158? OA 105 (1980) 256–266.

Ders., Der romanische Bau des Domes in Freising. In: Jahrbuch der bayerischen Bodendenkmalpflege, Band 29, 1972–1974 (München 1975) 18–34.

HADER, Georg, Mitteilungen über den Abbruch der Frauenkirche. Monatsschrift des Historischen Vereins von Oberbayern III (1894).

HAEUTLE, Christian, Die fürstlichen Wohnsitze der Wittelsbacher in München, Band 1, Die Residenz (Bamberg 1892).

HAGN, Herbert, Stadtarchäologie in München, Die Funde aus dem Pfisterbach. AJB 1988 (Stuttgart 1989) 163–168.

Ders., Die Funde vom Marienhof. Jahrbuch der Bayerischen Denkmalpflege 43/1989 (München 1989) 20–36.

Ders., Kachelofenfunde aus dem frühen 17. Jahrhundert in »Brunnen 3« am Marienhof. AJB 1990 (Stuttgart 1991) 178–180.

Ders., Stadtkernforschung in München: Brunnen 1 am Marienhof. Amperland 27 (1991) 176–184.

Ders., Münchner Funde – Die Ratstrinkstube im späten 16. Jahrhundert. In: ZISCHKA, Ulrike/Ottomeyer, Hans/Bäumler, Susanne, Die anständige Lust (München 1994) 48–65.

Ders./Veit, Peter/Winghart, Stefan, Die Münchner Stadtmauer am Isartor. AJB 1984 (Stuttgart 1985) 166–169.

Ders./Veit, Peter, Brunnen 1 am Marienhof – ein Beitrag zur spätmittelalterlichen Marktgeschichte Münchens. AJB 1990 (Stuttgart 1991) 163–166.

Ders./Veit, Peter, Ein umfangreicher Keramik- und Glasfund des späten 16. Jahrhunderts unter dem Neuen Rathaus in München. AJB 1991 (Stuttgart 1992) 181–185.

Ders./Winghart, Stefan, Stadtarchäologie in München. Der Marienhof. AJB 1989 (Stuttgart 1990) 195–197.

HAINZLMAYR, Franz, Die Geschichte der Wiener Hafner-Zeche. In: 700 Jahre Wiener Hafner-Zeche 1234–1934 (Wien 1934) 7–31.

HANNIG, Rita, Bayreuth. In: ABELS, Björn-Uwe/Haberstroh, Jochen, Ausgrabungen und Funde in Oberfranken 10, 1995–1996. Sonderdruck aus: Geschichte am Obermain, Jahrbuch Colloquium Historicum Wirsbergense 21 (o.O. 1997/1998) 51.

HARTIG, Michael, Bestehende mittelalterliche Kirchen Münchens. Deutsche Kunstführer, Band 21 (Augsburg 1928).

Ders., Die Benediktinerabtei Tegernsee, 746–1803, zur Zwölfhundertjahrfeier (München 1946).

Ders., Freising, eine ehemalige altbayerische Bischofsstadt. Deutsche Kunstführer, Band 31 (Augsburg 1948).

HARTMANN, Fanny u.a., Die salische Stadt – ein Idealbild. In: BÖHME, Horst Wolfgang (Hrsg.), Siedlungen und Landesausbau, Band 2 (Sigmaringen 1991) 177–194.

HARTMANN, Karl, Zur Geschichte Altbayreuths. In: Archiv für Geschichte und Altertumskunde von Oberfranken 29, 3 (o. O. 1926).

HÄUSERBUCH DER STADT MÜNCHEN. Stadtarchiv München (Hrsg.), 5 Bände (München 1958–1977).

HEIJNA, Antonin, Das »Schlößle« zu Hummertsried. Ein Burgstall des 13. bis 17. Jahrhunderts. Forschungen und Berichte zur Archäologie des Mittelalters in Baden-Württemberg, Band 2 (Stuttgart 1974).

HENSCH, Mathias, Neue Ausgrabungen zur Innenbebauung des 10./11. Jahrhunderts der Burg Sulzbach. In: Beiträge zur Archäologie in der Oberpfalz, Band 2 (Büchenbach 1998) 367–379.

HEYDEL, Johannes, Das Itinerar Heinrichs des Löwen. Niedersächsisches Jahrbuch, Band 6 (1926) 1–166.

HERBACH, Brigitte, Die Baugeschichte der Münchner Augustinerkirche. OA 111 (1986) 7–45.

HERRMANN, Erwin, Zur Stadtentwicklung in Nordbayern. Archiv für Geschichte von Oberfranken 53 (1973) 31–79.

HERRMANN, Volkert, Hochmittelalterliche Kellergruben im Bereich der Flur »Kohlstatt« am Südrand der Stadt Scheßlitz. AJB 1993 (Stuttgart 1994) 152–155.

HIRSCHBOLD, Benedikt, Münchner Heimat (o.O. o.J.).

HÖFLING, Richard, Der Hachinger Bach – ein geologisches Phänomen. Perlach 1200 Jahre. Entstehungs- und Entwicklungsgeschichte eines Münchner Stadtteils mit den Ortsteilen Perlach, Fasangarten, Michaeliburg, Waldperlach und Neuperlach, hrsg. von MOOSEDER, Georg (München 1990) 24–30.

HOFER, Paul, Die Stadtanlage von Thun. Burg und Stadt in vorzähringischer Zeit (Thun 1982).

HORN, Adam, Die Ausgrabungen in der Frauenkirche in München. Deutsche Kunst- und Denkmalpflege (München 1952) 59–72.

Ders., Ergänzungsbericht zu den Ausgrabungen in der Frauenkirche zu München. Deutsche Kunst- und Denkmalpflege (München 1954) 114–116.

Ders., Kunsthistorische Funde 1953 im Münchner Dom. Das Bayerland 56 (1954) 28–30.

HUBEL, Achim/Kurmann, Peter, Der Regensburger Dom (München–Zürich 1989).

HUNDSBICHLER, Helmut, Stadtbegriff, Stadtbild und Stadtleben nach ausländischen Berichterstattern über Österreich. In: Das Leben in der Stadt des Spätmittelalters. Sitzungsberichte der Österreichischen Akademie der Wissenschaften, Phil.-Hist. Kl. 3. Folge, 25 (Wien 2. Aufl. 1980) 111–133.

ISENBERG, Gabriele/Scholkmann, Barbara (Hrsg.), Die Befestigung der mittelalterlichen Stadt (o.O. 1997).

JACOBI, Gerhard, Werkzeug und Gerät aus dem Oppidum bei Manching. Die Ausgrabungen in Manching 5 (Wiesbaden 1974).

KAMBER, Pia, Ein »Alchimistenlabor« aus dem 13. Jahrhundert. In: Mittelalter, Zeitschrift des Schweizerischen Burgenvereins, 3. Jg. (1998) 69–78.

KARNAPP, Birgit-Verena, Georg Friedrich Ziebland 1800–1873. Studien zu seinem Leben und Werk. OA 104 (1979) 27 ff.

KARNEHM, Christl, Die Münchner Frauenkirche. Miscellanea Bavarica Monacensia 113 (München 1984).

KELLER, Erwin, Ansprache zur Ausstellungseröffnung »Stadtarchäologie in München« von Dr. Erwin Keller am 15. April 1988. In: Denkmalpflege Informationen, Ausgabe B, (München 1988).

Ders./Winghart, Stefan, Die Ausgrabungen auf dem Marienhof in München. Obb. Ausgrabungen und Funde in Altbayern 1989–91, Katalog des Gäubodenmuseums Straubing, Nr. 18 (Straubing 1990) 112 f.

KELLNER, Hans-Jörg, Jahrbuch für Numismatik und Geldgeschichte, 28/29 (1978/79) 50 f.

KIRCHBERGER, Stefan, Die Ausgrabungen auf dem Rathausplatz in Kempten 1987/88. Allgäuer Geschichtsfreund 94 (1994) 5–94.

KLEEMANN, Otto, Die Befestigung Alt-Münchens. Jahrbuch für Münchner Geschichte 1889–1890, 4. Jg. (Bamberg 1890) 214–232.

KLEESE, Brigitte/Reineking-v. Bock, Gisela, Glas. Kataloge des Kunstgewerbemuseums Köln 1 (Köln 1973).

KOBLER, Friedrich, Stadtkirchen der frühen Gotik. Wittelsbach und Bayern. Die Zeit der frühen Herzöge, Katalog, Band I/1 (München 1980) 426–436.

KÖBLER, Gerhard, »Civitas« und »vicus«, »burg«, »stat«, »dorf« und »wik«. In: JANKUHN, Herbert (Hrsg.), Vor- und Frühformen der europäischen Stadt im Mittelalter, Teil I (Göttingen 1972).

KOCH, Robert, Die Ausgrabungen in Oberwittelsbach. Zusammenfassung der Ergebnisse bis Ende Oktober 1980. In: Altbayern und Schwaben. Berichte und Forschungen aus dem Landkreis Aichach-Friedberg (1979/80) 99–120.

Ders., Die Burg Wittelsbach bei Aichach. Vorbericht über die Ausgrabungen 1978/79. In: GLASER, Hubert (Hrsg.), Wittelsbach und Bayern I/1. Die Zeit der frühen Herzöge. Von Otto I. zu Ludwig dem Bayern. Beiträge zur Bayerischen Geschichte und Kunst 1180–1350 (München 1980) 133–138.

Ders., Ausgrabungen in der Burg Wittelsbach bei Aichach. Ein Vorbericht über die Ergebnisse bis Mai 1980 (Augsburg 1980).

Ders., Archäologische Stadtkernforschung in Mittelfranken. VHVO 133 (1993) 193–205.

KOEGEL, Joseph, Geschichte der St. Kajetans-Hofkirche, der Theatinerkirche und des Kgl. Hof- und Kollegiatstiftes in München (München 1899).

KOSTIAL, Michaela/Hagn, Herbert, Ein größerer Münzfund aus dem Pfisterbach in München. Amperland 30 (1994) 244–250.

KRATZSCH, Klaus, Wittelsbachische Gründungsstädte. Die frühen Stadtanlagen und ihre Entstehungsbedingungen. Wittelsbach und Bayern. Die Zeit der frühen Herzöge, Katalog, Band I/1 (München 1980) 318–337.

KÜCKER, Wilhelm, Das alte Franziskanerkloster in München. OA 86 (1963).

LANDESDENKMALAMT BADEN-WÜRTTEMBERG (Hrsg.), Vor dem großen Brand. Archäologie zu Füßen des Heidelberger Schlosses (Stuttgart 1992).

LANDGRAF, Eleonore, Ornamentierte Bodenfliesen des Mittelalters in Süd- und Westdeutschland 1150–1550. Forschungen und Berichte der Archäologie des Mittelalters in Baden-Württemberg 14 (1995).

LANG, Ludwig, Die Ausgrabungen im Huttenstadel. In: RIEDER, Karl Heinz/Tillmann, Andreas (Hrsg.), Eichstätt, 10 Jahre Stadtkernarchäologie (Kipfenberg 1992) 79–88.

LATURELL, Volker/Mooseder, Georg, Moosach. Entstehungs- und Entwicklungsgeschichte eines Münchner Stadtteils, 3 Bände (München 1980–85).

LIEB, Norbert, Münchner Lebensbild einer Stadtkultur (München 1952).

Ders., München, die Geschichte seiner Kunst (4. Aufl. München 1988).

Ders./Sauermost, H.J., Münchens Kirchen (München 1973).

LIPOWSKI, Felix, Urgeschichte Münchens. 2 Teile (München 1814 (I) und 1815 (II)).

LOBBEDEY, Uwe, Untersuchungen mittelalterlicher Keramik vornehmlich aus Südwestdeutschland. Arbeiten zur Frühmittelalterforschung, Band 3 (Berlin 1968).

LOESCH, Otto, Chronik der Stadtentwässerung Münchens (München 1951).

LOSERT, Hans, Die früh- und hochmittelalterliche Keramik in Oberfranken. Dissertation 1990, Universität Bamberg.

Ders., Archäologie des Mittelalters und der Neuzeit in kleineren Städten Süddeutschlands. Mit einigen Beispielen aus Nordbayern. Siedlungsforschung, Band 11 (Bonn 1993) 41–64.

LUCKHARDT, Jochen/ Niehoff, Franz, Heinrich der Löwe und seine Zeit, 3 Bände (München 1995).

MAIER, Lorenz, Stadt und Herrschaft. Ein Beitrag zur Gründungs- und frühen Entwicklungsgeschichte Münchens. Miscellanea Bavarica Monacensia, Band 147 (München 1989).

Ders., Vom Markt zur Stadt – Herrschaftsinhaber und Führungsschichten 1158 bis 1294. In: BAUER, Richard (Hrsg.), Geschichte der Stadt München (München 1992) 13–60.

MAULL, Otto, Die Münchner Ebene. In: Handbuch der naturräumlichen Gliederung Deutschlands (München 1954).

MAYER, Anton, Die Domkirche zu Unserer Lieben Frau in München (München 1868).

MAYER, Josef Maria, Münchener Stadtbuch (München 1868).

MEGEL, Max, Baugeschichtlicher Atlas der Landeshauptstadt München. Neue Schriftenreihe des Stadtarchivs München, Band 3 (München 1971).

MEITINGER, Otto, Die baugeschichtliche Entwicklung der Neuveste. Ein Beitrag zur Geschichte der Münchner Residenz. OA 92 (1970).

MEYER, H. Der ältere Lichtenfelser Kastenhof. In: Heimat-Blätter. Land am Obermain in Vergangenheit und Gegenwart Nr. 6 f. (o. O. 1963).

MEYER, Werner, Bericht über die Untersuchungen an einem Teil der ältesten Münchner Stadtbefestigung an der Sparkassenstraße. Ungedruckt, StadtAM Av.Bibl. Nr. 6773.

MEYER, Werner, Die Frohburg-Ausgrabungen 1973–77. Schweizer Beiträge zur Kulturgeschichte und Archäologie des Mittelalters 16 (Zürich 1989).

MILOJCIC, Vladimir, Bericht über die Ausgrabungen und Bauuntersuchungen in der Abtei Frauenwörth auf der Fraueninsel im Chiemsee 1961–1964 (München 1966).

Ders., Der Runde Berg bei Urach. Ausgrabungen in Deutschland, 1950–75. 2. Römische Kaiserzeit im freien Germanien, Frühmittelalter 1 (Heidelberg 1975).

MITTELSTRASS, Tilman, Neustadium, oppidum Franconiae parum munitum – Stadtkerngrabung in Bad Neustadt a.d. Saale. AJB 1992 (Stuttgart 1993) 155–158.

Ders., Archäologie im Murnauer Schloß. Bericht über die Ausgrabungen der Jahre 1991 und 1992. Schloßmuseum Murnau (Hrsg.), Schloß Murnau (1994).

Ders., Bericht über die Ausgrabungen des Spätjahres 1993 im äußeren Graben und im Torbau des Neuen Schlosses zu Ingolstadt. Sammelblatt des Historischen Vereins Ingolstadt, 102. Jg. (1993) und 103. Jg. (1994).

Ders., Die Funde der archäologischen Ausgrabungen von 1991 und 1992 im Murnauer Schloß. In: Schloßmuseum des Marktes Murnau am Staffelsee (Hrsg.), Schloß Murnau, Ein Bauwerk der Stauferzeit und seine Geschichte (Murnau 1994) 120–273.

Ders., Stadtkernarchäologie in München – Ausgrabungen am Dreifaltigkeitsplatz und im Alten Hof. AJB 1995 (Stuttgart 1996) 176–179.

Der MÖNCH IM WAPPEN (München 1960).

MÜLLER, Karl, München als befestigte Stadt. Das Bayerland 14 (1903) 507–509, 519–521, 531–533, 549–551, 555–557.

Ders., Von der ältesten Befestigung Münchens. Das Bayerland 23 (1911/12) 3–6 und 192/193.

Ders., Von der ältesten Befestigung Münchens. Das Bayerland 25 (1914) 669–672.

MÜLLER-KARPE, Hermann, Archäologische Zeugnisse des frühen Christentums in der Münchner Gegend. In: Monachium, Beiträge zur Kirchen- und Kulturgeschichte Münchens und Südbayerns (München 1958) 11–52.

MÜNCHEN und seine Bauten nach 1912. Bayerischer Architekten- und Ingenieur-Verband e.V (Hrsg.) (München 1984).

MÜNCHNER EBENE. In: Handbuch der naturräumlichen Gliederung Deutschlands (München 1954) 113–125.

NADLER, Martin, Die Ausgrabungen 1986 im Burgamtsmanngebäude der Nürnberger Burg. Mitteilungen des Vereins für Geschichte der Stadt Nürnberg 75 (1988) 227–240.

NAGLER, Georg Kasper, Beiträge zur älteren Topographie von München. OA 9, 2. Heft (1848) 211–218, OA 12, 3. Heft (1851/52) 234–261.

NEUREUTHER, I., Aus der Baugeschichte von St. Peter (München 1922) 26–29.

v. OEFELE, Edmund Frhr. Die älteren Residenzen der Bayernfürsten zu München. 1. Der Alte Hof. Morgenblatt zur Bayer. Zeitung 1863, Nr. 275, 276.

Ders., Zur Geschichte des Alten Hofes in München 1359–1364. OA 33 (München 1874) 341–346.

Ders., Geschichte der Grafen von Andechs (Innsbruck 1877).

OESTREICH, Dieter, Die Entstehung des Stadtgrundrisses von München und seine Entwicklung bis zur Mitte des 13. Jahrhunderts (Diss. München 1950), StadtAM Av.Bibl. 25626.

v. OSTEN, Sigrid, Das Alchimistenlaboratorium von Oberstockstall. In: DAIM, Falko, (Hrsg.), Monographien zur Frühgeschichte und Mittelalterarchäologie 6, (Innsbruck 1998).

PFEIFFER, Gerhard, Technologische Entwicklung von Destilliergeräten von Spätmittelalter bis Neuzeit. Dissertation (Regensburg 1986).

PFISTER, Peter/Ramisch, H., Die Frauenkirche in München – Geschichte, Baugeschichte und Ausstattung (München 1983).

RAMISCH, Hans (Hrsg.), Monachium Sacrum, 2 Bände (München 1994).

Ders., Das Grabmal Kaiser Ludwig des Bayern in der Münchner Frauenkirche (Regensburg 1997).

RAMSEGER, Ingeborg, Die Städtebilder der Schedelschen Weltchronik. Ihre geistigen und künstlerischen Voraussetzungen. Ein Beitrag zur Entwicklung der Stadtvedute. Phil. Diss (Berlin 1943).

REBER Franz, Bautechnischer Führer durch München (München 1876, Neudruck 1978).

RIEDEL, Gert, Die Ausgrabungen auf dem Burgstall Rauenwörth bei Gungolding, Lkr. Eichstätt. Befunde und Funde. Sammelblatt des Hist. Vereins Ingolstadt, 101 (1992) 37–131.

RIEZLER, Sigmund, Geschichte Bayerns I (Gotha 1880–1914).

Ders., Die herzogliche Gewalt in Bayern unter Heinrich den Löwen und Otto I. In: Das Herzogthum Bayern zur Zeit Heinrichs des Löwen und Ottos I v. Wittelsbach (München 1867).

Ders., Studien zur ältesten Geschichte von München. Abhandlungen, Band 24 (München 1906) 2 Abt. 281–343.

RÖTTING, Hartmut, Das Quartier St. Jakobi. In: Das Modell Quartier St. Jakobi-Turnierstraße (Braunschweig 1995) 1–6.

RUDERICH, Peter, Kunst- und Architekturgeschichte Weismainsvom 13. bis zum 20. Jahrhundert. In: DIPPOLD, Günter (Hrsg.), Weismain. Eine fränkische Stadt am nördlichen Jura, Band 2 (Weismain 1996) 98–100.

RÜCKER, Elisabeth, Die Schedelsche Weltchronik (München 1973).

SAGE, Walter, Beispiele für Handhabung und Erfolg der Stadtkernarchäologie in Süddeutschland, speziell in Bayern. LSAK 14 (1988) 37–53.

Ders., Ansätze zu stadtarchäologischen Untersuchungen in Oberfranken. In: GLÄSER, M (Hrsg), Archäologie und Bauforschung im Hanseraum. Schriften des Kulturhistorischen Museums in Rostock 1 (1993) 129–135.

SCHAFFER, Der Münchner Stadtplan als Geschichtsquelle. In: Wirtschafts- und Verwaltungsblatt der Stadt München, Heft 2 (München 1942) 37–52.

Ders., Das Geheimnis der Münchner Talburg. In: Münchner Neueste Nachrichten Nr. 29/30 vom 31.1.1943.

Ders., Reinhold, An der Wiege Münchens (München 1950).

Ders., Die Frühgeschichte Münchens. ZBLG 21 (1958) 185–263.

SCHATTENHOFER, Michael, Beiträge zur Geschichte der Stadt München. OA 109 (1984).

Ders., München im Wandel der Jahrhunderte (München 1966).

Ders., Das alte Rathaus in München (München 1972).

DIE SCHEDELSCHE WELTCHRONIK, kommentiert von Rudolf Pörtner (4. Aufl. Dortmund 1988).

SCHERBAUM, Jochen, Frühe Siedlungsbefestigungen in Lichtenfels und Bayreuth-Altenstadt. In: Die Andechs-Meranier in Franken (Mainz 1998) 197–200.

Ders., Stadtbefestigung im nördlichen Franken. In: ERICSSON, Ingolf (Hrsg.), Ausgrabungen. Begleitheft zur Ausstellung des Lehrstuhls für Archäologie des Mittelalters und der Neuzeit im Historischen Museum Bamberg (Bamberg 1998) 136–142.

SCHLEICH, Erwin, Die St. Peterskirche in München. Ihre Baugeschichte und ihre Beziehung zur Stadt im Mittelalter. OA 83 (1958).

Ders., Die zweite Zerstörung Münchens (Stuttgart 1978).

SCHLESINGER, Walter, Burg und Stadt. In: Aus Verfassungs- und Landesgeschichte. Festschrift zum 70. Geburtstag von Theodor Mayer, Band 1 (München 1954) 97–150. Neudruck in: Beiträge zur deutschen Verfassungsgeschichte des Mittelalters, Band 2: Städte und Territorien (München 1963) 92–148 mit Nachtrag 263–265.

Ders., Stadt und Burg im Lichte der Wortgeschichte. In: Studium Generale 16 (München 1963) 433–444.

Ders./Steuer, Heiko, Abhandlungen der Akademie der Wissenschaften in Göttingen, Phil.–Hist. Kl., 3. Folge, 83 [1] (Göttingen 2. Aufl. 1975), 61, 76.

SCHLETT, Joseph, Die Römer in München (München 1830).

SCHMID, Alois, Die Anfänge der Stadt Vohburg. ZBLG 60 (1997) 491–520.

SCHMIDT-THOMÉ, Peter, Hölzernes Alltagsgeschirr und Spiele aus einer mittelalterlichen Abfallgrube in Freiburg. In: Der Keltenfürst von Hochdorf (Stuttgart 1985).

SCHMIDT-WIEGAND, Ruth, Burgensis/Bürger. Zur Geschichte von Wort und Begriff nach Quellen des ostmitteldeutschen Raumes. Abhandlungen der Akademie der Wissenschaften in Göttingen, Phil.–Hist. Kl., 3. Folge, 121, (Göttingen 1980) 106–126.

SCHNEIDER, Gustav, Der Werdegang des ältesten Münchner Stadtkernes. OA 112 (1988) 181–195.

SCHNEIDER, Jürg E.,/Gutscher, Daniel, Holz- und Steinbauten aus dem 9./10. bis 12. Jahrhundert in Zürich. In: BÖHME, Horst Wolfgang, Siedlungen und Landesausbau, Band 2 (Sigmaringen 1991) 195–215.

SCHÖNES ALTES MÜNCHEN. Kreis der Freunde Alt-Münchens (Hrsg.) (München 1965).

SCHOLKMANN, Barbara, Zum Stand der Erforschung mittelalterlicher Keramik in Baden-Württemberg. ZAM 6 (1978) 149–159.

Dies., Sindelfingen/Obere Vorstadt. Eine Siedlung des hohen und späten Mittelalters. Forschungen und Berichte der Archäologie des Mittelalters in Baden-Württemberg, Band 3 (Stuttgart 1978).

SCHONATH, Wilhelm, Das Schloß zu Herzogenaurach. In: FRÖHLICH, Valentin (Hrsg.), Herzogenaurach. Ein Heimatbuch (Herzogenaurach 1949) 152–161.

SCHRAMM, Albert, Der Bilderschmuck der Frühdrucke (Leipzig 1934).

SCHULZE, Mechthild, Die mittelalterliche Keramik der Wüstung Wülfingen am Kocher, Stadt Forchtenberg, Hohenlohekreis. Forschungen und Berichte der Archäologie des Mittelalters in Baden-Württemberg, Band 7 (Stuttgart 1981) 5–148.

SCHÜTZ, Cornelia/Tillmann, Andreas, Eine mittelalterliche Faßlatrine aus der Altstadt Ingolstadts. Ein Einblick in die Stadtgeschichte. Sammelblatt des Hist. Vereins Ingolstadt 100 (1991) 135–156.

SICKEL, Friedrich, Die Wehrbauten Münchens im Mittelalter (München 1938).

SOLLEDER, Fridolin, München im Mittelalter (Aalen 1962).

STADTLUFT, HIRSEBREI UND BETTELMÖNCH. Landesdenkmalamt Baden-Württemberg (Hrsg.) Ausstellungskatalog (Stuttgart 1992).

STAHLEDER, Helmuth, Chronik der Stadt München (München 1995).

Ders., Haus- und Straßennamen der Münchner Altstadt (München 1992).

Ders., Stadtplanung und Stadtentwicklung Münchens im Mittelalter. OA 119 (1995) 237–283.

STEFFEN, Hugo, St. Peter in München. Das Bayerland 23 (1912) 641–646.

Ders., Dem Gründer Münchens, Heinrich dem Löwen, zum 800. Geburtstag. Das Bayerland 40 (1929) 749–752.

STEINER, Peter, Münchner Gotik. Kataloge und Schriften/Diözesanmuseum für Christliche Kunst des Erzbistums München und Freising (Regensburg 1999).

STEINLEIN, Gustav, München im 16. Jahrhundert. Volkskunst und Volkskunde, Monatsschrift. Herausgegeben vom bayerischen Verein für Volkskunst und Volkskunde e.V. 8. Jg., Nr. 5, 6, 7 (München 1910) 49–62.

Ders., Die Baukunst Alt-Münchens. Eine städtebauliche Studie über die Münchner Bauweise von der Gründung der Stadt bis Ende des 16. Jahrhunderts. Bayerischer Heimatschutz, Monatsschrift des bayerischen Landesvereins für Heimatschutz in München, Nr.3 (München 1920).

STÖRMER, Wilhelm, Fernstraßen und Klöster. ZBLG 29 (1966) 5–67.

STRIDBECK, Johann der Jüngere, Theatrum der Vornehmsten Kirchen, Clöster, Pallaest und Gebeude in Churfürstlicher Residenz Stadt München (München 1977).

STROBEL, Richard/Weis, Markus, Romanik in Altbayern (Würzburg 1994).

TAUBER, Jürg, Herd und Ofen im Mittelalter. Schweizer Beiträge zur Kulturgeschichte und Archäologie des Mittelalters, Band 7 (1980).

TILLMANN, Andreas, Grabungen in der Wasserburg Rauenwörth bei Gungolding. AJB 1987 (Stuttgart 1988) 173–176.

Ders., Die Ausgrabungen in einer Wasserburg der Grafen von Hirschberg bei Gungolding, Gde. Walting, Lkr. Eichstätt. Ausgrabungen und Funde in Altbayern 1987/88. Katalog Gäubodenmuseum Straubing 13 (1989).

Ders., Die keramischen Funde aus dem »Brunnen 5« des ehemaligen Huttenstadels. In: RIEDER, Karl Heinz/Tillmann Andreas (Hrsg.), Eichstätt, 10 Jahre Stadtkernarchäologie (Kipfenberg 1992) 89–100.

TRAUTMANN, Karl, Kulturbilder aus Alt-München (München 1919).

VOLLET, Hans, Weltbild und Kartographie im Hochstift Bamberg. In: Die Plassenburg 47 (Bamberg 1988) 200.

WAGNER, Friedrich, Denkmäler und Fundstätten der Vorzeit Münchens und seiner Umgebung (Kallmünz Opf. 1958).

WAGNER, P. Benedikt/Fasching, Herbert, Stift Seitenstetten und seine Kunstschätze (St. Pölten 1988).

WALTER, Uli, Der Umbau der Münchner Altstadt (1871–1914) (München 1987).

WALZ, Thomas/Meitinger, Otto, Die Residenz zu München. Reihe Bavaria Antiqua (München 1987).

WANKMÜLLER, Eugen, Mittelalterliche Bodenfunde vom Münchner Petersbergl. BVBl 41 (1976) 150–156.

WEBER, Gottfried, Die Romanik in Oberbayern (Pfaffenhofen 1985).

WEID, Edeltraud, Die Kleinfunde aus der mittelalterlichen Siedlung Zuchering. In: Sammelblatt des Hist. Vereins Ingolstadt 102 (1993) 205.

WEINZIERL, Peter/Winghart, Stefan, Lebensraum seit der Steinzeit. In: Lebensraum Landkreis München, hrsg. vom Landkreis München (2. Aufl. München 1991) 8–41.

v. WENING, Michael, Beschreibung des Churfürsten- und Herzogthumbs Ober- und Nidern Bayern, 4 Bände (München 1701–26).

WESTENRIEDER, Lorenz, Beiträge zur vaterländischen Historie, Geographie, Statistik und Landwirtschaft, samt einer Übersicht der schönen Literatur. Band 5 (München 1974), § VI: Fragment einer Chronik der Stadt München von 1460–1468.

Ders., Beschreibung der Haupt- und Residenzstadt München. Faksimilenachdruck der Ausgabe von 1782 (München 1984).

WIEDENHOFER, Joseph, Die bauliche Entwicklung Münchens vom Mittelalter bis in die neueste Zeit im Lichte der Wandlungen des Baupolizeirechts (München 1916).

WINGHART, Stefan, Altstadtarchäologie und Stadtkernforschung in München. Denkmalpflege Informationen, Ausgabe B Nr. 84, 1.12.87.

Ders., Bemerkungen zur Genese und Sruktur frühmittelalterlicher Siedlung im Münchner Raum. In: Kolmer, Lothar (Hrsg.), Regensburg, Bayern und Europa (Regensburg 1995) 7–47.

WINTERGERST, Magnus, Hochmittelalterliche Keramik in Regensburg (10.–13. Jahrhundert). In: ANGERER, Martin/Wanderwitz, Heinrich (Hrsg.), Regensburg im Mittelalter (Regensburg 1995) 267–276.

WITTNER, Ernst, München, 800 Jahre Zeuge bayrischer Geschichte (München 1958).

WOJACZEK, Christoph, Die Stifts- und Stadtpfarrkirche zu Unserer Lieben Frau. In: RIEDER, Karl Heinz/Tillmann Andreas (Hrsg.), Eichstätt, 10 Jahre Stadtkernarchäologie (Kipfenberg 1992) 53–56.

WOLF, Georg J., Ein Jahrhundert München 1800–1900 (3. unveränd. Auflage Leipzig 1935).

Ders., Das kurfürstliche München 1620–1800 (München 1930).

ZAUNER, Franz, München in Kunst und Geschichte (München 1914).

ZEUNE, Joachim, Domburg und Palatium von der Bistumsgründung bis zum Dombrand von 1081. In: GESCHICHTE AUS GRUBEN UND SCHERBEN. 63–73.

ZETTLER, Oskar, Alt-Münchner Bilderbuch (München 1918).

ZISCHKA, Ulrike/Ottomeyer, Hans/Bäumler, Susanne, Die anständige Lust (München 1994).

Bildnachweis

Soweit nicht anders angegeben:

Bayerisches Nationalmuseum: 15 (Mod 10 I 16 Neg 4334 9/12), 42 (Mod 10 I 16 Neg 4319 9/12), 107 (Mod 10 I 16 Neg 2797 9/12), 166 (Mod 10 I 16 Neg 4326 9/12), 168 (Mod 10 I 16 Neg 4912 13/18), 173 (Mod 10 I 16 Neg 2590 9/12).
Behrer, Christian: 1, 16, 18, 33, 34, 39, 40, 41, 45, 50, 56, 59, 60, 62, 63, 65, 67–70, 72–75, 76, 77, 105, 106, 117, 119, 124, 125, 159, 160–163, 167, 175, 183, 195, 197.
BLfD, Planarchiv-Bodendenkmalpflege: 37, 38, 112, 113, 114, 115, 116, 177, 184, 186–189.
BLfD, Planarchiv-Baudenkmalpflege: 61 (2989), 82, 83 (90/358 Neg. 15 vom 16.5.1990), 84 (90,3 Neg. 1 vom 30.4.1990), 118 (3450), 171, 172, 192.
Burmeister, Enno: 13, 30, 35, 36.
Diözesanmuseum Freising: 66 (Inv. Nr. M 658).
Mittelstraß, Tilman : 23, 25, 26, 28, 29, 31, 129, 132, 136, 139, 141, 143, 145, 151, 157, 158, 193, 194.
Prähistorische Staatssammlung, München: 164.
Pulfer, Wolfgang, München: 3, 4.
Stadtarchiv München: 2 (R 2206/IV/25), 80 (R 1278), 81 (Schneider Nachlaß), 87 (R 2444/II/18), 93 (Schneider Nachlaß), 94 (R 1047/I/13), 97 (Schneider Nachlaß), 98 (R 2472/I/24), 99 (Schneider Nachlaß), 100 (R 2937/II), 101 (Schneider Nachlaß), 102 (R 2858/III/29A), 103 (R 2858/III/28A), 123 (R 2937/II).
Stadtmuseum München: Umschlagvorderseite (Z 401), 3, 4, 14 (M II/206).
Umschlagrückseite: Foto BLfD.
Tecta-Plan GmbH: 198
Verlag Schnell & Steiner, Regensburg: 43.

Vom Verfasser umgezeichnet nach Vorlage von:

BLfD, Planarchiv-Baudenkmalpflege: 85, 86.
BLfD, Planarchiv-Bodendenkmalpflege: 109, 110, 111.
Adam Horn, Planarchiv-Baudenkmalpflege: 57, 64.
W. Titze, BLfD Planarchiv-Bodendenkmalpflege: 58.
Frank Becker, BLfD Planarchiv-Baudenkmalpflege: 18.
Stadtarchiv München: 16 (Nachlaß Schneider), 71 (R 2206/IV/25), 78 und 79 (LBK 2032/I), 92 (LBK 2783), 104 (LBK 1693), 126 (Nachlaß Schneider).
Mittelstraß, Tilman: 19–22, 24, 27, 32, 130, 131, 133, 134, 135, 137, 138, 140, 142, 144, 146, 147, 148, 149, 150, 152, 153, 154, 155, 156.
Dannheimer, Hermann: 55.
Wankmüller, E.: 51–54.
Winghart, Stefan: 6–9. Entnommen aus: Winghart, Stefan, Bemerkungen zur Genese und Struktur frühmittelalterlicher Siedlung im Münchner Raum. In: Kolmer, Lothar (Hrsg.), Regensburg, Bayern und Europa (Regensburg 1995).

Register

Anhang

Tierknochenanalyse
vorgenommen von Prof. Dr. Angela v.d. Driesch
Institut für Paläoanatomie, Domestikationsforschung und Geschichte der Tiermedizin, Ludwig-Maximilians-Universität München

Periode I

	Rind	Schwein	Schaf/Zie.	Huhn	Hund	Pferd	Gans
Cranium	3	1					
Mandibula	8		1				
Hyoid							
Atlas					2		
Epistropheus							
and. Vert. cerv.		1					
Vert.thor.	2						
Vert.lumb.	1						
Sacrum							
Vert.caud.							
Costae	9	1	1				
Sternum							
Scapula		1	1				
Humerus	1	4					
Radius	3	1	2				
Ulna	1		1			1	
Carpalia							
Metacarpus	2						
Pelvis	3	1	1				
Femur	3					1	
Patella							
Tibia	1	2	3				
Os malleolare/Fibula							
Talus							
Calcaneus	1						
Centroquartale	1						
and. Tarsalia							
Metatarsus	2						
Phalanx 1					1		
Phalanx 2	1						
Phalanx 3							
Karpalknochen							
Summe	39	12	10	2	1		
Gewicht g	1026	239	111		4,3	43	

Ausgewählte Daten

Rind:
Becken, weiblich
Metatarsus Proximalende
Bp: 43,1
Metacarpus Distalende
Bd: 49,3
Metacarpus mit Hundeverbiß
M3 +, L: 35 B: 13,5
Unterkieferzahn P3
Radius Proximalende
Radius Proximalende
Pb: 62,6; BFp: 57,6
Brustwirbel (Jungtier)
Unterkiefer adult M3 +/++, L: 32,1 B: 14,0
Phalanx II post. GL: 31,7
Bp: 22,7; KD: 17,2; Bd: 19

Schaf/Ziege:
Tibia Proximalende -
Tibia corpus juv.
Ulna inf.-juv.
Becken adult
Backenzahnreihe
P2-M3: 62,2
M1-M3: 41 M3: L: 18,6
B: 6,5

M3 sup. +/-
Radius corpus juv.
Radius corpus inf.

Hund:
Atlas GB: 51,6; GL: 26,4;
BFCr: 29,4; BFCd: 21,5
Atlas GB: 51,3; GL: 26,2;
BFCr: 29,3; BFCd: 22,0

Schwein:
Tibia Distalende Bd: 28,5
Becken LAR: 28.5
Humerus distal + BT: 30,6
Humerus corpus distal –
Scapula Distalende
KLC: 22,7; GLP: 33,3;
LG: 31,9; BG: 25,5

Pferd:
Phalanx I mit Hundeverbiß

Ausgewählte Daten

Rind:
Unterkiefer M3 +/++
L: 34,5 B: 13,6
Scapula GLP: 59,6 LG: 50,6
BG: 44,5
Phalanx III DLS: 58,8
Ld: 46

Schaf:
Metatarsus Proximalende inv.-juv.
Hornzapfen, männlich, an der Basis abgehackt, schwache Behornung, ammonsförmig gedreht

Wildschwein:
männlich M3 GL: 41,8
B: 18,5

Periode II

	Rind	Schwein	Schaf/Zie.	Huhn	Hund	Pferd	Wild-schw.
Cranium	1						
Mandibula	1						1
Hyoid							
Atlas							
Epistropheus			1				
and.Vert.cerv.	2						
Vert.thor.							
Vert.lumb.	1						
Sacrum							
Vert.caud.							
Costae	5		5				
Sternum							
Scapula		1	1				
Humerus	1	2				1	
Radius			1				
Ulna	11						
Carpalia							
Metacarpus		1					
Pelvis							
Femur	2	1	1				
Patella							
Tibia	1						
Os malleolare/Fibula							
Talus							
Calcaneus	1						
Centroquartale							
and. Tarsalia							
Metatarsus			1				
Phalanx 1	2						
Phalanx 2							
Phalanx 3	1						
Karpalknochen							
Summe	29	5	10			1	1
Gewicht g	259	33,4	89,9			80	390

Periode III

	Rind	Schwein	Schaf/Zie.	Huhn	Hund	Reh	Wild-schw.
Cranium	4	2	3				
Mandibula	13	4	1		1		
Hyoid							
Atlas	1						
Epistropheus			1				
and.Vert.cerv.	2	1					
Vert.thor.	3	4	2				
Vert.lumb.	4						
Sacrum	1						
Vert.caud.							
Costae	18	17	15				
Sternum							
Scapula	6	1	2	1	1	1	
Humerus	3	12		1	1		
Radius	3		7		1		
Ulna	1			1	1		
Carpalia	2						
Metacarpus	6	1		1			
Pelvis	8	6	2				
Femur	7	3	3	1			
Patella							
Tibia	7	4	5	1			
Os malleolare/Fibula							
Talus	1						
Calcaneus	1				1		
Centroquartale							
and. Tarsalia							
Metatarsus	4	2	1				
Phalanx 1	4	1	1				2
Phalanx 2							
Phalanx 3	5						
Karpalknochen							
caninus inf.		1					
Schwanzwirbel	3						
metapodium Epiphy.	1	1					2
coracoid				2			
Astragalus	1						
Summe	102	60	43	8	5	1	2
Gewicht g	2419	753	277	6,7	70,6	10	11,4

Ausgewählte Daten:

Hausgans:
Humerus, Distalende, Radius

Mönchsgeier:
(Aegypius monachus)
TarsoMetatarsus, GL: 131,5; Bp: 26,4;
KD: 11,0; Bd: 27,0
Tibiotarsus

Rind:
Tibia Distalende Bd 55,5
Tibia Proximalende Bp: 45
tibia distal – (Kalb)
Radius Distalende
M3 inf. ++, L: 35,0 B: 14,3
Phalanx I post.
1 Rippe, sicher vom Kalb
Phalanx I ant.
Phalanx I ant. L: 51,5 Bp: 28,5 KD: 23,2
Bd: 25,9
Phalanx III
DLS: 54,2 LD: 44,1
DLS: 58,9 LD: 46,4
Lendenwirbel vom Jungtier
M3 +, L: 34,8 B: 14,6
M3 ++, L: 34 B: 13,9
M3 sup. ++
Metacarpus distal Bd: 60,9
Metatarsus Distalende Bd: 51,1

Schwein:
Caninus inf. männl.
Humerus Distalende
Humerus distalende Epi. BT: 33
Humerus Distalende BT: 31,7
proximal Humerus Epiphyse
Phalanx I GL: 39,5 Bp: 17,1 KD: 13,6
Bd: 16,0
M3 +, L: 30 B: 14,2
Metatarsus III GL: 79,5 Bp: 16,8 KD: 12,8
Bd: 14,2
Femur distal -
Metacarpus distal -
Tibia distal -

Schaf/Ziege:
Radius Proximalende
Radius inf.
Radius Proximalende
Femur proximal -
Femur corp. juv.
Femur corp. inf.
Tibia juv.
Tibia Distalende Bd: 25,9
Tibia Distalende Bd: 23,3

Huhn:
Tibia Proximalende
Coracoid GL: 54,1 Bd: 14,2
Metacarpus GL: 35,9

Hund:
Scapula KLC: 27,8 GLP: 31,7 LG: 29,4
BG: 19,9
P1 – M3 alviolar L: 79,6 Zahnreihe s-förmig M1 – M3 L: 35,6 Reißzahn L: 20,5
Humerus distalende Bd: 21,9
Radius Proximalende Bp: 12,4